VwGO

Grundzüge des Verwaltungsprozessrechts

2019

Horst Wüstenbecker
Rechtsanwalt

ALPMANN UND SCHMIDT Juristische Lehrgänge Verlagsges. mbH & Co. KG
48143 Münster, Alter Fischmarkt 8, 48001 Postfach 1169, Telefon (0251) 98109-0
AS-Online: www.alpmann-schmidt.de

Zitiervorschlag: Wüstenbecker, VwGO, Rn.

Wüstenbecker, Horst
VwGO – Grundzüge des Verwaltungsprozessrechts
9. Auflage 2019
ISBN: 978-3-86752-650-0

Verlag Alpmann und Schmidt Juristische Lehrgänge
Verlagsgesellschaft mbH & Co. KG, Münster

Die Vervielfältigung, insbesondere das Fotokopieren der Skripten,
ist nicht gestattet (§§ 53, 54 UrhG) und strafbar (§ 106 UrhG).
Im Fall der Zuwiderhandlung wird Strafantrag gestellt.

Unterstützen Sie uns bei der Weiterentwicklung unserer Produkte.
Wir freuen uns über Anregungen, Wünsche, Lob oder Kritik an:
feedback@alpmann-schmidt.de.

INHALTSVERZEICHNIS

1. Teil: Grundlagen des Verwaltungsprozesses 1

1. Abschnitt: Sachentscheidungsvoraussetzungen 1
  A. Zulässigkeit des Rechtswegs 2
  B. Statthaftigkeit der Verfahrensart 4
  C. Besondere Sachentscheidungsvoraussetzungen 4
  D. Allgemeine Sachentscheidungsvoraussetzungen 4
  E. Prozessuale Besonderheiten 5

2. Abschnitt: Allgemeine Verfahrensgrundsätze 6
  A. Untersuchungsgrundsatz 6
  B. Verfügungsgrundsatz 6
  C. Sonstige Verfahrensgrundsätze 6

■ Zusammenfassende Übersicht: Zulässigkeit der verwaltungsgerichtlichen Klage 7

2. Teil: Die Eröffnung des Verwaltungsrechtswegs 8

1. Abschnitt: Aufdrängende Spezialzuweisungen 9

2. Abschnitt: Die Generalklausel des § 40 Abs. 1 S. 1 VwGO 10
  A. Öffentlich-rechtliche Streitigkeiten 10
    I.   Eindeutige Zuordnung 10
    II. Rechtsnatur des Rechtsverhältnisses 11
    III. Abwehr- und Leistungsansprüche 12
         Fall 1: Streitigkeiten um den Ratskeller 12
    IV. Zwei-Stufen-Theorie 15
         Fall 2: Kredit für Betriebsverlagerung 15
  B. Nichtverfassungsrechtlicher Art 20
         Fall 3: Streit um Koalitionsvereinbarung 20
  C. Abdrängende Zuweisungen an andere Gerichte 23
    I.   Besondere Verwaltungsgerichte 23
    II. Zuständigkeit der ordentlichen Gerichte 24
    III. Justizverwaltungsakte 25
         Fall 4: Polizeifotos 25

3. Abschnitt: Einschränkungen des Rechtsschutzes 29
  A. Ausschluss des Rechtsweges 29
  B. Beschränkung des Rechtsschutzes 29
    I.   Besonderheiten bei innerkirchlichen Streitigkeiten 29
    II. Gnadenentscheidungen 30
         1. Justiziabilität 31
         2. Rechtsweg 31

■ Zusammenfassende Übersicht: Eröffnung des Verwaltungsrechtsweges 32

3. Teil: Klagearten im Verwaltungsprozess 33

1. Abschnitt: Anfechtungsklage 35
   A. Die Zulässigkeit der Anfechtungsklage 35
     I.   Verwaltungsrechtsweg 35
     II. Statthaftigkeit der Anfechtungsklage 35
     III. Besondere Sachurteilsvoraussetzungen der Anfechtungsklage 39
        1. Klagebefugnis (§ 42 Abs. 2 VwGO) 39
        2. Vorverfahren 39
          a) Erforderlichkeit 40
          b) Ausnahmen 40
          c) Entbehrlichkeit 40
        3. Klagefrist 41
        4. Klagegegner 41
   B. Begründetheit der Anfechtungsklage 43
     I.   Rechtswidrigkeit des VA 43
     II. Rechtsverletzung 44
        1. Adressatenklagen 44
        2. Drittanfechtungsklagen 44
          Fall 5: Das Loch in der Kasse 45
   C. Annexanträge 51

■ Zusammenfassende Übersicht: Anfechtungsklage 53

2. Abschnitt: Verpflichtungsklage 55
   A. Zulässigkeit der Verpflichtungsklage 56
   B. Die Begründetheit der Verpflichtungsklage 56
     I.   Aufbau der Begründetheitsprüfung 56
     II. Ergebnis der Begründetheitsprüfung 58
        Fall 6: Freie Aussicht 58
   C. Das Verhältnis zwischen Anfechtungs- und Verpflichtungsklage 62
     I.   Abwehr eines belastenden VA 62
     II. Erlass eines begünstigenden VA 62
     III. Rechtsschutz gegen Inhalts- und Nebenbestimmungen 63
     IV. Annexanträge 64
     V. Konkurrentenklage 64
        1. Konkurrentenabwehrklage 64
        2. Konkurrentengleichstellungsklage 65
        3. Konkurrentenverdrängungsklage 65
        4. Beamtenrechtliche Konkurrentenklage 66

■ Zusammenfassende Übersicht: Verpflichtungsklage 68

3. Abschnitt: Allgemeine Leistungsklage 70
   A. Zulässigkeit der allgemeinen Leistungsklage 70
     I.   Verwaltungsrechtsweg 70
     II. Statthaftigkeit der Leistungsklage 71
     III. Besondere Sachurteilsvoraussetzungen 71

1. Klagebefugnis analog § 42 Abs. 2 VwGO	71
2. Vorverfahren	72
3. Klagefrist	72
4. Klagegegner	73
5. Allgemeines Rechtsschutzbedürfnis	73
B. Begründetheit der allgemeinen Leistungsklage	73
Fall 7: Alimentation	74

■ Zusammenfassende Übersicht: Allgemeine Leistungsklage 81

4. Abschnitt: Allgemeine Feststellungsklage 82

A. Die allgemeine Feststellungsklage, § 43 Abs. 1 Alt. 1 VwGO	82
I. Verwaltungsrechtsweg	82
II. Statthaftigkeit der Feststellungsklage	83
1. Gegenstand der Feststellungsklage	83
a) Begriff des Rechtsverhältnisses	83
b) Inzidente Normenkontrolle	84
2. Subsidiarität der Feststellungsklage	85
III. Besondere Sachurteilsvoraussetzungen der Feststellungsklage	87
1. Feststellungsinteresse	87
2. Sonstige besondere Sachurteilsvoraussetzungen	87
Fall 8: Gewerblicher Verkehrshilfsdienst	88
B. Nichtigkeitsfeststellungsklage, § 43 Abs. 1 Alt. 2 VwGO	93
I. Zulässigkeit der Nichtigkeitsfeststellungsklage	93
1. Verwaltungsrechtsweg	93
2. Statthaftigkeit	93
3. Besondere Sachurteilsvoraussetzungen	94
II. Begründetheit der Nichtigkeitsfeststellungsklage	94

■ Zusammenfassende Übersicht: Allgemeine Feststellungsklage 95

5. Abschnitt: Fortsetzungsfeststellungsklage 96

A. Zulässigkeit der Fortsetzungsfeststellungsklage	97
I. Verwaltungsrechtsweg	97
II. Statthaftigkeit der Fortsetzungsfeststellungsklage (FFK)	97
1. Der Anwendungsbereich des § 113 Abs. 1 S. 4 VwGO	97
a) Unmittelbarer Anwendungsbereich	97
b) Analoge Anwendung bei Verpflichtungsklagen	98
c) Keine analoge Anwendung bei allgemeinen Leistungsklagen	98
2. Begriff der Erledigung	99
III. Besondere Sachurteilsvoraussetzungen der FFK	100
1. Voraussetzungen der (hypothetischen) Ausgangsklage	100
2. Fortsetzungsfeststellungsinteresse	101
a) Wiederholungsgefahr	102
b) Rehabilitationsbedürfnis	102
c) Schwerwiegender Grundrechtseingriff	102
d) Präjudizinteresse	104
Fall 9: Nachträglicher Rechtsschutz	105

Inhalt

B. Begründetheit der Fortsetzungsfeststellungsklage 111

C. Erledigungserklärung 112

■ Zusammenfassende Übersicht: Fortsetzungsfeststellungsklage 113

6. Abschnitt: Vorbeugender Rechtsschutz 114

Fall 10: Vorbeugen ist besser 114

7. Abschnitt: Abstrakte Normenkontrolle, § 47 VwGO 117

A. Zulässigkeit des Normenkontrollverfahrens 117

    I. Verwaltungsrechtsweg 118

    II. Statthaftigkeit des Antrags 118

    III. Besondere Sachentscheidungsvoraussetzungen 119

        1. Antragsbefugnis 119

        2. Antragsfrist 120

        3. Antragsgegner 120

    IV. Allgemeine Sachentscheidungsvoraussetzungen 120

B. Begründetheit des Normenkontrollantrags 121

■ Zusammenfassende Übersicht: Abstrakte Normenkontrolle 122

8. Abschnitt: Klagehäufung 123

A. Objektive Klagehäufung 123

B. Haupt- und Hilfsantrag 123

C. Prüfungsreihenfolge 124

4. Teil: Besondere Sachentscheidungsvoraussetzungen 125

1. Abschnitt: Die Klagebefugnis (§ 42 Abs. 2 VwGO) 125

A. Bedeutung der Klagebefugnis 125

B. Anwendungsbereich des § 42 Abs. 2 VwGO 125

C. Voraussetzungen der Klagebefugnis 126

    I. Möglichkeitstheorie 127

    II. Eigene Rechtsverletzung 127

    III. Das geltend zu machende subjektiv öffentliche Recht 128

        1. Einfach-gesetzliche subjektive Rechte 128

        2. Grundrechte 129

        3. Unionsrecht 130

D. Fallgruppen 131

    I. Anfechtungsklage des Adressaten 131

       Fall 11: Adressatentheorie 131

    II. Verpflichtungsklage des Adressaten 133

       Fall 12: Denkmalschutz 133

    III. Anfechtungsklage eines Dritten 134

        1. Einfach-gesetzliche drittschützende Vorschriften 134

        2. Grundrechte 135

            Fall 13: Anfechtungsklage gegen die Begünstigung des Adressaten 136

            Fall 14: Anfechtungsklage gegen die Belastung des Adressaten 138

IV. Verpflichtungsklage eines Dritten 139
    Fall 15: Verpflichtungsklage auf Belastung des Adressaten 139
    Fall 16: Verpflichtungsklage auf Begünstigung des Adressaten 141

■ Zusammenfassende Übersicht: Klagebefugnis, § 42 Abs. 2 VwGO 143

2. Abschnitt: Vorverfahren 144
A. Erforderlichkeit des Vorverfahrens 144
B. Ausschluss des Vorverfahrens 145
C. Entbehrlichkeit des Vorverfahrens 146
    Fall 17: Widerspruch entbehrlich 147

3. Abschnitt: Klagefrist 150
A. Klagefrist ohne vorherige Durchführung eines Vorverfahrens 151
B. Klagefrist nach Durchführung eines Vorverfahrens 154
C. Frist bei fehlender oder unrichtiger Rechtsbehelfsbelehrung 156
D. Berechnung der Klagefrist 157
E. Wiedereinsetzung in den vorigen Stand 158
    Fall 18: Fristprobleme 159

5. Teil: Allgemeine Sachentscheidungsvoraussetzungen 163
A. Zuständigkeit des Gerichts 163
B. Ordnungsgemäße Klageerhebung 163
C. Beteiligten-, Prozess- und Postulationsfähigkeit 165
    I.   Beteiligtenfähigkeit 165
    II. Prozessfähigkeit 166
    III. Postulationsfähigkeit 167
D. Allgemeines Rechtsschutzbedürfnis 167
E. Sonstige Sachentscheidungsvoraussetzungen 168
    I.   Anderweitige Rechthängigkeit oder Rechtskraft 168
    II. Verzicht und Verwirkung 168
        Fall 19: Verspäteter Nachbarrechtsschutz 168

6. Teil: Die Begründetheit der verwaltungsgerichtlichen Klage 172

1. Abschnitt: Prüfungsmaßstab 172
A. Die Rechtswidrigkeit des VA 172
    I.   Rechtmäßigkeitsvoraussetzungen 172
    II. Objektive Sach- und Rechtslage 172
    III. Nachschieben von Gründen 173
    IV. Teilrechtswidrigkeit 174
B. Verletzung der Rechte des Klägers 175

2. Abschnitt: Der entscheidungserhebliche Zeitpunkt 175
A. Der Beurteilungszeitpunkt bei der Anfechtungsklage 176
    I.   Grundsatz: Behördliche Entscheidung 176
    II. Ausnahme: Mündliche Verhandlung 177

III. Gegenausnahme: Behördliche Entscheidung 177
Fall 20: Existenzentzug 178
B. Der für die Verpflichtungsklage maßgebliche Zeitpunkt 180
I. Grundsatz: Mündliche Verhandlung 180
II. Ausnahme: Behördliche Entscheidung 180
C. Maßgeblicher Zeitpunkt bei den sonstigen Klagearten 182
I. Feststellungsklage 182
II. Fortsetzungsfeststellungsklage 182

7. Teil: Vorläufiger Rechtsschutz im Verwaltungsprozess 183

1. Abschnitt: Bedeutung des vorläufigen Rechtsschutzes 183
A. Effektivität des Rechtsschutzes 183
B. Arten des vorläufigen Rechtsschutzes 183

2. Abschnitt: Vorläufiger Rechtsschutz nach § 80 VwGO 184
A. Die aufschiebende Wirkung von Widerspruch und
Anfechtungsklage 184
Fall 21: Widerspruch des entlassenen Beamten auf Probe 186
B. Der Ausschluss der aufschiebenden Wirkung 190
I. Die Fälle des § 80 Abs. 2 VwGO 190
II. Rechtsfolge bei Wegfall der aufschiebenden Wirkung 192
C. Das gerichtliche Aussetzungsverfahren nach § 80 Abs. 5 VwGO 193
I. Die Zulässigkeit eines Antrags nach § 80 Abs. 5 S. 1 VwGO 193
1. Verwaltungsrechtsweg 193
2. Statthaftigkeit 194
3. Antragsbefugnis 196
4. Rechtsschutzbedürfnis 196
a) Hauptsacheverfahren nicht offensichtlich unzulässig 196
b) Kein vorheriger Antrag an die Behörde erforderlich 196
c) Keine besondere Eilbedürftigkeit 196
5. Antragsfrist 197
6. Antragsgegner 197
7. Sonstige Sachentscheidungsvoraussetzungen 197
II. Begründetheit des Antrags nach § 80 Abs. 5 S. 1 VwGO 197
1. Prüfungsmaßstab 197
2. Interessenabwägung 198
a) Rechtswidrigkeit des angefochtenen Verwaltungsakts ... 198
b) Rechtmäßigkeit des angefochtenen Verwaltungsakts 198
c) Entscheidung bei offenen Erfolgsaussichten 200
Fall 22: Untersagung eines Malerbetriebes 201
III. Europarechtliche Vorgaben für den vorläufigen Rechtsschutz 209
D. Der faktische Vollzug 210
Fall 23: Versiegelung einer Werkshalle 210
E. Das behördliche Aussetzungsverfahren nach § 80 Abs. 4 VwGO 213
F. Das Abänderungsverfahren nach § 80 Abs. 7 VwGO 213

■ Zusammenfassende Übersicht: Antrag nach § 80 Abs. 5 VwGO 214

3. Abschnitt: Vorläufiger Rechtsschutz nach § 80 a VwGO 215

  A. Begünstigender VA mit drittbelastender Wirkung 216

    I. Rechtsbehelf des Dritten hat keine aufschiebende Wirkung 216

      Fall 24: Nachbarstreit – Aussetzung der Vollziehung 216

    II. Rechtsbehelf des Dritten hat aufschiebende Wirkung 221

      Fall 25: Anordnung der sofortigen Vollziehung 221

      Fall 26: Missachtung der aufschiebenden Wirkung

      (Abwandlung zu Fall 25) 225

  B. Belastender VA mit drittbegünstigender Wirkung 227

  C. Rechtsschutz des Nachbarn beim Bauen ohne Baugenehmigung 228

    Fall 27: Bauen ohne Baugenehmigung 228

4. Abschnitt: Die einstweilige Anordnung 231

  A. Zulässigkeit des Antrags nach § 123 Abs. 1 VwGO 231

    I. Verwaltungsrechtsweg 231

    II. Statthaftigkeit 231

    III. Antragsbefugnis 232

    IV. Rechtsschutzbedürfnis 232

    V. Sonstige Sachentscheidungsvoraussetzungen 232

  B. Begründetheit des Antrags nach § 123 Abs. 1 VwGO 232

    I. Voraussetzungen der SicherungsAO (§ 123 Abs. 1 S. 1 VwGO) 234

      1. Anordnungsanspruch 234

      2. Anordnungsgrund 235

      3. Rechtsfolge 235

    II. Voraussetzungen der RegelungsAO (§ 123 Abs. 1 S. 2 VwGO) 235

      1. Anordnungsanspruch 235

      2. Anordnungsgrund 236

      3. Rechtsfolge 236

    III. Einschränkungen beim Erlass einer einstweiligen Anordnung 236

      Fall 28: Vorläufige Versetzung 236

  C. Einstweilige Anordnung nach § 47 Abs. 6 VwGO 241

■ Zusammenfassende Übersicht: Einstweilige Anordnung gemäß § 123 VwGO 242

8. Teil: Überblick über die Rechtsmittel der VwGO 243

  A. Berufung 243

  B. Revision 244

  C. Beschwerde 244

  D. Anhörungsrüge 245

9. Teil: Das Widerspruchsverfahren 246

1. Abschnitt: Sinn und Zweck des Widerspruchsverfahrens 246

  A. Die Funktion des behördlichen Vorverfahrens 246

  B. Bedeutung des Vorverfahrens 247

VII

2. Abschnitt: Das Gutachten im Widerspruchsverfahren 247
    A. Die Zulässigkeit des Widerspruchs 247
        I. Vorliegen einer verwaltungsrechtlichen Streitigkeit 247
        II. Statthaftigkeit des Widerspruchs 248
            1. Widerspruch als richtiger Rechtsbehelf 248
            2. Ausschluss des Vorverfahrens 248
        III. Widerspruchsbefugnis 251
        IV. Form und Frist 252
            1. Monatsfrist nach § 70 Abs. 1 VwGO 252
            2. Jahresfrist nach § 58 Abs. 2 VwGO 253
            3. Wiedereinsetzung in den vorigen Stand 253
        V. Sonstige Zulässigkeitsvoraussetzungen 253
            Fall 29: Verspäteter Nachbarrechtsschutz 254
    B. Die Begründetheit des Widerspruchs 256
        I. Prüfungsmaßstab und Prüfungsumfang 256
        II. Entscheidung der Widerspruchsbehörde 257
        III. Entscheidungserheblicher Zeitpunkt 257

3. Abschnitt: Der Widerspruchsbescheid 258
    Fall 30: Die reformatio in peius 259

■ Zusammenfassende Übersicht: Widerspruchsverfahren 267

Stichwortverzeichnis..269

Verweise in den Fußnoten auf „RÜ" und „RÜ2" beziehen sich auf die Ausbildungszeitschriften von Alpmann Schmidt. Dort werden Urteile so dargestellt, wie sie in den Examensklausuren geprüft werden: in der RechtsprechungsÜbersicht als Gutachten und in der Rechtsprechungs-Übersicht 2 als Urteil/Behördenbescheid/Anwaltsschriftsatz etc.

RÜ-Leser wussten mehr: Immer wieder orientieren sich Examensklausuren an Gerichtsentscheidungen, die zuvor in der RÜ klausurmäßig aufbereitet wurden. Die aktuellsten RÜ-Treffer aus ganz Deutschland finden Sie auf unserer Homepage.

Abonnenten haben Zugriff auf unser digitales RÜ-Archiv.

Literatur

Literaturverzeichnis

Bader/Funke-Kaiser/ Stuhlfauth/von Albedyll	Verwaltungsgerichtsordnung 7. Aufl. 2018
Bader/Ronellenfitsch	BeckOK VwVfG Online-Kommentar Stand: 01.10.2018
Bosch/Schmidt/Vondung	Praktische Einführung in das verwaltungsgericht- liche Verfahren 9. Aufl. 2012
Detterbeck	Allgemeines Verwaltungsrecht mit Verwaltungsprozessrecht 16. Aufl. 2018
Ehlers/Pünder (Hrsg.)	Allgemeines Verwaltungsrecht 15. Aufl. 2015
Engelhardt/App/Schlatmann	Verwaltungs-Vollstreckungsgesetz (VwVG) Verwaltungszustellungsgesetz (VwZG) 11. Aufl. 2017
Eyermann	Verwaltungsgerichtsordnung 16. Aufl. 2019
Finkelnburg/Dombert/ Külpmann	Vorläufiger Rechtsschutz im Verwaltungsstreitverfahren 7. Aufl. 2017
Gärditz	VwGO – Verwaltungsgerichtsordnung mit Nebengesetzen 2. Aufl. 2018
Huck/Müller	Verwaltungsverfahrensgesetz 2. Aufl. 2016
Hufen	Verwaltungsprozessrecht 10. Aufl. 2016
Knack/Henneke (Hrsg.)	Verwaltungsverfahrensgesetz (VwVfG) 10. Aufl. 2014
Kopp/Ramsauer	Verwaltungsverfahrensgesetz 19. Aufl. 2018

Literatur

Kopp/Schenke	Verwaltungsgerichtsordnung 24. Aufl. 2018
Mann/Wahrendorf	Verwaltungsprozessrecht 4. Aufl. 2015
Maurer/Waldhoff	Allgemeines Verwaltungsrecht 19. Aufl. 2017
Pietzner/Ronellenfitsch	Das Assessorexamen im Öffentlichen Recht 13. Aufl. 2014
Posser/Wolff	BeckOK VwGO Online-Kommentar Stand: 01.10.2018
Redeker/v.Oertzen	Verwaltungsgerichtsordnung 16. Aufl. 2014
Sadler	Verwaltungs-Vollstreckungsgesetz Verwaltungszustellungsgesetz 9. Aufl. 2014
Schenke	Verwaltungsprozessrecht 15. Aufl. 2017
Schoch/Schneider/Bier	Verwaltungsgerichtsordnung München, Loseblatt Stand: Mai 2018
Sodan/Ziekow	Verwaltungsgerichtsordnung 5. Aufl. 2014
Stelkens/Bonk/Sachs	Verwaltungsverfahrensgesetz 8. Aufl. 2018
Wolff/Decker	Verwaltungsgerichtsordnung (VwGO) Verwaltungsverfahrensgesetz (VwVfG) 3. Aufl. 2012
Würtenberger/Heckmann	Verwaltungsprozessrecht 4. Aufl. 2018
Wysk	Verwaltungsgerichtsordnung 2. Aufl. 2016

1. Teil: Grundlagen des Verwaltungsprozesses

Anders als im Zivilrecht sind die meisten Klausuren im Öffentlichen Recht bereits im ersten Examen mit einer **prozessualen Fragestellung** verbunden (Fallfrage: „Hat die Klage Aussicht auf Erfolg?" oder „Wie wird das Verwaltungsgericht entscheiden?"). Neben dem materiellen Verwaltungsrecht spielt in der Klausur daher das **Prozessrecht** eine bedeutende Rolle.

1

Das Verwaltungsprozessrecht ist im Wesentlichen in der **Verwaltungsgerichtsordnung** (VwGO) geregelt. Wichtige Ergänzungen finden sich in landesrechtlichen Ausführungsgesetzen (AGVwGO, JustizG etc.).[1] Außerdem sind gemäß § 173 S. 1 VwGO ergänzend die Vorschriften der Zivilprozessordnung (ZPO) und des Gerichtsverfassungsgesetzes (GVG) anzuwenden, soweit die VwGO keine Bestimmungen über das Verfahren enthält.

2

Beispiele: Über § 173 S. 1 VwGO gelten daher z.B. die Vorschriften über die Vollmacht (§§ 81 ff. ZPO) und die Vorschriften über den Rechtsweg (§§ 17 ff. GVG). **Gegenbeispiel:** Die Vorschriften über das Versäumnisurteil (§§ 330 ff. ZPO) gelten im Verwaltungsprozess aufgrund des Amtsermittlungsgrundsatzes (§ 86 Abs. 1 VwGO) nicht (s.u. Rn. 20 f.).

1. Abschnitt: Sachentscheidungsvoraussetzungen

Zusammen mit dem Allgemeinen und dem Besonderen Verwaltungsrecht bildet das Verwaltungsprozessrecht den rechtlichen Rahmen für die Prüfung von Rechtsbehelfen vor dem Verwaltungsgericht (insbesondere Klagen und Eilanträge). Diese können nur Erfolg haben, soweit sie **zulässig und begründet** sind.

3

- Die **Zulässigkeit** umfasst die **prozessrechtlichen Voraussetzungen** der Klage.
- Die **Begründetheit** betrifft dagegen die **materiell-rechtlichen Voraussetzungen** des Klagebegehrens.

*Klausurhinweis: Diese Trennung führt dazu, dass die **Zulässigkeit stets vor der Begründetheit** zu prüfen ist! Zulässigkeitsfragen dürfen auch nicht offengelassen werden, selbst wenn der Antrag des Klägers offensichtlich unbegründet ist.*

- Ist die Klage **unzulässig**, so wird sie durch sog. **Prozessurteil** abgewiesen.

4

- Ist die Klage **zulässig**, ergeht – nach Prüfung der Begründetheit – ein **Sachurteil**.

Bedeutung hat die Unterscheidung insbes. für den **Umfang der Rechtskraft** (§ 121 VwGO). Ein Prozessurteil hindert den Kläger nicht, erneut zu klagen. Ein Sachurteil bindet die Beteiligten dagegen auch in materieller Hinsicht (§ 121 VwGO), d.h. eine erneute Klage mit dem gleichen Streitgegenstand ist unzulässig.[2]

Die Zulässigkeitsprüfung umfasst die sog. **Sachentscheidungsvoraussetzungen**, also die Gesichtspunkte, die Voraussetzung für eine Entscheidung in der Sache sind. Die Prüfung der Zulässigkeit kann man grob in vier Oberpunkte einteilen:

5

---

1 AGVwGO BW, BayAGVwGO, AGVwGO Bln, BbgVwGG, AGVwGO Brem, AGVwGO Hmb, HessAGVwGO, AGGerStrG M-V, NJG, JustG NRW, AGVwGO RP, Saarl AGVwGO, SächsJG, AG VwGO LSA, LJG SH, ThürAGVwGO.

2 Vgl. z.B. BVerwG, Urt. v. 05.02.2015 – BVerwG 5 B 29.14, BeckRS 2015, 41975.

1. Teil: Grundlagen des Verwaltungsprozesses

Sachentscheidungsvoraussetzungen
■ **Zulässigkeit** des gewählten **Rechtswegs**
■ **Statthaftigkeit** der Klage- bzw. Verfahrensart
■ **Besondere** Sachentscheidungsvoraussetzungen
■ **Allgemeine** Sachentscheidungsvoraussetzungen

*Hinweis: Die Prüfungsreihenfolge wird in Rspr. und Lit. **uneinheitlich gehandhabt**. Der im vorliegenden Skript wiedergegebene Aufbau orientiert sich an Logik und Zweckmäßigkeit. Wichtig ist nur, dass Sie in der Klausur eine vertretbare Reihenfolge wählen (dazu im Einzelnen später).*

A. Zulässigkeit des Rechtswegs

6 Erster Schritt bei der Prüfung verwaltungsgerichtlicher Rechtsbehelfe ist stets die Frage, ob der **Rechtsweg zu den Verwaltungsgerichten** eröffnet ist. Denn nur dann ist das Verwaltungsgericht zuständig, über die Sache zu entscheiden. Nach Art. 95 Abs. 1 GG gibt es in Deutschland **fünf Gerichtsbarkeiten**.

7 Die **Zuweisung** der Rechtsstreitigkeiten an die verschiedenen Gerichtszweige erfolgt durch:

- **Spezialzuweisungen** (wie z.B. § 54 Abs. 1 BeamtStG für beamtenrechtliche Streitigkeiten oder § 217 Abs. 1 BauGB für sog. Baulandsachen) oder
- **Generalklauseln:** § 40 Abs. 1 S. 1 VwGO für öffentlich-rechtliche Streitigkeiten, § 13 GVG für die ordentlichen Gerichte.

8 Ist der eingeschlagene Rechtsweg nicht eröffnet, wird die Klage aber nicht als unzulässig abgewiesen, sondern **von Amts wegen** an das zuständige Gericht **verwiesen** (§ 173 S. 1 VwGO, § 17 a Abs. 2 S. 1 GVG). Dasselbe gilt bei **örtlicher** oder **sachlicher Unzuständigkeit** des Gerichts (§ 83 S. 1 VwGO, § 17 a Abs. 2 S. 1 GVG).

Beispiel: K hat in einer zivilrechtlichen Streitigkeit Klage vor dem Verwaltungsgericht erhoben. Das Verwaltungsgericht erklärt den Verwaltungsrechtsweg für unzulässig und verweist den Rechtsstreit von Amts wegen an das zuständige Landgericht.[3] – K hat fälschlicherweise Klage vor dem Oberverwaltungsgericht (OVG) erhoben, obwohl kein Fall der §§ 47, 48 VwGO vorliegt. Das OVG verweist an das sachlich zuständige Verwaltungsgericht (§ 45 VwGO).

Aus der Regelung in § 17 a Abs. 2 S. 1 GVG wird teilweise geschlossen, dass die Rechtswegfrage **nicht im Rahmen der Zulässigkeit** geprüft werden dürfe. Da die Klage bei unzutreffender Wahl des Rechtsweges nicht unzulässig sei, müssten die gerichtsbezogenen Voraussetzungen, d.h. die Eröffnung des Verwaltungsrechtsweges sowie die örtliche und sachliche Zuständigkeit des Gerichts **vorab vor der Zulässigkeit** geprüft werden (sog. **dreistufiger Aufbau**),[4] also

■ **Gerichtsbezogene** Voraussetzungen

■ **Zulässigkeit** des Rechtsbehelfs

■ **Begründetheit** des Rechtsbehelfs

Überwiegend wird dagegen die Rechtwegfrage und die Zuständigkeit des Verwaltungsgerichts **als Teil der Zulässigkeit des Rechtsbehelfs** geprüft (sog. **zweistufiger Aufbau**),[5] also

■ **Zulässigkeit** des Rechtsbehelfs

■ **Begründetheit** des Rechtsbehelfs

§ 17 a Abs. 2 GVG ändere nichts an der Unzulässigkeit der Klage, sondern regele nur die **Rechtsfolge** bei Unzulässigkeit des Rechtsweges dahin, dass eine Verweisung nicht nur auf Antrag (so § 41 VwGO a.F.), sondern von Amts wegen zu erfolgen habe. Die Eröffnung des Verwaltungsrechtswegs sei daher weiterhin **Voraussetzung für die Zulässigkeit der Klage vor dem Verwaltungsgericht.**

Hierfür spricht vor allem, dass das Verwaltungsgericht nach § 17 a Abs. 2 GVG nur verweisen darf, wenn die **Zuständigkeit eines anderen Gerichts** überhaupt gegeben ist. Dies ist aber z.B. nicht der Fall bei verfassungsrechtlichen Streitigkeiten, für die der Verwaltungsrechtsweg nach § 40 Abs. 1 S. 1 VwGO nicht eröffnet ist. In diesen Fällen sieht § 17 a Abs. 2 GVG eine Verweisung nicht vor. Der Rechtsbehelf muss dann mangels zulässigen Rechtswegs zwingend als **unzulässig** abgewiesen werden.

Gegen eine Vorabprüfung der gerichtsbezogenen Voraussetzungen spricht im Übrigen, dass die **örtliche Zuständigkeit** des Verwaltungsgerichts häufig erst nach Feststellung der statthaften Verfahrensart geprüft werden kann (vgl. § 52 Nr. 2 u. Nr. 3 VwGO, die die örtliche Zuständigkeit von der Klageart abhängig machen). Konsequenterweise müsste dann auch dies vor der Zulässigkeit im Übrigen geklärt werden, was zu einer unübersichtlichen Aufsplitterung der Sachentscheidungsvoraussetzungen führen würde.[6]

Hinweis: Deshalb wird im Folgenden der (klassische) zweistufige Prüfungsaufbau zugrunde gelegt. In der Klausur ist der Aufbau nicht näher zu begründen. In der Prüfungspraxis besteht eine „friedliche Koexistenz" zwischen zweistufigem und dreistufigem Aufbau.[7]

---

3 Vgl. z.B. BVerwG NVwZ 2017, 242.
4 Schübel-Pfister JuS 2017, 1078, 1079; Gröpl/Wehr JuS 1995, L 76, 77: Vorabprüfung unter Gliederungsziffer 0.
5 Ehlers Jura 2007, 830, 831; Leifer JuS 2004, 956, 958; Koehl JuS 2004, 234 Fn. 2; Fischer Jura 2003, 748, 749; Ehlers in: Schoch VwGO Vorb § 40 Rn. 8; Kopp/Schenke VwGO § 40 Rn. 2.
6 Fischer Jura 2003, 748, 748; Leifer JuS 2004, 956, 958.
7 Hufen § 10 Rn. 1; Leifer JuS 2004, 956, 958; Schaks/Friedrich JuS 2018, 860, 861.

1. Teil Grundlagen des Verwaltungsprozesses

B. Statthaftigkeit der Verfahrensart

12 Die Zulässigkeit eines verwaltungsgerichtlichen Rechtsbehelfs setzt weiter voraus, dass die gewählte **Verfahrensart statthaft** ist. Statthaftigkeit bedeutet, dass die streitige Maßnahme „ihrer Art nach" mit dem gewählten Rechtsbehelf angegriffen bzw. erstritten werden kann. Die Statthaftigkeit richtet sich nach dem Klage- bzw. Antragsbegehren (vgl. §§ 88, 122 Abs. 1 VwGO). Sie muss in der Klausur **in jedem Fall** festgestellt werden.

So ist die Abwehr eines (belastenden) Verwaltungsakts (VA) nur mit der Anfechtungsklage (§ 42 Abs. 1 Fall 1 VwGO) möglich, während der Erlass eines (begünstigenden) VA mit der Verpflichtungsklage (§ 42 Abs. 1 Fall 2 VwGO) durchgesetzt werden muss. Rechtsnormen können verwaltungsgerichtlich unmittelbar nur im Normenkontrollverfahren nach § 47 VwGO überprüft werden.

C. Besondere Sachentscheidungsvoraussetzungen

13 Von der statthaften Klage-/Antragsart hängen **besondere Sachentscheidungsvoraussetzungen** ab, die für die jeweiligen Verfahrensarten unterschiedlich sein können.

So sind Anfechtungs- und Verpflichtungsklagen nur zulässig, wenn der Kläger geltend machen kann, in seinen Rechten verletzt zu sein (sog. Klagebefugnis, § 42 Abs. 2 VwGO), grds. ein Vorverfahren (§ 68 VwGO) durchgeführt und die Klagefrist (§ 74 VwGO) gewahrt wurde. Für die Zulässigkeit einer Feststellungsklage ist als besondere Voraussetzung ein berechtigtes Interesse an der baldigen Feststellung erforderlich (sog. Feststellungsinteresse, § 43 Abs. 1 VwGO).

14 *Klausurhinweis: Die besonderen Sachentscheidungsvoraussetzungen sind in der Klausur stets anzusprechen. Wenn sie unproblematisch sind, kann dies im verkürzten Gutachtenstil geschehen.*

Beispiel: „Die gemäß § 42 Abs. 2 VwGO erforderliche Klagebefugnis ergibt sich daraus, dass K als Adressat eines belastenden Verwaltungsaktes geltend machen kann, in seinem Grundrecht auf Berufsfreiheit (Art. 12 Abs. 1 GG) verletzt zu sein. Das nach § 68 Abs. 1 S. 1 VwGO erforderliche Vorverfahren hat K ordnungsgemäß durchgeführt. Die Klagefrist von einem Monat nach Zustellung des Widerspruchsbescheides (§ 74 Abs. 1 S. 1 VwGO ist gewahrt. …"

Beachte: Von der Möglichkeit des Urteilsstils sollten Sie in der Klausur nur sehr zurückhaltend Gebrauch machen. Ist nach der Aufgabenstellung – wie im 1. Examen üblich – ein Gutachten zu erstellen, hat die Darstellung grundsätzlich im Gutachtenstil (Obersatz, Definition, Subsumtion, Schlussfolgerung) zu erfolgen. Der Urteilsstil darf nur ausnahmsweise bei der Erörterung von kurzen, unproblematischen Fragen oder Nebensächlichkeiten verwendet werden.[8]

D. Allgemeine Sachentscheidungsvoraussetzungen

15 Im Übrigen gibt es eine Reihe **allgemeiner Sachentscheidungsvoraussetzungen**, die für **alle Verfahrensarten** gelten (z.B. ordnungsgemäße Klageerhebung, Beteiligten- und Prozessfähigkeit, allgemeines Rechtsschutzbedürfnis).

Klausurhinweis: Die allgemeinen Sachentscheidungsvoraussetzungen sind in der Klausur nur anzusprechen, soweit der Sachverhalt dazu Anhaltspunkte enthält.

---

8 OVG NRW NWVBl 2010, 238; OVG NRW, Beschl. v. 04.04. 2014 – 14 A 968/12, BeckRS 2014, 50776.

Auch hierbei gibt es **keine feste Prüfungsreihenfolge**. Logisch vorrangig vor allen anderen Voraussetzungen ist das Bestehen der **deutschen Gerichtsbarkeit** (§§ 18 ff. GVG), da hiervon die Anwendbarkeit der VwGO insgesamt abhängt. Wenn ausnahmsweise die sachliche, instanzielle oder örtliche Zuständigkeit des Gerichts problematisch ist, so sollte dies i.d.R. nach Feststellung des Verwaltungsrechtswegs erörtert werden. Zu beachten ist jedoch, dass die örtliche Zuständigkeit zuweilen von der Klageart abhängt (vgl. § 52 Nr. 2 u. 3 VwGO) und daher erst nach deren Feststellung geprüft werden kann (s.o.). Die sonstigen allgemeinen Zulässigkeitsvoraussetzungen sollten, wenn problematisch, i.d.R. **nach den besonderen Sachentscheidungsvoraussetzungen** angesprochen werden.

Die Beteiligtenfähigkeit wird zwar zuweilen bereits im Anschluss an die gerichtsbezogenen Voraussetzungen erörtert. Auch dies ist allerdings nicht zwingend. Insbesondere dann, wenn sich der richtige Klagegegner nach § 78 VwGO bestimmt (s.u. Rn. 146 ff.), empfiehlt es sich, auf die Beteiligtenfähigkeit erst nach den besonderen Sachentscheidungsvoraussetzungen einzugehen.

Für die Prüfung der **Zulässigkeit der verwaltungsgerichtlichen Klage** folgt daraus folgendes Grundschema:

Grundschema: Zulässigkeit einer verwaltungsgerichtlichen Klage
■ **Eröffnung des Verwaltungsrechtswegs**
■ **Statthafte Klageart**
■ **Besondere Sachurteilsvoraussetzungen**
■ **Allgemeine Sachurteilsvoraussetzungen**

Klausurhinweis: Ist in der Klausur nach den Erfolgsaussichten einer Klage gefragt, ist zumindest (kurz) auf den Rechtsweg, die Klageart und die besonderen Sachurteilsvoraussetzungen einzugehen, auf die allgemeinen Sachurteilsvoraussetzungen nur, soweit diese problematisch sind.

E. Prozessuale Besonderheiten

Im **Anschluss an die Zulässigkeitsprüfung** ist es üblich, auf bestimmte prozessuale Besonderheiten hinzuweisen, z.B. Erforderlichkeit einer Beiladung (§ 65 VwGO), Zulässigkeit einer Klagehäufung (§ 44 VwGO) oder einer Klageänderung (§ 91 VwGO).

*Klausurhinweis: Diese Punkte berühren nicht die Zulässigkeit der Klage und dürfen daher **keinesfalls als Teil der Zulässigkeit** geprüft werden! Aufbaumäßig lässt sich dies z.B. durch eine entsprechende Untergliederung klarstellen (A. Zulässigkeit, B. Prozessuale Besonderheiten, C. Begründetheit). Andere verzichten auf einen eigenständigen Prüfungspunkt und stellen die prozessualen Besonderheiten nach Feststellung der Zulässigkeit praktisch als „Annex" dar. Wichtig ist nur, dass deutlich wird, dass die entsprechenden Ausführungen **nicht zur Zulässigkeitsprüfung** gehören.*

Sind z.B. bei einer Klagehäufung die Voraussetzungen des § 44 VwGO nicht erfüllt, so bleibt jede Klage für sich gesehen zulässig. Nur die gleichzeitige Verfolgung in einem Verfahren ist unzulässig. Die Verfahren werden dann gemäß § 93 VwGO getrennt (vgl. noch unten Rn. 422).

2. Abschnitt: Allgemeine Verfahrensgrundsätze

A. Untersuchungsgrundsatz

20 Anders als im Zivilprozess gilt im Verwaltungsprozess nicht der Beibringungsgrundsatz, sondern der **Untersuchungsgrundsatz**. Das Gericht erforscht den Sachverhalt **von Amts wegen**. Es ist an das Vorbringen und an die Beweisanträge der Beteiligten nicht gebunden (§ 86 Abs. 1 VwGO).[9] Das Gericht muss aber nicht jeder entscheidungserheblichen Tatsache von sich aus nachgehen, sondern nur dann, wenn **vernünftigerweise Zweifel** bestehen.

So ist das Gericht zwar an übereinstimmend vorgetragene Tatsachen nicht gebunden. Es wird sie jedoch seiner Entscheidung i.d.R. zugrunde legen, es sei denn, das Gericht hat Anhaltspunkte dafür, dass die Darstellung unrichtig ist. Ebenso kann das pauschale Bestreiten eines Beteiligten keine Aufklärungspflicht des Gerichts begründen, wenn eine ganz überwiegende Wahrscheinlichkeit für eine bestimmte Tatsache spricht.[10] Auch sind die Verwaltungsgerichte nicht gehalten, gleichsam „ungefragt" auf Fehlersuche zu gehen.[11]

21 Konsequenz des Untersuchungsgrundsatzes ist insbes., dass es im Verwaltungsprozess – anders als im Zivilprozess – **keine echte Behauptungs- bzw. Darlegungslast** sowie **keine Beweisführungslast** der Beteiligten gibt. Das Gericht entscheidet nach seiner freien, aus dem Gesamtergebnis des Verfahrens gewonnenen Überzeugung (§ 108 Abs. 1 S. 1 VwGO).[12] Deshalb gibt es im Verwaltungsprozess auch **kein Versäumnisurteil**, da es im Hinblick auf den Amtsermittlungsgrundsatz auf die Schlüssigkeit (§ 331 Abs. 2 ZPO) und die Zugeständnisfiktion (§ 331 Abs. 1 S. 1 ZPO) nicht ankommt.

B. Verfügungsgrundsatz

22 Wie im Zivilprozess gilt auch im Verwaltungsprozess der Verfügungsgrundsatz **(Dispositionsmaxime)**. Über den Streitgegenstand können nur die Verfahrensbeteiligten verfügen. Das Gericht wird nur auf Antrag tätig (vgl. §§ 42 Abs. 1, 80 Abs. 5, 123 Abs. 1 VwGO) und darf über das Rechtsschutzbegehren nicht hinausgehen (ne ultra petita). Es ist allerdings nur an das Begehren, nicht an konkret formulierte Anträge gebunden (§ 88 VwGO).

Beispiele: Wird die Klage zurückgenommen (§ 92 VwGO) oder übereinstimmend für erledigt erklärt (§ 161 Abs. 2 VwGO), ergeht keine Sachentscheidung des Gerichts mehr, sondern nur noch die Kostenentscheidung.

C. Sonstige Verfahrensgrundsätze

23 Darüber hinaus gelten im Verwaltungsprozess wie im Zivilprozess die Grundsätze der **Öffentlichkeit** (§ 55 VwGO i.V.m. § 169 GVG), der **Mündlichkeit** (§ 101 Abs. 1 VwGO mit Ausnahmen in Abs. 2 und Abs. 3) und der **Unmittelbarkeit** (§ 96 Abs. 1 VwGO mit Ausnahmen in § 96 Abs. 2 VwGO).

---

9 Vgl. Jacob JuS 2011, 510 ff.; Müller JuS 2014, 324 ff.
10 BVerwG NVwZ 2008, 230.
11 Vgl. einerseits BVerwG NVwZ 2002, 1123, 1125; andererseits BVerwG NVwZ 2007, 223; Arntz DVBl. 2008, 78, 81 f.
12 Vgl. z.B. BayVGH, Beschl. v. 17.10.2016 – 22 ZB 15.2650, BeckRS 2016, 53471.

Zusammenfassende Übersicht **2. Abschnitt**

Zulässigkeit der verwaltungsgerichtlichen Klage

I. Eröffnung des Verwaltungsrechtsweges

- Spezialzuweisungen zum Verwaltungsgericht (z.B. § 54 Abs. 1 BeamtStG)
- Generalklausel des § 40 Abs. 1 S. 1 VwGO

II. Statthafte Klageart

Anfech-tungsklage (§ 42 Abs. 1 Fall 1 VwGO)	**Verpflich-tungsklage** (§ 42 Abs. 1 Fall 2 VwGO)	**Fortset-zungsfest-stellungs-klage** (§ 113 Abs. 1 S. 4 VwGO)	**Allgemeine Leistungs-klage**	**Fest-stellungs-klage** (§ 43 Abs. 1 VwGO)	**(abstrakte) Normen-kontrolle** (§ 47 Abs. 1 VwGO)
▪ Aufhebung eines VA	▪ Erlass eines VA	▪ Feststellung der Rechts-widrigkeit eines erle-digten VA	▪ Leistung, nicht Erlass/ Aufhebung eines VA	▪ Feststellung – Rechts-verhältn. – Nichtig-keit VA ▪ Subsidiarität (§ 43 Abs. 2 VwGO)	▪ Feststellung der Nich-tigkeit best. untergesetzl. Rechts-normen

III. Besondere Sachurteilsvoraussetzungen (klageartabhängig)

Anfech-tungsklage	**Verpflich-tungsklage**	**Fortset-zungsfest-stellungs-klage**	**Allgemeine Leistungs-klage**	**Fest-stellungs-klage**	**(abstrakte) Normen-kontrolle**
▪ Klagebefugnis (§ 42 Abs. 2 VwGO) ▪ Vorverfahren (§§ 68 ff. VwGO) ▪ Klagefrist (§§ 74, 58 Abs. 2 VwGO) ▪ Klagegegner (§ 78 VwGO)		▪ Sachurteils-voraussetz-ungen d. Anfecht.-/ Verpfl.kl. analog; str. ▪ Fortset-zungsfest-stellungs-interesse	▪ Klage-befugnis (§ 42 Abs. 2 VwGO ana-log; str.)	▪ Klage-befugnis (§ 42 Abs. 2 VwGO ana-log; str.) ▪ Fest-stellungs-interesse	▪ Antrags-befugnis (§ 47 Abs. 2 S. 1 VwGO) ▪ Antragsfrist (§ 47 Abs. 2 S. 1 VwGO) ▪ Antrags-gegner (§ 47 Abs. 2 S. 2 VwGO)

IV. Allgemeine Sachurteilsvoraussetzungen (klageartunabhängig)
Ausführungen dazu nur, wenn Sachverhalt Anlass bietet

Standort unterschiedlich:

vor I:
- Deutsche Gerichtsbarkeit (§§ 18 ff. GVG)

vor II:
- sachliche, instanzielle, örtliche Gerichtszuständigkeit (§§ 45 ff. VwGO)

als IV:
- ordnungsgemäße Klageerhebung (§§ 81, 82 VwGO)
- Beteiligten-, Prozess-, Postulationsfähigkeit (§§ 61 ff. VwGO)
- allgemeines Rechtsschutzbedürfnis
- keine anderweitige Rechtshängigkeit oder entgegenstehende Rechtskraft (§ 121 VwGO)

ggf. zusätzlich (außerhalb der Zulässigkeitsprüfung):
- Klagehäufung (§ 44 VwGO), Klageänderung (§ 91 VwGO)
- Beiladung (§ 65 VwGO)

7

2. Teil: Die Eröffnung des Verwaltungsrechtswegs

24 Das Verwaltungsgericht darf eine Entscheidung in der Sache nur treffen, wenn der **Verwaltungsrechtsweg** eröffnet ist.

Klausurhinweis: Zumeist ist der Prüfungspunkt „Verwaltungsrechtsweg" in der Klausur unproblematisch und kann im verkürzten Gutachtenstil dargestellt werden. Wenn Spezialzuweisungen fehlen, kommt es entscheidend darauf an, ob eine öffentlich-rechtliche Streitigkeit vorliegt.

Formulierungsvorschlag: „Mangels aufdrängender Spezialzuweisung richtet sich die Eröffnung des Verwaltungsrechtswegs nach § 40 Abs. 1 S. 1 VwGO. Dann müsste eine öffentlich-rechtliche Streitigkeit vorliegen. Öffentlich-rechtlich ist die Streitigkeit, wenn die Hauptfrage nach öffentlich-rechtlichen Vorschriften zu entscheiden ist. Streitentscheidend ist hier die einfach-gesetzliche Vorschrift in § ..., die ausschließlich einen Hoheitsträger als solchen berechtigt und verpflichtet und daher öffentlich-rechtlicher Natur ist. Damit liegt eine öffentlich-rechtliche Streitigkeit nichtverfassungsrechtlicher Art vor, die auch keinem anderen Gericht ausdrücklich zugewiesen ist. Der Verwaltungsrechtsweg ist eröffnet."

25 Im Einzelfall kann die Rechtswegfrage gleichwohl **Probleme** aufwerfen. Dann muss dies in der Klausur näher dargestellt werden, auch wenn die Frage im Grundsatz in Rspr. und Lit. geklärt ist. In öffentlich-rechtlichen Klausuren spricht allerdings regelmäßig eine starke **Vermutung** dafür, dass der Verwaltungsrechtsweg eröffnet ist.[13]

26 Kommen Sie (ausnahmsweise) zu dem Ergebnis, dass der beschrittene **Verwaltungsrechtsweg unzulässig** ist, so ist der Rechtsstreit **von Amts wegen** durch Beschluss an das zuständige Gericht des zulässigen Rechtswegs zu verweisen (§ 173 S. 1 VwGO i.V.m. § 17 a Abs. 2 S. 1 GVG). In der **Klausur** ist dann i.d.R. zur Begründetheit und (je nach Bearbeitungsvermerk) ggf. auch zur Zulässigkeit im Übrigen ein **Hilfsgutachten** zu erstellen. Der Verweisungsbeschluss ist für das Gericht, an das der Rechtsstreit verwiesen worden ist, hinsichtlich des Rechtsweges bindend (§ 17 a Abs. 2 S. 3 GVG), selbst wenn die Verweisung fehlerhaft ist.[14]

Beispiel: Der Kläger hat vor dem Amtsgericht auf Gewährung von Sozialhilfe geklagt. Das Amtsgericht hat den Rechtsstreit nach § 17 a Abs. 2 S. 1 GVG fälschlicherweise nicht an das zuständige Sozialgericht (§ 51 Abs. 1 Nr. 6 a SGG), sondern an das Verwaltungsgericht verwiesen. Die Verweisung ist – obwohl sachlich falsch – für das Verwaltungsgericht bindend, um einen negativen Kompetenzkonflikt zu vermeiden. Das Verwaltungsgericht darf daher auch nicht an das Sozialgericht weiterverweisen (also keine „Kettenverweisung").[15]

27 Ist der beschrittene **Verwaltungsrechtsweg zulässig**, so kann das Gericht auch dies durch Beschluss vorab feststellen. Es muss eine solche (positive) **Vorabentscheidung** treffen, wenn ein Beteiligter die Zulässigkeit des Rechtswegs rügt (§ 173 S. 1 VwGO i.V.m. § 17 a Abs. 3 GVG).

Im Berufungs- bzw. Revisionsverfahren prüfen das OVG und das BVerwG nicht mehr, ob der beschrittene Rechtsweg zulässig ist (§ 17 a Abs. 5 GVG). Zweck dieser Vorschrift ist es, die Frage des Rechtswegs zu einem möglichst frühen Zeitpunkt des Verfahrens (ggf. nach Beschwerde gemäß § 17 a Abs. 4 S. 3 GVG) abschließend zu klären und das weitere Verfahren nicht mehr mit dem Risiko eines erst später erkannten Mangels des gewählten Rechtswegs zu belasten.[16]

---

13 Schübel-Pfister JuS 2011, 420, 423.
14 Vgl. BVerwG, Beschl. v. 31.05.2011 – BVerwG 8 AV 1.11, BeckRS 2011, 141828; BVerwG, Beschl. v. 17.03.2010 – BVerwG 7 AV 2.10, BeckRS 2010, 47975.
15 Kopp/Schenke VwGO Anh § 41 Rn. 21.
16 BVerwG NJW 2006, 1225; OVG Hamburg NJW 2017, 3402.

Der **Verwaltungsrechtsweg** kann sich ergeben:

28

- aus **speziellen Rechtswegzuweisungen** an das Verwaltungsgericht oder

- aus der **Generalklausel** des § 40 Abs. 1 S. 1 VwGO.

Klausurhinweis: Spezialgesetzliche Zuweisungen an das Verwaltungsgericht (sog. aufdrängende Spezialzuweisungen) gehen der Generalklausel des § 40 Abs. 1 S. 1 VwGO vor. Sie sind daher stets vor der Generalklausel zu prüfen!

1. Abschnitt: Aufdrängende Spezialzuweisungen

Die wichtigsten spezialgesetzlichen Zuweisungen enthalten **§ 54 Abs. 1 Beamtenstatus-** **gesetz** (BeamtStG) für Landesbeamte und **§ 126 Abs. 1 Bundesbeamtengesetz** (BBG) für Bundesbeamte. Danach ist für alle Klagen der Beamten, Ruhestandsbeamten, früheren Beamten und der Hinterbliebenen **„aus dem Beamtenverhältnis"** sowie für Klagen des Dienstherrn der **Verwaltungsrechtsweg** gegeben.

29

Der Begriff **„aus dem Beamtenverhältnis"** ist dabei weit auszulegen. Es kommt nicht darauf an, ob ein Beamter klagt oder verklagt wird. Entscheidend ist allein, ob für das Klagebegehren eine **beamtenrechtliche Rechtsgrundlage** einschlägig ist.

30

Beispiele: Klage des Beamten gegen eine Versetzung oder auf Zahlung von Besoldungs- oder Versorgungsbezügen, aber auch die Klage auf Begründung eines Beamtenverhältnisses.[17]

Weitere spezialgesetzliche Zuweisungen zum Verwaltungsgericht finden sich insbesondere in einigen **neueren Bundesgesetzen**, z.B.

31

- **§ 6 Abs. 1 UIG** für Umweltinformationen auf Bundesebene,

- **§ 7 IWG** für die Weiterverwendung von Informationen öffentlicher Stellen,

- **§ 54 BAföG** für öffentlich-rechtliche Streitigkeiten über Ausbildungsförderung.

Aufdrängende Spezialzuweisungen zum Verwaltungsgericht sind grds. **nur kraft** **Bundesrechts** möglich. Denn der Bundesgesetzgeber hat von seiner konkurrierenden Gesetzgebungskompetenz für das gerichtliche Verfahren (Art. 74 Abs. 1 Nr. 1, Art. 72 Abs. 1 GG) abschließend Gebrauch gemacht. Ausnahmen für die Länder bestehen nur nach § 187 Abs. 1 VwGO und § 6 Abs. 5 UIG. Sonstige **landesrechtliche Zuweisungen** zu den Verwaltungsgerichten haben nur deklaratorischen Charakter, soweit sie die ohnehin nach § 40 Abs. 1 S. 1 VwGO eröffnete Zuständigkeit der Verwaltungsgerichte konkretisieren (vgl. z.B. Art. 83 Abs. 5, Art. 93 BayVerf, Art. 74 Abs. 1 Verf NRW).[18]

32

*Die Befugnis des Landesgesetzgebers nach § 40 Abs. 1 **S. 2** VwGO betrifft nur **abdrängende** **Zuweisungen** öffentlich-rechtlicher Streitigkeiten an ein anderes Gericht (z.B. vom Verwaltungsgericht an die ordentlichen Gerichte), dagegen **nicht aufdrängende Zuweisungen** zum Verwaltungsgericht! Diese sind grds. dem Bundesgesetzgeber vorbehalten.*

---

17 BVerwG DVBl. 2005, 516, 517; Kopp/Schenke VwGO § 40 Rn. 76 m.w.N.
18 Posser/Wolff VwGO § 40 Rn. 225; André DVBl. 2011, 1207, 1210; Schiffbauer JuS 2015, 548, 549.

2. Abschnitt: Die Generalklausel des § 40 Abs. 1 S. 1 VwGO

33 Soweit eine Rechtsstreitigkeit nicht schon durch eine aufdrängende Spezialregelung den Verwaltungsgerichten zugewiesen ist, ist die Zulässigkeit des Verwaltungsrechtswegs anhand der **Generalklausel** des § 40 Abs. 1 S. 1 VwGO zu untersuchen. Danach ist der Verwaltungsrechtsweg eröffnet in allen öffentlich-rechtlichen Streitigkeiten nichtverfassungsrechtlicher Art, soweit die Streitigkeiten nicht einem anderen Gericht ausdrücklich zugewiesen sind (sog. abdrängende Spezialzuweisung).

Grundschema: Generalklausel (§ 40 Abs. 1 S. 1 VwGO)

- **öffentlich-rechtliche Streitigkeit**
- **nichtverfassungsrechtlicher Art**
- **keine abdrängende Spezialzuweisung**

A. Öffentlich-rechtliche Streitigkeiten

I. Eindeutige Zuordnung

34 Unproblematisch ist das Vorliegen einer öffentlich-rechtlichen Streitigkeit, wenn sich ein Verwaltungsträger **eindeutig auf hoheitliche Befugnisse** stützt. In diesem Fall liegt stets eine öffentlich-rechtliche Streitigkeit i.S.d. § 40 Abs. 1 S. 1 VwGO vor. Wird eine behördliche Maßnahme im Wege einer einseitigen hoheitlichen Regelung (insbes. durch Verwaltungsakt) getroffen, so ist diese Maßnahme auch dann im **Verwaltungsrechtsweg** anzufechten, wenn sie inhaltlich eine privatrechtliche Rechtsbeziehung betrifft.[19]

Beispiele: Hausverbot durch Verwaltungsakt,[20] Kündigung eines Mietvertrages durch „Verfügung"[21] oder Entscheidung einer privatrechtlichen Frage durch „Widerspruchsbescheid".[22]

Die Frage, wie die Behörde hätte handeln müssen, ist keine Frage der Rechtsnatur der Streitigkeit, sondern der Rechtmäßigkeit der Maßnahme!

Selbstverständlich ist eine Kündigung durch VA mangels entsprechender Befugnis rechtswidrig, entschieden wird darüber aber im Verwaltungsrechtsweg.

35 **Eindeutig** öffentlich-rechtlich sind vor allem Maßnahmen der **Eingriffsverwaltung** (vornehmlich im Polizei- und Ordnungsrecht). Dagegen sind eindeutig privatrechtlich Streitigkeiten im Rahmen der **Fiskalverwaltung** (z.B. Anmietung von Verwaltungsgebäuden).[23]

36 Nach h.M. gilt letzteres auch im Bereich des sog. **Verwaltungsprivatrechts**. Hier wird der Verwaltungsträger zwar in privatrechtlicher Form tätig, erfüllt aber dem Bürger gegenüber **unmittelbar eine öffentliche Aufgabe**.

Beispiele: Energieversorgung und öffentlicher Personennahverkehr durch die Stadtwerke GmbH oder sozialer Wohnungsbau durch eine städtische Wohnbau GmbH.

---

19 OVG NRW NJW 2011, 2379; Sodan/Ziekow VwGO § 40 Rn. 389; Kopp/Schenke VwGO § 40 Rn. 6.

20 VG Berlin NJW 2002, 1063; VG Hamburg NVwZ-RR 2012, 536.

21 OVG NRW NVwZ 1988, 452, 454.

22 BVerwG NVwZ 1988, 51; a.A. BayVGH NVwZ 1990, 775, 777.

23 Renck JuS 2000, 1001 m.w.N.

Die Generalklausel des § 40 Abs. 1 S. 1 VwGO **2. Abschnitt**

In diesen Fällen gilt grds. Privatrecht, das Privatrecht wird aber durch öffentlich-recht-liche Vorschriften überlagert (insbes. Geltung der Grundrechte und des Grundsatzes der Verhältnismäßigkeit).[24] Die **öffentlich-rechtlichen Bindungen** ändern aber nicht die Rechtsnatur der Streitigkeit. Da es sich um privatrechtliche Rechtsbeziehungen handelt, ist für Streitigkeiten nach § 13 GVG der **Zivilrechtsweg** eröffnet.[25]

37

Nach der Gegenansicht gehört der Streit über Anwendung und Auslegung einer das Privatrecht über-lagernden öffentlich-rechtlichen Norm stets vor die Verwaltungsgerichte.[26] Dagegen spricht jedoch, dass das streitige Rechtsverhältnis privatrechtlicher Natur ist und durch die öffentlich-rechtlichen Bin-dungen lediglich modifiziert wird.

II. Rechtsnatur des Rechtsverhältnisses

Lässt sich eine eindeutige Zuordnung nicht vornehmen, so beurteilt sich die Frage, ob die Streitigkeit öffentlich-rechtlich oder privatrechtlich ist, nach der **Rechtsnatur des Rechtsverhältnisses**, aus dem der Klageanspruch hergeleitet wird.[27] Hierbei ist von der **streitentscheidenden Norm** auszugehen. Ist die Norm öffentlich-rechtlich, so ist es auch der sie betreffende Streit.

38

Beispiele: Richtet sich die Klage gegen ein Versammlungsverbot, sind streitentscheidend die öffentlich-rechtlichen Vorschriften des Versammlungsrechts, also greift § 40 Abs. 1 S. 1 VwGO ein. Klagt der Käufer auf Kaufpreiszahlung aus einem vom Bürgermeister für die Gemeinde abgeschlossenen Kaufvertrag, so sind streitentscheidend die §§ 433 ff. BGB mit der Folge, dass nach § 13 GVG der Zivilrechtsweg eröffnet ist.

Ist die Rechtsnatur der streitentscheidenden Norm zweifelhaft, wird üblicherweise auf die sog. **modifizierte Subjektstheorie** abgestellt: Eine Norm ist danach öffentlich-rechtlich, wenn sie einen Verwaltungsträger gerade in seiner Eigenschaft als Träger hoheitlicher Gewalt berechtigt und verpflichtet.[28] Allerdings kann ohne Weiteres auch auf die **Subordinationstheorie** (Öffentliches Recht bei einem Über-/Unterordnungs-verhältnis, Privatrecht bei Gleichordnung) oder auf die **Interessentheorie** (Öffentliches Recht bei Vorschriften, die überwiegend dem öffentlichen Interesse dienen, Privatrecht bei im Individualinteresse stehenden Rechtssätzen) abgestellt werden. Da die Theorien nicht in einem Ausschließlichkeitsverhältnis stehen, sondern dieselbe Sache nur von verschiedenen Seiten aus betrachten, ist es sinnvoll, in Zweifelsfällen die verschiedenen Theorien zu kombinieren.[29]

39

Beispiel: „Dabei kommt es regelmäßig darauf an, ob die Beteiligten zueinander in einem hoheitlichen Verhältnis der Über- und Unterordnung stehen und sich der Träger hoheitlicher Gewalt der besonderen Rechtssätze des öffentlichen Rechts bedient (…). Eine öffentlich-rechtliche Streitigkeit kann aber auch auf einem Gleichordnungsverhältnis beruhen. Gleichordnungsverhältnisse sind öffentlich-rechtlich, wenn die das Rechtsverhältnis beherrschenden Rechtsnormen nicht für jedermann gelten, sondern Sonderrecht des Staates oder sonstiger Träger öffentlicher Aufgaben sind, das sich zumindest auf einer Seite nur an Hoheitsträger wendet."[30]

---

24 Vgl. AS-Skript Verwaltungsrecht AT 1 (2017), Rn. 85 ff.

25 BVerwG NJW 2007, 2275, 2276; BayVGH NJW 2013, 249, 250; OVG NRW DVBl. 2010, 1324; Druschel JA 2008, 514, 517 f.

26 Ehlers/Schneider in: Schoch VwGO § 40 Rn. 268 f.; Ehlers/Pünder § 3 Rn. 96 m.w.N.

27 BVerwG NVwZ 2017, 242, 243; BGH NVwZ 2016, 870; OVG NRW NVwZ-RR 2015, 399; OVG Bln-Bbg NVwZ-RR 2015, 437; Bay-VGH DÖV 2015, 40.

28 Vgl. z.B. BVerwG NVwZ 2017, 329; OVG RP DÖV 2017, 878; allgemein AS-Skript Verwaltungsrecht AT 1 (2017), Rn. 68.

29 Vgl. Krüger JuS 2013, 598, 598 f.; AS-Skript Verwaltungsrecht AT 1 (2017), Rn. 70.

30 Beispielhaft BVerwG NVwZ-RR 2010, 682, 683.

2. Teil   Die Eröffnung des Verwaltungsrechtswegs

40   Unerheblich ist dabei, ob sich der Kläger auf zivilrechtliche oder öffentlich-rechtliche Anspruchsgrundlagen beruft. Maßgebend sind allein die **objektiv streitentscheidenden Vorschriften**,[31] und zwar die Normen, nach denen sich die **Hauptfrage der Streitigkeit** bestimmt. Nach welchem Recht Vorfragen zu entscheiden sind, ist unerheblich.[32]

Beispiele: K klagt gegen eine Ordnungsverfügung, die darauf gestützt ist, dass er als Eigentümer Zustandsstörer ist. Hauptfrage ist die Rechtmäßigkeit der Ordnungsverfügung, also eine öffentlich-rechtliche Frage. Die Vorfrage, ob K Eigentümer ist, richtet sich zwar nach dem BGB, ändert jedoch nicht die öffentlich-rechtliche Rechtsnatur der Streitigkeit. Im Prozess muss das Verwaltungsgericht die zivilrechtliche Vorfrage nach der Eigentumslage mitentscheiden.

41   Kommen für die Beurteilung der Hauptfrage **mehrere Rechtsgrundlagen** in Betracht, so reicht es für den Verwaltungsrechtsweg aus, dass **eine** der in Betracht kommenden Normen **öffentlich-rechtlich** ist. Ist der Verwaltungsrechtsweg unter einem Aspekt eröffnet, so entscheidet das Verwaltungsgericht den Rechtsstreit grds. umfassend unter allen in Betracht kommenden rechtlichen Gesichtspunkten (§ 173 S. 1 VwGO, § 17 Abs. 2 S. 1 GVG), prüft also ggf. auch **rechtswegfremde Ansprüche**.

Beispiel: K klagt vor dem Verwaltungsgericht auf Herausgabe einer Sache nach öffentlich-rechtlicher Verwahrung (z.B. nach einer polizeilichen Sicherstellung). Nach § 40 Abs. 2 S. 1 Halbs.1 Fall 2 VwGO ist hierfür der Zivilrechtsweg eröffnet. Der Anspruch kann aber auch als Folgenbeseitigungsanspruch (FBA) geltend gemacht werden, für den nach § 40 Abs. 1 S. 1 VwGO der Verwaltungsrechtsweg gegeben ist.[33] Das Verwaltungsgericht prüft daher nach § 17 Abs. 2 S. 1 GVG nicht nur den FBA, sondern auch den Anspruch aus Verwahrung. Eine Verweisung des Rechtsstreits findet nicht statt.

42   Etwas anderes gilt in Bezug auf die **verfassungsrechtlichen Rechtswegzuweisungen** in Art. 14 Abs. 3 S. 4 GG (Enteignungsentschädigung) und Art. 34 S. 3 GG (Amtshaftungsansprüche). Hierfür sind in jedem Fall ausschließlich und allein die **ordentlichen Gerichte** zuständig (§ 17 Abs. 2 S. 2 GVG).

Beispiel: Eine Schadensersatzklage wegen verspäteter Beförderung wird gestützt auf beamtenrechtliche Vorschriften und auf Art. 34 GG, § 839 BGB (Amtshaftung). Für den beamtenrechtlichen Anspruch ist nach § 40 Abs. 2 S. 2 VwGO, § 126 Abs. 1 BBG, § 54 Abs. 1 BeamtStG das Verwaltungsgericht zuständig, für den Amtshaftungsanspruch dagegen gemäß Art. 34 S. 3 GG das Zivilgericht. Das Verwaltungsgericht darf nur den beamtenrechtlichen Schadensersatzanspruch prüfen. Die Prüfung des Amtshaftungsanspruchs fällt wegen Art. 34 S. 3 GG nicht in die Kompetenz des VG.[34]

III. Abwehr- und Leistungsansprüche

Fall 1: Streitigkeiten um den Ratskeller

Im Keller des Rathauses hat die Stadt S eine Gaststätte eingerichtet, den Ratskeller. Sie ist an den Gastwirt P verpachtet. Dazu gehört auch eine Kegelbahn. P behauptet, die automatische Aufstellanlage sei nicht in Ordnung gewesen und habe mit einem Kostenaufwand von 3.700 Euro erneuert werden müssen. Die Stadt weigert sich, diesen Betrag zu bezahlen. Außerdem hat das Gewerbeamt der Stadt dem P zur Auflage gemacht, in dem hinteren Raum ab 22.00 Uhr jede Art von Musikveranstaltungen zu unterlassen. Das wurde damit begründet, die Bewohner der auf der anderen Seite des Hofes gelegenen Wohnungen würden sonst in ihrer Nachtruhe gestört.

---

31   BGH NJW 1998, 546, 547; BayVGH DÖV 2015, 40; OVG Bln-BBg NVwZ-RR 2015, 437

32   BVerwG NVwZ 1982, 436; OVG NRW NWVBl. 2003, 23; KG NJW-RR 2007, 144.

33   VG Neustadt, Urt. v. 13.11.2013 – 4 K 847/13, BeckRS 2013, 58229; Kopp/Schenke VwGO § 40 Rn. 64.

34   Vgl. OVG NRW DVBl. 2013, 131, 132; DVBl. 2016, 447, 448.

Die Generalklausel des § 40 Abs. 1 S. 1 VwGO **2. Abschnitt**

P macht geltend, es sei ausreichend, wenn die zum Hof hin gelegenen Fenster der Gaststätte geschlossen gehalten würden. Außerdem habe ihm die Stadt in dem Pachtvertrag ausdrücklich zugesichert, auch den hinteren Raum für Musikveranstaltungen benutzen zu dürfen, ohne dass hierbei eine zeitliche Begrenzung vorgesehen sei. P hat deshalb sowohl gegen die Auflage als auch gegen die Weigerung der Stadt, 3.700 € zu erstatten, schriftlich Einwendungen erhoben, die die Stadt zurückgewiesen hat. Könnte P vor dem Verwaltungsgericht Klage erheben?

Vor dem Verwaltungsgericht (VG) kann Klage erhoben werden, wenn der **Verwaltungsrechtsweg** eröffnet ist. Da im vorliegenden Fall Spezialzuweisungen nicht ersichtlich sind, ist auf die Generalklausel des **§ 40 Abs. 1 S. 1 VwGO** abzustellen. Deren entscheidende Voraussetzung ist, dass eine **öffentlich-rechtliche Streitigkeit** vorliegt. Davon abzugrenzen ist die privatrechtliche Streitigkeit, die gemäß § 13 GVG den ordentlichen Gerichten zugewiesen ist. **43**

I. Dabei ist vorliegend zu beachten, dass es sich um **zwei Streitigkeiten** handelt: **44**

- P will sich zum einen gegen die Auflage des Gewerbeamtes zur Wehr setzen, macht also einen **Abwehranspruch** geltend.

- Zum anderen verlangt P von der Stadt S 3.700 Euro, will also einen **Leistungsanspruch** durchsetzen.

II. Die jeweilige Streitigkeit muss **öffentlich-rechtlich** sein.

1. P wendet sich zum einen gegen die **Auflage**, ab 22.00 Uhr Musikveranstaltungen im hinteren Raum der Gaststätte zu unterlassen.

a) **Hauptfrage** ist in diesen Fällen, ob die angegriffene belastende Verwaltungsmaßnahme vom Bürger hingenommen werden muss. Bei **Abwehr einer Belastung** richtet sich die Rechtsnatur der Streitigkeit nach der **Rechtsnatur der abzuwehrenden Maßnahme.**[35] **45**

Die Belastung kann in einem **Verwaltungsakt** liegen (z.B. Abgabenbescheid, Ordnungsverfügung) oder auch in einem tatsächlichen Verhalten (z.B. Lärm- oder Geruchsimmissionen). Geht es um die Abwehr **schlichten Verwaltungshandelns**, so ist hierbei i.d.R. auf das Kriterium des **Sachzusammenhangs** abzustellen. So sind z.B. **Immissionen** öffentlich-rechtlich zu beurteilen, wenn sie mit einem anderen eindeutig als öffentlich-rechtlich einzuordnenden Verwaltungshandeln in engem Zusammenhang stehen. **Beispiele:** **46**

- Störungen beim **Betrieb öffentlicher Einrichtungen** sind aufgrund des Sachzusammenhangs mit der öffentlichen Daseinsvorsorge i.d.R. öffentlich-rechtlich zu qualifizieren.[36] Die Gegenansicht stellt auf die Rechtsnatur des Benutzungsverhältnisses ab. Ist dieses zivilrechtlich ausgestaltet, sei der Zivilrechtsweg eröffnet.[37] **47**

- **Ehrbeeinträchtigende Äußerungen** sind öffentlich-rechtlich, wenn sie im Zusammenhang mit der Erfüllung öffentlicher Aufgaben stehen oder auf vermeintlich öffentlich-rechtliche Befugnisse gestützt werden (z.B. Aufrufe des Bürgermeisters in amtlicher Eigenschaft), dagegen privatrechtlich, wenn ein Sachzusammenhang mit fiskalischen Rechtsbeziehungen besteht.[38] **48**

---

35 Vgl. z.B. OVG NRW NVwZ-RR 2015, 399 bei Klage auf Herausgabe von Gegenständen.
36 Vgl. HessVGH RÜ 2011, 810; BayVGH NVwZ-RR 2018, 482, 483; Frank JuS 2018, 56, 58.
37 Kopp/Schenke VwGO § 40 Rn. 29 a.
38 Vgl. OVG Bln-Bbg NVwZ-RR 2015, 437; OVG NRW RÜ 2017, 122, 123.

2. Teil — Die Eröffnung des Verwaltungsrechtswegs

49
- Auch ein von einem Hoheitsträger verhängtes **Hausverbot** wurde von der Rspr. früher nur dann als öffentlich-rechtlich eingeordnet, wenn es im Zusammenhang mit hoheitlichem Handeln stand, privatrechtlich dagegen bei Sachzusammenhang mit fiskalischem Handeln (sog. Akzessorietät des Hausrechts).[39] Heute wird das Hausverbot dagegen überwiegend als öffentlich-rechtlich qualifiziert, wenn es der Sicherung des öffentlich-rechtlichen Widmungszwecks des Gebäudes dient.[40] Dafür spricht, dass das Hausrecht an Dienstgebäuden nicht aus §§ 903, 1004 BGB folgt, sondern aus der öffentlich-rechtlichen Sachherrschaft bzw. der behördlichen Organisationskompetenz.[41]

50
b) Demnach richtet sich im vorliegenden Fall die Rechtsnatur der Streitigkeit nach der **Rechtsnatur der Auflage**. Die Auflage kann nur auf eine gewerberechtliche, also **öffentlich-rechtliche** Rechtsgrundlage gestützt sein, z.B. § 5 GaststG (Gaststättengesetz), und ist daher selbst öffentlich-rechtlicher Natur. Folglich ist die Streitigkeit um die Rechtmäßigkeit der Auflage **öffentlich-rechtlich**. Dem steht nicht entgegen, dass P sich zur Begründung seines Abwehrbegehrens vor allem auch auf den privatrechtlichen Pachtvertrag beruft. Denn dessen Auswirkungen sind allenfalls Vorfragen, die auf die Rechtsnatur der Streitigkeit keinen Einfluss haben.

51
Die Streitigkeit ist auch **nichtverfassungsrechtlicher Art** und **keinem anderen Gericht** zugewiesen. Für die Klage gegen die Auflage ist somit gemäß § 40 Abs. 1 S. 1 VwGO der Verwaltungsrechtsweg eröffnet.

2. Anspruch des P gegen die Stadt auf **Zahlung** von 3.700 Euro

52
a) Macht der Kläger einen **Leistungsanspruch** geltend, so ist Hauptfrage der Streitigkeit, ob der Anspruch begründet ist. Daher richtet sich die Rechtsnatur der Streitigkeit nach der **Rechtsnatur der in Betracht kommenden Anspruchsgrundlage**.[42] Ansprüche aus **öffentlich-rechtlichen Vorschriften** sind grds. vor den Verwaltungsgerichten geltend zu machen, privatrechtliche Ansprüche dagegen vor den Zivilgerichten.

Beispiele:

53
- Die Streitigkeit zwischen einer politischen Partei und einer Sparkasse (als Anstalt des öffentlichen Rechts) auf Eröffnung eines Girokontos ist im Hinblick auf **§ 5 ParteiG** öffentlich-rechtlich, auch wenn das spätere Kontoverhältnis privatrechtlich ausgestaltet ist.[43] Dass daneben ggf. auch ein zivilrechtlicher Kontrahierungszwang besteht, ändert nichts an der Einordnung der Streitigkeit (auch) als öffentlich-rechtlich. Denn das Gericht des zulässigen Rechtswegs entscheidet den Rechtsstreit gemäß § 17 Abs. 2 S. 1 GVG grds. unter allen in Betracht kommenden Gesichtspunkten.

54
- Der Streit um Rechte und Pflichten aus einer **Bürgschaft** gehört selbst dann vor die Zivilgerichte, wenn die Bürgschaft eine öffentlich-rechtliche Forderung sichert. Denn maßgebend ist allein die privatrechtliche Rechtsnatur der Anspruchsgrundlage des § 765 BGB.[44]

---

39 OVG NRW NVwZ-RR 1998, 595, 596; VGH Mannheim NJW 1994, 2500, 2501.

40 OVG LSA NVwZ-RR 2018, 134, 135; OVG BW RÜ 2017, 670, 671; VG Neustadt NJW 2011, 3317; VG Berlin NVwZ-RR 2010, 783; Kopp/Schenke VwGO § 40 Rn. 22; Ehlers Jura 2008, 183, 193; Günther DVBl. 2015, 1147, 1156.

41 Zur umstrittenen Herleitung des Hausrechts OVG NRW, Beschl. v. 05.09.2018 – 15 B 1001/18, BeckRS 2018, 21753; Klenke NWVBl. 2006, 84 ff.; Stelkens Jura 2010, 363 ff.; Ramm DVBl. 2011, 1506, 1507; Günther DVBl. 2015, 1147 ff.

42 Vgl. beispielhaft OVG NRW NWVBl. 2004, 35, 36; KG NJW-RR 2007, 144.

43 VGH BW NVwZ-RR 2017, 215; OVG NRW NWVBl. 2004, 479; VG Hannover, Urt. v. 13.05.2015 – 1 A 6549/13, BeckRS 2015, 48627; Schübel-Pfister JuS 2017, 1078, 1079; a.A. OVG Bremen NVwZ-RR 2011, 503; vgl. auch BVerfG NVwZ 2014, 1572 und BVerwG, Urt. v. 28.11.2018 – BVerwG 6 C 2.17.

44 BVerwG NVwZ 2018, 993, 994 f.; OVG NRW NJW 2001, 698, 699 m.w.N.

Die Generalklausel des § 40 Abs. 1 S. 1 VwGO | **2. Abschnitt**

- Bei **Verträgen** kommt es auf den Gegenstand und den Zweck des Vertrages an. Der Vertragsgegenstand ist öffentlich-rechtlich, wenn er sich auf einen Sachbereich bezieht, der nach öffentlich-rechtlichen Regeln zu beurteilen ist.[45] Öffentlich-rechtlich ist z.B. ein Vertrag, durch den öffentlich-rechtliche Beziehungen unmittelbar gestaltet werden (z.B. Erteilung einer Baugenehmigung). Ein Grundstückskaufvertrag ist dagegen privatrechtlicher Natur, auch wenn auf beiden Seiten Träger öffentlicher Verwaltung stehen und ein öffentlicher Zweck verfolgt wird.[46]

55

b) Im vorliegenden Fall kann sich der Anspruch des P gegen die Stadt S auf Erstattung der 3.700 Euro nur aus den Gewährleistungs- und/oder Verwendungsersatzrechten des Pächters aufgrund des privatrechtlichen Pachtvertrages ergeben. Diese Streitigkeit ist daher **zivilrechtlicher Natur**, sodass nicht der Verwaltungsrechtsweg, sondern gemäß § 13 GVG der Zivilrechtsweg gegeben ist.

56

Somit kann P nur wegen der Auflage vor dem Verwaltungsgericht klagen, nicht hingegen wegen des Zahlungsanspruchs, der vor dem Amtsgericht geltend zu machen ist (§§ 13, 23 Nr. 1 GVG).

*Beachte: § 17 Abs. 2 S. 1 GVG hilft hier nicht weiter. Eine umfassende Entscheidungskompetenz gilt danach nur für **ein und denselben Streitgegenstand**. Werden mehrere selbstständige Ansprüche (also verschiedene Streitgegenstände und nicht nur unterschiedliche Anspruchsgrundlagen) geltend gemacht, so ist die Zulässigkeit des Rechtsweges jeweils gesondert zu prüfen.[47]*

57

IV. Zwei-Stufen-Theorie

Fall 2: Kredit für Betriebsverlagerung

Im Rahmen der Konjunkturförderung hat der Bund ein „Kreditprogramm für Betriebsverlagerungen aus Gründen des Umweltschutzes" beschlossen. Für den Fall, dass ein Betrieb wegen schädlicher Auswirkungen auf die Umwelt verlagert werden muss, kann in Höhe von bis zu 50 % der Verlagerungskosten ein Darlehen der öffentlichen Hand gewährt werden; Konditionen: 1,0 % Zinsen p.a., 15 Jahre Laufzeit, während der ersten fünf Jahre keine Tilgungen. Zuständig zur Entscheidung ist das Landeswirtschaftsministerium, das die Beträge vom Bund zugewiesen bekommt.

Der Betrieb der Firma F, die Futtermittel herstellt, muss modernisiert werden. Für die jetzige Betriebsstätte verweigert die zuständige Behörde die immissionsschutzrechtliche Genehmigung und rät zu einer Betriebsverlagerung in ein Industriegebiet. Daraufhin beantragt F beim Wirtschaftsministerium des Landes L einen entsprechenden Kredit. Der Antrag wird abgelehnt mit der Begründung, F müsse ohnehin neue Anlagen errichten, sodass die entstehenden Kosten in Wahrheit keine Verlagerungskosten seien. Dagegen will F klagen und fragt, welcher Rechtsweg gegeben ist.

---

45 BVerwG RÜ 2010, 531, 532; OVG Koblenz DVBl. 2013, 1061, 1062; Singer/Mielke JuS 2007, 1111, 1112; allgemein AS-Skript Verwaltungsrecht AT 2 (2017), Rn. 329 ff.

46 BGH NVwZ 2013, 96.

47 BVerwG NVwZ 2017, 329; BayVGH, Beschl. v. 06.10.2016 – 21 C 15.2210, BeckRS 2016, 106551.

2. Teil — Die Eröffnung des Verwaltungsrechtswegs

Gemäß § 40 Abs. 1 S. 1 VwGO ist der **Verwaltungsrechtsweg** nur eröffnet, wenn eine öffentlich-rechtliche Streitigkeit vorliegt. Öffentlich-rechtlich ist die Streitigkeit, wenn die **streitentscheidende Norm** öffentlich-rechtlicher Natur ist.

58   I. Die Rechtsnatur des Leistungsbegehrens des F richtet sich nach der **Rechtsnatur der möglichen Anspruchsgrundlage**.

1. Ist das Kreditprogramm vollständig in einem Gesetz geregelt, so ist dieses Gesetz **öffentlich-rechtlich**, da daraus nur der Staat als Hoheitsträger verpflichtet ist. Ist die Vergabe (auch) in Richtlinien (Verwaltungsvorschriften) geregelt, so sind sie ebenfalls öffentlich-rechtlicher Natur, weil sie (gesetzesergänzend) einen öffentlich-rechtlichen Sachverhalt regeln.[48]

2. Zu berücksichtigen ist aber, dass die Firma F ein **Darlehen** begehrt, das nach den Vorschriften der §§ 488 ff. BGB **privatrechtlich** gewährt wird.

II. Da sowohl öffentlich-rechtliche als auch privatrechtliche Vorschriften in Betracht kommen, muss ihr Verhältnis zueinander bestimmt werden.

59   1. Gewährt der Staat vermögenswerte Zuwendungen ohne übliche Gegenleistung (sog. **Subventionen**), so kann dies in unterschiedlichen Formen geschehen:

a) Überwiegend erfolgt die Leistungsgewährung in einem **zweistufigen Verfahren:** Die Subvention wird nach öffentlich-rechtlichen Vorschriften bewilligt und privatrechtlich abgewickelt.

Insbesondere sind dies Subventionen in Form von Darlehen, Bürgschaften oder durch Realförderung (Begünstigung beim Abschluss von Verträgen, z.B. Lieferungs- und Werkverträgen).

60   aa) Teilweise wird die Auffassung vertreten, das öffentlich-rechtliche Element führe im Zweifel zu einer **öffentlich-rechtlichen** Ausgestaltung des Subventionsverhältnisses insgesamt, entweder in Form eines öffentlich-rechtlichen Vertrages oder eines Verwaltungsakts. Die öffentlich-rechtliche Entscheidung wirke in den Rechtsbeziehungen zwischen Verwaltung und Bürger fort.[49] Dagegen spricht jedoch, dass für eine Darlehensgewährung oder eine Bürgschaft keine öffentlich-rechtlichen Regeln bestehen.

61   bb) Andere nehmen ein einheitlich **privatrechtliches Rechtsverhältnis** an, das durch die Vorschriften des öffentlichen Rechts lediglich überlagert wird.[50] Dies kommt allerdings nur dann in Betracht, wenn – anders als im vorliegenden Fall – kein besonderer Bewilligungsbescheid (VA) ergeht.

Beispiel: Die Behörde hat im Rahmen eines Kaufvertrages eine Subvention nicht durch Verwaltungsakt, sondern durch Reduzierung des Kaufpreises gewährt. Wird die im Vertrag vereinbarte Zweckbindung nicht erfüllt, so ist der Zuschuss wegen Verfehlung des Subventionszwecks zurückzuzahlen. Dieser Rückforderungsanspruch ist privatrechtlicher Natur.[51]

---

48 Zur Bedeutung von Richtlinien im Subventionsrecht vgl. AS-Skript Verwaltungsrecht AT 1 (2017), Rn. 166 ff.

49 Dorf NVwZ 2008, 375, 378.

50 Vgl. den Ansatz bei Kramer JA 2011, 810, 819 bei sog. gemischt-wirtschaftlichen Unternehmen.

51 BGH NVwZ 2007, 246; dazu Selmer JuS 2007, 581 ff.

cc) Nach h.M. ist die Rechtsnatur der Streitigkeit in diesen Fällen nach der sog. **Zwei-Stufen-Theorie** zu bestimmen.[52] Diese beruht auf dem Gedanken, dass ein einheitlicher Lebensvorgang sowohl privatrechtliche als auch öffentlich-rechtliche Bestandteile aufweisen kann:

■ Über das **„Ob"** der Leistung ergeht eine eigenständige Entscheidung (insbes. durch Bewilligungsbescheid) aufgrund **öffentlich-rechtlicher Vorschriften** (1. Stufe), sodass für hierauf bezogene Streitigkeiten nach § 40 Abs. 1 S. 1 VwGO der **Verwaltungsrechtsweg** eröffnet ist,

> **Beispiele:** Verpflichtungsklage vor dem Verwaltungsgericht auf Erlass eines Subventionsbescheides oder Anfechtungsklage gegen die Aufhebung des Bewilligungsbescheides nach §§ 48, 49 VwVfG.

■ Die Abwicklung des Leistungsverhältnisses (das **„Wie"**) erfolgt dagegen durch einen **privatrechtlichen Vertrag**, aufgrund dessen die Leistung tatsächlich gewährt wird (2. Stufe). Streitigkeiten auf der zweiten Stufe sind daher privatrechtlicher Natur, für die gemäß § 13 GVG der **Zivilrechtsweg** eröffnet ist.

> **Beispiel:** Leistungsklage vor dem Zivilgericht auf Rückzahlung des Darlehens bei Fälligkeit oder nach privatrechtlicher Kündigung.

b) Zu einer solchen Aufspaltung kommt es allerdings dann nicht, wenn über die Leistungsgewährung in einem **einstufigen öffentlich-rechtlichen Verfahren** entschieden wird. Dies ist vor allem anzunehmen bei sog. **verlorenen Zuschüssen**, die seitens des Bürgers nicht zurückgezahlt werden müssen. Eine privatrechtliche Handlungsform steht hier nicht zur Verfügung; die Annahme einer privatrechtlichen Schenkung wird dem öffentlichen Zweck nicht gerecht, zumal der Staat grundsätzlich nicht zu Schenkungen berechtigt ist.[53] Der verlorene Zuschuss wird **einstufig durch VA** bewilligt und daraufhin ausgezahlt. Die Auszahlung ist keine selbstständige 2. Stufe, sondern lediglich die Erfüllung des Bewilligungsbescheides.[54]

> Entsprechendes gilt, wenn die Subventionsgewährung in einem **öffentlich-rechtlichen Vertrag** (§§ 54 ff. VwVfG) geregelt wird. Die tatsächliche Leistung beruht dann nicht etwa auf einem zusätzlichen privatrechtlichen Vertrag, sondern ist ausschließlich Erfüllung der einstufigen Regelung des öffentlich-rechtlichen Vertrages.[55] **Weiteres Beispiel:** Ein Begehren, das auf die Verhinderung des Verkaufs eines Grundstücks durch die Gemeinde zielt, ist nur dann als öffentlich-rechtlich zu qualifizieren, wenn dem Grundstückskaufvertrag eine öffentlich-rechtliche Auswahlentscheidung – etwa anhand von Vergaberichtlinien – vorgeschaltet ist.[56]

> Ebenso findet die Zwei-Stufen-Theorie **keine Anwendung im Vergaberecht**. Bei der Vergabe von Aufträgen durch die öffentliche Hand handelt es sich nicht um eine zweistufige Entscheidung, sondern um einen einheitlich zivilrechtlichen Vorgang. Die Auswahl zwischen den Bietern erfolgt durch den Abschluss eines privatrechtlichen Vertrages mit einem der Bewerber.[57]

---

52 BVerwG NJW 2007, 2275, 2278; Kramer JA 2011, 810, 811 f.; Schübel-Pfister JuS 2017, 1078, 1079; Schaks/Friedrich JuS 2018, 860, 861.
53 Vgl. OVG NRW NVwZ 1984, 522, 523; OLG Düsseldorf NVwZ 1991, 302; Müller-Franken JuS 2005, 723.
54 Vgl. OVG Lüneburg NVwZ-RR 2011, 504; OVG NRW NWVBl. 2005, 475; Kramer JA 2011, 810, 811; Frenz JA 2011, 917, 918.
55 Vgl. OLG Naumburg NVwZ 2001, 354.
56 OVG NRW, Beschl. v. 09.04.2018 – 15 E 219/18, BeckRS 2018, 5873.
57 BVerwG NJW 2007, 2275, 2277; Siegel DVBl. 2007, 942, 944; Ennuschat/Ulrich NJW 2007, 2224, 2225; Druschel JA 2008, 514, 518; a.A. OVG NRW NWVBl. 2007, 190; näher unten Rn. 71.

2. Teil Die Eröffnung des Verwaltungsrechtswegs

64 2. Soweit im **vorliegenden Fall** das Kreditprogramm umfassend gesetzlich geregelt ist, ergibt sich aus dem Gesetz, dass über das „**Ob**" der Kreditgewährung eine Entscheidung des Wirtschaftsministeriums aufgrund dieses öffentlich-rechtlichen Gesetzes erforderlich ist. Ebenso sind öffentlich-rechtliche Gesichtspunkte dann maßgebend, wenn eine Regelung durch Haushaltsgesetz und Verwaltungsvorschriften getroffen ist.

Für die Streitigkeit, ob F überhaupt einen Kredit bekommt, ist daher nach § 40 Abs. 1 S. 1 VwGO der **Verwaltungsrechtsweg** gegeben.

Ergänzender Hinweis: Der Klageart nach handelt es sich um eine **Verpflichtungsklage** (§ 42 Abs. 1 Fall 2 VwGO) auf Erlass des Bewilligungsbescheides. Die **Begründetheit** der Klage (§ 113 Abs. 5 S. 1 VwGO) hängt davon ab, inwieweit Verlagerungskosten entstehen, was ggf. unter Zuhilfenahme eines Sachverständigen festzustellen ist.

---

65 ■ **Gesetzlich** vorgesehen ist ein zweistufiges Rechtsverhältnis beim gemeindlichen Vorkaufsrecht gemäß §§ 24 ff. BauGB.

Der Gemeinde steht in bestimmten Fällen ein gesetzliches Vorkaufsrecht zu, z.B. bei Flächen im Bebauungsplan für öffentliche Zwecke (§ 24 Abs. 1 Nr. 1 BauGB). Die Ausübung des Vorkaufsrechts erfolgt öffentlich-rechtlich durch VA (§ 28 Abs. 2 S. 1 BauGB). Dadurch kommt zwischen der Gemeinde und dem Verkäufer ein Kaufvertrag zustande, dessen Abwicklung sich nach den privatrechtlichen Vorschriften der §§ 463 ff. BGB richtet (§ 28 Abs. 2 S. 2 BauGB).

66 ■ Einen wichtigen Anwendungsfall findet die Zwei-Stufen-Theorie bei der Zulassung und Benutzung **öffentlicher Einrichtungen**.[58]

Beispiel: Bei einem gemeindlichen Volksfest erfolgt die Vergabe der kontingentierten Standplätze durch VA, die konkrete Benutzung wird in Mietverträgen geregelt, die die Gemeinde mit den Schaustellern abschließt.

67 Die Streitigkeit, **ob** ein Bewerber zur Benutzung der öffentlichen Einrichtung zugelassen wird, betrifft den **öffentlich-rechtlichen Zulassungsanspruch** und ist daher gemäß § 40 Abs. 1 S. 1 VwGO den Verwaltungsgerichten zugewiesen, unabhängig von der konkreten Ausgestaltung des Benutzungsverhältnisses. Fragen der Abwicklung (das „**Wie**" der Benutzung) können sich dagegen nach privatem oder öffentlichem Recht richten, je nachdem, wie das Benutzungsverhältnis im Einzelnen ausgestaltet ist.[59]

Beispiel: Bei einer von der Kommune betriebenen Kindertagesstätte (Kita) handelt es sich um eine öffentlich-rechtliche Einrichtung der Gemeinde. Über den Zugang wird durch Verwaltungsakt entschieden. Wird auf der zweiten Stufe durch Vertrag ein privatrechtliches Benutzungsverhältnis begründet, besteht daneben nicht auch noch ein öffentlich-rechtliches Benutzungsverhältnis. Die Rechtsfolgen einer Kündigung des Benutzungsverhältnisses sind daher rein privatrechtlich.[60]

68 Wegen der daraus resultierenden **Rechtswegspaltung** ist diese Auffassung zunehmender Kritik ausgesetzt. Teilweise wird ein besonderer Zulassungsakt für überflüssig gehalten, wenn sich der Anspruch unmittelbar aus dem Gesetz ergibt. Zulassung und Ausgestaltung sollen vielmehr **einheitlich öffentlich-rechtlich** erfolgen, sodass

---

58 BayVGH NJW 2013, 249, 250; Rennert JuS 2008, 211, 212; Kramer JA 2011, 810, 812; Krüger JuS 2013, 598, 601.

59 BVerwG NJW 1990, 134 f.; NVwZ 1991, 59; OVG Bln-Bbg RÜ2 2015, 187 f.; OVG Saar, Beschl. v. 28.03.2018 – 2 E 120/18, BeckRS 2018, 4647; Kopp/Schenke VwGO § 40 Rn. 16; Rennert JuS 2008, 211, 212; Frenz JA 2011, 917, 917 f.

60 OVG Bln-Bbg RÜ2 2015, 187 f.; a.A. BayVGH NJW 2013, 249 f.; VG Düsseldorf NWVBl. 2004, 33.

in jedem Fall der Verwaltungsrechtsweg gegeben wäre.[61] Andere gehen von einer einheitlich privatrechtlichen Rechtsnatur der Nutzungsbeziehungen aus, sodass Zulassung zur Nutzung sowie Begründung und Ausgestaltung des Benutzungsverhältnisses allein aufgrund eines **privatrechtlichen Vertrages** erfolgen.[62]

69 Dagegen spricht jedoch, dass der Verwaltungsträger bei der Ausgestaltung von Leistungsverhältnissen ein **Wahlrecht** hat.[63] Auch wenn der Benutzungsanspruch öffentlich-rechtlich ist, kann die Abwicklung nicht nur öffentlich-rechtlich, sondern auch privatrechtlich erfolgen. Jedenfalls die Streitigkeiten zwischen Bürger und Hoheitsträger **über den Zugang zu einer öffentlichen Einrichtung** sind damit **öffentlich-rechtlich**. Dies gilt auch dann, wenn der Hoheitsträger die Einrichtung nicht selbst, sondern durch eine juristische Person des Privatrechts betreibt.

Beispiel: Die Stadt S unterhält ein Kongresszentrum in Form einer von ihr beherrschten GmbH. Für Klagen gegen die GmbH als juristische Person des Privatrechts (z.B. auf Abschluss eines Mietvertrages über einen Saal) ist der Zivilrechtsweg eröffnet.[64] Der (öffentlich-rechtliche) Zulassungsanspruch richtet sich dagegen gegen die die Einrichtung tragende Gemeinde.[65] Wenn die Gemeinde die öffentliche Einrichtung nicht selbst, sondern durch eine rechtlich selbstständige Gesellschaft (z.B. eine GmbH) betreibt, ist sie wegen ihrer beherrschenden Stellung verpflichtet, durch Einwirkung auf die Gesellschaft dem Bürger den Zugang zu der Einrichtung zu verschaffen. Dieser Verschaffungsanspruch, der das „Ob" der Benutzung betrifft, kann mittels Leistungsklage vor dem Verwaltungsgericht geltend gemacht werden.[66]

70 ■ Für die **Vergabe öffentlicher Aufträge** gelten insbes. die §§ 97 ff. GWB. Öffentliche Auftraggeber (§ 98 GWB) dürfen sich Waren, Werk- und Dienstleistungen grds. nur im Wege transparenter **Vergabeverfahren** beschaffen. Jeder Bewerber hat nach § 97 Abs. 6 GWB einen Anspruch darauf, dass die Vorschriften über das Vergabeverfahren eingehalten werden. Die Nachprüfung der Vergabe öffentlicher Aufträge und der Vergabe von Konzessionen obliegt den Vergabekammern (§ 156 GWB), deren Entscheidung durch sofortige Beschwerde zum OLG nach § 171 GWB angefochten werden kann. Dieser **„Vergaberechtsweg"** schließt die Anrufung anderer Gerichte für den Primärrechtsschutz aus (§ 156 Abs. 2 GWB: „nur").[67]

71 Die Vorschriften der §§ 97 ff. GWB gelten allerdings nur, wenn bestimmte **Schwellenwerte** erreicht oder überschritten werden (§ 106 GWB) und keine Ausnahme eingreift (z.B. §§ 107 ff., 116 ff. GWB). Davon betroffen sind nur ca. 10 % aller Vergabevorgänge. Im **Unterschwellenbereich** wurde früher teilweise auf die Zwei-Stufen-Theorie zurückgegriffen und der Verwaltungsrechtsweg bejaht. Die Entscheidung über die Vergabe (das „Ob") sei traditionell ein Teil des Haushaltsrechts und teile dessen öffentlich-rechtlichen Charakter.[68] Nach heute h.M. handelt es sich dagegen um einen einheitlichen privatrechtlichen Vorgang, sodass unterhalb der Schwellenwerte der **Zivilrechtsweg** eröffnet sei.[69] Dafür spricht, dass der Staat bei der Vergabe nicht hoheitlich handelt, sondern privatrechtliche Willenserklärungen abgibt.

---

61 Ossenbühl DVBl. 1973, 289, 291; weitere Nachw. bei Püttner/Lingemann JA 1984, 274, 275.

62 Vgl. Erichsen Jura 1986, 196, 199; Kramer JA 2011, 810, 819 bei sog. gemischt-wirtschaftlichen Unternehmen.

63 BayVerfGH NVwZ 1998, 727, 728; OVG NRW NWVBl. 2005, 475.

64 BVerwG NVwZ 1991, 59; Rennert JuS 2008, 211, 212; a.A. OVG Koblenz DÖV 1986, 153; dazu Kramer JA 2011, 810, 818.

65 BayVGH NVwZ 1999, 1122, 1123; Kramer JA 2011, 810, 813; Schoch NVwZ 2016, 257, 265.

66 OVG Hamburg RÜ 2014, 654, 655; Rennert JuS 2008, 211, 212; Frenz JA 2011, 917, 918.

67 Zur Verfassungsmäßigkeit BVerfG NJW 2006, 3701; Wollenschläger DVBl. 2007, 589.

68 OVG NRW NVwZ 2006, 1083; OVG Koblenz DVBl. 2005, 988.

69 BVerwG NJW 2007, 2275, 2276; Schenke JZ 2010, 992, 993; André/Sailer JZ 2011, 555, 557 f.; vgl. auch VGH BW NJW 2018, 2583: Zivilrechtsweg bei freiwilligem Bieterverfahren.

| 2. Teil | Die Eröffnung des Verwaltungsrechtswegs |

B. Nichtverfassungsrechtlicher Art

72 Liegt eine öffentlich-rechtliche Streitigkeit vor, so ist der Verwaltungsrechtsweg gemäß § 40 Abs. 1 S. 1 VwGO nur eröffnet, wenn diese **nichtverfassungsrechtlicher Art** ist.

> ### Fall 3: Streit um Koalitionsvereinbarung
>
> Die A-Partei und die B-Partei hatten eine Koalitionsvereinbarung getroffen, aufgrund derer die amtierende Bundesregierung gebildet wurde. Darin wurde vereinbart, dass der der A-Partei angehörende Minister M nach einem Jahr seinen Rücktritt erklärt, um sein Amt einem Mitglied der B-Partei zur Verfügung zu stellen. Ein Jahr später verweigert M mit Zustimmung des der A-Partei angehörenden Bundeskanzlers den Rücktritt mit der Begründung, die damalige Vereinbarung sei durch die zwischenzeitliche politische Entwicklung überholt. Die B-Partei widerspricht dieser Auffassung und will im Wege einer gerichtlichen Klage gegenüber der A-Partei feststellen lassen, dass die Vereinbarung bezüglich des Rücktritts von M noch Gültigkeit habe und M zum Rücktritt verpflichtet sei. Welches Gericht hat über diese Streitigkeit zu entscheiden?

A. In Betracht kommt ein **Organstreitverfahren** vor dem **BVerfG** nach Art. 93 Abs. 1 Nr. 1 GG, §§ 13 Nr. 5, 63 ff. BVerfGG.

73 I. Zwar ist anerkannt, dass Parteien nach § 63 BVerfGG **Beteiligte** eines Organstreitverfahrens sein können, soweit es um Rechte geht, die sich aus ihrem besonderen verfassungsrechtlichen Status (vgl. Art. 21 GG) ergeben.[70] Die in einer Koalitionsvereinbarung niedergelegte Rücktrittsverpflichtung eines Ministers gehört aber nicht zum verfassungsrechtlichen Status der B-Partei.[71]

Beachte: Machen politische Parteien (oder Abgeordnete) Grundrechtsverletzungen geltend, so können sie diese nicht im Organstreitverfahren, sondern nur auf dem normalen Rechtsweg, letztlich mit der Verfassungsbeschwerde abwehren.[72]

74 II. Im Übrigen handelt es sich nicht um einen Streit **über die Auslegung des Grundgesetzes** i.S.d. Art. 93 Abs. 1 Nr. 1 GG, sondern es geht lediglich um die Auslegung einer Koalitionsvereinbarung. Vorschriften des Grundgesetzes mögen dabei eine Rolle spielen, ihre Auslegung bildet aber nicht die Hauptfrage des Rechtsstreites.

Ein **Organstreitverfahren** ist bei Streitigkeiten aus Koalitionsvereinbarungen daher **nicht zulässig**. Da auch keine andere der in Art. 93 GG, § 13 BVerfGG – abschließend – geregelten Zuständigkeiten eingreift (Enumerationsprinzip), scheidet ein Verfahren vor dem BVerfG aus.

B. Es könnte der **Verwaltungsrechtsweg** nach § 40 Abs. 1 S. 1 VwGO gegeben sein.

75 I. Eine öffentlich-rechtliche Streitigkeit liegt vor, wenn die **Koalitionsvereinbarung öffentlich-rechtlicher Natur** ist. Die **Rechtsnatur** von Koalitionsvereinbarungen ist **umstritten**. Das hängt damit zusammen, dass sie von den politischen Parteien abgeschlossen werden und dass die Parteien eine **Doppelstellung** haben:

---

70 BVerfGE 79, 379, 383; näher AS-Skript Staatsorganisationsrecht (2018), Rn. 512.

71 Vgl. BVerfGE 60, 53, 61; 79, 379, 383; LVerfG LSA JZ 1996, 723, 724 m.w.N.

72 Vgl. BVerfG, Beschl. v. 04.08.2015 – 2 BvR 1690/14.

Ihrer Rechtsnatur nach sind sie **privatrechtliche Vereine**, sie nehmen aber nach Art. 21 GG und nach dem ParteiG öffentliche Aufgaben wahr. Koalitionsvereinbarungen stehen mit den öffentlichen Aufgaben der Parteien und mit dem verfassungsrechtlichen Vorgang der Regierungsbildung in einem so engen Zusammenhang, dass ihnen ein **öffentlich-rechtlicher Charakter** zukommt. Das ergibt sich auch aus der (modifizierten) Subjektstheorie (s.o. Rn. 39), weil Rechte und Pflichten aus Koalitionsvereinbarungen nicht jedermann haben kann, sondern nur, wer kraft Verfassungsauftrags nach Art. 21 GG an der politischen Willensbildung des Volkes und an der Bildung von Staatsorganen mitwirkt. Somit ist eine Streitigkeit aus einer Koalitionsvereinbarung eine **öffentlich-rechtliche Streitigkeit**.[73]

76

Die Rechtsnatur im Einzelnen ist äußerst umstritten: Überwiegend wird die Auffassung vertreten, es handele sich nicht um rechtsverbindliche Verträge, sondern um Absprachen mit nur politischer Bedeutung. Nach anderer Ansicht handelt es sich um rechtlich bindende verfassungsrechtliche Verträge.[74]

II. Nach § 40 Abs. 1 S. 1 VwGO ist der Verwaltungsrechtsweg aber nur in öffentlich-rechtlichen Streitigkeiten **nichtverfassungsrechtlicher Art** eröffnet.

1. Grundsätzlich sind verfassungsrechtlich nur solche Streitigkeiten, die in formeller und materieller Hinsicht verfassungsrechtlichen Charakter besitzen (sog. **doppelte Verfassungsunmittelbarkeit**),[75] d.h.

77

- Streitigkeiten zwischen **Verfassungsorganen** oder sonst unmittelbar am Verfassungsleben beteiligten Rechtsträgern, z.B. Parteien und Fraktionen (formeller Aspekt),

- bei deren Hauptfrage es um die Auslegung und Anwendung von **Verfassungsrecht** geht (materieller Aspekt).

Verfassungsrecht in diesem Sinne ist nur das **Staatsverfassungsrecht** (Grundgesetz, Landesverfassung). Für kommunalverfassungsrechtliche Streitigkeiten nach der GemeindeO ist dagegen der Verwaltungsrechtsweg nach § 40 Abs. 1 S. 1 VwGO eröffnet.

Nichtverfassungsrechtlich i.S.v. § 40 Abs. 1 S. 1 VwGO sind danach insbesondere **Streitigkeiten zwischen dem Bürger und dem Staat**, selbst wenn ein Verfassungsorgan daran beteiligt ist. Das gilt auch, wenn sich der Kläger auf die Verletzung von Grundrechten beruft. Denn Klagegegenstand und damit Hauptfrage der Streitigkeit ist die Rechtmäßigkeit einer verwaltungsrechtlichen Maßnahme; die Vereinbarkeit mit Grundrechten ist nur eine Nebenfrage.[76]

78

Beispiel: Für die Klage eines Wahlbewerbers für den Bundestag wegen unzulässiger Öffentlichkeitsarbeit der Regierung ist gemäß § 40 Abs. 1 S. 1 VwGO der Verwaltungsrechtsweg eröffnet. Der Anspruch des Bewerbers auf Chancengleichheit im Wahlkampf (Art. 38 i.V.m. Art. 3 Abs. 1 GG) ist kein aus dem Status des (künftigen) Abgeordneten fließendes und im Organstreitverfahren nach Art. 93 Abs. 1 Nr. 1 GG zu verfolgendes Organrecht, sondern ein Grundrecht. Die Abwehr von Grundrechtsverletzungen ist aber selbst dann nichtverfassungsrechtlicher Art, wenn am Streitverhältnis ein Verfassungsorgan beteiligt ist.[77]

---

73 BGHZ 29, 187, 192; Stern, StaatsR I, § 13 IV 3, S. 460.

74 Vgl. dazu AS-Skript Staatsorganisationsrecht (2018), Rn. 336 ff. und BVerfG JuS 2014, 381.

75 OVG Bln-Bbg NVwZ 2017, 126; BayVGH RÜ 2013, 455, 456; Frenz JA 2011, 433, 434; kritisch Haack DVBl. 2014, 1566, 1567; vgl. auch OVG Bln-Bbg, Beschl. v. 07.09.2017 – OVG 3 S 76.17, BeckRS 2017, 123618.

76 BayVGH RÜ 2013, 455, 456; Kopp/Schenke VwGO § 40 Rn. 33 ff.

77 BVerfG NVwZ 1988, 817 f.

2. Teil Die Eröffnung des Verwaltungsrechtswegs

79

2. Ausnahmsweise gibt es aber Rechtsfragen, die so stark von der **materiell-verfassungsrechtlichen** Natur geprägt sind, dass allein aus diesem Grund ohne Rücksicht auf die Rechtsstellung der Beteiligten eine verfassungsrechtliche Streitigkeit anzunehmen ist. Das ist der Fall, wenn die Auslegung und Anwendung der Verfassung den eigentlichen **Kern des Rechtsstreits** bilden oder – anders ausgedrückt – **wenn das streitige Rechtsverhältnis so entscheidend vom Verfassungsrecht geprägt ist, dass andere Gesichtspunkte vollständig zurücktreten**.

Beispiel: Klage eines Bürgers gegen den Beschluss des Parlaments zur Einsetzung eines Untersuchungsausschusses (Art. 44 Abs. 1 GG)[78] oder der Antrag gegen die Bundesregierung, ein Gesetz zu ändern oder ein Gesetzgebungsverfahren nicht einzuleiten.[79]

80

Nach teilweise vertretener Ansicht soll es deshalb auf das **formelle Kriterium** der Streitbeteiligten überhaupt nicht ankommen.[80] Nach a.A. ist die Streitigkeit nur dann verfassungsrechtlich, wenn sie, sofern sie überhaupt justiziabel ist, in die Kompetenz der Verfassungsgerichte fällt.[81] Wieder andere bejahen eine verfassungsrechtliche Streitigkeit nur, wenn der Rechtsschutzgegner ein Verfassungssubjekt ist, das als solches verpflichtet werden soll.[82]

Auch das BVerwG geht zuweilen von einer rein materiellen Abgrenzung aus: „Ob eine Streitigkeit verfassungsrechtlicher Art ist, richtet sich danach, ob der geltend gemachte Anspruch in einem Rechtsverhältnis wurzelt, das maßgeblich durch Verfassungsrecht geprägt ist."[83]

81

3. Im vorliegenden Fall streiten sich politische Parteien. Zwar sind Parteien **keine Verfassungsorgane**, wegen Art. 21 GG aber **unmittelbar am Verfassungsleben teilnehmende Subjekte**. Hauptfrage der Streitigkeit zwischen der A-Partei und der B-Partei ist die Gültigkeit ihrer Koalitionsvereinbarung. Da Koalitionsvereinbarungen im engen Sachzusammenhang mit dem Verfassungsrecht stehen und deshalb zum Teil auch als **verfassungsrechtliche Verträge** qualifiziert werden, ist für die Entscheidung des Rechtsstreits primär Verfassungsrecht maßgebend, sodass auch materiell eine **verfassungsrechtliche Streitigkeit** vorliegt. Einer Streitentscheidung bedarf es daher nicht. Der Verwaltungsrechtsweg ist gemäß § 40 Abs. 1 S. 1 VwGO nicht eröffnet.

82

III. Die (subsidiäre) Zuständigkeit der **ordentlichen Gerichte** nach Art. 19 Abs. 4 S. 2 GG greift nur ein, wenn der Bürger geltend machen kann, durch die öffentliche Gewalt in seinen subjektiven Rechten verletzt zu sein. Die politischen Parteien stehen jedoch hier, da sie ähnlich wie Verfassungsorgane tätig werden, aufseiten des Staates und sind insoweit nicht Träger subjektiver Rechte i.S.d. Art. 19 Abs. 4 GG.[84] Ansprüche aus Koalitionsvereinbarungen sind daher gerichtlich **nicht einklagbar**. Sie können nur mit politischen Mitteln durchgesetzt werden.[85]

---

78 BayVerfGH RÜ 2015, 386, 387 f.

79 OVG Hamburg DÖV 1986, 439, 440; OVG NRW NWVBl. 1994, 57; vgl. OVG Bln-Bbg, Beschl. v. 07.09.2017 – OVG 3 S 76.17, BeckRS 2017, 123618.

80 Di Fabio, Rechtsschutz im parlamentarischen Untersuchungsverfahren (1988), S. 106 ff.; Schmelter, Rechtsschutz gegen nicht zur Rechtsetzung gehörende Akte der Legislative (1977), S. 163.

81 Kopp/Schenke VwGO § 40 Rn. 32 a; Schenke JZ 1996, 998, 1000.

82 Ehlers/Schneider in Schoch VwGO § 40 Rn. 149; Ehlers Jura 2008, 183, 187; Haack DVBl. 2014, 1566, 1570.

83 Vgl. z.B. BVerwG NVwZ 2017, 56, 57; ähnlich OVG Bln-Bbg NVwZ-RR 2017, 126.

84 Epping in BeckOK GG Art. 63 Rn. 14; Bethge JuS 2001, 1100, 1101.

85 Eyermann/Rennert VwGO § 40 Rn. 26; vgl. auch BVerfG JuS 2014, 381 mit Anm. Sachs: kein staatliches Handeln.

Klausurhinweis: Vermeiden Sie langatmige Ausführungen zur verfassungsrechtlichen Streitigkeit! In den meist unproblematischen Fällen sollte kurz wie folgt formuliert werden:

83

Formulierungsvorschlag: „Die Streitigkeit ist auch nichtverfassungsrechtlicher Art. Weder streiten am Verfassungsleben beteiligte Rechtsträger um Anwendung und Auslegung von Verfassungsrecht, noch sind andere Gründe ersichtlich, die das Verfahren materiell verfassungsrechtlich prägen." Evtl. ergänzend: „Die Tatsache, dass sich der Kläger auf Grundrechte beruft, begründet allein keinen verfassungsrechtlichen Charakter. Hauptfrage der Streitigkeit bleibt die Rechtmäßigkeit einer verwaltungsrechtlichen Maßnahme."

*Ist der Prüfungspunkt **völlig unproblematisch** (und greift auch ersichtlich keine abdrängende Zuweisung ein, dazu C.), kann die gutachtliche Prüfung des § 40 Abs. 1 S. 1 VwGO auf das Vorliegen einer öffentlich-rechtlichen Streitigkeit beschränkt werden (s.o. Rn. 24).*

C. Abdrängende Zuweisungen an andere Gerichte

Bei öffentlich-rechtlichen Streitigkeiten nichtverfassungsrechtlicher Art ist der Verwaltungsrechtsweg nach § 40 Abs. 1 S. 1 VwGO nur eröffnet, wenn die Streitigkeit nicht einem **anderen Gericht ausdrücklich zugewiesen** ist (sog. **abdrängende Spezialzuweisung**). Zur Unterscheidung:

84

- Von **abdrängenden** Spezialzuweisungen spricht man, wenn für eine an sich der Verwaltungsgerichtsbarkeit unterliegende Streitigkeit die **Zuständigkeit eines anderen Gerichts** begründet wird,

- von **aufdrängenden** Spezialzuweisungen dagegen, wenn durch die gesetzliche Regelung die Zuständigkeit des **Verwaltungsgerichts begründet** wird (s.o. Rn. 29 ff.).

I. Besondere Verwaltungsgerichte

Abdrängende Spezialzuweisungen existieren insbesondere für die **Sozialgerichte** und die **Finanzgerichte**:

- Nach **§ 51 Abs. 1 SGG** sind die **Sozialgerichte** zuständig u.a. für öffentlich-rechtliche Streitigkeiten im Rahmen des **Sozialversicherungsrechts** (insbes. gesetzliche Renten-, Kranken-, und Unfallversicherung), in Angelegenheiten der Grundsicherung für Arbeitssuchende (Hartz IV) und für Fragen der **Sozialhilfe** (§ 51 Abs. 1 Nr. 6 a SGG).

  85

  Beispiel: Ein Hausverbot für ein Jobcenter beruht nicht auf den besonderen sozialrechtlichen Vorschriften, sondern auf der Ordnungsgewalt des Behördenleiters. Für Streitigkeit ist daher nicht der Sozialrechtsweg, sondern nach § 40 Abs. 1 S. 1 VwGO der Rechtsweg zu den allgemeinen Verwaltungsgerichten eröffnet.[86]

- Nach **§ 33 Abs. 1 FGO** entscheiden die **Finanzgerichte** insbes. in öffentlich-rechtlichen Streitigkeiten über Abgabenangelegenheiten, soweit die Abgaben der Gesetzgebung des Bundes unterliegen und durch Bundes- oder Landesfinanzbehörden verwaltet werden (also **nicht bei Kommunalabgaben**, für die die allgemeinen Verwaltungsgerichte zuständig bleiben).[87]

  86

Weitere besondere Verwaltungsgerichte sind die **Richterdienstgerichte** (§ 77 DRiG) und die **Berufsgerichte** der Rechtsanwälte (§§ 112 a ff. BRAO), Ärzte etc.

---

86 OVG NRW NJW 2011, 2379; OVG Hamburg NJW 2014, 1196; OVG Bremen NordÖR 2013, 264; a.A. BSG NZS 2014, 918: § 51 Abs. 1 Nr. 4a SGG; dazu Günther DVBl. 2015, 1147, 1157.

87 Zu Abweichungen in den Stadtstaaten Berlin und Hamburg sowie in Bremen vgl. Kasper VR 2007, 181 ff.

2. Teil Die Eröffnung des Verwaltungsrechtswegs

II. Zuständigkeit der ordentlichen Gerichte

87 Historisch bedingt sind eine Reihe von öffentlich-rechtlichen Streitigkeiten, insbesondere im **Staatshaftungsrecht**, den ordentlichen Gerichten zugewiesen:

- Ansprüche auf **Enteignungsentschädigung** (Art. 14 Abs. 3 S. 4 GG),

- Ansprüche wegen **Amtshaftung** (Art. 34 S. 3 GG),

- Ansprüche aus **Aufopferung** (§ 40 Abs. 2 S. 1 Hs. 1 Fall 1 VwGO),

- aus **öffentlich-rechtlicher Verwahrung** (§ 40 Abs. 2 S. 1 Hs. 1 Fall 2 VwGO) und

- **Schadensersatzansprüche** aus der Verletzung öffentlich-rechtlicher Pflichten, die nicht auf einem öffentlich-rechtlichen Vertrag beruhen (§ 40 Abs. 2 S. 1 Hs. 1 Fall 3 Alt. 1 VwGO).

Hintergrund hierfür ist, dass solche Ansprüche zumeist mit Amtshaftungsansprüchen zusammentreffen, sodass insoweit eine einheitliche Zuständigkeit der ordentlichen Gerichte begründet wird. Deswegen werden hiervon auch nur Ansprüche des Bürgers gegen den Staat erfasst und auch nur solche, die auf Geld gerichtet sind. Nicht erfasst werden Ansprüche auf Unterlassung, Folgenbeseitigung oder Erstattung, für die es gemäß § 40 Abs. 1 S. 1 VwGO beim Verwaltungsrechtsweg bleibt.[88]

88 Der **Verwaltungsrechtsweg** ist dagegen eröffnet

- für Schadensersatzansprüche bei der Verletzung von Pflichten aus einem **öffentlich-rechtlichen Vertrag** (§ 40 Abs. 2 S. 1 Hs. 1 Fall 3 Alt. 2 VwGO),

- für **beamtenrechtliche Ansprüche** (§ 40 Abs. 2 S. 2 VwGO, § 54 Abs. 1 BeamtStG, § 126 Abs. 1 BBG),

- bei Ansprüchen im Rahmen des Art. 14 Abs. 1 S. 2 GG (sog. **ausgleichspflichtige Inhaltsbestimmungen**), § 40 Abs. 2 S. 1 Hs. 2 VwGO.

Eigentumsbeschränkungen nach Art. 14 Abs. 1 S. 2 GG sind – anders als eine Enteignung (Art. 14 Abs. 3 S. 2 GG) – grds. entschädigungslos hinzunehmen. Der Gesetzgeber kann aber aus Gründen der Verhältnismäßigkeit eine Entschädigung vorsehen und die Belastung so abmildern.[89]

Rechtsweg für Sekundäransprüche	
ordentliche Gerichte	**Verwaltungsgerichte**
■ Enteignung (Art. 14 Abs. 3 S. 4 GG) ■ Amtshaftung (Art. 34 S. 3 GG) ■ Schadensersatzansprüche des Bürgers auf Geld ■ Aufopferung ■ öffentlich-rechtliche Verwahrung	■ Art. 14 Abs. 1 S. 2 GG ■ öffentlich-rechtlicher Vertrag ■ beamtenrechtliche Ansprüche ■ Schadensersatzansprüche des Staates gegen den Bürger ■ ör Abwehr- und Unterlassungsanspruch, FBA, ör Erstattungsanspruch

---

88 Kopp/Schenke VwGO § 40 Rn. 73.

89 Vgl. z.B. BVerfG RÜ 2017, 114, 120 (Atomausstieg); allgemein AS-Skript Verwaltungsrecht AT 2 (2017), Rn. 779 ff.

24

Die Generalklausel des § 40 Abs. 1 S. 1 VwGO **2. Abschnitt**

III. Justizverwaltungsakte

Fall 4: Polizeifotos

Gegen A liefen seit 2012 zahlreiche Ermittlungsverfahren wegen Ladendiebstahls. Das letzte Verfahren wurde Anfang 2018 eingestellt, da sich die Identität des A anhand der Videoaufzeichnungen in dem betroffenen Geschäft nicht eindeutig nachweisen ließ. Während des Ermittlungsverfahrens ordnete die Polizeibehörde P die Anfertigung von Lichtbildern und Fingerabdrücken des A an, um die Strafverfolgung in künftigen Fällen zu sichern. A hält das Anfertigen der Fotos und der Fingerabdrücke für ungerechtfertigt und fragt, vor welchem Gericht er klagen kann.

§ 81 b StPO lautet: Soweit es für die Zwecke der Durchführung des Strafverfahrens oder für die Zwecke des Erkennungsdienstes notwendig ist, dürfen Lichtbilder und Fingerabdrücke des Beschuldigten auch gegen seinen Willen aufgenommen und Messungen und ähnliche Maßnahmen an ihm vorgenommen werden.

§ 14 PolG (Polizeigesetz des Landes L) lautet:

(1) Die Polizei kann erkennungsdienstliche Maßnahmen vornehmen, wenn …

2. das zur vorbeugenden Bekämpfung von Straftaten erforderlich ist, weil die betroffene Person verdächtig ist, eine Tat begangen zu haben, die mit Strafe bedroht ist und wegen der Art und Ausführung der Tat die Gefahr der Wiederholung besteht. …

(4) Erkennungsdienstliche Maßnahmen sind insbesondere die Abnahme von Fingerabdrücken, die Aufnahme von Lichtbildern, die Feststellung äußerer körperlicher Merkmale und Messungen.

A kann Klage vor dem Verwaltungsgericht erheben, wenn der **Verwaltungsrechtsweg** eröffnet ist. Das könnte sich, da eine aufdrängende Spezialzuweisung nicht ersichtlich ist, aus der **Generalklausel des § 40 Abs. 1 S. 1 VwGO** ergeben.

I. Es müsste eine **öffentlich-rechtliche Streitigkeit** vorliegen. Das ist der Fall, wenn **89** die abzuwehrende Verwaltungstätigkeit, hier die Anfertigung der Fotos und Fingerabdrücke, öffentlich-rechtlich zu qualifizieren ist. Als Rechtsgrundlage hierfür kommen § 81 b StPO sowie § 14 PolG in Betracht. Bei beiden Regelungen handelt es sich um öffentlich-rechtliche Vorschriften, da sie ausschließlich einen Hoheitsträger als solchen zu bestimmten Maßnahmen berechtigen. Damit liegt eine öffentlich-rechtliche Streitigkeit vor, die auch nichtverfassungsrechtlicher Art ist.

II. Die Streitigkeit könnte jedoch nach § 23 Abs. 1 S. 1 EGGVG den **ordentlichen Gerich- 90 ten** zugewiesen sein. Danach entscheiden die ordentlichen Gerichte über die Rechtmäßigkeit von Anordnungen, Verfügungen oder sonstigen Maßnahmen, die von den Justizbehörden zur Regelung einzelner Angelegenheiten auf dem Gebiet des bürgerlichen Rechts und der Strafrechtspflege getroffen werden (sog. **Justizverwaltungsakte**).

Dieser besonderen Rechtswegregelung liegt die Annahme zu Grunde, dass die ordentlichen Gerichte den Verwaltungsmaßnahmen in den genannten Gebieten sachlich näher stehen als die Gerichte der allgemeinen Verwaltungsgerichtsbarkeit und über die zur Nachprüfung justizmäßiger Verwaltungsakte erforderlichen zivil- und strafrechtlichen Kenntnisse und Erfahrungen verfügen.[90]

Weitere abdrängende Zuweisungen an die ordentlichen Gerichte finden sich z.B. in §§ 217 ff. BauGB für die sog. Baulandsachen und in § 68 OWiG für die Anfechtung von Bußgeldbescheiden.

---

90 BGH NJW 2007, 3070, 3071; VGH Mannheim NJW 2012, 1163, 1164.

| | 2. Teil | Die Eröffnung des Verwaltungsrechtswegs |

91   1. § 23 Abs. 1 S. 1 EGGVG setzt voraus, dass eine **Maßnahme einer Justizbehörde** auf einem der in dieser Vorschrift aufgeführten Rechtsgebiete in Rede steht (insbesondere auf dem Gebiet des bürgerlichen Rechts und der Strafrechtspflege). Der Begriff der **Justizbehörde** ist hierbei nicht organisatorisch, sondern **funktionell** zu verstehen. Erfasst werden nicht nur Behörden im Geschäftsbereich des Justizministeriums, sondern alle Hoheitsträger, die auf einem der in § 23 Abs. 1 EGGVG genannten Sachgebiete tätig werden. Daher kann auch die **Polizei** (die der sog. inneren Verwaltung angehört) als Justizbehörde handeln, insbes. wenn die Polizeibeamten gemäß § 152 GVG als „Ermittlungspersonen der Staatsanwaltschaft" tätig werden.[91]

92   2. Für die Tätigkeit der Polizei folgt daraus:

- Wird die Polizei zur **Strafverfolgung** (**repressiv**, insbes. nach der StPO) tätig, so handelt sie als Justizbehörde auf dem Gebiet der Strafrechtspflege. Für den Rechtsweg gilt § 23 EGGVG.

- Handelt die Polizei zur **Gefahrenabwehr** (**präventiv**, insbes. aufgrund des PolG), so ist der Verwaltungsrechtsweg nach § 40 Abs. 1 S. 1 VwGO gegeben.

- Verfolgt die Polizei sowohl präventive als auch repressive Zwecke (sog. **doppelfunktionale Maßnahmen**), so ist die Einordnung umstritten:

93   Nach h.Rspr. ist wegen der Alternativität der beiden Aufgabenbereiche grds. eine **eindeutige** Zuordnung erforderlich (kein hybrides Verwaltungshandeln). Dabei kommt es auf Art, Zweck und **Schwerpunkt** der Maßnahme an, also insbes. darauf, welcher Zweck bei objektiver Betrachtungsweise im Vordergrund steht.[92]

Nach der Gegenansicht liegen bei doppelfunktionalen Maßnahmen stets **zwei Akte** vor, sowohl eine Maßnahme der Gefahrenabwehr als auch eine der Strafverfolgung. Daher sei sowohl § 40 Abs. 1 S. 1 VwGO als auch § 23 Abs. 1 S. 1 EGGVG einschlägig.[93]

Auch der BGH geht neuerdings davon aus, dass die Polizei mit jeweils selbstständiger präventiver und repressiver Zielsetzung tätig wird, wenn sie während eines laufenden Ermittlungsverfahrens aufgrund präventiver Ermächtigungsgrundlagen zum Zwecke der Gefahrenabwehr handelt.[94] Dies betrifft jedoch primär die Frage, nach welchem Recht die Maßnahme der Polizei materiell rechtmäßig ist (nach h.M. stehen Gefahrenabwehrrecht und Strafverfolgung gleichberechtigt nebeneinander).[95] Der Schwerpunkt der Maßnahme dürfte aber aufgrund der vorangegangenen strafprozessualen Ermittlungsmaßnahmen weiterhin im repressiven Bereich liegen („Prävention durch Repression").[96]

Unstreitig können **beide Rechtswege** eingreifen, wenn ein Geschehensablauf verschiedene Handlungen umfasst. **Beispiel:** Die Räumung eines besetzten Hauses dient der Gefahrenabwehr (§ 40 Abs. 1 S. 1 VwGO), die anschließende Identitätsfeststellung der Strafverfolgung (§ 23 Abs. 1 S. 1 EGGVG).

---

91   BGH DVBl. 1998, 1016, 1017; Kopp/Schenke VwGO § 179 Rn. 6 m.w.N.

92   BVerwGE 47, 245, 264; OVG RP, Beschl. v. 20.08.2018 – 7 B 10607/18, BeckRS 2018, 20898; VGH Mannheim NVwZ-RR 2011, 231; VG Düsseldorf RÜ 2017, 256, 257; Steinhorst JuS 2005, 813, 813; Lenk NVwZ 2018, 38, 40.

93   Ehlers Jura 2008, 359, 363; Schenke NJW 2011, 2838, 2841; Graulich NVwZ 2014, 685, 690; ähnlich Ehlers/Schneider in Schoch VwGO § 40 Rn. 607, die allerdings keine Aufspaltung in zwei Akte vornehmen.

94   BGH RÜ 2017, 643, 644: „legendierte Polizeikontrolle".

95   BGH RÜ 2017, 643, 644; dazu AS-Skript StPO (2018), Rn. 90.

96   Lenk NVwZ 2018, 38, 40; vgl. auch OVG Hamburg, Beschl. v. 07.08.2018 – 4 So 24/18, BeckRS 2018, 23814.

a) Unter § 40 Abs. 1 S. 1 VwGO fallen in jedem Fall präventive erkennungs-dienstliche Maßnahmen nach dem **PolG**. Das PolG ist aber nur anwendbar, wenn es um Maßnahmen der Gefahrenabwehr geht, wozu auch die **Verhütung von Straftaten** zählt (sog. **Verhinderungsvorsorge**). **94**

b) Geht es dagegen um Maßnahmen zur **Strafverfolgung**, ist § 81 b StPO einschlägig. § 81 b StPO regelt in seiner 1. Alt. **Strafverfahrensrecht** („Durchführung des Strafverfahrens") und in der 2. Alt. eine Maßnahme der **Gefahrenabwehr** („Erkennungsdienst"), die kraft Sachzusammenhangs in der StPO mit geregelt ist.[97] Soweit § 81 b Alt. 2 StPO reicht, verdrängt das Bundesrecht das landesrechtliche PolG (Art. 31 GG). In Abgrenzung zum PolG betrifft § 81 b Alt. 2 StPO nicht die Verhütung von Straftaten, sondern die Sicherung der Strafverfolgung, und zwar auch in Bezug auf künftige Straftaten (sog. **Strafverfolgungsvorsorge**).[98] **95**

Für den **Rechtsweg** heißt das: **96**

■ Bei Maßnahmen nach **§ 81 b Alt. 1 StPO** handelt es sich um klassische Strafverfolgungsmaßnahmen, die mit den Rechtsbehelfen der StPO, subsidiär im Verfahren nach §§ 23 ff. EGGVG überprüft werden.[99]

■ Die Rechtsnatur von Maßnahmen nach **§ 81 b Alt. 2 StPO** ist dagegen umstritten. Im Hinblick auf den präventiven Zweck und den Ausnahmecharakter des § 23 EGGVG wird überwiegend der Verwaltungsrechtsweg nach § 40 Abs. 1 S. 1 VwGO bejaht.[100] Andere betonen den repressiven Charakter und befürworten die abdrängende Sonderzuweisung nach § 23 EGGVG.[101]

Vorliegend stand die Identität des A fest, sodass es für die Durchführung des Strafverfahrens keiner erkennungsdienstlichen Maßnahmen i.S.d. § 81 b Alt. 1 StPO bedurfte. Die Maßnahmen dienten vielmehr der **Strafverfolgungsvorsorge** i.S.d. § 81 b Alt. 2 StPO, um der Polizei die Erforschung und Aufklärung künftiger Straftaten zu ermöglichen. Die Lichtbilder und Fingerabdrücke wurden anlässlich eines Strafverfahrens gegenüber A als Beschuldigten (§ 157 StPO) erstellt, § 14 PolG ist daher nicht einschlägig.[102] **97**

§ 81 b Alt. 2 StPO ermöglicht anders als das PolG erkennungsdienstliche Maßnahmen nur gegenüber dem **Beschuldigten**. Ausreichend ist jedoch, dass der Betroffene im Anordnungszeitpunkt Beschuldigter war, auch wenn die Beschuldigteneigenschaft später, z.B. aufgrund Einstellung des Verfahrens oder rechtskräftiger Verurteilung, wegfällt.[103]

---

97 Vgl. OVG NRW DÖV 1983, 603, 604; AS-Skript Staatsorganisationsrecht (2018), Rn. 395.

98 BVerwG NJW 2006, 1225, 1226; OVG Lüneburg NordÖR 2015, 359; BayVGH, Beschl. v. 06.12.2016 – 10 CS 16.2069, BeckRS 2016, 110046; Gerhold/Rakoschek Jura 2008, 895, 896; Graulich NVwZ 2014, 685, 686.

99 OVG Bln-Bbg, Beschl. v. 20.10.2016 – OVG 1 L 42.16, Beck RS 2016, 54054.

100 OVG Lüneburg NVwZ 2010, 69, 77; NVwZ-RR 2015, 336; Graulich NVwZ 2014, 685, 689.

101 HessVGH LKRZ 2011, 139; Eisenberg/Puschke JZ 2006, 729, 730; wohl auch Schenke JZ 2006, 707, 712.

102 Vgl. OVG RP, Beschl. v. 20.08.2018 – 7 B 10607/18, BeckRS 2018, 20898.

103 BVerwG NJW 2018, 3194; RÜ2 2018, 283 f.; OVG RP, Urt. v. 24.09.2018 – 7 A 10084/18.OVG, BeckRS 2018, 27128; a.A. OVG Hamburg RÜ 2013, 529, 530: im Zeitpunkt des Widerspruchsbescheides.

2. Teil — Die Eröffnung des Verwaltungsrechtswegs

98

Für die abdrängende Spezialzuweisung des § 23 Abs. 1 EGGVG könnte sprechen, dass Maßnahmen der Strafverfolgungsvorsorge zwar in zeitlicher Hinsicht präventiv wirken, aber gegenständlich das Strafverfahren betreffen. Maßnahmen nach § 81 b Alt. 2 StPO dienen anders als Maßnahmen nach dem PolG nicht der Verhinderung künftiger Straftaten, sondern der (künftigen) Strafverfolgung. Das (jetzige) Strafverfahren stellt jedoch lediglich den Anlass der erkennungsdienstlichen Maßnahmen dar. Die dabei gewonnenen Daten können nicht nur in künftigen Strafverfahren, sondern auch in anderen (polizeilichen) Verfahren verwendet werden.[104] Maßnahmen nach § 81 b Alt. 2 StPO haben daher **schwerpunktmäßig präventive Wirkung**. Die abdrängende Spezialzuweisung des § 23 Abs. 1 EGGVG ist somit nicht einschlägig.[105] Für die Klage des A ist nach § 40 Abs. 1 S. 1 VwGO der **Verwaltungsrechtsweg** eröffnet.

99

Streiten sich die Beteiligten nicht über die Rechtmäßigkeit der Anfertigung der Unterlagen, sondern geht es um deren weitere **Aufbewahrung**, kommt es darauf an, welchem Zweck die Aufbewahrung dient; unerheblich ist, zu welchem Zweck die Lichtbilder seinerzeit gefertigt wurden.[106] Dient die Aufbewahrung weiterhin strafprozessualen Zwecken, greifen die Rechtsbehelfe nach der StPO bzw. subsidiär die §§ 23 ff. EGGVG ein. Erfolgt die Aufbewahrung dagegen ausschließlich zur Strafverfolgungsvorsorge i.S.d. § 81 b Alt. 2 StPO oder für Zwecke der künftigen präventiven Arbeit der Polizei, ist der Verwaltungsrechtsweg nach § 40 Abs. 1 S. 1 VwGO eröffnet.[107]

*Beachte: Bei **repressiven Maßnahmen** der Polizei ist ein Antrag nach §§ 23 ff. EGGVG subsidiär gegenüber dem fachgerichtlichen Rechtsschutz (§ 23 Abs. 3 EGGVG). Vorrangig sind stets die speziellen Rechtsbehelfe nach den einzelnen Verfahrensordnungen (z.B. §§ 98 Abs. 2 S. 2, 304 StPO).[108]*

Justizverwaltungsakte	
Verwaltungsgerichte	**ordentliche Gerichte**
▪ § 40 Abs. 1 S. 1 VwGO (–), abdrängende Sonderzuweisung gem. §§ 23 ff. EGGVG ↓ Verwaltungsgerichte **unzuständig**	▪ vorrangig Rechtsschutz nach Fachgesetz (§ 23 Abs. 3 EGGVG i.V.m. z.B. § 98 Abs. 2 S. 2 StPO (analog), § 304 StPO, §§ 766, 793 ZPO) ▪ subsidiär: Verfahren vor OLG gem. §§ 23 ff., 25 EGGVG

---

104 Gerhold/Rakoschek Jura 2008, 895, 896; Söllner DVBl. 2010, 854.
105 Vgl. BVerwG RÜ 2011, 529, 531; OVG Hamburg RÜ 2013, 529, 530; OVG Lüneburg NVwZ 2010, 69, 71; Hebeler JA 2011, 959, 960; Graulich NVwZ 2014, 685, 689.
106 Zur Umwidmung OVG RP, Beschl. v. 20.08.2018 – 7 B 10607/18, BeckRS 2018, 20898.
107 Vgl. OVG NRW DVBl. 2010, 852 mit Anm. Söllner; VG Gießen NVwZ 2002, 1531.
108 Vgl. dazu AS-Skript StPO (2018), Rn. 91.

3. Abschnitt: Einschränkungen des Rechtsschutzes

A. Ausschluss des Rechtsweges

Für bestimmte Streitigkeiten ist der **Rechtsweg** durch besondere gesetzliche Vorschriften ausdrücklich **ausgeschlossen:**

- (Verfahrensbeendende) Beschlüsse eines Untersuchungsausschusses sind der richterlichen Erörterung entzogen **(Art. 44 Abs. 4 S. 1 GG)**. **100**

   Das gilt aber nur für den **Abschlussbericht** des Ausschusses, die Zulässigkeit vorbereitender Maßnahmen, wie z.B. Beweiserhebungen durch den Untersuchungsausschuss, sind gerichtlich voll überprüfbar[109] (vgl. z.B. § 36 PUAG). Auch entsprechende landesrechtliche Ausschlussklauseln verstoßen nach h.M. nicht gegen Art. 19 Abs. 4 GG.[110]

- Gemäß **Art. 10 Abs. 2 S. 2 GG** wird die gerichtliche Kontrolle bei Brief-, Post- und Telekommunikationsüberwachung aus Gründen des Verfassungsschutzes ersetzt durch die Überprüfung durch eine parlamentarische Kontrollkommission (vgl. das sog. G10-Gesetz). **101**

   Gegen die Anordnung bestimmter Beschränkungsmaßnahmen und ihren Vollzug ist der Rechtsweg **vor der Mitteilung** an den Betroffenen nicht zulässig (§ 13 G10-Gesetz). Die Kontrolle erfolgt durch die sog. G-10-Kommission, deren Mitglieder vom Parlamentarischen Kontrollgremium des Bundestages bestellt werden (§ 15 G10-Gesetz). Nach Abschluss der Maßnahme ist ggf. **nachträglich** Rechtsschutz über die Fortsetzungsfeststellungsklage (§ 113 Abs. 1 S. 4 VwGO) oder die allgemeine Feststellungsklage (§ 43 Abs. 1 VwGO) möglich.[111]

Auch im Übrigen soll es nach der Rspr. Streitigkeiten geben, bei denen der Rechtsweg aufgrund der **Natur der Sache** ausgeschlossen ist. Anerkannt ist dies insbesondere für Regierungsakte bzw. staatsleitende Akte, die nicht unter rechtlichen, sondern nur unter **politischen Gesichtspunkten** ergehen und daher **nicht gerichtlich überprüfbar** sind. **102**

Bejaht hat die Rspr. dies z.B. für die Anordnung des Bereitschaftsdienstes im Wehrrecht,[112] dagegen verneint für die Aufrechterhaltung einer Suchmeldung in einer staatlichen Internet-Datenbank.[113]

B. Beschränkung des Rechtsschutzes

I.   Besonderheiten bei innerkirchlichen Streitigkeiten

Kirchen werden aufgrund ihrer Organisationsform als öffentlich-rechtliche Körperschaften (Art. 140 GG i.V.m. Art. 137 Abs. 5 WRV) im Zweifel öffentlich-rechtlich tätig. **Innerkirchliche Akte** fallen indes gemäß Art. 140 GG i.V.m. Art. 137 Abs. 3 WRV in den ausschließlichen Zuständigkeitsbereich der Kirche. Für innerkirchliche Streitigkeiten sind besondere **Kirchengerichte** zuständig. Deshalb wurde früher angenommen, dass innerkirchliche Streitigkeiten der staatlichen Gerichtsbarkeit generell entzogen sind.[114] **103**

---

109 OVG Berlin DVBl. 2001, 1224; Reimer in Posser/Wolff VwGO § 40 Rn. 134 ff.; kritisch Buckler DVBl. 2018, 1190, 1193.

110 BVerfG NVwZ 2016, 1169, 1170; HVerfG NVwZ 2016, 61, 62; a.A. OVG Hamburg NVwZ 2014, 1386, 1387.

111 Vgl. BVerwG NVwZ 2018, 1376; NJW 2008, 2135 (strategische Telefonüberwachung); einschränkend BVerwG ZD 2017, 396; NVwZ 2014, 1666 (zur strategischen Überwachung durch den BND); dazu Hufen JuS 2015, 670.

112 BVerwGE 15, 63, 66: „Die Anordnung beruht stets nur auf der Einschätzung einer politischen Situation. Die Bundesregierung muss hierzu zwar ermächtigt sein, sie handelt aber nach einem lediglich politischen Ermessen."

113 BVerwG RÜ 2015, 391, 392.

114 BVerfG RÜ 2009, 120, 121; OVG Lüneburg NVwZ 2011, 448; Muckel JA 2009, 555, 556.

| | 2. Teil | Die Eröffnung des Verwaltungsrechtswegs |

Verwaltungsgerichtlich nicht überprüfbar waren danach z.B. die Ernennung oder Versetzung eines Geistlichen,[115] kirchliche Disziplinarmaßnahmen,[116] die Wirksamkeit einer Taufe,[117] aber auch das Hausverbot gegenüber einem Kirchenmitglied wegen Störung des Gottesdienstes.[118]

104 Heute wird dagegen überwiegend angenommen, dass Art. 140 GG i.V.m. Art. 137 Abs. 3 WRV nicht bereits den Zugang zu den staatlichen Gerichten ausschließt, sondern die verfassungsrechtliche Beschränkung des staatlichen Zugriffs auf den innerkirchlichen Bereich sich i.d.R. erst im Rahmen der **Begründetheitsprüfung** auswirkt.[119] Dafür spricht der staatliche **Justizgewährleistungsanspruch** (Art. 19 Abs. 4 GG, Art. 20 Abs. 3 i.V.m. Art. 2 Abs. 1 GG), der grds. eine Überprüfung durch staatliche Gerichte verlangt. Der Autonomie der Kirche ist durch Einschränkung des Umfangs und der Intensität der Prüfung durch die staatlichen Gerichte Rechnung zu tragen **(Wechselwirkung)**.

Beispiel: Für die Klage eines Geistlichen oder eines Beamten einer Religionsgesellschaft gegen eine Gehaltskürzung ist der Verwaltungsrechtsweg eröffnet, allerdings erst nach Erschöpfung des innerkirchlichen Rechtsweges (Subsidiarität).[120] Im Hinblick auf Art. 140 GG i.V.m. Art. 137 Abs. 3 S. 2 WRV (Ämterautonomie) ist die Kontrolle durch die staatlichen Gerichte aber darauf beschränkt, ob die angegriffene Maßnahme gegen die in Art. 79 Abs. 3 GG umschriebenen fundamentalen Verfassungsprinzipien verstößt.[121]

105 **Unstreitig sind die staatlichen Gerichten zuständig, wenn kirchliche Maßnahmen Außenwirkung haben.**

Dies gilt z.B., wenn die Kirche öffentlich-rechtliche Befugnisse kraft **Beleihung** wahrnimmt, wie in Kirchensteuerangelegenheiten oder bei der Verwaltung und Benutzung kirchlicher Friedhöfe.[122] Die staatlichen Gerichte sind gleichfalls zuständig, wenn es um die Abwehr kirchlichen Handelns mit **faktischer Außenwirkung** geht (z.B. störendes Glockengeläut,[123] Lärm von kirchlichem Kinderspielplatz,[124] ehrbeeinträchtigende Äußerungen von Kirchenvertretern).[125]

106 Soweit danach der **Rechtsweg zu den staatlichen Gerichten** eröffnet ist, ist nach allgemeinen Kriterien zu entscheiden, ob der Zivilrechtsweg oder der Verwaltungsrechtsweg eingreift.

Beispiel: Für Klagen gegen sakrales Glockenläuten ist gemäß § 40 Abs. 1 S. 1 VwGO der Verwaltungsrechtsweg eröffnet, bei nichtsakralem Zeitschlagen dagegen mangels öffentlich-rechtlichen Sachzusammenhangs der Zivilrechtsweg (§ 13 GVG).[126]

II. Gnadenentscheidungen

107 Eine Einschränkung der gerichtlichen Kontrolle wird überwiegend auch bei **Gnadenentscheidungen** des Bundespräsidenten (Art. 60 Abs. 2 GG) bzw. des Ministerpräsidenten nach LVerf angenommen.

---

115 BVerwGE 117, 145, 148 f.; EGMR, Urt. v. 20.12.2011 – 38254/04; a.A. OVG NRW NWVBl. 2013, 68 ff.

116 VGH BW, Beschl. v. 18.12.2012 – 4 S 1540/12, BeckRS 2013, 45354.

117 BayVGH NJW 2012, 1162; dazu auch BVerwG ZAR 2015, 404.

118 OVG Lüneburg NJW 2010, 2679.

119 BVerwG RÜ 2014, 530, 531; OVG NRW DVBl. 2013, 1585, 1586; Hotstegs NVwZ 2014, 1106; in diesem Sinne auch BVerwG NVwZ 2016, 453, 456 mit Anm. Muckel.

120 BVerwG NVwZ-RR 2017, 399.

121 BVerwG RÜ 2014, 530, 532; NVwZ 2016, 453, 455; NVwZ 2017, 399, 401.

122 OVG NRW FamRZ 2017, 1884.

123 BVerwG NVwZ 1997, 390, 391; VGH BW RÜ 2012, 664, 665.

124 BayVGH DVBl. 2004, 839, 840.

125 BGH NJW 2001, 3537.

126 BVerwG NVwZ 1997, 390, 391; VGH BW RÜ 2012, 664, 665; differenzierend Huber JA 2005, 119.

Einschränkungen des Rechtsschutzes | **3. Abschnitt**

1. Justiziabilität

a) Primär geht es dabei um die Frage, ob **Gnadenentscheidungen** überhaupt **gerichtlich überprüfbar** sind, was die h.M. verneint. Bei Gnadenentscheidungen gehe es darum, ob die ursprüngliche Entscheidung, die in Anwendung von Rechtsnormen ergangen ist, aufgrund **außerrechtlicher Erwägungen** aufgehoben werden soll (**„Gnade vor Recht"**). Daher könne durch die ablehnende Entscheidung gar nicht die Rechtsstellung des Betroffenen berührt werden und mangels rechtlicher Betroffenheit auch nicht die Rechtsschutzgarantie des Art. 19 Abs. 4 GG zum Tragen kommen.[127]

108

b) Die Gegenansicht verweist darauf, dass das Gnadenrecht in die Verfassung eingebunden ist (vgl. z.B. auf Bundesebene Art. 60 Abs. 2 GG), sodass das Gnade ausübende Organ gemäß Art. 1 Abs. 3, 20 Abs. 3 GG den rechtlichen **Bindungen der Verfassung** unterworfen sei. Infolgedessen müsse auf den Gnadenerweis auch Art. 19 Abs. 4 GG Anwendung finden. Die Gnadenentscheidung müsse jedenfalls daraufhin überprüft werden können, ob Zuständigkeits- und Verfahrensvorschriften eingehalten sind, ob Art. 3 Abs. 1 GG durch eine willkürliche Ungleichbehandlung oder Art. 2 Abs. 1 GG durch einen Verstoß gegen den Grundsatz der Verhältnismäßigkeit verletzt ist.[128]

109

c) Für die h.M. spricht, dass Gnadenentscheidungen **nicht an normative Vorgaben** gebunden sind. Der Gnadenerweis ist seinem Wesen nach ein Akt der Barmherzigkeit und des Wohlwollens, ohne dass es z.B. auf Reue oder Abkehr des Täters von seinen früheren Taten ankommt. Der Bundespräsident und die Ministerpräsidenten können aus Gründen der Versöhnung und/oder der Wiedereingliederung des Betroffenen Gnade gewähren oder aus Gründen der Staatsräson, der Staatsideologie oder mit Rücksicht auf die Opfer bzw. deren Angehörige von einem Gnadenerweis absehen. Einer näheren Begründung bedarf es nicht. Auch wenn der Gnadenträger an die Grundentscheidungen der Verfassung gebunden ist, macht dies die Gnadenentscheidung nicht zu einem Rechtsakt. Gnadenentscheidungen sind daher **nicht justiziabel**.

110

2. Rechtsweg

Unabhängig von der Frage der Justiziabiliät ist für Streitigkeiten der **Rechtsweg** zu dem der Sache nach zuständigen Gericht eröffnet. Denn wenn Klage erhoben ist, muss bestimmt werden, welches Gericht für die Entscheidung der Frage zuständig ist, ob und inwieweit Rechtsschutz gewährt wird.[129] **Zuständig** sind demnach die ordentlichen Gerichte nach § 23 EGGVG, wenn es um Gnadenentscheidungen gegen Strafurteile geht. Wegen des funktionalen Begriffs der „Justizbehörde" gilt dies auch dann, wenn der Bundespräsident oder der Ministerpräsident entschieden hat.[130] Die Zuständigkeit der Verwaltungsgerichte ist dagegen eröffnet, wenn es um einen beamtenrechtlichen Gnadenerweis (z.B. nach § 43 BBG) geht.[131] Die Klage ist jedoch **mangels Klagebefugnis** (§ 42 Abs. 2 VwGO bzw. § 24 Abs. 1 EGGVG) **unzulässig**, soweit man mit der h.M. ein subjektives Recht auf Überprüfung der Gnadenentscheidung verneint.

111

---

127 BVerfGE 25, 352, 362; 45, 187, 245; BVerfG NJW 2001, 3771; BVerwG NJW 1983, 187, 188; BayVerfGH NStr-RR 1997, 39, 40; Eyermann/Rennert § 40 Rn. 12; Pflieger ZRP 2008, 84, 86.

128 Vgl. Minderheitsvotum BVerfGE 25, 352, 363 ff.; Schoch VwGO § 40 Rn. 119 ff.; Hömig DVBl. 2007, 1328, 1330 f.

129 BVerwGE 49, 221, 225; Kunig Jura 1990, 386.

130 Ehlers/Schneider in Schoch VwGO § 40 Rn. 121.

131 BVerwG DVBl. 1982, 1147, 1148.

2. Teil Zusammenfassende Übersicht

Eröffnung des Verwaltungsrechtsweges

I. (aufdrängende) **Spezialzuweisung** zum Verwaltungsgericht
§ 126 Abs. 1 BBG, § 54 Abs. 1 BeamtStG, § 6 Abs. 1 UIG, § 7 IWG, § 54 BAföG u.a.

II. Generalklausel des § 40 Abs. 1 S. 1 VwGO

1. öffentlich-rechtliche Streitigkeit

- **streitentscheidende Norm** öffentlich-rechtlich
- **Abwehranspruch:** Rechtsnatur des abzuwehrenden Verwaltungshandelns
- **Leistungsanspruch:** Rechtsnatur der möglichen Anspruchsgrundlage
- **Zwei-Stufen-Theorie:** „Ob" = öffentlich-rechtlich; „Wie" = privatrechtlich
  z.B. §§ 24 ff. BauGB; Nutzung öffentlicher Einrichtungen; Gewährung von Subventionen, soweit nicht einstufig öffentlich-rechtlich (verlorener Zuschuss)
- **allgemeine** Kriterien, insbes. eindeutiges Handeln, Sachzusammenhang, ggf. Abgrenzungstheorien, im Zweifel: öffentlich-rechtlich
- **innerkirchliche Angelegenheiten** (Art. 140 GG, Art. 137 Abs. 3 WRV): vorrangig Kirchengerichte, ggf. eingeschränkte Prüfung

2. nichtverfassungsrechtlicher Art

- formeller **und** materieller Verfassungsstreit (doppelte Verfassungsunmittelbarkeit), str.
- Ausn.: materieller Verfassungsstreit ausreichend, wenn Verfassungsrecht Kern des Rechtsstreits

3. keine (abdrängende) Zuweisung an andere Gerichte

besondere Verwaltungsgerichte	ordentliche Gerichte

■ § 33 FGO: Finanzgerichte, insb.
   – bestimmte Abgabenangelegen-
    heiten (Bund/Land)
   – grds. nicht Kommunalabgaben
 ■ § 51 SGG: Sozialgerichte, insb.
   – Sozialversicherungsrecht
   – Arbeitslosengeld 2 („Hartz IV")
   – Sozialhilfe
 ■ Richterdienstgerichte, § 77 ORiG
 ■ Berufsgerichte
   (z.B. Rechtsanwälte, §§ 112 a ff. BRAO)
	■ Art. 14 Abs. 3 S. 4 GG: Enteignung
	 ■ Art. 34 S. 3 GG: Amtshaftung
	 ■ § 40 Abs. 2 S. 1 VwGO: sonstige Staatshaftung, es sei denn
	   – öffentlich-rechtlicher Vertrag
	   – Art. 14 Abs. 1 S. 2 GG oder
	   – Beamtenrecht
	     (§ 40 Abs. 2 S. 2 VwGO)
	 ■ §§ 23 ff. EGGVG: Justizverwaltungsakte
	 ■ § 217 BauGB: Baulandsachen
	 ■ § 68 OWiG: Bußgeldbescheide

III. kraft **Verweisung** durch Gericht eines anderen Gerichtszweiges
(§ 173 S. 1 VwGO, § 17 a Abs. 2 S. 3 GVG)

Ausschluss des Rechtsschutzes bei „justizfreien" Hoheitsakten
- kraft ausdrücklicher Vorschrift, z.B. Art. 44 Abs. 4 S. 1 GG, Art. 10 Abs. 2 S. 2 GG
- **Gnadenakte** („Gnade vor Recht") str.; a.A. eingeschränkt überprüfbar (insbes. Art. 3 Abs. 1 GG)

3. Teil: Klagearten im Verwaltungsprozess

Die Zulässigkeit der verwaltungsgerichtlichen Klage setzt neben der Eröffnung des Verwaltungsrechtswegs weiter voraus, dass die gewählte **Klageart statthaft** ist. Statthaftigkeit bedeutet, dass die streitige Maßnahme **ihrer Art nach** mit dem gewählten Rechtsbehelf angefochten bzw. erstritten werden kann. Je nach dem Begehren des Klägers kennt die VwGO verschiedene Klage- und Verfahrensarten:

112

- Mit der **Anfechtungsklage** (§ 42 Abs. 1 Fall 1 VwGO) wird die Aufhebung eines (belastenden) Verwaltungsakts begehrt.

    113

    Beispiele: Die Bauordnungsbehörde erlässt eine Beseitigungsverfügung an den Bauherrn B. B erhebt (ggf. nach erfolglosem Widerspruchsverfahren, § 68 Abs. 1 VwGO) Klage gegen die Beseitigungsverfügung. Das Verwaltungsgericht soll die Beseitigungsverfügung aufheben (§ 113 Abs. 1 S. 1 VwGO).

    Dem G ist die Fahrerlaubnis entzogen worden (§ 3 Abs. 1 StVG). Hebt das Verwaltungsgericht die Entziehungsverfügung auf Anfechtungsklage des G auf (§ 113 Abs. 1 S. 1 VwGO), kann G wieder am Straßenverkehr teilnehmen.

- Die **Verpflichtungsklage** (§ 42 Abs. 1 Fall 2 VwGO) ist auf Erlass eines (begünstigenden) Verwaltungsakts durch die Behörde gerichtet.

    114

    Beispiel: G beantragt eine gewerberechtliche Erlaubnis, die von der Behörde abgelehnt wird, weil G unzuverlässig sei (vgl. z.B. § 33 a Abs. 2 Nr. 1 GewO). Mit der Klage will G erreichen, dass das Verwaltungsgericht die Behörde verpflichtet, ihm die Erlaubnis zu erteilen (§ 113 Abs. 5 S. 1 VwGO).

    Beachte: Aufgrund des Gewaltenteilungsprinzips darf das Verwaltungsgericht den begehrten Verwaltungsakt nicht selbst erlassen, sondern kann die Behörde nur verpflichten, ihrerseits den Verwaltungsakt zu erteilen (§ 113 Abs. 5 S. 1 VwGO).

- Gegenstand der **Fortsetzungsfeststellungsklage** (§ 113 Abs. 1 S. 4 VwGO) ist die Feststellung der Rechtswidrigkeit eines erledigten Verwaltungsakts.

    115

    Beispiele: A hat Anfechtungsklage gegen eine befristete Ordnungsverfügung erhoben. Durch Fristablauf erledigt sich der Verwaltungsakt (§ 43 Abs. 2 VwVfG). Um eine erneute Verfügung zu vermeiden, will A festgestellt wissen, dass die Ordnungsverfügung rechtswidrig gewesen ist.

    Der Antrag des B auf Erteilung einer Baugenehmigung ist abgelehnt worden. Während des Klageverfahrens wird ein neuer Bebauungsplan erlassen, nach dessen Festsetzungen das Bauvorhaben des B nunmehr eindeutig unzulässig ist. B will die Behörde auf Schadensersatz in Anspruch nehmen und möchte deshalb durch das VG feststellen lassen, dass die Ablehnung der Baugenehmigung nach der früheren Rechtslage rechtswidrig gewesen ist.

| **3. Teil** | Klagearten im Verwaltungsprozess |

116 ■ Die **allgemeine Leistungsklage** ist auf die Verurteilung zu einem bestimmten Tun, Dulden oder Unterlassen gerichtet. Sie ist zwar gesetzlich nicht ausdrücklich geregelt, aber z.B. in §§ 43 Abs. 2, 111 VwGO erwähnt und gewohnheitsrechtlich anerkannt. In Abgrenzung zur Anfechtungs- und Verpflichtungsklage werden Leistungen erfasst, die **nicht** in der **Aufhebung** bzw. im **Erlass eines VA** bestehen.

Beispiele: Nachbar N verlangt von der Gemeinde eine Beschränkung der Nutzungszeiten auf einem angrenzenden gemeindlichen Sportplatz. – K verlangt vom Land Widerruf und Unterlassung ehrbeeinträchtigender Äußerungen eines Ministers.

117 ■ Mit der **Feststellungsklage** (§ 43 VwGO) wird die Feststellung einer bestimmten Rechtslage erstrebt.

Beispiele: Der (ehemalige) Beamte B klagt auf Feststellung, dass sein Beamtenverhältnis trotz strafgerichtlicher Verurteilung (§ 24 BeamtStG) fortbesteht (positive Feststellungsklage, § 43 Abs. 1 Alt. 1 Fall 1 VwGO). – H klagt auf Feststellung, dass er nicht Mitglied der Industrie- und Handelskammer ist (negative Feststellungsklage, § 43 Abs. 1 Alt. 1 Fall 2 VwGO) – A möchte die Nichtigkeit eines VA festgestellt wissen (§ 43 Abs. 1 Alt. 2 VwGO).

118 ■ Die **(abstrakte) Normenkontrolle** (§ 47 VwGO) ist auf die Feststellung der Nichtigkeit einer (untergesetzlichen) Rechtsnorm gerichtet.

Beispiele: E beantragt Feststellung der Unwirksamkeit eines Bebauungsplanes oder (soweit landesrechtlich vorgesehen) Feststellung der Unwirksamkeit einer Rechtsverordnung oder Satzung.

119 Die statthafte Klageart richtet sich nach dem **Klagebegehren** (§ 88 VwGO).[132] Ist das Klagebegehren nicht eindeutig, so ist der Klageantrag (§ 82 Abs. 1 VwGO) auszulegen (analog § 133 BGB), ggf. umzudeuten (analog § 140 BGB).

Beispiel: Begehrt der Kläger „Verpflichtung" der Behörde, einen VA aufzuheben, so kann dies eine Verpflichtungsklage auf Wiederaufgreifen des Verfahrens nach § 51 VwVfG sein. Ist der aufzuhebende VA aber noch nicht unanfechtbar, so ist der Antrag im Interesse eines effektiven Rechtsschutzes (Art. 19 Abs. 4 GG) als Anfechtungsklage auszulegen. Denn eine Verpflichtungsklage wäre hier mangels Rechtsschutzbedürfnisses unzulässig, da die Anfechtungsklage einfacher und effektiver ist (Aufhebung des VA unmittelbar durch das Gericht und nicht nur Verpflichtung der Behörde zur Aufhebung).

120 Der Kläger kann sein Klagebegehren während des Prozesses ändern. Eine solche **Klageänderung** ist gemäß § 91 VwGO nur zulässig, wenn die übrigen Beteiligten einwilligen oder das Gericht die Änderung für sachdienlich hält.

Nicht als Klageänderung gelten die in § 173 S. 1 VwGO i.V.m. § 264 ZPO genannten Fälle, z.B. Erweiterung oder Reduzierung des Klageantrags in der Hauptsache oder wenn wegen einer später eingetretenen Veränderung statt des ursprünglich geforderten Gegenstandes ein anderer Gegenstand oder das Interesse (Schadensersatz) gefordert wird.

121 Nach § 92 VwGO kann der Kläger seine Klage bis zur Rechtskraft des Urteils zurücknehmen. Nach Antragstellung in der mündlichen Verhandlung setzt die **Klagerücknahme** die Einwilligung des Beklagten und ggf. des Vertreters des öffentlichen Interesses voraus (§ 92 Abs. 1 S. 2 VwGO).

Die Klage gilt als zurückgenommen, wenn der Kläger das Verfahren trotz Aufforderung des Gerichts länger als zwei Monate nicht betreibt (§ 92 Abs. 2 VwGO). Ist die Klage zurückgenommen oder gilt sie als zurückgenommen, so stellt das Gericht das Verfahren durch Beschluss ein (§ 92 Abs. 3 VwGO). Aufgrund der Klagerücknahme entfällt rückwirkend die Rechtshängigkeit (§ 173 S. 1 VwGO i.V.m. § 269 Abs. 3 S. 1 ZPO). Der Kläger trägt zwingend die Kosten des Verfahrens (§ 155 Abs. 2 VwGO).

---

132 Vgl. Seibert JuS 2017, 122, 123.

1. Abschnitt: Anfechtungsklage

A. Die Zulässigkeit der Anfechtungsklage

Grundschema: Zulässigkeit der Anfechtungsklage
I. Verwaltungsrechtsweg
II. Statthaftigkeit der Anfechtungsklage (§ 42 Abs. 1 Fall 1 VwGO)
III. Besondere Sachurteilsvoraussetzungen
1. Klagebefugnis (§ 42 Abs. 2 VwGO)
2. ggf. Durchführung des **Vorverfahrens** (§ 68 Abs. 1 VwGO)
3. Einhaltung der **Klagefrist** (§§ 74 Abs. 1, 58 Abs. 2 VwGO)
4. richtiger **Beklagter** (§ 78 VwGO)
IV. Allgemeine Sachurteilsvoraussetzungen

I. Verwaltungsrechtsweg

Die **Eröffnung des Verwaltungsrechtsweges** richtet sich – wie bei allen verwaltungsgerichtlichen Klagen – nach Spezialzuweisungen (z.B. § 54 Abs. 1 BeamtStG) oder nach der Generalklausel des § 40 Abs. 1 S. 1 VwGO.

122

II. Statthaftigkeit der Anfechtungsklage

Die Anfechtungsklage ist nach § 42 Abs. 1 Fall 1 VwGO statthaft, wenn der Kläger die **Aufhebung eines Verwaltungsaktes** (VA) durch das Verwaltungsgericht begehrt (§ 113 Abs. 1 S. 1 VwGO).

123

■ Typischer Fall der Anfechtungsklage ist die Klage des **Adressaten** gegen einen ihn belastenden VA.

Beispiele: Klage gegen eine Ordnungsverfügung, gegen einen Leistungsbescheid, gegen die Entziehung der Fahrerlaubnis, gegen die Rücknahme der Gaststättenkonzession u.Ä.

■ Entsprechendes gilt, wenn der Kläger einen VA anficht, der einen **Dritten** belastet.

Beispiel: Die Ehefrau F klagt gegen die Verfügung der Ausländerbehörde, durch die ihr Ehemann M ausgewiesen worden ist (§ 53 AufenthG).

■ Die Anfechtungsklage ist schließlich auch statthaft, wenn ein Dritter sich gegen einen ihn belastenden, den Adressaten begünstigenden VA wendet **(sog. VA mit Doppelwirkung)**.

Beispiele: Nachbar N klagt gegen eine dem Bauherrn B erteilte Baugenehmigung, die den Bauherrn begünstigt und den Nachbarn belastet. Taxiunternehmer U wendet sich gegen die Zulassung eines Konkurrenten, weil er eine Beeinträchtigung des Wettbewerbs befürchtet.

3. Teil Klagearten im Verwaltungsprozess

124 Der **Begriff des Verwaltungsakts** in § 42 Abs. 1 Fall 1 VwGO entspricht dem in § 35 VwVfG.[133] Die Anfechtungsklage richtet sich gegen die hoheitliche Maßnahme einer Behörde auf dem Gebiet des öffentlichen Rechts zur Regelung eines Einzelfalls mit Außenwirkung.

125 Obwohl § 35 VwVfG nur das Verwaltungsverfahren betrifft (vgl. §§ 1, 9 VwVfG), ist anerkannt, dass der prozessuale Begriff des VA in § 42 Abs. 1 VwGO an die verwaltungsverfahrensrechtliche Legaldefinition anknüpft. Die h.M. stellt im Prozessrecht dabei stets auf § 35 VwVfG des **Bundes** ab, und zwar auch dann, wenn es um Maßnahmen von Landesbehörden geht, für die im Bereich des Verwaltungsverfahrens § 35 LVwVfG einschlägig wäre.[134] Die Gegenansicht differenziert und greift auf § 35 VwVfG nur bei Maßnahmen von Bundesbehörden zurück, während für Landesbehörden § 35 LVwVfG gelte.[135] Dagegen spricht, dass § 42 Abs. 1 VwGO eine bundesrechtliche Regelung ist. Der VA muss daher einheitlich anhand der bundesrechtlichen Regelung bestimmt werden. Denn sonst läge es in der Dispositionsbefugnis des Landesgesetzgebers, über die Reichweite der Anfechtungsklage zu entscheiden.

*Angesichts der wörtlichen Übereinstimmung der Legaldefinition des VA im Bundes- und im Landes-VwVfG hat die Frage **praktisch keine Bedeutung** und sollte in der Klausur auch nicht näher erörtert werden (obwohl dies in der Lit. teilweise in epischer Breite geschieht).*

126 Es muss ein VA **tatsächlich vorliegen**, die bloße Behauptung des Klägers, bei der angegriffenen Maßnahme handele es sich um einen VA, genügt nicht.

Beispiele:

- Unstatthaft ist die Anfechtungsklage insbes. gegen **Realakte**, die mangels Regelung keinen VA darstellen (z.B. Immissionen, ehrbeeinträchtigende Äußerungen, Hinweise, Mitteilung einer Rechtsansicht). Bei einer möglichen Rechtsverletzung kommt in diesen Fällen eine allgemeine Leistungsklage in Betracht (s.u. Rn. 244 ff.). Etwas anderes gilt, wenn in dem Realakt ein konkludenter VA enthalten ist, z.B. ein konkludenter DuldungsVA bei der Anwendung von Zwangsmitteln[136] oder bei Maßnahmen im Sofort-Vollzug (vgl. insbes. § 18 Abs. 2 VwVG).

- Kein VA mangels hoheitlicher Regelung, sondern **verwaltungsrechtliche Willenserklärung** ist die öffentlich-rechtliche Aufrechnungserklärung,[137] sodass eine Anfechtungsklage ausscheidet.

- Unstatthaft ist die Anfechtungsklage auch bei **verwaltungsinternen Maßnahmen**, die mangels Außenwirkung keinen VA darstellen (z.B. die Umsetzung im Beamtenrecht[138] oder die Anordnung einer ärztlichen Untersuchung eines Beamten).[139]

127 Wie im Rahmen des § 35 VwVfG ist auch im Rahmen des § 42 Abs. 1 Fall 1 VwGO ein sog. **formeller VA** ausreichend, d.h. bei der Frage, ob ein VA vorliegt, wird allein auf die nach außen hin erkennbare Form abgestellt: Wird eine behördliche Maßnahme für den Adressaten objektiv erkennbar im Wege einer einseitig hoheitlichen Regelung getroffen, so handelt es sich selbst dann um einen VA und damit um eine Anfechtungsklage, wenn die beabsichtigte Regelung eine privatrechtliche Rechtsbeziehung betrifft.[140]

---

133 Vgl. ausführlich AS-Skript Verwaltungsrecht AT 1 (2017), 4. Abschnitt.

134 Sodan/Ziekow VwGO § 42 Rn. 99; Kopp/Schenke VwGO Anh § 42 Rn. 2; Kahl Jura 2011, 505, 506; Schiffbauer JuS 2015, 548, 550; Schaks/Friedrich JuS 2018, 860, 861.

135 Eyermann/Happ VwGO § 42 Rn. 5; Posser/Wolf VwGO § 42 Rn. 11; im Ergebnis ebenso BayVGH RÜ 2013, 453, 454; OVG Saarland RÜ 2011, 449, 450; Scharpf JuS 2011, 528, 530; Manssen/Greim JA 2011, 443, 444; ausführliche Darstellung bei Jakel JuS 2016, 410 ff.

136 Str., vgl. BVerwGE 26, 161, 164; OVG NRW NVwZ-RR 1994, 549, 550; a.A. Stelkens/Bonk/Sachs VwVfG § 35 Rn. 94; Beckmann NVwZ 2011, 842, 846; allgemein AS-Skript Verwaltungsrecht AT 1 (2017), Rn. 219.

137 BVerwG NJW 1983, 767; OVG Magdeburg NVwZ-RR 2002, 907; VG Oldenburg NVwZ-RR 2006, 135; Stelkens/Bonk/Sachs VwVfG § 35 Rn. 138.

138 BVerwG NVwZ 2012, 1481, 1482; näher AS-Skript Verwaltungsrecht AT 1 (2017), Rn. 324.

139 BVerwG NVwZ 2012, 1483, 1484; OVG NRW NVwZ-RR 2015, 191; VGH BW RÜ 2014, 735.

140 BVerwG NVwZ 1985, 254; Schaks/Friedrich JuS 2018, 860, 864; abweichend Bickenbach JA 2015, 481, 486 f.

Beispiele: Kündigung eines Angestelltenverhältnisses durch „Verfügung";[141] Aufrechnung durch VA.[142] Nach h.Rspr. kann eine Maßnahme, die zunächst keinen VA darstellt, auch durch Erlass eines sachlichen Widerspruchsbescheides zu einem VA werden, sodass dann die Anfechtungsklage statthaft ist.[143]

Auch ein **nichtiger VA** i.S.d. § 44 VwVfG kann mit der Anfechtungsklage angefochten **128** werden. Zwar entfaltet ein nichtiger VA keinerlei Rechtswirkungen (§ 43 Abs. 3 VwVfG), seine Aufhebung hat daher keine rechtsgestaltende Wirkung. Da aber auch von einem nichtigen VA der Rechtsschein der Verbindlichkeit ausgeht, muss der Betroffene die Möglichkeit haben, ein klarstellendes Urteil des Verwaltungsgerichts zu erhalten.[144]

Beim nichtigen VA besteht daher sowohl die Möglichkeit der Anfechtungsklage als auch der Nichtigkeitsfeststellungsklage nach § 43 Abs. 1 Alt. 2 VwGO (s.u. Rn. 328).

Da die Anfechtungsklage nach der gesetzlichen Grundkonstellation erst nach Durch- **129** führung eines Vorverfahrens erhoben werden darf (§ 68 Abs. 1 VwGO), bestimmt § 79 Abs. 1 Nr. 1 VwGO, dass **Gegenstand der Anfechtungsklage** grds. der ursprüngliche Verwaltungsakt in der Gestalt ist, die er durch den Widerspruchsbescheid (§ 73 VwGO) gefunden hat (sog. **Einheitsklage**).

Das bedeutet prozessual, dass der Anfechtungsklage der ursprüngliche VA zugrunde liegt, er aber mit dem Inhalt und der Begründung Gegenstand der Nachprüfung ist, die er durch den Widerspruchs- bescheid erhalten hat. Das gilt auch, wenn der Widerspruchsbescheid inhaltliche Rechtsfehler aufweist, die im Ausgangsbescheid noch nicht enthalten waren. **Beispiel:** Ist der Ausgangsbescheid ermessens- fehlerfrei erlassen worden, so wird er dadurch rechtswidrig, dass die Widerspruchsbehörde ihr Ermes- sen fehlerhaft ausübt.[145]

Findet nach § 68 Abs. 1 S. 2 VwGO (insbes. i.V.m. Landesrecht) kein Widerspruchsverfah- **130** ren statt (s.u. Rn. 137 ff.), ist begriffsnotwendig nur der **Ausgangsbescheid** Gegenstand der Anfechtungsklage.

Der **Widerspruchsbescheid** kann auch allein **(isoliert)** angefochten werden, **131**

■ wenn er eine **erstmalige Beschwer** enthält, § 79 Abs. 1 Nr. 2 VwGO;

   Beispiel: Die Behörde hat dem B die beantragte Baugenehmigung versagt. Auf den Widerspruch des B erlässt die Widerspruchsbehörde die Genehmigung, die den Nachbarn N beschwert. – Ent- sprechendes gilt nach § 79 Abs. 1 Nr. 2 VwGO bei erstmaliger Beschwer durch den Abhilfebescheid.

■ wenn und soweit er gegenüber dem ursprünglichen VA eine **zusätzliche** selbststän- dige (materielle) **Beschwer** enthält, § 79 Abs. 2 S. 1 VwGO;

   Beispiel: Gegen B ergeht eine Beseitigungsverfügung beschränkt auf einen Teil des Gebäudes. Auf den Widerspruch des B verfügt die Widerspruchsbehörde nunmehr den vollständigen Abriss (Ver- böserung, sog. reformatio in peius; dazu unten Rn. 903 ff.).

■ Als zusätzliche Beschwer gilt auch die Verletzung einer wesentlichen **Verfahrens- vorschrift**, sofern der Widerspruchsbescheid auf dieser Verletzung beruht, § 79 Abs. 2 S. 2 VwGO.

---

141 BVerwG NVwZ 1985, 254.

142 BFH NVwZ 1987, 1118; differenzierd Stelkens/Bonk/Sachs VwVfG § 35 Rn. 138: zwar VA i.S.d. § 42 Abs. 1 VwGO, aber nicht i.S.d. § 35 VwVfG.

143 BVerwG NVwZ 1988, 51; OVG NRW NVwZ 1988, 452, 454; Schaks/Friedrich JuS 2018, 860, 864; a.A. BayVGH NVwZ 1990, 775, 777.

144 OVG NRW NWVBl. 2018, 472; Kopp/Schenke VwGO § 43 Rn. 7 u. 20; Posser/Wolff VwGO § 42 Rn. 21; Ehlers Jura 2004, 30, 32; Schenke NVwZ 2016, 97, 99.

145 VGH Mannheim NVwZ 1990, 1085; SächsOVG NVwZ-RR 2002, 409.

| 3. Teil | Klagearten im Verwaltungsprozess |

Beispiel: Entscheidung durch eine unzuständige Behörde (§ 73 VwGO), Nichtdurchführung des Abhilfeverfahrens (§ 72 VwGO), Anhörungsverstoß (§ 71 VwGO); Verwerfung des Widerspruchs als unzulässig, obwohl er rechtzeitig erhoben wurde (§ 70 VwGO).[146]

132 Allerdings ist die nach § 79 Abs. 2 S. 2 VwGO erforderliche **Kausalität** („sofern der Widerspruchsbescheid auf dieser Verletzung beruht") nach der Rspr. grds. nur bei **Ermessensentscheidungen** (oder solchen bei denen ein Beurteilungsspielraum besteht) gegeben. Die Rechtmäßigkeit gebundener Entscheidungen ist dagegen unabhängig von etwaigen formellen Fehlern allein eine Frage (materiell) richtiger Subsumtion. Bei **gebundenen VAen** berechtigen formelle Fehler des Widerspruchsbescheides daher grds. nicht zur isolierten Anfechtung nach § 79 Abs. 2 S. 2 VwGO.[147]

Beispiel: Wenn der Betroffene zum Führen von Kraftfahrzeugen ungeeignet ist, dann muss ihm nach § 3 StVG die Fahrerlaubnis entzogen werden, auch wenn der Widerspruch von einer unzuständigen Behörde beschieden wird. Eine Aufhebung des Widerspruchsbescheides brächte dem Kläger hier im Ergebnis keine andere Entscheidung in der Sache.

133 Dem hält ein Teil der Lit. entgegen, dass es **auch im Rahmen der gebundenen Verwaltung** sinnvoll sein könne, den Widerspruchsbescheid isoliert anzufechten, denn ein weiteres Vorverfahren nach der gerichtlichen Aufhebung des formell fehlerhaften Widerspruchsbescheides sei für den Betroffenen unter Umständen schneller, auf jeden Fall aber kostengünstiger als ein Gerichtsverfahren (auch) gegen den Ausgangs-VA.[148] Dagegen spricht jedoch, dass ein Bedürfnis für die isolierte Anfechtung eines verfahrensfehlerhaft zustande gekommenen Widerspruchsbescheides regelmäßig nur dann besteht, wenn die Widerspruchsbehörde weitergehende Befugnisse bei der Überprüfung der in Rede stehenden Maßnahme der Ausgangsbehörde hat als das Verwaltungsgericht, nämlich bei Entscheidungen, für die Ermessens- und andere Zweckmäßigkeitsgesichtspunkte oder ein Beurteilungsspielraum eine Rolle spielen können (vgl. § 68 VwGO und § 114 VwGO).

134 *Beachte: Indem § 79 VwGO bestimmt, dass im Regelfall eine Einheitsklage (§ 79 Abs. 1 Nr. 1 VwGO) und unter welchen Voraussetzungen eine isolierte Anfechtung des Widerspruchsbescheides in Betracht kommt (§ 79 Abs. 1 Nr. 2, Abs. 2 VwGO), regelt er* **Sachurteilsvoraussetzungen** *der Anfechtungsklage. § 79 VwGO betrifft damit die Zulässigkeit der Klage,[149] und zwar ein besonderes Problem der* **Statthaftigkeit**.[150]

Wenn es sich um eine **Einheitsklage** *handelt, braucht § 79 VwGO i.d.R. nicht näher erörtert zu werden. Etwas anderes gilt nur dann, wenn der* **Widerspruchsbescheid** *(oder der Abhilfebescheid) isoliert angefochten wird. Dann sind die Voraussetzungen des § 79 Abs. 1 Nr. 2 bzw. des § 79 Abs. 2 VwGO im Rahmen der Statthaftigkeit zu prüfen.*

---

146 Kintz JuS 2004, 328, 330; Kopp/Schenke VwGO § 79 Rn. 13 m.w.N.

147 BVerwG NVwZ 1999, 641; NVwZ 1988, 346, 347; OVG NRW NVwZ-RR 2003, 615; Pietzner/Ronellenfitsch Rn. 301; anders BVerwG NVwZ 1999, 1219, 1220 bei einem Verstoß gegen § 71 VwGO.

148 Kopp/Schenke VwGO § 79 Rn. 5 u. 14; Redeker/v.Oertzen VwGO § 79 Rn. 7 u. 8.

149 Sodan/Ziekow VwGO § 79 Rn. 16; Eyermann/Happ VwGO § 79 Rn. 4; Posser/Wolff VwGO § 79 Rn. 5.

150 Posser/Wolff VwGO § 79 Rn. 5.

Anfechtungsklage **1. Abschnitt**

III. Besondere Sachurteilsvoraussetzungen der Anfechtungsklage

Besondere Sachurteilsvoraussetzungen der Anfechtungsklage
■ **Klagebefugnis** (§ 42 Abs. 2 VwGO)
■ ordnungsgemäße Durchführung des **Vorverfahrens** (§ 68 Abs. 1 VwGO)
■ Einhaltung der **Klagefrist** (§§ 74 Abs. 1, 58 Abs. 2 VwGO)
■ richtiger **Beklagter** (§ 78 VwGO)

1. Klagebefugnis (§ 42 Abs. 2 VwGO)

Die Anfechtungsklage ist gemäß § 42 Abs. 2 VwGO nur zulässig, wenn der Kläger geltend macht, durch den VA in seinen Rechten verletzt zu sein (sog. **Klagebefugnis**). Dies ist unproblematisch, wenn sich der Kläger gegen einen an ihn gerichteten, belastenden VA wendet. Denn eine belastende Maßnahme greift stets in Grundrechte des Adressaten (zumindest in Art. 2 Abs. 1 GG) ein. Ist der Eingriff rechtswidrig, liegt immer eine Rechtsverletzung vor. Daher kann im Rahmen der Klagebefugnis ohne Weiteres von der Möglichkeit einer Rechtsverletzung ausgegangen werden (sog. **Adressatentheorie**).[151]

135

Problematisch ist die Klagebefugnis i.d.R. nur bei sog. **Drittanfechtungsklagen** (z.B. Klage des Nachbarn gegen die dem Bauherrn erteilte Baugenehmigung). Dort setzt die Klagebefugnis voraus, dass der Kläger die Möglichkeit der Verletzung einer **drittschützenden Norm** geltend machen kann (s.u. Rn. 459 ff.).

136

2. Vorverfahren

Vorverfahren bei Anfechtungsklagen
■ **Erforderlich** nach § 68 Abs. 1 S. 1 VwGO
■ **Ausnahmen**:
– **gesetzlicher Ausschluss**, § 68 Abs. 1 S. 2 Hs. 1 VwGO
– Entscheidungen einer **obersten Bundes- oder Landesbehörde**, § 68 Abs. 1 S. 2 Nr. 1 VwGO
– erstmalige **Beschwer durch Abhilfe- oder Widerspruchsbescheid**, § 68 Abs. 1 S. 2 Nr. 2 VwGO
■ **Entbehrlich**
– bei Untätigkeitsklage, § 75 VwGO
– nach Sinn und Zweck

---

151 BVerwG NJW 1988, 2752, 2753; Kopp/Schenke VwGO § 42 Rn. 69 m.w.N. und unten Rn. 445.

a) Erforderlichkeit

137 Vor Erhebung der Anfechtungsklage muss gemäß § 68 Abs. 1 S. 1 VwGO grds. ein **behördliches Vorverfahren** (Widerspruchsverfahren) durchgeführt werden. In diesem Verfahren wird die **Rechtmäßigkeit und Zweckmäßigkeit des VA** überprüft. Hält die Ausgangsbehörde den Widerspruch für begründet, so hilft sie ihm ab (Abhilfebescheid, § 72 VwGO). Hilft die Behörde dem Widerspruch nicht ab, so ergeht ein Widerspruchsbescheid, den die Widerspruchsbehörde erlässt (§ 73 VwGO). Eine ohne Vorverfahren erhobene Anfechtungsklage ist grds. **unzulässig**.

b) Ausnahmen

138 Ein **Vorverfahren findet nicht statt** in den Fällen des § 68 Abs. 1 S. 2 VwGO, sodass **sofort Klage** gegen den Ausgangsbescheid zu erheben ist:

- Bei **entsprechender gesetzlicher Regelung** (§ 68 Abs. 1 S. 2 Hs. 1 VwGO: „wenn ein Gesetz dies bestimmt"). Dies gilt vor allem in den Ländern, die das Vorverfahren weitgehend abgeschafft haben (insbes. Bayern, Niedersachsen und NRW). In den übrigen Ländern sind nur einige bereichsspezifische Ausnahmen gemacht worden, sodass es dort grds. beim Erfordernis des Vorverfahrens bleibt.

   Landesrechtliche Ausnahmen finden sich z.B. in Art. 15 Abs. 2 BayAGVwGO, § 15 AGVwGO BW, § 16 a Hess AGVwGO, § 6 Abs. 2 Hbg AGVwGO, § 13 b AGGerStrG M-V, § 80 NJG, § 110 JustG NRW, § 8 a AG-VwGO LSA, §§ 8 a, 8 b Thür AGVwGO. Zum Teil besteht landesrechtlich ein Wahlrecht, ob sofort Klage oder zunächst Widerspruch erhoben wird (vgl. Art. 15 Abs. 1 BayAGVwGO, § 13 a AGGerStrG M-V). In Nds. kann die Behörde bei bestimmten VAen (insbes. bei Kommunalabgaben) anordnen, dass zunächst ein Vorverfahren durchzuführen ist (sog. Behördenoptionsmodell, § 80 Abs. 3 NJG).[152]

139 - Wenn der VA von einer **obersten Bundesbehörde** oder **obersten Landesbehörde** erlassen worden ist (§ 68 Abs. 1 S. 2 Nr. 1 VwGO).

   Kein Vorverfahren also insbes. bei **ministeriellen Entscheidungen**, außer wenn auch hier eine Nachprüfung ausdrücklich vorgeschrieben ist. Letzteres gilt z.B. bei ministeriellen Entscheidungen im Beamtenrecht (§ 126 Abs. 2 S. 2 BBG, § 54 Abs. 2 S. 2 BeamtStG, allerdings mit Ausnahmen in den Ländern nach § 54 Abs. 2 S. 3 BeamtStG) und im Informationsrecht gemäß § 6 Abs. 2 UIG, § 9 Abs. 4 S. 2 IFG.

140 - Wenn der **Abhilfebescheid** oder der **Widerspruchsbescheid** erstmalig eine Beschwer enthält (§ 68 Abs. 1 S. 2 Nr. 2 VwGO).

   Also kein „doppeltes" Widerspruchsverfahren. **Beispiel:** Die Baubehörde hat dem Bauherrn B die beantragte Baugenehmigung verweigert. Auf den Widerspruch des B erlässt die Widerspruchsbehörde die Genehmigung, die den Nachbarn N belastet. Es findet kein erneuter Widerspruch des N statt, N muss vielmehr unmittelbar Anfechtungsklage gegen die Baugenehmigung erheben (soweit das Widerspruchsverfahren nicht ohnehin kraft Landesrechts ausgeschlossen ist).

c) Entbehrlichkeit

141 Ein Vorverfahren ist **entbehrlich** unter den Voraussetzungen des § 75 VwGO. Danach kann der Betroffene unmittelbar eine sog. **Untätigkeitsklage** erheben, wenn über den Widerspruch ohne zureichenden Grund in angemessener Frist sachlich nicht entschieden worden ist (i.d.R. nach drei Monaten, § 75 S. 2 VwGO).

---

152 Dazu Beckermann NVwZ 2017, 1431 ff.

Beispiel: A hat Widerspruch erhoben, der auch nach vier Monaten noch nicht beschieden ist. A kann Klage erheben, ohne den Ausgang des Vorverfahrens abwarten zu müssen.

*Beachte: Die Untätigkeitsklage ist **keine selbstständige Klageart**, sondern bezeichnet nur die prozessuale Situation, in der eine Klage ohne (abgeschlossenes) Verwaltungsverfahren zulässig ist. Es gibt demnach z.B. eine Anfechtungsklage als Untätigkeitsklage, eine Untätigkeitsverpflichtungsklage usw.*

Die Rspr. geht außerdem davon aus, dass ein **Vorverfahren entbehrlich** ist, wenn sein **Zweck** (Überprüfung der Recht- und Zweckmäßigkeit des VA, § 68 Abs. 1 S. 1 VwGO) schon auf andere Weise erreicht worden ist oder gar nicht mehr erreicht werden kann (dazu unten Rn. 491 ff.). Denn dann wäre seine Durchführung bloße Förmelei. **142**

Dies nimmt die Rspr. z.B. an, wenn die Widerspruchsbehörde bereits vor Erhebung des Widerspruchs ihre ablehnende Haltung äußert (z.B. als Aufsichtsbehörde die Rechtmäßigkeit des VA bestätigt) oder wenn sich der mit der Widerspruchsbehörde identische Beklagte auf die ohne Vorverfahren erhobene Klage sachlich einlässt.[153]

3. Klagefrist

Für die Anfechtungsklage gilt eine Klagefrist von **einem Monat nach Zustellung des Widerspruchsbescheides** (§ 74 Abs. 1 S. 1 VwGO). Ist ein Vorverfahren nach § 68 Abs. 1 S. 2 VwGO nicht erforderlich, so muss die Klage **innerhalb eines Monats nach Bekanntgabe des Verwaltungsakts** erhoben werden (§ 74 Abs. 1 S. 2 VwGO). **143**

Entscheidend für die Zulässigkeit der Anfechtungsklage ist daher, ob vor Erhebung der Klage ein Vorverfahren durchzuführen ist: **144**

- *Bestehen keine gesetzliche Ausnahmen muss **zunächst Widerspruch** (§ 68 Abs. 1 S. 1 VwGO) und anschließend innerhalb eines Monats nach Zustellung des Widerspruchsbescheides Klage erhoben werden (§ 74 Abs. 1 S. 1 VwGO).*

- *Findet kraft gesetzlicher Regelung **kein Vorverfahren** statt (§ 68 Abs. 1 S. 2 VwGO insbes. i.V.m. Landesrecht), muss sofort Klage erhoben werden, und zwar innerhalb eines Monats nach Bekanntgabe des Ausgangsbescheides (§ 74 Abs. 1 S. 2 VwGO).*

Die Monatsfrist des § 74 Abs. 1 S. 1 VwGO gilt nur, wenn dem (Widerspruchs-)Bescheid eine **ordnungsgemäße Rechtsbehelfsbelehrung** beigefügt war. Ist die Belehrung unterblieben oder unrichtig erteilt, so kann die Klage innerhalb eines Jahres seit Zustellung bzw. Bekanntgabe erhoben werden (§ 58 Abs. 2 S. 1 VwGO).[154] Wird die Klagefrist nicht gewahrt, kann dies durch **Wiedereinsetzung in den vorigen Stand** nach § 60 VwGO geheilt werden, wenn die Verfristung unverschuldet ist.[155] **145**

4. Klagegegner

Die Anfechtungsklage muss schließlich gegen den **richtigen Beklagten** gerichtet werden. Hierbei sind zwei Fragen zu unterscheiden: **146**

---

153 Vgl. BVerwG NVwZ 2018, 1229, 1230; NVwZ 2014, 676. 679; RÜ 2011, 48, 50; Schenk NVwZ 2018, 1763, 176 und unten Rn. 491 ff.

154 Einzelheiten zur Fristproblematik unten Rn. 496 ff.

155 Dazu unten Rn. 524 ff.

| 3. Teil | Klagearten im Verwaltungsprozess |

■ Nicht zur Zulässigkeit, sondern zur **Begründetheit** gehört die Frage der **Passivlegitimation**, also danach, ob der Beklagte (materiell) der richtige Anspruchsgegner ist.

■ Bei **Anfechtungs-** und **Verpflichtungsklagen** ist jedoch abweichend bereits in der Zulässigkeit zu prüfen, ob die Klage prozessual (also nicht materiell) gegen den **richtigen Beklagten** gerichtet worden ist.

147 Dies folgt aus § 78 VwGO, der nach h.M. nicht die Passivlegitimation, sondern die **Prozessführungsbefugnis** auf Beklagtenseite regelt. Kann die Behörde nach § 78 Abs. 1 Nr. 2 VwGO verklagt werden, so handelt sie in **Prozessstandschaft** für den Rechtsträger (z.B. Land, Gemeinde).[156] Nach der Gegenansicht enthält § 78 VwGO eine Regelung der **Passivlegitimation**, deren Voraussetzungen (erst) im Rahmen der Begründetheit zu prüfen seien.[157]

Eine vermittelnde Ansicht differenziert: § 78 Abs. 1 Nr. 1 VwGO regele die Passivlegitimation, § 78 Abs. 1 Nr. 2 VwGO einen Fall der passiven Prozessstandschaft.[158] Die Rspr. des BVerwG ist uneinheitlich.[159]

148 **Gegen die Zuordnung zur Begründetheit** spricht, dass sich die Passivlegitimation bereits aus dem materiellen Recht ergibt und eine gesetzliche Regelung nur erforderlich ist, wenn diese von der Sachbefugnis abweicht. Dafür spricht auch der Wortlaut des § 78 VwGO. Die Formulierung „Die Klage ist zu richten ..." deutet auf eine formelle Voraussetzung und nicht auf die materielle Berechtigung hin. Auch die systematische Stellung des § 78 VwGO im 8. Abschnitt über die besonderen Vorschriften der Anfechtungs- und Verpflichtungsklage spricht für die Einordnung als Zulässigkeitsvoraussetzung. Außerdem darf der Bund nach Art. 74 Abs. 1 Nr. 1 GG in der VwGO nur das „gerichtliche Verfahren", also auf Landesebene **nicht das materielle Recht** regeln. Deshalb fehlt dem Bund für eine Normierung der Passivlegitimation in den Ländern die Gesetzgebungskompetenz. § 78 VwGO bestimmt somit nicht, wer materiell Anspruchsgegner ist, sondern regelt nur, wer für das Begehren **prozessual** in Anspruch genommen werden muss.

149 *Klausurhinweis: Die Einordnung des § 78 VwGO und die **Standortfrage sollte in Klausuren nicht näher problematisiert** werden, erforderlich ist nur, dass der gewählte Aufbau konsequent ist. Da der Aufbau nicht zu begründen ist, folgen Sie hier der jeweils in Ihrem Land herrschenden Auffassung.[160] Ist die Klage nicht gegen den richtigen Beklagten gerichtet, so muss sie nach hier vertretener Auffassung als unzulässig abgewiesen werden (nach der Gegenansicht als unbegründet). Fehlerhaft ist es dagegen, den Begriff „Passivlegitimation" in der Zulässigkeit zu verwenden. Hier sind „passive Prozessführungsbefugnis" oder „Beklagtenbefugnis" gebräuchlich. Die Passivlegitimation gehört unstreitig zur Begründetheit und ist zumeist unproblematisch.*

150 **Richtiger Beklagter** ist nach § 78 Abs. 1 Nr. 1 VwGO der Bund, das Land oder die **Körperschaft**, deren Behörde den angefochtenen VA erlassen oder den beantragten VA unterlassen hat. Sofern das Landesrecht dies bestimmt, sind Anfechtungs- und Verpflichtungsklagen gegen die **Behörde** selbst zu richten (§ 78 Abs. 1 Nr. 2 VwGO).

---

156 VGH Kassel NVwZ-RR 2005, 519; OVG NRW NJW 1991, 2586; NVwZ 1990, 188; Kopp/Schenke VwGO § 78 Rn. 1; Schoch/Meissner VwGO § 78 Rn. 8 ff.; Reimer JuS 2005, 628, 629; Ehlers Jura 2006, 351, 356; Desens NVwZ 2013, 471, 472 f.

157 BayVGH BayVBl. 1990, 312; BayVBl. 1988, 628, 630; Konrad JA 2002, 788, 792; Martini JuS 2003, 266, 267; Sauer JuS 2004, 1085, 1088; v.Kielmansegg JuS 2013, 312, 316 (auch Begründetheitsvoraussetzung).

158 Eyermann/Happ § 78 Rn. 1 ff.; Wolff/Decker VwGO § 78 Rn. 3; Rozek JuS 2007, 601, 603.

159 Vgl. z.B. BVerwG NVwZ 2003, 216, 217: „Prozessstandschaft"; anders BVerwG NVwZ-RR 2004, 84: „Passivlegitimation".

160 Vgl. insbes. Müller-Franken JuS 2005, 723, 725 Fn. 24 mit Hinweis auf die bayerische Examenspraxis.

So § 14 Abs. 2 AGGerStrG M-V, § 19 Abs. 2 Saarl AGVwGO, grds. auch § 8 Abs. 2 S. 1 BbgVwGG (dort aber nach S. 2 nicht für beamtenrechtliche Klagen i.S.d. § 52 Nr. 4 VwGO). In Niedersachsen, Sachsen-Anhalt und Schleswig-Holstein ist die Regelung auf Landesbehörden beschränkt (§ 79 Abs. 2 NJG, § 8 S. 2 AG VwGO LSA, § 69 Abs. 2 LJG SH), gilt dort also insbes. nicht für Kommunalbehörden.[161]

151 *Beachte: Die landesrechtlichen Regelungen gelten **nicht für Bundesbehörden**.[162] Bei bundesbehördlichen Verwaltungsakten muss **stets der Bund** als Rechtsträger gemäß § 78 Abs. 1 Nr. 1 VwGO verklagt werden. Bundesbehörden sind auch nicht nach § 61 Nr. 3 VwGO beteiligtenfähig.*

152 Unschädlich ist die „Verwechslung" des Beklagten, wenn der Kläger diesen nur **falsch bezeichnet** hat, aber erkennbar ist, gegen wen sich die Klage tatsächlich richten soll. In diesen Fällen ist der Klageantrag auszulegen und das Rubrum von Amts wegen zu berichtigen.[163]

Beispiel: K hat gegen die Behörde geklagt, obwohl richtiger Beklagter nach § 78 Abs. 1 Nr. 1 VwGO die Körperschaft ist. Die Klage ist gleichwohl zulässig. Zur Bezeichnung des Beklagten genügt die Angabe der Behörde (§ 78 Abs. 1 Nr. 1 Hs. 2 VwGO), das Rubrum wird von Amts wegen geändert. Dasselbe gilt im umgekehrten Fall (die Körperschaft wird verklagt, obwohl nach § 78 Abs. 1 Nr. 2 VwGO die Behörde zu verklagen ist), wenn sich die Klage erkennbar gegen die behördliche Entscheidung richtet.

153 Wird der **Widerspruchsbescheid isoliert angefochten** (§ 79 Abs. 1 Nr. 2, Abs. 2 VwGO), so ist Klagegegner entweder der Rechtsträger der Widerspruchsbehörde oder – bei entsprechender landesrechtlicher Regelung – die Widerspruchsbehörde selbst (§ 79 Abs. 2 S. 3, § 78 Abs. 2 i.V.m. Abs. 1 VwGO).

B. Begründetheit der Anfechtungsklage

154 Die Anfechtungsklage ist gemäß § 113 Abs. 1 S. 1 VwGO begründet, soweit der Verwaltungsakt rechtswidrig und der Kläger dadurch in seinen Rechten verletzt ist.

Grundschema: Begründetheit der Anfechtungsklage
I. Rechtswidrigkeit des VA
1. Ermächtigungsgrundlage
2. Formelle Rechtmäßigkeit (Zuständigkeit, Verfahren, Form)
3. Materielle Rechtmäßigkeit
II. Rechtsverletzung beim Kläger

I. Rechtswidrigkeit des VA

155 Der VA ist (objektiv) **rechtswidrig**, wenn er nicht sämtlichen Vorgaben entspricht, die die Rechtsordnung an ihn stellt. Ein VA ist nur rechtmäßig, wenn

---

161 Redeker/v.Oertzen § 78 Rn. 10.

162 BVerwG DVBl. 1993, 889; OVG NRW NVwZ 2008, 235; Kopp/Schenke VwGO § 78 Rn. 11.

163 BayVGH, Beschl. v. 01.10.2018 – 4 ZB 18.512, BeckRS 2018, 24042; Kopp/Schenke VwGO § 78 Rn. 16 m.w.N.

| 3. Teil | Klagearten im Verwaltungsprozess |

- er auf einer wirksamen **Ermächtigungsgrundlage** beruht,

- die Zuständigkeits-, Verfahrens- und Formvorschriften eingehalten sind **(formelle Rechtmäßigkeit)** und

- der VA inhaltlich mit dem geltenden Recht im Einklang steht **(materielle Rechtmäßigkeit)**.

II. Rechtsverletzung

156   Für den Erfolg der Anfechtungsklage ist die objektive Rechtswidrigkeit allein nicht ausreichend, sondern es muss (kumulativ) die Verletzung subjektiver Rechte hinzukommen (§ 113 Abs. 1 S. 1 VwGO). Der Bürger hat **keinen allgemeinen Gesetzesvollziehungsanspruch**. Anders als bei der Klagebefugnis, die nur die Möglichkeit der Rechtsverletzung voraussetzt, ist im Rahmen der Begründetheit zu prüfen, ob die Rechtsverletzung auch **tatsächlich** vorliegt.

1. Adressatenklagen

157   Unproblematisch ist die Rechtsverletzung in den Fällen, in denen der **Adressat** einen ihn belastenden VA angreift. Hier führt die Rechtswidrigkeit grds. zur Verletzung eines subjektiven Rechts, zumindest Art. 2 Abs. 1 GG. Ist der vom Adressaten angefochtene VA objektiv rechtswidrig, kann er nicht Ausdruck der verfassungsmäßigen Ordnung sein und damit keine den Grundrechtseingriff rechtfertigende Wirkung haben.

Formulierungsvorschlag für die Adressatenklage: „Der angefochtene Verwaltungsakt ist rechtswidrig und verletzt den Kläger in seinem subjektiven Recht aus Art. … GG. Dieser schützt auch vor … Die Anfechtungsklage ist somit begründet."

2. Drittanfechtungsklagen

158   Bei **Drittanfechtungsklagen** ist die Rechtsverletzung dagegen nur gegeben, wenn der VA wegen **Verstoßes gegen eine drittschützende Vorschrift** rechtswidrig ist.[164] Der angefochtene VA wird vom Gericht nicht allgemein auf seine Rechtswidrigkeit hin untersucht, sondern gezielt auf die Verletzung subjektiver Rechte des klagenden Dritten.

Beispiel: Nachbar N klagt gegen eine dem Bauherrn B erteilte Baugenehmigung mit der Begründung, das Bauvorhaben des B füge sich nicht in die vorhandene Bebauung ein (§ 34 Abs. 1 BauGB) und die Genehmigung sei unter Verstoß gegen § 36 BauGB ohne Einvernehmen der Gemeinde erteilt worden. Im Rahmen der Klagebefugnis kann N geltend machen, dass er in seinem subjektiven Recht aus dem sog. Rücksichtnahmegebot als Bestandteil des Merkmals „einfügen" i.S.d. § 34 Abs. 1 BauGB verletzt ist.[165] Stellt das Gericht im Rahmen der Begründetheit fest, dass ein Verstoß gegen das Rücksichtnahmegebot nicht vorliegt, so ist die Klage zwingend abzuweisen. Die Baugenehmigung mag zwar wegen Verstoßes gegen § 36 BauGB rechtswidrig sein,[166] jedoch dient diese Vorschrift allein dem Schutz der Planungshoheit der Gemeinde und damit ausschließlich den der Gemeinde zugeordneten Interessen. Nachbar N wird dadurch nicht in seinen subjektiven Rechten verletzt.[167]

---

164 BVerwG NVwZ 2005, 84, 85; DVBl. 2004, 1561, 1562; OVG NRW NVwZ 2009, 1383; Bader/Kuntze VwGO § 113 Rn. 13; Kopp/Schenke VwGO § 113 Rn. 26.

165 Vgl. dazu unten Rn. 460.

166 Vgl. Hellermann Jura 2002, 589, 592.

167 Vgl. BVerwGE 28, 268, 270.

Anfechtungsklage **1. Abschnitt**

*Ob die Beschränkung des gerichtlichen Prüfungsumfangs bei **Drittanfechtungsklagen** auch* **159**
*Auswirkungen auf die **gutachtliche Darstellung** in der Klausur hat, wird uneinheitlich be-*
antwortet.

■ *Teilweise wird darauf verwiesen, dass die Prüfung der **objektiven Rechtswidrigkeit** der*
*Prüfung der subjektiven Rechtsverletzung **zwingend vorauszugehen** habe.[168] Anders*
als das Gericht könne sich der Kandidat nicht auf prozessökonomische Gründe berufen.
Danach müssen in der Klausur zunächst alle Rechtmäßigkeitsvoraussetzungen geprüft
werden, auch wenn sie nicht drittschützend sind. Auf die Frage des Drittschutzes sei erst im
Anschluss daran im Rahmen der Rechtsverletzung einzugehen. Ausnahmen kämen allen-
falls bei offensichtlich fehlendem Drittschutz in Betracht.

■ *Andere schlagen in diesen Fällen zu Recht einen **subjektiv-rechtlichen Aufbau** vor.[169]*
Ähnlich wie bei der Verpflichtungsklage sei zu fragen, ob der Kläger einen Anspruch auf
Aufhebung des VA habe. Dieser kann sich nur aus drittschützenden Normen ergeben, so-
dass die Frage der Rechtsverletzung vorzuziehen sei. Die Rechtswidrigkeit muss daher
nicht im Einzelnen geprüft werden, wenn eine Verletzung des Dritten in eigenen Rechten
verneint wird. Es ist aber gleichwohl nicht falsch auch in Drittbeteiligungsfällen das klas-
sische Aufbauschema (1. Rechtswidrigkeit, 2. Rechtsverletzung) zugrunde zu legen.

Formulierungsvorschlag für die Drittanfechtungsklage: *„Die Anfechtungsklage ist gemäß*
§ 113 Abs. 1 S. 1 VwGO begründet, soweit der VA rechtswidrig und der Kläger dadurch in sei-
nen Rechten verletzt ist. Bei der hier vorliegenden Drittanfechtungsklage ist dies nur der Fall,
wenn der angefochtene VA gegen drittschützende Vorschriften verstößt …"

Fall 5: Das Loch in der Kasse

Die Gemeinde G im Land L stellte im Januar 2018 fest, dass wegen gestiegener Aus-
gaben für das vergangene Jahr ein Nachtragshaushalt erforderlich ist, der nicht durch
Einnahmen ausgeglichen werden kann, und dass auch im laufenden Jahr eine erhebliche Lücke im Haushaltsplan besteht. Auf Anregung der Kommunalaufsichtsbehörde
entschloss sich die Gemeinde dazu, die Hundesteuer zu erhöhen. Der Rat der Gemeinde änderte darauf die Hundesteuersatzung dahin, dass rückwirkend zum 01.01.2017
ein Zuschlag von 150 % zu zahlen ist. A erhält darauf am 27.01.2018 einen Bescheid,
wonach er für das Jahr 2017 zusätzlich 225 € Hundesteuer zahlen muss. Da er vor Erlass des Bescheides nicht angehört worden ist, erhebt A Widerspruch, der mit Widerspruchsbescheid vom 21.02.2018 zurückgewiesen wird, ohne auf die von A vorgebrachten Argumente näher einzugehen. Am 15.03.2018 hat A nunmehr Klage beim
Verwaltungsgericht erhoben. Die Gemeinde hält ihren Bescheid für rechtmäßig, da
die rückwirkende Erhöhung der Steuer aus zwingenden Gründen des Gemeinwohls
erforderlich sei. Außerdem verweist sie darauf, dass eine Anhörung des A zu keiner
anderen Entscheidung geführt hätte, da die Abgabenerhebung nach den Vorschriften der Gemeindeordnung und des Kommunalabgabengesetzes zwingend sei. Wie
wird das Verwaltungsgericht entscheiden?

Hinweis: Das Land L hat im Kommunalabgabenrecht von der Ermächtigung des § 68 Abs. 1 S. 2
VwGO keinen Gebrauch gemacht. Für die Abgabenerhebung gelten die Vorschriften des LVwVfG,
das wortlautidentisch mit den Vorschriften des VwVfG des Bundes ist.

---

168 Weyreuther, FS Menger (1985), S. 681, 692 mit Fn. 44.
169 OVG NRW ZfBR 2014, 390; NVwZ 2009, 1383; Ehlers Jura 2004, 177, 178.

45

| 3. Teil | Klagearten im Verwaltungsprozess |

A. Zulässigkeit der Klage

160 I. Der **Verwaltungsrechtsweg** ist mangels Spezialzuweisung nach § 40 Abs. 1 S. 1 VwGO eröffnet, wenn eine öffentlich-rechtliche Streitigkeit nichtverfassungsrechtlicher Art vorliegt, für die keine anderweitige Zuweisung besteht.

1. Es handelt sich um eine Streitigkeit auf dem Gebiet des **öffentlich-rechtlichen** Kommunalabgabenrechts, die nichtverfassungsrechtlicher Art ist.

2. Die **abdrängende Zuweisung** nach § 33 FGO erfasst grds. nur solche Abgaben, die der Gesetzgebung des Bundes unterliegen und durch Bundes- oder Landesfinanzbehörden verwaltet werden. Für **Kommunalabgaben** bleiben dagegen die allgemeinen Verwaltungsgerichte zuständig.[170]

Damit ist der Verwaltungsrechtsweg gemäß § 40 Abs. 1 S. 1 VwGO eröffnet.

161 II. Statthafte Klageart ist die **Anfechtungsklage**, wenn A die Aufhebung eines Verwaltungsakts (VA) durch das Verwaltungsgericht erstrebt (§ 42 Abs. 1 Fall 1 VwGO). Hier ist das Begehren des A auf die Aufhebung des Hundesteuerbescheides gerichtet, also eines VA i.S.d. § 35 S. 1 VwVfG. Damit ist die Anfechtungsklage statthaft.

162 III. Die Anfechtungsklage ist nach § 42 Abs. 2 VwGO nur zulässig, wenn der Kläger geltend macht, durch den VA in seinen Rechten verletzt zu sein (sog. **Klagebefugnis**). Als Adressat eines belastenden VA kann A geltend machen, zumindest in seinem Grundrecht aus Art. 2 Abs. 1 GG verletzt zu sein, wenn der Bescheid rechtswidrig ist. A ist mithin klagebefugt.

163 IV. Das vor Erhebung der Anfechtungsklage nach § 68 Abs. 1 S. 1 VwGO (vorbehaltlich landesgesetzlicher Ausnahmen) grds. erforderliche **Vorverfahren** in Form des Widerspruchs hat A ordnungsgemäß, insbes. fristgerecht (§ 70 Abs. 1 VwGO) durchgeführt.[171]

Zum abweichenden **Landesrecht**: In Bayern besteht bei Kommunalabgaben nach Art. 15 Abs. 1 S. 1 Nr. 1 AGVwGO ein Wahlrecht: Der Betroffene kann entweder Widerspruch einlegen oder unmittelbar Klage erheben. In Nds. kann die Behörde bei Kommunalabgabenbescheiden nach § 80 Abs. 3 Nr. 1 NJG anordnen, dass abweichend von § 80 Abs. 1 NJG zunächst ein Vorverfahren durchzuführen ist (sog. Behördenoptionsmodell).[172] In NRW ist bei Kommunalabgaben in 2016 das Widerspruchsverfahren wieder eingeführt worden (§ 110 Abs. 2 S. 1 Nr. 6 JustG NRW mit Ausn. in § 110 Abs. 1 S. 3 JustG NRW).

164 V. Die **Klagefrist** von einem Monat nach Zustellung des Widerspruchsbescheides (§ 74 Abs. 1 S. 1 VwGO) ist gewahrt.

165 VI. Die Anfechtungsklage muss schließlich gegen den **richtigen Beklagten** gerichtet sein. Klagegegner ist – je nach Landesrecht – die Ausgangsbehörde (§ 78 Abs. 1 Nr. 2 VwGO) oder die Gemeinde als tragende Körperschaft (§ 78 Abs. 1 Nr. 1 VwGO).

*Die Gegenansicht prüft § 78 VwGO als Frage der Passivlegitimation im Rahmen der Begründetheit (s.o. Rn. 147). Soweit dieser Ansicht gefolgt wird, kann dies durch folgende **Formulierung** am Beginn*

---

170 Zu den Besonderheiten in den Stadtstaaten vgl. Kasper VR 2007, 181 ff.

171 Zu einem verspäteten Widerspruch gegen einen kommunalen Abgabenbescheid vgl. VGH BW VBlBW 2016, 205.

172 Dazu Beckermann NVwZ 2017, 1431 ff.

der Begründetheitsprüfung zum Ausdruck gebracht werden: „Die gemäß § 78 Abs. 1 Nr. 1 VwGO zu Recht gegen die Gemeinde als diejenige Körperschaft, deren Behörde den angefochtenen Verwaltungsakt erlassen hat, gerichtete Klage ist begründet, soweit ..."[173]

VII. Die **Beteiligtenfähigkeit** des K als natürliche Person ergibt sich aus § 61 Nr. 1 Fall 1 VwGO, die der Gemeinde als juristische Person aus § 61 Nr. 1 Fall 2 VwGO (für Behörden gilt § 61 Nr. 3 VwGO). Die **Prozessfähigkeit** des K folgt aus § 62 Abs. 1 Nr. 1 VwGO, für die Gemeinde handelt nach § 62 Abs. 3 VwGO ihr gesetzlicher Vertreter (i.d.R. der Bürgermeister).

Üblicherweise erfolgt in der Klausur ein kurzer Hinweis auf die Beteiligten- und Prozessfähigkeit, auch wenn die Voraussetzungen unproblematisch sind.[174]

Sonstige Bedenken gegen die Zulässigkeit bestehen nicht, die Klage des A ist mithin zulässig.

B. Begründetheit der Anfechtungsklage

Die Anfechtungsklage ist gemäß § 113 Abs. 1 S. 1 VwGO begründet, soweit der VA **rechtswidrig** und der Kläger **dadurch** in seinen **Rechten verletzt** ist.

I. Der Hundesteuerbescheid müsste **rechtswidrig** sein.[175]

Als belastender VA bedarf der Bescheid einer wirksamen **Ermächtigungsgrundlage**. Dies könnte hier die gemeindliche Hundesteuersatzung sein. Als untergesetzliche Rechtsnorm bedarf die Satzung ihrerseits einer (wirksamen) Ermächtigungsgrundlage in einem (formellen) Gesetz.

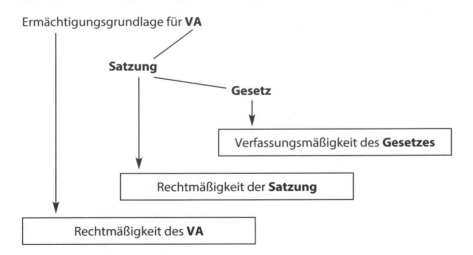

---
173 Vgl. v. Kielmansegg JuS 2013, 312, 316.
174 Vgl. z.B. die Fallbearbeitungen in Preis/Prütting/Sachs/Weigend, Die Examensklausur.
175 Zur Prüfung der Rechtmäßigkeit eines Verwaltungsaktes AS-Skript Verwaltungsrecht AT 1 (2017), 5. Abschnitt.

3. Teil — Klagearten im Verwaltungsprozess

Sog. dreistufiger Aufbau: 1. Der Einzelakt ist nur rechtmäßig, wenn die Ermächtigungsgrundlage in der Satzung wirksam ist. 2. Die Ermächtigungsgrundlage in der Satzung ist nur wirksam, wenn die Satzung rechtmäßig ist. 3. Die Satzung kann nur rechtmäßig sein, wenn das zum Erlass der Satzung ermächtigende Gesetz seinerseits wirksam (verfassungsgemäß) ist.

169

1. **Ermächtigungsgrundlage** für gemeindliche Abgabensatzungen sind die Vorschriften in den landesrechtlichen Kommunalabgabengesetzen (z.B. Art. 2 Bay KAG, § 2 KAG BW, § 2 HessKAG, § 2 NKAG, § 2 KAG NRW). Gegen deren Wirksamkeit bestehen keine Bedenken.

2. Die **Satzung** selbst müsste wirksam, d.h. **rechtmäßig** sein. Formelle Bedenken bestehen nicht. Materiell könnte die Satzung gegen das Rechtsstaatsprinzip des Art. 20 Abs. 3 GG verstoßen.

170

a) Ausfluss des **Rechtsstaatsprinzips** ist das Gebot der Rechtssicherheit, das durch rückwirkende Regelungen infrage gestellt wird. Vorschriften mit sog. **echter Rückwirkung** verstoßen grds. gegen das Rechtsstaatsprinzip und sind damit nichtig. Eine echte Rückwirkung liegt immer dann vor, wenn eine Norm nachträglich ändernd in abgeschlossene, der Vergangenheit angehörende Sachverhalte eingreift. Steuern werden grds. zeitabschnittsweise, i.d.R. pro Kalenderjahr erhoben. Deshalb ist die Hundesteuer für das Jahr 2017 ein am 01.01.2018 abgeschlossener, in der Vergangenheit liegender Sachverhalt. Damit liegt für 2017 eine echte Rückwirkung vor.[176]

171

b) Eine echte Rückwirkung (auch Rückbewirkung von Rechtsfolgen) ist nur **ausnahmsweise zulässig**, wenn das Vertrauen des Bürgers in die bisherige Rechtslage nicht schutzwürdig ist, insbes. weil der Betroffene mit der neuen Regelung rechnen musste, eine nichtige Bestimmung rückwirkend durch eine gültige ersetzt wird oder zwingende Gründe des gemeinen Wohls eine Rückwirkung rechtfertigen.[177]

172

Im vorliegenden Fall bestehen keinerlei Anhaltspunkte für einen dieser Ausnahmefälle. Vor allem können allein finanzielle Erwägungen nicht als zwingende Gründe des Gemeinwohls anerkannt werden. Die Satzung ist daher, soweit sie das Jahr 2017 betrifft, wegen Verstoßes gegen Art. 20 Abs. 3 GG nichtig und damit **keine wirksame Ermächtigungsgrundlage** für den Bescheid. Der VA ist deshalb mangels wirksamer Ermächtigungsgrundlage **rechtswidrig**.

173

Fehlt es an einer wirksamen Ermächtigungsgrundlage, ist der VA in jedem Fall rechtswidrig. Während das BVerfG sich bei Gesetzen darauf beschränken kann, die bloße Unvereinbarkeit mit dem GG festzustellen (vgl. § 79 BVerfGG), gibt es diese Möglichkeit im Rahmen des § 113 Abs. 1 S. 1 VwGO nicht, auch wenn die Rechtswidrigkeit des VA auf einer **unwirksamen untergesetzlichen Rechtsnorm** beruht (RechtsVO, Satzung). Denn die Aufhebung des VA führt – anders als bei Gesetzen – zu keinen unlösbaren oder unvertretbaren Schwierigkeiten des Normgebers. So kann z.B. die Gemeinde jederzeit, selbst während des gerichtlichen Verfahrens, Satzungsmängel heilen,[178] z.B. eine unwirksame Satzung durch eine wirksame Satzung ersetzen.

---

176 Zur unterschiedlichen Terminologie in der Rspr. des BVerfG vgl. AS-Skript Staatsorganisationsrecht (2018), Rn. 139 ff.

177 Vgl. z.B. BVerfG NVwZ 2016, 300; Sachs GG Art. 20 Rn. 86; Jarass/Pieroth GG Art. 20 Rn. 51.

178 Vgl. BVerwG DÖV 1995, 469; DVBl. 2000, 1461.

Anfechtungsklage | **1. Abschnitt**

3. Der Bescheid könnte darüber hinaus **formell rechtswidrig** sein, weil vor seinem Erlass keine **Anhörung** durchgeführt worden ist.

174

Aufbauhinweis: Ebenso wie im Zivilrecht alle in Betracht kommenden Anspruchsgrundlagen geprüft werden müssen, muss auch im Verwaltungsrecht der VA unter **allen rechtlichen Gesichtspunkten** *überprüft werden. Ist der VA formell rechtswidrig, so muss gleichwohl noch geprüft werden, ob er auch materiell rechtswidrig ist (und umgekehrt). Denn der Verwaltungsakt kann aus mehreren Gründen rechtswidrig sein. Abweichendes gilt nur im Verhältnis zwischen Zulässigkeit und Begründetheit eines Rechtsbehelfs. Ist die Klage unzulässig, so wird sie auf jeden Fall abgewiesen. Zur Begründetheit ist dann regelmäßig nach dem Bearbeitungsvermerk ein* **Hilfsgutachten** *zu fertigen.*

a) Bei dem Bescheid handelt es sich um einen VA, der in Rechte des A eingreift, sodass die **Anhörung** nach § 28 Abs. 1 VwVfG grds. erforderlich war. Bei Abgabenbescheiden handelt es sich zwar um gleichartige Verwaltungsakte in größerer Zahl, sodass gemäß § 28 Abs. 2 Nr. 4 VwVfG von der Anhörung abgesehen werden kann. Dies gilt allerdings nicht in atypischen Situationen, z.B. wenn wie hier nach erfolgter Heranziehung eine Nacherhebung erfolgen soll.[179] Es liegt daher ein Verstoß gegen § 28 Abs. 1 VwVfG vor.

175

Soweit das Kommunalabgabengesetz (KAG) des Landes auf die Vorschriften der Abgabenordnung (AO) verweist (so z.B. Art. 13 BayKAG, § 4 Hess KAG, § 12 KAG NRW), richtet sich die Anhörung nach der im Wesentlichen gleichlautenden Vorschrift des § 91 AO.

b) Der **Anhörungsmangel** könnte nach § 45 Abs. 1 Nr. 3 VwVfG **geheilt** worden sein. Danach ist eine Verletzung von Verfahrensvorschriften, die den VA nicht nach § 44 VwVfG nichtig macht, unbeachtlich, wenn die erforderliche Anhörung eines Beteiligten bis zum Abschluss der letzten Tatsacheninstanz eines verwaltungsgerichtlichen Verfahrens nachgeholt wird.

176

So die Regelung in § 45 Abs. 2 VwVfG des Bundes (ebenso § 126 Abs. 2 AO) sowie die meisten LVwVfGe, in NRW nur bis zum Abschluss der 1. Instanz (§ 45 Abs. 2 VwVfG NRW), in Schleswig-Holstein mit der Besonderheit, dass eine Heilung im gerichtlichen Verfahren nicht möglich ist bei Verstößen, die bis zum Abschluss des Widerspruchsverfahrens gerügt worden sind (§ 114 Abs. 2 S. 2 LVwG).

aa) Zwar ist grds. anerkannt, dass die **Anhörung** auch im Widerspruchsverfahren **nachgeholt** werden kann.[180] Das setzt jedoch voraus, dass der Betroffene nachträglich eine vollwertige Gelegenheit zur Stellungnahme erhält und die Behörde die vorgebrachten Argumente zum Anlass nimmt, die ohne vorherige Anhörung getroffene Entscheidung kritisch zu überdenken **(Grundsatz der realen Fehlerbehebung)**.[181]

177

Hier hat sich die Behörde im Widerspruchsbescheid mit den Argumenten des A indes nicht näher auseinandergesetzt, sodass die Anhörung im Widerspruchsverfahren nicht ordnungsgemäß nachgeholt worden ist.

---

179 Driehaus, Kommunalabgabenrecht, § 12 Rn. 16.
180 Vgl. ausführlich AS-Skript Verwaltungsrecht AT 1 (2017), Rn. 428 ff.
181 BVerwG NVwZ 2011, 115, 119; HessVGH DVBl. 2015, 1067, 1068; Stelkens/Bonk/Sachs VwVfG § 28 Rn. 71.

49

178 bb) Soll die **Heilung im gerichtlichen Verfahren** erfolgen, ist umstritten, ob hierfür die schriftsätzliche Stellungnahme im Prozess ausreicht[182] oder ob die Heilung stets ein behördliches Verfahren außerhalb des gerichtlichen Verfahrens voraussetzt.[183] Diese Frage kann hier dahinstehen, da die Behörde die Anhörung auch im gerichtlichen Verfahren nicht nachgeholt hat, sondern sich lediglich darauf berufen hat, die Anhörung sei entbehrlich.[184] Der Bescheid ist daher auch wegen Verstoßes gegen § 28 Abs. 1 VwVfG rechtswidrig.

Entsprechendes gilt für die nach § 39 Abs. 1 VwVfG erforderliche **Begründung**. Fehlt die Begründung, kann dieser Fehler nach § 45 Abs. 1 Nr. 2 VwVfG geheilt werden. Ist die Begründung unvollständig, kann die Behörde diese im Prozess ergänzen (sog. Nachschieben von Gründen, s.u. Rn. 577 ff.). Das gilt nach § 114 S. 2 VwGO auch für Ermessenserwägungen.

179 c) Der Verstoß könnte gemäß **§ 46 VwVfG unbeachtlich** sein. Danach kann die Aufhebung eines VA, der nicht nach § 44 VwVfG nichtig ist, nicht allein deshalb beansprucht werden, weil er unter Verletzung von Vorschriften über das Verfahren, die Form oder die örtliche Zuständigkeit zustande gekommen ist, wenn **offensichtlich** ist, dass die Verletzung die **Entscheidung in der Sache nicht beeinflusst** hat.

An der Kausalität des formellen Fehlers fehlt es insbes. bei **gebundenen VAen**, da deren Rechtmäßigkeit unabhängig von etwaigen formellen Fehlern allein eine Frage (materiell) richtiger Subsumtion ist.

Beispiel: Nach § 3 Abs. 1 S. 1 StVG hat die Behörde die Fahrerlaubnis zu entziehen, wenn sich jemand als ungeeignet zum Führen von Kraftfahrzeugen erweist. Auch eine fehlende Anhörung kann an dieser zwingenden Rechtsfolge nichts ändern (s.o. Rn. 132 zur vergleichbaren Regelung in § 79 Abs. 2 S. 2 VwGO).

180 Die Abgabenerhebung ist nach GemO und KAG zwingend, sodass auch bei Anhörung des A keine andere Entscheidung hätte getroffen werden können. Hinsichtlich des formellen Fehlers liegen damit die Voraussetzungen des § 46 VwVfG vor (vgl. auch § 127 AO). Dessen ungeachtet ist der **Bescheid** jedoch mangels wirksamer Ermächtigungsgrundlage **rechtswidrig**.

- Sind die **Voraussetzungen des § 46 VwVfG erfüllt**, so bleibt der VA zwar rechtswidrig, die Klage ist aber – wenn kein anderer Rechtswidrigkeitsgrund vorliegt – gleichwohl unbegründet, da der Kläger keinen Aufhebungsanspruch hat.[185]

- Sind die Voraussetzungen des § 46 VwVfG dagegen **nicht erfüllt**, muss das Gericht grds. auch den bloß formell fehlerhaften VA aufheben, unabhängig davon, ob der Eingriff materiell rechtmäßig ist.[186] **Beispiel:** Bei fehlender sachlicher Zuständigkeit greift § 46 VwVfG nicht ein. Der VA ist daher auch dann aufzuheben, wenn seine materiellen Voraussetzungen erfüllt sind.

---

182 OVG NRW NWVBl. 2014, 322; OVG NRW NWVBl. 2013, 37; OVG Lüneburg NVwZ-RR 2002, 822; BayVGH BayVBl. 2004, 149; BayVBl. 2005, 308, 311.

183 BVerwG RÜ 2012, 457, 460; NVwZ 2011, 115, 119; Kopp/Ramsauer VwVfG § 45 Rn. 27; Kaltenborn VA 2001, 33, 36; Kallerhoff NWVBl. 2008, 334, 338; abweichend BVerwG NVwZ-RR 2016, 449: Heilung bei funktionsgerechter Nachholung der Anhörung im Prozess.

184 Vgl. auch HessVGH RÜ 2013, 461, 464.

185 Vgl. z.B. BVerwG NVwZ 2016, 844, 847; näher AS-Skript Verwaltungsrecht AT 1 (2017), Rn. 454 ff.

186 BVerwGE 30, 138, 139 u. 145; BVerwG NVwZ 2005, 1335.

II.	Der Kläger muss durch diese Rechtswidrigkeit („dadurch") in seinen **Rechten verletzt** sein. Der Abgabenbescheid greift in das subjektive Recht des A aus Art. 2 Abs. 1 GG ein.	**181**

Art. 14 Abs. 1 GG scheidet dagegen aus, da Geldleistungspflichten keine konkrete Eigentumsposition, sondern nur das Vermögen als solches betreffen, das von Art. 14 GG nicht geschützt wird.[187]

Der Eingriff kann nur dann von den Grundrechtsschranken gedeckt sein, wenn er rechtmäßig ist; bei Rechtswidrigkeit liegt stets eine Rechtsverletzung vor.

In der Klausur kann dies im verkürzten Gutachtenstil festgestellt werden, z.B. „Der VA ist damit rechtswidrig und verletzt den Kläger in seinem subjektiven Recht aus …". Problematisch und näher zu erörtern ist die Rechtsverletzung dagegen bei **Klagen eines Dritten**, der nicht Adressat des VA ist (s.o. Rn. 158).

Die Anfechtungsklage des A ist damit zulässig und begründet. Das Verwaltungsgericht hebt den Hundesteuerbescheid auf.

182 Hält das Gericht eine **weitere Sachaufklärung** für erforderlich, muss es diese grds. selbst vornehmen (Amtsermittlungsgrundsatz, § 86 Abs. 1 VwGO). Nur ausnahmsweise kann es, ohne in der Sache selbst zu entscheiden, den VA und den Widerspruchsbescheid aufheben und die Sache an die Behörde „zurückverweisen", wenn erhebliche Ermittlungen erforderlich sind und die Aufhebung sachdienlich ist (§ 113 Abs. 3 VwGO).[188] Bei GeldleistungsVAen gilt die Spezialregelung in § 113 Abs. 2 S. 2 u. 3 VwGO.[189]

C. Annexanträge

Beispiel: K hat einen Beitragsbescheid über 3.000 € erhalten, gegen den er Widerspruch und Anfechtungsklage erhoben hat. Da seine Rechtsbehelfe keine aufschiebende Wirkung entfalten (§ 80 Abs. 2 S. 1 Nr. 1 VwGO), hat K zunächst unter Vorbehalt gezahlt.

183 Die Zahlung kann K nur zurückfordern, wenn der Beitragsbescheid aufgehoben wird. Selbst wenn die Anfechtungsklage vor dem Verwaltungsgericht Erfolg hat, ist damit der Bescheid noch nicht endgültig aus der Welt, da das Urteil gemäß § 167 Abs. 2 VwGO nur wegen der Kosten vorläufig vollstreckbar ist. Materiell entsteht der Erstattungsanspruch daher erst, wenn das den Bescheid aufhebende **Urteil rechtskräftig** ist. Das hätte zur Folge, dass der Kläger zunächst nur den Anfechtungsprozess führen und erst nach dessen rechtskräftigem Abschluss den Rückzahlungsanspruch geltend machen könnte, also notfalls **zwei Prozesse** führen müsste.

184 Um dies zu vermeiden, kann bereits mit der Anfechtungsklage ein Antrag auf Rückgängigmachung der Vollziehung verbunden werden, wenn der VA im Zeitpunkt des Urteils schon vollzogen ist (**Annexantrag** gemäß § 113 Abs. 1 S. 2 VwGO). § 113 Abs. 1 S. 2 VwGO dient der prozessualen Durchsetzung des **Vollzugs-Folgenbeseitigungsanspruchs**. Denn materiell-rechtlich hat der Betroffene nicht nur einen Anspruch auf Aufhebung des rechtswidrigen VA, sondern auch auf Beseitigung der mit dem Vollzug des VA verbundenen Folgen.[190]

---

187 Vgl. Jarass/Pieroth GG Art. 14 Rn. 32a.
188 BVerwG NVwZ 2003, 1130, 1131; NVwZ 2009, 253, 254.
189 Vgl. BVerwG NVwZ 2005, 826; NVwZ 2010, 1308.
190 Vgl. AS-Skript Verwaltungsrecht AT 2 (2017), Rn. 407 ff.

3. Teil — Klagearten im Verwaltungsprozess

Je nachdem, ob der Vollzug durch schlichtes Verwaltungshandeln oder durch einen VA rückgängig gemacht werden muss, handelt es sich dabei um einen Leistungs- oder einen Verpflichtungsantrag. **Beispiele:** Anfechtungsklage gegen einen Abgabenbescheid i.V.m. einem Leistungsantrag auf Erstattung des bereits gezahlten Betrages – Anfechtungsklage des Nachbarn gegen die dem Bauherrn erteilte Baugenehmigung und Verpflichtungsantrag auf Erlass einer Abrissverfügung bzgl. des bereits errichteten Baus.[191]

185 **Prozessuale Konsequenz:** Der Annexantrag ist allein unter den Voraussetzungen des § 113 Abs. 1 S. 2 u. S. 3 VwGO zulässig. Weitergehende besondere Sachurteilsvoraussetzungen bestehen nicht. So ist z.B. ein Verpflichtungsannexantrag ohne vorherige Erhebung eines Verpflichtungswiderspruchs zulässig.[192] Für den Klagegegner des Annexantrages gilt § 78 VwGO analog, auch wenn es sich um einen Leistungsantrag handelt.[193]

186 In Fällen, in denen der materiell-rechtliche Leistungsanspruch ebenfalls erst mit Rechtskraft des Anfechtungsurteils entsteht, es sich aber nicht um einen Anspruch wegen Vollzugs eines VA handelt, greift die Regelung des **§ 113 Abs. 4 VwGO** ein.

Beispiel: Ein Beamter ist sofort vollziehbar entlassen worden und erhebt dagegen Anfechtungsklage; außerdem verlangt er Nachzahlung seines Gehalts. Die Nachzahlung kann er erst beanspruchen, wenn die Entlassungsverfügung rechtskräftig aufgehoben ist. Gleichwohl ist es zweckmäßig, wenn der Nachzahlungsanspruch schon jetzt geltend gemacht wird, weil im Falle der Begründetheit der Anfechtungsklage feststeht, dass der Anspruch ebenfalls besteht. § 113 Abs. 1 S. 2 VwGO hilft nicht, weil die Gehaltszahlung kein Rückgängigmachen eines Vollzuges ist. Hier greift § 113 Abs. 4 VwGO ein. Der Leistungsantrag auf Gehaltszahlung kann mit dem Anfechtungsantrag gegen die Entlassungsverfügung verbunden werden.[194]

---

191 OVG Saarlouis NVwZ 1983, 685.

192 BVerwG DVBl. 2000, 1062, 1063; Kopp/Schenke VwGO § 113 Rn. 177.

193 BVerwG NVwZ 2002, 718, 722; Klenke NWVBl. 2004, 85, 87.

194 Vgl. BVerwG NVwZ 1988, 441; Ehlers Jura 2004, 30, 33; Schoch/Riese VwGO § 113 Rn. 192; a.A. Schoch/Gerhardt VwGO (Erstbearbeitung) § 113 Rn. 62, der auf § 113 Abs. 1 S. 2 VwGO abstellt.

Zusammenfassende Übersicht · 1. Abschnitt

ANFECHTUNGSKLAGE

A. Zulässigkeit der Klage

I. Verwaltungsrechtsweg

- Spezialzuweisung zum Verwaltungsgericht (z.B. § 54 Abs. 1 BeamtStG)
- Generalklausel, § 40 Abs. 1 S. 1 VwGO

II. Statthaftigkeit

Anfechtungsklage, wenn **Aufhebung** eines (belastenden) VA begehrt wird

- **Verwaltungsakt**
  - formell, wenn in der Form eines VA
  - materiell gemäß § 35 VwVfG
  - auch isoliert gegen Nebenbestimmungen (str.), **nicht** gegen Inhaltsbestimmungen
- **Ausgangsbescheid in der Gestalt des Widerspruchsbescheides**, § 79 Abs. 1 Nr. 1 VwGO
- **Widerspruchsbescheid/Abhilfebescheid isoliert**
  - erstmalige Beschwer durch Abhilfe- oder Widerspruchsbescheid, § 79 Abs. 1 Nr. 2 VwGO
  - zusätzliche selbstständige Beschwer durch Widerspruchsbescheid, § 79 Abs. 2 S. 1 VwGO
  - wesentlicher Verfahrensfehler beim Widerspruchsbescheid, § 79 Abs. 2 S. 2 VwGO
- **Annexanträge**, § 113 Abs. 1 S. 2 u. § 113 Abs. 4 VwGO

III. Klagebefugnis

Geltendmachung der Verletzung eines **subjektiven (Abwehr-)Rechts**, § 42 Abs. 2 VwGO

- wenn **einfach-gesetzliche Vorschrift** zumindest auch dem Schutz von Individualinteressen des Klägers zu dienen bestimmt ist (Schutznormtheorie)
- aus **Grundrechten**

IV. Vorverfahren

- ordnungsgemäßes **Widerspruchsverfahren**, §§ 68 ff. VwGO
- **Ausnahmen**, § 68 Abs. 1 S. 2 VwGO
  - kraft Gesetzes (z.B. §§ 74, 70 VwVfG, AGVwGO)
  - VA einer obersten Bundes- oder Landesbehörde (insb. Ministerium), außer wenn Gesetz Nachprüfung vorschreibt
  - erstmalige Beschwer durch Widerspruchsbescheid oder Abhilfebescheid
- Vorverfahren **entbehrlich**
  - bei Untätigkeit, § 75 VwGO
  - wenn Zweck des Widerspruchsverfahrens auf andere Weise erreicht oder nicht mehr erreicht werden kann (insb. rügelose Einlassung des mit der Widerspruchsbehörde identischen Beklagten/-vertreters)

V. Klagefrist

- § 74 Abs. 1 VwGO: **1 Monat**
  - nach Zustellung des Widerspruchsbescheides
  - oder (im Fall des § 68 Abs. 1 S. 2 VwGO) nach Bekanntgabe des VA
- § 58 Abs. 2 VwGO: **1 Jahr** bei fehlender/unrichtiger Rechtsbehelfsbelehrung

VI. Klagegegner

- Rechtsträger der Ausgangsbehörde, § 78 Abs. 1 Nr. 1 VwGO
- (Ausgangs-)Behörde, § 78 Abs. 1 Nr. 2 VwGO i.V.m. Landesrecht
- bei isolierter Anfechtung des Widerspruchsbescheides: Widerspruchsbehörde bzw. deren Rechtsträger, §§ 78 Abs. 2, 79 Abs. 2 S. 3 VwGO

ANFECHTUNGSKLAGE

B. Begründetheit, § 113 Abs. 1 S. 1 VwGO (ggf. i.V.m. § 115 VwGO)

I. Rechtswidrigkeit des VA (vgl. AS-Skript VerwaltungsR AT 1 [2017], S. 191 u. 192)

- **Ermächtigungsgrundlage**
  - erforderlich nach dem Grundsatz vom **Vorbehalt des Gesetzes**
    - belastende Maßnahmen, wesentliche Entscheidungen
    - für Handlungsform des Verwaltungsaktes (VA-Befugnis)
  - Auswahl nach dem **Spezialitätsgrundsatz**
    (Bundesrecht vor Landesrecht, spezielles Gesetz vor allgemeinem Gesetz)
  - **Wirksamkeit** (Verfassungsmäßigkeit) der Ermächtigungsgrundlage

- **Formelle Rechtmäßigkeit**
  - Zuständigkeit
    (sachlich, örtlich , instanziell)   – Heilung, § 45 VwVfG
  - Verfahren
    (insb. Anhörung, § 28 VwVfG)   – Fehler unbeachtlich, § 46 VwVfG
  - Form und Begründung (§§ 37, 39 VwVfG)

- **Materielle Rechtmäßigkeit**
  - Voraussetzungen der **Ermächtigungsgrundlage**
    - grds. volle Überprüfung durch das VG
    - ausnahmsweise Beurteilungsspielraum
      Beispiele: Prüfungsentscheidungen, beamtenrechtliche Beurteilungen, wertende politische Prognose-
      entscheidungen, wertende Entscheidungen weisungsfreier pluralistischer Gremien
      dann nur Überprüfung auf **Beurteilungsfehler**
      z.B. Verstoß gegen Verfahrensvorschriften, unvollständiger/unrichtiger Sachverhalt,
      sachfremde Erwägungen, Missachtung allgemein gültiger Bewertungsgrundsätze
    - **Nachschieben von Gründen** im Prozess zulässig, auch Ermessenserwägungen,
      § 114 S. 2 VwGO

  - **allgemeine Rechtmäßigkeitsanforderungen**
    - Bestimmtheit, § 37 Abs. 1 VwVfG
    - rechtliche und tatsächliche Möglichkeit
    - Verhältnismäßigkeit (ggf. Prüfung im Rahmen des Ermessens)

  - **Rechtsfolge:**
    - gebundene Entscheidung
    - Ermessen: ⟵   Überprüfung nur auf Ermessensfehler, § 114 S. 1 VwGO
      - Ermessensüberschreitung
      - Ermessensunterschreitung (Nichtgebrauch)
      - Ermessensfehlgebrauch, insb. sachwidrige Gründe

II. Rechtsverletzung beim Kläger

- beim **Adressaten** spezielles Grundrecht oder zumindest Art. 2 Abs. 1 GG
- beim **Dritten**, wenn Verstoß gegen drittschützende Norm oder Grundrecht

2. Abschnitt: Verpflichtungsklage

Die Verpflichtungsklage ist eine **besondere Form der Leistungsklage**. Sie ist gemäß **187** § 42 Abs. 1 Fall 2 VwGO statthaft, wenn der Kläger von der Behörde den **Erlass eines abgelehnten oder unterlassenen VA** begehrt. Begrifflich lassen sich daher unterscheiden:

– die **Versagungsgegenklage**, wenn die Behörde einen VA **abgelehnt** hat,

– die **Untätigkeitsklage** (§ 75 VwGO), wenn die Behörde über den Antrag des Klägers in angemessener Frist sachlich **nicht entschieden** hat.

*Für die Klausurlösung ist die **Unterscheidung irrelevant**, da sich daran keine Rechtsfolgen knüpfen.*

■ Die Verpflichtungsklage erfasst zunächst die Fälle, in denen der Kläger einen **be-** **188** **günstigenden VA** an sich selbst erstrebt.

  Beispiele: Bauherr B begehrt eine Baugenehmigung, deren Erlass die Behörde abgelehnt hat. – Einwohner E klagt auf Zulassung zur Benutzung einer öffentlichen Einrichtung der Gemeinde.

■ Die Verpflichtungsklage ist aber auch dann statthaft, wenn der Kläger einen VA begehrt, der einen **Dritten begünstigt**.

  Beispiel: Die Ehefrau des Ausländers A begehrt eine Aufenthaltserlaubnis für ihren Ehemann.

■ Schließlich ist die Verpflichtungsklage auch einschlägig, wenn der Kläger einen VA begehrt, der **ihn begünstigt**, aber einen **Dritten belastet** (sog. **VA mit Doppelwirkung**).

  Beispiel: Nachbar N verlangt von der Baubehörde den Erlass einer Abrissverfügung gegen den Bauherrn B, der sein Bauvorhaben formell und materiell illegal errichtet hat.

Gegenstand der Verpflichtungsklage ist ein (begünstigender) VA i.S.d. § 35 VwVfG. **189** Handelt es sich bei der begehrten behördlichen Maßnahme um einen Realakt (schlichtes Verwaltungshandeln) ist nicht die Verpflichtungsklage, sondern die (allgemeine) Leistungsklage statthaft (s.u. Rn. 244 ff.).

Etwas anderes gilt dann, wenn dem schlichten Verwaltungshandeln eine **regelnde Ent-** **190** **scheidung** vorgeschaltet ist, „ob" die Behörde die Maßnahme vornehmen darf oder nicht bzw. ob der Kläger einen Anspruch auf die Maßnahme hat. Die Annahme einer solchen regelnden Entscheidung ist insbes. gerechtfertigt,

■ wenn die Leistung nur abstrakt im Gesetz vorgesehen ist und deshalb eine **Subsumtion** durch die Behörde im Einzelfall erfolgen muss oder

■ wenn die Leistung im **Ermessen** der Behörde steht. Denn dann bedarf es einer Abwägung und einer Feststellung des Abwägungsergebnisses, ob die begehrte Leistung erbracht werden soll oder nicht.[195]

Beispiele: Erteilung einer im Ermessen der Behörde stehenden Auskunft oder einer Auskunft, bei der Ausschlussgründe geprüft werden müssen oder bei der über die Art und Weise der Informationserteilung entschieden werden muss (z.B. nach dem UIG oder dem IFG).[196]

---

195 BVerwGE 31, 301, 306 ff.; OVG NRW DVBl. 1999, 1053, 1054; NJW 1995, 2741; Zilkens JuS 2001, 368, 369; Kahl Jura 2001, 505, 509; jeweils m.w.N.

196 Vgl. BVerwG NVwZ 2008, 580 und AS-Skript Verwaltungsrecht AT 1 (2017), Rn. 235 ff.

3. Teil Klagearten im Verwaltungsprozess

A. Zulässigkeit der Verpflichtungsklage

191 Für die Zulässigkeit der Verpflichtungsklage gelten grundsätzlich dieselben Sachurteilsvoraussetzungen wie bei der Anfechtungsklage. Insbesondere müssen neben dem **Verwaltungsrechtsweg** (kraft Spezialzuweisung oder nach § 40 Abs. 1 S. 1 VwGO) die **besonderen Sachurteilsvoraussetzungen** (Klagebefugnis, Vorverfahren, Klagefrist und Klagegegner) erfüllt sein.

Die **allgemeinen Sachurteilsvoraussetzungen** sind i.d.R. unproblematisch. Das **Rechtsschutzbedürfnis** für eine Verpflichtungsklage besteht allerdings nur, wenn der Kläger zuvor bei der Behörde erfolglos einen **Antrag** auf Erteilung des eingeklagten VA gestellt hat. Dies folgt unmittelbar aus § 68 Abs. 2 und § 75 S. 1 VwGO ("Antrag auf Vornahme") und aus dem Grundsatz der Gewaltenteilung.[197]

Grundschema: Zulässigkeit der Verpflichtungsklage
I. Verwaltungsrechtsweg
II. Statthaftigkeit der Verpflichtungsklage (§ 42 Abs. 1 Fall 2 VwGO)
III. Besondere Sachurteilsvoraussetzungen
1. Klagebefugnis (§ 42 Abs. 2 VwGO)
2. ggf. Durchführung des **Vorverfahrens** (§ 68 Abs. 2 VwGO)
3. Einhaltung der **Klagefrist** (§§ 74 Abs. 2, 58 Abs. 2 VwGO)
4. richtiger **Beklagter** (§ 78 VwGO)
IV. Allgemeine Sachurteilsvoraussetzungen

B. Die Begründetheit der Verpflichtungsklage

I. Aufbau der Begründetheitsprüfung

192 Die Verpflichtungsklage ist gemäß § 113 Abs. 5 S. 1 VwGO begründet,

- soweit die Ablehnung oder Unterlassung des VA **rechtswidrig** ist,
- der Kläger dadurch in seinen **Rechten verletzt** ist und
- die Sache **spruchreif** ist.

193 Das ist immer dann der Fall, wenn der Kläger einen **Anspruch auf Erlass des begehrten VA** hat. Dabei ist jedoch zu beachten, dass nicht aus jeder Norm des öffentlichen Rechts ein **Anspruch des Bürgers** abgeleitet werden kann. Erforderlich ist stets, dass die Norm ein **subjektives Recht** enthält, also nicht nur den Interessen der Allgemeinheit, sondern zumindest auch den Interessen des Anspruchstellers zu dienen bestimmt ist (vgl. unten Rn. 436).

---

[197] BVerwG NVwZ 2008, 575, 577; OVG Saar NJOZ 2018, 1035, 1036; VGH BW, Urt. v. 03.07.2014 – 5 S 2429/12, BeckRS 2015, 41441; Schenke JZ 2010, 992, 1000.

Unproblematisch und nicht näher zu erörtern ist dieser Punkt, wenn sich ein Anspruch **194** unmittelbar aus dem Wortlaut einer Norm ableiten lässt (z.B. „Die Genehmigung ist zu erteilen, wenn ..."). Ist dagegen der subjektiv-rechtliche Charakter nicht eindeutig, muss an dieser Stelle zunächst die **Anspruchsqualität** der Norm festgestellt werden.

Beispiel: Eigentümer E begehrt wegen ruhestörenden Lärms ein Einschreiten der Polizei gegen den Störer. Anspruchsgrundlage kann nur die behördliche Ermächtigungsgrundlage sein, da der Anspruch des Bürgers nicht weiter gehen kann als die Befugnis der Behörde. Behördliche Ermächtigungsgrundlagen dienen in erster Linie dem Schutz der Allgemeinheit (z.B. Abwehr einer Gefahr für die „öffentliche" Sicherheit). Schutzgüter der öffentlichen Sicherheit sind jedoch auch die Individualrechte des Einzelnen. Die Ermächtigungsgrundlage hat daher Anspruchsqualität, soweit es um die Abwehr von Individualrechtsverletzungen geht.

Aufbauhinweis: Für die Begründetheitsprüfung einer Verpflichtungsklage ergeben sich daraus zwei Aufbaumöglichkeiten:

■ *Rechtswidrigkeits- bzw. Ablehnungsaufbau: Orientiert am Wortlaut des § 113 Abs. 5* **195** *VwGO ist die Begründetheit der Verpflichtungsklage – wie bei der Anfechtungsklage – nach Rechtswidrigkeit und Rechtsverletzung zu trennen.[198] Dieser Aufbau hat den Vorteil, dass man die behördliche Entscheidung zwanglos auf ihre formellen und materiellen Voraussetzungen überprüfen kann. Das gilt insbes. für die Prüfung der Zuständigkeit, der Verfahrensvorschriften und etwaiger Ermessensfehler. Nachteilig ist, dass hierbei eventuell eine zu weitgehende und überflüssige Prüfung erfolgt (etwa weil formelle Fehler bei der Ablehnung für den Anspruch im jetzigen Zeitpunkt irrelevant sein können). Unbefriedigend bei diesem Aufbau ist außerdem, dass der bei der Verpflichtungsklage wichtige Anspruch erst im Rahmen der Rechtsverletzung geprüft wird. Das gilt insbes. dann, wenn die streitentscheidende Norm unzweifelhaft Anspruchscharakter hat (z.B. weil sie dem Kläger ausdrücklich einen Anspruch einräumt).*

■ *Deswegen wird es in aller Regel angebracht sein, dem sog. Anspruchsaufbau zu fol-* **196** *gen.[199] Denn hat der Kläger einen Anspruch auf Erlass des VA, so ist dessen Ablehnung rechtswidrig und verletzt ihn in seinen subjektiven Rechten. Dieser Aufbau lehnt sich unmittelbar an das Begehren des Klägers an und vermeidet eine überflüssige Prüfung formeller Voraussetzungen. Streitgegenstand der Verpflichtungsklage ist nämlich nicht der Ablehnungsbescheid, sondern der geltend gemachte Anspruch auf Erlass des VA.[200] Eine dem § 79 VwGO vergleichbare Regelung gibt es für die Verpflichtungsklage nicht.*

In der Klausur ist der gewählte Aufbau nicht zu begründen! Gehen Sie vom Wortlaut des **197** *§ 113 Abs. 5 S. 1 VwGO aus und knüpfen dann an den Anspruchsaufbau an:*

Formulierungsvorschlag: „Die Verpflichtungsklage ist gemäß § 113 Abs. 5 S. 1 VwGO begründet, soweit die Ablehnung des Verwaltungsakts rechtswidrig, der Kläger dadurch in seinen Rechten verletzt ist und die Sache spruchreif ist. Das ist dann der Fall, wenn der Kläger einen Anspruch auf Erlass des begehrten Verwaltungsakts hat. Anspruchsgrundlage ist § ... "

Es ist jedoch ebenso vertretbar, dem Gesetz folgend zunächst die Rechtswidrigkeit der Ablehnung sowie im Anschluss daran die Rechtsverletzung zu prüfen.[201]

---

198 Vgl. z.B. Hufen § 26 Rn. 26.

199 Ehlers Jura 2004, 177, 178; ders. Jura 2004, 310, 314 f.; Müller-Franken JuS 2005, 723, 725.

200 BVerwG NVwZ 2015, 986, 988; OVG NRW DVBl. 2010, 1309, 1310.

201 Ehlers Jura 1991, 208, 211 Fn. 24; Müller-Franken JuS 2005, 723, 725 Fn. 23; a.A. Proppe JA 1999, 58, 59, der den Rechtswidrigkeitsaufbau generell ablehnt.

| 3. Teil | Klagearten im Verwaltungsprozess |

II. Ergebnis der Begründetheitsprüfung

198 Ist die Verpflichtungsklage **begründet**, so verpflichtet das Gericht die Behörde, den begehrten VA zu erlassen (§ 113 Abs. 5 S. 1 VwGO), sog. **Vornahmeurteil**. Ist die Sache (noch) nicht spruchreif (z.B. besteht ein Ermessen der Behörde), so spricht das Gericht (nur) die Verpflichtung der Behörde aus, den Kläger unter Beachtung der Rechtsauffassung des Gerichts (neu) zu bescheiden, wenn die bisherige Entscheidung fehlerhaft war oder die Behörde noch gar nicht entschieden hatte (sog. **Bescheidungsurteil**, § 113 Abs. 5 S. 2 VwGO).

199 Daher kann der Kläger die Verpflichtungsklage auch von vornherein auf Verbescheidung seines Antrages beschränken (sog. **Bescheidungsklage**).[202] Dies ist insbes. zweckmäßig, weil bei bestehendem Ermessens- oder Beurteilungsspielraum eine Verpflichtungsklage in Form der Vornahmeklage dazu führen würde, dass die Klage im Übrigen abgewiesen würde, mit der Folge, dass der Kläger gemäß § 155 Abs. 1 VwGO einen Teil der Kosten zu tragen hätte.[203]

Beachte: Das Gericht erlässt den beantragten VA in keinem Fall selbst, sondern es muss in jedem Fall die Behörde noch einmal tätig werden (Gewaltenteilung).

Fall 6: Freie Aussicht

Dem E ist es gelungen, in einer bevorzugten Wohngegend der Stadt S von X ein unbebautes Grundstück zu erwerben. Er stellte beim Bauamt der Stadt einen ordnungsgemäßen Antrag auf Erteilung einer Baugenehmigung für ein Zweifamilienhaus. Der Antrag wurde mit folgender Begründung abgelehnt: Zwar gehöre das Grundstück an sich zum Baugebiet. Beim Verkauf der Grundstücke, die hinter dem Grundstück des X liegen und früher im Eigentum der Stadt S standen, habe die Stadtverwaltung den Käufern A und B Anfang des Jahres gemäß § 38 VwVfG schriftlich zugesichert, dass das damals dem X gehörende Grundstück nicht bebaut würde. Eine Baugenehmigung könne deshalb nur erteilt werden, wenn E das Einverständnis von A und B beibringe. E meint, er habe mit A und B nichts zu tun, zumal auch X von der Zusicherung keine Kenntnis hatte. Nach erfolglosem Widerspruchsverfahren hat E nunmehr Klage auf Erteilung der Baugenehmigung erhoben. Mit Erfolg?

§ 77 LBauO lautet: „(1) Die Baugenehmigung ist zu erteilen, wenn dem Vorhaben öffentlich-rechtliche Vorschriften nicht entgegenstehen. ... (3) Die Baugenehmigung wird unbeschadet der privaten Rechte Dritter erteilt. ...

A. Zulässigkeit der Klage

200 I. Der **Verwaltungsrechtsweg** ist gemäß § 40 Abs. 1 S. 1 VwGO eröffnet. Streitentscheidend sind die Vorschriften des öffentlichen Baurechts im BauGB und in der LBauO. Damit liegt eine öffentlich-rechtliche Streitigkeit nichtverfassungsrechtlicher Art vor, die auch keinem anderen Gericht ausdrücklich zugewiesen ist.

II. Das Klagebegehren des E ist gerichtet auf Erlass der (abgelehnten) Baugenehmigung als (begünstigender) VA i.S.d. § 35 S. 1 VwVfG. Damit ist gemäß § 42 Abs. 1 Fall 2 VwGO eine **Verpflichtungsklage** statthaft.

---

202 BVerwGE 120, 263, 276; BVerwG NVwZ 2007, 104, 105.
203 BVerwG NVwZ-RR 1993, 619; Kopp/Schenke VwGO § 42 Rn. 8; Pietzner/Ronellenfitsch Rn. 321.

Verpflichtungsklage | 2. Abschnitt

III. Die Verpflichtungsklage ist nach § 42 Abs. 2 VwGO nur zulässig, wenn der Kläger geltend macht, durch die Ablehnung bzw. Unterlassung des VA in seinen Rechten verletzt zu sein **(Klagebefugnis)**.

1. Die Ablehnung (Unterlassung) eines VA kann nur dann ein subjektives Recht **201** verletzen, wenn dieses Recht gerade auf den Erlass des VA gerichtet ist, d.h. der Kläger muss geltend machen, einen **Anspruch** auf den begehrten VA zu haben.[204] Ansprüche können sich ergeben aus:

   - öffentlich-rechtlichen **Sonderbeziehungen** (begünstigende Verwaltungsakte, ör Verträge, Zusicherungen);

   - **einfach-gesetzlichen Vorschriften** mit Anspruchsqualität, d.h. sie müssen für den Anspruchsteller ein subjektives Recht auf die erstrebte Leistung beinhalten (z.B. § 6 BImSchG);

   - (ausnahmsweise) unmittelbar aus **Grundrechten**, z.B. als Teilhabe- oder Leistungsrecht.

2. **Rechtsgrundlage** für die Baugenehmigung ist die Regelung in § 77 LBauO, **202** wonach die Baugenehmigung zu erteilen ist, wenn dem Bauvorhaben öffentlich-rechtliche Vorschriften nicht entgegenstehen. Daraus ergibt sich ein **subjektives Recht** des E, das durch die Ablehnung möglicherweise verletzt ist.

   Ebenso wie bei der Anfechtungsklage braucht die Klagebefugnis des Klägers, der einen VA an sich selbst erstrebt, in der Regel nicht näher problematisiert zu werden. Schwierigkeiten bereiten auch hier nur die Klagen eines Dritten (s.u. Rn. 459 ff.).

IV. Das nach § 68 Abs. 2 i.V.m. Abs. 1 S. 1 VwGO auch bei der Verpflichtungsklage **203** grds. erforderliche **Vorverfahren** hat E erfolglos durchgeführt.

   Auch hier gelten die **Ausnahmen** nach § 68 Abs. 1 S. 2 VwGO, insbesondere wenn nach dem Landesrecht ein Vorverfahren auch bei der Verpflichtungsklage entfällt; vgl. z.B. Art. 15 Abs. 2 Bay AGVwGO, § 80 Abs. 4 NJG, § 110 Abs. 1 S. 2 JustG NRW.

   Hat die Behörde ohne zureichenden Grund über einen Antrag auf Vornahme eines VA oder über den Widerspruch in angemessener Frist (i.d.R. 3 Monate) sachlich nicht entschieden, ist die Verpflichtungsklage als **Untätigkeitsklage** gemäß § 75 VwGO zulässig (s.o. Rn. 141).

V. Die **Klagefrist** beträgt gemäß § 74 Abs. 2 i.V.m. Abs. 1 S. 1 VwGO einen Monat ab **204** Zustellung des Widerspruchsbescheides.

   Findet kein Vorverfahren statt (§ 68 Abs. 1 S. 2 VwGO), so muss die Klage innerhalb eines Monats ab Bekanntgabe der Ablehnung des VA erhoben werden (§ 74 Abs. 2 i.V.m. Abs. 1 S. 2 VwGO). Bei fehlender oder unrichtiger Rechtsbehelfsbelehrung gilt die Jahresfrist des § 58 Abs. 2 VwGO.

   Für die **Untätigkeitsklage** besteht keine Klagefrist. Allerdings kann das prozessuale Klagerecht nach allgemeinen Grundsätzen verwirkt werden (s.u. Rn. 564 ff.).

VI. Richtiger **Klagegegner** ist bei der Verpflichtungsklage – wie bei der Anfechtungs- **205** klage – gemäß § 78 Abs. 1 VwGO entweder die Körperschaft, deren Behörde den beantragten VA unterlassen hat (Nr. 1) oder, sofern das Landesrecht dies bestimmt, die Ausgangsbehörde selbst (Nr. 2), s.o. Rn. 150.

---

204 Ehlers Jura 2004, 311, 314.

3. Teil — Klagearten im Verwaltungsprozess

Sonstige Bedenken gegen die Zulässigkeit, insbes. im Hinblick auf die allgemeinen Sachurteilsvoraussetzungen bestehen nicht. Die Klage des E ist damit zulässig.

B. Begründetheit der Verpflichtungsklage

206 Die Verpflichtungsklage ist gemäß § 113 Abs. 5 S. 1 VwGO begründet, soweit die Ablehnung oder Unterlassung des VA rechtswidrig, der Kläger dadurch in seinen Rechten verletzt ist und die Sache spruchreif ist. Das ist dann der Fall, wenn der Kläger einen Anspruch auf Erlass des begehrten VA hat. **Anspruchsgrundlage** ist die Vorschrift über die Erteilung der Baugenehmigung, hier § 77 LBauO.

I. Dann müssten die **Voraussetzungen** für den Erlass des begehrten VA vorliegen.

207 1. **Formell** ist ein **ordnungsgemäßer Antrag** bei der zuständigen Behörde erforderlich.

Diese Voraussetzung spielt im Rahmen der Begründetheit der Klage keine große Rolle. Hat der Kläger nämlich vor Klageerhebung überhaupt noch keinen Antrag bei der Behörde gestellt, so ist die Verpflichtungsklage mangels Rechtsschutzbedürfnis bereits unzulässig.[205] In der Begründetheit kommt es dann i.d.R. nur noch auf die Passivlegitimation an, d.h. ob der Beklagte zum Erlass des begehrten VA überhaupt zuständig ist.[206]

Hier hat E einen entsprechenden Antrag bei der Stadtverwaltung als zuständiger Baubehörde eingereicht.

208 2. **Materielle** Voraussetzung für den Erlass einer Baugenehmigung ist, dass öffentlich-rechtliche (Bau-)Vorschriften dem Vorhaben nicht entgegenstehen.

a) Dies sind vor allem die Vorschriften des **Bauplanungs- und Bauordnungsrechts** im BauGB und in der LBauO, die hier eingehalten sind.

b) Der Erteilung der Baugenehmigung könnte jedoch die **Zusicherung** an A und B entgegenstehen (§ 38 VwVfG).

209 aa) In aller Regel sind derartige „Zusagen" nur Teil des privatrechtlichen Kaufvertrages. Als **private Rechte** sind sie dann nicht Bestandteil des öffentlichen Baurechts, da die Baugenehmigung unbeschadet privater Rechte Dritter ergeht (vgl. z.B. Art. 68 Abs. 4 BayBO, § 58 Abs. 3 LBO BW, § 74 Abs. 5 HBO, § 74 Abs. 4 BauO NRW 2018).

210 bb) Hier ist nach dem Sachverhalt jedoch eine **öffentlich-rechtliche Zusicherung** nach § 38 VwVfG ergangen. Diese ist zwar ohne Mitwirkung des früheren Eigentümers X erfolgt und daher wegen Verstoßes gegen § 38 Abs. 1 S. 2 VwVfG **rechtswidrig**. Ein derartiger Verstoß führt aber in der Regel nicht zur Nichtigkeit, sondern nur dann, wenn der Fehler schwer und offensichtlich ist (§§ 38 Abs. 2, 44 Abs. 1 VwVfG). Lässt sich ein offensichtlicher Verstoß feststellen, ist die Zusicherung unwirksam und hat damit keine Bedeutung für die Baugenehmigung.

211 cc) Ist dies nicht der Fall, so kann E als Rechtsnachfolger des X die rechtswidrige Zusicherung **anfechten** und damit aus der Welt schaffen. Auch wenn E eine solche Anfechtung nicht ausdrücklich erklärt hat, ist in sei-

---

205 BVerwG NVwZ 2008, 575, 577; Kopp/Schenke VwGO § 75 Rn. 7 m.w.N.
206 BVerwG NVwZ-RR 2005, 711; Ehlers Jura 2004, 310, 315.

nem Verpflichtungsbegehren konkludent auch die Anfechtung einer möglicherweise entgegenstehenden Zusicherung zu sehen. Da die Zusicherung rechtswidrig ist und den E in seinen Rechten verletzt, ist diese Anfechtung erfolgreich, sodass auch in diesem Fall die Zusicherung der Erteilung der Baugenehmigung nicht entgegensteht.

Weiteres Beispiel: Ist ein Bauvorbescheid noch nicht bestandskräftig, so ist in dem gegen die spätere Baugenehmigung gerichteten Anfechtungsprozess des Nachbarn Gegenstand der gerichtlichen Kontrolle auch die im Vorbescheid bejahte bauplanerische Zulässigkeit des Vorhabens.[207]

Die **Anspruchsvoraussetzungen** sind damit erfüllt.

212

Etwas anderes würde dann gelten, wenn die **Zusicherung** bereits **bestandskräftig** wäre, weil der Rechtsvorgänger X die fristgerechte Anfechtung versäumt hätte. Denn der Rechtsnachfolger übernimmt die Klagemöglichkeit mit allen Beschränkungen, insbes. muss er sich die dem Rechtsvorgänger gegenüber verstrichenen Rechtsbehelfsfristen anrechnen lassen.[208] Hier fehlt es aber auch an einer Bekanntgabe an X, sodass diesem gegenüber keine Rechtsbehelfsfristen liefen. Anhaltspunkte für eine Verwirkung (unten Rn. 564 ff.) sind nicht ersichtlich.

II. Hinsichtlich der **Rechtsfolge** ist danach zu unterscheiden, ob es sich um einen **gebundenen VA** oder einen **Ermessensakt** handelt.

1. Bei einem **gebundenen VA** ist der VA zwingend zu erlassen. Die Behörde darf insbes. keine Zweckmäßigkeitserwägungen anstellen. Die Klage ist dann in vollem Umfang begründet.

213

2. Bei **Ermessensakten** besteht dagegen i.d.R. nur ein Anspruch auf ermessensfehlerfreie Entscheidung (Ausnahme bei Ermessensreduzierung auf Null). Hat die Behörde den Erlass des VA abgelehnt, so kommt es darauf an, ob diese Entscheidung ermessensfehlerfrei ist (§ 114 S. 1 VwGO). Sind Ermessensfehler nicht feststellbar, so ist der Anspruch durch Erfüllung erloschen. Die Klage ist unbegründet. Andernfalls besteht nach wie vor ein Anspruch auf erneute ermessensfehlerfreie Entscheidung. Das Gericht darf sein Ermessen aber nicht an die Stelle des Ermessens der Behörde setzen. Es ergeht dann ein sog. **Bescheidungsurteil**, mit dem die Behörde verpflichtet wird, den Kläger unter Beachtung der Rechtsauffassung des Gerichts zu bescheiden (§ 113 Abs. 5 S. 2 VwGO). Allerdings kann die Behörde nach § 114 S. 2 VwGO die Ermessenserwägungen auch noch im gerichtlichen Verfahren ergänzen (s.u. Rn. 582 ff.).

214

3. Nach der LBauO „ist" die Baugenehmigung zu erteilen, es besteht also ein **gebundener Anspruch** auf Erteilung der Genehmigung. Die Verpflichtungsklage ist begründet. Das Gericht verpflichtet die Behörde, den begehrten VA zu erlassen (§ 113 Abs. 5 S. 1 VwGO), sog. **Vornahmeurteil**.

215

Das VG ist bei einem gebundenen VA grds. verpflichtet, die Sache selbst spruchreif zu machen. § 113 Abs. 3 VwGO gilt nur bei Anfechtungsklagen, nicht für Verpflichtungsklagen.[209] Nur in Ausnahmefällen, etwa bei komplexen technischen Sachverhalten, die von der Behörde nicht abschließend geprüft wurden, darf das Gericht von der Herstellung der Spruchreife absehen.[210]

---

207 OVG LSA NVwZ-RR 2015, 727, 728; Holdau Jura 2010, 618, 623.
208 BVerwG NVwZ 1989, 967; OVG Greifswald NVwZ-RR 2001, 541; Kopp/Schenke VwGO § 42 Rn. 174.
209 BVerwG NVwZ 1999, 65; Kopp/Schenke VwGO § 113 Rn. 166.
210 BVerwG NVwZ-RR 2003, 719; OVG NRW NWVBl. 2008, 26, 27.

3. Teil — Klagearten im Verwaltungsprozess

C. Das Verhältnis zwischen Anfechtungs- und Verpflichtungsklage

I. Abwehr eines belastenden VA

216 Wehrt sich der Kläger gegen einen belastenden VA, so ist gemäß § 42 Abs. 1 Fall 1 VwGO eine **Anfechtungsklage** zu erheben, da es dem Kläger um die Beseitigung des VA geht. Denkbar wäre zwar auch eine Klage auf Verpflichtung der Behörde, den VA aufzuheben. Ein entsprechendes Urteil bedürfte jedoch noch der Vollstreckung (§ 172 VwGO), sodass die Anfechtungsklage, die auf eine unmittelbare Aufhebung durch das Gericht zielt, einfacher und effektiver ist als die Verpflichtungsklage. Für eine Verpflichtungsklage fehlt es daher bei belastenden, noch anfechtbaren VAen grds. am **Rechtsschutzbedürfnis**.[211]

Ist der VA dagegen bereits unanfechtbar (bestandskräftig), kommt nur noch ein Wiederaufgreifen des Verfahrens in Betracht (§ 51 VwVfG), das mit der Verpflichtungsklage durchzusetzen ist.

II. Erlass eines begünstigenden VA

217 Lehnt die Behörde den Erlass eines begünstigenden VA ab, so ist gemäß § 42 Abs. 1 Fall 2 VwGO die **Verpflichtungsklage** statthaft. Da die Ablehnung aber selbst einen (belastenden) VA darstellt, ließe sich begrifflich auch an eine Anfechtungsklage denken (sog. **isolierte Anfechtungsklage**). Hierfür fehlt jedoch i.d.R. das **Rechtsschutzbedürfnis**, da dem Kläger die bloße Aufhebung des ablehnenden Bescheids nichts bringt.[212]

Beispiel: B stellt einen Antrag auf Erteilung einer Baugenehmigung, der abgelehnt wird. Selbst nach einer erfolgreichen Anfechtungsklage gegen die Ablehnung hat B die von ihm erstrebte Baugenehmigung immer noch nicht. Verweigert die Behörde die Erteilung der Genehmigung nunmehr aus anderen Gründen, müsste B erneut klagen.

218 Etwas anderes gilt nur dann, wenn der Kläger ein **berechtigtes Interesse** an der bloßen Aufhebung des Ablehnungsbescheids hat.[213] Anerkannt ist dies insbes., wenn der Kläger nach Ablehnung seines Antrages nunmehr der Auffassung ist, eine **Genehmigung** sei gar nicht erforderlich.

Beispiel: B hat einen Antrag auf Erteilung einer Baugenehmigung gestellt, der mit der Begründung abgelehnt wurde, das Bauvorhaben sei bauplanungsrechtlich unzulässig. Nunmehr ist B der Auffassung, eine Genehmigung sei gar nicht erforderlich, da es sich um ein nach der LBauO erlaubnisfreies Vorhaben handele.

Ist die Auffassung des B zutreffend, so wäre eine Verpflichtungsklage von vornherein mangels Genehmigungsbedürftigkeit unbegründet. B könnte ohne Genehmigung bauen, müsste aber befürchten, dass die Behörde dagegen einschreitet. Deshalb ist ein Interesse des B anzuerkennen, die Ablehnung (isoliert) anzufechten. Trifft es zu, dass das Vorhaben nicht genehmigungspflichtig ist, ist der Ablehnungsbescheid als rechtswidrig aufzuheben.[214] Denkbar ist in dieser Situation auch eine Feststellungsklage (§ 43 Abs. 1 VwGO) gerichtet darauf, festzustellen, dass das Bauvorhaben nicht genehmigungspflichtig ist (dazu unten Rn. 312).[215]

---

211 Ehlers Jura 2004, 30.

212 BVerwG NVwZ 1988, 61; Ehlers Jura 2004, 30, 33; abweichend Kopp/Schenke VwGO § 42 Rn. 30; Schenke JZ 1996, 998, 1005: Anfechtungsklage bereits unstatthaft wegen Spezialität der Verpflichtungsklage; vgl. auch Schaks/Friedrich JuS 2018, 860, 861.

213 BVerwGE 88, 111, 114; OVG NRW DVBl. 1995, 578, 579; Frenz JA 2011, 917, 918; Kopp/Schenke VwGO § 42 Rn. 30.

214 Vgl. BVerwGE 13, 54, 62; 39, 135, 138; Schoch/Pietzcker VwGO § 42 Abs. 1 Rn. 112.

215 Zum Verhältnis zwischen Feststellungsklage und isolierter Anfechtungsklage OVG Nds GewArch 2011, 263.

III. Rechtsschutz gegen Inhalts- und Nebenbestimmungen

Gemäß § 113 Abs. 1 S. 1 VwGO („soweit") ist im Rahmen der Anfechtungsklage eine Teil-aufhebung und damit grds. auch eine **Teilanfechtung** des VA möglich.[216] Ein auf Teil-aufhebung gerichtetes Klagebegehren ist aber nur dann zulässig, wenn der Gesamt-VA (logisch) **teilbar** ist.

219

Beispiel: A erhält die von ihm beantragte immissionsschutzrechtliche Genehmigung für ein Heizkraftwerk (§ 4 BImSchG) mit der „Auflage", schwefelarmes Heizöl zu verwenden, womit A nicht einverstanden ist.

Prozessual geht es hierbei um die Frage, ob der Kläger den ihn belastenden Teil des VA isoliert mit der **Anfechtungsklage** angreifen kann oder ob er **Verpflichtungsklage** auf einen uneingeschränkten VA erheben muss.

220

■ Zum Teil wird darauf abgestellt, dass es dem Betroffenen stets um einen **anderen VA**, also um eine Erweiterung seiner Rechtsposition gehe. Dieses Begehren könne nur durch eine **Verpflichtungsklage** auf uneingeschränkte Begünstigung durchgesetzt werden.[217]

221

■ Andere differenzieren nach der **Art der Nebenbestimmung:** Befristung, Bedingung und Widerrufsvorbehalt sind danach integrierte Bestandteile des VA, die nicht isoliert angefochten werden können, während bei Auflagen und Auflagenvorbehalt als selbstständige VAe eine Anfechtung zugelassen wird.[218]

222

■ In der Lit. wird verbreitet auf die **Art des Haupt-VA** abgestellt. Handele es sich um eine **gebundene Entscheidung**, so lasse sich über deren rechtmäßigen Bestand isoliert entscheiden mit der Folge, dass auch eine Nebenbestimmung isoliert aufhebbar sei. Dagegen sollen nach dieser Auffassung bei **Ermessensentscheidungen** der VA und seine Zusätze nicht trennbar sein, da andernfalls der Ermessensspielraum der Behörde unzulässig verkürzt würde, wenn ihr ein „ungewollter" Restakt aufgedrängt werde.[219]

223

■ Dagegen wird in Rspr. und Lit. heute zunehmend die Auffassung vertreten, dass gegen Zusätze zum HauptVA dann eine (isolierte) Anfechtungsklage erhoben werden kann, wenn der Zusatz vom HauptVA (logisch) **teilbar** ist. Dies gilt insbes. für Nebenbestimmungen i.S.d. § 36 VwVfG, die danach grds. isoliert angefochten werden können. Nur wenn eine isolierte Aufhebung „von vornherein und offensichtlich" ausscheidet, sei die Anfechtungsklage ausnahmsweise unzulässig.[220]

224

Letzteres wird bei Inhaltsbestimmungen und sog. modifizierenden Auflagen bejaht. Diese sind anders als Nebenbestimmungen untrennbare Teile des begünstigenden VA. Sie können daher nicht isoliert angefochten werden.[221] Richtige Klageart ist vielmehr die Verpflichtungsklage auf Erlass einer anderen Genehmigung. Dies hat die Rspr. z.B. im obigen Beispiel angenommen.[222]

---

216 Kopp/Schenke VwGO § 42 Rn. 21 ff.

217 Stadie DVBl. 1991, 613, 614; Labrenz NVwZ 2007, 161, 164.

218 Schoch/Pietzcker VwGO § 42 Abs. 1 Rn. 137; Axer Jura 2001, 748, 752; Klement JuS 2010, 1088, 1093 und auch die frühere Rspr. des BVerwG, z.B. BVerwGE 29, 261, 265; 36, 145, 153.

219 Kopp/Schenke VwGO § 42 Rn. 24; im Ergebnis ähnlich die frühere Rspr., wenn bei Ermessensakten zwischen VA und Auflage ein untrennbarer Zusammenhang besteht (BVerwGE 55, 135, 137; 56, 254, 256; anders BVerwGE 65, 139, 140).

220 BVerwG NVwZ 2013, 805, 806; OVG LSA NVwZ-RR 2016, 806, 806; OVG NRW, Urt. v. 18.09.2018 – 8 A 1884/16, BeckRS 2018, 26408; Ehlers Jura 2004, 30, 32; Frenz JA 2011, 433, 437; Kluckert JuS 2017, 610, 612.

221 BVerwGE 69, 37, 39; BGH NVwZ-RR 2018, 341, 342; Frenz JA 2011, 433, 442; Wysk VwGO § 42 Rn. 34; a.A. Kopp/Schenke VwGO § 42 Rn. 21, der auch bei Inhaltsbestimmungen eine isolierte Anfechtung zulassen will.

222 BVerwG NVwZ 1984, 371, 372.

3. Teil Klagearten im Verwaltungsprozess

225 **Beachte:** *Von der logischen Teilbarkeit ist die* **materielle Teilbarkeit** *zu unterscheiden. Sind VA und Nebenbestimmung zwar logisch, aber nicht materiell teilbar, ist die Anfechtungsklage zulässig, aber unbegründet.[223] Die Lit. verneint die materielle Teilbarkeit generell bei Ermessensakten (soweit nicht bereits die Zulässigkeit abgelehnt wird (s.o.),[224] die Rspr. dagegen nur, wenn der Rest-VA ohne Nebenbestimmung rechtswidrig wäre.[225]*

IV. Annexanträge

226 Umstritten ist, ob mit der Verpflichtungsklage analog § 113 Abs. 1 S. 2 und § 113 Abs. 4 VwGO **Annexanträge** verbunden werden können. Während dies zum Teil generell bejaht wird,[226] verneint die h.M. zu Recht eine vergleichbare Interessenlage.[227]

227 Bei der Anfechtungsklage rechtfertigt sich die Verbindung daraus, dass mit der gerichtlichen Aufhebung des angefochtenen VA automatisch der Folgenbeseitigungs- oder sonstige Leistungsanspruch entsteht. Bei der Verpflichtungsklage erlässt das Gericht jedoch nicht selbst den begehrten VA, sondern verpflichtet die Behörde zu dessen Erlass. Der Leistungsanspruch entsteht hier nicht bereits mit dem verwaltungsgerichtlichen Urteil, sondern erst mit der späteren behördlichen Entscheidung. Dies spricht dagegen, über den Leistungsanspruch zusammen mit der Verpflichtungsklage zu entscheiden.

Die Klage auf Erlass eines Subventionsbescheides kann daher nicht mit dem Antrag auf Auszahlung des zu bewilligenden Betrages verbunden werden. Die praktische Bedeutung der Frage ist ohnehin gering, da es einen dem Folgenbeseitigungsanspruch vergleichbaren allgemeinen Herstellungsanspruch nicht gibt.[228]

V. Konkurrentenklage

228 Der Begriff Konkurrentenklage bezeichnet **keine besondere Klageart**, sondern nur eine bestimmte verfahrensrechtliche Situation. Problematisch ist hierbei weniger die Klageart als vielmehr die Klagebefugnis (dazu unten Rn. 464).

Konkurrentenklagen treten vor allem in folgenden Bereichen auf: im Wirtschaftsverwaltungsrecht (z.B. bei gewerberechtlichen Zulassungen), im Beamtenrecht (insbes. bei Beförderungen), im Medienrecht (Zuteilung von Sendefrequenzen u.Ä.), und im Gesundheitswesen (z.B. Zulassung von Kassenärzten).

1. Konkurrentenabwehrklage

229 Der Kläger wehrt sich **gegen die Zulassung oder Begünstigung eines Konkurrenten**, **ohne eine eigene Begünstigung** zu begehren (auch negative Konkurrentenklage).

Beispiele: Taxiunternehmer U wendet sich gegen die dem Konkurrenten K erteilte Taxikonzession (§ 13 Abs. 4 PBefG). – D klagt gegen die seinem Mitbewerber B gewährte Subvention.

---

223 BVerwG NVwZ-RR 1996, 20; Kopp/Schenke VwGO § 42 Rn. 22; Sproll NJW 2002, 3221, 3223; Frenz JA 2011, 433, 442; Schaks/Friedrich JuS 2018, 954, 960.

224 Vgl. Schenke JZ 2010, 992, 995 Fn. 40.

225 BVerwG DVBl. 1993, 152; Brüning NVwZ 2002, 1081; Hufen/Bickenbach JuS 2004, 867, 872; abweichend OVG Berlin NVwZ 1997, 1005; VGH Mannheim NVwZ 1995, 1220, die die Frage der materiellen Teilbarkeit bereits im Rahmen der Zulässigkeit erörtern. Zu weiteren Einzelheiten vgl. AS-Skript Verwaltungsrecht AT 1 (2017), Rn. 660 ff.

226 OVG Bln-Bbg NVwZ-RR 2015, 804; RÜ2 2015, 165; OVG NRW NWVBl. 1989, 143, 144; Kopp/Schenke VwGO § 113 Rn. 86 u. 177; einschränkend Ehlers Jura 2006, 351, 354.

227 Schoch/Riese VwGO § 113 Rn. 83; Sodan/Ziekow VwGO § 113 Rn. 191 u. 392.

228 Vgl. AS-Skript Verwaltungsrecht AT 2 (2017), Rn. 500.

Da sich der Kläger in diesen Fällen gegen ein ihn belastendes Verwaltungshandeln wehrt, handelt es sich i.d.R. um eine **Anfechtungsklage** gegen die dem Dritten durch VA gewährte Begünstigung.

Erfolgt die Begünstigung nicht durch VA, sondern durch einen öffentlich-rechtlichen Vertrag, so ist eine Klage auf Feststellung der Nichtigkeit des Vertrages zu erheben. Geht es um eine Begünstigung durch Realakt, so kommt eine (allgemeine) Leistungsklage auf Unterlassung in Betracht. Häufig fehlt es in diesen Fällen jedoch an der Klagebefugnis des Dritten (s.u. Rn. 464).

2. Konkurrentengleichstellungsklage

Der Kläger erstrebt lediglich die **Gleichstellung mit dem Konkurrenten**, der bereits begünstigt worden ist, ohne dessen Begünstigung anzutasten (auch positive Konkurrentenklage).

230

Beispiel: Nachdem Mitbewerber B eine Subvention in Form eines zinsverbilligten Darlehens gewährt worden ist, will K unter Berufung auf Art. 3 Abs. 1 GG dieselbe Vergünstigung erhalten.

Da hier die Begünstigung des Dritten unberührt bleibt, handelt es sich unproblematisch um eine **Verpflichtungsklage** auf Erlass eines Bewilligungsbescheides.

3. Konkurrentenverdrängungsklage

Problematisch sind vor allem die Fälle, in denen der Kläger **anstelle des Konkurrenten** begünstigt werden will (sog. **Konkurrentenverdrängungsklage**).

231

Beispiel: Schausteller S bewirbt sich um einen Standplatz für das örtliche Volksfest. Da die Zahl der Bewerber die Zahl der Plätze übersteigt, findet ein Auswahlverfahren statt, aufgrund dessen der Antrag des S abgelehnt wird und alle Plätze an andere Bewerber vergeben werden.

In diesen Fällen ist die Verpflichtungsklage zwangsläufig unbegründet (nach a.A. mangels Rechtsschutzbedürfnis bereits unzulässig), wenn das **Kontingent** der zu vergebenden Stellen **erschöpft** ist und der Kläger nicht gleichzeitig die Zulassung eines oder mehrerer erfolgreicher Mitbewerber anficht.

232

Der Kläger muss deshalb, um zum Erfolg zu gelangen, nach überwiegend vertretener Ansicht im Wege der objektiven Klagehäufung (§ 44 VwGO)

233

- **Verpflichtungsklage auf eigene Begünstigung** und gleichzeitig

- **Anfechtungsklage gegen die Begünstigung des Dritten** erheben.[229]

Diese Auffassung birgt für den Kläger jedoch ein erhebliches Prozess- und Kostenrisiko: Entweder der unterlegene Bewerber ficht die Begünstigung aller anderen Bewerber an. Da aber nicht davon auszugehen ist, dass alle Zulassungsentscheidungen rechtswidrig sind, wird er mit einem (Groß-)Teil seiner Klagen unterliegen. Oder der Betroffene sucht sich einige Zulassungen heraus mit dem Risiko, dass sich diese im Ergebnis doch als rechtmäßig erweisen und nur andere (nicht angefochtene) Entscheidungen möglicherweise rechtswidrig sind.

234

---

229 Vgl. BVerwG NVwZ 2011, 613, 614; BayVGH BayVBl. 2011, 23, 24; OVG Lüneburg RÜ 2010, 123, 128; OVG NRW RÜ 2009, 659, 660; Ehlers Jura 2004, 311, 312; Schübel-Pfister JuS 2011, 420, 425; dies. JuS 2016, 418, 421 f.; Würtenberger/Heckmann Rn. 393; einschränkend OVG Lüneburg NVwZ-RR 2012, 594.

235 Nach der Gegenansicht muss der Kläger eine zusätzliche Anfechtungsklage nur erheben, wenn er einen **uneingeschränkten Verpflichtungsantrag** stellt. Begehrt er dagegen lediglich eine erneute **Bescheidung**, soll die Verpflichtungsklage ausreichen. Denn falls das Gericht die bisherige Verteilungsregelung für rechtswidrig erachte, bestehe die Möglichkeit, dass die Behörde ihre Vergabeentscheidung nach § 48 VwVfG von sich aus korrigiert. Der Kläger könne sich daher auf eine (Bescheidungs-)**Verpflichtungsklage** beschränken, ohne die Zulassung eines anderen Konkurrenten anfechten zu müssen.[230]

236 Gegen diese Auffassung spricht jedoch, dass der bloße **Bescheidungsanspruch** die Behörde nicht zu einem umfassenden Wiederaufgreifen des Verfahrens (§§ 51 Abs. 5, 48, 49 VwVfG) verpflichtet. Denn Gegenstand der Bescheidungsklage ist nur der den Kläger betreffende Versagungsbescheid, der z.B. aus lediglich formellen Gründen rechtswidrig sein kann, ohne dass ein Zulassungsanspruch besteht. Der bloße Neubescheidungsantrag gewährt somit keinen gleichwertigen Rechtsschutz gegenüber einer Drittanfechtung. Ist das Kontingent erschöpft, ist der Betroffene daher grds. gehalten, neben der Verpflichtungsklage auf eigene Begünstigung **zusätzlich Anfechtungsklage** gegen die Begünstigung eines Dritten zu erheben.

4. Beamtenrechtliche Konkurrentenklage

237 Besonderheiten gelten für die beamtenrechtliche Konkurrentenklage. Begehrt ein Beamter seine Ernennung (§ 8 BeamtStG, § 10 BBG), so handelt es sich um eine **Verpflichtungsklage** nach § 42 Abs. 1 Fall 2 VwGO. Die Ernennung ist als Statusakt VA i.S.d. § 35 S. 1 VwVfG.[231]

238 Soweit der unterlegene Bewerber die Aufhebung der Ernennung des erfolgreichen Bewerbers erreichen will, kommt eine **Anfechtungsklage** nach § 42 Abs. 1 Fall 1 VwGO in Betracht. Allerdings hat sich die Rspr. früher auf den Standpunkt gestellt, die Mitteilung an den unterlegenen Bewerber über die Ernennung eines Dritten sei **kein VA**, weil damit noch keine unmittelbare außenverbindliche Rechtsfolge gesetzt werde.[232] Andere lehnten die **Klagebefugnis** für die Anfechtungsklage ab. Die Ernennung des erfolgreichen Bewerbers sei nicht darauf gerichtet, unmittelbare Rechtswirkungen gegenüber dem unterlegenen Bewerber herbeizuführen. Sie schließe dessen Ernennung nicht rechtlich, sondern nur faktisch aus. Der unterlegene Bewerber könne Rechtsschutz grds. **nur über die Verpflichtungsklage auf eigene Begünstigung** erlangen.[233]

239 Nach neuerer Rspr. handelt es sich dagegen bei der Ernennung des erfolgreichen Bewerbers auch gegenüber dem unterlegenen Bewerber um einen **VA mit Drittwirkung**, dem eine **einheitliche Auswahlentscheidung** des Dienstherrn zugrunde liegt.[234] Der unterlegene Bewerber kann daher die **Verpflichtungsklage** auf eigene Begünstigung mit einer **Anfechtungsklage** gegen die Ernennung eines Dritten verbinden (§ 44 VwGO).

---

230 BVerwG DVBl. 1989, 557; OVG Lüneburg NVwZ-RR 2012, 594; Geiger BayVBl. 2010, 517, 519; Frenz JA 2011, 917, 919; Helbich/Schübel-Pfister JuS 2017, 520, 522; weitergehend Kopp/Schenke VwGO § 42 Rn. 48: stets Verpflichtungsklage ausreichend; differenzierend BayVGH RÜ 2016, 51, 54 f.: Verpflichtungsklage ausreichend, wenn Drittanfechtung unzumutbar.

231 Vgl. AS-Skript Verwaltungsrecht AT 1 (2017), Rn. 321.

232 OVG Koblenz NVwZ 2007, 109.

233 Vgl. z.B. BVerwG NJW 2004, 870, 871.

234 BVerwG RÜ 2011, 119, 121; OVG Lüneburg, Beschl. v. 18.02.2016 – 5 ME 2/16, BeckRS 2016, 42789; Schenke NVwZ 2011, 321, 321 f.; Battis DVBl. 2013, 673, 674; Schenke DVBl. 2015, 137 ff.; vgl. auch OVG Bln-Bbg NVwZ-RR 2018, 578.

Allerdings **erledigt** sich das Begehren des unterlegenen Bewerbers in der Regel, sobald **240** der Konkurrent ernannt worden ist, da die Ernennung nach den beamtenrechtlichen Vorschriften nicht mehr rückgängig gemacht werden kann **(Grundsatz der Ämterstabilität)**.[235] Der unterlegene Bewerber muss daher versuchen, die Ernennung des Konkurrenten durch **einstweilige Anordnung** (§ 123 VwGO) zu verhindern.[236] Eine Ausnahme macht die Rspr. dann, wenn der Dienstherr den verfassungsrechtlich durch Art. 19 Abs. 4 GG gewährleisteten **Rechtsschutz** des unterlegenen Bewerbers **vereitelt** hat.[237] In diesem Fall bleibt die Anfechtungsklage gegen die Ernennung des Konkurrenten wie die Verpflichtungsklage auf eigene Ernennung zulässig.[238]

Beispiel: Die Klage des unterlegenen Bewerbers erledigt sich nicht, wenn es der Dienstherr unterlassen hat, ihn rechtzeitig zu informieren, dass die Stelle anderweitig besetzt werden soll.[239]

Der Beamte hat aus Art. 33 Abs. 2 GG zwar keinen Anspruch auf Ernennung bzw. Beför- **241** derung, aber darauf, dass über seine Bewerbung fehlerfrei entschieden wird, insbes. dass das Auswahlverfahren ordnungsgemäß durchgeführt und das Auswahlermessen fehlerfrei ausgeübt wird (sog. **Bewerbungsverfahrensanspruch**).[240] Der unterlegene Bewerber kann sowohl geltend machen, selbst in rechtswidriger Weise **benachteiligt** worden zu sein, als auch eine auf sachfremden Erwägungen beruhende **unzulässige Bevorzugung** des ausgewählten Konkurrenten rügen.[241]

Der Bewerbungsverfahrensanspruch **erlischt**, wenn der Dienstherr das Auswahlverfahren abbricht, auch **242** wenn er die Stelle weiterhin besetzen will und ein neues Auswahlverfahren beginnt.[242] Der Abbruch des Auswahlverfahrens bedarf aber stets eines sachlichen Grundes.[243] Rechtsschutz gegen den unberechtigten Abbruch eines Auswahlverfahrens kann nur im Wege einstweiligen Rechtsschutzes nach § 123 Abs. 1 VwGO erlangt werden. Macht ein Bewerber hiervon zeitnah (i.d.R. innerhalb eines Monats nach Zugang der Abbruchmitteilung) keinen Gebrauch, ist der Rechtsschutz **verwirkt**.[244] Anträge nach § 123 Abs. 1 VwGO sind dann ebenso wie die Klage in der Hauptsache unzulässig, auch Schadensersatzansprüche wegen Verstoßes gegen Art. 33 Abs. 2 GG sind ausgeschlossen.[245]

Ist die Auswahlentscheidung rechtswidrig, so ist die Ernennung des Konkurrenten abweichend von **243** § 113 Abs. 1 S. 1 VwGO **nur mit Wirkung für die Zukunft** (ex nunc) aufzuheben. Eine rückwirkende Aufhebung (ex tunc) scheidet aus, weil die mit der Ernennung verbundene Statusänderung nicht nachträglich ungeschehen gemacht werden kann.[246] Auf den Verpflichtungsantrag wird die Behörde i.d.R. nur verpflichtet, über die Bewerbung des Klägers neu zu entscheiden (§ 113 Abs. 5 S. 2 VwGO).[247] Nur in seltenen Ausnahmefällen ist der dem Dienstherrn durch Art. 33 Abs. 2 GG eröffnete Beurteilungsspielraum auf Null reduziert, z.B. weil ein Bewerber eindeutig am besten geeignet ist.[248]

---

235 BVerfG NVwZ 2008, 70, 71; NVwZ 2007, 1178, 1179; BVerwG RÜ 2011, 119, 121; OVG NRW NVwZ-RR 2016, 549, 549 f.; Battis DVBl. 2013, 673, 676; kritisch Kenntner NVwZ 2017, 417, 420; a.A. Schenke DVBl. 2015, 137, 139.

236 Vgl. BVerwG NVwZ 2012, 884, 885; OVG NRW NVwZ 2017, 807; OVG Lüneburg RÜ 2011, 735, 737; Battis DVBl. 2013, 673, 676; NVwZ 2016, 194, 196; kritisch Schenke NVwZ 2011, 321, 324 f.; anders BVerwG NVwZ-RR 2018, 535, 536 für militärische Verwendungsentscheidungen, auch wenn diese mit einer Beförderung verbunden sind.

237 BVerfG NVwZ 2014, 785, 786; BVerwG RÜ 2011, 119, 122; Hufen JuS 2014, 471, 472.

238 BVerwG RÜ 2011, 119, 122; VGH Mannheim NVwZ-RR 2011, 608; OVG Bremen, Beschl. v. 15.11.2017 – 2 LA 55/16, BeckRS 2017, 132702; OVG Saar NVwZ 2018, 759, 760; anders noch BVerwG NJW 2004, 870, 872.

239 BVerwG RÜ 2011, 119, 123; OVG NRW NVwZ-RR 2016, 352 u. 549; ThürOVG LKV 2016, 571, 572 m.w.N.

240 BVerfG NVwZ 2017, 46, 47; BVerwG NVwZ 2015, 1066, 1067; Kenntner NVwZ 2017, 417, 420.

241 BVerfG NVwZ 2008, 194; VGH BW NVwZ 2017, 167, 168.

242 OVG LSA NVwZ-RR 2017, 839, 840.

243 BVerwG NVwZ 2016, 1650, 1651; NdsOVG DVBl. 2018, 1295, 1296 f.; einschränkend HessVGH NVwZ-RR 2018, 197, 198.

244 BVerwG NVwZ 2015, 1066, 1068; HessVGH RÜ2 2016, 119 f.

245 BVerwG NVwZ 2015, 1066, 1068; OVG Saar NVwZ-RR 2018, 730, 731.

246 BVerwG RÜ 2011, 119, 124; OVG Saar NVwZ 2018, 759, 760; kritisch Schenke NVwZ 2011, 321, 323.

247 BVerfG NJW 2011, 746, 747; BVerwG RÜ 2011, 119, 125.

248 BVerwG NVwZ-RR 2017, 381, 383.

3. Teil Zusammenfassende Übersicht

VERPFLICHTUNGSKLAGE

A. Zulässigkeit der Klage

I. Verwaltungsrechtsweg

- Spezialzuweisung zum Verwaltungsgericht (z.B. § 54 Abs. 1 BeamtStG)
- Generalklausel, § 40 Abs. 1 S. 1 VwGO

II. Statthaftigkeit

Verpflichtungsklage, wenn **Erlass** eines (begünstigenden) VA begehrt wird

- **Verwaltungsakt** i.S.d. § 35 VwVfG,
  bei schlichtem Verwaltungshandeln, wenn **regelnde Entscheidung** über das „Ob" vorgeschaltet
- i.d.R. keine isolierte Anfechtung der Ablehnung (Rechtsschutzbedürfnis!)
- bei Konkurrentenklage ggf. zusätzlich Anfechtung der Drittbegünstigung
- keine Annexanträge zulässig (str.)

III. Klagebefugnis

Geltendmachung eines **subjektiven Rechts (= Anspruchs)**, § 42 Abs. 2 VwGO

- aus **einfach-gesetzlichen Vorschriften** mit Anspruchsqualität
- aus **Grundrechten** (insbes. in der Funktion als Leistungs-/Teilhaberechte)

IV. Vorverfahren

- ordnungsgemäßes **Widerspruchsverfahren**, § 68 Abs. 2 i.V.m. Abs. 1 VwGO
- **Ausnahmen**, § 68 Abs. 1 S. 2 VwGO
  - kraft Gesetzes (insbes. landesrechtliche Ausnahmen nach AGVwGO)
  - VA einer obersten Bundes- oder Landesbehörde (insbes. Ministerium), außer wenn Gesetz Nachprüfung vorschreibt
  - erstmalige Beschwer durch Widerspruchsbescheid oder Abhilfebescheid
- Vorverfahren **entbehrlich**
  - bei Untätigkeit, § 75 VwGO
  - wenn Zweck des Widerspruchsverfahrens auf andere Weise bereits erreicht oder nicht mehr erreicht werden kann (insbes. rügelose Einlassung des mit der Widerspruchsbehörde identischen Beklagten[-vertreters])

V. Klagefrist

- § 74 Abs. 2 i.V.m. Abs. 1 VwGO: **1 Monat**
  - nach Zustellung des Widespruchsbescheides
  - oder (im Fall des § 68 Abs. 1 S. 2 VwGO) nach Bekanntgabe der Ablehnung
- § 58 Abs. 2 VwGO: **1 Jahr** bei fehlender/unrichtiger Rechtsbehelfsbelehrung

VI. Klagegegner

- Rechtsträger der Ausgangsbehörde, § 78 Abs. 1 Nr. 1 VwGO
- (Ausgangs-)Behörde, § 78 Abs. 1 Nr. 2 VwGO i.V.m. Landesrecht

VERPFLICHTUNGSKLAGE

B. Begründetheit, § 113 Abs. 5 VwGO

- Ablehnung/Unterlassung rechtswidrig
- Rechtsverletzung des Klägers
- Spruchreife

} **Anspruch** auf Erlass des begehrten VA

I. Anspruchsgrundlage

- **öffentlich-rechtliche Sonderbeziehungen:**
  - öffentlich-rechtlicher Vertrag
  - begünstigender VA
  - Zusicherung (§ 38 VwVfG)
- **einfach-gesetzliche Vorschriften mit Anspruchsqualität:**
  (+), wenn Vorschrift zumindest auch dem Schutz von Individualinteressen des Klägers zu dienen bestimmt ist
- **ausnahmsweise Grundrechte:** Teilhaberechte, Leistungsrechte, Schutzpflichten

II. Formelle Voraussetzungen

- Antrag an zuständige Behörde
- ggf. Mitwirkungsakte anderer Behörden (z.B. § 36 BauGB)

III. Materielle Voraussetzungen

- ausdrücklich geregelt
- ggf. Umkehrschluss aus Versagungsgründen
- Art. 3 Abs. 1 GG i.V.m. Selbstbindung der Verwaltung

IV. Rechtsfolge

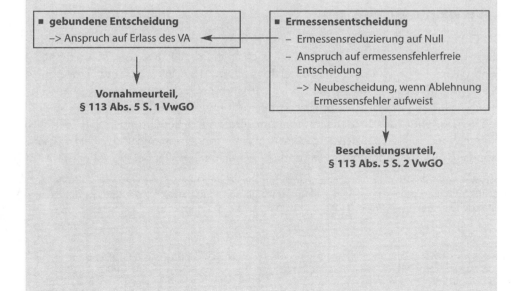

| 3. Teil | Klagearten im Verwaltungsprozess |

3. Abschnitt: Allgemeine Leistungsklage

244 Die allgemeine Leistungsklage ist in der VwGO nicht ausdrücklich geregelt, aber z.B. in §§ 43 Abs. 2, 111 VwGO erwähnt und gewohnheitsrechtlich anerkannt.[249] Sie ist statthaft, wenn es **nicht um die Aufhebung oder den Erlass eines VA** geht, also insbesondere bei schlichtem Verwaltungshandeln ohne Regelungswirkung.

Beispiele: Durchsetzung von Ansprüchen auf Folgenbeseitigung oder Unterlassung, Klage auf Geldzahlung oder Herausgabe einer Sache, Klage auf Unterlassung eines VA.

245 Erstrebt der Kläger den **Erlass eines VA**, so ist die **Verpflichtungsklage** als besondere Form der Leistungsklage vorrangig. Begehrt der Kläger die **Aufhebung eines VA** durch das Gericht, ist die **Anfechtungsklage** einschlägig; soll die Behörde den VA aufheben (z.B. nach §§ 48, 49 VwVfG), ist Verpflichtungsklage zu erheben.

A. Zulässigkeit der allgemeinen Leistungsklage

Grundschema: Zulässigkeit der allgemeinen Leistungsklage
I. Verwaltungsrechtsweg
II. Statthaftigkeit der Leistungsklage
III. Besondere Sachurteilsvoraussetzungen
1. Klagebefugnis (§ 42 Abs. 2 VwGO analog)
2. grds. **kein Vorverfahren** (Ausn. Beamtenrecht)
3. grds. **keine Klagefrist** (Ausn. Beamtenrecht)
IV. Allgemeine Sachurteilsvoraussetzungen

I. Verwaltungsrechtsweg

246 Die Eröffnung des Verwaltungsrechtswegs richtet sich bei der allgemeinen Leistungsklage – wie bei den anderen Klagearten – nach einer Spezialzuweisung (z.B. § 54 Abs. 1 BeamtStG) oder nach der Generalklausel des § 40 Abs. 1 S. 1 VwGO. Da der Schwerpunkt der Leistungsklage bei der Abwehr oder Vornahme schlichten Verwaltungshandelns, insbes. von Realakten liegt, kommt bei der Einordnung als öffentlich-rechtliche Streitigkeit dem Kriterium des **Sachzusammenhangs** besondere Bedeutung zu. Ein Realakt ist öffentlich-rechtlich zu qualifizieren, wenn er in einem engen inneren und äußeren Zusammenhang mit der Wahrnehmung öffentlich-rechtlich zu erfüllender Aufgaben steht.[250]

Beispiel: Aufgrund des Sachzusammenhangs mit der öffentlichen Daseinsvorsorge sind öffentlich-rechtlich z.B. Immissionen beim Betrieb eines gemeindlichen Sportplatzes[251] oder amtliche Äußerungen eines Hoheitsträgers (s.o. Rn. 46 ff.).[252]

---

249 BVerwG NVwZ-RR 2014, 596, 598; Kopp/Schenke VwGO Vorb § 40 Rn. 4; Geis/Meier JuS 2013, 28, 28 m.w.N.

250 Ehlers Jura 2006, 351, 352; Remmert Jura 2010, 736, 739 f.

251 Vgl. z.B. VGH BW RÜ 2014, 603, 604.

252 Vgl. z.B. OVG NRW RÜ 2017, 122, 123.

II. Statthaftigkeit der Leistungsklage

Statthaft ist die (allgemeine) Leistungsklage, wenn das Begehren des Klägers auf eine Leistung (Handeln, Dulden oder Unterlassen) gerichtet ist, die **nicht in der Aufhebung oder im Erlass eines VA** besteht. Dabei lassen sich begrifflich die Vornahme- und die Unterlassungsklage unterscheiden:

247

- **Vornahme schlichthoheitlichen Verwaltungshandelns,** insbes. von Realakten (z.B. Geldzahlung, Herausgabe einer Sache etc.).

248

  - Hat die Behörde über die Vornahme des Realakts zunächst eine regelnde Entscheidung zu treffen, so muss der Kläger **Verpflichtungsklage** erheben (z.B. bei Informationsansprüchen, s.o. Rn. 189) oder bei Zahlungsansprüchen, wenn die Behörde zunächst eine regelnde Entscheidung über die Gewährung zu treffen hat (z.B. Erlass eines Bewilligungsbescheides).[253]
  - Begehrt der Bürger **Folgenbeseitigung** und bedarf es hierzu der vorherigen Aufhebung eines VA, ist Anfechtungsklage zu erheben, die mit einem Annexantrag nach § 113 Abs. 1 S. 2 VwGO verbunden werden kann (z.B. Anfechtungsklage gegen eine Sicherstellungsverfügung i.V.m. einem Leistungsantrag auf Herausgabe der sichergestellten Sache).[254]

- **Unterlassung** von Verwaltungsakten und sonstigem Verwaltungshandeln.

249

  Beispiele: Abwehr von Immissionen oder ehrbeeinträchtigenden Äußerungen, Unterlassung der Ernennung eines Konkurrenten (z.B. im Beamtenrecht), Nicht-Erlass eines Bebauungsplans u.Ä. Je nach dem Zeitpunkt des hoheitlichen Handelns lassen sich hierbei unterscheiden:

  - die **allgemeine Unterlassungsklage,** wenn es um die Abwehr einer bereits eingetretenen Störung geht (z.B. Unterlassen andauernder Immissionen), und
  - die **vorbeugende Unterlassungsklage,** wenn künftiges Verwaltungshandeln abgewehrt werden soll.

  Bedeutung hat die Unterscheidung zwar nicht für die Klageart (in allen Fällen allgemeine Leistungsklage), aber für das Rechtsschutzbedürfnis (s.u. Rn. 395 ff.).

III. Besondere Sachurteilsvoraussetzungen

1. Klagebefugnis analog § 42 Abs. 2 VwGO

Besondere Sachurteilsvoraussetzungen bestehen für die Leistungsklage an sich nicht. Allerdings verlangt die h.M. eine **Klagebefugnis analog § 42 Abs. 2 VwGO,** um eine der VwGO fremde Popularklage zu verhindern.[255] Die Gegenansicht verneint eine Analogie mangels Regelungslücke. Die Klagebefugnis stelle lediglich eine besondere Ausgestaltung der allgemeinen Prozessführungsbefugnis dar. Die Leistungsklage sei danach immer unzulässig, wenn das mit der Klage geltend gemachte Recht dem Kläger eindeutig und offensichtlich nicht zustehen könne, ohne dass es eines Rückgriffs auf § 42 Abs. 2 VwGO bedürfe.[256] Für die h.M. spricht, dass der Gedanke der Klagebefugnis als spezielle Voraussetzung der allgemeinen Prozessführungsbefugnis vorgeht. Im Ergebnis dürften kaum Unterschiede zwischen den Meinungen bestehen.

250

---

253 Vgl. AS-Skript VerwaltungsR AT 1 (2017), Rn. 221 ff.

254 Vgl. OVG Lüneburg NordÖR 2013, 225 und oben Rn. 184.

255 BVerwG RÜ 2016, 454, 455; OVG NRW, Urt. v. 16.02.2018 – 1 A 1911/16, BeckRS 2018, 3710; OVG NRW NJW 2017, 424, 425; Kopp/Schenke VwGO § 42 Rn. 62; Sodan/Ziekow VwGO § 42 Rn. 371; Wahl/Schütz in Schoch VwGO § 42 Rn. 33 f.

256 Erichsen Jura 1994, 476, 482; Jura 1992, 384, 386; DVBl. 1982, 95, 100; Achterberg DVBl. 1981, 278, 279.

251 *Klausurhinweis: Jedenfalls in Abwehrfällen sollte auf § 42 Abs. 2 VwGO analog zurückgegriffen werden, da hier dieselbe Situation wie bei der Anfechtungsklage besteht. Wird dagegen ein Vornahmeanspruch (z.B. Zahlung von Geld) geltend gemacht und begehrt der Kläger Leistung an sich selbst, so kommen beide Auffassungen zum selben Ergebnis. Die Streitfrage sollte dann kurz angerissen, braucht aber nicht entschieden zu werden. Auch im Übrigen kann die Streitfrage in der Klausur dahinstehen, wenn die Möglichkeit einer Rechtsverletzung ohne weiteres zu bejahen ist. Bei Klagebegehren mit Drittbezug sollte der h.M. gefolgt werden, weil gerade dort die Gefahr einer Popularklage besteht.*

2. Vorverfahren

252 Ein **Vorverfahren** (§§ 68 ff. VwGO) ist bei der Leistungsklage **nicht vorgesehen**. Eine **Ausnahme** gilt jedoch im Beamtenrecht nach § 54 Abs. 2 S. 1 BeamtStG (§ 126 Abs. 2 S. 1 BBG), wo vor allen Klagen, also auch bei der Leistungsklage ein Vorverfahren durchzuführen ist, und zwar abweichend von § 68 Abs. 1 S. 2 Nr. 1 VwGO auch bei ministeriellen Entscheidungen (§ 54 Abs. 2 S. 2 BeamtStG, § 126 Abs. 2 S. 2 BBG).[257]

Zu beachten ist allerdings, dass in einigen Ländern gemäß § 54 Abs. 2 S. 3 BeamtStG auch in beamtenrechtlichen Streitigkeiten **kein Vorverfahren** stattfindet (so z.B. § 105 Abs. 1 NBG, § 103 Abs. 1 LBG NRW; jeweils mit Ausnahmen für die öffentliche Dienstfürsorge wie Besoldung, Versorgung und Beihilfe), fakultativ in Bayern nach Art. 15 Abs. 1 S. 1 Nr. 5 BayAGVwGO (mit Ausnahme des Disziplinarrechts).

3. Klagefrist

253 Auch braucht bei der Leistungsklage grds. **keine Klagefrist** eingehalten zu werden. Etwas anderes gilt wiederum für die **beamtenrechtliche Leistungsklage**, bei der über § 54 Abs. 2 S. 1 BeamtStG (§ 126 Abs. 2 S. 1 BBG) die Regelung des § 74 Abs. 1 S. 1 VwGO entsprechend gilt, wenn ein Widerspruchsbescheid vorliegt.[258]

254 *Klausurhinweis: Für die beamtenrechtliche Leistungsklage gilt zwar die Klagefrist des § 74 Abs. 1 S. 1 VwGO, es gelten aber nicht die Fristen des § 70 VwGO und des § 74 Abs. 1 S. 2 VwGO, da diese auch im Beamtenrecht einen Verwaltungsakt voraussetzen (vgl. Wortlaut). Daran ändert auch der Verweis in § 54 Abs. 2 BeamtStG, § 126 Abs. 2 BBG nichts.[259] Für den beamtenrechtlichen Leistungswiderspruch gilt daher keine Frist, für die nachfolgende Leistungsklage ist dagegen (nach erfolglosem Vorverfahren und bei ordnungsgemäßer Rechtsbehelfsbelehrung) die Monatsfrist des § 74 Abs. 1 S. 1 VwGO einzuhalten, der keinen VA, sondern lediglich einen Widerspruchsbescheid voraussetzt. Dabei genügt im Beamtenrecht nach § 54 Abs. 2 S. 1 BeamtStG bzw. § 126 Abs. 2 S. 1 BBG auch ein Leistungs- bzw. Feststellungswiderspruchsbescheid. Findet ein Vorverfahren nicht statt (§ 54 Abs. 2 S. 3 BeamtStG i.V.m. Landesrecht), gilt normalerweise zwar die Frist des § 74 Abs. 1 S. 2 VwGO. Diese Vorschrift setzt jedoch einen VA voraus, der bei der Leistungsklage gerade nicht vorliegt.*

255 Allerdings kann auch die allgemeine Leistungsklage unzulässig sein, wenn der Kläger sein Klagerecht durch Zeitablauf und einen entsprechenden Vertrauenstatbestand **verwirkt** hat (s.u. Rn. 557 ff.).

---

257 Vgl. VGH BW VBlBW 2017, 38.
258 Kopp/Schenke VwGO § 74 Rn. 1; Redeker/v.Oertzen VwGO § 74 Rn. 1.
259 BVerwG NVwZ-RR 2011, 682, 683.

Allgemeine Leistungsklage **3. Abschnitt**

4. Klagegegner

Der **Klagegegner** richtet sich bei der Leistungsklage nicht nach § 78 VwGO, da diese **256** Vorschrift nur für Anfechtungs- und Verpflichtungsklagen gilt (vgl. Überschrift vor § 68 VwGO). Bei der Leistungsklage ergibt sich die passive Prozessführungsbefugnis vielmehr aus dem **Rechtsträgerprinzip**, da Träger von Rechten und Pflichten nur der jeweilige Verwaltungsträger (Bund, Land, Gemeinde) als juristische Person sein kann. Die Klage ist also, sofern sie gegen einen Verwaltungsträger gerichtet ist, gegen die Körperschaft zu richten, die nach dem materiellen Recht verpflichtet ist, den geltend gemachten Anspruch zu erfüllen.[260]

Abweichendes gilt bei **Innenrechtsstreitigkeiten**, insbes. im sog. Kommunalverfassungsstreitverfahren. Hier ist Klagegegner nicht die Körperschaft (z.B. die Gemeinde), sondern der sachliche Streitgegner, also das Organ bzw. Organteil, dem gegenüber die beanspruchte Innenrechtsposition bestehen soll (z.B. Klage einer Fraktion gegen den Bürgermeister auf Aufnahme eines Punktes auf die Tagesordnung).[261]

Da bei der Leistungsklage die Prozessführungsbefugnis und die (materielle) Passivlegi- **257** timation identisch sind, wird üblicherweise auf den Klagegegner in der Zulässigkeit **nicht näher eingegangen**. Die Passivlegitimation wird sodann in der Begründetheit geprüft (wenn problematisch).

5. Allgemeines Rechtsschutzbedürfnis

a) Teilweise wird angenommen, dass das Rechtsschutzbedürfnis für eine Leistungsklage **258** (wie bei der Verpflichtungsklage, s.o. Rn. 191) nur besteht, wenn der Kläger zuvor bei der Behörde einen **Antrag** auf Vornahme der begehrten Leistung gestellt hat.[262] Die Gegenansicht verweist zutreffend auf § 156 VwGO, wonach der Umstand, dass der Beklagte durch sein Verhalten keinen Anlass zur Klageerhebung gegeben hat, nicht das Rechtsschutzbedürfnis ausschließt, sondern nur Auswirkungen auf die Kostenentscheidung hat.[263]

b) Problematisch ist das Rechtsschutzbedürfnis auch, wenn ein **Hoheitsträger** Leistungs- **259** klage gegen den Bürger erhebt. Hier wird zum Teil das Rechtsschutzbedürfnis verneint, wenn der Hoheitsträger die Möglichkeit hat, seinen Anspruch durch VA (Leistungsbescheid), also auf einfacherem Wege durchzusetzen.[264] Die h.M. bejaht dennoch das Rechtsschutzbedürfnis, wenn aufgrund der Weigerung des Schuldners davon auszugehen ist, dass der Bürger auch einen VA anfechten würde, sodass sich das Gericht ohnehin mit der Angelegenheit beschäftigen muss.[265]

B. Begründetheit der allgemeinen Leistungsklage

Begründet ist die allgemeine Leistungsklage, wenn der Kläger einen **Anspruch** auf die **260** begehrte Handlung, Duldung oder Unterlassung hat. Ansprüche können sich – wie bei der Verpflichtungsklage (oben Rn. 200 ff.) – ergeben aus einfachgesetzlichen Vorschrif-

---

260 BVerwG NVwZ-RR 2004, 84; Schoch/Meissner VwGO § 78 Rn. 48; Ehlers Jura 2006, 351, 356.
261 Vgl. OVG NRW NWVBl. 2004, 309, 310; NWVBl. 2002, 381, 382; Beljin/Micker JuS 2003, 970, 975.
262 Vgl. Schoch/Pietzcker VwGO § 42 Abs. 1 Rn. 156; Hufen § 17 Rn. 11.
263 BVerwG NVwZ 2018, 902, 903; RÜ 2011, 126, 128; Ehlers Jura 2006, 351, 356.
264 Ehlers Jura 2006, 351, 357; Frenz JA 2010, 328, 330.
265 BVerwG DVBl. 1989, 59; Kopp/Schenke Vorb. § 40 Rn. 50.

3. Teil — Klagearten im Verwaltungsprozess

ten, einem öffentlich-rechtlichen Vertrag, einem VA, einer öffentlich-rechtlichen Willenserklärung, ausnahmsweise auch aus Grundrechten. Gewohnheitsrechtlich anerkannt sind insbes. **Ansprüche auf Folgenbeseitigung, Unterlassung und Erstattung**.

Fall 7: Alimentation

G ist als Gerichtsvollzieher Beamter des Landes L. Als Besoldung erhält er u.a. einen prozentualen Anteil der Gebühren, die er für seine Tätigkeit im Rahmen der Justizverwaltung erhebt. Außerdem erhält er einen Pauschalbetrag für Bürokosten nach der GerichtsvollzieherentschädigungsVO des Landes (GVEntschVO). Im Land L liegt der Pauschalbetrag seit über 20 Jahren unverändert bei 511,29 € monatlich (früher 1.000 DM) und ist bei Weitem nicht mehr kostendeckend. G hat deshalb beim Landesjustizministerium (JM) die Anhebung des Pauschalbetrages entsprechend der Erhöhung der Lebenshaltungskosten beantragt. Das JM hat den Antrag abgelehnt, da eine Erhöhung in der VO nicht vorgesehen sei. Daraufhin hat G sofort Klage vor dem Verwaltungsgericht erhoben mit dem Antrag, das Land zu verpflichten, an ihn einen erhöhten Betrag von 1.000 € monatlich zu zahlen, hilfsweise, das Land zu verpflichten, den Pauschalbetrag in der GVEntschVO angemessen zu erhöhen. Das Land verweist darauf, dass eine Erhöhung des Pauschalbetrages wegen der angespannten Haushaltslage nicht in Betracht komme. Wie wird das Verwaltungsgericht entscheiden?

§ 49 Abs. 3 Landesbesoldungsgesetz (LBesG) lautet: „Das Ministerium für Wirtschaft wird ermächtigt, durch Rechtsverordnung die Abgeltung der den Gerichtsvollziehern für die Verpflichtung zur Errichtung und Unterhaltung eines Büros entstehenden Kosten zu regeln."

---

261 *Aufbauhinweis: Hat der Kläger einen Haupt- und einen Hilfsantrag gestellt, so ist zunächst der Hauptantrag vollständig durchzuprüfen, also hinsichtlich Zulässigkeit und Begründetheit. Auf den Hilfsantrag darf erst eingegangen werden, wenn der Hauptantrag keinen Erfolg hat, d.h. entweder unzulässig oder unbegründet ist (s.u. Rn. 420). Daher kommt es zunächst (nur) auf die Zulässigkeit und Begründetheit des Hauptantrages auf Zahlung an.*

1. Teil: Hauptantrag auf Zahlung

A. Zulässigkeit

262 I. Der **Verwaltungsrechtsweg** ist gemäß § 54 Abs. 1 BeamtStG eröffnet. Gerichtsvollzieher sind nach § 154 GVG Beamte. Streitentscheidend sind die beamtenrechtlichen Vorschriften des LBesG und der GVEntschVO, sodass eine Klage „aus dem Beamtenverhältnis" vorliegt.

II. **Klageart**

263 1. Statthaft ist eine **Verpflichtungsklage** gemäß § 42 Abs. 1 Fall 2 VwGO, wenn der Zahlung ein Bewilligungsbescheid in der Form eines (begünstigenden) VA zugrunde liegt. Die Zahlung selbst ist schlichtes Verwaltungshandeln. Eine regelnde Entscheidung durch VA wird dann angenommen, wenn die Leistung nur abstrakt im Gesetz vorgesehen ist und deshalb eine Subsumtion durch die Behörde im Einzelfall erfolgen muss oder wenn die Leistung im Ermessen der Behörde steht und die Behörde dieses Ermessen durch regelnde Entscheidung ausüben muss.[266]

---

266 Vgl. AS-Skript Verwaltungsrecht AT 1 (2017), Rn. 236.

Beispiele: Eine Verpflichtungsklage ist zu erheben, wenn das Gesetz vor der Zahlung eine vorgelagerte Festsetzung der Leistung durch VA vorsieht (vgl. z.B. § 19 a ParteiG, § 50 BAföG), wenn bei einer Subventionsgewährung zunächst noch ein Bewilligungsbescheid ergehen muss oder wenn bei einer Klage auf Auskunftserteilung noch eine Entscheidung über das „Ob" der Information getroffen werden muss.[267]

Eine solche **regelnde Entscheidung** ist hier nicht vorgesehen. Der Zahlungsanspruch ergibt sich vielmehr unmittelbar aus der GVEntschVO. Mangels VA scheidet eine Verpflichtungsklage aus. **264**

Das gilt auch dann, wenn der Kläger, wie hier, geltend macht, dass ihm ein weitergehender Anspruch zusteht, weil die VO nachgebessert werden müsse. „Es ist dann Sache des Verordnungsgebers, durch Änderung der rechtsungültigen Vorschrift der ihm erteilten Ermächtigung … gerecht zu werden. Der Kläger kann aber mit der Verpflichtungsklage ebenso wenig dieses Ziel erreichen, wie er im Klageweg eine höhere Besoldung oder Versorgung, die von den besoldungs- oder versorgungsrechtlichen Vorschriften abweicht, verlangen kann."[268]

2. In Betracht kommt vielmehr eine **allgemeine Leistungsklage**. Die Leistungsklage ist in der VwGO zwar nicht ausdrücklich geregelt, aber gewohnheitsrechtlich anerkannt und wird z.B. in §§ 43 Abs. 2, 111 VwGO erwähnt. Die allgemeine Leistungsklage ist statthaft, wenn das Begehren des Klägers auf eine Leistung gerichtet ist, die **nicht die Aufhebung oder den Erlass eines VA** zum Gegenstand hat. Die Zahlung des (erhöhten) Pauschalbetrages erfolgt nicht durch Erlass eines VA, sondern durch schlichtes (Verwaltungs-)Handeln. Die Klage ist damit als allgemeine Leistungsklage statthaft. **265**

3. Fraglich ist, ob G zusätzlich zur Leistungsklage noch eine **Anfechtungsklage** gegen den Ablehnungsbescheid erheben muss (§ 42 Abs. 1 Fall 1 VwGO). Teilweise wird angenommen, dass die **Ablehnung** einer beantragten Amtshandlung stets **ein VA** sei, unabhängig davon, ob deren Vornahme ein VA oder ein schlichtes Verwaltungshandeln wäre. Die Regelung i.S.d. § 35 S. 1 VwVfG liege in der verbindlichen Ablehnung des geltend gemachten Anspruchs.[269] **266**

Dagegen spricht jedoch, dass die Ablehnung als Kehrseite der Vornahme der Handlung deren Rechtsnatur teilt. Ist die Vornahme kein VA (s.o.), so kann es auch nicht deren Ablehnung sein.[270]

Im Übrigen ist anerkannt, dass ein Anfechtungsantrag in dieser Konstellation ohnehin keine selbstständige Bedeutung hätte. Hat die Leistungsklage Erfolg, werden die entgegenstehenden Bescheide in jedem Fall deklaratorisch aufgehoben.[271] Ebenso ist bei der Verpflichtungsklage anerkannt, dass der Kläger neben dem Verpflichtungsantrag keinen zusätzlichen Anfechtungsantrag gegen die Ablehnung stellen muss.[272]

III. **Besondere Sachurteilsvoraussetzungen** bestehen bei der allgemeinen Leistungsklage an sich nicht. Umstritten ist jedoch, ob eine **Klagebefugnis analog § 42 Abs. 2 VwGO** erforderlich ist (s.o. Rn. 250 ff.). Da G einen eigenen Anspruch geltend macht, ist er in jedem Fall klagebefugt, sodass diese Frage dahinstehen kann. **267**

---

267 BVerwG NWVBl. 2000, 173, 175; Stelkens/Bonk/Sachs VwVfG § 35 Rn. 100 ff.

268 BVerwGE 60, 212, 215.

269 Meyer/Borgs VwVfG § 35 Rn. 38; Lässig JuS 1990, 459, 462; Erichsen Jura 1993, 180, 182.

270 Stelkens/Bonk/Sachs VwVfG § 35 Rn. 99; vgl. AS-Skript Verwaltungsrecht AT 1 (2017), Rn. 234.

271 BVerwG NVwZ 2002, 1505, 1506 zur Situation bei der beamtenrechtlichen Feststellungsklage.

272 Kopp/Schenke VwGO § 113 Rn. 179.

| 3. Teil | Klagearten im Verwaltungsprozess |

268   IV. Ein **Vorverfahren** ist bei der Leistungsklage **nicht vorgesehen**. Eine **Ausnahme** gilt jedoch im Beamtenrecht nach § 54 Abs. 2 S. 1 BeamtStG, und zwar abweichend von § 68 Abs. 1 S. 2 Nr. 1 VwGO auch bei ministeriellen Entscheidungen (§ 54 Abs. 2 S. 2 BeamtStG).

Bei Landesbeamten sind jedoch Ausnahmen kraft Landesrechts möglich (§ 54 Abs. 2 S. 3 BeamtStG (vgl. z.B. Art. 15 Abs. 1 S. 1 Nr. 5 Bay AGVwGO, § 105 Abs. 1 S. 1 NBG, § 103 Abs. 1 S. 1 LBG NRW).

G hat hier das Vorverfahren zwar nicht durchgeführt, das beklagte Land hat sich jedoch sachlich auf die Klage eingelassen. In diesem Fall ist das Vorverfahren **entbehrlich**, da sein Zweck anderweitig erreicht ist. Die Abweisung der Klage würde bei dieser Sachlage einen unnötigen Formalismus darstellen, weil sich der sachliche Standpunkt der Behörde im Widerspruchsbescheid nicht anders als im Prozess darstellen wird (näher unten Rn. 492 ff.).

269   V. Auch braucht bei der Leistungsklage grds. **keine Klagefrist** eingehalten zu werden. Etwas anderes gilt wiederum für die **beamtenrechtliche Leistungsklage**, bei der über § 54 Abs. 2 S. 1 BeamtStG die Regelung des § 74 Abs. 1 S. 1 VwGO gilt, wenn ein Widerspruchsbescheid vorliegt.[273] Findet – wie im vorliegenden Fall – ein Vorverfahren nicht statt, gilt normalerweise zwar die Frist des § 74 Abs. 1 S. 2 VwGO. Diese Vorschrift setzt jedoch einen Verwaltungsakt voraus, der hier nicht vorliegt. Die Klage ist damit zulässigerweise erhoben worden.

270   B. **Begründet** ist die allgemeine Leistungsklage, wenn der Kläger einen **Anspruch** auf die begehrte Leistung (Tun, Dulden oder Unterlassen) hat.

Nach der GVEntschVO beträgt der Anspruch lediglich 511,29 €. Ein weitergehender Anspruch besteht danach nicht. Selbst wenn die Regelung nachbesserungsbedürftig sein sollte, ist das Gericht aufgrund der Gesetzesbindung (Art. 20 Abs. 3 GG) und des Gewaltenteilungsprinzips (Art. 20 Abs. 2 GG) gehindert, dem Kläger einen Mehrbetrag zuzusprechen (vgl. auch § 2 Abs. 2 BBesG). Dies ist der Entscheidung des Gesetz- bzw. Verordnungsgeber vorbehalten.[274] Der Hauptantrag auf eine erhöhte Zahlung ist daher nicht begründet.

2. Teil: Hilfsantrag auf Anpassung der Verordnung

A. Zulässigkeit

I. Für den Hilfsantrag könnte der **Verwaltungsrechtsweg** ebenfalls nach § 54 Abs. 1 BeamtStG eröffnet sein.

271   1. Dann müsste es sich bei der Änderung der RechtsVO um eine Streitigkeit **„aus dem Beamtenverhältnis"** handeln. Dagegen könnte sprechen, dass es nicht um einen Anspruch aus einer bestehenden beamtenrechtlichen Vorschrift geht, sondern um die Änderung einer entsprechenden Rechtsgrundlage. Andererseits findet der geltend gemachte Anspruch seine Grundlage im **Alimentationsprinzip** (Art. 33 Abs. 5 GG) und damit im Beamtenrecht. Für den Rechtsweg ist daher § 54 Abs. 1 BeamtStG einschlägig.[275]

---

273 Kopp/Schenke VwGO § 74 Rn. 1; Redeker/v.Oertzen VwGO § 74 Rn. 1.
274 Vgl. z.B. BVerwG NVwZ-RR 2017, 385.
275 Anders BVerwG NVwZ 2002, 1505, das ohne nähere Begründung auf § 40 Abs. 1 S. 1 VwGO abstellt.

Allgemeine Leistungsklage | 3. Abschnitt

2. Es könnte jedoch eine **verfassungsrechtliche Streitigkeit** vorliegen, die sowohl im Rahmen des § 40 Abs. 1 S. 1 VwGO als auch des § 54 Abs. 1 BeamtStG den Verwaltungsrechtsweg ausschließt.

a) Dies ist der Fall bei **Normerlassklagen** gegen den formellen Gesetzgeber (Bundestag, Landtag). Derartige Streitigkeiten sind so entscheidend vom Verfassungsrecht geprägt, dass andere Gesichtspunkte völlig zurücktreten (s.o. Rn. 79). Ein Anspruch auf Tätigwerden des formellen Gesetzgebers kann nur im Wege der **Verfassungsbeschwerde** (Art. 93 Abs. 1 Nr. 4 a GG) verfolgt werden, mit der als Akt der öffentlichen Gewalt auch die Untätigkeit des Gesetzgebers angegriffen werden kann.[276]   **272**

b) Klagen auf Erlass **untergesetzlicher Rechtsnormen** (RechtsVO, Satzung) betreffen dagegen öffentlich-rechtliche Streitigkeiten **nichtverfassungsrechtlicher Art**. Die gelegentlich vertretene Auffassung, auch solche Verfahren seien verfassungsrechtlicher Natur,[277] vermag nicht zu überzeugen, weil die gerichtliche Kontrolle der Verwaltung, auch soweit diese – wie beim Erlass einer RechtsVO – Recht setzend tätig wird, den Verwaltungsgerichten obliegt. Die Gerichte dürfen **untergesetzliche Rechtsnormen**, auf deren Gültigkeit es für die Entscheidung über ein Klagebegehren ankommt, als ungültig verwerfen, das Verwerfungsmonopol des BVerfG gilt nach Art. 100 Abs. 1 GG nur für formelle Gesetze. Der Streit um die Verpflichtung der Exekutive zum Erlass oder zur Änderung untergesetzlicher Rechtsnormen ist somit nicht verfassungsrechtlicher, sondern verwaltungsrechtlicher Art.[278] Der Verwaltungsrechtsweg ist daher eröffnet.   **273**

II. Klageart

1. Mit der verwaltungsgerichtlichen **Normenkontrolle** vor dem OVG können nach § 47 Abs. 1 Nr. 2 VwGO bei entsprechender landesrechtlicher Regelung auch untergesetzliche Rechtsnormen überprüft werden (s.u. Rn. 403). Dem G geht es jedoch nicht um die Feststellung der Unwirksamkeit der VO (vgl. § 47 Abs. 5 S. 2 VwGO), sondern um die Verpflichtung des Landes, eine untergesetzliche Rechtsvorschrift zu erlassen bzw. zu ändern. Dieses Begehren (sog. **echte Normerlassklage**) wird von § 47 VwGO nicht erfasst.[279]   **274**

Umstritten ist dies allerdings, wenn der Betroffene geltend macht, der Normgeber habe einen bestimmten Sachverhalt unter Verstoß gegen Art. 3 Abs. 1 GG nicht erfasst (**unechte Normerlassklage**, auch Normergänzungsklage).[280]

Beispiel: E macht geltend, die Gemeinde hätte sein Grundstück aus Gründen der Gleichbehandlung in den Geltungsbereich eines Bebauungsplanes einbeziehen müssen. Teilweise wird in diesen Fällen eine analoge Anwendung des § 47 VwGO bejaht. Mit der Feststellung der Unwirksamkeit der unvollständigen Norm sei dem Betroffenen nicht gedient. Folglich müsse die Feststellung möglich sein, dass das Unterlassen des Normgebers gegen höherrangiges Recht verstoße.[281]

---

276 Vgl. BVerfGE 83, 89, 98; 99, 300, 314; Bethge JuS 2001, 1100, 1101; Ehlers Jura 2006, 351, 353; Würtenberger/Heckmann Rn. 785.

277 So früher Kopp/Schenke VwGO (22. Aufl. 2016) § 47 Rn. 13; jetzt anders Kopp/Schenke VwGO (24. Aufl. 2018), a.a.O.

278 BVerwG NVwZ 2002, 1505 f.; NVwZ 1990, 162, 163; OVG NRW NWVBl. 2004, 320, 321; Würtenberger/Heckmann Rn. 786; Ehlers Jura 2006, 351, 353; Geis/Meier JuS 2013, 28, 31; Schübel-Pfister JuS 2014, 412, 415 f.; Schenke NJW 2017, 1062, 1063.

279 BVerwG NVwZ 2015, 984; VGH Mannheim DVBl. 2014, 119; Köller/Haller JuS 2004, 189, 190; Ehlers Jura 2005, 171, 173.

280 Zur Terminologie Würtenberger/Heckmann Rn. 775.

281 BayVGH BayVBl. 2003, 433; OVG M-V NordÖR 2011, 277; Sodan NVwZ 2000, 601, 608; Ehlers Jura 2005, 171, 173.

Das BVerwG verneint die für eine Analogie erforderliche Regelungslücke, da die Frage der Ergänzungsbedürftigkeit der Norm im Wege der Feststellungsklage geklärt werden könne.[282]

275   2. Teilweise wird deshalb eine **Normerlassklage** generell für **unstatthaft** gehalten. Wegen § 47 VwGO sei die verwaltungsgerichtliche Kontrolle auf bereits erlassene Rechtsnormen beschränkt. Die Einführung einer Normerlassklage sei Sache des Gesetzgebers. Nach § 47 Abs. 1 Nr. 2 VwGO sei die Normenkontrolle gegen untergesetzliche Vorschriften (abgesehen von Satzungen nach dem BauGB, § 47 Abs. 1 Nr. 1 VwGO) in das Ermessen der Länder gestellt. Dies müsse erst recht für eine Normerlassklage gelten. Außerdem verstoße eine Verurteilung zum Normerlass gegen den Grundsatz der Gewaltenteilung, insbes. weil das Ermessen des Normgebers unterlaufen werde.[283]

276   Von der h.M. werden diese Bedenken nicht geteilt. Da es bei der verwaltungsgerichtlichen Normerlassklage um **untergesetzliche Vorschriften** gehe und die Klage sich daher gegen die Exekutive richte, stünde das Gewaltenteilungsprinzip nicht entgegen. Die Kontrolle der Verwaltung obliege in allen Bereichen – auch beim Erlass von Rechtsverordnungen und Satzungen – den Verwaltungsgerichten. Der bei Normerlass bestehende Ermessensspielraum sei bei der Tenorierung und damit im Rahmen der Begründetheit der Klage zu beachten, stehe jedoch der **Zulässigkeit einer Klage** nicht generell entgegen. Deshalb ist die sog. Normerlassklage in das System der verwaltungsgerichtlichen Klagearten einzuordnen.[284]

    3. Als Klageart kommt die allgemeine **Leistungsklage** in Betracht.

277   a) Begrifflich stellt der Normerlass eine **Leistung** dar, die nicht im Erlass eines VA besteht. Danach könnten Ansprüche auf Normerlass bzw. -änderung grds. im Wege der Leistungsklage durchgesetzt werden.[285]

278   b) Gleichwohl greift die Rspr. überwiegend auf die **allgemeine Feststellungsklage** (§ 43 VwGO) zurück. Das Feststellungsbegehren entspreche eher dem im Gewaltenteilungsgrundsatz begründeten Gedanken, dass auf die Entscheidungsfreiheit der rechtsetzenden Organe gerichtlich nur in dem für den Rechtsschutz des Bürgers unumgänglichen Umfang eingewirkt werden dürfe. Die Entscheidung, in welcher Weise eine Rechtsverletzung des Klägers zu beheben sei, bleibe dem Normgeber überlassen. Für die Feststellungsklage spreche auch das Normenkontrollverfahren nach § 47 VwGO, das bei bereits erlassenen Normen als besonders geartetes Feststellungsverfahren ausgestaltet sei. Daher sei es sachgerecht, für eine Normerlassklage als actus contrarius (im untechnischen Sinne) auf die **Feststellungsklage** zurückzugreifen.[286] Die Leistungsklage sei demgegenüber auf Einzelakte beschränkt und damit zur Durchsetzung eines Anspruchs auf Erlass oder Änderung einer untergesetzlichen Norm unstatthaft.[287]

---

282 BVerwG NVwZ 2015, 984, 985 mit Anm. Milstein; Schübel-Pfister JuS 2014, 412, 416; Hufen JuS 2016, 287 f.

283 Vgl. Schenke, Rechtsschutz bei normativem Unrecht (1979), S. 347 ff.; ders. VerwArch 82 (1991), 307, 336 ff.

284 Vgl. BVerfG NVwZ 2006, 922, 924; dazu Sachs JuS 2006, 1012 ff.; Muckel JA 2007, 76, 77; Köller/Haller JuS 2004, 189, 190.

285 VGH Mannheim NVwZ-RR 2000, 701; OVG Lüneburg NVwZ-RR 1994, 547, 548; Papier, FS Menger (1985), S. 517, 533; Duken NVwZ 1993, 546, 548; Köller/Haller JuS 2004, 189, 190; Ehlers Jura 2006, 351, 353.

286 BVerwG NVwZ 2015, 984, 985; NVwZ 2008, 423, 424; NVwZ 2002, 1505, 1506; OVG NRW NWVBl. 2004, 320, 321; Robbers JuS 1990, 978, 980; Sodan NVwZ 2000, 601, 609; Geis/Meier JuS 2013, 28, 31.

287 Würtenberger AöR 105 (1980), 370, 385; Würtenberger/Heckmann Rn. 789; Sodan NVwZ 2000, 601, 609.

Allgemeine Leistungsklage **3. Abschnitt**

4. Die sog. Normerlassklage ist daher i.d.R. als allgemeine **Feststellungsklage** **279** gemäß § 43 Abs. 1 VwGO statthaft.[288] Die Anwendung der zu erlassenden bzw. der zu ändernden Norm begründet ein konkretes **Rechtsverhältnis**.[289] Da das Gericht gemäß § 88 VwGO nicht an den konkreten Antrag gebunden ist, ist das Verpflichtungsbegehren des G als entsprechendes Feststellungsbegehren auszulegen. Die **Subsidiarität** (§ 43 Abs. 2 VwGO) steht nicht entgegen, auch wenn man eine Leistungsklage für zulässig erachten würde.[290] Denn die Subsidiarität der Feststellungsklage gegenüber der Leistungsklage gilt nur, wenn – anders als im vorliegenden Fall – die besonderen Sachurteilsvoraussetzungen von Gestaltungs- und Leistungsklagen unterlaufen würden (s.u. Rn. 303).

III. Das für die Feststellungsklage erforderliche **Feststellungsinteresse** ergibt sich **280** daraus, dass G seine wirtschaftliche Position verbessern will (s.u. Rn. 305).

IV. Unabhängig von der Einordnung als Leistungsklage oder als Feststellungsklage ist nach h.M. eine **Klagebefugnis** analog § 42 Abs. 2 VwGO erforderlich. Der Kläger muss geltend machen, einen Anspruch auf Normerlass zu haben.

1. Rechtsnormen enthalten indes typischerweise **abstrakt-generelle Regelun-** **281** **gen** und werden mit diesem Regelungsinhalt nicht im Interesse Einzelner, sondern der Allgemeinheit erlassen. Deshalb hat der Bürger grds. keinen Anspruch auf Normerlass oder -ergänzung.

Vgl. z.B. § 1 Abs. 3 S. 2 BauGB: „Auf die Aufstellung von Bauleitplänen und städtebaulichen Satzungen besteht kein Anspruch; ein Anspruch kann auch nicht durch Vertrag begründet werden."

2. Das schließt jedoch nicht aus, dass der einzelne durch eine Norm **begünstigte** **282** **Bürger** einen Anspruch auf ihren Erlass oder ihre Änderung haben kann. Ein solcher Anspruch kann sich möglicherweise aus höherrangigem Recht ergeben. Besteht ein Anspruch auf Erlass oder Änderung einer RechtsVO, muss er auch gerichtlich durchgesetzt werden können. Art. 19 Abs. 4 GG gewährleistet Rechtsschutz nicht nur gegen Rechtsetzungsakte, die höherrangiges Recht verletzen, sondern auch gegen ein mit höherrangigem Recht unvereinbares Unterlassen des Verordnungsgebers.[291]

G kann geltend machen, einen Anspruch aus Art. 33 Abs. 5 GG (beamtenrechtliche Alimentation) i.V.m. § 49 Abs. 3 LBesG zu haben und ist damit analog § 42 Abs. 2 VwGO klagebefugt.

V. Zum **Vorverfahren** und zur **Klagefrist** gelten die obigen Erläuterungen zur (be- **283** amtenrechtlichen) Leistungsklage entsprechend auch für die Feststellungsklage.

Der Hilfsantrag ist damit als Feststellungsklage zulässig.

---

288 BVerfG NVwZ 2006, 922, 924; BVerwG NVwZ 2015, 984, 985; NVwZ 2008, 1129, 1131; VGH BW VBlBW 2014, 383; OVG NRW NWVBl. 2017, 375; Sodan NVwZ 2000, 601, 609; Seiler DVBl. 2007, 538, 539; Schenke NVwZ 2016, 720, 724.

289 Die Anwendbarkeit sowohl der allgemeinen Leistungsklage als auch der Feststellungsklage verneinen VGH Mannheim DÖV 1986, 1066; Hartmann DÖV 1991, 62, 65 f.; Schenke VerwArch 82 (1991), 307, 347 ff. Teilweise wird deshalb eine Klageart sui generis befürwortet (Würtenberger AöR 105 [1980], 370, 382 ff.).

290 Sodan NVwZ 2000, 601, 609; Bosch/Schmidt/Vondung Rn. 830; a.A. Köller/Haller JuS 2004, 189, 191.

291 BVerwG NVwZ 2002, 1505, 1506; NJW 1989, 1495, 1496; OVG NRW NVwZ-RR 1995, 105; VG Kassel NJW 1997, 1177; Pietzner/Ronellenfitsch Rn. 359.

3. Teil — Klagearten im Verwaltungsprozess

284 **B. Begründet** ist die Klage, wenn das Land verpflichtet ist, den Pauschalbetrag nach der GVEntschVO anzupassen. Hierbei ist grds. die Entscheidungsfreiheit des Normgebers zu beachten (sog. **normatives Ermessen**). Dieses wird erst dann rechtswidrig ausgeübt, wenn die getroffene Entscheidung in Anbetracht des Zwecks der Ermächtigung **schlechterdings unvertretbar** oder **unverhältnismäßig** ist.[292]

285 I. Nach Auffassung des BVerwG ergibt sich eine **Anpassungsverpflichtung** aus der entsprechenden Regelung im Besoldungsgesetz (hier § 49 Abs. 3 LBesG).

> Die Vorschrift enthalte nicht nur eine Ermächtigung zum Verordnungserlass, sondern verpflichte den Dienstherrn im Hinblick auf Art. 33 Abs. 5 GG zugleich zum Ersatz der anfallenden Bürokosten. „Die Entschädigung ist realitätsnah an den tatsächlich anfallenden notwendigen Sach- und Personalkosten auszurichten sowie aktuell festzusetzen. Dabei legt die Vorschrift den Normgeber nicht auf ein bestimmtes Entschädigungsmodell fest und erlaubt Typisierungen und Pauschalierungen, solange das Gebot der Realitätsnähe nicht verletzt wird."[293]

Da die VO seit über 20 Jahren nicht angepasst worden ist, fehlt es an einer realitätsnahen Festsetzung. Dem **Grunde** nach ist das Anpassungsverlangen des G daher berechtigt.

286 II. Allerdings sieht § 49 Abs. 3 LBesG kein bestimmtes Entschädigungsmodell vor (z.B. Ausrichtung an den allgemeinen Lebenshaltungskosten). Insoweit besteht ein weites **Ermessen** des Normgebers.[294] Der Hilfsantrag des G ist daher insoweit begründet, als festgestellt wird, dass das Land verpflichtet ist, die Entschädigung amtsangemessen zu erhöhen.

287 Die Vergütung der Gerichtsvollzieher ist in den Ländern unterschiedlich geregelt. Zumeist erhalten die Gerichtsvollzieher eine Vergütung, die aus Dienstbezügen, einer Vollstreckungsvergütung und einer Bürokostenentschädigung besteht. In der Vergangenheit gab es Versuche, das Gerichtsvollzieherwesen insgesamt zu privatisieren; die hoheitlichen Aufgaben sollten von den Gerichtsvollziehern nicht mehr als Beamte, sondern als Beliehene wahrgenommen werden. Für ihre Amtstätigkeit sollten sie dann (ähnlich wie Notare) Gebühren nach einer staatlich festgesetzten Gebührenordnung erheben. Durch Einfügung eines Art. 98 a GG sollte die verfassungsrechtliche Grundlage für die Privatisierung geschaffen werden.[295] Die entsprechenden Gesetzentwürfe sind jedoch nicht beschlossen worden.

---

288 **Ergänzendes Beispiel:** Ist ein Beamter der Auffassung, seine Besoldung sei zu niedrig bemessen und verstoße gegen das Alimentationsprinzip als hergebrachten Grundsatz des Berufsbeamtentums (Art. 33 Abs. 5 GG), kann er dies nur im Wege der Feststellungsklage gemäß § 43 Abs. 1 VwGO geltend machen. Aufgrund des Vorbehalts des Gesetzes und des Gestaltungsspielraums des Gesetzgebers können Beamten auch dann, wenn die Verfassungsmäßigkeit ihrer Besoldung infrage steht, keine Leistungen zugesprochen werden, die gesetzlich nicht vorgesehen sind.[296] Teilt das Verwaltungsgericht aufgrund der Feststellungsklage die Auffassung des Beamten, so muss es nach Art. 100 Abs. 1 GG die Entscheidung des BVerfG über die Verfassungsmäßigkeit des Besoldungsgesetzes einholen.[297]

---

292 BVerwG NVwZ 2008, 424, 426; Schübel-Pfister JuS 2008, 874, 875.

293 BVerwG, Beschl. v. 12.12.2011 – BVerwG 2 B 40.11, BeckRS 2012, 45886; ebenso BVerwG NVwZ 2002, 1505, 1506 zur früheren Regelung in § 49 Abs. 3 BBesG a.F.

294 BVerwG NVwZ-RR 2017, 385, 386.

295 Vgl. den Gesetzentwurf in BT-Drs. 17/1210.

296 BVerwG NVwZ 2008, 1129, 1131.

297 Vgl. z.B. BVerfG, Beschl. v. 28.11.2018 - 2 BvL 3/15, BeckRS 2018, 32057; BVerwG, Beschl. v. 30.10.2018 – BVerwG 2 C 32.17.

Zusammenfassende Übersicht **3. Abschnitt**

Allgemeine LEISTUNGSKLAGE

A. Zulässigkeit

I. Verwaltungsrechtsweg

- Spezialzuweisung zum Verwaltungsgericht (z.B. § 54 Abs. 1 BeamtStG, § 126 Abs. 1 BBG)
- Generalklausel, § 40 Abs. 1 S. 1 VwGO

II. Statthaftigkeit

- nicht ausdrücklich geregelt, aber vorausgesetzt (z.B. §§ 43 Abs. 2, 111 VwGO) und gewohnheitsrechtlich anerkannt
- **Klagebegehren:** hinreichend bestimmbare Leistung (Tun, Dulden, Unterlassen), nicht Aufhebung oder Erlass eines VA, sondern **schlichtes Verwaltungshandeln** (insbes. Realakte) oder sonst rechtserhebliches Verhalten

  Beispiele: Abwehr von Immissionen und ehrbeeinträchtigenden Äußerungen, Auskünfte, Geldzahlung, Akteneinsicht, hoheitliche Erklärungen.

  -> **Verpflichtungsklage**, wenn dem schlichten Verwaltungshandeln eine regelnde Entscheidung durch VA vorgeschaltet ist
- **Wichtigste Fallgruppen**
  - Vornahme einer Handlung, Zahlung etc.
  - Folgenbeseitigung
  - Unterlassung einer bereits eingetretenen Störung
  - vorbeugende Unterlassungsklage gegen künftiges Verwaltungshandeln

III. Klagebefugnis

- § 42 Abs. 2 VwGO gilt analog (str.)
- Geltendmachung der Verletzung eines subjektiven Rechts
  - aus einfach-gesetzlichen Vorschriften
  - aus Grundrechten

IV. Rechtsschutzbedürfnis

- i.d.R. (–), wenn Anspruch nicht zuvor bei der Behörde geltend gemacht wurde (str.)
- wenn Behörde klagt: auch (+) bei VA-Befugnis, wenn mit Anfechtung zu rechnen ist
- qualifiziertes Rechtsschutzbedürfnis bei vorbeugender Unterlassungsklage (s.u. Rn. 394), wenn Abwarten unzumutbar

V. kein Vorverfahren (Ausn. § 54 Abs. 2 BeamtStG bzw. § 126 Abs. 2 BBG)

VI. keine Klagefrist (Ausn. § 54 Abs. 2 BeamtStG, § 126 Abs. 2 BBG i.V.m. § 74 Abs. 1 S. 1 VwGO)

B. Begründetheit

Anspruch auf die begehrte Handlung, Duldung oder Unterlassung, z.B.

- (Folgen-)Beseitigungsanspruch
- ör Abwehr- und Unterlassungsanspruch
- ör Erstattungsanspruch
- einfach-gesetzliche Leistungsansprüche
- Teilhabe- und Leistungsansprüche aus Grundrechten

4. Abschnitt: Allgemeine Feststellungsklage

289 Mit der allgemeinen Feststellungsklage soll eine **verbindliche Klärung** einer (unklaren) **Rechtslage** erreicht werden. Anders als Anfechtungs-, Verpflichtungs- und Leistungsklagen führt die Feststellungsklage weder zu einer Rechtsänderung noch zu einem vollstreckbaren Titel, der auf ein Tun, Dulden oder Unterlassen gerichtet ist. Die allgemeine Feststellungsklage ist ein **rein prozessuales Instrument** zur verbindlichen Feststellung des Rechts.[298] Sie ist nach § 43 VwGO gerichtet auf Feststellung

- des Bestehens eines Rechtsverhältnisses **(positive Feststellungsklage)** oder

- Nichtbestehens eines Rechtsverhältnisses **(negative Feststellungsklage)** sowie

- der Nichtigkeit eines VA (sog. **Nichtigkeitsfeststellungsklage**).

290 Da die Feststellungsklage nach § 43 Abs. 2 VwGO grds. subsidiär ist, kommt ihr im Verwaltungsprozess und in der Examensklausur lediglich eine **Auffangfunktion** zu.

A. Die allgemeine Feststellungsklage, § 43 Abs. 1 Alt. 1 VwGO

Grundschema: Zulässigkeit der allgemeinen Feststellungsklage
I. Verwaltungsrechtsweg
II. Statthaftigkeit der allgemeinen Feststellungsklage
1. konkretes Rechtsverhältnis (§ 43 Abs. 1 Alt. 1 VwGO)
2. keine Subsidiarität (§ 43 Abs. 2 S. 1 VwGO)
III. Besondere Sachurteilsvoraussetzungen
1. Feststellungsinteresse (§ 43 Abs. 1 Hs. 2 VwGO)
2. Klagebefugnis (§ 42 Abs. 2 VwGO analog)
3. grds. **kein Vorverfahren** (Ausn. Beamtenrecht)
4. grds. **keine Klagefrist** (Ausn. Beamtenrecht)
IV. Allgemeine Sachurteilsvoraussetzungen

I. Verwaltungsrechtsweg

291 Die Eröffnung des **Verwaltungsrechtswegs** folgt auch bei der Feststellungsklage aus Spezialzuweisungen (z.B. § 54 Abs. 1 BeamtStG, § 126 Abs. 1 BBG) oder aus der Generalklausel des § 40 Abs. 1 S. 1 VwGO. Die Abgrenzung zum ordentlichen Rechtsweg richtet sich nach den allgemeinen Kriterien.

Eine öffentlich-rechtliche Streitigkeit liegt daher nur vor, wenn es um die Feststellung des Bestehens oder Nichtbestehens eines öffentlich-rechtlichen Rechtsverhältnisses geht (z.B. eines Beamtenverhältnisses, der Mitgliedschaft in einer öffentlich-rechtlichen Körperschaft). Dem Rechtsverhältnis muss eine Vorschrift des öffentlichen Rechts zugrunde liegen.[299]

---

298 Ehlers Jura 2007, 179, 179.
299 Ehlers Jura 2007, 179, 182.

Allgemeine Feststellungsklage **4. Abschnitt**

II. Statthaftigkeit der Feststellungsklage

1. Gegenstand der Feststellungsklage

a) Begriff des Rechtsverhältnisses

Gegenstand der allgemeinen Feststellungsklage ist ein **Rechtsverhältnis**. Darunter versteht man die sich aus einem konkreten **Sachverhalt** aufgrund einer (öffentlich-rechtlichen) **Rechtsnorm** ergebenden rechtlichen **Beziehungen** einer Person zu einer anderen Person oder zu einer Sache.[300]

292

Entgegen einer früher vereinzelt vertretenen Meinung ist die „Gegenwärtigkeit" des Rechtsverhältnisses nicht Begriffsmerkmal der Statthaftigkeit der Feststellungsklage. Das festzustellende Rechtsverhältnis kann vielmehr auch in der **Vergangenheit** oder in der **Zukunft** liegen, wenn es „noch immer" oder „schon jetzt" Auswirkungen auf die Rechte des Klägers hat. Die eigentliche Frage ist hier, ob der Kläger ein Interesse an der baldigen Feststellung hat (Feststellungsinteresse).[301]

Mit der Feststellungsklage kann deshalb auch eine erledigte Maßnahme überprüft werden, die **keinen VA** darstellt. Ein Rechtsverhältnis begründet hier die festzustellende **Befugnis der Behörde**, gegenüber dem Adressaten schlichthoheitlich tätig zu werden.[302]

293

So kann z.B. bei einem erledigten Realakt festgestellt werden, dass die Verwaltung nicht berechtigt war, diesen vorzunehmen bzw. dass ein Anspruch des Betroffenen auf dessen Beseitigung bestand. Erledigt sich ein VA, ist die Fortsetzungsfeststellungsklage (§ 113 Abs. 1 S. 4 VwGO) einschlägig (s.u. Rn. 334 ff.).

Beispiel: Ein sog. Gefährderanschreiben der Polizei ist lediglich eine informelle Maßnahme ohne Regelungswirkung und damit kein VA. Die Berechtigung der Maßnahme kann daher im Wege der Feststellungsklage überprüft werden.[303]

Gegenstand der Feststellungsklage können auch einzelne sich aus dem Rechtsverhältnis ergebende **Rechte und Pflichten** sein.[304]

294

Beispiele: Streitigkeiten über das Bestehen einer Erlaubnispflicht, über Statusverhältnisse, z.B. das Bestehen eines Beamtenverhältnisses, über Dienstpflichten eines Beamten etc. Denkbar ist auch eine **Drittfeststellungsklage**, wenn der Kläger nicht unmittelbar an dem streitigen Rechtsverhältnis beteiligt ist,[305] z.B. Klage eines Dritten auf Feststellung der Nichtigkeit eines öffentlich-rechtlichen Vertrages, durch den einem Konkurrenten eine Subvention gewährt worden ist.

Der Begriff des Rechtsverhältnisses i.S.d. § 43 Abs. 1 VwGO ist **nicht auf Außenrechtsverhältnisse** beschränkt, sondern umfasst auch Rechtsbeziehungen innerhalb von Organen einer juristischen Person, z.B. einer kommunalen Vertretungskörperschaft. An einem Rechtsverhältnis beteiligt sein können daher nicht nur natürliche oder juristische Personen, sondern auch kommunale Organe oder Organteile als Träger organisationsinterner Mitwirkungsrechte (sog. **Kommunalverfassungsstreitverfahren**).[306]

295

---

300 BVerwG RÜ 2018, 243, 244; NVwZ 2014, 1666, 1668; OVG NRW RÜ 2018, 800, 801; NVwZ-RR 2018, 54, 55; OVG Nds ZUR 2017, 494, 496; Engels NVwZ 2018, 1001, 1004; Kopp/Schenke VwGO § 43 Rn. 10.

301 BVerfG NVwZ 2005, 79; BVerwG NJW 1997, 2534; OVG NRW NWVBl. 2004, 62, 63; Ehlers Jura 2007, 179, 183.

302 Kopp/Schenke VwGO § 113 Rn. 116; Engelbrecht JA 2007, 197, 199.

303 Vgl. OVG NRW RÜ 2016, 733, 734 f.

304 BVerwGE 77, 207, 211; OVG NRW OVGE 49, 142, 143; OVG NRW NWVBl. 2004, 320, 321; Ehlers Jura 2007, 179, 181.

305 BVerwG RÜ 2017, 243, 245; Ehlers Jura 2007, 179, 183; Schübel-Pfister JuS 2018, 441, 442.

306 Vgl. dazu BVerwGE 81, 318, 319; HessVGH NVwZ-RR 2015, 735; OVG NRW NWVBl. 2004, 309; Kopp/Schenke VwGO § 43 Rn. 11; Rennert JuS 2008, 119, 124.

| 3. Teil | Klagearten im Verwaltungsprozess |

Beispiele: Feststellung der Rechtswidrigkeit eines Ratsbeschlusses oder Feststellung der Rechtswidrigkeit von Maßnahmen des Bürgermeisters (z.B. aufgrund seiner Ordnungsgewalt in den Ratssitzungen); vgl. dazu AS-Skript Kommunalrecht.

296 **Nicht feststellungsfähig** sind dagegen unselbstständige Teile oder Vorfragen von Rechtsverhältnissen, die nicht unmittelbar Rechte und Pflichten begründen.[307]

Beispiele: Streit über bloße Tatsachen, über Eigenschaften einer Person (z.B. die Frage der Eignung oder Unzuverlässigkeit), die Eigenschaften einer Sache (z.B. die Bebaubarkeit eines Grundstücks) oder die rechtliche Qualifikation bestimmter Vorgänge als rechtswidrig oder schuldhaft.[308]

b) Inzidente Normenkontrolle

297 Voraussetzung für die Statthaftigkeit einer Feststellungsklage ist stets, dass das **Rechtsverhältnis hinreichend konkret** ist. Erforderlich ist, dass die Anwendung einer bestimmten Norm des öffentlichen Rechts auf einen konkreten, den Kläger betreffenden Sachverhalt streitig ist. Es müssen sich also aus der Rechtsbeziehung heraus **bestimmte Rechtsfolgen** ergeben können, was wiederum die Anwendung von **bestimmten Normen** auf einen **konkreten Sachverhalt** voraussetzt.[309]

298 Rein **abstrakte Rechtsfragen** können dagegen durch die Feststellungsklage nicht geklärt werden. Daher kann z.B. die Wirksamkeit eines Gesetzes, einer RechtsVO oder Satzung nicht unmittelbar Gegenstand einer Feststellungsklage sein, da dies zudem zu einer Umgehung des Normenkontrollverfahrens nach § 47 VwGO führen würde. Ergibt sich allerdings aus der **Anwendung der Norm** auf einen bestimmten Sachverhalt ein konkretes Rechtsverhältnis, so ist eine **Inzidentkontrolle** der zugrunde liegenden Rechtsnorm im Rahmen der Feststellungsklage möglich.[310]

Beispiele:

- Die Klage auf Feststellung des Nichtbestehens der Mitgliedschaft in einer öffentlich-rechtlichen Körperschaft ist als Feststellungsklage auch dann zulässig, wenn die Frage der Mitgliedschaft von der Gültigkeit einer Rechtsnorm abhängt.[311]

- Mit der Feststellungsklage kann die Feststellung begehrt werden, dass wegen Art. 3 Abs. 1 GG ein Anspruch auf Erlass oder Änderung einer Rechtsverordnung besteht.[312]

- Mit der Feststellungsklage kann geklärt werden, ob die Behörde berechtigt ist, eine vom Kläger für unwirksam gehaltene Norm im konkreten Fall anzuwenden.[313]

- Ohne eine eigene, konkret feststehende (und nicht nur abstrakt mögliche) Betroffenheit, kann die Rechtmäßigkeit einer behördlichen Maßnahme dagegen nicht im Wege der Feststellungsklage überprüft werden.[314]

- Vor dem Hintergrund des nur eingeschränkten Individual-Rechtsschutzes gegen EU-Verordnungen (vgl. Art. 263 Abs. 4 AEUV) wird zunehmend eine Feststellungsklage für zulässig erachtet, dass den Kläger keine Pflichten aus einer EU-Verordnung treffen, die keines Vollzugsakts bedarf.[315]

---

307 HessVGH LKRZ 2009, 457, 459; OVG NRW NVwZ-RR 2018, 54, 55.

308 OVG NRW OVGE 49, 142, 144; OVG Hamburg RÜ2 2018, 191, 192; Kopp/Schenke VwGO § 43 Rn. 13; Geis/Schmidt JuS 2012, 599, 600.

309 BVerwG DVBl. 2000, 636; NVwZ 1993, 64, 65; kritisch Ehlers Jura 2007, 179, 183.

310 BVerfG NVwZ-RR 2016, 1, 2; BVerwG NVwZ 2007, 1311, 1312; OVG NRW NVwZ-RR 2018, 54, 55; Kopp/Schenke VwGO § 43 Rn. 8d; Sodan/Ziekow VwGO § 43 Rn. 58a; Geis/Schmidt JuS 2012, 599, 603; Schenke NVwZ 2016, 720, 721; Engels NVwZ 2018, 1001, 1003.

311 BVerwG NJW 1983, 2208; DVBl. 2006, 60; VGH Kassel NJW 2007, 447; Schenke JZ 2006, 1004, 1012.

312 BVerfG NVwZ 2006, 922, 924; BVerwG NVwZ 2002, 1505, 1506; Seiler DVBl. 2007, 538, 543; s.o. Rn. 278.

313 BVerfG NVwZ 2005, 79; NVwZ 2004, 977, 979; BVerwG NJW 2000, 3548; BVerwG DVBl. 2000, 636.

314 BVerwG NVwZ 2017, 1546, 1547; NVwZ 2014, 1666, 1668: Unzulässige Feststellungsklage gegen strategische Überwachung durch den BND; dazu Hufen JuS 2015, 670, 672.

315 Lenz/Staeglich NVwZ 2004, 1421, 1425 ff.; Ehlers Jura 2007, 179, 185; Lindner JuS 2008, 1, 4.

Allgemeine Feststellungsklage **4. Abschnitt**

Gegenstand der Feststellungsklage ist in diesen Fällen allerdings nicht unmittelbar die 299
Frage der Wirksamkeit oder Unwirksamkeit der Norm, sondern die Frage, **ob sich aus
der Anwendung der Norm ein Rechtsverhältnis ergibt**, ob sich also im konkreten Fall
aus der Norm konkrete Rechte und Pflichten ergeben.[316] Nicht die Norm, sondern die
(drohende) Anwendung der Norm (also das der Norm nachgelagerte Rechtsverhältnis)
bewirkt die für die Feststellungsklage maßgeblichen rechtlichen Beziehungen.

Konsequenz: Ein feststellungsfähiges Rechtsverhältnis kann i.d.R. nur zwischen dem Normadressaten
und dem **Normanwender** bestehen.[317] Ein Rechtsverhältnis zwischen dem Normadressaten und dem
Normgeber kommt nur ausnahmsweise in Betracht, wenn die Norm selbst unmittelbar Rechte und
Pflichten begründet, ohne dass es einer Anwendung im konkreten Fall bedarf („self executing").[318]

Auswirkungen hat die Möglichkeit der Inzidentüberprüfung der Norm im Rahmen einer 300
verwaltungsgerichtlichen Feststellungsklage auch im Verfassungsprozessrecht. Die **Verfassungsbeschwerde** unmittelbar gegen die Rechtsnorm ist grds. subsidiär gegenüber
der Feststellungsklage, die die Anwendung der Norm zum Gegenstand hat.[319]

2. Subsidiarität der Feststellungsklage

Die Feststellungsklage ist nach § 43 Abs. 2 S. 1 VwGO nicht zulässig, soweit der Kläger 301
seine Rechte durch Gestaltungs- oder Leistungsklage verfolgen kann oder hätte verfolgen können. Gegenüber Anfechtungs-, Verpflichtungs- und Leistungsklagen ist die
Feststellungsklage daher **subsidiär**.

So die überwiegend verwendete **Terminologie**,[320] während teilweise von Alternativität gesprochen
wird[321] und andere zwischen Spezialität der Anfechtungsklage und Subsidiarität gegenüber der Leistungsklage unterscheiden.[322]

Uneinheitlich ist auch der **Prüfungsstandort**. So wird die Subsidiarität teils als besondere Sachurteilsvoraussetzung gewertet,[323] teils als Ausprägung des Rechtsschutzbedürfnisses[324] oder des Feststel-
lungsinteresses.[325] Für die Prüfung im Rahmen der Statthaftigkeit der Klageart spricht der Wortlaut des
§ 43 Abs. 2 VwGO (Die Feststellung kann nicht „begehrt" werden), was die Zuordnung zum Klage-„begehren" und damit zur Statthaftigkeit nahe legt.[326]

a) Durch die Subsidiarität soll zum einen verhindert werden, dass die **Gerichte doppelt** 302
in Anspruch genommen werden. Der Rechtsschutz des Klägers soll aus Gründen der
Prozessökonomie auf ein einziges Verfahren, nämlich dasjenige, das seinem Anliegen
am wirkungsvollsten gerecht wird, konzentriert werden.[327]

---

316 BVerwG RÜ 2008, 53, 54; Kopp/Schenke VwGO § 43 Rn. 14; Brüning JuS 2004, 882, 883; abweichend OVG NRW RÜ 2018,
    800, 802: mittelbarer Grundrechtseingriff ausreichend.
317 BVerwG RÜ 2008, 53, 56; RÜ 2018, 119, 121; OVG NRW NWVBl. 2017, 375; NVwZ-RR 2018, 54, 56.
318 OVG NRW NVwZ-RR 2018, 54, 56; NWVBl. 2017, 375; OVG Nds ZUR 2017, 494, 496; Schoch/Pietzcker VwGO § 43 Rn. 25 ff.;
    sehr großzügig OVG NRW RÜ 2018, 800, 802; ausführlich Engels NVwZ 2018, 1001 (atypische Feststellungsklage).
319 BVerfG NVwZ-RR 2016, 1, 2; Engels NVwZ 2018, 1001, 1007.
320 Vgl. Kopp/Schenke VwGO § 43 Rn. 26 m.w.N.
321 Klenke NWVBl. 2003, 170, 171.
322 Schoch/Pietzcker VwGO § 43 Rn. 40 u. 41.
323 Schmitt Glaeser/Horn, Verwaltungsprozessrecht, Rn. 337.
324 Brüning JuS 2004, 882, 883.
325 Redeker/v.Oertzen § 43 Rn. 24.
326 Vgl. Hufen § 18 Rn. 5; Kunig Jura 1997, 326, 327 f.; Ehlers Jura 2007, 179, 184.
327 BVerwG NVwZ 2003, 864; DVBl. 2001, 308, 309.

3. Teil — Klagearten im Verwaltungsprozess

Erstrebt B eine Baugenehmigung, so würde die bloße Feststellung, dass die Behörde verpflichtet ist, die Genehmigung zu erteilen, das Begehren des B nicht erfüllen. Da das Feststellungsurteil nicht vollstreckbar ist, müsste B erneut klagen, wenn die Behörde sich weiterhin weigert, den VA zu erlassen.

Beachte: Wegen der prinzipiellen Gleichwertigkeit der Rechtswege gilt diese Zielsetzung „rechtswegübergreifend", d.h. die verwaltungsgerichtliche Feststellungsklage ist auch gegenüber einer zivilgerichtlichen Leistungsklage subsidiär.[328]

303 Zum anderen will die Subsidiaritätsklausel verhindern, dass die **besonderen Sachurteilsvoraussetzungen** von Anfechtungs- und Verpflichtungsklagen über Fristen und Vorverfahren durch Erhebung einer Feststellungsklage **umgangen** werden.[329]

Deshalb ist die Feststellungsklage z.B. auch subsidiär, wenn eine Anfechtungsklage nicht mehr möglich ist, z.B. weil die Klagefrist abgelaufen ist (vgl. den Wortlaut des § 43 Abs. 2 S. 1 VwGO: „… oder hätte verfolgen können").

304 **b) Ausnahmen** von der Subsidiarität gelten

- bei der **Nichtigkeitsfeststellungsklage** (§ 43 Abs. 2 S. 2 VwGO): Hier hat der Kläger ein Wahlrecht zwischen Anfechtungs- und Feststellungsklage.[330]

- wenn die Feststellungsklage gegenüber Gestaltungs- oder Leistungsklagen **rechtsschutzintensiver** ist.[331]

  Als effektiver erweist sich die Feststellungsklage insbes. dann, wenn sich durch sie eine Vielzahl potenzieller Anfechtungs- oder Verpflichtungsprozesse vermeiden lässt.[332] Ebenso kann der Kläger nicht auf eine Gestaltungs- oder Leistungsklage verwiesen werden, wenn sein eigentliches Anliegen dort nur als bloße Vorfrage mitentschieden würde.[333]

- Schließlich gilt die Subsidiaritätsklausel dann nicht, wenn es **Sinn und Zweck** des § 43 Abs. 2 VwGO gebieten, wenn also weder die Gefahr eines Doppelprozesses besteht noch die besonderen Sachurteilsvoraussetzungen anderer Klagen unterlaufen werden.[334]

- Darüber hinaus hat die Rspr. zuweilen den Grundsatz der Subsidiarität dann nicht angewandt, wenn sich die Feststellungsklage **gegen den Staat** oder eine andere öffentlich-rechtliche Körperschaft richtet. Denn bei diesen Beklagten sei zu erwarten, dass sie Urteile auch ohne einen entsprechenden Vollstreckungsdruck erfüllen.[335] Verwaltungsgerichtliche Klagen sind aber typischerweise gegen eine öffentlich-rechtliche Körperschaft gerichtet, sodass nach dieser Rspr. die Subsidiaritätsklausel weitgehend leerliefe. Außerdem zeigt gerade die Regelung in den §§ 170, 172 VwGO, dass der Gesetzgeber auch gegen den Staat eine Vollstreckungsmöglichkeit für erforderlich gehalten hat.[336] Die Subsidiarität der Feststellungsklage gilt daher auch dann, wenn ein Verwaltungsträger Beklagter ist.[337]

---

328 BVerwG NVwZ-RR 2014, 596, 597; OVG Lüneburg, Beschl. v. 28.05.2015 – 5 LA 195/14; Kopp/Schenke VwGO § 43 Rn. 26; Ehlers Jura 2007, 179, 184.

329 BVerwG NVwZ 2002, 1505, 1506; NVwZ 2001, 1396, 1397; OVG NRW NWVBl. 2004, 320, 321.

330 Dazu unten Rn. 328.

331 BVerwG NVwZ 2017, 56, 58; OVG NRW NVwZ-RR 2016, 851, 852; VGH Mannheim NVwZ 2000, 1304, 1305; Kopp/Schenke VwGO § 43 Rn. 29; Ehlers Jura 2007, 179, 185.

332 Vgl. BVerwG NVwZ 2004, 1229, 1230.

333 BVerwG NJW 1997, 2534, 2535; VG Düsseldorf NWVBl. 2004, 473, 475; Klenke NWVBl. 2003, 170, 171; Brüning JuS 2004, 882, 883.

334 BVerwG NVwZ 2002, 1505, 1506; NVwZ 2001, 1396, 1397; kritisch Brüning JuS 2004, 882, 884.

335 BVerwG DVBl. 2001, 1067, 1068; NJW 2000, 3584, 3585; VGH Mannheim NVwZ 2000, 1304, 1305.

336 Zur praktischen Relevanz vgl. z.B. BayVGH NVwZ 2001, 822.

337 Kopp/Schenke VwGO § 43 Rn. 28; Ehlers Jura 2007, 179, 186; Geis/Schmidt JuS 2012, 599, 602.

III. Besondere Sachurteilsvoraussetzungen der Feststellungsklage

1. Feststellungsinteresse

Die Feststellungsklage ist gemäß § 43 Abs. 1 Hs. 2 VwGO nur zulässig, wenn der Kläger **305** ein berechtigtes Interesse an der baldigen Feststellung hat **(Feststellungsinteresse)**. Dabei ist – anders als in § 256 ZPO – kein rechtliches Interesse erforderlich. Ausreichend ist vielmehr jedes nach der Sachlage anzuerkennende schutzwürdige Interesse **rechtlicher, wirtschaftlicher** oder **ideeller Art**.[338] Entscheidend ist, dass die gerichtliche Feststellung geeignet erscheint, die Rechtsposition des Klägers zu verbessern.

- Das Feststellungsinteresse kann sich insbes. auf eine gegenwärtige Unsicherheit oder Ungewissheit in der Rechtsposition des Klägers beziehen, z.B. weil der Beklagte ein vom Kläger in Anspruch genommenes Recht bestreitet[339] oder bei drohender repressiver Verfolgung (Owi- oder Strafverfahren).[340]

- Bei in der Vergangenheit liegenden Rechtsverhältnissen kann sich das Feststellungsinteresse insbes. aus einer Wiederholungsgefahr oder einem Rehabilitierungsbedürfnis ergeben, aber auch bei nachhaltiger Grundrechtsbetroffenheit, z.B. wenn sich eine polizeiliche Maßnahme kurzfristig erledigt.[341]

- Umstritten ist, ob die Behörde ein Feststellungsinteresse geltend machen kann, wenn sie die Möglichkeit hat, das Bestehen oder Nichtbestehen des streitigen Rechtsverhältnisses durch VA zu klären. Nach allgemeinen Kriterien fehlt es hier am Rechtsschutzbedürfnis und damit auch am Feststellungsinteresse, da der Behörde ein einfacherer Weg zur Verfügung steht. Gleichwohl wird von der Rspr. das Feststellungsinteresse – wie das Rechtsschutzbedürfnis bei einer Leistungsklage (s.o. Rn. 259) – bejaht, wenn mit der Anfechtung des entsprechenden VA zu rechnen ist.[342]

2. Sonstige besondere Sachurteilsvoraussetzungen

a) Weitere besondere Sachurteilsvoraussetzungen sieht das Gesetz für die Feststel- **306** lungsklage nicht vor, insbes. ist vor Klageerhebung **kein Vorverfahren** durchzuführen und auch **keine Klagefrist** zu beachten.

Ausnahmen gelten für **beamtenrechtliche Feststellungsklagen**, bei denen nach § 54 **307** Abs. 2 S. 1 BeamtStG, § 126 Abs. 2 S. 1 BBG grds. vor allen Klagen, also auch bei der Feststellungsklage, ein Vorverfahren durchzuführen ist[343] und nach Erlass des Widerspruchsbescheides die Klagefrist des § 74 Abs. 1 S. 1 VwGO eingehalten werden muss.

Bei Landesbeamten bestehen zum Teil Ausnahmen gemäß § 54 Abs. 2 S. 3 BeamtStG (vgl. z.B. Art. 15 Abs. 1 S. 1 Nr. 5 BayAGVwGO, § 93 Abs. 1 LBG Bln, § 105 Abs. 1 NBG, § 103 Abs. 1 LBG NRW). Ist ein Vorverfahren nicht erforderlich, gibt es auch bei der beamtenrechtlichen Feststellungsklage keine Klagefrist. § 74 Abs. 1 S. 2 VwGO ist nicht anwendbar, da dieser einen „Verwaltungsakt" voraussetzt (s.o. Rn. 254).

b) Zur Vermeidung einer Popularklage verlangt die Rspr. auch bei der Feststellungsklage **308** generell eine **Klagebefugnis** analog § 42 Abs. 2 VwGO. Der Kläger muss also geltend machen, dass es um die Verwirklichung seiner subjektiven Rechte geht, sei es, dass er an dem festzustellenden Rechtsverhältnis selbst beteiligt ist, sei es, dass von dem Rechtsverhältnis eigene Rechte des Klägers abhängen oder er in eigenen Rechten betroffen ist.[344]

---

338 BVerwG NVwZ 2018, 739, 740; NVwZ 2017, 56, 58; OVG NRW NVwZ-RR 2016, 851, 852; Kopp/Schenke VwGO § 43 Rn. 23.

339 BVerwG NVwZ 2012, 162, 163; OVG NRW NWVBl. 2004, 320, 321; Kopp/Schenke VwGO § 43 Rn. 23 ff.

340 VG Düsseldorf NWVBl. 2002, 473, 475.

341 BVerwG RÜ 2018, 243, 246; NVwZ 2018, 739, 740; OVG NRW RÜ 2017, 122, 124; Ehlers Jura 2007, 179, 187.

342 Kopp/Schenke VwGO § 43 Rn. 24 m.w.N.

343 VGH BW, Beschl. v. 21.07.2016 – 4 S 757/15.

344 BVerwG RÜ 2018, 243, 245; RÜ 2016, 323, 327; NVwZ 2008, 423, 424; OVG NRW, Urt. v. 19.10.2017 – 13 A 1348/15, BeckRS 2017, 130704, Rn. 58; OVG NRW NVwZ-RR 2016, 851, 852; Ehlers Jura 2007, 179, 188.

3. Teil | Klagearten im Verwaltungsprozess

Nach der Gegenansicht besteht kein Bedürfnis für eine Analogie, weil bei der Feststellungsklage durch das „konkrete" Rechtsverhältnis eine Popularklage ohnehin ausgeschlossen sei und überdies das Feststellungsinteresse ein „eigenes" Interesse des Klägers erfordere.[345] Dagegen spricht, dass dann für die Feststellungsklage andere Maßstäbe als für die sonstigen verwaltungsgerichtlichen Klagen gelten würden. Die Feststellungsklage wäre im Gegensatz zu allen anderen Verfahrensarten als bloße Interessentenklage ausgestaltet, was der Systematik der VwGO widersprechen würde.[346]

Beachte: In der Klausur braucht der Streit i.d.R. nur kurz angerissen zu werden. Ist nämlich die Klagebefugnis gegeben, ist eine Streitentscheidung nicht nötig.

309 **c)** Für den **Klagegegner** gelten die gleichen Grundsätze wie für die allgemeine Leistungsklage (s.o. Rn. 256). Auch hier ist der richtige Beklagte grds. nach dem **Rechtsträgerprinzip** zu bestimmen. Klagegegner ist der Rechtsträger, demgegenüber das Rechtsverhältnis festgestellt werden soll. Da dieser auch passivlegitimiert ist, braucht der Punkt in der Zulässigkeit der Klage i.d.R. nicht angesprochen zu werden.

Gegenbeispiel: Die Klage auf Feststellung, dass eine Genehmigungspflicht nicht besteht, ist mangels Feststellungsinteresse unzulässig, wenn der Beklagte nicht für die Genehmigungserteilung zuständig ist. Denn die rechtlichen Beziehungen, die durch eine Genehmigungspflicht begründet werden, bestehen nur zwischen dem Bürger und der zuständigen Behörde.[347] Anders bei der Verpflichtungsklage: Die Klage auf Erteilung einer Genehmigung ist zulässig, aber unbegründet, wenn die in Anspruch genommene Behörde für die Erteilung sachlich nicht zuständig ist.[348]

Fall 8: Gewerblicher Verkehrshilfsdienst

A beabsichtigt, seinen Werkstattbetrieb in K zu einem Service-Center auszubauen. Das soll in zwei Schritten geschehen: Erstens will er Service-Wagen bereitstellen, die auf telefonischen Anruf dorthin fahren, wo eine Reparatur oder sonstige Hilfe an Ort und Stelle nötig und möglich ist. Zweitens will er Kraftfahrzeuge als Verkehrshilfsdienst ständig auf den Straßen patrouillieren lassen, die – ähnlich wie die Straßenwacht der Automobilclubs – möglichst schnell an Ort und Stelle sind, um Hilfeleistungen durchzuführen. Als A sich an das Straßenverkehrsamt der Stadt K wendet, um diejenigen Straßen und Stellen zu erfahren, wo erfahrungsgemäß Unfälle passieren oder Hilfe nötig ist, erklärt ihm der Amtsleiter, zunächst müsse entschieden werden, ob das Vorhaben überhaupt erlaubt sei. Daraufhin beantragt A die erforderliche Erlaubnis. Sie wird ihm sowohl bezüglich der Service-Wagen als auch bezüglich des Verkehrshilfsdienstes mit der Begründung versagt, der Verkehr im Großraum K sei bereits so dicht, dass eine weitere Belastung der Straßen durch gewerbliche Fahrten nicht zu verantworten sei. A steht auf dem Standpunkt, die beabsichtigte Tätigkeit könne ihm nach Art. 12 GG nicht verboten werden, zumal dadurch Arbeitsplätze geschaffen würden. Er beabsichtigt eine verwaltungsgerichtliche Klage. Worauf wäre sie zu richten und hätte sie Aussicht auf Erfolg?

---

345 Sodan/Ziekow VwGO § 42 Rn. 374; § 43 Rn. 72; Hufen § 18 Rn. 17; Schenke Rn. 410; Würtenberger/Heckmann Rn. 789 mit Ausn. in Rn. 790.

346 Brüning JuS 2004, 882, 884; Ehlers Jura 2007, 179, 188.

347 BVerwG NVwZ-RR 2005, 771; Weidemann NVwZ 2006, 1259.

348 BVerwG NVwZ-RR 2005, 771, 772.

Allgemeine Feststellungsklage | **4. Abschnitt**

Vorüberlegung: *Das Klagebegehren des A besteht darin, vom Gericht eine Entscheidung* **310** *darüber zu erhalten, dass die von ihm erstrebte gewerbliche Tätigkeit legal ist. Ist ein bestimmtes Verhalten – tatsächlich oder nach der Behauptung der Behörde – von einer Erlaubnis oder Genehmigung abhängig, sind die Rechtsbeziehungen zwischen Bürger und Behörde zweistufig strukturiert: Durch allgemeine Regelung wird ein bestimmtes Verhalten zunächst verboten. Zusätzlich wird geregelt, dass und unter welchen Voraussetzungen für dieses Verhalten eine Erlaubnis oder Genehmigung erteilt werden darf. Daraus folgt:*

- *Ist der Kläger der Auffassung, dass das von ihm beabsichtigte Verhalten gar keiner Erlaubnis bedarf, kommt für dieses Klageziel eine* ***Feststellungsklage*** *gemäß § 43 Abs. 1 VwGO in Betracht, gerichtet auf Feststellung des Nichtbestehens einer Erlaubnispflicht.*

- *Zieht der Kläger die Erlaubnispflicht nicht in Zweifel, sondern nur die Rechtmäßigkeit der Ablehnung der Erlaubnis, so ist die* ***Verpflichtungsklage*** *gemäß § 42 Abs. 1 Fall 2 VwGO auf Erteilung der Erlaubnis die richtige Klageart.*

1. Teil: Einsatz von stationären Service-Wagen

A. Zulässigkeit der Klage vor dem Verwaltungsgericht

I. Die Eröffnung des **Verwaltungsrechtswegs** richtet sich nach § 40 Abs. 1 S. 1 VwGO. **311** Die Frage, ob die von A geplante gewerbliche Tätigkeit erlaubt oder nicht erlaubt ist, kann nur nach öffentlich-rechtlichen Vorschriften (GewO, StVO) entschieden werden, sodass eine öffentlich-rechtliche Streitigkeit nichtverfassungsrechtlicher Art vorliegt, die auch keinem anderen Gericht zugewiesen ist.

II. Die **Klageart** richtet sich nach dem Klagebegehren (§ 88 VwGO).

1. Soweit die Stadt geltend macht, das Verhalten des A sei erlaubnispflichtig, **312** kann sich A hiergegen mit einer negativen **Feststellungsklage** gemäß § 43 Abs. 1 VwGO wenden. Die Genehmigungspflichtigkeit eines Vorgangs begründet konkrete Rechte und Pflichten und damit ein Rechtsverhältnis zwischen demjenigen, der der Genehmigung bedarf, und der für die Erteilung zuständigen Behörde.[349] Damit handelt es sich um ein sowohl hinsichtlich der Beteiligten als auch hinsichtlich des Sachverhalts hinreichend konkretisiertes Rechtsverhältnis.

2. Für den Fall, dass A mit diesem Klageantrag nicht durchdringt, empfiehlt es **313** sich, hilfsweise eine Erlaubnis zu beantragen. Dieses Begehren wird mit der **Verpflichtungsklage** verfolgt. Also wird A des Weiteren, und zwar **hilfsweise**, beantragen, die beklagte Behörde zur Erteilung einer entsprechenden Erlaubnis zu verurteilen.

   Dass der Verpflichtungsantrag hier nicht als Hauptantrag, sondern nur hilfsweise verfolgt wird, ergibt sich daraus, dass der Kläger sich andernfalls in Widerspruch zu seiner Rechtsbehauptung setzen würde, dass er keiner Erlaubnis bedarf. Falls das VG dieser Rechtsauffassung folgt, würde die Verpflichtungsklage mangels Genehmigungspflicht abgewiesen. Somit ermöglicht die Verpflichtungsklage keinen Rechtsschutz für das primäre Begehren, verbindlich geklärt zu bekommen, dass eine Genehmigung nicht erforderlich ist.[350]

---

349 Vgl. OVG LSA, Urt. v. 18.07.2018 – 2 L 45/15, BeckRS 2018, 20629; SächsOVG SächsVBl. 2007, 66, 67; Brüning JuS 2004, 882, 883; Pagel Jura 2008, 66, 67; Schoch/Pietzcker VwGO § 43 Rn. 10.
350 Sodan/Ziekow VwGO § 43 Rn. 131; Schübel-Pfister JuS 2014, 993, 993.

89

3. Die Feststellungsklage könnte gemäß § 43 Abs. 2 S. 1 VwGO **subsidiär** sein.[351]

314

a) A könnte die Frage der Erlaubnisfreiheit auch mit einer **isolierten Anfechtungsklage** gegen die Ablehnung der Genehmigung klären (s.o. Rn. 218). Trifft es zu, dass kein genehmigungspflichtiger Sachverhalt vorliegt, ist der Ablehnungsbescheid als rechtswidrig aufzuheben.[352] Im Rahmen der Anfechtungsklage würde die Frage der Erlaubnispflicht aber lediglich inzident geprüft. Beim Feststellungsurteil ist die Erlaubnispflicht dagegen unmittelbar Gegenstand des Tenors. Aufgrund der Rechtskraft (§ 121 VwGO) wäre die Behörde hieran gegenüber A auch in späteren Verfahren (z.B. bei einer Untersagung der angeblich genehmigungsbedürftigen Tätigkeit) gebunden. Da die Feststellungsklage insoweit **rechtsschutzintensiver** ist, ist sie gegenüber der Anfechtungsklage nicht subsidiär.[353]

315

b) Zwar kann A **Verpflichtungsklage** auf Erteilung der Erlaubnis erheben (und hat dies auch in Form des Hilfsantrages getan), diese betrifft jedoch nicht das mit dem Hauptantrag verfolgte Begehren. Die Subsidiarität kann immer nur eingreifen, wenn das Feststellungsbegehren (zumindest teilweise) identisch mit dem Leistungs- oder Gestaltungsbegehren ist. Die Erlaubnisfreiheit kann mit der Verpflichtungsklage oder einer sonstigen Klage aber gerade nicht geklärt werden.[354]

Die Feststellungsklage ist somit nicht subsidiär und damit **statthaft**.

316

III. Das nach § 43 Abs. 1 Hs. 2 VwGO erforderliche berechtigte Interesse des A n der baldigen Feststellung (sog. **Feststellungsinteresse**) ergibt sich in wirtschaftlicher und rechtlicher Sicht daraus, dass er die geplante Tätigkeit nur aufnehmen darf, wenn es sich dabei um ein erlaubtes Verhalten handelt.

Bei einer Feststellungsklage im **Drittrechtsverhältnis** ist Voraussetzung, dass das Feststellungsinteresse des Klägers gerade gegenüber dem Beklagten besteht.[355] Ein Feststellungsinteresse im Verhältnis zu einem Dritten reicht nicht aus.

Beispiele: Anlieger A klagt auf Feststellung der Nichtigkeit eines zwischen der Gemeinde und dem beigeladenen Unternehmer U geschlossenen Erschließungsvertrages. Nach der Rspr. besteht kein Feststellungsinteresse des A, auch wenn sich im Fall der Nichtigkeit des Vertrages Erstattungsansprüche des Klägers gegen den Beigeladenen ergeben könnten.[356]

317

IV. Soweit man bei der Feststellungsklage eine **Klagebefugnis analog § 42 Abs. 2 VwGO** fordert, kann A geltend machen, in seiner Berufsfreiheit (Art. 12 Abs. 1 GG) verletzt zu sein. Somit ist die Feststellungsklage **zulässig**.

B. Die **Begründetheit der Klage** hängt davon ab, ob das im Sachverhalt geschilderte Verhalten des A einer Erlaubnis bedarf.

---

351 Zur Terminologie s.o. Rn. 301.

352 Vgl. BVerwGE 13, 54, 62; 39, 135, 138; Bosch/Schmidt/Vondung Rn. 486.

353 BVerwGE 39, 247, 249; OVG LSA, Urt. v. 18.07.2018 – 2 L 45/15, BeckRS 2018, 20629; BayVGH BayVBl. 2014, 565, 566; Müller Jura 2000, 479, 481; Kopp/Schenke VwGO § 42 Rn. 30; a.A. Bosch/Schmidt/Vondung Rn. 486.

354 BVerwG, Beschl. v. 26.03.2014 – BVerwG 4 B 55.13, BeckRS 2014, 50981; OVG NRW NVwZ-RR 2016, 851, 852; Schübel-Pfister JuS 2014, 993.

355 BVerwG NVwZ-RR 2005, 711, 712.

356 BVerwG DVBl. 1998, 49; zur Beiladung s.u. Rn. 545 ff.

Allgemeine Feststellungsklage | 4. Abschnitt

I. Die **Gewerbeordnung** sieht hierfür in den §§ 30 ff. GewO keine Erlaubnis vor. Damit gilt nach § 1 GewO der Grundsatz der Gewerbefreiheit. Auch handelt es sich nicht um eine Tätigkeit, für die eine Reisegewerbekarte erforderlich ist. Hierfür wäre nach § 55 GewO Voraussetzung, dass A seine Leistungen „ohne vorhergehende Bestellung" anbietet; das ist aber gerade nicht der Fall.

318

II. Auch im **Straßenverkehrsrecht** und im **Straßenrecht** ist eine Erlaubnispflicht für stationäre Service-Wagen nicht vorgesehen. Vielmehr handelt es sich um eine normale, im Gemeingebrauch liegende Benutzung der Straße, wenn Fahrzeuge zum Zwecke der Reparatur zu Kunden geschickt werden.[357] Somit ist die Feststellungsklage **begründet**.

319

*Hinweis: Über den **Hilfsantrag** ist nicht mehr zu entscheiden. Dieser ist seinem Wesen nach nur für den Fall gestellt, dass der Hauptantrag keinen Erfolg hat (s.u. Rn. 420). Dieser Fall ist hier nicht eingetreten. Der Hilfsantrag gilt daher für diesen Fall als nicht gestellt. Es darf weder seine Zulässigkeit noch seine Begründetheit behandelt werden, sondern er bleibt bzgl. der Service-Wagen unerwähnt.*

2. Teil: Klage bezüglich der Einrichtung eines Verkehrshilfsdienstes

Hinweis: Wie oben im 1. Teil kommt auch hier eine Kombination von Haupt- und Hilfsantrag in Betracht. Der Hauptantrag ist auf das Feststellen des Nichtbestehens der Genehmigungspflicht gerichtet, der Hilfsantrag auf Erteilung der Genehmigung.

A. **Feststellungsklage** bzgl. der (Nicht-)Erlaubnispflicht

320

I. **Zulässig** ist die Feststellungsklage aus denselben Gründen wie die Klage bezüglich des Einsatzes stationärer Hilfsfahrzeuge.

II. Die (negative) Feststellungsklage ist **begründet**, wenn das behauptete Rechtsverhältnis nicht besteht, d.h. wenn die Tätigkeit des A nicht erlaubnispflichtig ist. Nach § 33 Abs. 1 S. 1 Nr. 2 StVO ist das Anbieten von Waren und Leistungen aller Art auf der Straße verboten, wenn dadurch die Verkehrsteilnehmer in einer den Verkehr gefährdenden oder erschwerenden Weise abgelenkt oder belästigt werden können. Durch den Verkehrshilfsdienst werden Leistungen auf der Straße angeboten. Das ungebetene Erscheinen eines solchen Fahrzeugs, ggf. auch mehrerer miteinander im Wettbewerb stehender Unternehmer kann die Abwicklung eines Unfalls erschweren und den sonstigen Verkehr aufhalten. Somit fällt der Verkehrshilfsdienst unter das Verbot des § 33 StVO.[358] Erlaubt ist eine solche Tätigkeit nur, wenn eine Ausnahmegenehmigung nach § 46 Abs. 1 S. 1 Nr. 9 StVO erteilt ist. Das Vorhaben des A ist daher erlaubnispflichtig. Die (negative) Feststellungsklage ist deshalb **unbegründet**.

321

B. **Hilfsantrag** auf Erteilung einer Erlaubnis

322

I. Die Klage ist als **Verpflichtungsklage** unter den Voraussetzungen der §§ 40 Abs. 1 S. 1, 42 Abs. 1 Fall 2, 42 Abs. 2, 68 Abs. 1 u. 2, 74 Abs. 1 u. 2 VwGO **zulässig**.

II. Die Verpflichtungsklage ist gemäß § 113 Abs. 5 S. 1 VwGO **begründet**, soweit die Ablehnung der Erlaubnis rechtswidrig, A dadurch in seinen Rechten verletzt und die Sache spruchreif ist, d.h. wenn A einen **Anspruch** auf die Erlaubnis hat.

323

---

357 Vgl. aber OVG Bln-Bbg NVwZ 2012, 485: Reine Werbefahrten als Sondernutzung.
358 Vgl. BVerwGE 45, 147, 151.

3. Teil — Klagearten im Verwaltungsprozess

1. Nach § 46 Abs. 1 S. 1 Nr. 9 StVO „können" vom Verbot des § 33 Abs. 1 S. 1 Nr. 2 StVO Ausnahmen genehmigt werden. Da die Voraussetzungen nicht näher bestimmt sind, steht die Erteilung der Ausnahmegenehmigung im **Ermessen**.

2. Die Ablehnung ist rechtswidrig, wenn die Entscheidung der Behörde **ermessensfehlerhaft** ist (§ 114 S. 1 VwGO). Ein sog. Ermessensfehlgebrauch liegt vor, wenn die ablehnende Entscheidung gegen Sinn und Zweck der gesetzlichen Regelungen verstößt.

   a) Bezüglich der **Zweckbestimmung** des in § 33 Abs. 1 S. 1 Nr. 2 StVO ausgesprochenen Verbots ist folgende grundlegende Unterscheidung von Bedeutung:

324

■ Handelt es sich um ein **präventives Verbot mit Erlaubnisvorbehalt**, so soll das von dem Verbot erfasste Verhalten nicht wirklich verhindert werden. Vielmehr ergibt sich aus den gesetzlichen Ausschlusstatbeständen, dass die Erlaubnis nur versagt werden soll, wenn Gefahren drohen. Im Normalfall soll die Erlaubnis erteilt werden; in der Regel besteht ein Anspruch auf die Erlaubnis.

Darunter fallen die meisten Erlaubnisse, wie z.B. die Baugenehmigung, gewerberechtliche Erlaubnisse, die Fahrerlaubnis. So soll die Fahrerlaubnispflicht nicht verhindern, dass Personen mit Autos fahren. Es soll lediglich erreicht werden, dass die Erlaubnisinhaber bestimmte Kenntnisse haben und dass ungeeignete Personen vom Straßenverkehr ferngehalten werden.

325

■ Dagegen will ein **repressives Verbot mit Befreiungsvorbehalt** (auch Ausnahmevorbehalt) das erfasste Verhalten grds. verhindern und nur in Ausnahmefällen gestatten.

Beispiel ist der Dispens im Baurecht (z.B. § 31 Abs. 2 BauGB). Grundsätzlich soll der Bauherr die Vorschriften des Baurechts einhalten. Nur in seltenen Ausnahmefällen (z.B. „offenbar nicht beabsichtigte Härte") soll davon eine Abweichung möglich sein.

326

   b) Die Erlaubnis nach § 46 Abs. 1 S. 1 Nr. 9 StVO ist eine **Ausnahmegenehmigung**. Denn die zugrunde liegende Vorschrift des § 33 Abs. 1 S. 1 Nr. 2 StVO enthält ein grundsätzliches Verbot, Leistungen auf der Straße anzubieten, die Straße also zum gewerblichen Raum zu machen. Es handelt sich also um ein repressives Verbot mit Befreiungsvorbehalt. Die Erteilung einer Ausnahmegenehmigung steht grds. im **Ermessen** der Behörde. Eine **Ermessensreduzierung** mit der Folge, dass die Genehmigung erteilt werden muss, ist nur dann anzunehmen, wenn atypische Umstände vorliegen, die das regelmäßig bestehende öffentliche Interesse an der Einhaltung des Verbots überwiegen. Solche Umstände sind im Fall des A nicht ersichtlich. Vielmehr müsste, wenn dem A eine Genehmigung erteilt wird, diese aus Gründen der Gleichbehandlung (Art. 3 Abs. 1 GG) auch anderen Firmen erteilt werden mit der Folge, dass wahrscheinlich gerade die Störungen auftreten würden, die die StVO verhindern will. Insbesondere würde das ständige Umherfahren von solchen Wagen im Stadtgebiet eine weitere Belastung der Verkehrsflächen bedeuten. Da bei der ablehnenden Entscheidung zutreffend auf diesen Gesichtspunkt abgestellt wurde, ist die Ablehnung **ermessensfehlerfrei** erfolgt.[359]

---

[359] Vgl. BVerwGE 45, 147, 151; zum Ermessen nach § 46 StVO auch OVG NRW NWVBl. 2001, 140.

Allgemeine Feststellungsklage **4. Abschnitt**

Somit sind bezüglich der Einrichtung eines Verkehrshilfsdienstes mit patrouillierenden Fahrzeugen sowohl die Feststellungs- als auch die Verpflichtungsklage **unbegründet**.

B. Nichtigkeitsfeststellungsklage, § 43 Abs. 1 Alt. 2 VwGO

Grundschema: Zulässigkeit der Nichtigkeitsfeststellungsklage
I. Verwaltungsrechtsweg
II. Statthaftigkeit der Nichtigkeitsfeststellungsklage
1. Vom Kläger behauptete **Nichtigkeit des VA** (§ 43 Abs. 1 Alt. 2 VwGO)
2. **keine Subsidiarität** (§ 43 Abs. 2 S. 2 VwGO)
III. Besondere Sachurteilsvoraussetzungen
1. **Feststellungsinteresse** (§ 43 Abs. 1 Hs. 2 VwGO)
2. **Klagebefugnis** (§ 42 Abs. 2 VwGO analog)
3. grds. **kein Vorverfahren** (Ausn. Beamtenrecht)
4. grds. **keine Klagefrist** (Ausn. Beamtenrecht)
IV. Allgemeine Sachurteilsvoraussetzungen

I. Zulässigkeit der Nichtigkeitsfeststellungsklage

1. Verwaltungsrechtsweg

327 Der **Verwaltungsrechtsweg** richtet sich auch bei der Nichtigkeitsfeststellungsklage nach Spezialvorschriften oder nach der Generalklausel des § 40 Abs. 1 S. 1 VwGO.

Die Voraussetzungen des § 40 Abs. 1 S. 1 VwGO sind i.d.R. unproblematisch, da sich der Kläger gegen einen VA, also eine eindeutig hoheitliche Maßnahme wendet (s.o. Rn. 34).

2. Statthaftigkeit

328 Nach § 43 Abs. 1 Alt. 2 VwGO kann mit der Feststellungsklage auch die Feststellung der **Nichtigkeit eines VA** begehrt werden (sog. **Nichtigkeitsfeststellungsklage**). Aus § 43 Abs. 2 S. 2 VwGO ergibt sich jedoch, dass ein nichtiger VA auch Gegenstand einer Anfechtungsklage (und damit auch eines Widerspruchs nach § 68 VwGO) sein kann, da insoweit ausdrücklich eine **Ausnahme von der Subsidiarität** der Feststellungsklage gemacht wird. Dies ist nur verständlich, wenn auch bei einem nichtigen VA eine Anfechtungsklage möglich ist. Der Kläger hat also ein Wahlrecht zwischen beiden Klagearten, vor allem auch deshalb, weil für ihn häufig nicht feststellbar sein wird, ob der VA „nur" rechtswidrig und damit aufhebbar oder sogar nichtig ist.[360]

---

360 OVG Koblenz NVwZ 1999, 198; VGH Mannheim NVwZ 1994, 1233; OVG NRW NVwZ 1989, 1087, 1088; Kopp/Schenke VwGO § 43 Rn. 20; Ehlers Jura 2007, 179, 184.

| 3. Teil | Klagearten im Verwaltungsprozess |

Vom nichtigen VA sind die sog. **Nichtakte** zu unterscheiden (z.B. nicht bekannt gegebene Verwaltungsakte). Rechtsschutz gegen Nichtakte kann nur über die allgemeine Feststellungsklage nach § 43 Abs. 1 Alt. 1 VwGO erlangt werden.[361]

3. Besondere Sachurteilsvoraussetzungen

329   **a)** Auch die Nichtigkeitsfeststellungsklage setzt ein **Feststellungsinteresse** gemäß § 43 Abs. 1 Hs. 2 VwGO voraus.

So wird das Feststellungsinteresse zum Teil verneint, wenn der Kläger nicht zuvor erfolglos einen Antrag auf Feststellung der Nichtigkeit des VA durch die Behörde gemäß § 44 Abs. 5 VwVfG gestellt hat.[362] Dagegen spricht jedoch, dass damit de facto ein Vorverfahren eingeführt wurde, das der Gesetzgeber für die Nichtigkeitsfeststellungsklage gerade nicht vorgesehen hat. Mit der behördlichen Feststellung nach § 44 Abs. 5 VwVfG sollte dem Bürger ein zusätzlicher – nicht notwendig primärer – Rechtsbehelf gegeben werden.[363]

330   **b)** Wegen der vergleichbaren Interessenlage ist allgemein anerkannt, dass bei der Nichtigkeitsfeststellungsklage analog § 42 Abs. 2 VwGO wie bei der Anfechtungsklage eine **Klagebefugnis** erforderlich ist.[364] Der Kläger muss also geltend machen, dass der VA, um dessen Nichtigkeit es geht, in seine Rechte eingreift.

331   **c)** **Klagefrist** und **Vorverfahren** sind bei der Nichtigkeitsfeststellungsklage nicht vorgesehen (anders im Beamtenrecht wegen § 54 Abs. 2 BeamtStG bzw. § 126 Abs. 2 BBG).

Die wahlweise mögliche Anfechtungsklage (s.o.) ist dagegen auch bei Nichtigkeit des VA nur bei allen für sie geltenden Voraussetzungen zulässig, insbes. ist die Anfechtungsklage anders als die Nichtigkeitsfeststellungsklage gemäß § 74 VwGO fristgebunden.[365]

332   **d)** Für den **Klagegegner** gilt bei Klage auf Feststellung der Nichtigkeit eines VA die Regelung in § 78 VwGO analog.[366]

II. Begründetheit der Nichtigkeitsfeststellungsklage

333   Die Nichtigkeitsfeststellungsklage ist **begründet**, wenn der VA gemäß § 44 Abs. 2 VwVfG (spezielle Nichtigkeitsgründe) oder § 44 Abs. 1 VwVfG (Generalklausel) nichtig ist.[367]

Beispiele: Ein VA ist nichtig, den aus tatsächlichen Gründen niemand ausführen kann (§ 44 Abs. 2 Nr. 4 VwVfG), der die Begehung einer rechtswidrigen Tat verlangt, die einen Straf- oder Bußgeldtatbestand verwirklicht (§ 44 Abs. 2 Nr. 5 VwVfG) oder der gegen die guten Sitten verstößt (§ 42 Abs. 2 Nr. 6 VwVfG). Außerdem ist ein VA nichtig, soweit er an einem **besonders schwerwiegenden** Fehler leidet und dies bei Verständigung aller in Betracht kommenden Umstände **offensichtlich** ist (§ 44 Abs. 1 VwVfG), z.B. bei absoluter Unzuständigkeit,[368] bei Verstoß gegen Formvorschriften oder bei fehlender Bestimmtheit (§ 37 Abs. 1 VwVfG).[369]

---

361 Ehlers Jura 2007, 179, 184.
362 Hufen § 18 Rn. 32; Würtenberger Rn. 420.
363 OVG NRW NVwZ-RR 1991, 331, 332; Sodan/Ziekow VwGO § 43 Rn. 109; Schenke NVwZ 2016, 97, 100.
364 BVerwG NVwZ 1991, 470, 471; OVG Schleswig NVwZ-RR 2009, 141, 143; Hufen § 18 Rn. 31.
365 OVG Koblenz NVwZ 1999, 198; Schenke NVwZ 2016, 97, 100.
366 Schoch/Meissner VwGO § 78 Rn. 21 u. 49.
367 Zur Nichtigkeit von Verwaltungsakten ausführlich AS-Skript Verwaltungsrecht AT 1 (2017), 6. Abschnitt.
368 VGH BW RÜ 2010, 258, 261: Nichtigkeit eines Haltverbotsschildes bei Aufstellen durch Umzugsunternehmer ohne Anordnung der Straßenverkehrsbehörde.
369 OVG NRW NVwZ 1986, 580; Kopp/Ramsauer VwVfG § 44 Rn. 26.

Zusammenfassende Übersicht **4. Abschnitt**

FESTSTELLUNGSKLAGE

A. Zulässigkeit

I. Verwaltungsrechtsweg

- Spezialzuweisung zum Verwaltungsgericht (z.B. § 54 Abs. 1 BeamtStG)
- Generalklausel, § 40 Abs. 1 S. 1 VwGO

II. Statthaftigkeit

- Bestehen/Nichtbestehen eines ör **Rechtsverhältnisses** (§ 43 Abs. 1 Alt. 1 VwGO)
  - **Rechtsverhältnis:** aufgrund eines konkreten Sachverhalts ergeben sich bestimmte Rechtsbeziehungen zwischen Personen oder zwischen Personen und Sachen
  - **hinreichend konkret:** bestimmter Sachverhalt streitig (auch vergangene oder zukünftige), nicht nur abstrakte Rechtsfragen
  - **Subsidiarität** (§ 43 Abs. 2 S. 1 VwGO)
    - Feststellungsklage subsidiär ggü. Gestaltungsklagen (Anfechtungsklage) und Leistungsklagen (Verpflichtungs- und allg. Leistungsklage), auch bei Klagen gegen ör Körperschaften (str.)
    - nicht subsidiär, wenn Feststellungsklage rechtsschutzintensiver
    - keine Subsidiarität nach Sinn und Zweck, wenn weder Doppelprozess droht noch besondere Sachurteilsvoraussetzungen umgangen werden
- **Nichtigkeit eines VA** (§ 43 Abs. 1 Alt. 2 VwGO), keine Subsidiarität (§ 43 Abs. 2 S. 2 VwGO)

III. Feststellungsinteresse

- berechtigtes Interesse an der baldigen Feststellung jedes schutzwürdige Interesse rechtlicher, wirtschaftlicher oder ideeller Art
- qualifiziertes Feststellungsinteresse
  - bei erledigtem Rechtsverhältnis: Wiederholungsgefahr, Rehabilitationsinteresse, Präjudizität
  - bei vorbeugender Feststellung: Abwarten unzumutbar (s.u. Rn. 398)

IV. Klagebefugnis

- § 42 Abs. 2 VwGO gilt analog (str.)
- Geltendmachung einer subjektiven Rechtsverletzung
  - aus einfach-gesetzlichen Vorschriften oder
  - aus Grundrechten

V. kein Vorverfahren
(Ausn. § 54 Abs. 2 BeamtStG, § 126 Abs. 2 BBG)

VI. keine Klagefrist
(Ausn. § 54 Abs. 2 BeamtStG, § 126 Abs. 2 BBG i.V.m. § 74 Abs. 1 S. 1 VwGO)

B. Begründetheit

- behauptetes Recht/Rechtsverhältnis besteht oder besteht nicht
- VA gemäß § 44 VwVfG nichtig
  - Positivkatalog (§ 44 Abs. 2 VwVfG)
  - Generalklausel (§ 44 Abs. 1 VwVfG)

3. Teil — Klagearten im Verwaltungsprozess

5. Abschnitt: Fortsetzungsfeststellungsklage

334 Mit der Anfechtungsklage erstrebt der Kläger die Aufhebung eines Verwaltungsakts durch das Gericht (§ 42 Abs. 1 Fall 1 VwGO). **Erledigt** sich der Verwaltungsakt vor der gerichtlichen Entscheidung, so entfaltet er keine Rechtsfolgen mehr (§ 43 Abs. 2 VwVfG).

Beispiel: Die Polizeibehörde hat eine für den 01.09. geplante „Friedensdemonstration" wegen zu befürchtender Gewalttätigkeiten mit Verfügung vom 10.08. verboten (§ 15 Abs. 1 VersG). Veranstalter V hat am 15.08. Anfechtungsklage gegen die Verbotsverfügung erhoben. Über die Klage soll am 15.12. entschieden werden. Da sich das Versammlungsverbot auf die konkrete Versammlung am 01.09. bezog, hat sich die Verbotsverfügung durch Zeitablauf erledigt.

335 Nach Erledigung ist die Anfechtungsklage nach h.Lit. **unstatthaft**, da ein erledigter VA mangels Regelungswirkungen nicht mehr aufgehoben werden kann.[370] Nach a.A. fehlt das **Rechtsschutzbedürfnis**, da der Kläger durch den Verwaltungsakt nicht mehr beschwert ist.[371] Jedenfalls ist die Anfechtungsklage nach Erledigung **unzulässig**.[372]

336 In dieser Situation kann das Gericht nach § 113 Abs. 1 S. 4 VwGO auf Antrag des Klägers feststellen, dass der **Verwaltungsakt rechtswidrig gewesen ist**, wenn der Kläger ein berechtigtes Interesse an dieser Feststellung hat (sog. **Fortsetzungsfeststellungsklage**).

Beispiele: Nach Erledigung der Verbotsverfügung kann das Verwaltungsgericht auf Antrag feststellen, dass das Verbot rechtswidrig gewesen ist.[373] Bei einem DauerVA (z.B. einer dauerhaften Untersagung) kann der Kläger in Ansehung der vergangenen Zeiträume zur Fortsetzungsfeststellungsklage übergehen und zugleich (für die Zukunft) Aufhebung des Verwaltungsakts „ex nunc" beantragen.[374]

337 Die **dogmatische Einordnung** des § 113 Abs. 1 S. 4 VwGO ist umstritten. Teilweise wird die Regelung als bloßer Verweis auf § 43 VwGO verstanden und die Fortsetzungsfeststellungsklage als Unterfall der allgemeinen Feststellungsklage gesehen.[375] Andere betonen die Einbindung in § 113 Abs. 1 VwGO und sprechen von einer „kupierten" oder „amputierten" Anfechtungsklage.[376] Von der Rspr. wird die Fortsetzungsfeststellungsklage dagegen regelmäßig als **eigene Klageart** angesehen.[377] Teilweise wird darauf hingewiesen, dass § 113 Abs. 1 S. 4 VwGO gar keine eigenständige Klageart beinhaltet, sondern lediglich eine Verfahrensvorschrift des Anfechtungsprozesses, die einen Fall der privilegierten Klageänderung nach § 173 S. 1 VwGO i.V.m. § 264 Nr. 2 ZPO betrifft und unabhängig von den Voraussetzungen des § 91 VwGO zulässig ist.[378] Dafür spricht, dass § 113 Abs. 1 S. 4 VwGO im Kontext der Vorschriften über das Urteil steht und nicht bei den Klagearten in den §§ 42 ff. VwGO geregelt ist.

Hinweis: In der Klausur muss auf die dogmatische Einordnung nicht näher eingegangen, sondern lediglich die Statthaftigkeit der Fortsetzungsfeststellungsklage gemäß § 113 Abs. 1 S. 4 VwGO geprüft werden.

---

370 Kopp/Schenke VwGO § 42 Rn. 58; Hufen § 14 Rn. 12; Ehlers Jura 2004, 30, 31; Geis/Schmidt JuS 2012, 599, 603.

371 BVerwG NVwZ 2014, 1594, 1595; Enders NVwZ 2000, 1232, 1233; Ogorek JA 2002, 222, 223; Enders/Jäckel JA 2017, 42, 44.

372 Vgl. BayVGH, Beschl. v. 20.12.2017 – 14 ZB 16.118, BeckRS 2017,136947: Zwingende Umstellung des Klageantrags nach Erledigung des Verwaltungsakts.

373 BVerfG NVwZ-RR 2011, 405, 406; DVBl. 2004, 822, 825.

374 BVerwG RÜ 2012, 392, 394; Schübel-Pfister JuS 2012, 420, 423 f.; Schoch/Riese VwGO § 113 Rn. 111.

375 Brüning JuS 2004, 882, 885; Schoch/Riese VwGO § 113 Rn. 107.

376 Vgl. die Nachweise bei Fechner NVwZ 2000, 121, 125 u. Ehlers Jura 2007, 179, 179.

377 Vgl. z.B. BVerwG RÜ 2008, 664, 665; NVwZ 2009, 588, 589.

378 Fechner NVwZ 2000, 121, 126; Weber BayVBl. 2003, 488, 493; Finger VR 2004, 145, 147; Pfeiffer/Buchinger JA 2006, 102, 104; in diesem Sinne auch OVG NRW, Urt. v. 28.06.2018 – 6 A 2014/17, BeckRS 2018, 16111.

Fortsetzungsfeststellungsklage **5. Abschnitt**

A. Zulässigkeit der Fortsetzungsfeststellungsklage

Grundschema: Zulässigkeit der Fortsetzungsfeststellungsklage

I. Verwaltungsrechtsweg

II. Statthaftigkeit der Fortsetzungsfeststellungsklage (§ 113 Abs. 1 S. 4 VwGO)

- bei Erledigung einer Anfechtungsklage nach Klageerhebung

- analog bei Erledigung einer Verpflichtungsklage

- str. bei vorprozessualer Erledigung

III. Besondere Sachurteilsvoraussetzungen

   1. Voraussetzungen der **Anfechtungs-/Verpflichtungsklage analog**

      a) Klagebefugnis (§ 42 Abs. 2 VwGO analog)

      b) kein **Vorverfahren** bei Erledigung vor Bestandskraft

      c) Klagefrist (§§ 74, 58 Abs. 2 VwGO) nur bei Erledigung nach Klageerhebung

      d) richtiger **Beklagter** (§ 78 VwGO analog)

   2. Fortsetzungsfeststellungsinteresse

IV. Allgemeine Sachurteilsvoraussetzungen

I. Verwaltungsrechtsweg

Soweit Spezialzuweisungen fehlen, richtet sich die Eröffnung des **Verwaltungsrechts-** **338**
wegs auch bei der Fortsetzungsfeststellungsklage nach § 40 Abs. 1 S. 1 VwGO.

Gegenstand von Fortsetzungsfeststellungsklagen sind in der Klausur häufig polizeiliche Maßnahmen.
Dann muss im Rahmen des Prüfungspunktes entschieden werden, ob eine präventive Maßnahme vorliegt (dann § 40 Abs. 1 S. 1 VwGO) oder eine repressive Maßnahme, für die die Rechtsbehelfe der StPO
oder die abdrängende Sonderzuweisung nach §§ 23 Abs. 1, 25 Abs. 1 EGGVG einschlägig ist (vgl. dort
die Fortsetzungsfeststellungsklage nach § 28 Abs. 1 S. 4 EGGVG und oben Rn. 90 ff.).

II. Statthaftigkeit der Fortsetzungsfeststellungsklage (FFK)

1. Der Anwendungsbereich des § 113 Abs. 1 S. 4 VwGO

a) Unmittelbarer Anwendungsbereich

Aufgrund seiner systematischen Stellung im 10. Abschnitt der VwGO über Urteile (was **339**
begrifflich ein Klageverfahren voraussetzt) erfasst § 113 Abs. 1 S. 4 VwGO unmittelbar
nur den Fall der **Erledigung einer Anfechtungsklage nach Klageerhebung.**[379]

---

379 Kopp/Schenke VwGO § 113 Rn. 95; Schenke JuS 2007, 697, 697; Schübel-Pfister JuS 2016, 418, 418.

97

| 3. Teil | Klagearten im Verwaltungsprozess |

Vgl. das obige **Beispiel** zum Versammlungsverbot. Die Verbotsverfügung hat sich durch Zeitablauf mit dem 01.09. erledigt. Die vor Erledigung am 15.08. erhobene Anfechtungsklage ist dadurch unzulässig geworden. V kann seinen Anfechtungsantrag nach § 113 Abs. 1 S. 4 VwGO in einen Feststellungsantrag ändern, wenn er ein berechtigtes Interesse an der Feststellung der Rechtswidrigkeit der Verfügung hat.

b) Analoge Anwendung bei Verpflichtungsklagen

340 Allgemein anerkannt ist, dass § 113 Abs. 1 S. 4 VwGO wegen der vergleichbaren Interessenlage in **erledigten Verpflichtungssituationen analog** anzuwenden ist.[380]

Beispiel: A hat sich für die Zulassung eines im Oktober stattfindenden gemeindlichen Volksfestes beworben, ist aber abgelehnt worden. Am 01.09. hat A Verpflichtungsklage auf Zulassung erhoben. Über die Klage wird nicht vor Dezember entschieden werden, sodass die Entscheidung für das diesjährige Volksfest sinnlos ist. A hat aber ein Interesse daran, dass die Rechtswidrigkeit der Ablehnung im Nachhinein noch festgestellt wird, damit er im nächsten Jahr nicht wieder aus denselben (rechtswidrigen) Gründen abgelehnt wird.

c) Keine analoge Anwendung bei allgemeinen Leistungsklagen

341 § 113 Abs. 1 S. 4 VwGO erfasst dagegen nach h.M. nicht die Erledigung sonstiger Leistungsbegehren. Die FFK ist **verwaltungsaktsbezogen**. Für eine analoge Anwendung bei **schlichtem Verwaltungshandeln** fehlt es an einer Regelungslücke, da der Betroffene in diesen Fällen die **allgemeine Feststellungsklage** nach § 43 Abs. 1 VwGO auf Bestehen oder Nichtbestehen eines vergangenen Rechtsverhältnisses erheben kann.[381] Die Gegenansicht verweist auf die vergleichbare Interessenlage und greift auch bei erledigten Leistungsbegehren auf § 113 Abs. 1 S. 4 VwGO analog zurück.[382] Dagegen spricht jedoch, dass die Fortsetzungsfeststellungsklage im Rahmen des § 113 Abs. 1 S. 4 VwGO eng an das Vorliegen eines VA gebunden und Ersatz für die ursprünglich mögliche Anfechtungsklage ist.

342 Zu beachten ist allerdings, dass die Rspr. zuweilen davon ausgeht, dass in einem schlichten Verwaltungshandeln zugleich ein **konkludenter VA** liegen kann. So konkretisiere sich z.B. in der Zwangsanwendung die Pflicht zur Duldung gerade des angewendeten Zwangs. Dieser **(Duldungs-)VA** könne nach Erledigung Gegenstand der Fortsetzungsfeststellungsklage sein.[383]

Beispiele: Auflösung einer Versammlung durch Wegtragen der Demonstrationsteilnehmer, Anwendung unmittelbaren Zwangs durch Einsatz von Wasserwerfern, Betreten einer Wohnung zum Zwecke der Durchsuchung.

343 Die Gegenansicht verweist zutreffend darauf, dass es einer solchen Konstruktion nicht bedarf, da die VwGO auch gegen **schlichtes Verwaltungshandeln** ausreichenden Rechtsschutz eröffnet. Wenn die Polizei z.B. unter Zwangseinsatz eine Versammlung auflöst, dann regelt sie nichts, sondern wendet physische Gewalt an. Es handelt sich daher

---

380 BVerwG NVwZ 2018, 1476, 1477; RÜ 2017, 522, 523; VGH BW NVwZ-RR 2016, 7, 8; BayVGH NVwZ-RR 2011, 310, 311; Schenke JuS 2007, 697, 699; Schübel-Pfister JuS 2016, 418, 419; Schoch/Riese VwGO § 113 Rn. 98.

381 BVerwG NVwZ 2000, 1411; OVG Lüneburg NJW 2006, 391; Kopp/Schenke VwGO § 113 Rn. 116; Schoch/Riese VwGO § 113 Rn. 102; Ehlers Jura 2001, 415, 419; Schenke JuS 2007, 697, 699; Ingold JA 2009, 711, 711.

382 BayVGH BayVBl. 1992, 310; Hufen § 18 Rn. 44; ebenso VG Stuttgart, Urt. v. 22.01. 2015 – 3 K 3148/14, BeckRS 2015, 41895 für eine beamtenrechtliche Umsetzung (kein VA mangels Außenwirkung).

383 Grundlegend BVerwGE 26, 161, 165 (Schwabinger Krawalle); BayVGH RÜ 2012, 256, 258; OVG Koblenz LKRZ 2014, 363; vgl. AS-Skript Verwaltungsrecht AT 1 (2017), Rn. 218.

Fortsetzungsfeststellungsklage | 5. Abschnitt

um bloße **Realakte**,[384] bei denen im Fall der Erledigung nicht die Fortsetzungsfeststellungsklage nach § 113 Abs. 1 S. 4 VwGO, sondern die allgemeine Feststellungsklage nach § 43 Abs. 1 VwGO einschlägig ist.

Die Rspr. des BVerwG ist vor allem historisch begründet. Vor Inkrafttreten der VwGO wurde Verwaltungsrechtsschutz nur bei VAen gewährt. Deswegen war die Rspr. bemüht, in schlichtes Verwaltungshandeln einen VA hinein zu interpretieren, um den Rechtsweg zu eröffnen. Für eine solche extensive Handhabung des VA-Begriffs besteht seit Inkrafttreten der VwGO kein Bedürfnis mehr.[385]

2. Begriff der Erledigung

Erledigung tritt ein, wenn das Begehren des Klägers gegenstandslos wird. Wesentlich ist dabei der **Wegfall** der mit der Klage angegriffenen **beschwerenden Regelung**.[386] § 113 Abs. 1 S. 4 VwGO und § 43 Abs. 2 VwVfG nennen beispielhaft die Erledigung durch Rücknahme, Widerruf und Zeitablauf. Weitere wichtige Fälle sind das Erlöschen von (befristeten) Erlaubnissen, der Erlass eines Änderungsbescheids,[387] der Wegfall des Regelungsobjekts (z.B. Zerstörung des Gebäudes bei einer Abrissverfügung) und Tod beim höchstpersönlichen VA.

344

Beispiel: Bei der beamtenrechtlichen Konkurrentenklage erledigt sich das Begehren des unterlegenen Bewerbers, sobald der Konkurrent wirksam ernannt worden ist, da diese Ernennung nach den beamtenrechtlichen Vorschriften grds. nicht mehr rückgängig gemacht werden kann. Da ein Amt nur zusammen mit der Einweisung in eine besetzbare Planstelle besetzt werden darf (§ 49 Abs. 1 BHO), steht die nunmehr besetzte Planstelle nicht mehr zur Verfügung.[388] Etwas anderes gilt bei einem Verstoß gegen die grundrechtliche Informationspflicht nach Art. 19 Abs. 4, 33 Abs. 2 GG. (s.o. Rn. 240).

Nicht zur Erledigung führt dagegen i.d.R. der **Vollzug** eines VA. Zwar entfällt durch den Vollzug die Grundaussage des VA (bei einem Gebot z.B. die Aufforderung, etwas zu tun, zu dulden oder zu unterlassen). Jedoch bleibt der VA **Rechtsgrund** für den Vollzug.[389]

345

Beispiele: Ein Abgabenbescheid ist vollzogen, wenn die Abgabe gezahlt ist. Gleichwohl ist der VA nicht erledigt, sondern kann aufgrund eines Rechtsbehelfes noch aufgehoben werden, weil er Rechtsgrund für die Zahlung ist. Wird der VA aufgehoben, so entfällt der Rechtsgrund, der Schuldner kann die Abgabe zurückverlangen (vgl. auch § 113 Abs. 1 S. 2 VwGO).[390] Die Anfechtungsklage bleibt daher statthaft.

Ausnahmsweise kann der Vollzug zur vollständigen Erledigung des VA führen, nämlich dann, wenn durch den Vollzug **irreparable Tatsachen** geschaffen werden.

346

Beispiel: Befolgt der Adressat eine Abbruchverfügung und beseitigt den Baukörper, erledigt sich die Verfügung angesichts der damit irreversibel eingetretenen Situation.[391]

Umstritten ist, ob dies auch gilt, wenn der VA im Wege der **Ersatzvornahme** zwangsweise durchgesetzt wird (z.B. Abbruch des Gebäudes durch einen Dritten). Nach h.M. tritt hier **keine Erledigung** ein, da der GrundVA nach durchgeführter Ersatzvornahme als **Rechtsgrund für die Kostenpflicht** des Adressaten fortwirke.[392]

347

---

384 VGH BW NVwZ 2001, 574; VG Stuttgart, Urt. v. 18.11.2015 – 5 K 1265/14, BeckRS 2015, 56039;VG Schleswig, Urt. v. 01.12. 2016 – 1 A 181/14, BeckRS 2016, 55538; Stelkens/Bonk/Sachs VwVfG § 35 Rn. 93 ff.

385 Sodan/Ziekow VwGO § 42 Rn. 100; Fehling JA 1997, 482, 483; Stelkens/Bonk/Sachs VwVfG § 35 Rn. 93 ff. m.w.N.

386 BVerwG NVwZ 1991, 570; BayVGH NVwZ 2014, 248; Bünnigmann JuS 2017, 650, 651.

387 BVerwG RÜ 2009, 45, 46.

388 BVerfG NVwZ 2008, 70; NVwZ 2007, 1178; BVerwG RÜ 2011, 119, 121; a.A. Ehlers Jura 2004, 30, 35.

389 BVerwG, Urt. v. 14.12.2016 – BVerwG 1 C 11.15, Rn. 29; Kopp/Schenke VwGO § 113 Rn. 102; Waldhoff JuS 2009, 368, 369.

390 Ehlers Jura 2001, 415, 417.

391 Enders NVwZ 2000, 1232, 1233.

392 BVerwG RÜ 2009, 47, 48; VGH BW VBlBW 2008, 305; OVG NRW NWVBl. 2007, 26, 27; Kopp/Schenke VwGO § 113 Rn. 102; Ehlers Jura 2001, 415, 416; Waldhoff JuS 2009, 368, 369; Bünnigmann JuS 2017, 650, 652.

3. Teil Klagearten im Verwaltungsprozess

348 Die Gegenansicht nimmt Erledigung an, da sich die Verpflichtung zur Erstattung der Kosten nicht aus der Grundverfügung ergebe, sondern **kraft Gesetzes** aus den kostenrechtlichen Vorschriften. Auch als Rechtsgrund für die Vermögensverschiebung wirke der GrundVA nicht fort, wie dies z.B. bei der Vollziehung von Abgabenbescheiden der Fall ist, da der Vollzug schon aus tatsächlichen Gründen nicht mehr rückgängig gemacht werden könne.[393] Dagegen spricht jedoch, dass die Kostenerstattung zwar nicht in der Verfügung geregelt ist, sie setzt aber die **fortdauernde Wirksamkeit** der Grundverfügung über den Zeitpunkt der Ersatzvornahme hinaus voraus. Wird der GrundVA nachträglich aufgehoben, entzieht er den Vollstreckungsakten einschließlich des Kostenerstattungsanspruchs ihre Grundlage. Dies hat zur Folge, dass die Möglichkeit der (rückwirkenden) Aufhebung der Grundverfügung auch nach deren Vollzug fortbestehen muss, eine Erledigung also gerade nicht angenommen werden kann.[394]

349 Ein **Verpflichtungsbegehren** kann sich insbesondere dadurch erledigen, dass das Klagebegehren **bereits auf andere Weise erreicht** wurde oder die weitere Prozessführung **objektiv nutzlos** ist.[395]

Beispiele: Während des Klageverfahrens erteilt die Behörde aufgrund besserer Erkenntnis die zunächst abgelehnte Baugenehmigung. – Die begehrte Gaststättenerlaubnis ist für den Kläger nutzlos, nachdem er seine Betriebsstätte aufgegeben oder sein Gewerbe abgemeldet hat.[396] **Gegenbeispiel:** Eine Klage auf Neubewertung bzw. Wiederholung einer Prüfung erledigt sich nicht mit dem Bestehen der Nach- oder Wiederholungsprüfung, weil die Zahl der erforderlichen Prüfungsversuche (negative) Rückschlüsse auf die individuellen Kenntnisse und Fähigkeiten des Prüflings zulässt.[397]

350 Ein Verpflichtungsbegehren kann sich aber auch dadurch erledigen, dass der (vermeintliche) Anspruch des Klägers **durch eine nachträgliche Rechtsänderung erloschen** ist.

Beispiel: B beantragt eine Baugenehmigung, die von der Behörde abgelehnt wird. Während des Verpflichtungsprozesses werden die zugrunde liegenden baurechtlichen Vorschriften (z.B. der B-Plan) zu Ungunsten des B geändert. Da bei der Verpflichtungsklage grds. die Sach- und Rechtslage im Zeitpunkt der letzten mündlichen Verhandlung entscheidet (s.u. Rn. 607 ff.), kann der Verpflichtungsantrag des B keinen Erfolg mehr haben. Er hat sich erledigt.[398]

III. Besondere Sachurteilsvoraussetzungen der FFK

1. Voraussetzungen der (hypothetischen) Ausgangsklage

351 Da die Fortsetzungsfeststellungsklage nichts anderes als die Fortsetzung der ursprünglich möglichen Anfechtungs- oder Verpflichtungsklage mit anderen Mitteln ist, gelten nach h.M. im Grundsatz die **besonderen Sachurteilsvoraussetzungen** der (hypothetischen) Ausgangsklage **analog** auch bei der Fortsetzungsfeststellungsklage. Allein die Erledigung kann aus einer bis dahin unzulässigen Anfechtungs- oder Verpflichtungsklage keine zulässige Fortsetzungsfeststellungsklage machen.[399]

---

393 BayVGH NVwZ-RR 1994, 548; OVG Schleswig NJW 1993, 2004; VGH BW NVwZ 1994, 1130, 1131; ebenso Proppe JA 1998, 151, 162; Enders NVwZ 2000, 1232, 1236; Bausch NVwZ 2006, 158, 159; Würtenberger/Heckmann Rn. 726.

394 BVerwG RÜ 2009, 47, 48; OVG NRW NWVBl. 2007, 26, 27 f.; NWVBl. 2003, 386, 387.

395 BayVGH, Beschl. v. 30.09.2014 – 20 ZB 11.1890, BeckRS 2014, 56876.

396 BVerwG NVwZ 2014, 151; OVG NRW, Beschl. v. 23.06.2014 – 4 A 2415/07, BeckRS 2014, 54975.

397 OVG NRW NWVBl. 2002, 355, 356; vgl. auch BVerwG NVwZ 2001, 1286.

398 BVerwG BRS 60 Nr. 100; OVG NRW NWVBl. 2002, 355, 356; Ingold JA 2009, 711, 714.

399 BVerwG NVwZ 2018, 1476, 1477; Kopp/Schenke VwGO § 113 Rn. 118; Ehlers Jura 2002, 345, 347; Rozek JuS 2002, 470, 472; Schenke JuS 2007, 697, 698; Ingold JA 2009, 711, 712.

Zu prüfen sind daher grds.

352

- die **Klagebefugnis** (§ 42 Abs. 2 VwGO),

- die Durchführung des **Vorverfahrens** (§§ 68 ff. VwGO),

- die Beachtung der **Klagefrist** (§ 74 VwGO) und

- die Wahl des richtigen **Beklagten** (§ 78 VwGO).

Uneingeschränkt gilt dies allerdings nur bei **Erledigung nach Klageerhebung**. Bei vorprozessualer Erledigung werden von der Rspr. zunehmend Ausnahmen gemacht (vgl. unten Fall 9).

2. Fortsetzungsfeststellungsinteresse

Als **besondere Sachurteilsvoraussetzung** der Fortsetzungsfeststellungsklage ist gemäß § 113 Abs. 1 S. 4 VwGO neben den besonderen Sachurteilsvoraussetzungen der (hypothetischen) Ausgangsklage ein **besonderes Feststellungsinteresse** erforderlich (sog. Fortsetzungsfeststellungsinteresse). Hierfür genügt jedes nach Lage des Falles **schutzwürdige Interesse rechtlicher, wirtschaftlicher oder ideeller Art**.[400]

353

Aufbauhinweis: Das Fortsetzungsfeststellungsinteresse wird i.d.R. nach den ggf. analog heranzuziehenden Sachurteilsvoraussetzungen der Anfechtungs- oder Verpflichtungsklage geprüft. Vertretbar ist allerdings auch, das Fortsetzungsfeststellungsinteresse vor den besonderen Sachurteilsvoraussetzungen der Ausgangsklage zu prüfen. Eine logische Vor- oder Nachrangigkeit besteht hier nicht.

Ein **Fortsetzungsfeststellungsinteresse** wird vor allem anerkannt bei:[401]

354

- **Wiederholungsgefahr**,

- **Rehabilitationsbedürfnis**,

- **schwerwiegenden Grundrechtseingriffen**, die sich typischerweise kurzfristig erledigen und

- **Präjudizwirkung** für einen Schadensersatz- oder Entschädigungsprozess.

Die Fallgruppen sind **nicht abschließend**. Grundgedanke ist, dass der Kläger durch die Erledigung nicht um die „Früchte" des bisherigen Prozesses gebracht werden soll.[402] Das Fortsetzungsfeststellungsinteresse ist daher immer zu bejahen, wenn der Kläger mit der Entscheidung des VG „noch etwas anfangen" kann.[403]

355

---

400 Vgl. BVerwG RÜ 2017, 522, 524; Schoch/Riese VwGO § 113 Rn. 123; Kopp/Schenke VwGO § 113 Rn. 130.

401 BVerfG NJW 2017, 545; NVwZ-RR 2011, 405, 405 f.; Kopp/Schenke VwGO § 113 Rn. 136 ff.; Schübel-Pfister JuS 2012, 993, 995; dies. JuS 2016, 992, 993.

402 BVerwG NVwZ 2015, 600, 602; VGH BW NVwZ-RR 2016, 7, 8; OVG NRW RÜ 2019, 39, 41.

403 OVG Lüneburg NordÖR 2015, 187.

a) Wiederholungsgefahr

356 Eine Wiederholungsgefahr liegt vor, wenn die Möglichkeit besteht, dass die Behörde bei im Wesentlichen unveränderten tatsächlichen und rechtlichen Verhältnissen einen **vergleichbaren VA** erneut erlassen wird.[404] Dabei genügt weder die bloße theoretische Möglichkeit einer Wiederholung noch muss umgekehrt feststehen, dass eine vergleichbare Situation tatsächlich wieder eintritt. Ausreichend sind Anhaltspunkte, die es in absehbarer Zeit als **hinreichend wahrscheinlich** erscheinen lassen, dass ein gleichartiger VA ergehen wird.

Beispiele: Verbot einer Versammlung, wenn vergleichbare Veranstaltungen in der Zukunft geplant sind, auch wenn noch kein konkreter Anlass feststeht;[405] Ablehnung eines Verpflichtungsbegehrens, wenn die Möglichkeit eines Folgeantrages besteht, z.B. jährlich wiederkehrende Bewerbung um einen Standplatz auf einem Volksfest.[406]

Ist dagegen **ungewiss**, ob in Zukunft noch einmal die gleichen tatsächlichen Verhältnisse eintreten wie im Zeitpunkt des Erlasses des erledigten VA, kann das Fortsetzungsfeststellungsinteresse nicht aus einer Wiederholungsgefahr hergeleitet werden.[407]

b) Rehabilitationsbedürfnis

357 Ein Rehabilitationsbedürfnis ist insbes. zu bejahen, wenn der erledigte VA **diskriminierende Wirkung** hat und die abträglichen Nachwirkungen der Maßnahme nur durch eine gerichtliche Feststellung der Rechtswidrigkeit ausgeglichen werden können (Genugtuungsfunktion).[408] Voraussetzung ist grds., dass durch die behördliche Maßnahme das **soziale Ansehen** betroffen ist (Stigmatisierung).[409]

Beispiele: Ingewahrsamnahme durch die Polizei, Anwendung unmittelbaren Zwangs,[410] herabwürdigende Maßnahmen, Vorwurf der Unzuverlässigkeit gegenüber einem Gewerbetreibenden, nicht dagegen der bloße Vorwurf objektiv strafbaren Verhaltens[411] oder ein Hausverbot gegenüber einem Schüler.[412]

c) Schwerwiegender Grundrechtseingriff

358 In der neueren Rspr. wird zunehmend darauf abgestellt, dass sich ein schutzwürdiges ideelles Interesse an der Feststellung der Rechtswidrigkeit eines VA auch dann ergeben kann, wenn dieser tatsächlich nicht mehr fortwirkt, aber mit einem **schwerwiegenden Grundrechtseingriff** verbunden und ausreichender Rechtsschutz vor Erledigung nicht möglich war. Der verfassungsrechtlich durch Art. 19 Abs. 4 GG garantierte Grundsatz effektiven Rechtsschutzes gebiete es in diesen Fällen, dass der Betroffene Gelegenheit

---

404 BVerfG DVBl. 2004, 822, 825; BVerwG NVwZ 2000, 63, 64; OVG SH, Urt. v. 25.01.2018 – 4 LB 36/17, BeckRS 2018, 4002.

405 BVerfG NVwZ-RR 2011, 405, 406; DVBl. 2004, 822, 825; VG Magdeburg NVwZ-RR 2012, 473, 474.

406 OVG Lüneburg NJW 2003, 531, 532; Sauer JuS 2004, 1085, 1088.

407 BVerwG NVwZ 2013, 1481, 1482; VGH BW VBlBW 2015, 428; OVG Saarlouis ZfS 2016, 539; Lindner NVwZ 2014, 180, 181; ebenso OVG NRW RÜ 2017, 122, 124 zum allgemeinen Feststellungsinteresse.

408 BVerfG DVBl. 2004, 822, 825; BVerwG NVwZ-RR 2011,279; VGH BW VBlBW 2015, 428; OVG Koblenz LKRZ 2014, 363; BayVGH GewArch 2012, 445; OVG NRW NJW 2007, 3798, 3799; Dörr JA 2012, 184, 185 m.w.N.

409 BVerwG NVwZ 2013, 1481, 1483; OVG Koblenz LKRZ 2014, 363; VGH BW VBlBW 2015, 298; Unterreitmeier NVwZ 2015, 25, 29.

410 OVG Koblenz LKRZ 2014, 363.

411 BVerwG NVwZ 2013, 1481, 1483; kritisch Lindner NVwZ 2014, 180, 182.

412 BayVGH NVwZ-RR 2013, 614; dazu Hebeler JA 2014, 239; vgl. auch BVerwG NVwZ 2013, 1550: kein Rehabilitierungsinteresse allein wegen der Anforderung eines Fahreignungsgutachtens; dazu Schübel-Pfister JuS 2013, 990, 994.

Fortsetzungsfeststellungsklage 5. Abschnitt

erhalte, die Berechtigung des schwerwiegenden – wenn auch tatsächlich nicht mehr fortwirkenden – Grundrechtseingriffs gerichtlich klären zu lassen.[413]

Typische Fallgestaltungen sind polizeiliche Maßnahmen wie Hausdurchsuchungen,[414] behördliche Abhörmaßnahmen,[415] Verbot oder Auflösung einer Versammlung.[416]

Allein die **Möglichkeit einer Grundrechtsverletzung reicht** für die Bejahung des Fortsetzungsfeststellungsinteresses zwar **nicht aus**.[417] Denn sonst könnte bei jeder belastenden Maßnahme zumindest eine Verletzung von Art. 2 Abs. 1 GG geltend gemacht werden. Das **besondere** Feststellungsinteresse ist daher nur bei einer **schwerwiegenden Grundrechtsbeeinträchtigung** zu bejahen.[418]

359

Beispiel: Im Versammlungsrecht nimmt die Rspr. dies insbes. dann an, wenn durch ein Verbot oder eine Auflösung der Versammlung die Grundrechtsausübung unterbunden worden ist oder die Versammlung zwar durchgeführt worden ist, aber in Folge von Auflagen nur in einer Weise, die ihren spezifischen Charakter verändert hat.[419]

Im Einzelnen ist in diesem Zusammenhang **Vieles streitig**. Überwiegend wird auf **Art und Intensität** des Eingriffs abgestellt.[420] Andere verweisen darauf, dass bei der Bewertung von Grundrechtseingriffen nicht deren Intensität maßgebend sein dürfe, sondern primär die **Bedeutung des Grundrechts**. Das Fortsetzungsfeststellungsinteresse sei insbes. zu bejahen, wenn der gerügte Eingriff ein **besonders bedeutsames Grundrecht** betraf.[421] Andere wiederum stellen auf den **zeitlichen Aspekt** ab und bejahen bei sich kurzfristig erledigenden Verwaltungsakten ein Feststellungsinteresse unabhängig von der Intensität des Eingriffs und dem Rang der betroffenen Rechte.[422] Die h.Rpsr. **kombiniert** die v.g. Gesichtspunkte und bejaht ein Fortsetzungsfeststellungsinteresse, wenn sich **schwerwiegende Grundrechtseingriffe** so **kurzfristig erledigen**, dass eine gerichtliche Klärung in einem Hauptsacheverfahren praktisch ausgeschlossen ist.[423]

360

Die Lit. kritisiert hieran vor allem die **Unterscheidung** zwischen Kurz- und Dauerverwaltungsakten. Ein rechtliches und damit berechtigtes Interesse an der Feststellung der Rechtswidrigkeit eines erledigten VA lasse sich in dem einen wie in dem anderen Fall mit dem **grundrechtlichen Kompensationsgebot** begründen.[424] Dagegen spricht jedoch,

361

---

413 Vgl. BVerfG NJW 2017, 545, 546; NJW 2017, 1939, 1939; BVerwG NVwZ 2013, 1481, 1483; OVG Lüneburg NordÖR 2015, 187; OVG NRW RÜ 2017, 122, 125; Sodan/Ziekow VwGO § 113 Rn. 283; kritisch Hufen § 18 Rn. 80; Fechner NVwZ 2000, 121, 122; Ogorek JA 2002, 222, 228.

414 BVerfG NJW 1997, 2163, 2164; OVG NRW DVBl. 1999, 1226, 1227.

415 BVerfG NJW 2005, 1855.

416 BVerfG NVwZ-RR 2011, 405, 405; DVBl. 2004, 822, 824.

417 BVerfG DVBl. 2004, 822, 824; OVG NRW NWVBl. 2006, 302; VG Magdeburg NVwZ-RR 2012, 473, 474.

418 Vgl. OVG Bln-Bbg RÜ 2011, 803, 805; Kopp/Schenke VwGO § 113 Rn. 146; Pietzner/Ronellenfitsch Rn. 640; Ehlers Jura 2001, 415, 422; Ogorek JuS 2013, 639, 641.

419 BVerfG DVBl. 2004, 822, 824.

420 Vgl. z.B. VGH BW VBlBW 2015, 428 (schwere Beeinträchtigung); OVG SH, Urt. v. 25.01.2018 – 4 LB 36/17, BeckRS 2018, 4002 (gewichtiger bzw. tiefgreifender Grundrechtseingriff); Rozek JuS 2002, 470, 476 (nachhaltiger Grundrechtseingriff); Würtenberger/Heckmann Rn. 739 (tiefgreifender und schwerwiegender Eingriff).

421 BVerwGE 87, 23, 25; BGH NJW 1990, 2758; OVG Bremen NVwZ 1990, 1188, 1189; BayVGH, Beschl. v. 31.08.2018 10 ZB 18.81, BeckRS 2018, 21844: insb. bei Grundrechtseingriffen, die unter Richtervorbehalt stehen oder die besonders sensible Rechtsgüter (z.B. Art. 2 Abs. 2 GG) berühren.

422 OVG Bln-Bbg, Beschl. v. 10.07.2017 10 N 46.14 – BeckRS 2017, 146909 unter Hinweis auf BVerwG NJVwZ 2013, 1481, 1483; Schoch/Riese VwGO § 113 Rn. 143; im Ergebnis auch OVG NRW NVwZ 2018, 1497, 1498; dagegen OVG SH, Urt. v. 25.01.2018 – 4 LB 36/17, BeckRS 2018, 4002; offen gelassen von OVG RP 2016, 2820, 2821.

423 Vgl. z.B. BVerfG NJW 2017, 545, 545 f.; dazu Schübel-Pfister JuS 2016, 992, 993; ebenso BVerfG NJW 2017, 1939, 1939; OVG NRW RÜ 2018, 255, 257; kritisch Bamberger NVwZ-Extra 2017, 18 a (Online Aufsatz zu NVwZ 2017, 1346).

424 Lindner NVwZ 2014, 180, 184; Thiele DVBl. 2015, 954, 956.

103

3. Teil Klagearten im Verwaltungsprozess

dass der Grundrechtseingriff allein noch kein Fortsetzungsfeststellungsinteresse begründen kann (s.o.). Erforderlich ist vielmehr eine **besondere Intensität des Eingriffs** und (kumulativ) das ansonsten Vorliegen eine Rechtsschutzlücke.[425]

362 *Unklar ist auch, ob es sich bei der „schwerwiegenden Grundrechtsbeeinträchtigung" um eine* **spezielle Fallgruppe** *des Fortsetzungsfeststellungsinteresses handelt*[426] *oder nur um einen Unterfall des Rehabilitationsbedürfnisses.*[427] *In der Klausur kann die Frage der Einordnung offenbleiben, da die Fallgruppen des Fortsetzungsfeststellungsinteresses ohnehin nicht abschließend sind und die Unterscheidung daher für das Ergebnis keine Bedeutung hat.*

Formulierungsvorschlag: *„Das Fortsetzungsfeststellungsinteresse könnte sich aus dem Gesichtspunkt einer schwerwiegenden Grundrechtsbeeinträchtigung ergeben. Dabei ist zwar umstritten, ob es sich hierbei um eine eigenständige Fallgruppe handelt oder nur um einen Unterfall des Rehabilitationsinteresses. Jedenfalls ist anerkannt, dass ein Interesse an der Feststellung der Rechtswidrigkeit eines VA auch dann bestehen kann, wenn dieser zwar nicht unmittelbar diskriminierend wirkt, aber mit einem schwerwiegenden Grundrechtseingriff verbunden und ausreichender Rechtsschutz vor Erledigung nicht möglich war."*

d) Präjudizinteresse

363 Das Fortsetzungsfeststellungsinteresse kann sich schließlich auch aus der **Präjudizität** der verwaltungsgerichtlichen Entscheidung für einen Schadensersatz- oder Entschädigungsprozess vor den Zivilgerichten ergeben.[428] Hat nämlich das Verwaltungsgericht die Rechtswidrigkeit des Verwaltungshandelns festgestellt, so ist das Zivilgericht in einem Schadensersatzprozess (z.B. wegen Amtshaftung gemäß Art. 34 GG, § 839 BGB) aufgrund der **Rechtskraftwirkung** (§ 121 VwGO) an diese Entscheidung gebunden.[429]

Das Fortsetzungsfeststellungsverfahren vor dem VG hat für den Kläger den Vorteil des Amtsermittlungsgrundsatzes nach § 86 Abs. 1 VwGO, während er im Zivilprozess die volle Darlegungs- und Beweislast für die Rechtswidrigkeit des VA trägt.[430]

364 Ein Bedürfnis für eine verwaltungsgerichtliche (Vor-)Klärung der Rechtswidrigkeit besteht aber nur, wenn der Kläger daraus überhaupt einen **Vorteil** hat. Das ist nicht der Fall, wenn der Ersatzanspruch **offensichtlich nicht** gegeben ist.[431] Andererseits darf das VG den möglichen Amtshaftungsanspruch (Art. 34 GG, § 839 BGB) wegen der Zuständigkeit der Zivilgerichte (Art. 34 S. 3 GG) nicht im Einzelnen prüfen. **Offensichtliche Aussichtslosigkeit** und damit das Fehlen eines entsprechenden Fortsetzungsfeststellungsinteresses ist daher nur dann anzunehmen, wenn ohne eine ins Einzelne gehende Prüfung erkennbar ist, dass der behauptete Ersatzanspruch unter keinem rechtlichen Gesichtspunkt bestehen kann, d.h. wenn sich der Misserfolg geradezu aufdrängt.[432]

---

425 Vgl. Unterreitmeier NVwZ 2015, 25, 29.

426 So wohl BVerfG DVBl. 2004, 822, 824; BVerwG NVwZ 2013, 1481, 1483; Kopp/Schenke VwGO § 113 Rn. 146; Andrick ZAP 2000, 899, 920; wohl auch BVerfG NJW 1999, 290, 291; NJW 1997, 2163, 2164.

427 So BVerfG, Beschl. v. 31.10.2005 – 2 BvR 2233/04 „Rehabilitierungsinteresse"; OVG Hamburg NVwZ-RR 2003, 276; Jahn JuS 2001, 172, 174; Ehlers Jura 2001, 415, 422; Rozek JuS 2002, 470, 472; Rubel/Duru JA 2010, 281, 284; Schübel-Pfister JuS 2016, 418, 419.

428 Vgl. Kopp/Schenke VwGO § 113 Rn. 136; Huber NVwZ 2013, 1488, 1489; Heusch NVwZ 2015, 604, 605.

429 BGH NJW 2005, 58, 59; Schlick NJW 2011, 3341, 3347; allgemein AS-Skript Verwaltungsrecht AT 2 (2017), Rn. 710; vgl. auch BVerwG NVwZ 2015, 600, 602: behördliches Anerkenntnis lässt Präjudizinteresse nicht entfallen.

430 Vgl. deshalb OVG Saarlouis NVwZ-RR 2016, 240: Kein Präjudizinteresse, wenn die vorgesehene Schadensersatzklage ihrerseits vor dem VG erhoben werden soll.

431 BVerwG NVwZ-RR 2016, 362, 363; NVwZ 2013, 1481, 1483; NdsOVG NordÖR 2015, 187; Schoch/Riese VwGO § 113 Rn. 133.

432 BVerwG NVwZ-RR 2016, 362, 363; NVwZ 2014, 151, 152; OVG NRW, Urt. v. 18.09.2018 – 8 A 1884/16, BeckRS 2018, 26408; Schübel-Pfister JuS 2016, 418, 420; ebenso BayVGH, Beschl. v. 21.04.2017 – 10 ZB 16.2281, BeckRS 2017, 108393 für den unionsrechtlichen Haftungsanspruch.

Beispiel: Für den Amtshaftungsanspruch fehlt es i.d.R. am Verschulden, wenn ein Kollegialgericht die Maßnahme für rechtmäßig erachtet hat.[433] Allerdings kann sich in diesen Fällen das Fortsetzungsfeststellungsinteresse in Bezug auf einen Anspruch wegen enteignungsgleichen Eingriffs ergeben, der kein Verschulden voraussetzt.[434]

Der **Gesichtspunkt der Präjudizität** begründet ein Fortsetzungsfeststellungsinteresse **365** jedoch nur, wenn sich der VA **nach Klageerhebung** erledigt hat.[435] Bei Erledigung vor Klageerhebung braucht keine Vorarbeit für einen Zivilprozess geleistet zu werden, da sich der Kläger sofort an das zuständige Zivilgericht wenden kann, das dann die öffentlich-rechtlichen Vorfragen ohnehin prüfen muss. Hier würde die vorherige Anrufung des VG zu einer unökonomischen Prozessvermehrung führen.

Entsprechendes gilt für die allgemeine Feststellungsklage (§ 43 Abs. 1 VwGO). Auch dort reicht für vergangene Rechtsverhältnisse der Gesichtspunkt der Präjudizität nicht aus, um ein Feststellungsinteresse bei Erledigung vor Klageerhebung zu begründen (s.o. Rn. 305).[436]

Fall 9: Nachträglicher Rechtsschutz

K ist Angehöriger eines Bürgerforums „BürgerInnen beobachten Polizei und Justiz", das es sich aus bürgerlichem Engagement zur Aufgabe gemacht hat, das Verhalten der Polizei bei Versammlungen zu dokumentieren, um die Rechtmäßigkeit von Polizeimaßnahmen sicherzustellen. Bei einer friedlichen Versammlung in der Stadt E filmten Beamte einer Einheit der Bereitschaftspolizei das Versammlungsgeschehen. K wies die Beamten darauf hin, dass die Aufnahmen seiner Ansicht nach rechtswidrig seien und richtete dabei seinerseits eine Kamera unmittelbar auf die Polizeibeamten. Die Beamten verlangten daraufhin von K die Aushändigung seines Personalausweises. Zu einer Überprüfung des Ausweises kam es jedoch nicht, da die Aufforderung bei den umstehenden Versammlungsteilnehmern große Aufmerksamkeit erregte und die Polizeibeamten die Maßnahme zum Zwecke der Deeskalation abbrachen und K seinen Ausweis ohne weitere Kontrolle zurückgaben. K hat zwei Monate später Klage beim Verwaltungsgericht erhoben, mit der er die Feststellung der Rechtswidrigkeit der Maßnahme begehrt. Das beklagte Land L als Träger der Polizei hält die Klage bereits für unzulässig: Da keine Personalienfeststellung durchgeführt worden sei, fehle es an einem angreifbaren Verwaltungsakt, im Übrigen habe K auch kein schutzwürdiges Interesse an der begehrten Feststellung. Ist die Klage zulässig?

Hinweis: Im Land L ist von den Ermächtigungen in § 61 Nr. 3, 68 Abs. 1 S. 2, 78 Abs. 1 Nr. 2 VwGO kein Gebrauch gemacht worden.

Die Klage ist zulässig, wenn die **Sachurteilsvoraussetzungen** vorliegen.

I. Mangels aufdrängender Spezialzuweisung richtet sich die **Eröffnung** des **Verwal- 366 tungsrechtswegs** nach § 40 Abs. 1 S. 1 VwGO. Die danach erforderliche **öffentlich-rechtliche Streitigkeit** ergibt sich daraus, dass sich K gegen eine **eindeutig hoheit-**

---

433 BGH DVBl. 2001, 1619, 1621; BVerwG NVwZ 2013, 1550, 1551; Schlick NJW 2014, 2915, 2918.

434 BVerwG NVwZ 2014, 151, 152

435 BVerwG, Beschl. v. 31.08.2017 – BVerwG 1 WB 36.16, BeckRS 2017, 125566; BVerwG NVwZ 2011, 618, 622; BayVGH NVwZ-RR 2013, 614, 615; Kopp/Schenke VwGO § 113 Rn. 136; Schenke JuS 2007, 697, 700; Schübel-Pfister JuS 2016, 418, 420.

436 Kopp/Schenke VwGO § 43 Rn. 24 u. 25.

3. Teil — Klagearten im Verwaltungsprozess

liche Polizeimaßnahme wendet. Eine **nichtverfassungsrechtliche Streitigkeit** liegt schon aus formellen Gründen vor, da keiner der Beteiligten ein Verfassungsorgan ist. Da die Polizei zum Zwecke der Gefahrenabwehr (drohende Verletzung des Rechts der Beamten am eigenen Bild) und nicht zur Strafverfolgung tätig geworden ist, greift auch die **abdrängende Zuweisung** des § 23 Abs. 1 EGGVG nicht ein (s.o. Rn. 91 ff.). Der Verwaltungsrechtsweg ist eröffnet.

367 II. Als statthafte **Klageart** kommt eine **Fortsetzungsfeststellungsklage** nach § 113 Abs. 1 S. 4 VwGO in Betracht.

1. Dann müsste sich ein **Verwaltungsakt erledigt** haben. Ein VA i.S.d. § 35 S. 1 VwVfG war jedenfalls das Gebot an K, seinen **Personalausweis** zum Zwecke der Identitätsfeststellung **auszuhändigen**.[437] Deswegen ist es unerheblich, ob es im Anschluss daran tatsächlich zu einer Feststellung der Personalien gekommen ist und welche Rechtsnatur eine solche Feststellung hat. Dieser Verwaltungsakt hat sich durch Rückgabe des Ausweises an K erledigt.

> Nach h.M. begründet die Identitätsfeststellung selbst keine besonderen Verhaltenspflichten und ist daher mangels Regelung kein VA. Wegen der unmittelbaren Eingriffswirkungen liegt schlichtes Verwaltungshandeln vor.[438] Die Gegenansicht nimmt einen VA aufgrund einer mit der Maßnahme verbundenen Duldungspflicht an (s.o. Rn. 342 f.).

368 2. § 113 Abs. 1 S. 4 VwGO gilt aufgrund seiner systematischen Stellung im Abschnitt über Urteile unmittelbar nur für den Fall der Erledigung **nach Klageerhebung**. Wegen der identischen Interessenlage wird überwiegend angenommen, dass **§ 113 Abs. 1 S. 4 VwGO analog** auch bei Erledigung **vor Klageerhebung** anzuwenden sei.[439] Demgegenüber wird in der Lit. zum Teil eine planwidrige Regelungslücke verneint, da Klagen auf Feststellung der Rechtswidrigkeit vorprozessual erledigter VAe als **allgemeine Feststellungsklagen** nach § 43 Abs. 1 VwGO zu behandeln seien. Die Befugnis der Behörde, den streitbefangenen VA zu erlassen, begründe ein konkretes Rechtsverhältnis.[440]

> Dieser Gedanke ist vereinzelt auch vom BVerwG aufgegriffen worden. „[Daher] hätte es möglicherweise näher gelegen, von vornherein den Rechtsschutzbereich der allgemeinen Feststellungsklage des § 43 VwGO entsprechend weiterzuentwickeln. … Der Senat bezweifelt in der Tat, ob bei einer nicht von vornherein als Anfechtungs- und Verpflichtungsklage erhobenen Klage auf Feststellung der Rechtswidrigkeit eines Verwaltungsakts überhaupt entsprechend auf § 113 Abs. 1 S. 4 VwGO zurückzugreifen ist."[441]
>
> Für die allgemeine Feststellungsklage wird im Übrigen die Vergleichbarkeit zum Rechtsschutz bei konkreten Pflichten aus einer **Rechtsnorm** herangezogen. Dort wird aufgrund der Anwendung der Rechtsnorm ein feststellungsfähiges Rechtsverhältnis begründet, das Gegenstand einer allgemeinen Feststellungsklage sein kann (s.o. Rn. 298). Es könne prozessual keinen Unterschied machen, ob es um die Feststellung konkreter Pflichten aus einer Rechtsnorm oder um die

---

437 OVG NRW RÜ 2018, 734, 735; OVG RÜ NJW 2016, 2820, 2821.

438 Kopp/Ramsauer VwVfG § 35 Rn. 114; Bader/Ronellenfitsch VwVfG § 35 Rn. 153; Stelkens/Bonk/Sachs VwVfG § 35 Rn. 96.

439 BVerwGE 26, 161, 165; BVerwG RÜ 2008, 664, 665; OVG Koblenz NVwZ-RR 2015, 557, 558; OVG NRW RÜ 2018, 734, 735; RÜ 2017, 670, 672; Kopp/Schenke VwGO § 113 Rn. 99; Schoch/Riese VwGO § 113 Rn. 97; Ehlers Jura 2007, 179, 185; Schübel-Pfister JuS 2016, 418, 419; Enders/Jäckel JA 2017, 42, 45; Schneider/Olk Jura 2018, 936, 938.

440 Schoch/Pietzcker VwGO § 42 Abs. 1 Rn. 86; Schoch/Gerhardt VwGO (Erstbearbeitung) § 113 Rn. 99; Wehr DVBl. 2001, 785, 787; Pfeiffer/Buchinger JA 2006, 102, 104; Würtenberger/Heckmann Rn. 728; abweichend Fechner NVwZ 2000, 121, 129; Weber BayVBl. 2003, 488 ff.; Finger VR 2004, 145 ff.: analoge Anwendung des § 43 Abs. 1 VwGO.

441 BVerwG NVwZ 2000, 63, 64; anders ohne nähere Begründung BVerwG NVwZ 2017, 1452, 1453; OVG RP LKRZ 2014, 363.

Feststellung von Pflichten aus einem konkretisierenden VA geht. In beiden Fällen biete sich die allgemeine Feststellungsklage an.

Die h.M. weist demgegenüber darauf hin, dass durch den VA zwar ein Rechtsverhältnis begründet oder verändert werde, der VA selbst sei jedoch **kein feststellungsfähiges Rechtsverhältnis** i.S.d. § 43 Abs. 1 VwGO.[442] Nur so erkläre sich die Sonderregelung in § 113 Abs. 1 S. 4 VwGO, der überflüssig wäre, wenn es sich bei der Rechtswidrigkeit eines VA per se um ein Rechtsverhältnis handeln würde.[443]

369

Würde man bei vorprozessualer Erledigung eine analoge Anwendung des § 113 Abs. 1 S. 4 VwGO mangels Regelungslücke verneinen, käme dem **zufälligen Zeitpunkt der Erledigung** entscheidende Bedeutung für die Verfahrensart zu.[444] Je nach dem Zeitpunkt der Erledigung würden unterschiedliche Zulässigkeitsvoraussetzungen gelten, obwohl das Klagebegehren (Feststellung der Rechtswidrigkeit eines VA) identisch ist. Im Übrigen würde die Annahme eines Rechtsverhältnisses das Klagebegehren des Klägers uminterpretieren. Ihm geht es nicht um die Feststellung des (Nicht-)Bestehens eines Rechtsverhältnisses, sondern um die Feststellung der Rechtswidrigkeit des VA.[445] Deshalb ist die Fortsetzungsfeststellungsklage **auch bei vorprozessualer Erledigung** analog § 113 Abs. 1 S. 4 VwGO die statthafte Klageart.

370

Allerdings ist es mit den o.g. Argumenten gut vertretbar, mit der Gegenauffassung von einer allgemeinen Feststellungsklage auszugehen. Große Unterschiede zwischen der Rechtswidrigkeitsfeststellung nach § 113 Abs. 1 S. 4 VwGO und der Feststellung nach § 43 Abs. 1 VwGO dürften ohnehin nicht bestehen, da sich die Sachurteilsvoraussetzungen weitgehend ähneln.[446] Allerdings stellt die Rspr. an das Fortsetzungsfeststellungsinteresse gemäß § 113 Abs. 1 S. 4 VwGO zuweilen geringere Anforderungen als an das Feststellungsinteresse i.S.d. § 43 Abs. 1 VwGO.[447]

III. Da die Fortsetzungsfeststellungsklage nichts anderes als die Fortsetzung der ursprünglich möglichen Anfechtungs- oder Verpflichtungsklage mit anderen Mitteln ist, gelten nach h.M. im Grundsatz **alle besonderen Sachurteilsvoraussetzungen analog** der (hypothetischen) Ausgangsklage auch bei der Fortsetzungsfeststellungsklage. Allein die Erledigung kann aus einer bis dahin unzulässigen Anfechtungs- oder Verpflichtungsklage keine zulässige Fortsetzungsfeststellungsklage machen.[448]

371

1. Um eine Popularklage zu verhindern, ist in jedem Fall eine **Klagebefugnis analog § 42 Abs. 2 VwGO** erforderlich. Der Kläger muss geltend machen, durch den VA oder durch seine Ablehnung oder Unterlassung in seinen subjektiven Rechten verletzt zu sein.[449] Hier folgt die Klagebefugnis des K aus einer möglichen Verletzung der allgemeinen Handlungsfreiheit (Art. 2 Abs. 1 GG).

372

---

442 Fechner NVwZ 2000, 121, 128; Rozek JuS 2000, 1162, 1165; Ehlers Jura 2001, 415, 417; Ogorek JA 2002, 222, 223.

443 Ehlers Jura 2001, 415, 417 f.; Jura 2002, 345, 346.

444 Schoch/Riese VwGO § 113 Rn. 97; Schenke NVwZ 2000, 1255, 1257; Rozek JuS 2000, 1162, 1166; ders. JuS 2002, 470, 471; Schenke JuS 2007, 697, 700; Ronellenfitsch/Glemser JuS 2008, 888, 889; Enders/Jäckel JA 2017, 42, 45.

445 Vgl. Finger VR 2004, 145, 148.

446 In diesem Sinne BVerwG NJW 1997, 2534, 2535; VGH Mannheim VBlBW 2005, 231; OVG RP 2016, 2820, 2821; Schoch/Riese VwGO § 113 Rn. 100; Würtenberger/Heckmann Rn. 728; a.A. Kopp/Schenke VwGO § 113 Rn. 99: „erhebliche Unterschiede".

447 BVerwGE 81, 226, 228; BVerwG NJW 1997, 3257, 3258; a.A. Ehlers Jura 2007, 179, 186; Schenke JuS 2007, 697, 699.

448 Kopp/Schenke VwGO § 113 Rn. 118; Ehlers Jura 2002, 345, 347; Schenke JuS 2007, 697, 698.

449 Kopp/Schenke VwGO § 113 Rn. 125; Schneider/Olk Jura 2018, 936, 939; Würtenberger/Heckmann Rn. 735.

3. Teil	Klagearten im Verwaltungsprozess

373 2. Grundsätzlich ist die Fortsetzungsfeststellungsklage nur zulässig, wenn – vorbehaltlich gesetzlicher Ausnahmen – zuvor erfolglos ein **Vorverfahren** durchgeführt wurde.

a) Unstreitig ist dies jedenfalls bei **Erledigung nach Klageerhebung**. Denn ohne Vorverfahren war die Anfechtungs- oder Verpflichtungsklage vor Erledigung unzulässig (außer in den Fällen des § 68 Abs. 1 S. 2 VwGO), sodass Entsprechendes auch für die Fortsetzungsfeststellungsklage gelten muss.[450]

Beispiele: Bekanntgabe des VA am 01.07., Anfechtungsklage ohne das erforderliche Vorverfahren am 15.07., Erledigung am 01.09., anschließend FF-Antrag. – Die mangels Vorverfahren unzulässige Anfechtungsklage führt dazu, dass auch der FF-Antrag als unzulässig abgewiesen werden muss. Allerdings kann auch in diesen Fällen das Vorverfahren entbehrlich sein, wenn sich der mit der Widerspruchsbehörde identische Beklagte bzw. Beklagtenvertreter sachlich auf die Klage einlässt (dazu unten Rn. 492).[451]

Erledigt sich eine als **Untätigkeitsklage** (§ 75 VwGO) erhobene Verpflichtungsklage, so ist die Fortsetzungsfeststellungsklage unzulässig, wenn die Untätigkeitsklage verfrüht (insbes. vor Ablauf von drei Monaten, § 75 S. 2 VwGO) erhoben wurde und bis zum Eintritt des erledigenden Ereignisses nicht zulässig geworden war.[452]

374 b) Tritt Erledigung dagegen – wie hier – **vor Klageerhebung** ein, wird überwiegend auf das Vorverfahren verzichtet, wenn der VA im Zeitpunkt der Erledigung **noch nicht bestandskräftig** war, insbes. weil **Erledigung vor Ablauf der Widerspruchsfrist** eingetreten ist. Die mit dem Widerspruch erstrebte Aufhebung des VA könne nach Erledigung nicht mehr erreicht werden, und es sei auch nicht Aufgabe der Verwaltung, verbindlich die Rechtswidrigkeit eines erledigten VA festzustellen.[453]

Die Gegenansicht hält ein Vorverfahren dagegen auch nach Erledigung nicht nur für sinnvoll, sondern für **erforderlich**, selbst wenn sich der VA vor Ablauf der Widerspruchsfrist erledigt. Das Vorverfahren ziele dann auf eine **behördliche Feststellung der Rechtswidrigkeit** durch VA ab und trage so zur Entlastung der Gerichte und zur Selbstkontrolle der Verwaltung bei. Wie sich aus § 44 Abs. 5 VwVfG ergebe, sei die Behörde auch befugt, entsprechende Feststellungen zu treffen.[454]

375 Für die h.M. spricht, dass der erledigte VA keiner Aufhebung oder Änderung mehr zugänglich ist. Eine **Feststellung der Rechtswidrigkeit** durch die Behörde erscheint wenig sinnvoll, zumal sie für den Bürger weniger Vorteile bringt als die gerichtliche Feststellung (keine Rechtskraftwirkung wie im Rahmen des § 121 VwGO). Ein Widerspruch gegen einen erledigten VA ist damit **unzulässig** und nicht Sachurteilsvoraussetzung für eine spätere Klage.

---

450 BVerwG DVBl. 1994, 168; Hufen § 18 Rn. 83; Kopp/Schenke VwGO § 113 Rn. 126; Ehlers Jura 2001, 415, 420; Kühling Jura 2005, 198, 201; Schenke JuS 2007, 697, 698; Ingold JA 2009, 711, 712; Würtenberger/Heckmann Rn. 734.

451 Vgl. OVG NRW NWVBl. 2001, 435, 436.

452 Vgl. einerseits BVerwG NVwZ 2012, 51; andererseits VGH Mannheim DVBl. 2012, 1245.

453 BVerwGE 26, 161, 166 f.; BVerwG NVwZ 2000, 63, 64; VGH BW VBlBW 2015, 428; OVG Koblenz NVwZ-RR 2015, 557, 558; Schoch/Riese VwGO § 113 Rn. 148; Würtenberger/Heckmann Rn. 732; Enders JuS 2013, 54, 57; Enders/Jäckel JA 2017, 42, 46; Schneider/Olk Jura 2018, 936, 939.

454 Pietzner/Ronellenfitsch Rn. 1102; Kopp/Schenke VwGO § 113 Rn. 127; Dolde/Porsch in Schoch VwGO § 68 Rn. 23; Schenke JuS 2007, 697, 700; Ronellenfitsch/Glemser JuS 2008, 888, 890 und unten Rn. 856 ff.

*Beachte: In der Klausur ist eine **Streitentscheidung nicht erforderlich**, wenn das Widerspruchsverfahren ohnehin entbehrlich ist, z.B. weil sich der mit der Widerspruchsbehörde identische Beklagte bzw. Beklagtenvertreter sachlich auf die Klage eingelassen hat (s.u. Rn. 492 ff.). Soweit das Widerspruchsverfahren kraft Landesrechts abgeschafft worden ist (so z.B. weitgehend in Bayern, Niedersachsen und NRW), hat sich die Streitfrage ohnehin erledigt (es sei denn, ausnahmsweise ist ein Vorverfahren erforderlich oder es geht um eine bundesbehördliche Maßnahme).*

Unproblematisch ist die Frage auch für diejenigen, die bei vorprozessualer Erledigung keine Fortsetzungsfeststellungsklage, sondern eine allgemeine Feststellungsklage (§ 43 Abs. 1 VwGO) annehmen (s.o. Rn. 368). Da bei der Feststellungsklage ein Vorverfahren grds. nicht erforderlich ist, gilt dies auch bei Erledigung von Verwaltungsakten.

*Beachte: In **beamtenrechtlichen Streitigkeiten** ist wegen § 54 Abs. 2 S. 1 Beamt-StG bzw. § 126 Abs. 2 S. 1 BBG bei der Feststellungsklage wie bei der Fortsetzungsfeststellungsklage stets ein Vorverfahren erforderlich, auch wenn Erledigung innerhalb der Widerspruchsfrist eintritt.[455] Etwas anderes gilt allerdings auch hier bei landesrechtlichen Ausnahmen (z.B. § 54 Abs. 2 S. 3 BeamtStG i.V.m. § 105 Abs. 1 S. 1 NBG, § 103 Abs. 1 S. 1 LBG NRW).*

376

Vorliegend ist **Erledigung** unmittelbar im Zusammenhang mit der polizeilichen Maßnahme eingetreten, also **vor Ablauf der Widerspruchsfrist**. Eines Vorverfahrens bedurfte es daher nicht.

Tritt Erledigung dagegen **nach Ablauf der Widerspruchsfrist** ein, ist die Fortsetzungsfeststellungsklage – vorbehaltlich gesetzlicher Ausnahmen (§ 68 Abs. 1 S. 2 VwGO) – nur zulässig, wenn zuvor (fristgerecht) Widerspruch erhoben wurde. Denn ohne Widerspruch wäre der VA im Zeitpunkt der Erledigung bereits bestandskräftig und damit unanfechtbar.[456] Tritt Erledigung **während eines laufenden Vorverfahrens** ein, ergeht keine Sachentscheidung mehr. Das Widerspruchsverfahren ist ohne Sachentscheidung einzustellen.[457]

3. Entsprechende Überlegungen gelten für die Einhaltung der **Klagefrist**.

377

a) Wurde die **Ursprungsklage nicht fristgerecht** innerhalb eines Monats nach Zustellung des Widerspruchsbescheides (§ 74 Abs. 1 S. 1 VwGO) erhoben – bzw. im Fall des § 68 Abs. 1 S. 2 VwGO innerhalb eines Monats nach Bekanntgabe des Ausgangsbescheides (§ 74 Abs. 1 S. 2 VwGO) – war sie unzulässig. Dann muss auch die Fortsetzungsfeststellungsklage, die sich gegen einen bereits **vor Klageerhebung bestandskräftig gewordenen VA** richtet, als unzulässig abgewiesen werden.[458]

b) Nach früher h.Rspr. war die Fortsetzungsfeststellungsklage auch bei **vorprozessualer Erledigung fristgebunden**. Wurde ein Widerspruchsverfahren durchgeführt, so bestimmte sich die Klagefrist analog § 74 Abs. 1 S. 1 VwGO. War der Widerspruch nicht erforderlich (also in den Fällen des § 68 Abs. 1 S. 2 VwGO oder bei Erledigung vor Bestandskraft), so wurde § 74 Abs. 1 S. 2 VwGO analog herangezogen.[459] Allerdings galt i.d.R. die Jahresfrist des § 58 Abs. 2 VwGO, da

378

---

455 BVerwG DVBl. 1981, 502 f.; Ronellenfitsch/Glemser JuS 2008, 888, 890.
456 Kopp/Schenke VwGO § 113 Rn. 126.
457 BVerwG DVBl. 1989, 873, 874; OVG MV NordÖR 2017, 459; Rozek JuS 2000, 1162, 1163.
458 Enders/Jäckel JA 2017, 42, 46 m.w.N.
459 VGH BW DVBl. 1998, 835, 836; OVG Koblenz NJW 1982, 1301, 1302; Kopp DVBl. 1992, 1493, 1494.

	es in Erledigungssituationen zumeist an einer fehlerfreien Rechtsbehelfsbelehrung fehlt.[460]

Denn regelmäßig wird der Bürger bei Erlass des VA nur auf die Möglichkeit des Widerspruchs hingewiesen, nicht jedoch auf die (sofortige) Fortsetzungsfeststellungsklage bei Erledigung vor Ablauf der Widerspruchsfrist.

379 Nach heute ganz herrschender Gegenansicht ist die Fortsetzungsfeststellungsklage bei vorprozessualer Erledigung **nicht fristgebunden.** Der erledigte VA entfalte keine Regelungswirkung mehr, sodass auch aus Gründen der Rechtssicherheit kein Anlass für eine zeitliche Beschränkung der Fortsetzungsfeststellungsklage bestehe.[461] Einem Missbrauch der Klagemöglichkeit noch nach Jahren kann durch das Institut der **Verwirkung** begegnet werden (dazu unten Rn. 564 ff.).

Beachte: In der Klausur muss die Frage zumeist nicht entschieden werden. Auch nach der Gegenansicht läuft i.d.R. die Jahresfrist des § 58 Abs. 2 VwGO. Ist diese eingehalten, kommt es auf die Frage, ob die FFK überhaupt fristgebunden ist, nicht an.

380 4. Der **Klagegegner** bestimmt sich bei der Fortsetzungsfeststellungsklage – wie bei Anfechtungs- und Verpflichtungsklagen – analog § 78 Abs. 1 Nr. 1 bzw. Nr. 2 VwGO. Klagegegner ist daher entweder die Ausgangsbehörde oder die Körperschaft,[462] hier also das Land L als Träger der Polizei.

381 IV. Als besondere Sachurteilsvoraussetzung der Fortsetzungsfeststellungsklage ist gemäß § 113 Abs. 1 S. 4 VwGO ein berechtigtes Interesse an der Feststellung der Rechtswidrigkeit des erledigten VA erforderlich **(Fortsetzungsfeststellungsinteresse).**

1. Ein solches Interesse besteht u.a. in den Fällen einer **Wiederholungsgefahr.** Eine Wiederholungsgefahr setzt die hinreichend bestimmte Gefahr voraus, dass unter im Wesentlichen unveränderten tatsächlichen und rechtlichen Umständen eine gleichartige Maßnahme ergehen wird, wobei es nicht des Fortbestehens der gleichen Umstände in allen Einzelheiten bedarf.[463]

382 K gehört dem Bürgerforum an und betrachtet es als seine Aufgabe, das Verhalten der Polizei bei Versammlungen zu dokumentieren, um die Rechtmäßigkeit von Polizeimaßnahmen sicherzustellen. Das legt es nahe, dass K im Rahmen der Teilnahme an Versammlungen und der Dokumentation des Verhaltens von Polizeibeamten auch künftig wieder in eine vergleichbare Situation geraten kann, in der von ihm die Herausgabe seines Personalausweises verlangt wird.

Damit ist das Interesse des K an der begehrten Feststellung auch nach Erledigung der hier in Streit stehenden Maßnahme unter dem Gesichtspunkt der Wiederholungsgefahr weiterhin schutzwürdig.

---

460 VGH BW DVBl. 1998, 835, 836; VG Frankfurt NVwZ 1988, 381; Kopp DVBl. 1992, 1493, 1494; Koenig JA-Übbl. 1993, 10, 12; Schenke NVwZ 2000, 1255, 1257; Kopp/Schenke VwGO § 113 Rn. 128 m.w.N.

461 BVerwG NVwZ 2000, 63, 64; VGH BW VBlBW 2015, 428; Rozek JuS 2002, 470, 472; Ehlers Jura 2002, 345, 348; Ingold JA 2009, 711, 714; Ogorek JuS 2013, 639, 641; Enders/Jäckel JA 2017, 42, 46.

462 Kühling Jura 2005, 198, 202; Sauer JuS 2004, 1085, 1088; Ehlers Jura 2002, 345, 348 m.w.N.

463 BVerfG DVBl. 2004, 822, 825; BVerwG NVwZ 2000, 63, 64; OVG NRW NJW 2007, 3798, 3799.

2. Dass K darüber hinaus ein **Rehabilitationsinteresse** oder einen **schwerwiegenden Grundrechtsverstoß** geltend machen kann, ist angesichts der Geringfügigkeit des Eingriffs zu verneinen.

383

Da weitere Bedenken nicht bestehen, ist die Klage als Fortsetzungsfeststellungsklage analog § 113 Abs. 1 S. 4 VwGO zulässig.

Hinweis zur Begründetheit: Die Instanzgerichte hielten die Identitätsfeststellung für rechtmäßig, da aus Sicht der Polizeibeamten hinreichende Anhaltspunkte bestanden, dass der Kläger die Aufnahmen unter Verstoß gegen §§ 22, 23 KunstUrhG im Internet verbreiten würde, weil ein anderer Grund für das Fotografieren nicht ersichtlich sei.[464] Das BVerfG hat dieser Einschätzung widersprochen. Da das Anfertigen der Aufnahmen durch K als Reaktion auf die polizeilicherseits gefertigten Aufnahmen erfolgte, konnte nicht ohne weiteres von einer unzulässigen öffentlichen Verbreitung der Fotos ausgegangen werden. Hierzu hätte es konkreter Anhaltspunkte bedurft. Die Identitätsfeststellung war danach rechtswidrig.[465]

384

B. Begründetheit der Fortsetzungsfeststellungsklage

Die Fortsetzungsfeststellungsklage ist **begründet**, soweit

385

- der **VA vor Erledigung rechtswidrig** gewesen ist und

- der **Kläger dadurch in seinen Rechten verletzt** wurde.

Beachte: Abweichend vom Wortlaut des § 113 Abs. 1 S. 4 VwGO reicht allein die Rechtswidrigkeit des erledigten VA nicht aus, hinzukommen muss aufgrund der Vergleichbarkeit mit der Anfechtungs- bzw. Verpflichtungsklage in jedem Fall die Rechtsverletzung des Klägers.[466]

Liegt der Fortsetzungsfeststellungsklage ein **Verpflichtungsbegehren** zugrunde, ist zu prüfen, ob der Kläger **im Zeitpunkt der Erledigung** einen Anspruch auf den VA hatte.[467] Unerheblich ist, ob der Anspruch zu einem früheren Zeitpunkt bestanden hat.[468] Denn **Streitgegenstand** der Fortsetzungsfeststellungsklage in der Verpflichtungssituation ist – abweichend vom Wortlaut des § 113 Abs. 1 S. 4, Abs. 5 S. 1 VwGO – nicht die Rechtmäßigkeit des Ablehnungsbescheids, sondern der vom Kläger geltend gemachte **Anspruch** auf den unterlassenen oder versagten Verwaltungsakt.[469]

386

Beispiel: Der Antrag des B auf Erteilung einer Baugenehmigung wurde mit Bescheid vom 07.11.2017 abgelehnt. Während des Verpflichtungsprozesses tritt am 01.03.2018 ein neuer Bebauungsplan in Kraft, dessen Festsetzungen dem Bauvorhaben des B entgegenstehen, sodass sich die Verpflichtungsklage erledigt (s.o. Rn. 350). B beantragt deshalb festzustellen, dass der Ablehnungsbescheid vom 07.11.2017 rechtswidrig gewesen ist.

Im Wege der Fortsetzungsfeststellungklage (§ 113 Abs. 1 S. 4 VwGO analog) kann B nur geklärt bekommen, ob er im Zeitpunkt des erledigenden Ereignisses, hier des Inkrafttretens des neuen Bebauungsplans am 01.03. 2018, einen Anspruch auf Erteilung der Baugenehmigung hatte. Erstrebt B die Feststellung auf

---

464 VG Göttingen, Urt. v. 21.11.2012 – 1 A 14/11, BeckRS 2012, 60171 u. Nds OVG RÜ 2013, 535, 538 f.

465 BVerfG RÜ 2015, 800, 801; dazu Penz NVwZ 2016, 54 f.; kritisch Muckel JA 2016, 311; vgl. auch BVerwG RÜ 2012, 536, 539 bei Maßnahmen gegenüber Pressevertretern.

466 Ehlers Jura 2001, 415, 422; Wehr DVBl. 2001, 785, 788; Schenke JZ 2003, 31, 32; Ingold JA 2009, 711, 713; Würtenberger/Heckmann Rn. 743.

467 BVerwG NVwZ 2015, 986, 987.

468 Vgl. BayVGH NVwZ-RR 2011, 310, 311; Koehl JuS 2016, 518 f.

469 BVerwG NVwZ 2015, 986, 988.

| 3. Teil | Klagearten im Verwaltungsprozess |

einen davon abweichenden Zeitpunkt (hier der Ablehnung vom 07.11.2017) kann er dies nur im Wege einer allgemeinen Feststellungsklage (§ 43 Abs. 1 VwGO) durchsetzen. Eine solche Klageänderung ist allerdings nur unter den Voraussetzungen des § 91 VwGO zulässig.[470]

C. Erledigungserklärung

387 Hat der Kläger kein Fortsetzungsfeststellungsinteresse oder sieht er aus anderen Gründen von einem Fortsetzungsfeststellungsantrag ab, so bleibt ihm nach Erledigung nur die Möglichkeit, den Rechtsstreit in der Hauptsache **für erledigt zu erklären**. Die Erledigungserklärung ist in der VwGO zwar nicht ausdrücklich geregelt, folgt jedoch aus der Dispositionsmaxime (Verfügungsgrundsatz, s.o. Rn. 22).[471]

Der Kläger muss auf die Erledigung reagieren, da seine ursprüngliche Klage unzulässig geworden ist (s.o. Rn. 335). Eine Klagerücknahme (§ 92 VwGO) scheidet in der Regel aus, da der Kläger dann automatisch mit den Kosten des Verfahrens belastet wird (§ 155 Abs. 2 VwGO).

Die **gerichtliche Entscheidung** hängt dann von der **Reaktion des Beklagten** ab:

388 ■ Schließt sich der Beklagte der Erledigungserklärung an **(übereinstimmende Erledigungserklärung)**, entfällt die Rechtshängigkeit der Klage. Übereinstimmende Erledigungserklärungen beenden das Verfahren unabhängig davon, ob die Hauptsache materiell tatsächlich erledigt ist.[472] Das Gericht entscheidet nach § 161 Abs. 2 VwGO nur noch über die Kosten des Verfahrens nach billigem Ermessen unter Berücksichtigung des bisherigen Sach- und Streitstandes (vergleichbar der Regelung des § 91 a ZPO im Zivilprozess).[473] In der Regel entspricht es billigem Ermessen, dem Beteiligten die Kosten aufzuerlegen, der im Verfahren **voraussichtlich unterlegen** wäre.[474]

389 ■ Widerspricht der Beklagte der Erledigungserklärung des Klägers **(einseitige Erledigungserklärung)**, so kann der Kläger im Wege einer allgemeinen Feststellungsklage (§ 43 Abs. 1 VwGO) beantragen, dass das Gericht feststellt, dass der Rechtsstreit in der Hauptsache erledigt ist.[475] Das Gericht entscheidet in diesem Fall nicht mehr über das ursprüngliche Begehren, sondern prüft grds. nur, **ob Erledigung eingetreten** ist.[476]

Ob – wie im Zivilprozess – die Erledigung nur festgestellt werden kann, wenn die ursprüngliche Klage zulässig und begründet war,[477] ist für den Verwaltungsprozess umstritten.[478] Das BVerwG geht von einem weiten Erledigungsbegriff aus und nimmt eine Sachprüfung nur vor, wenn der Beklagte hieran ein besonderes Interesse hat.[479]

---

470 Vgl. BVerwG NVwZ 2015, 986, 989; OVG NRW NWVBl. 2011, 14.

471 Schenk NVwZ 2016, 1600, 1604.

472 Schenk NVwZ 2016, 1600, 1604; Bünnigmann JuS 2017, 650, 650.

473 Zusammenfassend Barczak JA 2014, 778, 782 f.

474 Vgl. z.B. OVG NRW, Beschl. v. 26.11.2015 – 1 B 1104/15; Exner JuS 2012, 607, 608 m.w.N.

475 BVerwG NVwZ 1993, 979; OVG LSA NVwZ-RR 2014, 822; allgemein Niedzwicki JA 2011, 543 ff.; Exner JuS 2012, 607 ff.; Barczak JA 2014, 778, 783 ff.

476 BVerwG VwZ 2014, 1594, 1595; Würtenberger/Heckmann Rn. 722.

477 Vgl. AS-Skript ZPO (2018), Rn. 257.

478 Vgl. Niedzwicki JA 2011, 543, 545 f.

479 BVerwG, Beschl. v. 19.12.2013 – BVerwG 8 B 8.13, BeckRS 2014, 47399; OVG NRW DÖV 2016, 580; Barczak JA 2014, 778, 784.

Zusammenfassende Übersicht **5. Abschnitt**

FORTSETZUNGSFESTSTELLUNGSKLAGE

A. Zulässigkeit

I. Verwaltungsrechtsweg

- Spezialzuweisung zum Verwaltungsgericht (z.B. § 54 Abs. 1 BeamtStG)
- Generalklausel, § 40 Abs. 1 S. 1 VwGO

II. Statthaftigkeit

§ 113 Abs. 1 S. 4 VwGO:

- bei Erledigung einer Anfechtungsklage nach Klageerhebung
  - VA i.S.d. § 35 VwVfG, nicht bei Realakten
  - Erledigung = Wegfall der Beschwer

    Aufhebung des VA, Zeitablauf, Wegfall des Regelungsobjektes, i.d.R. (−) bei Vollzug, wenn dieser rückgängig gemacht werden kann (vgl. § 113 I 2 VwGO) oder VA weiterhin Grundlage der Vollstreckung bleibt (Kosten!)
- analog bei Erledigung eines Verpflichtungsbegehrens
- str. bei Erledigung vor Klageerhebung (a.A. Feststellungsklage)

III. Klagebefugnis

- § 42 Abs. 2 VwGO gilt analog
- Geltendmachung der Verletzung eines subjektiven Rechts
  - aus einfach-gesetzlichen Vorschriften
  - aus Grundrechten

IV. Vorverfahren

- grds. erforderlich bei Erledigung **nach** Klageerhebung (außer § 68 Abs. 1 S. 2 VwGO)
- bei Erledigung **vor** Klageerhebung: kein Vorverfahren bei Erledigung vor Bestandskraft (str.)
  Ausnahme im Beamtenrecht wegen § 54 Abs. 2 BeamtStG, § 126 Abs. 2 BBG

V. Klagefrist

- bei Erledigung nach Klageerhebung: § 74 VwGO bzw. § 58 Abs. 2 VwGO
- bei Erledigung vor Klageerhebung:
  - früher: §§ 74 Abs. 1 S. 2, 58 Abs. 2 VwGO analog
  - heute h.M.: keine Frist, nur Verwirkung

VI. Fortsetzungsfeststellungsinteresse

- Wiederholungsgefahr (hinreichend konkret)
- Rehabilitationsinteresse (diskriminierende Wirkung)
- schwerwiegender Grundrechtseingriff mit kurzfristiger Erledigung
- Präjudizität für Schadensersatz- oder Entschädigungsprozess (§ 121 VwGO!)
  - nicht offensichtlich aussichtslos
  - nur bei Erledigung nach Klageerhebung

VII. Klagegegner

- Rechtsträger der Ausgangsbehörde, § 78 Abs. 1 Nr. 1 VwGO analog
- (Ausgangs-)Behörde, § 78 Abs. 1 Nr. 2 VwGO analog i.V.m. Landesrecht

B. Begründetheit

- VA ist rechtswidrig gewesen
- Rechtsverletzung beim Kläger

113

| 3. Teil | Klagearten im Verwaltungsprozess |

6. Abschnitt: Vorbeugender Rechtsschutz

Fall 10: Vorbeugen ist besser

X betreibt eine Altenpflegeeinrichtung für Demenzerkrankte. Auf der Grundlage des Landesgesetzes über Maßnahmen bei psychischen Krankheiten (PsychKG) besichtigt eine Kommission der zuständigen Aufsichtsbehörde T – entsprechend langjähriger Übung nach vorheriger mehrwöchiger Ankündigung – die Einrichtung. X sieht sich dadurch trotz hervorragender Prüfergebnisse in seinen Grundrechten aus Art. 12 und Art. 13 GG verletzt, da er die gesetzliche Regelung für unzureichend hält. Die von ihm verlangte Zusage, ihn nicht mehr zu kontrollieren, gab T nicht ab. T erklärte aber, dass die Kommission jedes Jahr nur acht von insgesamt 223 betroffenen Einrichtungen besuche. Rechnerisch könne der nächste Besuch also im nächsten Jahr oder erst in ca. 30 Jahren erfolgen. X verklagt T beim Verwaltungsgericht auf Unterlassung weiterer Besuche durch die Kommission. Mit Erfolg?

A. Zulässigkeit einer Unterlassungsklage

390   I. Der **Verwaltungsrechtsweg** ist gemäß § 40 Abs. 1 S. 1 VwGO eröffnet. Die allein problematische öffentlich-rechtliche Streitigkeit ergibt sich daraus, dass es um Kontrollrechte nach den öffentlich-rechtlichen Vorschriften des PsychKG geht.

II. Die statthafte **Klageart** richtet sich nach dem Begehren des X (§ 88 VwGO), das auf die Unterlassung künftiger Kontrollen gerichtet ist. Die VwGO kennt keine besondere Unterlassungsklage. Ebenso wie im Zivilrecht nach § 241 Abs. 1 S. 2 BGB ist das **Unterlassen** aber auch im öffentlichen Recht ein Unterfall der Leistung.

391   1. Die (allgemeine) **Leistungsklage** ist in der VwGO zwar nicht ausdrücklich geregelt, wird aber an verschiedenen Stellen erwähnt (z.B. §§ 43 Abs. 2, 111 VwGO) und ist gewohnheitsrechtlich anerkannt (s.o. Rn. 244). Eine auf künftige Unterlassung gerichtete Klage kann daher als allgemeine Leistungsklage in Form der **vorbeugenden Unterlassungsklage** statthaft sein.

392   2. Unstreitig ist dies, wenn es um das **Unterlassen schlichten Verwaltungshandelns** geht.[480] Das ist hier der Fall, indem X verlangt, T solle ihn künftig nicht mehr kontrollieren.

> **Beispiele:** Klage auf Unterlassung von Lärm, der bei oder im Zusammenhang mit hoheitlicher Tätigkeit entsteht (Lärm von öffentlichen Einrichtungen wie Kindergärten, Sportplätzen etc.), Unterlassen ehrenrühriger Äußerungen, Unterlassen polizeilicher Realakte.
>
> Geht es um das **Unterlassen von Verwaltungsakten** wurde früher vorbeugender Rechtsschutz generell abgelehnt, da es sonst zu einer unzulässigen Durchbrechung des Gewaltenteilungsprinzips (Art. 20 Abs. 2 S. 2 GG) komme. Die VwGO sehe mit Widerspruch und Anfechtungsklage ausreichende Rechtsschutzmöglichkeiten nach Erlass des VA vor.[481] Nach heute ganz h.M. ist im Hinblick auf Art. 19 Abs. 4 GG aber auch bei VAen eine **vorbeugende Unterlassungsklage** anzuerkennen, wenn hierfür ein besonderes Rechtsschutzbedürfnis besteht. Die Effektivität des Rechtsschutzes wäre nicht gewährleistet, wenn das Gericht nur im Nachhinein das Verwaltungshandeln kontrollieren könnte, dieser Rechtsschutz aber zu spät käme, weil z.B. durch den Erlass des VA irreparable Schäden eintreten würden.[482]

---

480 Schmitt Glaeser/Horn, Verwaltungsprozessrecht, Rn. 313.
481 Ehlers in Schoch VwGO Vor § 40 Rn. 102; Pietzcker in Schoch VwGO § 42 Abs. 1 Rn. 163.

Vorbeugender Rechtsschutz · 6. Abschnitt

III. Da es sich bei der Unterlassungsklage um eine Leistungsklage handelt, muss X **393** nach h.M. **analog § 42 Abs. 2 VwGO klagebefugt** sein. Nach der Gegenansicht bedarf es keines Rückgriffs auf § 42 Abs. 2 VwGO, dem Kläger fehle bereits das Rechtsschutzbedürfnis, wenn ihm das geltend gemachte Recht eindeutig und offensichtlich nicht zustehen könne (s.o. Rn. 250). Vorliegend kommen beide Ansichten zum selben – positiven – Ergebnis, weil nicht schlechthin ausgeschlossen ist, dass die Kontrollen den X in seinen Grundrechten auf Berufsfreiheit (Art. 12 GG) bzw. Unverletzlichkeit der Geschäftsräume (Art. 13 GG) verletzen. Insoweit sind die Voraussetzungen identisch, unabhängig davon, ob sie aus § 42 Abs. 2 VwGO analog oder aus dem allgemeinen Rechtsschutzbedürfnis hergeleitet werden.

IV. Im Hinblick darauf, dass die Rechtsbehelfe der VwGO grds. auf eine nachträgliche **394** Überprüfung des Verwaltungshandelns ausgerichtet sind, ist für die vorbeugende Unterlassungsklage ein **qualifiziertes Rechtsschutzbedürfnis** zu fordern.[483]

1. Ist das Begehren auf das Unterlassen **künftiger VAe** gerichtet, so ist das Rechtsschutzbedürfnis i.d.R. zu verneinen, da der Betroffene nach Erlass gegen den VA Widerspruch und Anfechtungsklage erheben kann und durch die gemäß § 80 Abs. 1 VwGO eintretende **aufschiebende Wirkung** grds. ausreichend geschützt ist. Nur ausnahmsweise ist das Rechtsschutzbedürfnis zu bejahen, wenn die Verweisung auf den erst nach Erlass des VA möglichen Rechtsschutz **unzumutbar** ist. Eine derartige Unzumutbarkeit ist insbes. anzunehmen, wenn ansonsten vollendete Tatsachen geschaffen würden (z.B. bei strafbewehrten Verwaltungsakten oder bei Eintritt irreparabler Schäden).[484]

   Beispiel: Dem Beamten B wird mitgeteilt, dass beabsichtigt ist, den A auf einen Dienstposten zu befördern, auf den sich auch B beworben hatte. Nach h.M. würde sich mit der Ernennung des Konkurrenten der Rechtsstreit in der Hauptsache erledigen (zu Besonderheiten bei unterbliebener Informationserteilung s.o. Rn. 240). Um den nach Ernennung eintretenden irreparablen Zustand zu verhindern, kann der unterlegene Bewerber eine (vorbeugende) Klage auf Unterlassung der Ernennung des Konkurrenten erheben[485] und zur Sicherung eine einstweilige Anordnung (§ 123 VwGO) beantragen.

2. Wendet sich der Kläger – wie hier – gegen **schlichtes Verwaltungshandeln**, **395** so wird das Rechtsschutzbedürfnis analog § 1004 Abs. 1 S. 2 BGB teilweise bereits dann bejaht, wenn eine **Wiederholungsgefahr** oder eine Erstbegehungsgefahr besteht.[486] Nach neuerer Rspr. besteht ein schützenswertes Interesse gerade an der Inanspruchnahme vorbeugenden Rechtsschutzes aber auch hier nur, wenn der Verweis auf den nachträglichen Rechtsschutz – einschließlich des einstweiligen Rechtsschutzes – mit **unzumutbaren Nachteilen** verbunden ist.[487] Bei schlichtem Verwaltungshandeln scheidet zwar mangels VA die

---

482 OVG Berlin DVBl. 2002, 630, 631; Kopp/Schenke VwGO Vorb. § 40 Rn. 33; Ehlers in Schoch VwGO Vorb § 40 Rn. 101; Peine Jura 1983, 285, 288; Dreier NVwZ 1988, 1073, 1074; Ehlers Jura 2006, 351, 354.

483 BVerwG NVwZ-RR 2016, 907, 908; BVerwG RÜ 2015, 183, 184 f.; BayVGH DÖV 2017, 740.

484 OVG NRW NVwZ-RR 2018, 54, 56; RÜ 2016, 598, 599; VGH BW RÜ 2016, 731, 732; Kopp/Schenke VwGO Vorb § 40 Rn. 33; Ehlers Jura 2007, 179, 188.

485 BVerwG NVwZ 1989, 158; Würtenberger/Heckmann Rn. 393.

486 BVerwG NJW 1985, 2774, 2775; Dreier NVwZ 1988, 1073, 1077; Ehlers Jura 2006, 351, 356; Eyermann/Rennert VwGO Vor § 40 Rn. 25.

487 BVerwG RÜ 2015, 183, 184 f.; VGH BW NVwZ-RR 2018, 354, 355; OVG Lüneburg RÜ 2014, 398, 399; VG München, Beschl. v. 27.02.2018 – M 7 E 17.3101, BeckRS 2018, 3126.

Möglichkeit aus, durch Widerspruch oder Anfechtungsklage den Suspensiveffekt nach § 80 Abs. 1 VwGO herbeizuführen. Statthaft ist aber in jedem Fall ein Antrag auf Erlass einer **einstweiligen Anordnung** nach § 123 Abs. 1 VwGO. Dieser Weg ist zumindest dann hinreichend effektiv, wenn das Verwaltungshandeln – wie hier – rechtzeitig angekündigt wird. Anhaltspunkte dafür, dass die Behörde künftig von ihrer ständigen Übung abweicht, bestehen nicht. Wegen der hervorragenden Prüfergebnisse ist auch nicht zu erwarten, dass die Kommission die Einrichtung des X unangemeldet besucht.

Eine Klage des X auf Unterlassung künftiger Kontrollen ist daher **mangels Rechtsschutzbedürfnisses unzulässig**.

B. In Betracht kommt in derartigen Fällen ferner eine **vorbeugende Feststellungsklage** als Unterfall der allgemeinen Feststellungsklage gemäß § 43 Abs. 1 VwGO.

396 I. Das festzustellende **Rechtsverhältnis** kann anerkanntermaßen auch in der **Zukunft** liegen, wenn es schon jetzt Auswirkungen auf die Rechte des Klägers hat (s.o. Rn. 292).

Dies ist hier indes zweifelhaft. Es besteht lediglich die **abstrakte Gefahr**, dass die Behörde die Einrichtung des X erneut kontrollieren wird. Dadurch wird ein konkretes Rechtsverhältnis weder begründet noch negiert.[488] Vertretbar wäre es jedoch, darauf abzustellen, dass die Behörde nach ihrem bisherigen Verhalten davon ausgeht, dass X die Kontrolle zu dulden hat. Diese Duldungspflicht wäre als Teil eines Rechtsverhältnisses feststellungsfähig.

397 II. Ob die **Subsidiaritätsklausel** des § 43 Abs. 2 VwGO auch im Verhältnis zur vorbeugenden Unterlassungsklage gilt, ist umstritten. Von der Rspr. wird dies verneint, da weder die Gefahr eines Doppelprozesses besteht noch besondere Sachurteilsvoraussetzungen umgangen werden.[489] Die Lit. verweist dagegen auf den Wortlaut des § 43 Abs. 2 VwGO, wonach die Feststellungsklage gegenüber der Leistungsklage, auch in Form der Unterlassungsklage, subsidiär ist.[490]

398 III. Die Frage kann dahinstehen, wenn es jedenfalls an dem erforderlichen **Feststellungsinteresse** fehlt. Bei einem künftigen Rechtsverhältnis ist das Feststellungsinteresse nur zu bejahen, wenn ein spezielles, gerade auf die Inanspruchnahme vorbeugenden Rechtsschutzes gerichtetes **Rechtsschutzbedürfnis** besteht. Insoweit gelten dieselben Kriterien wie bei der vorbeugenden Unterlassungsklage. Das Feststellungsinteresse für eine vorbeugende Feststellungsklage ist also nur zu bejahen, wenn ein Abwarten für den Kläger **unzumutbar** ist.[491] Dies ist hier nicht der Fall (s.o.), sodass eine vorbeugende Feststellungsklage ebenfalls **unzulässig** wäre.

---

488 OVG Lüneburg RÜ 2014, 398, 399.

489 BVerwG NJW 1992, 2496, 2497; NVwZ 1988, 430, 431; OVG Hamburg NVwZ 1995, 1135, 1136; zustimmend Dreier NVwZ 1988, 1073, 1077; Geis/Schmidt JuS 2012, 599, 602.

490 Kopp/Schenke VwGO § 43 Rn. 28; Hufen § 18 Rn. 6; Ehlers Jura 2007, 179, 187.

491 BVerwG NVwZ-RR 2016, 907, 908; OVG Koblenz RÜ 2014, 394, 396; OVG NRW NVwZ-RR 2018, 54, 56; Ladeur/Prelle Jura 2000, 138, 139; vgl. auch BGH NVwZ 2015, 1237: Unzulässigkeit einer vorbeugenden amtshaftungsrechtlichen Feststellungsklage.

Abstrakte Normenkontrolle, § 47 VwGO   **7. Abschnitt**

7. Abschnitt: Abstrakte Normenkontrolle, § 47 VwGO

Nach § 47 Abs. 1 VwGO entscheidet das OVG im Rahmen seiner Gerichtsbarkeit auf An-   **399**
trag über die Gültigkeit bestimmter **untergesetzlicher Rechtsnormen**. Auslöser des
Rechtsstreits ist nicht deren Anwendung im Einzelfall, sondern deren abstrakte Gültigkeit (deswegen **abstrakte** Normenkontrolle).

Von der verwaltungsgerichtlichen Normenkontrolle nach § 47 VwGO zu unterscheiden sind die verfas-
sungsgerichtliche abstrakte Normenkontrolle (Art. 93 Abs. 1 Nr. 2 GG) und die konkrete Normenkontrolle (Art. 100 GG) durch das BVerfG.

Soweit sich in einem verwaltungsgerichtlichen Verfahren Bedenken an der Wirksamkeit   **400**
der entscheidungserheblichen Rechtsnorm ergeben (z.B. Verfassungsmäßigkeit der Ermächtigungsgrundlage), hat das Gericht diese Vorfrage **inzident** zu überprüfen.

Beispiel: E begehrt eine Baugenehmigung, die von der Baubehörde wegen Verstoßes gegen den Bebauungsplan (B-Plan) abgelehnt worden ist. Im Verpflichtungsprozess muss das VG prüfen, ob der B-
Plan wirksam ist und dem Bauvorhaben entgegensteht.

In diesem Verfahren ist die Norm aber **nicht selbst Streitgegenstand**, sondern nur mittelbar von Bedeutung. Ihre Verwerfung wirkt rechtlich nur zwischen den Beteiligten des
Rechtsstreits (inter partes). Bei der abstrakten Normenkontrolle nach § 47 VwGO wird
dagegen die **Norm isoliert** überprüft. Ist sie unwirksam, so ist die Entscheidung **allgemein verbindlich** (inter omnes, § 47 Abs. 5 S. 2 Hs. 2 VwGO).

A. Zulässigkeit des Normenkontrollverfahrens

Grundschema: Zulässigkeit des Normenkontrollverfahrens
I. Verwaltungsrechtsweg
II. Statthaftigkeit (§ 47 Abs. 1 VwGO)
■ Satzungen nach BauGB (Nr. 1), insbes. Bebauungspläne (§ 10 Abs. 1 BauGB)
■ F-Plan mit Wirkung nach § 35 Abs. 3 S. 3 BauGB (Nr. 1 analog)
■ untergesetzliches Landesrecht (RechtsVOen, Satzungen), sofern das Landesrecht dies bestimmt (Nr. 2)
III. Besondere Sachentscheidungsvoraussetzungen
1. Antragsbefugnis (§ 47 Abs. 2 S. 1 VwGO) mögliche Rechtsverletzung: einfach-gesetzliche drittschützende Vorschriften, subjektives Recht auf fehler-freie Abwägung, Grundrechte
2. Antragsfrist (§ 47 Abs. 2 S. 1 VwGO): 1 Jahr ab Bekanntmachung
3. Antragsgegner (§ 47 Abs. 2 S. 2 VwGO)
IV. Allgemeine Sachentscheidungsvoraussetzungen

Beachte: *Die Normenkontrolle wird nicht durch eine Klage, sondern durch einen **Antrag**
eingeleitet (§ 47 Abs. 1 VwGO), sodass bei der Prüfung der Zulässigkeitsvoraussetzungen auf
eine korrekte Terminologie zu achten ist (Antragsbefugnis, Antragsfrist, Antragsgegner etc.).*

117

3. Teil — Klagearten im Verwaltungsprozess

I. Verwaltungsrechtsweg

401 Auch im Verfahren nach § 47 VwGO muss der **Verwaltungsrechtsweg** eröffnet sein (vgl. „im Rahmen seiner Gerichtsbarkeit"), d.h. es müssen die Voraussetzungen einer Spezialzuweisung oder des § 40 Abs. 1 S. 1 VwGO erfüllt sein.

Diese Voraussetzung soll verhindern, dass das OVG die Gerichte anderer Gerichtszweige in Fragen bindet, für die diese sonst im Streitfall zuständig wären. Enthält z.B. eine nach § 47 Abs. 1 Nr. 2 VwGO überprüfbare Satzung eine Verbots- und eine Bußgeldregelung, so darf das OVG nur das verwaltungsrechtliche Verbot überprüfen, nicht dagegen die Bußgeldvorschrift, deren Anwendung und Prüfung nach § 68 OWiG in die Kompetenz des Amtsgerichts fällt.[492]

II. Statthaftigkeit des Antrags

Statthaft ist der Normenkontrollantrag nach § 47 Abs. 1 VwGO gegen:

402 ■ **Satzungen**, die nach den Vorschriften des **BauGB** erlassen worden sind; insbes. **Bebauungspläne** (§ 10 BauGB), Veränderungssperren (§ 16 BauGB) und Erschließungsbeitragssatzungen (§ 132 BauGB) sowie RechtsVOen nach § 246 Abs. 2 BauGB.

Flächennutzungspläne (§ 5 BauGB) sind als vorbereitende Bauleitpläne keine Satzungen und können daher grds. nicht Gegenstand der Normenkontrolle sein.[493] Etwas anderes gilt allerdings dann, wenn der Flächennutzungsplan eine dem Bebauungsplan **vergleichbare Wirkung** entfaltet. Das bejaht die Rspr. bei Ausweisung von Vorrangflächen für Windkraftanlagen. Die Ausweisung begründet nach § 35 Abs. 3 S. 3 BauGB eine Sperrwirkung dahin, dass Vorhaben an Standorten außerhalb der Konzentrationsflächen in der Regel unzulässig sind. Da der Flächennutzungsplan im Anwendungsbereich des § 35 Abs. 3 S. 3 BauGB mithin eine dem Bebauungsplan vergleichbare Funktion hat, gilt insoweit § 47 Abs. 1 Nr. 1 VwGO analog.[494]

403 ■ andere im Rang **unter dem Landesgesetz stehende Rechtsvorschriften**, sofern das Landesrecht dies bestimmt.[495]

Mit Ausnahme von Berlin und Hamburg haben alle Länder von der Möglichkeit des § 47 Abs. 1 Nr. 2 VwGO Gebrauch gemacht, zuletzt NRW mit Wirkung ab 01.01.2019.[496] Danach können Gegenstand der Normenkontrolle z.B. sein: RechtsVOen des Landes[497] sowie Satzungen der Kommunen,[498] nicht dagegen Bundesrecht, Landesverfassungsrecht, formelle Landesgesetze[499] oder Verwaltungsvorschriften.[500] In Rheinland-Pfalz sind außerdem RechtsVOen von Verfassungsorganen von der Normenkontrolle ausgenommen (§ 4 Abs. 1 S. 2 AG VwGO RP).

404 Soweit der Landesgesetzgeber von der Ermächtigung des § 47 Abs. 1 Nr. 2 VwGO keinen Gebrauch gemacht hat, ist ein Normenkontrollantrag außerhalb des BauGB unstatthaft. In Betracht kommt nur eine **Inzidentkontrolle** der untergesetzlichen Normen, z.B. bei Anfechtungs- und Verpflichtungsklagen (soweit die Rechtmäßigkeit des VA von der Wirksamkeit der untergesetzlichen Norm abhängt), aber auch bei Feststellungsklagen (soweit es um die Anwendung der Norm in einem konkreten Einzelfall geht, s.o. Rn. 298).

---

492 BVerwG NVwZ 2013, 1298, 1299; OVG Bremen RÜ 2017, 190, 191; Schübel-Pfister JuS 2013, 990, 994; Hufen JuS 2014, 479, 480.

493 OVG Koblenz, Beschl. v. 04.09.2015 – 8 C 10384/15.OVG; BeckRS 2015, 52282.

494 BVerwG NVwZ 2013, 1011; NVwZ 2007, 1081; BayVGH NVwZ-RR 2015, 648, 649; Schenke NVwZ 2007, 134, 140 ff.; Schübel-Pfister JuS 2013, 990, 992 f.; anders noch OVG Koblenz NVwZ 2006, 1442, das auf § 47 Abs. 1 Nr. 2 VwGO zurückgriff.

495 Dazu BVerwG NVwZ 2016, 938: Keine Überprüfung fremden Landesrechts.

496 § 109 a JustG NRW i.d.F. des Gesetzes vom 18.12.2018 (GVBl. S. 770).

497 BVerwG DVBl. 2003, 804; Clausing JuS 2004, 298, 299.

498 BVerwG DVBl. 2004, 583; RÜ 2018, 740, 741: auch organinterne Satzungen; dazu Schenk NVwZ 2018, 1763, 1765 f.

499 BayVGH NJW 2001, 2905, 2906.

500 BVerwG NVwZ 2018, 340, 341; anders BVerwG NVwZ 2005, 602, 603 für Verwaltungsvorschriften mit unmittelbarer Außenwirkung.

III. Besondere Sachentscheidungsvoraussetzungen

1. Antragsbefugnis

Den Normenkontrollantrag kann jede natürliche oder juristische Person stellen, die geltend macht, durch die Rechtsvorschrift oder deren Anwendung in ihren **Rechten verletzt** zu sein oder in absehbarer Zeit verletzt zu werden (§ 47 Abs. 2 S. 1 VwGO). Wie bei der Klagebefugnis (§ 42 Abs. 2 VwGO) muss die möglicherweise verletzte Norm zumindest auch den Individualinteressen des Antragstellers zu dienen bestimmt sein **(Schutznormtheorie).**[501]

405

Behörden brauchen nach § 47 Abs. 2 S. 1 Hs. 2 VwGO keine Rechtsverletzung darzulegen. Entgegen dem Wortlaut der Vorschrift, wonach „jede" Behörde den Normenkontrollantrag stellen kann, wird von der h.M. aber verlangt, dass die Behörde mit dem Vollzug der Rechtsvorschrift befasst ist oder bei der Erfüllung ihrer Aufgaben hierdurch betroffen wird.[502]

406

Unproblematisch ist die Antragsbefugnis, wenn die angegriffene Rechtsnorm unmittelbar in **Grundrechte** des Antragstellers eingreift.

407

Beispiele:

- Bei einem B-Plan ergibt sich die Antragsbefugnis aus Art. 14 GG, wenn sich der Antragsteller gegen Festsetzungen wendet, die unmittelbar sein Grundstück betreffen.[503]

- Personen, die ein Landschaftsschutzgebiet zu Reitzwecken nutzen, können im Normenkontrollverfahren nach § 47 Abs. 1 Nr. 2 VwGO geltend machen, durch ein in der LandschaftsschutzVO enthaltenes Reitverbot in ihrer allgemeinen Handlungsfreiheit (Art. 2 Abs. 1 GG) verletzt zu sein.[504]

- Eine Gemeinde ist antragsbefugt, wenn sie geltend machen kann, durch Maßnahmen anderer Verwaltungsträger in ihrer Planungshoheit als Teil der Selbstverwaltungsgarantie (Art. 28 Abs. 2 GG) verletzt zu sein.[505] Zwar ist das Selbstverwaltungsrecht kein Grundrecht, stellt aber eine vergleichbare Rechtsposition dar.

Soweit die angegriffene Norm auf einer Abwägung beruht (insbes. der B-Plan, § 1 Abs. 7 BauGB), hat jeder Betroffene ein **subjektives Recht auf fehlerfreie Abwägung** der eigenen Belange, d.h. solcher Belange, die bei der Aufstellung der Norm zu berücksichtigen sind. Die Antragsbefugnis ist zu bejahen, wenn der Betroffene geltend macht, dass seine Belange **nicht oder nur unzureichend in der Abwägung** berücksichtigt worden seien.[506] Unerheblich ist dabei, ob die geltend gemachte Verletzung des Abwägungsgebots nach den §§ 214, 215 BauGB auch beachtlich wäre. Im Rahmen der Antragsbefugnis ist ausreichend, dass eine Verletzung des Abwägungsgebots **möglich** ist.[507]

408

Beispiele: Abwägungserheblich in diesem Sinne kann z.B. das Interesse am Schutz der Wohnbebauung vor Lärmeinwirkungen sein[508] oder das Interesse eines Gewerbebetriebes an einer Betriebsausweitung.[509] Eine Nachbargemeinde kann ein subjektives Recht aus dem interkommunalen Abstimmungsgebot (§ 2 Abs. 2 BauGB) herleiten (z.B. bei Planung eines Einkaufszentrums).[510]

---

501 BVerwG NVwZ 2012, 185, 186; OVG NRW NVwZ 2000, 1307; Kintz JuS 2000, 1099, 1101; Ehlers Jura 2005, 171, 174.
502 Decker JA 2010, 653, 655.
503 BVerwG NVwZ 2012, 185, 186; Decker JA 2010, 653, 654 f.; Schübel-Pfister JuS 2011, 420, 422.
504 BVerwG NVwZ 2000, 1296; vgl. auch BVerfGE 80, 137, 154.
505 BVerwG DVBl. 2004, 804, 807; NVwZ 2001, 1280, 1281.
506 BVerwG BauR 2017, 674; NVwZ 2015, 1457; OVG Nds NVwZ-RR 2017, 961; Schübel-Pfister JuS 2011, 420, 422.
507 BVerwG NVwZ 2010, 1246, 1248.
508 BVerwG NVwZ 2001, 431.
509 BVerwG NVwZ 2000, 806.
510 Vgl. OVG NRW NWVBl. 2005, 456; OVG Saarlouis KommJur 2016, 194; Kahl JA 2005, 280, 282.

| 3. Teil | Klagearten im Verwaltungsprozess |

Nicht abwägungserheblich ist dagegen die Verschlechterung der Wettbewerbssituation,[511] die Beeinträchtigung der ungehinderten Aussicht, die als solche keinen planungsrechtlichen Schutz genießt,[512] sowie das Interesse eines Grundstückseigentümers an der Ausdehnung des Plangebiets auf sein Grundstück, um in den Geltungsbereich des Bebauungsplans einbezogen zu werden.[513]

Beachte: Die frühere Präklusionsregelung bei Bebauungsplänen in § 47 Abs. 2a BauGB ist aus unionsrechtlichen Gründen mit Wirkung zum 02.06.2017 aufgehoben worden.[514]

2. Antragsfrist

409   Nach § 47 Abs. 2 S. 1 VwGO ist der Normenkontrollantrag innerhalb einer Frist von **einem Jahr nach Bekanntmachung der Rechtsvorschrift** zu stellen.[515]

Die Jahresfrist gilt auch dann, wenn der Antragsteller geltend macht, ein Bebauungsplan sei nach seiner Bekanntmachung wegen Funktionslosigkeit unwirksam geworden, auch wenn dies i.d.R. erst nach Ablauf der Jahresfrist der Fall sein dürfte.[516]

410   Nach h.M. schließt der Ablauf der Frist des § 47 Abs. 2 S. 1 VwGO aber **nur die abstrakte Normenkontrolle** aus. Eine inzidente Überprüfung der Norm im Rahmen einer verwaltungsgerichtlichen Klage (z.B. auf Erteilung einer Baugenehmigung) ist auch noch nach Fristablauf möglich, da es sich nur um eine formelle, nicht um eine materielle Präklusion handelt, die Einwendungen also materiell nicht untergehen.[517] Etwas anderes gilt nur, wenn zugleich materielle Ausschlussfristen (z.B. nach § 215 BauGB) eingreifen oder wenn Verwirkung eingetreten ist (s.u. Rn. 557 ff.).

3. Antragsgegner

411   Richtiger **Antragsgegner** ist nach § 47 Abs. 2 S. 2 VwGO die juristische Person des öffentlichen Rechts, die die Rechtsvorschrift erlassen hat (also z.B. die plansetzende Gemeinde beim Bebauungsplan).[518]

IV. Allgemeine Sachentscheidungsvoraussetzungen

412   Neben den besonderen Sachentscheidungsvoraussetzungen müssen für das Normenkontrollverfahren auch die allgemeinen Sachentscheidungsvoraussetzungen vorliegen. Besondere Bedeutung hat hierbei das **allgemeine Rechtsschutzbedürfnis**, das z.B. fehlt, wenn durch die Unwirksamkeit der angegriffenen Vorschrift die Rechtsstellung des Antragstellers nicht verbessert werden kann.[519]

---

511 HessVGH NVwZ-RR 2014, 673; OVG LSA NVwZ-RR 2017, 866; OVG Nds NVwZ-RR 2017, 961 auch zu Ausnahmefällen.

512 BVerwG NVwZ 2000, 1413, 1414; NVwZ 1995, 895, 896.

513 BVerwG, Beschl. v. 04.02.2010 – BVerwG 4 BN 68.09, BeckRS 2010, 47283; OVG Lüneburg DVBl. 2011, 786.

514 Vgl. Gesetz vom 29.05.2017 (BGBl. I S. 1298); dazu VGH BW VBlBW 2018, 242.

515 Vgl. BVerwG NVwZ 2013, 1547, 1548; Schübel-Pfister JuS 2014, 412, 417; Schenke NVwZ 2014, 341 ff.

516 BVerwG NVwZ 2016, 1481, 1482 (zu § 47 Abs. 1 Nr. 1 VwGO); BVerwG NVwZ 2015, 1542 (zu § 47 Abs. 1 Nr. 2 VwGO); zusammenfassend Schübel-Pfister JuS 2017, 416, 418 f.

517 BVerwG NVwZ-RR 2001, 199; Ehlers Jura 2005, 171, 176; Ewer MKW 2007, 3171, 3172; Decker JA 2010, 653, 656; Schübel-Pfister JuS 2017, 416, 419.

518 Wobei hier – wie bei Anfechtungs- und Verpflichtungsklagen (s.o. Rn. 147 f.) – umstritten ist, ob die Frage nach dem Antragsgegner zur Zulässigkeit oder Begründetheit des Antrags zählt (vgl. einerseits Wolff/Decker VwGO § 47 Rn. 24; Schenke/Gebhardt Jura 2006, 64, 65; andererseits Kintz JuS 2000, 1099, 110; Kahl JA 2005, 280, 283.

519 BVerwG NVwZ-RR 2017, 2, 3; BayVGH RÜ 2018, 531, 533; VGH BW NVwZ 2017, 1068, 1069; Decker JA 2010, 653, 656 f.; Schübel-Pfister JuS 2017, 416, 418.

Abstrakte Normenkontrolle, § 47 VwGO   **7. Abschnitt**

Beispiel: Ist der angegriffene Bebauungsplan bereits durch die Genehmigung von Bauvorhaben vollständig verwirklicht worden, fehlt i.d.R. das Rechtsschutzbedürfnis. Denn die Unwirksamkeit des B-Plans berührt nicht die Wirksamkeit der bereits erteilten Baugenehmigungen. Dies folgt aus § 47 Abs. 5 S. 3 VwGO i.V.m. § 183 S. 1 VwGO, der zwar unmittelbar nur die Wirksamkeit gerichtlicher Urteile erfasst, aber nach allgemeiner Auffassung auf Verwaltungsakte analog anzuwenden ist.

B. Begründetheit des Normenkontrollantrags

Der Normenkontrollantrag ist begründet, **wenn die angegriffene Rechtsvorschrift gegen höherrangiges Recht verstößt.**   **413**

Beim Bebauungsplan (§ 47 Abs. 1 Nr. 1 VwGO) als Satzung (§ 10 Abs. 1 BauGB) sind Prüfungsmaßstab insbes. die Vorschriften des BauGB, aber auch die Vorschriften der Gemeindeordnung über Satzungsbeschlüsse. Außerdem darf der B-Plan nicht gegen sonstiges höherrangiges (Bundes- oder Landes-) Recht verstoßen. Bei untergesetzlichen landesrechtlichen Vorschriften (§ 47 Abs. 1 Nr. 2 VwGO) darf kein Verstoß gegen das GG, die LVerf sowie formelle Bundes- oder Landesgesetze vorliegen.

Eine Einschränkung der Prüfungskompetenz folgt aus § 47 Abs. 3 VwGO: Das OVG prüft die Vereinbarkeit der Rechtsvorschrift mit Landesrecht nicht, soweit gesetzlich vorgesehen ist, dass die Rechtsvorschrift ausschließlich durch das Verfassungsgericht eines Landes nachprüfbar ist (vgl. Art. 132 HessVerf für die Verfassungswidrigkeit einer RechtsVO und Art. 98 S. 4 Bay Verf bei Verletzung von Landesgrundrechten).[520]

Im Unterschied zur Anfechtungsklage, die nur dem Individualrechtsschutz dient, ist die Normenkontrolle – ungeachtet der Antragsbefugnis (§ 47 Abs. 2 S. 1 VwGO) – auch ein **objektives Rechtsbeanstandungsverfahren.** Das hat zur Folge, dass die Norm insgesamt auf ihre Rechtmäßigkeit hin überprüft werden muss und nicht nur im Rahmen der subjektiven Rechte des Betroffenen.[521]   **414**

Gelangt das OVG zu der Überzeugung, dass die Rechtsvorschrift ungültig ist, so erklärt es sie für **unwirksam**, in diesem Fall ist die Entscheidung **allgemein verbindlich** (§ 47 Abs. 5 S. 2 VwGO).   **415**

Nach § 47 Abs. 6 VwGO kann das OVG auf Antrag – vor der endgültigen Normenkontrollentscheidung – eine **einstweilige Anordnung** erlassen, wenn dies zur Abwehr schwerer Nachteile oder aus anderen wichtigen Gründen dringend geboten ist.   **416**

Beispiel: Anordnung, dass ein angegriffener Bebauungsplan zunächst nicht durch Erteilung von Baugenehmigungen vollzogen werden darf.[522]

---

520 Vgl. Ehlers Jura 2005, 171, 177.
521 BVerwG NVwZ 2008, 899, 900; NVwZ-RR 2016, 86; NVwZ 2005, 695, 696; Ehlers Jura 2005, 171, 175; Schübel-Pfister JuS 2011, 420, 422.
522 Vgl. OVG NRW NWVBl. 2014, 184; dazu unten Rn. 819.

121

3. Teil | Zusammenfassende Übersicht

Abstrakte Normenkontrolle
gegen einen Bebauungsplan gemäß § 47 VwGO

A. Zulässigkeit des Antrags

I. **Verwaltungsrechtsweg**, § 40 Abs. 1 S. 1 VwGO

II. **Statthaft** gemäß § 47 Abs. 1 Nr. 1 VwGO, da Bebauungsplan Satzung (§ 10 Abs. 1 BauGB)

III. **Antragsbefugnis**, § 47 Abs. 2 S. 1 VwGO: Möglichkeit der Verletzung eines subjektiven Rechts

- Art. 14 GG: Grundstück unmittelbar planbetroffen
- Recht auf gerechte Abwägung (§ 1 Abs. 7 BauGB)
- interkommunales Abstimmungsgebot (§ 2 Abs. 2 BauGB)

IV. **Antragsfrist:** ein Jahr nach Bekanntmachung (§ 47 Abs. 2 S. 1 VwGO)

V. **Antragsgegner**, § 47 Abs. 2 S. 2 VwGO

B. Begründetheit des Antrags

(+), wenn Bebauungsplan **unwirksam**, d.h. Verstoß gegen höherrangiges Recht

I. **Formelle Rechtmäßigkeit** des Bebauungsplans

   1. Zuständigkeit: Gemeinde, §§ 1 Abs. 3, 2 Abs. 1 BauGB

   2. ordnungsgemäßes **Verfahren**

     a) nach BauGB, §§ 2 ff., 10 BauGB

       aa) Fehler nur nach § 214 Abs. 1 BauGB beachtlich

       bb) unbeachtlich nach § 215 Abs. 1 Nr. 1 BauGB

       cc) Heilung durch ergänzendes Verfahren (§ 214 Abs. 4 BauGB)

     b) nach GO (evtl. Heilung, z.B. § 5 Abs. 4 HGO, § 7 Abs. 6 GO NRW)

II. **Materielle Rechtmäßigkeit** des Bebauungsplans

   1. Erforderlichkeit des Bebauungsplans, § 1 Abs. 3 BauGB

   2. fehlerfreie Ausübung des **Planungsermessens**

     a) Einhaltung der **Ermessensgrenzen**

       aa) zulässige Festsetzungen gemäß § 9 BauGB i.V.m. BauNVO

       bb) Anpassung an Ziele der Raumordnung, § 1 Abs. 4 BauGB

       cc) grds. Entwicklung aus Flächennutzungsplan, § 8 Abs. 2 S. 1 BauGB

         (1) Ausnahmen § 8 Abs. 2 S. 2, Abs. 3 S. 2, Abs. 4 BauGB

         (2) unbeachtlich nach § 214 Abs. 2 BauGB

         (3) unbeachtlich nach § 215 Abs. 1 Nr. 2 BauGB

       dd) interkommunales Abstimmungsgebot (§ 2 Abs. 2 BauGB)

     b) ordnungsgemäße **Abwägung** (§ 1 Abs. 7 BauGB)

       aa) Fehler im Abwägungsvorgang sind i.d.R. Verfahrensfehler (arg. e. § 214 Abs. 1 Nr. 1, Abs. 3 S. 2 Hs. 1 BauGB), str.

       bb) Fehler im Abwägungsergebnis, insbes. Abwägungsdisproportionalität (Ausgleich unter den betroffenen Belangen unverhältnismäßig)

       cc) Beachtlichkeit

         - Fehler im Abwägungsergebnis immer
         - Fehler im Abwägungsvorgang nur nach § 214 Abs. 3 S. 2 BauGB
         - ggf. unbeachtlich nach § 215 Abs. 1 Nr. 3 BauGB

     c) Heilung durch ergänzendes Verfahren (§ 214 Abs. 4 BauGB)

8. Abschnitt: Klagehäufung

A. Objektive Klagehäufung

Der Kläger kann unter den Voraussetzungen des § 44 VwGO mehrere Klagebegehren **417** (Streitgegenstände) **nebeneinander** (kumulativ) in einem Klageverfahren geltend machen.

Beispiel: G erstrebt eine Gaststättenerlaubnis (§ 2 GaststG) und zugleich eine Erlaubnis zur Schaustellung von Personen (§ 33 a GewO), da er in seiner Gaststätte Striptease-Vorführungen veranstalten möchte. – Keine Klagehäufung liegt dagegen vor, wenn ein und derselbe Anspruch nur mit unterschiedlichen Anspruchsgrundlagen begründet wird (z.B. Informationsansprüche nach UIG und VIG).[523]

*Von der objektiven Klagehäufung zu unterscheiden ist die **subjektive Klagehäufung** (Streitgenossenschaft). Für die Streitgenossenschaft gilt nicht § 44 VwGO, sondern nach § 64 VwGO gelten die §§ 59 ff. ZPO.*

Die (objektive) Klagehäufung ist nach § 44 VwGO nur zulässig, wenn die Klagebegehren **418**

- sich gegen **denselben Beklagten** richten,

- im **Zusammenhang** stehen und

- **dasselbe Gericht** zuständig ist.

Die Verbindung von Anfechtungs- mit **Annexanträgen** nach § 113 Abs. 1 S. 2 und Abs. 4 **419** VwGO ist eine spezielle Form der Klagehäufung. Überwiegend wird deshalb angenommen, dass § 113 Abs. 1 S. 2 und Abs. 4 VwGO die Regelung in § 44 VwGO verdrängen,[524] andere prüfen die Voraussetzungen kumulativ.[525]

Die Frage ist zumeist nicht entscheidungserheblich, da der erforderliche Sachzusammenhang ohnehin besteht. Außerdem gilt § 78 VwGO nicht nur für den Anfechtungsantrag, sondern auch für den Annexantrag,[526] sodass beide Anträge entweder gegen den Rechtsträger (§ 78 Abs. 1 Nr. 1 VwGO) oder gegen die Ausgangsbehörde (§ 78 Abs. 1 Nr. 2 VwGO i.V.m. Landesrecht) zu richten sind.

B. Haupt- und Hilfsantrag

Die Voraussetzungen des § 44 VwGO gelten auch für die **Eventualklagehäufung**, d.h. **420** beim Zusammentreffen von Haupt- und Hilfsantrag.[527]

Beispiel: K klagt auf Feststellung, dass ein Bauvorhaben nicht genehmigungspflichtig ist, hilfsweise auf Erteilung der Baugenehmigung (vgl. oben Fall 8).

Im Normalfall handelt es sich um eine sog. **eigentliche** Eventualklagehäufung, bei der der Hilfsantrag für den Fall der Erfolglosigkeit des Hauptantrags gestellt wird. Auf den Hilfsantrag braucht das Gericht daher nur einzugehen, wenn der Hauptantrag unzulässig oder unbegründet sein sollte. Die Rechtshängigkeit des Hilfsantrages ist auflösend bedingt durch den Erfolg des Hauptantrages (s.o. Rn. 318).

---

523 VGH BW NVwZ 2018, 750, 751; anders für das Presserecht BVerwG, Beschl. v. 03.05.2016 – BVerwG 7 C 13.15, BeckRS 2016, 46225 u. BVerwG 7 C 7.15, BeckRS 2016, 46226; dagegen VGH BW NVwZ 2018, 750, 754; dazu auch AS-Skript Verwaltungsrecht AT 1 (2017), Rn. 241.

524 Sodan/Ziekow VwGO § 113 Rn. 391 m.w.N.

525 Beckmann DVBl. 1994, 1342, 1344.

526 BVerwG NVwZ 2002, 718, 722; Desens NVwZ 2013, 471, 474.

527 Kopp/Schenke VwGO § 44 Rn. 1 m.w.N.

3. Teil Klagearten im Verwaltungsprozess

Von einer **uneigentlichen** Eventualantragshäufung spricht man dagegen, wenn über den Hilfsantrag nur bei Erfolg des Hauptantrags entschieden werden soll.[528] Dann handelt es sich jedoch i.d.R. um eine unzulässige Stufenklage.[529]

C. Prüfungsreihenfolge

421 In der Klausur ist es i.d.R. angebracht, die Prüfung der verschiedenen Klagebegehren zu **trennen**. Dies gilt **zwingend** für das Verhältnis zwischen **Haupt- und Hilfsantrag**. Hier darf auf den Hilfsantrag (auch auf dessen Zulässigkeit) erst eingegangen werden, wenn der Hauptantrag vollständig auf Zulässigkeit und Begründetheit überprüft worden ist.

422 Die Prüfung der **kumulativen Klagehäufung** wird dagegen uneinheitlich gehandhabt.

■ Häufig werden die Voraussetzungen des § 44 VwGO im Anschluss an die Prüfung der Begründetheit des ersten Antrags dargestellt, da das Gericht bei Unzulässigkeit der Klageverbindung auf den zweiten Antrag (noch) nicht eingehen wird.

■ Vertretbar ist es auch, die Zulässigkeit der Klageverbindung erst nach Darstellung der Zulässigkeit des zweiten Antrags zu prüfen, da dann die Voraussetzungen des § 44 VwGO (insbes. die des jeweiligen Beklagten) bereits vorab festgestellt sind.

Dagegen spricht allerdings, dass man dann für dieses Verfahren möglicherweise zu viel geprüft hat, wenn die Voraussetzungen des § 44 VwGO nicht vorliegen und das Verfahren bzgl. des zweiten Antrags nach § 93 VwGO abgetrennt wird, ohne dass es auf dessen Zulässigkeit im Übrigen (zur Zeit) ankommt.

Beachte: Keinesfalls darf die Zulässigkeit der Klageverbindung als Bestandteil der Zulässigkeitsprüfung einer der Klagen geprüft werden! Denn ist die Klagehäufung unzulässig, so bleibt jede Klage für sich zulässig. Die Verfahren werden nur gemäß § 93 VwGO getrennt.

423 ■ Liegen die Voraussetzungen des § 44 VwGO unzweifelhaft vor, kann es zweckmäßig sein, die Zulässigkeit der Anträge zusammen zu prüfen, wenn die Begehren sich ähneln und dadurch Wiederholungen vermieden werden.

Beispiel: K klagt gegen einen Bescheid mit folgenden Regelungen: 1. Widerruf einer Subventionsbewilligung wegen Nichterfüllung einer Auflage gemäß § 49 Abs. 3 S. 1 Nr. 2 VwVfG, 2. Rückforderung der ausgezahlten Subvention gemäß § 49 a Abs. 1 VwVfG und 3. Zinsforderung gemäß § 49 a Abs. 3 VwVfG. Enthält ein Bescheid mehrere Regelungen gegenüber demselben Adressaten, so liegt eine (allerdings unproblematisch zulässige) Klagehäufung nach § 44 VwGO vor.[530]

Soweit erforderlich kann dann innerhalb der Zulässigkeitsvoraussetzungen nach den verschiedenen Anträgen untergliedert werden. Die Voraussetzungen des § 44 VwGO sollten dann im Anschluss an die (gemeinsame) Zulässigkeitsprüfung angesprochen werden. Die Begründetheit ist dann getrennt für jedes Begehren gesondert zu prüfen.

*Beachte: Eine Zusammenprüfung der Zulässigkeit **verbietet** sich in jedem Fall bei Haupt- und Hilfsanträgen. Hier darf auf die Zulässigkeit des Hilfsantrages erst nach Prüfung der Zulässigkeit und Begründetheit des Hauptantrages eingegangen werden (s.o.).*

---

528 Vgl. z.B. VGH Mannheim NVwZ 1985, 351.

529 Schoch/Pietzcker VwGO § 44 Rn. 10.

530 Stelkens/Bonk/Sachs VwVfG § 35 Rn. 45.

124

4. Teil: Besondere Sachentscheidungsvoraussetzungen

Während die allgemeinen Sachentscheidungsvoraussetzungen für jedes verwaltungsgerichtliche Verfahren gelten, hängen die **besonderen Sachentscheidungsvoraussetzungen** von der jeweiligen Klageart ab.

424

Beispiele: Die Anfechtungsklage ist nur zulässig, wenn der Kläger geltend machen kann, durch den angefochtenen Verwaltungsakt in seinen Rechten verletzt zu sein (§ 42 Abs. 2 VwGO) und der Kläger – vorbehaltlich gesetzlicher Ausnahmen (§ 68 Abs. 1 S. 2 VwGO) – vor der Erhebung der Klage die Rechtmäßigkeit und Zweckmäßigkeit des Verwaltungsakts in einem Vorverfahren hat nachprüfen lassen (§ 68
Abs. 1 S. 1 VwGO). Außerdem muss der Kläger die Klagefrist des § 74 Abs. 1 VwGO wahren und die Klage
gegen den richtigen Beklagten (§ 78 Abs. 1 VwGO) richten. Dasselbe gilt für die Verpflichtungsklage
(§§ 42 Abs. 2, 68 Abs. 2, 74 Abs. 2, 78 Abs. 1 VwGO).

Die Darstellung der besonderen Sachentscheidungsvoraussetzungen beschränkt sich
im Folgenden auf die Besonderheiten, die nicht schon oben bei der jeweiligen Klageart
dargestellt wurden.

1. Abschnitt: Die Klagebefugnis (§ 42 Abs. 2 VwGO)

A. Bedeutung der Klagebefugnis

Im öffentlichen Recht entspricht – anders als im Zivilrecht – einer Pflicht der Verwaltung
nicht immer auch ein Recht des Bürgers. Der Bürger hat **keinen allgemeinen Gesetzesvollziehungsanspruch.** Auch dient der Verwaltungsprozess lediglich der Durchsetzung
subjektiver Rechte. Nur soweit der Bürger ein **subjektives Recht** hat, kann er – beim Abwehrrecht – das Verhalten der Verwaltung abwehren oder – bei einem Leistungsrecht –
eine bestimmte Verwaltungsmaßnahme verlangen (Art. 19 Abs. 4 GG).[531] Die **Hauptbe-
deutung** des subjektiven Rechts im Verwaltungsprozessrecht liegt bei der

425

- **Zulässigkeit** der Klagen, die nach § 42 Abs. 2 VwGO die Geltendmachung einer
  Rechtsverletzung voraussetzen (sog. **Klagebefugnis**), sowie

- bei der **Begründetheit** von Anfechtungs- und Verpflichtungsklagen, die nach § 113
  Abs. 1 u. Abs. 5 VwGO nur bei einer **Rechtsverletzung** gegeben ist.

B. Anwendungsbereich des § 42 Abs. 2 VwGO

Anfechtungs- und Verpflichtungsklagen sind gemäß § 42 Abs. 2 VwGO – soweit gesetzlich nichts anderes bestimmt ist – nur zulässig, wenn der Kläger geltend macht, durch
den Verwaltungsakt oder seine Ablehnung oder Unterlassung in seinen Rechten verletzt zu sein (sog. **Klagebefugnis**).

426

Gesetzliche Ausnahmen vom Erfordernis der Klagebefugnis finden sich z.B. bei der Klage von anerkannten Vereinigungen im Naturschutz- und Umweltrecht (§ 64 BNatSchG, § 2 UmwRG) und zugunsten
bestimmter Verwaltungsträger, z.B. § 8 Abs. 4 HandwO (Klagerecht der Handwerkskammer gegen Ausnah-
mebewilligungen), § 12 HandwO (Klagerecht der Industrie- und Handelskammer gegen Entscheidungen
über die Eintragung in die Handwerksrolle).[532]

---

531 Voßkuhle/Kaiser JuS 2009, 16, 17; Kahl/Ohlendorf JA 2010, 872 ff.; Ramsauer JuS 2012, 769 ff.
532 Weitere Beispiele bei Kopp/Schenke VwGO § 42 Rn. 181.

| 4. Teil | Besondere Sachentscheidungsvoraussetzungen |

427 Sinn und Zweck dieser Zulässigkeitsvoraussetzung ist es in erster Linie, **Popularklagen zu verhindern**, also dass jemand im Klagewege Interessen der Allgemeinheit oder Dritter verfolgt.[533] Darüber hinaus sollen durch § 42 Abs. 2 VwGO Klagen ausgeschlossen werden, mit denen bloß wirtschaftliche oder ideelle Interessen geltend gemacht werden, die **rechtlich nicht geschützt** sind.[534]

428 Unmittelbar verlangt § 42 Abs. 2 VwGO die Klagebefugnis als besondere Sachurteilsvoraussetzung zwar nur für die **Anfechtungs- und Verpflichtungsklage**. Die Rspr. fordert eine Klagebefugnis analog § 42 Abs. 2 VwGO aber praktisch auch bei den anderen Klagearten, nämlich bei der **Fortsetzungsfeststellungsklage** (§ 113 Abs. 1 S. 4 VwGO),[535] bei der allgemeinen **Leistungsklage**,[536] und bei der allgemeinen **Feststellungsklage** (§ 43 Abs. 1 VwGO).[537]

Die Gegenansicht verneint bei der Feststellungsklage und teilweise auch bei der Leistungsklage die für eine Analogie erforderliche Regelungslücke, da das Feststellungsinteresse bzw. das allgemeine Rechtsschutzbedürfnis ein ausreichendes Korrektiv sei, um Popularklagen zu verhindern.[538]

§ 42 Abs. 2 VwGO gilt darüber hinaus als „Antragsbefugnis" analog auch im **Eilverfahren** (§§ 80 Abs. 5, 80 a Abs. 3, 123 VwGO) und im **Widerspruchsverfahren** als „Widerspruchsbefugnis".

C. Voraussetzungen der Klagebefugnis

Grundschema: Klagebefugnis

I. Erforderlichkeit

- unmittelbar bei **Anfechtungs- und Verpflichtungsklagen** (§ 42 Abs. 2 VwGO)

- **analog § 42 Abs. 2 VwGO** bei Fortsetzungsfeststellungsklagen, Leistungsklagen, Feststellungsklagen, im vorläufigen Rechtsschutz („Antragsbefugnis") und im Widerspruchsverfahren („Widerspruchsbefugnis")

- vergleichbar die **Antragsbefugnis** (§ 47 Abs. 2 VwGO) bei der Normenkontrolle

II. Voraussetzungen

- **Möglichkeit einer Rechtsverletzung,** d.h. nicht offensichtlich und eindeutig nach jeder Betrachtungsweise ausgeschlossen

- Vorliegen einer **individualschützenden Norm**

- Erweiterung durch **EU-Recht**

---

533 BVerwG NVwZ 2004, 1229, 1230; NVwZ 2004, 473, 474; Kopp/Schenke VwGO § 42 Rn. 59; Schlette Jura 2004, 90; Würtenberger/Heckmann Rn. 326; kritisch Klenke NWVBl. 2005, 125 ff.

534 Ehlers Jura 2004, 30, 34 m.w.N.

535 BVerwG NJW 1994, 2038; NJW 1982, 2513, 2514; OVG Koblenz NJW 1982, 1302; Kopp/Schenke VwGO § 42 Rn. 62 m.w.N.; s.o. Rn. 372.

536 BVerwG RÜ 2016, 323, 325; BVerwG NVwZ 2014, 64, 65; Kopp/Schenke VwGO § 42 Rn. 62; Posser/Wolff VwGO § 42 Rn. 132; Rozek Jura 2001, 39, 40 und oben Rn. 250.

537 BVerwG RÜ 2016, 323, 327; NVwZ 2008, 423, 424; NVwZ 2004, 1229, 1230; Pietzner/Ronellenfitsch Rn. 382; Posser/Wolff VwGO § 42 Rn. 131 und oben Rn. 308.

538 Vgl. Schoch JuS 1987, 783, 789; Knuth JuS 1986, 523, 525; Hipp/Hufeld JuS 1998, 802; Kopp/Schenke VwGO § 42 Rn. 63.

I. Möglichkeitstheorie

Der Kläger muss geltend machen, in seinen Rechten verletzt zu sein (§ 42 Abs. 2 VwGO). **429**
An das **Geltendmachen** sind keine strengen Anforderungen zu stellen. Zwar reicht eine
bloße Verbalbehauptung nicht aus. Erforderlich und ausreichend ist es aber, dass nach
dem Sachvortrag des Klägers eine Verletzung seiner subjektiven Rechte möglich ist
(Möglichkeitstheorie).[539] Negativ formuliert heißt das, dass die Klagebefugnis nur dann
fehlt, wenn **offensichtlich und eindeutig nach keiner Betrachtungsweise** die vom
Kläger behaupteten Rechte bestehen oder ihm zustehen können.[540]

Beispiel: Für die Klage eines sog. Reichsbürgers auf Ausstellung einer Bescheinigung über eine frei er-
fundene, in Deutschland nicht existierende Staatsbürgerschaft fehlt die Klagebefugnis nach § 42 Abs. 2
VwGO.[541]

Beachte: *Zur **Zulässigkeitsprüfung** gehört nur die **Möglichkeit der Rechtsverletzung**.* **430**
Die Frage, ob das vom Kläger geltend gemachte Recht tatsächlich besteht und verletzt ist, ist
erst im Rahmen der Begründetheit zu erörtern.[542]

II. Eigene Rechtsverletzung

Der Kläger muss die Verletzung **eigener Rechte** geltend machen. Nicht ausreichend ist, **431**
dass ein Dritter oder Rechte der Allgemeinheit verletzt sein können.

Beispiel: Der Umweltschutzverein U e.V. klagt gegen eine immissionsschutzrechtliche Genehmigung
und macht geltend, dass naturschutzrechtliche Vorschriften nicht beachtet worden seien.

Da die einfach-gesetzlichen Vorschriften im Umweltrecht i.d.R. nur dem Schutz der All- **432**
gemeinheit und ggf. der Nachbarn, nicht aber dem Schutz einer Vereinigung dienen, ist
eine sog. **Verbandsklage** grds. mangels Klagebefugnis **unzulässig**. Auch eine Herleitung der Klagebefugnis aus Art. 9 Abs. 1 GG ist nicht möglich, da das Klagerecht für einen Verband nicht Wesenselement der Verwirklichung der Vereinigungsfreiheit ist.[543]

Dies gilt sowohl für die sog. **egoistische** Verbandsklage, bei der der Verband die Rechte seiner Mitglieder geltend macht, als auch für die sog. **altruistische** Verbandsklage, bei der Rechte der Allgemeinheit
oder Dritter, die nicht Mitglieder des Verbandes sind, geltend gemacht werden.

Etwas anderes gilt bei abweichender gesetzlicher Regelung (vgl. § 42 Abs. 2 VwGO: „so- **433**
weit gesetzlich nichts anderes bestimmt ist"), insbes. im **Naturschutzrecht** (§ 64
BNatSchG (bzw. Landesrecht) und im **Umweltrecht** (§ 2 UmwRG). Danach können aner-
kannte Vereinigungen gegen bestimmte (Zulassungs-)Entscheidungen unter bestimmten Voraussetzungen Rechtsbehelfe einlegen, ohne in eigenen Rechten verletzt zu sein
(insbes. Planfeststellungsbeschlüsse i.S.d. § 2 Abs. 6 UVPG).

Beispiel: Die Verbandsklagebefugnis einer anerkannten Umweltvereinigung umfasst auch die Klage
auf behördliches Einschreiten gegen ein ohne die erforderliche Zulassungsentscheidung errichtetes
und betriebenes Vorhaben.[544]

---

539 BVerfG NVwZ 2009, 1426, 1427; BVerwG NVwZ 2014, 1675, 1676; VGH BW VBlBW 2014, 380; Kopp/Schenke VwGO § 42
Rn. 66; Pietzner/Ronellenfitsch Rn. 394; Schlette Jura 2004, 90, 92; Selmer JuS 2010, 662, 663.

540 BVerfG NVwZ 2009, 1426, 1427; BVerwG NVwZ 2011, 613, 614; OVG NRW DVBl. 2014, 1195, 1196; Kopp/Schenke VwGO
§ 42 Rn. 65; Würtenberger/Heckmann Rn. 327; einschränkend Ehlers Jura 2004, 30, 34.

541 OVG NRW NJW 2017, 424.

542 BVerwG NVwZ 2014, 1675, 1676 mit Anm. Heusch; Hufen JuS 2015, 479 f.; Schübel-Pfister JuS 2015, 418, 421.

543 BVerfG DVBl. 2001, 1139, 1140; BVerwG NVwZ 1996, 901, 904; Schelp/Daniel JuS 2000, 472, 472 f.; Seelig/Gündling NVwZ
2002, 1033, 1035 m.w.N.

544 BVerwG NVwZ 2017, 1634: Formell illegaler Radweg im FFH-Gebiet.

Da ein Verbandsklagerecht weder unmittelbar aus Art. 9 Abs. 1 GG noch aus Art. 19 Abs. 4 GG folgt, steht es dem Gesetzgeber frei, derartige Klagerechte einzuführen und sie ggf. nach sachgerechten Kriterien zu begrenzen. Deshalb lassen sich außerhalb des § 64 BNatSchG und des § 2 UmwRG **keine weitergehenden Verbandsklagerechte** ableiten.[545]

434 In den Bereichen, in denen nicht die Möglichkeit einer Verbandsklage besteht (z.B. im Baurecht), wird versucht, das Erfordernis der Klagebefugnis dadurch zu umgehen, dass der Verband das Eigentum an einem Grundstück im betroffenen Gebiet allein zum Zwecke der Prozessführung erwirbt (sog. **Sperrgrundstück**).

Beispiel: Der Naturschutzverband N wendet sich gegen die Errichtung eines Einkaufszentrums. N hat während des Baugenehmigungsverfahrens eine angrenzende ca. 3.000 qm große Streuobstwiese erworben und macht geltend, dass das Vorhaben nicht die gebotene Rücksicht auf sein Eigentum nimmt.

435 Die Rspr. betont, dass es für die Klagebefugnis grds. unerheblich ist, aus welchen Gründen der Kläger sein Eigentum erworben hat. Der **Eigentumsschutz** (Art. 14 Abs. 1 GG) wird nicht dadurch gemindert, dass mit ihm Umweltinteressen verfolgt würden.[546] Allerdings könne der formalen Klagebefugnis der Einwand **unzulässiger Rechtsausübung** (analog § 242 BGB) entgegenstehen.

Dies hat die Rspr. z.B. angenommen, wenn dem Kläger aufgrund der vertraglichen Gestaltung lediglich eine Rechtsstellung zusteht, die auf eine „**formale Hülle** ohne substanziellen Inhalt" hinausläuft.[547] Neuerdings bejaht die Rspr. einen Verstoß gegen Treu und Glauben bereits dann, wenn der Kläger **kein über die Prozessführung hinausgehendes Interesse** an der Eigentümerstellung nachweist.[548]

III. Das geltend zu machende subjektiv öffentliche Recht

1. Einfach-gesetzliche subjektive Rechte

436 Subjektive Rechte können sich in erster Linie aus **einfach-gesetzlichen Vorschriften** ergeben. Diese beinhalten dann ein subjektives öffentliches Recht, wenn sie nach dem (objektivierten) Willen des Gesetzgebers nicht nur den Interessen der Allgemeinheit, sondern nach ihrer Zweckbestimmung **zumindest auch den Individualinteressen des Bürgers** zu dienen bestimmt sind **(Schutznormtheorie)**.[549] Ob eine Norm ein subjektives Recht in diesem Sinne enthält, ist im Zweifelsfall durch **Auslegung** der Vorschrift zu ermitteln.

Beispiel: Die allgemeinen Regeln des Völkerrechts (Art. 25 GG) , insbesondere das Gewaltverbot, sind grds. nicht individualschützend. Daher besteht für die Klage eines Bürgers gegen die Bundesrepublik Deutschland mit dem Ziel, auf die USA einzuwirken, die in Deutschland gelagerten Atomwaffen abzuziehen, keine Klagebefugnis.[550]

---

[545] Vgl. BVerfG DVBl. 2001, 1139, 1140; Seelig/Gündling NVwZ 2002, 1033, 1035; zu neueren Tendenzen zur Erweiterung des Klagerechts im Umweltrecht vgl. Gärditz NVwZ 2014, 1, 6 ff.; Schlacke NVwZ 2014, 11 ff.; DVBl. 2015, 929 ff.

[546] BVerfG NVwZ 2014, 211, 213; BVerwG NVwZ 2009, 302, 304; Hufen JuS 2009, 752, 753; Kment NVwZ 2014, 1566, 1567.

[547] BVerwG NVwZ 2009, 302, 304; DVBl. 2001, 385, 385 f.; dazu Clausing JuS 2001, 998, 1001.

[548] BVerwG RÜ 2012, 318, 320; OVG Lüneburg, Urt. v. 11.06.2014 – 13 LB 176/11, BeckRS 2014, 53225; zustimmend Muckel JA 2012, 639, 640; Würtenberger/Heckmann Rn. 307; kritisch Hufen JuS 2009, 752, 753; Kment NVwZ 2014, 1566, 1567 unter Hinweis auf BVerfG NVwZ 2014, 211, 213; dazu Sachs JuS 2014, 468, 469.

[549] Vgl. BVerwG NVwZ 2008, 1012, 1014; Voßkuhle/Kaiser JuS 2009, 16, 17; Ramsauer JuS 2012, 769, 771; Schlacke DVBl. 2015, 929, 933; abweichend ein Teil der Lit., wonach es nicht auf den Schutzzweck der einschlägigen Norm, sondern allein auf die tatsächliche Betroffenheit des Klägers ankomme; vgl. die Nachw. bei Kopp/Schenke VwGO § 42 Rn. 83.

[550] OVG NRW RÜ 2013, 723, 725; dazu BVerfG NVwZ 2018, 1224, 1228.

Die Klagebefugnis (§ 42 Abs. 2 VwGO) **1. Abschnitt**

Ein **subjektives Recht scheidet aus**, wenn anzunehmen ist, dass **437**

■ die Vorschrift **nur dem Schutz der Allgemeinheit** dient,

■ der Betroffene **nicht zum geschützten Personenkreis** gehört oder

■ der Schutz der Interessen des betroffenen Bürgers **nicht bezweckt** ist, sondern sich als bloßer **Reflex** der Regelung erweist.

Auch bei **Ermessensentscheidungen** kommt ein subjektives Recht nur in Betracht, **438** wenn die einschlägige Ermessensvorschrift eine **Schutznorm** darstellt, also (zumindest auch) dem Interesse des Klägers zu dienen bestimmt ist.[551] Es gibt **keinen allgemeinen Anspruch auf ermessensfehlerfreie Entscheidung**. Das Ermessen ist also nur von Bedeutung für den Umfang (die Rechtsfolge), nicht aber für den Schutzzweck der Norm als Voraussetzung für das subjektive Recht.

Beispiel: Bei der Festlegung einer Hausnummer (§ 126 Abs. 3 BauGB) handelt es sich um eine rein ordnungsrechtliche Maßnahme. Sie verleiht den Eigentümern der Anliegergrundstücke keine Befugnisse und auch keine begünstigende Rechtsposition. Daher haben die Betroffenen weder bei einer Hausnummernzuteilung noch bei einer Umnummerierung einen Anspruch auf ermessensfehlerfreie Entscheidung.[552]

2. Grundrechte

Soweit einfach-gesetzliche Regelungen fehlen, kann für die Klagebefugnis auf **Grund-** **439** **rechte** des Klägers zurückgegriffen werden.[553] Nach der teilweise vertretenen Gegenauffassung sollen Grundrechte dagegen auf Verwaltungsebene unmittelbar überhaupt keine subjektiven Rechte begründen können.[554] Sie seien stets nur für eine grundrechtskonforme Anwendung des einfachen Rechts von Bedeutung. Dagegen spricht jedoch schon die Bindungswirkung des Art. 1 Abs. 3 GG, der für eine Unterscheidung zwischen einer verfassungsrechtlichen und einer verwaltungsrechtlichen Rechtsschutzfunktion der Grundrechte nichts hergibt. Daher greift die Rspr. zu Recht zur Begründung der Klagebefugnis immer wieder unmittelbar auf die Grundrechte zurück.[555]

Soll die Klagebefugnis aus Grundrechten abgeleitet werden, ist nicht der subjektiv-rechtliche Charakter zweifelhaft, sondern entscheidend, ob die angegriffene Maßnahme in den **Schutzbereich** des Grundrechts eingreift (s.u. Rn. 461).

Beachte: *Aufgrund des **Anwendungsvorrangs des einfachen Rechts** ist eine grundrechtlich fundierte Klagebefugnis nur zu erörtern, wenn einfach-gesetzliche subjektive Rechtsvorschriften fehlen.*[556]

Beispiel: Soweit die §§ 29 ff. BauGB i.V.m. dem baurechtlichen Gebot der Rücksichtnahme drittschützende Wirkung entfalten, ist ein Rückgriff auf Art. 14 GG unzulässig.[557]

---

551 BVerwG RÜ 2016, 323, 326; Schoch Jura 2011, 344, 349; Würtenberger/Heckmann Rn. 395.

552 BayVGH, Beschl. v. 12.06.2018 – 8 ZB 18.178, BeckRS 2018, 14555; BayVGH RÜ 2012, 252, 254: nur Willkürkontrolle; OVG NRW NVwZ-RR 2012, 541, 542, das allerdings die Klagebefugnis bejaht; a.A. HessVGH NVwZ 1983, 551; offen gelassen von SächsOVG NVwZ-RR 2012, 694, 695.

553 Kahl/Ohlendorf JA 2010, 872, 874 m.w.N.

554 Callies NVwZ 2006, 1, 5; Wahl DVBl. 1996, 646, 649 f.; ders. in Schoch VwGO Vor § 42 Abs. 2 Rn. 54.

555 Vgl. z.B. BVerwG RÜ 2015, 802, 804; Kahl/Ohlendorf JA 2010, 872, 874.

556 Voßkuhle/Kaiser JuS 2009, 16, 18; Kahl/Ohlendorf JA 2010, 872, 874; Ramsauer JuS 2012, 769, 772.

557 BVerwG DVBl. 1992, 564, 567.

3. Unionsrecht

440 Auch aus **Unionsrecht** können sich subjektiv öffentliche Rechte ergeben, so z.B. aus den Grundfreiheiten (z.B. Art. 45, 49, 56 AEUV), aus den Grundrechten der GR-Charta, aus den Wettbewerbsregeln (Art. 101, 102 AEUV) und aus den unionsrechtlichen Beihilfevorschriften (Art. 107, 108 AEUV).

Beispiel: Bei staatlichen Beihilfen ergibt sich für den Konkurrenten ein Abwehrrecht unmittelbar aus Art. 108 Abs. 3 S. 3 AEUV, wenn zwischen ihm und dem Beihilfeempfänger ein konkretes Wettbewerbsverhältnis besteht und er wirtschaftliche Nachteile befürchten muss.[558]

441 Zwar kennt auch das Unionsrecht **keine Popularklage**, jedoch begründen nach der Rspr. des Gerichtshofs nicht nur Normen mit einer gezielt individualschützenden Funktion subjektive Rechte, sondern auch solche, die den einzelnen (faktisch) begünstigen, soweit sie „inhaltlich unbedingt und hinreichend genau" sind.[559]

Beispiel: Nach der UVP-Richtlinie der EU[560] dürfen Umweltverbände die Verletzung auch solcher Vorschriften geltend machen, die allein den Interessen der Allgemeinheit zu dienen bestimmt sind. Die ursprüngliche Fassung des UmwRG war daher unionsrechtswidrig, soweit bei Verstößen gegen Umweltschutzvorschriften gefordert wurde, dass die Vorschriften Rechte Einzelner begründen müssen.[561]

442 Ob und wieweit sich hieraus Auswirkungen auf die Klagebefugnis nach deutschem Recht ergeben, ist noch nicht abschließend geklärt. Die Vertreter der sog. **prozessrechtlichen Lösung** halten an einer engen Auslegung des Begriffs „Recht" in § 42 Abs. 2 VwGO fest und bejahen eine **unionsrechtliche Ausnahme** vom Erfordernis der Klagebefugnis i.S.d. § 42 Abs. 2 Hs. 1 VwGO.[562] Zunehmend wird indes darauf hingewiesen, dass die Anforderungen an die Klagebefugnis bei unionsrechtlichen Vorgaben ggf. gesenkt werden müssen **(materiell-rechtliche Lösung)**. Die Klagebefugnis liege nicht nur vor, wenn eine europäische Norm den Schutz des Bürgers bezwecke (i.S.d. Schutznormtheorie), sondern bereits dann, wenn eine inhaltlich unbedingte und hinreichend bestimmte Norm des Unionsrechts den Bürger tatsächlich begünstigt. Jede nach dem Unionsrecht einklagbare Rechtsposition begründe ein subjektives Recht i.S.d. § 42 Abs. 2 Hs. 2 VwGO **(unionsrechtskonforme Auslegung der Schutznormtheorie)**.[563] Im Ergebnis besteht zwischen beiden Auffassungen praktisch kein Unterschied.[564] Eine Klage ist bei entsprechenden unionsrechtlichen Vorgaben jedenfalls zulässig.[565]

Klausurhinweis: *In „herkömmlichen" Klausuren ohne Bezüge zum europäischen Umweltrecht kann die Schutznormtheorie nach wie vor ohne nähere Begründung herangezogen werden.[566]*

---

558 BVerwG RÜ 2017, 243, 245; OVG Koblenz EuZW 2010, 274; Ziekow NVwZ 2010, 793, 795; Ehlers/ Schoch JZ 2011, 585; vgl. auch BGH JZ 2011, 580: Art. 108 Abs. 3 S. 3 AEUV als Schutzgesetz i.S.d. § 823 Abs. 2 BGB.

559 Vgl. EuGH NVwZ 2011, 673, 674; BVerwG NVwZ 2014, 64, 65; Kahl/Ohlendorf JA 2011, 41, 42 f. Gärditz NVwZ 2014, 1 ff.

560 RL 2011/92/EU v. 13.12.2011 (ABl. 2012, L 26) geändert durch die RL 2014/52/EU v. 16.04.2014 (ABl. 2014, L 124).

561 EuGH RÜ 2011, 454, 456; NVwZ 2014, 49, 51; BVerwG NVwZ 2012, 176, 177; ebenso EuGH EuZW 2016, 66; BVerwG NVwZ 2016, 308, 310 und die neuerliche Änderung des UmwRG in 2017 (BGBl. I S. 3290); dazu Schlacke NVwZ 2017, 905 ff.

562 Maurer/Waldhoff § 8 Rn. 16; Wahl in Schoch u.a. VwGO Vorb § 42 Abs. 2 Rn. 128, Berkemann DVBl. 2011, 1253, 1260.

563 BVerwG NVwZ 2014, 64, 67; OVG NRW ZUR 2015, 492, 493; Voßkuhle/Kaiser JuS 2009, 16, 18; Steinbeiß-Winkelmann NJW 2010, 1233, 1235; Kahl/Ohlendorf JA 2011, 41, 43; Gärditz NVwZ 2014, 1, 3; Ruffert JuS 2015, 1138, 1140.

564 EuGH NVwZ 2015, 1665, 1667; EuGH NVwZ 2011, 801, 803; dazu Frenz DVBl. 2012, 811, 813.

565 BVerwG NVwZ 2012, 176, 177; allgemein Ramsauer JuS 2012, 769, 773.

566 Schübel-Pfister JuS 2016, 992, 996.

Die Klagebefugnis (§ 42 Abs. 2 VwGO) **1. Abschnitt**

D. Fallgruppen

I. Anfechtungsklage des Adressaten

Fall 11: Adressatentheorie

G, Bezirksvorsitzender der SPD, wohnt in M in der Friedrich-Ebert-Straße. Im Zuge einer Straßenumbenennung soll deren Name in Helmut-Kohl-Allee geändert werden. G möchte mit dem Namen des ehemaligen Bundeskanzlers unter keinen Umständen in Verbindung gebracht werden. Er fürchtet, mit einer derartigen Anschrift politisch nicht mehr überzeugen zu können und darüber hinaus an Popularität einzubüßen. Wäre eine Klage des G gegen die Straßenumbenennung vor dem VG zulässig?

I. Der **Verwaltungsrechtsweg** ist gemäß § 40 Abs. 1 S. 1 VwGO eröffnet. Bei der Straßen- **443** umbenennung handelt es sich aufgrund ihrer ordnungsrechtlichen Funktion um eine öffentlich-rechtliche Maßnahme,[567] sodass eine öffentlich-rechtliche Streitigkeit nichtverfassungsrechtlicher Art vorliegt, die auch keinem anderen Gericht ausdrücklich zugewiesen ist.

II. Die Straßenumbenennung ist als sachbezogene Allgemeinverfügung Verwaltungs- **444** akt gemäß § 35 S. 2 Fall 2 VwVfG,[568] sodass eine **Anfechtungsklage** gemäß § 42 Abs. 1 Fall 1 VwGO statthaft ist.

III. Nach § 42 Abs. 2 VwGO ist die Anfechtungsklage nur zulässig, wenn der Kläger geltend macht, durch den VA in seinen Rechten verletzt zu sein **(Klagebefugnis)**.

1. Die Klagebefugnis ist i.d.R. unproblematisch, wenn der **Adressat** einen ihn belas- **445** tenden VA anficht und deshalb geltend machen kann, in seinen Grundrechten, zumindest Art. 2 Abs. 1 GG verletzt zu sein (sog. **Adressatentheorie**).[569] Der Eingriff ist nur dann von den Grundrechtsschranken gedeckt, wenn er rechtmäßig ist; bei Rechtswidrigkeit liegt stets eine Rechtsverletzung vor. Im Rahmen der Klagebefugnis reicht es aus, das in Betracht kommende Grundrecht kurz zu erwähnen.

   Beispiel: Der einzelne Verkehrsteilnehmer kann sich gegen das Aufstellen von Verkehrszeichen (§ 45 StVO) unter Hinweis auf die allgemeine Handlungsfreiheit (Art. 2 Abs. 1 GG) zur Wehr setzen. Denn er kann geltend machen, die rechtssatzmäßigen Voraussetzungen für eine ihn treffende Verkehrsbeschränkung seien nicht gegeben.[570]

   Als adressatenlose, sachbezogene Allgemeinverfügung ist die Straßenumbenennung aber **nicht unmittelbar an den Kläger** gerichtet, sodass die Adressatentheorie nicht weiterhilft.[571]

2. Bei bloß **mittelbarer Betroffenheit** richtet sich die Klagebefugnis nach den all- **446** gemeinen Kriterien der **Schutznormtheorie**. Der Kläger muss geltend machen, dass der angefochtene VA gegen eine Rechtsnorm verstößt, die zumindest auch dem Schutz seiner Individualinteressen zu dienen bestimmt ist.

---

567 Vgl. z.B. Art. 52 BayStrWG, § 5 BerlStrG, § 20 HWG, § 51 StrWG M-V, § 4 Abs. 2 S. 3 StrWG NRW.

568 OVG NRW RÜ 2008, 125, 126; Kopp/Ramsauer VwVfG § 35 Rn. 166; Brandmeier/Wolff JuS 2015, 530, 532.

569 Vgl. BVerwG NJW 1988, 2752, 2753; Kopp/Schenke VwGO § 42 Rn. 69; Würtenberger/Heckmann Rn. 333; Voßkuhle/Kaiser JuS 2009, 16, 17; Ramsauer JuS 2012, 769, 774; Hufen JuS 2015, 479; Schaks/Friedrich JuS 2018, 860, 864.

570 BVerwG NJW 2004, 698; NJW 1997, 1021, 1022; Schoch Jura 2012, 26, 31; Kümper JuS 2017, 833, 834.

571 Vgl. OVG NRW NVwZ-RR 2008, 487, 488; Brandmeier/Wolff JuS 2015, 530, 533.

447	a) Gegen die Umbenennung könnte G zum einen ein **Abwehrrecht** aus den straßenrechtlichen Vorschriften, ggf. aus §§ 48, 49 VwVfG zustehen, weil die Umbenennung zugleich die Aufhebung des alten Straßennamens darstellt; zum anderen könnte ein Abwehrrecht aus Art. 14 Abs. 1 GG (Anliegerrecht) folgen.
448	b) Dabei wird allerdings zum Teil angenommen, die Straßen(um)benennung erfolge **ausschließlich im Allgemeininteresse** und bezwecke nicht die Erweiterung der Rechtsstellung der Anwohner. Daher stünde dem Anlieger weder ein Abwehrrecht aus einfach-gesetzlichen Vorschriften zu[572] noch – mangels eigentumskräftiger Position – aus Art. 14 Abs. 1 GG.[573] Nur ausnahmsweise könne die Wahl eines anstößigen Straßennamens das allgemeine Persönlichkeitsrecht der Anwohner aus Art. 2 Abs. 1 GG verletzen.[574]
449	c) Die Gegenauffassung verweist darauf, dass die Gemeinde bei der Entscheidung über die Straßenumbenennung die **individuellen Interessen** der betroffenen Grundstückseigentümer zu berücksichtigen habe. Danach haben die Anwohner ein **subjektives Recht auf fehlerfreie Ermessensausübung** des Inhalts, dass die Gemeinde unter Beachtung des Grundsatzes der Verhältnismäßigkeit die für die Umbenennung sprechenden Gründe und das Interesse der Anwohner an der Beibehaltung des bisherigen Straßennamens gegeneinander abzuwägen hat.[575]

Gegenbeispiel: Die Klage des Namensgebers der Straße (oder seines Erben), der nicht Anlieger der Straße ist, ist mangels Klagebefugnis unzulässig. Die Straßenbenennung ist kein begünstigender VA. Bei der damit verbundenen Ehrung handelt es sich nur um einen Rechtsreflex, der Namensgeber hat keinen Anspruch auf Beibehaltung des Straßennamens.[576]

450	d) Eine Entscheidung dieser Frage kann jedoch im Rahmen der Klagebefugnis noch dahinstehen. Denn die Rspr. ist hierbei zunehmend großzügig und prüft die **Möglichkeit** einer Rechtsverletzung lediglich in negativer Hinsicht: Die Klagebefugnis fehlt nur, wenn **offensichtlich und eindeutig nach keiner Betrachtungsweise** das vom Kläger behauptete Recht bestehen oder ihm zustehen kann.[577] Da es zumindest möglich ist, dass dem G ein subjektives Abwehrrecht zusteht, ist die Anfechtungsklage – ggf. nach erfolglosem Vorverfahren (§ 68 Abs. 1 VwGO) – zulässig.

*Hinweis: Die **Begründetheit der Klage** hängt davon ab, welcher der o.g. Auffassungen gefolgt wird. Soweit die Straßenumbenennung im Ermessen der Behörde steht, spricht vieles dafür, dass hierbei auch die Interessen der Anwohner zu berücksichtigen sind. Die Anwohner haben dann einen Anspruch darauf, dass die Umbenennung nicht zu unverhältnismäßigen Nachteilen führt.[578] Bei der Erstbenennung einer Straße besteht dagegen ein Anspruch nur insoweit, als die Benennung nicht willkürlich erfolgen und der Straßenname nicht anstößig sein darf.[579]*

---

572 Vgl. z.B. OVG NRW, Beschl. v.28.05.2018 – 11 A 1948/17, BeckRS 2018, 11916.

573 VG Minden, Urt. v. 27.11.2002 – 3 K 1770/02, BeckRS 2010, 56136.

574 OVG NRW NJW 1987, 2695; OVG Berlin NVwZ 1994, 922; VG Berlin RÜ 2008, 125, 127.

575 OVG NRW RÜ 2008, 125, 127; BayVGH RÜ 2010, 460, 462; OVG Lüneburg NdsVBl. 2011, 143; VG Köln, Urt. v. 30.08.2018 – 20 K 11390/16, BeckRS 2018, 27786; VG Arnsberg NWVBl. 2017, 485; Brandmeier/Wolff JuS 2015, 530, 533.

576 BayVerfGH NVwZ-RR 2013, 1, 2 f.; BayVGH RÜ 2010, 460, 462; Durner JA 2010, 677 f.

577 BVerwG NVwZ 2011, 613, 614; OVG NRW DVBl. 2014, 1195, 1196; Kopp/Schenke VwGO § 42 Rn. 65 m.w.N.

578 OVG NRW RÜ 2008, 125, 127; BayVGH RÜ 2010, 460, 462; Durner JA 2010, 677, 678; a.A. VG Berlin RÜ 2008, 125, 127; vgl. auch Ipsen NdsVBl. 2016, 38 zu den kommunalrechtlichen Aspekten.

579 VG Köln RÜ 2016, 656, 660.

Die Klagebefugnis (§ 42 Abs. 2 VwGO) **1. Abschnitt**

II. Verpflichtungsklage des Adressaten

Fall 12: Denkmalschutz

E ist Eigentümer eines Grundstücks in der Stadt S, das mit einer zweigeschossigen, um die Jahrhundertwende errichteten Villa bebaut ist. Zur Erlangung steuerlicher Vorteile (erhöhte Abschreibungen, Sonderbehandlung von Erhaltungskosten) beantragt E bei der Stadt S als zuständiger Denkmalschutzbehörde die Unterschutzstellung des Hauses nach dem LandesdenkmalG. Dies wird mit der Begründung abgelehnt, das Gebäude habe keine wesentliche Bedeutung für die Stadtentwicklungsgeschichte und stelle daher kein Baudenkmal dar. Hiergegen hat E nach erfolglosem Vorverfahren Klage vor dem VG erhoben. Mit Erfolg?

§ 2 LandesdenkmalG lautet: „Sachen oder Mehrheiten von Sachen, an deren Erhaltung ein öffentliches Interesse besteht, können als Denkmäler unter besonderen Schutz gestellt werden."

I. Die Klage ist als **Verpflichtungsklage** vor dem VG gemäß §§ 40 Abs. 1 S. 1, 42 Abs. 1 **451** Fall 2 VwGO statthaft, da E eine Unterschutzstellung durch VA nach den öffentlichrechtlichen Vorschriften des LandesdenkmalG erstrebt.

II. Fraglich ist die **Klagebefugnis** (§ 42 Abs. 2 VwGO).

1. Bei der Verpflichtungsklage gilt die Adressatentheorie nicht, vielmehr muss der **452** Kläger geltend machen, einen **Anspruch** auf den begehrten VA zu haben.[580] Es ist daher darauf abzustellen, ob die in Betracht kommende Rechtsgrundlage für den Kläger ein **subjektives Recht** beinhaltet, mithin **Anspruchsqualität** hat. Ob der Anspruch dem Kläger tatsächlich zusteht, ist dagegen eine Begründetheitsfrage; im Rahmen der Zulässigkeit reicht allein die Möglichkeit eines solchen Anspruchs **(Möglichkeitstheorie)**.

2. Einfach-gesetzliche Vorschriften kommen nur dann als Anspruchsgrundlage in **453** Betracht, wenn sie **Anspruchsqualität** haben, d.h. sie müssen für den Anspruchsteller ein **subjektives Recht** auf die erstrebte Leistung beinhalten. Ob eine Vorschrift ein subjektives öffentliches Recht vermittelt, bestimmt sich nach der sog. **Schutznormtheorie**. Danach ist ein subjektives Recht zu bejahen, wenn die Norm nach dem (objektivierten) Willen des Gesetzgebers nicht nur den Interessen der Allgemeinheit, sondern **zumindest auch den Individualinteressen** des Klägers zu dienen bestimmt ist (s.o.).

    a) Die Klagebefugnis ist daher i.d.R. unproblematisch, wenn der Kläger einen be- **454** günstigenden Einzelakt unmittelbar **an sich selbst** erstrebt. Gesetzliche Regelungen, die eine individuelle Begünstigung vorsehen, begründen stets ein subjektives Recht.[581]

    So z.B. Ansprüche auf Erteilung einer Baugenehmigung oder einer immissionsschutzrechtlichen Genehmigung (§§ 4, 6 BImSchG), auf Umweltinformationen (§ 3 UIG) und sonstige Informationsrechte (§ 1 IFG).

---

580 BVerwG DVBl. 2003, 403, 404; Würtenberger/Heckmann Rn. 394; Schlette Jura 2004, 90, 95; Schaks/Friedrich JuS 2018, 860, 865; a.A. die früher vertretene Antragstheorie, nach der es ausreichen sollte, dass der Kläger den VA zuvor selbst beantragt hatte (Achterberg DVBl. 1981, 278, 279); vgl. auch die Differenzierung bei Ramsauer JuS 2012, 769, 774.

581 Ramsauer JuS 2012, 769, 774.

133

4. Teil — Besondere Sachentscheidungsvoraussetzungen

455 b) Auch **Verwaltungsakte** können klagefähige Rechtspositionen begründen.[582]

> **Beispiel:** Besitzt der Bauherr einen die bauplanungsrechtliche Zulässigkeit feststellenden Bauvorbescheid, kann er die Erteilung einer Baugenehmigung auch dann verlangen, wenn die bauplanungsrechtliche Zulässigkeit des Bauvorhabens nicht (mehr) gegeben ist.

456 c) Im Übrigen können sich Ansprüche des Bürgers gegen den Staat ausnahmsweise auch aus **Grundrechten** ergeben (z.B. Teilhabe- und Leistungsrechte).[583]

457 3. Die Unterschutzstellung von Denkmälern erfolgt nach § 2 LandesdenkmalG allein im öffentlichen Interesse. Sie stellt grds. einen den Adressaten ausschließlich belastenden VA dar, durch dessen Ablehnung der Betroffene daher keine Rechtsverletzung erleiden kann. Die steuerlichen Vorteile sind nicht Ziel und Zweck der denkmalrechtlichen Maßnahme, sondern stellen lediglich einen begünstigenden **Rechtsreflex** dar, der allein zur Begründung der Klagebefugnis nicht ausreicht. Die Vergünstigungen sollen dem Eigentümer nicht finanzielle Vorteile sichern, sondern nur die Belastungen und Nachteile, die sich aus der Unterschutzstellung ergeben, abmildern und in einem gewissen Umfang ausgleichen.[584] § 2 LandesdenkmalG begründet daher kein subjektives Recht für den Eigentümer.

458 4. Auch aus **Grundrechten**, insbes. Art. 14 Abs. 1 GG, der lediglich die Eigentumssubstanz und nicht das Vermögen schützt, lässt sich kein Anspruch des E herleiten, sodass die Klage des E mangels Klagebefugnis unzulässig ist.

III. Anfechtungsklage eines Dritten

1. Einfach-gesetzliche drittschützende Vorschriften

459 Auch in Drittbeteiligungsfällen ist zunächst zu fragen, ob der Dritte ein subjektives Recht aus **einfach-gesetzlichen Vorschriften** herleiten kann. Das ist nur der Fall, wenn die Vorschrift zumindest **auch den Individualinteressen** des Klägers zu dienen bestimmt ist. Ob das der Fall ist, kann sich unmittelbar aus dem **Wortlaut** der Vorschrift ergeben.

> **Beispiele:** § 5 Abs. 1 Nr. 1 BImSchG schützt ausdrücklich die „Nachbarschaft". Gleiches gilt für § 4 Abs. 1 Nr. 3 GaststG, der auf schädliche Umwelteinwirkungen i.S.d. § 3 Abs. 1 BImSchG Bezug nimmt, der wiederum die Nachbarschaft schützt.[585]

460 Im Übrigen ist der Schutzzweck durch **Auslegung** der Vorschrift zu ermitteln:

- Im **Baurecht** haben die Festsetzungen im Bebauungsplan über die Art der baulichen Nutzung grds. nachbarschützende Wirkung. Der Nachbar kann sich innerhalb seines Baugebiets gegen jede artfremde Bebauung wehren, unabhängig davon, ob sie ihn tatsächlich beeinträchtigt (sog. Gebietserhaltungsanspruch).[586] Festsetzungen über das Maß der baulichen Nutzung sind dagegen nur ausnahms-

---

582 Würtenberger/Heckmann Rn. 330.

583 Vgl. Rixen DVBl. 2018, 906 ff. und AS-Skript Grundrechte (2018), Rn. 96 u. 452.

584 Vgl. dazu VGH BW NVwZ-RR 2017, 804.

585 Vgl. BVerwGE 101, 157, 163 ff.; Würtenberger/Heckmann Rn. 328; ausdrücklich auch § 5 Abs. 1 Nr. 3 GaststG.

586 Grundlegend BVerwG NJW 1994, 1546, 1547; NVwZ 1997, 384, 387; BayVGH, Beschl. v. 31.08.2018 – 9 CS 18.1076, BeckRS 2018, 21899; vgl. aber BVerwG RÜ 2008, 322, 323: grds. kein Gebietserhaltungsanspruch des Plannachbarn; zu Ausnahmen OVG NRW BauR 2017, 1144.

weise nachbarschützend, wenn sie nach dem Willen der Gemeinde als Plangeber in ein wechselseitiges nachbarliches Austauschverhältnis eingebunden sind.[587]

- Das sog. **Rücksichtnahmegebot** hat drittschützende Wirkung, wenn in „qualifizierter und zugleich individualisierter Weise auf schutzwürdige Interessen eines erkennbar abgegrenzten Kreises Dritter Rücksicht zu nehmen ist".[588] Das Gebot der Rücksichtnahme kommt in § 15 Abs. 1 S. 2 BauNVO zum Ausdruck, ist Bestandteil des Merkmals „einfügen" in § 34 Abs. 1 BauGB sowie als öffentlicher Belang i.S.d. § 35 Abs. 3 S. 1 Nr. 3 BauGB zu berücksichtigen.[589]

- Im **Immissionsschutzrecht** begründet § 5 Abs. 1 Nr. 1 BImSchG ein subjektives Recht für die Nachbarn,[590] nicht dagegen die Nr. 2 bis 4, die ausschließlich den dort beschriebenen öffentlichen Interessen dienen.[591] Der Nachbar hat daher ein Abwehrrecht nur gegen schädliche Umwelteinwirkungen i.S.d. § 5 Abs. 1 Nr. 1 BImSchG, kann aber z.B. nicht geltend machen, der Vorsorgegrundsatz (§ 5 Abs. 1 Nr. 2 BImSchG) sei verletzt.

2. Grundrechte

Ausnahmsweise kann sich in Drittbeteiligungsfällen ein subjektives Recht aus **Grundrechten** ergeben. Problematisch und im Rahmen der Klagebefugnis zu prüfen ist hier, ob überhaupt ein Eingriff in den **Schutzbereich** des Grundrechts vorliegt, wenn ein nur **mittelbar betroffener Dritter** klagt. Zwar schützen die Grundrechte nicht nur vor unmittelbaren, sondern auch vor mittelbaren Eingriffen, jedoch nicht in gleicher Intensität. So schützt z.B. Art. 12 Abs. 1 GG vor mittelbaren Beeinträchtigungen (z.B. durch Veränderungen der Wettbewerbsbedingungen), wenn sie objektiv eine berufsregelnde Tendenz aufweisen.[592] Art. 14 Abs. 1 GG schützt vor mittelbaren Eingriffen (z.B. durch Veränderungen auf dem Nachbargrundstück) nur, wenn die Grundstückssituation sich nachhaltig ändert („schwer und unerträglich").[593]

461

Beispiel: Die Unterschutzstellung von Denkmälern erfolgt ausschließlich im öffentlichen Interesse, sodass die Vorschriften des Denkmalschutzrechts grds. kein subjektives Recht begründen (s.o. Rn. 457). Wegen der aus der Unterschutzstellung folgenden gesetzlichen Pflicht, das Denkmal zu erhalten und zu pflegen, folgt aber aus Art. 14 GG ein subjektives Abwehrrecht des Eigentümers gegen die Genehmigung eines benachbarten Vorhabens, wenn dadurch die Denkmalwürdigkeit des eigenen Anwesens erheblich beeinträchtigt wird.[594]

Allerdings gilt auch hier der Grundsatz des **Vorrangs des einfachen Rechts**: Soweit sich eine drittschützende Wirkung aus einfach-gesetzlichen Vorschriften, z.B. aus baurechtlichen Vorschriften i.V.m. dem Rücksichtnahmegebot, ableiten lässt, ist ein Rückgriff auf Art. 14 GG unzulässig.[595]

462

---

587 BVerwG KommJur 2018, 433, 434.

588 Vgl. z.B. BVerwG NVwZ 2007, 336, 336 f.; HessVGH DVBl. 2012, 714, 715; VGH Mannheim NVwZ-RR 2012, 636; Kahl/Ohlendorf JA 2010, 872, 875; Ramsauer JuS 2012, 769, 775.

589 Vgl. NdsOVG RÜ2 2018, 215, 216; OVG NRW NVwZ-RR 2014, 415; HessVGH RÜ 2009, 49, 51; Schlette Jura 2004, 90, 93; Schoch Jura 2004, 317, 318; Würtenberger/Heckmann Rn. 338; vgl. ausführlich AS-Skript Öff. Baurecht (2019), Rn. 113; zum Rücksichtnahmegebot im Wasserrecht BVerwG DVBl. 2018, 1370.

590 Vgl. BayVGH DVBl. 2011, 773, 774; OVG Lüneburg NVwZ-RR 2009, 397, 399.

591 BVerwG DVBl. 1997, 70, 71; BayVGH DVBl. 2011, 773, 774; kritisch Kahl/Ohlendorf JA 2010, 872, 876; differenzierend Würtenberger/Heckmann Rn. 342.

592 BVerwG NVwZ 2015, 1384, 1386; Dörr JuS 2015, 955, 956.

593 BVerwG NVwZ 1993, 63; VGH Mannheim VBlBW 1994, 415.

594 BVerwG, Beschl. v. 14.09.2017 – BVerwG 4 B 28.17, BeckRS 2017, 126628; BVerwG NVwZ 2009, 1231, 1233; Hornmann NVwZ 2011, 1235 ff.

595 BVerwG DVBl. 1992, 564, 567; BayVGH NVwZ-RR 2016, 48, 49; Schlette Jura 2004, 90, 94.

> **Fall 13: Anfechtungsklage gegen die Begünstigung des Adressaten**
>
> I. X ist unter Befreiung von den baurechtlichen Vorschriften über die Abstandsflächen eine Baugenehmigung erteilt worden, die ihm eine unmittelbare Grenzbebauung ermöglicht. Nachbar A befürchtet, dass sein Grundstück zu stark beschattet wird.
>
> II. B ist Inhaber eines Taxiunternehmens in der Stadt S. Die S vergibt weitere Konzessionen zum Betrieb von Taxen nach dem PersBefG, unter anderem an Y. B macht geltend, die ständige weitere Zunahme der Taxis gefährde die vorhandenen Unternehmer – und damit auch ihn – in ihrer Existenz.
>
> III. Die Gemeinde G betreibt kommunale Wirtschaftsförderung und hat dem Z eine Subvention in Höhe von 50.000 € gewährt. C, der nach den Vergaberichtlinien keinen Anspruch auf eine Subvention hat, wendet sich gegen den Bewilligungsbescheid des Z.
>
> Wäre in den vorliegenden Fällen eine Klage von A, B und C zulässig?

In allen Fällen handelt es sich um eine **Anfechtungsklage** i.S.d. § 42 Abs. 1 Fall 1 VwGO, da sie sich gegen einen VA i.S.d. § 35 VwVfG richtet mit dem Ziel der gerichtlichen Aufhebung. Die Anfechtungsklage ist nach § 42 Abs. 2 VwGO nur zulässig, wenn der Kläger **klagebefugt** ist.

463 I. Im Fall 1 kann A geltend machen, dass die Vorschriften über die Abstandsflächen (sog. Bauwich) verletzt sind. Diese begründen nach der **Schutznormtheorie** dann ein subjektives Recht für A, wenn sie zumindest auch dem Schutz seiner individuellen Interessen zu dienen bestimmt sind. Die Vorschriften bezwecken u.a. die ausreichende Beleuchtung und Belüftung des Nachbargrundstücks sowie die Wahrung des sog. Nachbarschaftsfriedens. Ferner soll ein Übergreifen von Feuer verhindert und – auch im Interesse des Nachbarn – eine effektive Brandbekämpfung ermöglicht werden.[596] Damit sollen durch die Abstandsflächenregelung auch die Individualinteressen des A geschützt werden, sodass er klagebefugt ist.

Weitere Beispiele: Eine Gemeinde kann geltend machen, durch Genehmigungen oder Planfeststellungen anderer Verwaltungsträger in ihrer Planungshoheit als Teil der Selbstverwaltungsgarantie (Art. 28 Abs. 2 GG) verletzt zu sein.[597] Die Klagebefugnis der Gemeinde aus Art. 28 Abs. 2 GG ist dagegen zu verneinen, wenn die Gemeinde sich nur auf öffentliche, sie nicht in ihrer Planungshoheit betreffende Belange beruft, wie z.B. allgemeine Belange des Umweltschutzes.[598]

II. Klage gegen die **Zulassung eines Konkurrenten** (Fall 2)

464 1. Den gesetzlichen Vorschriften über die Zulassung zu einem Gewerbe kommt ein **Individualschutz** nur für den Antragsteller und ggf. für die in dem Betrieb beschäftigten Arbeitnehmer und die unmittelbaren Nachbarn zu. Dagegen sollen

---

596 BayVGH NVwZ-RR 2015, 365; VGH BW NVwZ-RR 2014, 917; RÜ2 2017, 283; OVG Saar NVwZ-RR 2012, 504; OVG NRW NWVBl. 2009, 315; Kopp/Schenke VwGO § 42 Rn. 102; Würtenberger/Heckmann Rn. 337.
597 BVerwG NVwZ 2008, 1347, 1348 (Verstoß gegen § 36 BauGB); DVBl. 2005, 903, 904; Möller Jura 2011, 54, 56.
598 BVerwG NVwZ 2016, 1734; VGH BW DVBl. 2016, 583, 584; zu abweichenden Tendenzen Lau NVwZ 2014, 637, 639.

die Vorschriften nicht andere Gewerbetreibende vor neuen Konkurrenten schützen.[599] Deshalb schützt auch der hier einschlägige § 13 Abs. 4 PBefG nicht den einzelnen Gewerbetreibenden („öffentlichen Verkehrsinteressen"). Ein subjektives Abwehrrecht aus § 13 Abs. 4 PBefG besteht daher nicht.[600]

Eine **Ausnahme** gilt für die Konkurrentenverdrängungsklage (vgl. Rn. 231). Hier begründet die Anspruchsnorm nicht nur die Klagebefugnis für die Verpflichtungsklage auf eigene Begünstigung, sondern auch die Klagebefugnis für die Anfechtungsklage gegen die Begünstigung des Mitbewerbers. „Die Gewährung eines Rechtsanspruchs bietet notwendigerweise auch Schutz davor, dass dieser Anspruch durch die Erteilung einer entsprechenden Genehmigung an einen Dritten vereitelt wird."[601]

2. Auch in **Grundrechte** des Klägers wird i.d.R. durch die Zulassung des Konkurrenten nicht eingegriffen. Bei den Grundrechten handelt es sich um Abwehrrechte zum Schutz bestimmter Freiheiten. Die Freiheit, die gewerbliche Tätigkeit nach Belieben zu gestalten, wird rechtlich nicht dadurch angetastet, dass diese Freiheit auch einem anderen gewährt wird. Art. 14 GG schützt nur den konkreten Bestand an vermögenswerten Gütern, aber nicht die Chance sich im Wettbewerb zu behaupten.[602] Art. 12 GG umfasst zwar auch den Schutz der Wettbewerbsfreiheit, schützt aber **nicht vor** Wettbewerb.[603] Der Staat greift durch die Zulassung eines Konkurrenten nicht in ein bestehendes Wettbewerbsverhältnis ein, sondern verhält sich gerade wettbewerbsneutral. Die Klage gegen die **Zulassung** eines Konkurrenten – wie hier die Klage des B – ist daher regelmäßig **unzulässig**.[604] **465**

Etwas anderes gilt, wenn die Berufsausübung in einem **staatlich regulierten Markt** stattfindet (z.B. im Gesundheitswesen). So können sich Kassenärzte gegen die Ermächtigung von anderen Ärzten zur kassenärztlichen Versorgung auf Art. 12 GG berufen, da hierdurch in die gesetzlichen Marktbedingungen eingegriffen wird, was zu einer Veränderung der Konkurrenzverhältnisse führen kann.[605]

Bei der **beamtenrechtlichen Konkurrentenklage** kann der unterlegene Bewerber gemäß § 42 Abs. 2 VwGO geltend machen, in seinem aus Art. 33 Abs. 2 GG folgenden Bewerbungsverfahrensanspruch verletzt zu sein.[606]

III. Etwas anderes gilt, wenn sich der Kläger – wie C im Fall 3 – gegen die **Begünstigung** eines bereits **zugelassenen Konkurrenten** wendet (insbes. gegen dessen Subventionierung). Da für die Vergabe der Subvention regelmäßig keine einfach-gesetzlichen Vorschriften mit individualschützendem Charakter bestehen, ist auf den Grundrechtsschutz der Wettbewerbsfreiheit (Art. 12 GG) zurückzugreifen. **466**

1. In der Lit. wird in diesen Fällen die Klagebefugnis aus Art. 12 GG überwiegend bejaht, da der Staat auf das **Wettbewerbsverhältnis gezielt einwirke**. Der Konkurrent sei bei jeder nicht nur unerheblichen Beeinträchtigung klagebefugt.[607] Da- **467**

---

599 BVerwG NVwZ 2012, 639, 641; Posser/Wolff VwGO § 42 Rn. 204; Schlette Jura 2004, 90, 94 m.w.N.
600 BVerwG NJW 1990, 1376, 1377; Ramsauer JuS 2012, 769, 776 m.w.N.; abweichend Würtenberger/Heckmann Rn. 346.
601 BVerwG DVBl. 2000, 1614, 1615; OVG NRW RÜ 2009, 659, 661.
602 OVG NRW DVBl. 2016, 867, 868.
603 BVerwG NVwZ 1984, 306, 307; OVG NRW NJW 1980, 2323; VGH Mannheim NVwZ 1990, 575; Kopp/Schenke VwGO § 42 Rn. 146; Geiger BayVBl. 2010, 517, 519.
604 Schlette Jura 2004, 90, 94; Ramsauer JuS 2012, 769, 776; kritisch Schenke JZ 1996, 1055, 1058.
605 BVerfG NVwZ 2012, 639, 641; NJW 2005, 273, 274; VGH BW NVwZ-RR 2016, 187; Kahl/Ohlendorf JA 2010, 872, 878; vgl. auch Stollmann/Hermanns DVBl. 2011, 599, 603.
606 BVerwG NVwZ 2015, 1066, 1067; RÜ 2011, 119, 121; Geiger BayVBl. 2010, 517, 520 und oben Rn. 226.
607 OVG Bremen NVwZ 2002, 874, 875; Ehlers JZ 2003, 318, 320; Tettinger NJW 1998, 3473, 3474; Schliesky DVBl. 2004, 138, 139; Posser/Wolff VwGO § 42 Rn. 207; Kahl/Ohlendorf JA 2010, 872, 877.

gegen spricht jedoch, dass staatliche Maßnahmen, durch die einem Konkurrenten ein Wettbewerbsvorteil verschafft wird, gerade **keine spezifisch berufsregelnde Tendenz** aufweisen, da sie die berufliche oder gewerbliche Betätigung nur mittelbar betreffen.[608] Nicht jede Begünstigung eines Konkurrenten kann einen Grundrechtseingriff begründen, da sonst bloße Reflexe auf die wirtschaftliche Betätigung für die Klagebefugnis ausreichen würden.

468 2. Bei mittelbaren Grundrechtsbeeinträchtigungen kann eine Grundrechtsverletzung daher i.d.R. nur bei einem **besonders schwerwiegenden** Eingriff vorliegen. Dies wird von der Rspr. bejaht, wenn der Kläger in seiner Wettbewerbsfreiheit in „unerträglichem Maße eingeschränkt" oder „unzumutbar geschädigt" wird (sog. **Auszehrungs-** bzw. **Verdrängungswettbewerb**). Nur wenn die Möglichkeit einer solchen Ausnahmesituation besteht, ist die Klagebefugnis zu bejahen.[609]

Macht der Kläger eine Ungleichbehandlung geltend, wird die Klagebefugnis zum Teil auch aus Art. 3 Abs. 1 GG abgeleitet.[610] Die Begründetheit der Klage hängt dann davon ab, ob eine sachliche Rechtfertigung für die Ungleichbehandlung besteht. Gegen eine Klagebefugnis aus Art. 3 Abs. 1 GG spricht allerdings, dass die Vorschrift nur einen Anspruch auf Gleichbehandlung vermittelt („auf" Begünstigung), aber grds. kein Abwehrrecht „gegen" Begünstigungen gewährt.[611]

Fall 14: Anfechtungsklage gegen die Belastung des Adressaten
F ist deutsche Staatsangehörige und mit dem Ausländer A verheiratet. Gegen A ist eine Ausweisungsverfügung nach § 53 AufenthG ergangen. Während A die Maßnahme resignierend hinnimmt, will F gegen die Verfügung klagen.

Hinsichtlich der Zulässigkeit einer Anfechtungsklage gegen die Ausweisungsverfügung als belastenden VA gemäß § 42 Abs. 1 Fall 1 VwGO ist nur die **Klagebefugnis** der F (§ 42 Abs. 2 VwGO) zweifelhaft.

469 I. Wehrt sich der Kläger gegen die **Belastung** eines **Dritten**, so ist in erster Linie auf die **einfachgesetzliche Rechtsgrundlage** der Maßnahme abzustellen. Diese ist bei belastenden Maßnahmen i.d.R. nicht drittschützend, da sie – wie hier § 53 AufenthG – nur das Interesse der Allgemeinheit an der ordnungsrechtlichen Maßnahme verfolgt und daher ausschließlich im öffentlichen Interesse steht.

---

[608] Schmitz NVwZ 2002, 822, 824.
[609] BVerwG DVBl. 1996, 152, 153; OVG Lüneburg NVwZ-RR 2001, 584; OVG NRW NWVBl. 2005, 68, 70; DVBl. 2004, 133, 137; Schmitz NVwZ 2002, 822, 824; Ramsauer JuS 2012, 769, 776; abweichend BVerwG NJW 1982, 2513 ff.: Klage im Hinblick auf eine mögliche Grundrechtsverletzung zulässig, aber unbegründet.
[610] OVG NRW NVwZ 1984, 522; Miebach JuS 1987, 956, 959.
[611] Kahl/Ohlendorf JA 2010, 872, 877.

II. Die Klagebefugnis kann sich jedoch ausnahmsweise aus **Grundrechten** ergeben, soweit diese auch Schutz vor **mittelbaren** Eingriffen bieten. So kann sich F im vorliegenden Fall auf den Schutz von Ehe und Familie nach Art. 6 GG berufen: Die Ausweisung erlaubt ihr eine Fortsetzung der ehelichen Lebensgemeinschaft nur, wenn sie ebenfalls ausreist. Dies schränkt ihr Grundrecht aus Art. 6 GG ein, das auch die Wahl eines gemeinsamen Lebensmittelpunktes umfasst.[612]

470

Aus Art. 6 GG kann jedoch die Klagebefugnis nur hergeleitet werden, wenn die Maßnahme zumindest mittelbare Auswirkungen auf das Grundrecht hat. Deswegen verneint die Rspr. die Klagebefugnis aus ehe- oder familienrechtlichen Bindungen, wenn es um eine baurechtliche Maßnahme geht. So kann z.B. nur der Eigentümer Anfechtungsklage gegen die dem Nachbarn erteilte Baugenehmigung erheben, nicht dagegen seine Ehefrau oder Kinder, die nicht (Mit-)Eigentümer sind.[613] Deren Klagebefugnis kann sich allenfalls aus Art. 2 Abs. 2 GG herleiten, wenn es um die Abwehr gesundheitsschädlicher Umwelteinwirkungen geht.

IV. Verpflichtungsklage eines Dritten

Fall 15: Verpflichtungsklage auf Belastung des Adressaten

B hat ohne Baugenehmigung und unter Verletzung der Abstandsflächenregelung eine Garage unmittelbar an die Grenze zum Grundstück des N gebaut. N verlangt von der Bauaufsichtsbehörde den Erlass einer Beseitigungsverfügung gegen B, was diese jedoch ablehnt. Könnte N hiergegen zulässigerweise klagen?

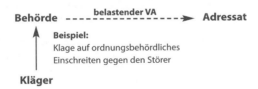

I. Da in diesen Fällen Gegenstand des Klagebegehrens der Erlass eines VA gegen einen Dritten ist, kommt prozessual eine **Verpflichtungsklage** (§ 42 Abs. 1 Fall 2 VwGO) in Betracht. Für deren Zulässigkeit reicht im Rahmen der Klagebefugnis (§ 42 Abs. 2 VwGO) ein bloßes Abwehrrecht nicht aus, erforderlich ist vielmehr, dass dem Kläger möglicherweise ein **Anspruch** zusteht (s.o. Rn. 452), und zwar zumindest in Form eines Anspruchs auf ermessensfehlerfreie Entscheidung.

471

II. Verlangt der Kläger ein **Einschreiten der Behörde**, so muss er im Rahmen der Klagebefugnis geltend machen, hierauf einen Anspruch zu haben. **Anspruchsgrundlage** kann dabei nur die Vorschrift sein, die der Behörde ein Einschreiten ermöglicht, also eine **Ermächtigungsgrundlage** entweder kraft Spezialgesetz oder die polizei-/ordnungsrechtliche Generalklausel. Diese Vorschriften dienen zwar in erster Linie dem Schutz der Allgemeinheit (z.B. Abwehr einer Gefahr für die „öffentliche" Sicherheit). Schutzgut der öffentlichen Sicherheit sind jedoch auch die **Individualrechtsgüter** des Einzelnen. Daher entfaltet die in Betracht kommende Ermächtigungsgrundlage drittschützende Wirkung und hat Anspruchsqualität, wenn es zumindest auch um

472

---

[612] BVerwGE 42, 141, 142; OVG Saar NVwZ-RR 2016, 793, 794; Sodan/Ziekow VwGO § 42 Rn. 422.
[613] BVerwG NVwZ 1991, 566, 567; DVBl. 1994, 338; abweichend BayVGH NVwZ 1990, 377, 378.

4. Teil	Besondere Sachentscheidungsvoraussetzungen

die **Abwehr von Gefahren für Individualrechtsgüter** geht.[614] Wird vom Nachbarn ein Anspruch auf baubehördliches Einschreiten geltend macht, ist erforderlich, dass die vom Bauherrn möglicherweise verletzten Vorschriften drittschützend sind, d.h. nachbarschützende Wirkung haben.[615]

473 1. Der mögliche Verstoß gegen die **Genehmigungspflicht** berührt allein kein subjektives Recht des N. Die formell baurechtlichen Vorschriften stehen allein im Interesse der Allgemeinheit, insbes. um eine präventive Kontrolle durch die Baubehörde sicherzustellen.

Ebenso können bloße **Verfahrensverstöße** die Klagebefugnis grds. nicht begründen. Denn Verfahrensvorschriften schützen i.d.R. nur das dahinter stehende materielle Recht. Erforderlich ist daher stets, dass sich der gerügte Verfahrensfehler auf eine materiell-rechtliche Position des Klägers ausgewirkt haben kann.[616] So sind z.B. Verfahrensvorschriften des Atomrechts nur drittschützend, wenn sie im Interesse eines effektiven Grundrechtsschutzes den potenziell von dem Verfahren betroffenen Dritten die Möglichkeit eröffnen, ihre Belange schon im Genehmigungsverfahren vorzubringen und sich damit – wenn nötig – schon frühzeitig gegen die Anlage zur Wehr zu setzen (vorgezogener Grundrechtsschutz durch verfahrensrechtliche Vorschriften).[617]

Deshalb gibt es nach h.M. grds. auch keinen Drittschutz gegen ein **falsches Genehmigungsverfahren** (wenn z.B. für eine Windkraftanlage eine Baugenehmigung statt einer immissionsschutzrechtlichen Genehmigung erteilt wird, vgl. Nr. 1.6 des Anhangs zur 4. BImSchV).[618] Allerdings sieht § 4 UmwRG ein Anfechtungsrecht bei bestimmten Verfahrensverstößen ausdrücklich vor.

474 2. Das Bauvorhaben verstößt aber auch gegen die Abstandsflächenregelung der LBauO, die unstreitig **nachbarschützende** Wirkung entfaltet (s.o. Rn. 463). In Bezug hierauf kann N daher geltend machen, dass ihm nach der behördlichen Ermächtigungsgrundlage zumindest ein Anspruch auf ermessensfehlerfreie Entscheidung über ein Einschreiten zusteht. Er ist daher klagebefugt.[619]

Gegenbeispiel: Die Vorschriften der **Sonn- und Feiertagsgesetze** verfolgen allein das öffentliche Interesse an der Sonntagsheiligung und der Arbeitsruhe und geben dem Einzelnen keine Ansprüche auf Einschreiten gegen gesetzeswidrige Verhaltensweisen.[620] Gewerkschaften können sich dagegen im Hinblick auf eine mittelbare Beeinträchtigung der Koalitionsfreiheit (Art. 9 Abs. 3 GG) gegen unzulässige Sonntagsöffnungen zur Wehr setzen.[621]

Hinweis: Einen Anspruch auf Einschreiten hat der Nachbar nur im Fall der Ermessensreduzierung auf Null. Teilweise wird dies bei einem Verstoß gegen nachbarschützende Vorschriften – wenngleich mit gewissen Vorbehalten (Umstände des Einzelfalls) – grds. bejaht,[622] überwiegend dagegen nur bei hoher Gefahrenintensität angenommen.[623]

---

614 BVerwG NJW 1987, 1096; OVG LSA RÜ 2015, 744, 746; Ehlers Jura 2004, 311, 314; Ramsauer JuS 2012, 769, 775.

615 BVerwGE 37, 112, 113; Muckel JuS 2000, 132, 135 f.; Würtenberger/Heckmann Rn. 396.

616 BVerwG NVwZ 2014, 365; OVG Saarlouis NVwZ-RR 2012, 504; OVG MV NordÖR 2018, 469; Voßkuhle/Kaiser JuS 2009, 16, 18.

617 BVerwGE 85, 368, 377.

618 Vgl. BVerwG NVwZ 2014, 365; OVG NRW NVwZ-RR 2004, 408; Ortloff NVwZ 2005, 1381, 1384; a.A. Hufen JuS 2017, 382, 383 bei Verfahrensvorschriften, deren Schutz sich gerade auf den Dritten bezieht.

619 Vgl. BVerwG NVwZ 1998, 395; Hufen § 15 Rn. 24.

620 VGH Mannheim NVwZ 1991, 180; OVG Lüneburg NJW 1990, 1685.

621 BayVGH KommJur 2016, 340, 341; OVG NRW RÜ 2016, 593, 595.

622 OVG NRW RÜ 2009, 737, 740; VGH BW VBlBW 2015, 31; Würtenberger/Heckmann Rn. 396.

623 OVG LSA RÜ 2015, 744, 747; offen gelassen von BVerwG NVwZ 1998, 395; ausführlich AS-Skript Verwaltungsrecht AT 1 (2017), Rn. 571 ff.

Die Klagebefugnis (§ 42 Abs. 2 VwGO) — 1. Abschnitt

Fall 16: Verpflichtungsklage auf Begünstigung des Adressaten

Architekt A hat für den Bauherrn B einen Plan für ein Einfamilienhaus entworfen. Das Bauamt hat die beantragte Baugenehmigung nicht erteilt, weil das Vorhaben gegen baurechtliche Vorschriften verstoße. B neigt dazu, wegen des Kostenrisikos keine Klage zu erheben, sondern sich den Änderungswünschen des Bauamtes zu unterwerfen. A ist dagegen bereit, einen Prozess im eigenen Namen zu führen.

A ist für eine Verpflichtungsklage (§ 42 Abs. 1 Fall 2 VwGO) auf Erteilung der Baugenehmigung gemäß § 42 Abs. 2 VwGO nur klagebefugt, wenn er geltend machen kann, einen Anspruch auf den begehrten VA zu haben.

I. Da A geltend machen muss, in einem **eigenen** subjektiven öffentlichen Recht verletzt zu sein, ist es nicht möglich, dass er einen etwaigen Anspruch des B klageweise geltend macht. Eine **gewillkürte Prozessstandschaft**, also das Recht, ein fremdes Recht im eigenen Namen geltend zu machen, wird durch § 42 Abs. 2 VwGO grds. ausgeschlossen.[624]

475

Beispiel: Richtet sich eine Ordnungsverfügung an eine Wohnungseigentümergemeinschaft ist nur die (teil-)rechtsfähige Eigentümergemeinschaft (§ 10 Abs. 6 WEG) als Adressatin klagebefugt, nicht dagegen einzelne Mitglieder.[625] Bei der Nachbarklage gegen eine Baugenehmigung ist der einzelne Wohnungseigentümer unstreitig klagebefugt, soweit sein Sondereigentum betroffen ist (z.B. weil dieses in der Abstandsfläche liegt).[626] Nach teilweise vertretener Ansicht soll der Wohnungseigentümer auch bei Beeinträchtigung des gemeinschaftlichen Eigentums (§ 1 Abs. 5 WEG) klagebefugt sein, da er nicht nur als Sondereigentümer seiner Wohnung, sondern auch als Miteigentümer am gemeinschaftlichen Eigentum Nachbar i.S.d. öffentlichen Baurechts sei.[627]

Zulässig ist dagegen die **gesetzliche Prozessstandschaft**. Wichtigster Fall ist § 173 S. 1 VwGO i.V.m. § 265 Abs. 2 ZPO. Die Veräußerung der Streitsache hat auf den Prozess keinen Einfluss (§ 265 Abs. 2 S. 1 ZPO). Der bisherige Rechtsinhaber ist zwar nicht mehr klagebefugt (weil er z.B. nicht mehr Eigentümer ist), er kann jedoch das subjektive Recht des Rechtsnachfolgers im Wege der gesetzlichen Prozessstandschaft geltend machen.[628]

II. Verlangt ein Dritter den Erlass eines **den Adressaten begünstigenden VA**, so ergibt sich, dass die dem VA zugrunde liegenden **einfach-gesetzlichen Vorschriften** i.d.R. nur den Schutz des Adressaten oder der Allgemeinheit, nicht aber Dritter bezwecken. So dienen die Vorschriften der BauO und des BauGB ausschließlich dem Schutz der Allgemeinheit und des Bauherrn und ggf. der Nachbarn, nicht jedoch dem Schutz des Architekten.

476

---

[624] BayVGH RÜ2 2017, 237, 238; Kopp/Schenke VwGO § 42 Rn. 60; Posser/Wolff VwGO § 42 Rn. 114.
[625] OVG MV NVwZ-RR 2016, 896.
[626] BayVGH ZWE 2018, 47, 48.
[627] VGH BW RÜ2 2017, 283, 284; Bantlin NVwZ 2018, 1838; a.A. BayVGH ZWE 2018, 47 unter Verweis auf § 10 Abs. 6 S. 3 WEG; ebenso BayVGH RÜ2 2017, 237, 238 für die Gütergemeinschaft.
[628] Vgl. Kopp/Schenke VwGO § 42 Rn. 61; vgl. aber BayVGH NVwZ-RR 2010, 507, 508; OVG Lüneburg RÜ 2012, 804, 806: gilt nicht bei Rechtsnachfolge während des Widerspruchsverfahrens.

4. Teil	Besondere Sachentscheidungsvoraussetzungen

III. Auch aus **Grundrechten** lässt sich die Klagebefugnis in diesen Fällen i.d.R. nicht ableiten, da die Grundrechte hier nicht in ihrer Funktion als Abwehrrechte geltend gemacht werden, sondern als Leistungsrechte. Ein Leistungsrecht kann sich aus Grundrechten aber nur ausnahmsweise ergeben, wenn dies für die Grundrechtsausübung „unerlässlich" ist.[629]

A kann hier schon offensichtlich nicht in seinen Grundrechten verletzt sein. Art. 12 GG schützt zwar die Berufsausübung des A, aber nicht etwa in der Weise, dass er die Erteilung einer Baugenehmigung zugunsten einer anderen Person verlangen könnte. Dafür spricht auch, dass das Recht des B zu bauen nur für diesen rechtlich geschützt ist (Art. 14 GG) und dass es für den Grundrechtsschutz des B und auch des A nicht erforderlich ist, diesem ein eigenständiges Klagerecht zu gewähren.[630]

Eine Verpflichtungsklage des A wäre deshalb mangels Klagebefugnis unzulässig.

Besonderheiten ergeben sich auch hier im **Ausländerrecht**. Da die Ablehnung der Aufenthaltserlaubnis den Ausländer zur Ausreise verpflichtet (§ 50 AufenthG), ist die Situation wie bei der Ausweisung (s.o. Rn. 470). Der Ehegatte kann sich auch bzgl. der Erteilung des Aufenthaltstitels auf den Grundrechtsschutz aus Art. 6 Abs. 1 GG berufen.[631] Dabei ist allerdings umstritten, ob der Ehegatte eine Verpflichtungsklage erheben kann[632] oder (wegen der belastenden Wirkung) auf eine isolierte Anfechtung der Ablehnung beschränkt ist.[633]

---

629 Vgl. AS-Skript Grundrechte (2018), Rn. 96.

630 Vgl. OVG Lüneburg DÖV 1972, 169; BVerwG NVwZ 1984, 514 (kein subjektives Recht des Verpächters auf Erteilung der Gaststättenerlaubnis an den Pächter).

631 BVerwG NVwZ 1997, 1116; NVwZ 1996, 1091; Heidelmann DVBl. 2001, 685, 700; Sodan/Ziekow VwGO § 42 Rn. 422.

632 VGH Mannheim NVwZ 1989, 1194.

633 VGH Mannheim NVwZ 1987, 920; vgl. auch BVerwG NVwZ 1997, 1116; Sodan/Ziekow VwGO § 42 Rn. 422.

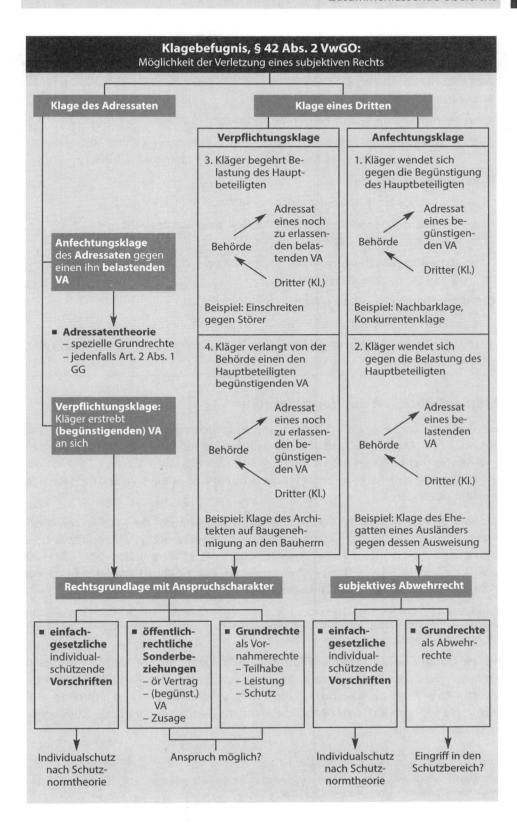

4. Teil Besondere Sachentscheidungsvoraussetzungen

2. Abschnitt: Vorverfahren

Grundschema: Vorverfahren

A. Erforderlichkeit

- bei **Anfechtungs- und Verpflichtungsklagen** (§ 68 Abs. 1 S. 1 u. Abs. 2 VwGO)

- im **Beamtenrecht** grds. auch bei Leistungs-, Feststellungs- und Fortsetzungs-feststellungsklagen (§ 54 Abs. 2 S. 1 BeamtStG, § 126 Abs. 2 S. 1 BBG)

B. Ausnahmen kraft Gesetzes

- **Ausschluss kraft Spezialgesetzes** (§ 68 Abs. 1 S. 2 Hs. 1 VwGO)

- **Entscheidungen einer obersten Bundes- oder Landesbehörde** (§ 68 Abs. 1 S. 2 Nr. 1 VwGO)

- **erstmalige Beschwer** durch einen Abhilfe- oder Widerspruchsbescheid (§ 68 Abs. 1 S. 2 Nr. 2 VwGO)

C. Entbehrlichkeit des Widerspruchs

- bei **Untätigkeitsklage** (§ 75 VwGO)

- wenn **Zweck des Vorverfahrens** anderweitig erreicht oder nicht mehr erreicht werden kann

---

A. Erforderlichkeit des Vorverfahrens

477 Vor der Erhebung von **Anfechtungs- und Verpflichtungsklagen** muss nach § 68 Abs. 1 S. 1 bzw. Abs. 2 VwGO grds. ein behördliches Vorverfahren durchgeführt werden. Im **Beamtenrecht** gilt dies nach § 54 Abs. 2 S. 1 BeamtStG und § 126 Abs. 2 S. 1 BBG für alle Klagen, also auch für beamtenrechtliche Leistungs-, Feststellungs- und Fortsetzungs-feststellungsklagen.[634]

478 Das Vorverfahren **beginnt** mit der Erhebung eines Widerspruchs (§ 69 VwGO) und **endet** mit Erlass eines Abhilfebescheides durch die Ausgangsbehörde (§ 72 VwGO) oder eines Widerspruchsbescheides der Widerspruchsbehörde (§ 73 VwGO). Damit die Klage zulässig ist, muss das Vorverfahren **ordnungsgemäß durchgeführt** worden sein. Ist dies nicht der Fall, ist die Klage grds. **unzulässig**.

Beispiel: Ist der (erforderliche) Widerspruch trotz ordnungsgemäßer Rechtsbehelfsbelehrung nicht innerhalb der Monatsfrist nach § 70 Abs. 1 VwGO oder nicht formgerecht erhoben worden, ist nicht nur der Widerspruch unzulässig, sondern auch die Klage.[635]

479 Was die **Durchführung des Vorverfahrens** betrifft, so berührt indes nicht jeder Mangel die Zulässigkeit der Klage. Nur solche Fehler führen zur Unzulässigkeit, die dem Widerspruchsführer zuzurechnen sind (z.B. nicht formgerechte Erhebung oder Verfristung). Fehler, die aus der **Sphäre der Behörde** resultieren, sind dagegen für die Zulässigkeit der Klage irrelevant.[636]

---

634 Vgl. VGH BW VBlBW 2017, 38.
635 OVG Hamburg NordÖR 2017, 260; Kopp/Schenke VwGO § 70 Rn. 1; Schübel-Pfister JuS 2013, 417, 419.
636 BayVGH BayVBl 2017, 170; Sodan/Ziekow VwGO § 68 Rn. 175.

Beispiele: Der Widerspruchsbescheid wird ohne vorherige Anhörung erlassen (§ 71 VwGO) oder es entscheidet eine unzuständige Behörde über den Widerspruch (§ 73 Abs. 1 S. 2 VwGO).[637] Auch wenn das Widerspruchsverfahren in diesen Fällen nicht „ordnungsgemäß" durchgeführt worden ist, ist die anschließende Klage gegen den Ausgangsbescheid (§ 79 Abs. 1 Nr. 1 VwGO) zulässig. Außerdem machen derartige Fehler den Widerspruchsbescheid rechtswidrig und berechtigen ggf. zu dessen isolierter Anfechtung und Aufhebung (§ 79 Abs. 2 S. 2 VwGO).[638]

B. Ausschluss des Vorverfahrens

Etwas anderes gilt in den Fällen des § 68 Abs. 1 S. 2 VwGO, in denen **kein Vorverfahren** **480** stattfindet. Der Betroffene muss hier unmittelbar gegen den Ausgangsbescheid (innerhalb der Monatsfrist des § 74 Abs. 1 S. 2 VwGO) Klage erheben:

- bei **entsprechender gesetzlicher Regelung** (§ 68 Abs. 1 S. 2 Alt. 1 VwGO: „wenn ein Gesetz dies bestimmt"),

- wenn der VA von einer **obersten Bundesbehörde** oder **obersten Landesbehörde** erlassen worden ist (§ 68 Abs. 1 S. 2 Nr. 1 VwGO) oder

- der Abhilfebescheid oder der Widerspruchsbescheid **erstmalig eine Beschwer** enthält (§ 68 Abs. 1 S. 2 Nr. 2 VwGO).

Von besonderer Bedeutung sind die **Ausnahmen vom Vorverfahren** kraft gesetzlicher **481** Regelung. Ausnahmen gibt es kraft Bundes- oder kraft Landesgesetz.

- **Bundesgesetzlich** finden sich Ausnahmen z.B. in §§ 70, 74 VwVfG für förmliche Verwaltungsverfahren und Planfeststellungsbeschlüsse, in § 25 Abs. 4 S. 2 JuSchG bei Entscheidungen der Bundesprüfstelle für jugendgefährdende Medien und in § 11 AsylG bei allen Entscheidungen im Asylverfahren.

- Von besonderer praktischer Bedeutung sind die Ausnahmen kraft **Landesgesetzes**. Einige Länder haben in den letzten Jahren das Widerspruchsverfahren weitgehend oder zumindest in bestimmten Bereichen abgeschafft. Die Lit. sieht dies teilweise kritisch oder ablehnend, zumal die Länder von der Öffnungsklausel des § 68 Abs. 1 S. 2 Hs. 1 VwGO in höchst unterschiedlicher Weise Gebrauch gemacht haben („föderalistischer Fleckenteppich").[639]

In **Bayern**, **Niedersachsen** und **Nordrhein-Westfalen** ist das Widerspruchsverfahren **482** weitgehend abgeschafft worden, sodass hier im Grundsatz sofort geklagt werden muss. Auch in **Hessen** besteht ein umfangreicher Ausnahmekatalog, während in den übrigen Ländern zumeist nur einige bereichsspezifische Ausnahmen bestehen und im Grundsatz vor Klageerhebung ein Vorverfahren durchgeführt werden muss.

Wegen der Einzelheiten vgl. Art. 15 BayAGVwGO, § 15 AGVwGO BW, § 4 Abs. 2 AGVwGO Bln, § 8 Brem AGVwGO, § 6 Abs. 2 Hbg AgVwGO, § 16 a AGVwGO Hess mit Anlage, §§ 13 a, 13 b AGGStrG M-V, § 80 NJG, § 110 JustG NRW, § 8 a AGVwGO LSA, §§ 8 a, 8 b ThürAGVwGO.

---

637 Vgl. BVerwG NVwZ 1987, 320; Geis/Hinterseh JuS 2001, 1074, 1076; zu weiteren Bsp. vgl. Kopp/Schenke VwGO Vorb § 68 Rn. 8; Ehlers Jura 2004, 30, 33.

638 Vgl. Geis/Hinterseh JuS 2001, 1074, 1076 m.w.N.

639 Biermann NordÖR 2007, 139 ff.; Härtel VerwArch 98, 2007, 54 ff.; Müller-Grune/Grune BayVBl. 2007, 65, 70 ff.; Rüssel NVwZ 2006, 523, 526 ff.; Holzner DÖV 2008, 217, 224; Beaucamp/Ringermuth DVBl. 2008, 426 ff. und unten Rn. 849.

C. Entbehrlichkeit des Vorverfahrens

483 Ist ein Widerspruch erforderlich, so ist die **ohne Vorverfahren erhobene Klage** vorbehaltlich gesetzlicher Ausnahmen **unzulässig**. Dasselbe gilt, wenn das Vorverfahren zwar durchgeführt wurde, aber der Widerspruch wegen Verfristung (§ 70 VwGO) **unzulässig** ist. Denn die Wahrung der Widerspruchsfrist ist nicht nur Zulässigkeitsvoraussetzung für den Widerspruch, sondern auch für die Klage.[640] Allerdings kann die Verfristung nach h.Rspr. u.U. durch sachliche Entscheidung der Widerspruchsbehörde „geheilt" werden.

Beispiel: K hat gegen eine mit ordnungsgemäßer Rechtsbehelfsbelehrung versehene Ordnungsverfügung erst nach 5 Wochen Widerspruch erhoben. Die Widerspruchsbehörde entscheidet gleichwohl in der Sache und weist den Widerspruch nicht als unzulässig, sondern als unbegründet zurück. Dadurch wird die Verfristung nach h.M. geheilt. Eine fristgerecht erhobene Klage des K ist zulässig (s.u. Rn. 873 ff.).

Der **Mangel des Vorverfahrens** kann ausnahmsweise unschädlich sein, wenn das Vorverfahren aus anderen Gründen nicht durchzuführen ist:

484 ■ Nach § 75 S. 1 VwGO kann der Betroffene **Untätigkeitsklage** erheben, wenn über einen Widerspruch oder einen Antrag auf Vornahme eines VA **ohne zureichenden Grund in angemessener Frist** sachlich nicht entschieden worden ist. Seit dem Antrag oder der Erhebung des Widerspruchs müssen **mindestens drei Monate** vergangen sein, außer wenn wegen besonderer Umstände des Einzelfalls eine kürzere Frist geboten ist (§ 75 S. 2 VwGO).

Liegt ein zureichender Grund für die Verzögerung vor (z.B. besondere rechtliche oder tatsächliche Schwierigkeiten, nicht Personalmangel oder Arbeitsüberlastung einzelner Beamter),[641] so hat das Gericht nach § 75 S. 3 VwGO der Behörde eine angemessene Frist zu bestimmen und bis zu diesem Zeitpunkt das Verfahren auszusetzen.[642]

485 ■ Außerdem hat die Rspr. Fallgruppen entwickelt, in denen ein Widerspruch – anders als in den Fällen des § 68 Abs. 1 S. 2 VwGO – zwar zulässig, aber **entbehrlich** ist, weil sein **Zweck** (Überprüfung der Recht- und Zweckmäßigkeit des VA, § 68 Abs. 1 S. 1 VwGO) schon auf **andere Weise erreicht** worden ist oder ohnehin **nicht mehr erreicht** werden kann.[643] Das hat die Rspr. z.B. angenommen,

- wenn ein angefochtener VA von der Behörde durch einen anderen VA ersetzt oder abgeändert wird und der neue VA im Wesentlichen **dieselben Sach- und Rechtsfragen** zum Gegenstand hat;[644]

- wenn ein weiterer VA ergeht, der in **unmittelbarem Zusammenhang** mit einem vorangegangenen (angefochtenen) VA steht, insbes. bei VAen für unterschiedliche Zeitabschnitte;[645]

- wenn die Behörde den Bescheid aufgrund einer **bindenden Weisung** der Widerspruchsbehörde erlassen hat;[646]

- wenn sich der Beklagte auf die ohne Vorverfahren erhobene Klage **sachlich einlässt**.[647]

---

640 BVerwG NVwZ 1988, 63; OVG Nds NdsVBl. 2014, 292; OVG Hamburg NordÖR 2015, 104.

641 Vgl. BVerfG RÜ2 2017, 187, 188; Kopp/Schenke VwGO § 75 Rn. 13; Schübel-Pfister JuS 2018, 1056, 1057.

642 VGH Mannheim NVwZ-RR 2011, 224, 225; OVG NRW NVwZ-RR 2014, 823; Schenk NVwZ 2018, 1763, 1764.

643 BVerwG NVwZ 2014, 676, 678; NVwZ 2011, 501, 503; Schübel-Pfister JuS 2011, 420, 420 f.; kritisch Hufen JuS 2012, 276 f.; Schoch NVwZ 2011, 506 f.

644 BVerwG NVwZ 2011, 501, 503; Kopp/Schenke VwGO § 68 Rn. 23 m.w.N.

645 Vgl. BVerwGE 38, 299, 301; 69, 198, 199; Kopp/Schenke VwGO § 68 Rn. 24.

646 BVerwG RÜ 2011, 48, 49 f.

647 BVerwG NVwZ 2018, 1229, 1230; OVG NRW NWVBl. 2001, 435, 436; Richter NWVBl. 2001, 491, 492.

Vorverfahren | **2. Abschnitt**

Fall 17: Widerspruch entbehrlich

Oberregierungsrat O ist Bundesbeamter und hat sich um einen Beförderungsdienst-posten als Regierungsdirektor beim Bundesministerium B beworben. Obwohl er nach seiner Auffassung der eindeutig am besten qualifizierte Bewerber war, ist nicht O, sondern Mitbewerber M formell ordnungsgemäß ernannt worden. Da O befürchtet, in einem vergleichbaren Bewerbungsverfahren erneut benachteiligt zu werden, hat er vor dem Verwaltungsgericht fristgerecht Klage auf Feststellung der Rechtswidrigkeit seiner Ablehnung erhoben. B verweist darauf, dass O das erforderliche Vorverfahren nicht durchgeführt habe und beantragt, die Klage als unzulässig abzuweisen. Jedenfalls sei die Klage unbegründet, da die Auswahlentscheidung aufgrund zuletzt schlechter Leistungen des O rechtmäßig sei. Ist die Klage zulässig?

Hinweis: B ist als oberste Dienstbehörde selbst Widerspruchsbehörde (§ 126 Abs. 3 S. 1 BBG) und vertritt den Bund auch im verwaltungsgerichtlichen Verfahren (§ 127 Abs. 1 S. 1 BBG).

I. Der **Verwaltungsrechtsweg** ist gemäß § 126 Abs. 1 BBG eröffnet. Es handelt sich um eine Streitigkeit aus dem Beamtenverhältnis eines Bundesbeamten. **486**

II. Statthafte Klageart ist die **Fortsetzungsfeststellungsklage** analog § 113 Abs. 1 S. 4 VwGO. Das Verpflichtungsbegehren des O hat sich durch die Ernennung des M vor Klageerhebung erledigt. Da ein Amt nur zusammen mit der Einweisung in eine besetzbare Planstelle besetzt werden darf (§ 49 Abs. 1 BHO), steht die nunmehr besetzte Planstelle nicht mehr zur Verfügung (Grundsatz der Ämterstabilität).[648] **487**

Etwas anderes gilt, wenn die Ernennung des M unter Verstoß gegen die aus Art. 19 Abs. 4 GG folgende Informationspflicht des Dienstherrn erfolgt wäre. In diesem Fall könnte O mangels Erledigung sein Begehren weiterverfolgen (s.o. Rn. 240).

III. Die **Klagebefugnis** (analog § 42 Abs. 2 VwGO) des O folgt aus Art. 33 Abs. 2 GG. Danach hat jeder Deutsche nach seiner Eignung, Befähigung und fachlichen Leistung gleichen Zugang zu jedem öffentlichen Amte. Zwar hat der Beamte keinen Anspruch auf Beförderung, da diese allein dem öffentlichen Interesse an einem leistungsfähigen Beamtenstand dient und nicht etwa in Wahrnehmung der Fürsorgepflicht des Dienstherrn erfolgt. Anerkannt ist jedoch, dass der Beamte einen Anspruch darauf hat, dass über seine Bewerbung fehlerfrei entschieden wird, insbes. das Auswahlverfahren ordnungsgemäß durchgeführt und das Auswahlermessen fehlerfrei ausgeübt wird (sog. **Bewerbungsverfahrensanspruch**).[649] **488**

IV. Nach § 126 Abs. 2 S. 1 BBG muss vor allen beamtenrechtlichen Klagen ein **Vorverfahren** nach den §§ 68 ff. VwGO durchgeführt werden und zwar nach § 126 Abs. 2 S. 2 BBG (abweichend von § 68 Abs. 1 S. 2 Nr. 1 VwGO) auch dann, wenn die Maßnahme – wie hier – vom Ministerium als oberster Dienstbehörde (§ 3 Abs. 1 BBG) getroffen wurde. **489**

Etwas anderes gilt für **Landesbeamte** in den Ländern, in denen gemäß § 54 Abs. 2 S. 3 BeamtStG ein Vorverfahren nicht erforderlich ist (z.B. Art. 15 Abs. 1 S. 1 Nr. 5 Bay AGVwGO, § 93 Abs. 1 LBG Bln, § 105 Abs. 1 S. 1 NBG, § 103 Abs. 1 S. 1 LBG NRW).[650] Für Bundesbeamte ist eine solche Ausnahme in § 126 Abs. 2 BBG nicht vorgesehen.

---

648 BVerfG NVwZ 2008, 70, 71; BVerwG RÜ 2011, 119, 121; Battis DVBl. 2013, 673, 675.

649 BVerfG NVwZ 2016, 59, 60; BVerwG RÜ 2011, 119, 121; NVwZ 2012, 884, 885; NVwZ 2015, 1066.

650 Vgl. dazu Repkewitz/Waibel NVwZ 2010, 813, 814.

| 4. Teil | Besondere Sachentscheidungsvoraussetzungen |

490 1. Ein Vorverfahren ist daher auch bei beamtenrechtlichen **Fortsetzungsfeststellungsklagen** erforderlich, und zwar unabhängig davon, wann Erledigung eingetreten ist.[651] Abweichend hiervon hat O keinen Widerspruch, sondern sofort Klage erhoben, ohne dass einer der Ausnahmefälle des § 68 Abs. 1 S. 2 VwGO vorlag. In der Erhebung der Klage beim Verwaltungsgericht liegt auch nicht gleichzeitig ein konkludenter Widerspruch, da dieser nach § 70 Abs. 1 VwGO bei der Behörde zu erheben wäre. Die Klageerhebung kann deshalb auch nicht in einen Widerspruch umgedeutet werden.[652]

491 2. Das Fehlen des Vorverfahrens könnte jedoch unschädlich sein, wenn es aus anderen Gründen nicht durchzuführen wäre. Die Rspr. geht davon aus, dass ein **Vorverfahren entbehrlich** ist, wenn sein Zweck schon auf andere Weise **erreicht** worden ist oder ohnehin **nicht mehr erreicht** werden kann.[653]

492 a) Aus Gründen der Prozessökonomie wird dies insbes. angenommen, wenn sich der Beklagte auf die Klage **sachlich einlässt**, selbst wenn dies – wie hier – nur **hilfsweise** geschieht. Bei dieser Sachlage würde die Abweisung der Klage einen unnötigen Formalismus darstellen, weil sich der sachliche Standpunkt der Behörde im Widerspruchsbescheid kaum anders als im Prozess darstellen wird.[654] Die Gegenansicht verweist darauf, dass die Regelungen über das Vorverfahren **zwingendes Recht** seien und deshalb nicht zur Disposition der Beteiligten stünden.[655] An einer Disposition fehle es im Übrigen, wenn der Beklagte das Fehlen des Vorverfahrens rüge und sich lediglich hilfsweise zur Sache einlasse. Würde man hier auf das Vorverfahren verzichten, würde dies die Verteidigungsmöglichkeiten des Beklagten unvertretbar einschränken.[656]

493 Für die h.Rspr. spricht, dass § 68 Abs. 1 S. 2 VwGO Ausnahmen vom Vorverfahren ausdrücklich zulässt, ohne dass diese abschließenden Charakter hätten, was z.B. bei Verwendung des Wortes „nur" nahegelegen hätte. Nach **Sinn und Zweck** ist dem Vorverfahren grds. auch dann Genüge getan, wenn die Behörde anstelle eines förmlichen Widerspruchsbescheides unmissverständlich zum Ausdruck bringt, dass sie den Einwendungen des Klägers nicht abhelfen will und damit feststeht, dass der Widerspruch keinen Erfolg haben würde.

b) Nach neuerer Rspr. ergeben sich jedoch folgende **Einschränkungen**:

494 aa) Das Vorverfahren ist i.d.R. **nicht entbehrlich**, wenn Ausgangs- und Widerspruchsbehörde **nicht identisch** sind oder sogar unterschiedlichen Rechtsträgern angehören.[657] Denn dann kann aus der prozessualen Reaktion der Ausgangsbehörde (als Beklagter bzw. Beklagtenvertreter) nicht auf die Entscheidung der Widerspruchsbehörde geschlossen werden.

---

651 BVerwG DVBl. 1981, 501; Schnellenbach JA-Übbl. 1992, 79, 83.

652 OVG Lüneburg, Beschl. v. 08.11.2011 – 4 LB 156/11; Sodan/Ziekow VwGO § 69 Rn. 12; Kopp/Schenke VwGO § 70 Rn. 3.

653 BVerwG NVwZ 2018, 1229, 1230; NVwZ 2014, 676, 678; RÜ 2011, 48, 49; dazu Hufen JuS 2012, 276 f.

654 BVerwG NVwZ 2018, 1229, 1230; NVwZ 2009, 924, 925; NVwZ 2002, 1505, 1506; NVwZ-RR 2000, 172, 173; OVG NRW NWVBl. 2001, 435, 436; Richter NWVBl. 2001, 491, 492; offengelassen von BVerwG NVwZ 2011, 501, 504.

655 VGH BW DVBl 2009, 602; OVG NRW RÜ 2013, 600, 601; Kopp/Schenke VwGO § 68 Rn. 28; Dolde/Porsch in Schoch VwGO § 68 Rn. 29; Sodan/Ziekow VwGO § 68 Rn. 162; Ehlers Jura 2004, 30, 33 f.; Schoch NVwZ 2011, 506, 507.

656 OVG NRW RÜ 2013, 600, 601.

657 BVerwG NVwZ 2014, 676, 678.; NVwZ 2018, 1229, 1230; OVG Saar NJOZ 2018, 1035, 1038.

| | | Vorverfahren | **2. Abschnitt** |

Im vorliegenden Fall ist B als oberste Dienstbehörde (§ 3 Abs. 1 BBG) sowohl Widerspruchsbehörde (§ 126 Abs. 3 S. 1 BBG) als auch Prozessvertreter des Dienstherrn (§ 127 Abs. 1 S. 1 BBG).[658] Widerspruchsbehörde und Beklagtenvertreter sind daher **identisch**, sodass dieser Gesichtspunkt der Entbehrlichkeit des Vorverfahrens nicht entgegensteht.

bb) Neuerdings geht das BVerwG allerdings davon aus, dass das Widerspruchs- **495**
verfahren auch dann **nicht entbehrlich** ist, wenn die Widerspruchsbehörde einen **Ermessens- oder Beurteilungsspielraum** hat, da in diesen Fällen die Nachprüfung durch die Widerspruchsbehörde über die verwaltungsgerichtliche Kontrolle hinausgeht.[659] Während das Gericht die Entscheidung nur auf Ermessensfehler überprüfen darf (§ 114 S. 1 VwGO), steht der Widerspruchsbehörde eine umfassende Zweckmäßigkeitskontrolle zu (§ 68 Abs. 1 S. 1 VwGO). Die Widerspruchsbehörde kann ihr Ermessen daher abweichend von der Ausgangsbehörde ausüben. Ein solcher Fall liegt hier vor, da es sich bei der beamtenrechtlichen Beförderung (§ 22 BBG) um eine **Ermessensentscheidung** handelt.

Bislang hatte das BVerwG die Einschränkung bei Ermessensentscheidungen nur dann vorgenommen, wenn der Beklagte bzw. Beklagtenvertreter mit der Widerspruchsbehörde nicht identisch war, da dem Kläger sonst eine Ermessensebene abgeschnitten würde.[660] Neuerdings schränkt das BVerwG die Entbehrlichkeit bei Ermessensentscheidungen generell ein.[661]

In diesen Fällen kann das Vorverfahren nur dann entbehrlich sein, wenn die Widerspruchsbehörde durch **vorgerichtliche Erklärungen** zu erkennen gegeben hat, dass sie bereits ihre Auffassung gebildet und daran gedenke festzuhalten. Dann sei das Vorverfahren sinnlos und damit entbehrlich, auch wenn die Behörde im Prozess dessen Fehlen rügt oder sich nur hilfsweise zur Sache einlässt. Hat der Kläger dagegen – wie im vorliegenden Fall – sofort Klage erhoben, ohne dass ihm der Beklagte dazu Anlass gegeben hat, kann dies das Vorverfahren nur entbehrlich machen, wenn die Behörde sich im Klageverfahren **vorbehaltlos** zur Sache einlässt.[662] Mit einer bloß hilfsweisen Einlassung bringt sie dagegen regelmäßig zum Ausdruck, dass sie den Kläger an der Durchführung des Widerspruchsverfahrens festhalten will. Dieses Verhalten ist dann auch nicht widersprüchlich, weil sich der Beklagte vorgerichtlich gerade **nicht endgültig** auf die Ablehnung des Klagebegehrens festgelegt hat.[663]

Da B sich vorgerichtlich in der Sache nicht festgelegt hatte, macht die hilfsweise Einlassung im Prozess das Widerspruchsverfahren **nicht entbehrlich**. Die ohne Vorverfahren erhobene Klage ist **unzulässig**.

---

658 Zu abweichenden Regelungen vgl. §§ 126 Abs. 3 S. 2, 127 Abs. 3 BBG und § 54 Abs. 3 S. 2 BeamtStG (für Landesbeamte).
659 BVerwG NVwZ 2014, 676, 678 f.; NVwZ 2018, 1229, 1230; dazu Schenk NVwZ 2018, 1763, 1765.
660 BVerwG NVwZ 2002, 1505, 1506; NVwZ-RR 2000, 172, 173; DVBl. 1990, 490, 491.
661 BVerwG NVwZ 2014, 676, 679; BVerwG NVwZ 2018, 1229, 1230.
662 BVerwG NVwZ 2014, 676, 679; OVG Hamburg NordÖR 2015, 104; OVG Saar NJOZ 2018, 1035, 1038.
663 BVerwG a.a.O; OVG Hamburg a.a.O.; Schübel-Pfister JuS 2014, 412, 413.

149

4. Teil Besondere Sachentscheidungsvoraussetzungen

3. Abschnitt: Klagefrist

496 Für die Anfechtungsklage gilt grds. eine Klagefrist von **einem Monat nach Zustellung des Widerspruchsbescheides** (§ 74 Abs. 1 S. 1 VwGO). Ist nach § 68 Abs. 1 S. 2 VwGO ein Vorverfahren nicht erforderlich, so muss die Klage **innerhalb eines Monats nach Bekanntgabe des Verwaltungsakts** erhoben werden (§ 74 Abs. 1 S. 2 VwGO). Für die **Verpflichtungsklage** gilt § 74 Abs. 1 VwGO entsprechend, wenn der Antrag auf Erlass eines Verwaltungsakts abgelehnt worden ist (§ 74 Abs. 2 VwGO).

Wird die Verpflichtungsklage als Untätigkeitsklage (§ 75 VwGO) erhoben, ist keine Klagefrist einzuhalten (anders früher § 76 VwGO a.F.: innerhalb eines Jahres), allerdings ist Verwirkung denkbar.[664]

497 **Leistungs- und Feststellungsklagen** sind grundsätzlich **nicht fristgebunden**. Eine Ausnahme gilt für **beamtenrechtliche Klagen**, soweit gemäß § 54 Abs. 2 BeamtStG bzw. § 126 Abs. 2 BBG auch bei diesen Klagen ein Vorverfahren durchzuführen ist. Nach Zustellung des Widerspruchsbescheides gilt dann die Monatsfrist nach § 74 Abs. 1 S. 1 VwGO.

Ist bei beamtenrechtlichen Leistungs- und Feststellungsklagen kraft Landesrechts **kein Vorverfahren** erforderlich (§ 54 Abs. 2 S. 3 BeamtStG), so gilt in diesen Fällen die Monatsfrist des § 74 Abs. 1 **S. 2** VwGO **nicht**, da hierfür die Bekanntgabe eines „Verwaltungsakts" erfolgen muss, der bei der Leistungs- und Feststellungsklage gerade nicht vorliegt. Ebenso gilt auch die Widerspruchsfrist des § 70 VwGO im Beamtenrecht nur bei Vorliegen eines Verwaltungsakts (vgl. Wortlaut). Daran ändert die Regelung in § 54 Abs. 2 BeamtStG und § 126 Abs. 2 BBG nichts.[665]

Die Klagefrist des § 74 Abs. 1 **S. 1** VwGO knüpft dagegen lediglich an die Zustellung des **Widerspruchsbescheides** an, den es (vorbehaltlich gesetzlicher Ausnahmen) auch bei der beamtenrechtlichen Leistungs- und Feststellungsklage gibt. **Folge:** Der beamtenrechtliche Leistungswiderspruch ist nicht fristgebunden, da § 70 VwGO einen Verwaltungsakt voraussetzt, die anschließende Leistungsklage muss dagegen innerhalb der Frist des § 74 Abs. 1 S. 1 VwGO erhoben werden, wenn zuvor ein Vorverfahren stattgefunden hat und ein Widerspruchsbescheid erlassen wurde.

498 Wird die Klagefrist nicht eingehalten, so ist die Klage **grds. unzulässig**. Ist das Fristversäumnis unverschuldet, kommt **Wiedereinsetzung in den vorigen Stand** (§ 60 VwGO) in Betracht.

Grundschema: Klagefrist
■ **Besondere Sachurteilsvoraussetzung**
■ bei Anfechtungsklagen und Verpflichtungsklagen (§ 74 Abs. 1 u. Abs. 2 VwGO)
■ bei Leistungs- und Feststellungsklagen im Beamtenrecht (wenn Widerspruchsbescheid vorliegt)
■ **ein Monat nach Zustellung des Widerspruchsbescheides** (§ 74 Abs. 1 S. 1 VwGO) oder **ein Monat nach Bekanntgabe des Ausgangsbescheides** (wenn kein Vorverfahren stattfindet, § 74 Abs. 1 S. 2 VwGO)
■ **ein Jahr** ab Zustellung oder Bekanntgabe **bei unterbliebener oder unrichtiger Rechtsbehelfsbelehrung** (§ 58 Abs. 2 S. 1 VwGO)
■ ggf. Heilung der Verfristung durch **Wiedereinsetzung in den vorigen Stand** (§ 60 VwGO)

---

664 Zur Verwirkung bei der Untätigkeitsklage vgl. BayVGH NVwZ-RR 2015, 277, 278; Schübel-Pfister JuS 2012, 993, 998.
665 BVerwG NVwZ-RR 2011, 682, 683; Pietzner/Ronellenfitsch Rn. 1130 und oben Rn. 254.

A. Klagefrist ohne vorherige Durchführung eines Vorverfahrens

Ist ein **Vorverfahren** nach § 68 Abs. 1 S. 2 VwGO **nicht erforderlich** (so der Regelfall in Bayern, Niedersachsen und NRW), muss die Klage gemäß § 74 Abs. 1 S. 2 VwGO **innerhalb eines Monats nach Bekanntgabe des Verwaltungsakts** erhoben werden.

499

Wird Klage bereits **vor Bekanntgabe des VA** erhoben, so ist sie unzulässig, weil die Anfechtungsklage mangels VA noch nicht statthaft ist. Die VwGO kennt **keine vorbeugende Anfechtungsklage.**

Die **Bekanntgabe** erfolgt grds. **formlos** und richtet sich nach § 41 VwVfG. Nach **§ 41 Abs. 1 VwVfG** ist ein Verwaltungsakt demjenigen Beteiligten bekannt zu geben, für den er bestimmt ist oder der von ihm betroffen wird. Bekannt gegeben ist der Bescheid, wenn er **zugegangen** ist, d.h. wenn er so in den Machtbereich des Empfängers gelangt ist, dass nach der Verkehrsanschauung unter gewöhnlichen Umständen mit der Kenntnisnahme zu rechnen ist (Rechtsgedanke des § 130 Abs. 1 BGB).[666]

500

- Ist der Empfänger wegen Urlaubs oder sonstiger **Ortsabwesenheit** nicht in der Lage, von dem Bescheid Kenntnis zu nehmen, so steht dies dem Zugang nicht entgegen, wenn der Bescheid in den Machtbereich des Empfängers gelangt ist (z.B. Briefkasten, Postfach, E-Mail-Postfach).

- Der Einwurf in den **Briefkasten** bewirkt den Zugang, sobald nach der Verkehrsanschauung mit der Entnahme zu rechnen ist, was i.d.R. bei einem Einwurf bis 18.00 Uhr bejaht wird. Später eingeworfene Sendungen gehen dagegen erst am nächsten Morgen bzw. am nächsten Werktag zu.[667]

- In ein **Postfach** eingelegte Briefsendungen sind in dem Zeitpunkt zugegangen, in welchem das Postfach normalerweise geleert zu werden pflegt; ob das Postfach tatsächlich geleert oder der Inhalt zur Kenntnis genommen wird, ist unerheblich. Deshalb bejaht die Rspr. bei einem Rechtsanwalt Zugang auch bei Einlegen eines Briefes in das Postfach am Samstag.[668]

- Bei **elektronischen Dokumenten** erfolgt der Zugang, wenn sie auf dem Mailserver des Providers abrufbereit gespeichert werden. Geschieht dies zur Unzeit, muss mit einer Kenntnisnahme erst am darauf folgenden Werktag gerechnet werden.[669] Voraussetzung ist allerdings stets, dass der Empfänger hierfür einen Zugang eröffnet hat (§ 3 a Abs. 1 VwVfG).

Für bestimmte Fälle enthält das Gesetz **spezielle Zugangsregelungen**:

- Erfolgt die Übermittlung **durch die Post**, gilt der Bescheid grds. am dritten Tag nach der Aufgabe zur Post als bekanntgegeben (§ 41 Abs. 2 S. 1 VwVfG). Dies gilt nicht, wenn der Bescheid nicht oder zu einem späteren Zeitpunkt zugegangen ist; im Zweifel hat die Behörde den Zugang des VA und den Zeitpunkt des Zugangs nachzuweisen (§ 41 Abs. 2 S. 3 VwVfG).[670]

501

  Beispiele:

  - Der Bescheid wird am Donnerstag, dem 02.07. zur Post aufgegeben und am Samstag, dem 04.07. durch die Ehefrau des Adressaten entgegengenommen. Der dritte Tag nach der Aufgabe zur Post ist Sonntag, der 05.07. Die 3-Tage-Fiktion gilt auch dann, wenn der Bescheid tatsächlich früher zugegangen ist.[671] Andererseits verlängert sich die Fiktionswirkung nach h.M. auch dann nicht, wenn der dritte Tag ein Sonnabend, Sonntag oder Feiertag ist (s.u. Fall 18). Die Widerspruchsfrist (§ 70 Abs. 1 VwGO) bzw. die Klagefrist (§ 74 Abs. 1 S. 2 VwGO) laufen daher ab dem 05.07.

---

666 SächsOVG SächsVBl. 2015, 14; Kopp/Ramsauer VwVfG § 41 Rn. 7; Schoch Jura 2011, 23, 24; Schmitz JuS 2015, 895, 896.

667 Vgl. Palandt/Ellenberger BGB § 130 Rn. 6; anders im Fall der förmlichen Zustellung, s.u. Rn. 509.

668 BFH NJW 2000, 1742; OVG NRW NWVBl. 2001, 429, 431; a.A. Lechleitner AnwBl. 2002, 725 ff.; Ehlers Jura 2004, 30, 36.

669 Dietlein/Heinemann NWVBl. 2005, 54, 55.

670 Vgl. BFH NJW 2018, 3606 (zu § 122 Abs. 2 AO): Zweifel bei Einschaltung eines privaten Postdienstleisters.

671 OVG RP, Urt. v. 30.10.2014 – 10 A 11170/13.OVG; Kopp/Ramsauer VwVfG § 41 Rn. 53; Schoch Jura 2011, 23, 28; Schmitz JuS 2015, 895, 896; anders § 7 BbgVwVfG, § 41 Abs. 2 S. 3 Hs. 2 VwVfG M-V bei elektronischer Übermittlung.

| 4. Teil | Besondere Sachentscheidungsvoraussetzungen |

502 ■ Wird ein Verwaltungsakt **elektronisch übermittelt**, so gilt er grds. am dritten Tag nach der Absendung als bekannt gegeben (§ 41 Abs. 2 S. 2 VwVfG).

Zwar wird eine E-Mail i.d.R. bereits am Tag der Absendung beim Empfänger eingehen, jedoch hat der Gesetzgeber aus Gründen der Verwaltungsvereinfachung auch hier die 3-Tage-Fiktion vorgesehen. **Beachte:** § 41 Abs. 2 S. 2 VwVfG erfasst nicht nur elektronische Dokumente (E-Mails), sondern alle Bescheide, die „elektronisch übermittelt" werden. Hierzu gehört auch das **Telefax**, sodass ein per Telefax übermittelter Bescheid nach § 41 Abs. 2 S. 2 VwVfG erst am dritten Tag nach der Absendung als zugegangen gilt.[672]

503 Voraussetzung für eine wirksame elektronische Übermittlung ist allerdings, dass der Empfänger hierfür einen **Zugang eröffnet** hat (§ 3 a Abs. 1 VwVfG).

Der Empfänger eröffnet einen Zugang durch (ausdrückliche oder konkludente) **Widmung**. Maßgebend ist die Verkehrsanschauung. Bei Behörden und Rechtsanwälten reicht hierfür i.d.R. die Angabe einer E-Mail-Adresse im Briefkopf aus (vgl. auch § 3 a Abs. 1 S. 2 VwVfG NRW: „Bei Behörden erfolgt die Eröffnung des Zugangs durch Bekanntmachung über die Homepage."). Für Behörden besteht neuerdings grds. eine Pflicht zur Zugangseröffnung (§ 2 Abs. 1 EGovG sowie entsprechendes Landesrecht).[673] Beim Bürger kann von der Eröffnung eines Zugangs i.d.R. nur ausgegangen werden, wenn er dies gegenüber der Behörde ausdrücklich erklärt hat.[674]

504 Mit Einwilligung des Beteiligten kann ein **elektronischer VA** seit dem 01.01.2017 nach § 41 Abs. 2a VwVfG auch dadurch bekannt gegeben werden, dass er vom Beteiligten (oder von seinem Bevollmächtigten) über öffentlich zugängliche Netze abgerufen wird **(Bekanntgabe durch Datenabruf)**.[675]

Der elektronische VA muss dem Adressaten daher nicht mehr persönlich – z.B. per E-Mail – übermittelt werden, sondern kann auf einer Internet-Plattform zum Download bereitgestellt werden. Das gilt auch für den vollständig elektronisch erlassenen VA (sog. E-VA), § 35a VwVfG.

In diesem Fall gilt der VA grds. **am Tag nach dem Abruf** als bekannt gegeben (§ 41 Abs. 2a S. 3 VwVfG). Wird der VA innerhalb von zehn Tagen nach Absendung einer Benachrichtigung über die Bereitstellung **nicht abgerufen**, ist keine Bekanntgabe bewirkt (§ 41 Abs. 2a S. 5 VwVfG).

Anders die Parallelvorschrift in § 122a Abs. 4 AO, wonach ein zum Abruf bereitgestellter VA grds. am dritten Tag nach Absendung der elektronischen Benachrichtigung über die Bereitstellung der Daten als bekannt gegeben gilt (ebenso Art. 6 Abs. 4 EGovG Bay).

505 ■ Nach § 41 Abs. 3 VwVfG darf ein VA **öffentlich bekannt gegeben** werden, wenn dies durch Rechtsvorschrift zugelassen ist. Eine **Allgemeinverfügung** darf auch dann öffentlich bekannt gegeben werden, wenn eine individuelle Bekanntgabe untunlich ist (z.B. nicht feststellbarer Adressatenkreis).[676] Die öffentliche Bekanntgabe eines schriftlichen VA wird dadurch bewirkt, dass sein verfügender Teil (der Tenor) ortsüblich bekannt gemacht wird (§ 41 Abs. 4 S. 1 VwVfG). Der VA gilt dann grds. **zwei Wochen nach der ortsüblichen Bekanntmachung** als bekannt gegeben (§ 41 Abs. 4 S. 3 VwVfG).

---

672 Stelkens/Bonk/Sachs, VwVfG § 41 Rn. 82; Schmitz/Prell NVwZ 2016, 1273, anders OVG Lüneburg NJW 2002, 1969 (zur früheren Rechtslage) und die Ausnahme in § 7 Bbg VwVfG, § 41 Abs. 2 S. 3 Hs. 2 VwVfG M-V.

673 Auf Landesebene vgl. z.B. § 2 Abs. 1 EGovG BW, Art. 3 Abs. 1 EGovG Bay, § 4 Abs. 1 EGovG Bln, § 2 Abs. 1 EGovG M-V, § 3 Abs. 1 EGovG NRW § 2 Abs. 1 Sächs EGovG.

674 OVG NRW RÜ 2015, 332, 334; Kopp/Ramsauer VwVfG § 3 a Rn. 10 u. 11.

675 Dazu Braun Binder NVwZ 2016, 342 ff.; Schmitz/Prell NVwZ 2016, 1273 ff.; Kopp/Ramsauer VwVfG § 41 Rn. 43 ff.

676 OVG NRW NWVBl. 2010, 326; Schoch Jura 2011, 23, 26.

Klagefrist | 3. Abschnitt

Beispiele:

■ Die **Allgemeinverfügung** über die Einziehung einer Straße (§ 2 FStrG) wird am 12.02. öffentlich ausgehängt und gilt nach § 41 Abs. 4 S. 3 VwVfG am 26.02. als bekannt gegeben, es sei denn in der Verfügung ist ein hiervon abweichender Tag bestimmt (§ 41 Abs. 4 S. 4 VwVfG). Die Widerspruchsfrist (§ 70 Abs. 1 VwGO) bzw. die Klagefrist (§ 74 Abs. 1 S. 2 VwGO) von einem Monat nach Bekanntgabe endet daher mit Ablauf des 26.03.

■ Eine besondere Form der öffentlichen Bekanntgabe gilt bei **Verkehrszeichen**, die gemäß § 45 Abs. 4 StVO durch Aufstellen wirksam werden. Ein Rückgriff auf § 41 Abs. 3 u. 4 VwVfG ist dadurch ausgeschlossen.[677] Es genügt, wenn das Verkehrszeichen so aufgestellt ist, dass es für die Verkehrsteilnehmer ohne Weiteres wahrnehmbar ist („mit einem raschen und beiläufigen Blick"), unabhängig davon, ob der Betroffene das Verkehrszeichen auch tatsächlich wahrgenommen hat.[678] Daraus ist teilweise geschlossen worden, dass die Anfechtungsfrist gegenüber allen Verkehrsteilnehmern mit dem Aufstellen zu laufen beginne.[679] Die neuere Rspr. geht im Hinblick auf Art. 19 Abs. 4 GG dagegen davon aus, dass die Jahresfrist des § 58 Abs. 2 VwGO (da bei Verkehrszeichen die Rechtsbehelfsbelehrung fehlt) erst dann in Lauf gesetzt wird, wenn sich der jeweilige Verkehrsteilnehmer erstmalig der Verkehrsregelung gegenüber sieht.[680]

■ § 41 VwVfG gilt nicht, wenn das Gesetz eine **förmliche Zustellung** vorschreibt (z.B. § 13 Abs. 7 VwVG für die Androhung, § 73 Abs. 3 S. 1 VwGO für den Widerspruchsbescheid) oder die Behörde von sich aus – z.B. aus Beweisgründen – die förmliche Zustellung wählt (§ 41 Abs. 5 VwVfG). Für die förmliche Zustellung gilt dann das **VwZG** des Bundes bzw. entsprechende **Landeszustellungsgesetze** (dazu unten Rn. 507 ff.).

506

Wählt die Behörde beim Ausgangsbescheid freiwillig die förmliche Zustellung, so muss sie die dafür vorgeschriebenen Förmlichkeiten auch dann einhalten, wenn sie die Entscheidung formlos hätte bekannt geben können.[681] Eine unwirksame Zustellung kann also nicht in eine wirksame formlose Bekanntgabe umgedeutet werden.

Bekanntgabe des VA

■ **Individuelle Bekanntgabe,**
insbes. durch die Post im Inland oder elektronisch (§ 41 Abs. 2 VwVfG)

- ■ Bekanntgabefiktion: 3 Tage
- ■ auch wenn tatsächlich früher
- ■ auch wenn 3. Tag = Samstag, Sonntag oder Feiertag (str.)
- ■ bei Zweifel hat Behörde Beweislast

■ **Bekanntgabe durch Datenabruf** (§ 41 Abs. 2a VwVfG)

■ **Öffentliche Bekanntgabe** (§ 41 Abs. 3 u. 4 VwVfG)

- ■ durch Rechtsnorm zugelassen
- ■ bei Allgemeinverfügung, wenn individuelle Bekanntgabe untunlich
- ■ Besonderheit: Für Verkehrszeichen gilt § 45 Abs. 4 StVO

■ **Förmliche Zustellung** nach VwZG bzw. LZG (§ 41 Abs. 5 VwVfG)

---

677 BVerwG RÜ 2011, 51, 53; BVerwG NJW 2008, 2867, 2869.

678 BVerwG RÜ 2016, 535, 538 (Sichtbarkeitsgrundsatz).

679 VGH Mannheim JZ 2009, 738 f.; OVG Hamburg NordÖR 2004, 399; VGH Kassel NJW 1999, 2057; Stelkens NJW 2010, 1184, 1186; Ehlers JZ 2011, 155, 157; dazu kritisch BVerfG RÜ 2009, 807 f.

680 BVerwG RÜ 2011, 51, 53; VGH Mannheim VBlBW 2011, 275; Schoch Jura 2012, 26, 32; Muckel JA 2011, 477 f.; Kintz JuS 2011, 1022, 1026; allgemein AS-Skript Verwaltungsrecht AT 1 (2017), Rn. 291.

681 OVG NRW BauR 2017, 1163; OVGE 44, 179, 180; OVG Lüneburg NJW 2009, 1834.

4. Teil	Besondere Sachentscheidungsvoraussetzungen

B. Klagefrist nach Durchführung eines Vorverfahrens

507 Ist gemäß § 68 Abs. 1 S. 1 u. Abs. 2 VwGO (bzw. § 54 Abs. 2 S. 1 BeamtStG, § 126 Abs. 2 S. 1 BBG) vor Klageerhebung ein Vorverfahren durchzuführen, so gilt eine Klagefrist von **einem Monat nach Zustellung des Widerspruchsbescheides** (§ 74 Abs. 1 S. 1 u. Abs. 2 VwGO). Für die Zustellung des Widerspruchsbescheides gelten gemäß § 73 Abs. 3 S. 2 VwGO die Vorschriften des **Verwaltungszustellungsgesetzes des Bundes (VwZG)**, und zwar unabhängig davon, ob die Zustellung von einer Bundes- oder Landesbehörde betrieben wird.[682]

*Beachte: Die landesrechtlichen Zustellungsvorschriften (z.B. BayVwZVG, LVwZG BW, LZG NRW, §§ 95 ff. VwVfG M-V, §§ 146 ff. LVwG SH, ThürVwZVG) gelten nur für die förmliche Zustellung von **Ausgangsbescheiden** durch Landes- oder Kommunalbehörden!*

508 Zustellung ist die **förmliche Bekanntgabe** eines schriftlichen oder elektronischen Dokuments in der im VwZG bestimmten Form (§ 2 Abs. 1 VwZG). Zugestellt wird nach § 2 Abs. 2 VwZG i.d.R. durch Postdienstleister **(Post)** oder durch die **Behörde** selbst. Die Behörde hat grds. die Wahl zwischen den einzelnen Zustellungsarten (§ 2 Abs. 3 VwZG).

- ■ Die **Zustellung durch die Post** erfolgt durch Zustellungsurkunde (§ 3 VwZG) oder mittels Einschreiben (§ 4 VwZG).

509 – Bei der Zustellung mit **Zustellungsurkunde** (§ 3 VwZG) stellt der Postdienstleister (als Beliehener gemäß § 33 Abs. 1 S. 2 PostG) das Schriftstück förmlich zu und beurkundet die Zustellung (§ 3 Abs. 2 VwZG i.V.m. § 182 ZPO). Die Zustellungsurkunde begründet als **öffentliche Urkunde** i.S.d. § 418 ZPO den vollen Beweis über die Zustellung (§ 182 Abs. 1 S. 2 ZPO).

§ 3 Abs. 2 VwZG eröffnet vor allem die Möglichkeit der Ersatzzustellung, wenn der Empfänger nicht angetroffen wird, z.B. durch Übergabe an andere Personen (§ 178 ZPO), die Zustellungsfiktion bei verweigerter Annahme (§ 179 ZPO) und die Ersatzzustellung durch Einlegen in den Briefkasten (§ 180 ZPO) oder durch Niederlegung (§ 181 ZPO). Die Ersatzzustellung durch Einlegen in den Briefkasten nach § 180 ZPO kann anders als die formlose Bekanntgabe (s.o. Rn. 500) auch dann erfolgen, wenn das Schriftstück außerhalb der Geschäftszeiten in den Briefkasten gelegt wird.[683]

510 – Nach § 4 VwZG kann ein Dokument mittels **Übergabe-Einschreiben** oder durch **Einschreiben mit Rückschein** zugestellt werden (nicht Einwurfeinschreiben).[684]

Beim Einschreiben mit Rückschein ist der Rückschein der Beweis für die Zustellung (§ 4 Abs. 2 S. 1 VwZG). Beim Übergabe-Einschreiben gilt der Bescheid am dritten Tag nach der Aufgabe zur Post als zugestellt, es sei denn, dass er nicht oder zu einem späteren Zeitpunkt zugegangen ist (vergleichbar der Regelung in § 41 Abs. 2 VwVfG), vgl. dazu im Einzelnen unten Fall 18.

511 ■ Bei **Zustellung durch die Behörde** nach § 5 VwZG händigt der zustellende Bedienstete das Dokument dem Empfänger gegen Unterzeichnung eines **Empfangsbekenntnisses** aus.

Beispiele:

- ■ Im Normalfall erfolgt die Zustellung durch Aushändigung eines **verschlossenen Umschlags** (§ 5 Abs. 1 VwZG). Für die **Ersatzzustellung** gelten die §§ 177 bis 181 ZPO entsprechend (§ 5 Abs. 2 VwZG).

---

682 Schübel-Pfister JuS 2014, 412, 415; Kopp/Schenke VwGO § 73 Rn. 22 a m.w.N.
683 BVerwG NJW 2007, 3222; BGH NJW 2007, 2186.
684 Vgl. VGH BW DÖV 2016, 961; Engelhardt/App/Schlatmann VwZG § 4 Rn. 2.

| | Klagefrist | **3. Abschnitt** |

- An Behörden, Rechtsanwälte, Notare, Steuerberater etc. ist die Zustellung auch **„auf andere Weise"** zulässig (§ 5 Abs. 4 VwZG), z.B. durch einfachen Brief oder auf elektronischem Wege (z.B. durch Telefax).[685]

- Nach § 5 Abs. 5 VwZG kann ein **elektronisches Dokument** elektronisch nur zugestellt werden, soweit der Empfänger hierfür einen Zugang eröffnet (z.B. durch Verfügbarkeit eines elektronischen Postfachs, wie im Rahmen des § 3 a Abs. 1 VwVfG, s.o. Rn. 503). Die Zustellung setzt grds. voraus, dass das Dokument mit einer qualifizierten elektronischen Signatur versehen ist.

- Nach § 5 a Abs. 1 VwZG kann die elektronische Zustellung auch durch Übermittlung an ein **De-Mail-Postfach** erfolgen. Nach § 5 a Abs. 4 VwZG gilt hierfür eine besondere Drei-Tage-Fiktion.

- Zugestellt wird an den **Empfänger**, seinen **gesetzlichen Vertreter** (§ 6 VwZG) oder an **Bevollmächtigte** (§ 7 VwZG). Nach § 7 Abs. 1 S. 1 VwZG „können" Zustellungen auch an den Bevollmächtigten erfolgen. Sie „sind" an ihn zu richten, wenn er eine schriftliche Vollmacht vorgelegt hat (§ 7 Abs. 1 S. 2 VwZG).   **512**

  Wichtiger Klausurfall: Rechtsanwalt R hat für K Widerspruch erhoben und eine schriftliche Verfahrensvollmacht vorgelegt. Der Widerspruchsbescheid wird dem Mandanten K zugestellt. Die unter Verstoß gegen § 7 Abs. 1 S. 2 VwZG erfolgte Zustellung ist unwirksam und kann die Klagefrist des § 74 Abs. 1 S. 1 VwGO nicht in Gang setzen.[686]

- Lässt sich die formgerechte Zustellung eines Dokuments nicht nachweisen oder ist es unter Verletzung zwingender Zustellungsvorschriften zugegangen, gilt dieser Mangel in dem Zeitpunkt als **geheilt**, in dem das Dokument dem Empfangsberechtigten tatsächlich zugegangen ist (§ 8 VwZG).   **513**

  Im obigen **Beispiel** kann der Verstoß gegen § 7 Abs. 1 S. 2 VwZG dadurch geheilt werden, dass der Mandant dem Anwalt das Schreiben übergibt.[687]

Zustellung

- durch **Postdienstleister**

  - **Zustellungsurkunde** (§ 3 VwZG)
    - Beweis durch öffentliche Urkunde über die Zustellung
    - Ersatzzustellung nach § 3 Abs. 2 VwZG i.V.m. §§ 177 ff. ZPO
  - **Einschreiben mit Rückschein** oder **Übergabe-Einschreiben** (§ 4 VwZG)
    - Rückschein als Beweis für die Zustellung (keine öffentliche Urkunde)
    - bei Übergabe-Einschreiben: 3 Tage-Fiktion (§ 4 Abs. 2 S. 2 VwZG)

- durch **Behörde** gegen Empfangsbekenntnis (§ 5 VwZG)

  - Ersatzzustellung nach § 5 Abs. 2 VwZG i.V.m. §§ 177 ff. ZPO
  - bei bestimmten Adressaten (Rechtsanwälte, Behörden etc.) auch auf andere Weise (z.B. durch einfachen Brief oder elektronisch, § 5 Abs. 4 VwZG)
  - elektronische Zustellung elektronischer Dokumente (§ 5 Abs. 5 VwZG)
  - elektronische Zustellung über De-Mail-Dienste (§ 5 a VwZG)

- **Zustellung** an Empfänger, gesetzliche Vertreter (§ 6 VwZG) oder an Bevollmächtigte (§ 7 VwZG)

- **Heilung** von Zustellungsmängeln (§ 8 VwZG) bei tatsächlichem Zugang

---

685 BT-Drs. 16/52126, S. 13; Rosenbach NWVBl. 2006, 121, 124; Kremer NJW 2006, 332, 333.

686 OVG Lüneburg NJW 2009, 1834; Sadler VwZG § 7 Rn. 33; Engelhardt/App/Schlatmann VwZG § 7 Rn. 6 f.

687 Vgl. BFH NVwZ-RR 1991, 660, 661; Pietzner in BeckOK-VwVfG § 8 VwZG Rn. 8; Sadler VwZG § 8 Rn. 18.

155

C. Frist bei fehlender oder unrichtiger Rechtsbehelfsbelehrung

514 Die Monatsfrist nach § 74 Abs. 1 VwGO (Entsprechendes gilt für die Widerspruchsfrist nach § 70 Abs. 1 VwGO) ist nur dann einschlägig, wenn dem Ausgangsbescheid bzw. dem Widerspruchsbescheid eine **ordnungsgemäße Rechtsbehelfsbelehrung** (RBB) beigefügt war (§ 37 Abs. 6 VwVfG). Ist die Rechtsbehelfsbelehrung unterblieben oder unrichtig erteilt, kann die Klage (bzw. der Widerspruch) grds. **innerhalb eines Jahres** seit Zustellung bzw. Bekanntgabe erhoben werden (§ 58 Abs. 2 VwGO).

515 **Unrichtig** ist die RBB insbes., wenn obligatorische Bestandteile i.S.d. § 58 Abs. 1 VwGO fehlen. Obligatorisch sind die **Bezeichnung des Rechtsbehelfs** (Widerspruch, Klage), des **Adressaten**, dessen **Sitz** und die einzuhaltende **Frist**.[688]

Gegenbeispiel: Angaben zur Form (§ 70 Abs. 1 bzw. § 81 VwGO) gehören nach dem eindeutigen Wortlaut des § 58 Abs. 1 VwGO nicht zu den obligatorischen Bestandteilen. Ihr Fehlen hat daher nicht die Folge des § 58 Abs. 2 VwGO.[689]

516 **Unrichtig** ist die RBB aber auch dann, wenn sie (z.B. aufgrund unzutreffender oder unvollständiger Zusätze) **geeignet** ist, bei dem Betroffenen einen Irrtum über die formellen oder materiellen Voraussetzungen des in Betracht kommenden Rechtsbehelfs hervorzurufen und dadurch die **Rechtsbehelfseinlegung zu erschweren**.[690]

517 **Beispiele:**

- Unrichtig i.S.d. § 58 Abs. 2 VwGO ist z.B. eine RBB, die nur darauf verweist, dass die Klage **schriftlich** erhoben werden muss, ohne auf die Möglichkeit einer Erhebung zu Protokoll beim Verwaltungsgericht (§ 81 Abs. 1 S. 2 VwGO) hinzuweisen. Zwar gehört die Form nicht zu den obligatorischen Bestandteilen einer RBB, sodass darüber grds. nicht belehrt werden muss (s.o.). Wenn aber über die Form belehrt wird, muss die Belehrung vollständig sein.[691]

- Umstritten ist, ob dies auch dann gilt, wenn die RBB nicht auf die Möglichkeit der **elektronischen** Klageerhebung nach § 55 a VwGO hinweist. Teilweise wird davon ausgegangen, dass hierdurch die Rechtsverfolgung erschwert werde, da die elektronische Übermittlung für den Betroffenen eine Vereinfachung darstellen könne.[692] Die Gegenansicht verweist auf den Wortlaut des § 81 Abs. 1 VwGO, der die elektronische Form nicht nennt. Eine RBB, die den Wortlaut der maßgeblichen Vorschrift zutreffend wiedergibt, könne nicht unrichtig i.S.d. § 58 Abs. 2 VwGO sein.[693]

Beachte: *Für die Widerspruchsfrist hat sich die Streitfrage durch die am 01.01.2018 in Kraft getretene Neufassung des § 70 Abs. 1 S. 1 VwGO erledigt, da dieser klarstellt, dass die elektronische Form eine eigenständige Form neben der Schriftform darstellt, über die zu belehren ist, wenn über die Form überhaupt belehrt wird. Ob dies aufgrund der Änderung des § 55 a VwGO, wodurch seit dem 01.01.2018 die Möglichkeit der elektronischen Klageerhebung generell bei allen Verwaltungsgerichten eröffnet ist, auch für die Klagefrist gilt, ist dagegen weiterhin ungeklärt, da der Wortlaut des § 81 VwGO – anders als der des § 70 VwGO – unverändert geblieben ist.*[694]

---

688 Vgl. BVerwG NJW 2009, 2322; OVG Lüneburg NVwZ-RR 2010, 861.

689 BVerwG RÜ 2018, 806, 807; NVwZ-RR 2010, 36, 37; Meissner/Schenk in Schoch VwGO § 58 Rn. 43; Sodan/Ziekow VwGO § 58 Rn. 61; a.A. Kopp/Schenke VwGO § 58 Rn. 10; Schmitz JuS 2015, 895, 897 m.w.N.

690 BVerwG DVBl. 2002, 1553; OVG LSA NVwZ-RR 2015, 278; OVG NRW NJW 2009, 1832, 1833; Kopp/Schenke VwGO § 58 Rn. 12.

691 VGH BW NVwZ-RR 2015, 400; Kopp/Schenke VwGO § 58 Rn. 12 m.w.N.

692 OVG NRW NWVBl. 2014, 38; OVG RP NVwZ-RR 2012, 457; OVG LSA NVwZ 2016, 1032; Sodan/Ziekow § 58 Rn. 66; Schmitz JuS 2015, 895, 897; zusammenfassend OVG NRW NVwZ-RR 2016, 930, 931 f.; Beckermann NVwZ 2017, 745 ff.

693 OVG Bremen, Beschl. v. 17.08.2018 – 1 B 162/18, BeckRS 2018, 21582; NVwZ-RR 2012, 950; VG Neustadt RÜ 2012, 198, 199; ebenso BFH RÜ 2013, 260; BFH/NV 2010, 830 (zu §§ 356, 357 AO).

694 Vgl. OVG Bremen, Beschl. v. 17.08.2018 – 1 B 162/18, BeckRS 2018, 21582; OVG Nds NordÖR 2018, 187.

- Wird für den Fristbeginn eine **falsche Formulierung** gewählt (z.B. im Fall des § 74 Abs. 1 S. 1 VwGO „Bekanntgabe" statt „Zustellung"), ist dies nach h.Rspr. unschädlich, da nach § 58 Abs. 1 VwGO nur über die abstrakte Frist, nicht aber über den Fristbeginn belehrt werden muss.[695] Etwas anderes gilt, wenn Bekanntgabe- und Zustellungszeitpunkt auseinanderfallen können (z.B. beim Übergabe-Einschreiben wegen § 4 Abs. 2 S. 2 VwZG).[696]

- Ebenso ist eine RBB, die den Zusatz enthält, dass die Klage „in **deutscher Sprache** abgefasst" sein muss, nicht unrichtig i.S.d. § 58 Abs. 2 VwGO, sondern mit Blick auf § 55 VwGO i.V.m. § 184 S. 1 GVG („Die Gerichtssprache ist deutsch") zutreffend. Durch das Verb „abfassen" wird auch nicht der unzutreffende Eindruck erweckt, dass es einer Erklärung in schriftlicher Form bedürfe, sondern lediglich zum Ausdruck gebracht, dass es einer ausformulierten Erklärung bedarf.[697]

Umstritten sind die Anforderungen an die Belehrung bei **Drittbeteiligung**.   **518**

Beispiel: Die Baubehörde hat dem Bauherrn B eine Baugenehmigung erteilt, bei der die Befürchtung besteht, dass Nachbar N dagegen klageweise vorgehen wird. Die Behörde hat deshalb N eine Kopie der mit ordnungsgemäßer Rechtsbehelfsbelehrung versehenen Baugenehmigung übersandt.

Teilweise wird davon ausgegangen, dass sich die RBB nur an den **Adressaten des Bescheides** richte und daher für den Dritten nicht ausreiche. Vielmehr müsse das an den Nachbarn gerichtete Begleitschreiben eine eigenständige RBB enthalten, um die Monatsfrist des § 70 Abs. 1 VwGO bzw. § 74 Abs. 1 S. 2 VwGO auszulösen.[698] Nach der Gegenansicht reicht demgegenüber grds. die RBB in der Bescheidkopie aus, da hieraus auch der Dritte den gegen die Genehmigung statthaften Rechtsbehelf sowie die einzuhaltende Frist ersehen kann.[699] Ausreichend ist, dass der Dritte die Belehrung nach ihrem objektiven Erklärungsgehalt auch **auf sich beziehen kann**.[700]   **519**

D. Berechnung der Klagefrist

Die Monatsfrist des § 74 VwGO berechnet sich nach § 57 Abs. 2 VwGO i.V.m. § 222 Abs. 1 ZPO und § 188 Abs. 2 u. Abs. 3 BGB. Das „Ereignis" i.S.d. § 188 Abs. 2 BGB ist die Bekanntgabe des Bescheides bzw. die Zustellung des Widerspruchsbescheides. Die Klagefrist endet daher mit dem Ablauf des Tages des folgenden Monats, welcher durch seine Zahl dem Tag entspricht, an dem die Bekanntgabe bzw. Zustellung erfolgt ist.   **520**

Beispiele: **521**

- Erfolgt die Bekanntgabe bzw. Zustellung am Montag, dem 05.09., so muss die Klage am Mittwoch, dem 05.10. vor 24.00 Uhr bei Gericht eingehen (§ 57 Abs. 2 VwGO, § 222 Abs. 1 ZPO, § 188 Abs. 2 BGB).

- Fehlt in dem Monat der für den Ablauf der Frist maßgebende Tag, so endet die Frist mit dem Ablauf des letzten Tages dieses Monats (§ 57 Abs. 2 VwGO, § 222 Abs. 1 ZPO, § 188 Abs. 3 BGB). Bei Zustellung des Widerspruchsbescheides am 31.01. endet die Klagefrist daher am 28.02. (bzw. in Schaltjahren am 29.02.). Eine am 28.02. beginnende Monatsfrist endet dagegen gemäß § 188 Abs. 2 BGB bereits am 28.03. und nicht erst am 31.03.[701]

---

695 BVerwG NJW 1991, 508; NVwZ 2006, 943, 944; SächsOVG RÜ2 2017, 261; OVG NRW, Beschl. v. 22.01.2015 – 19 B 1257/14, BeckRS 2015, 41366; Sodan/Ziekow VwGO § 58 Rn. 56; a.A Meissner/Schenk in Schoch VwGO § 58 Rn. 39 f.; vgl. auch VGH BW VBlBW 2018, 324: „innerhalb eines Monats"; dazu Schenk NVWZ 2018, 858, 860.

696 OVG NRW NJW 2009, 1832, 1833; VG Oldenburg NVwZ-RR 2009, 122, 123; Pietzner/Ronellenfitsch Rn. 1347.

697 BVerwG RÜ 2018, 806, 807; BayVGH NVwZ 2018, 838; OVG Hamburg ZAR 2018, 279; OVG SH, Beschl. v. 16.11.2017 1 LA 68/17, BeckRS 2017, 131836; a.A. VGH BW RÜ 2017, 392, 393; OVG NRW, Urt. v. 18.05.2018 – 1 A 2/18.A, BeckRS 2018, 9945.

698 OVG NRW NVwZ-RR 2000, 556; OVG Bln-Bbg LKV 2007, 322; Wolff/Decker VwGO § 59 Rn. 9.

699 BVerwG RÜ 2010, 387, 389; Pleiner NVwZ 2014, 776, 777; Schmitz JuS 2015, 895, 897.

700 OVG NRW RÜ 2015, 332, 334 f.: anders, wenn sich die RBB nur auf einen konkreten Adressaten bezieht; dazu Pleiner NVwZ 2014, 776, 777.

701 BGH NJW 1984, 1358.

| | 4. Teil | Besondere Sachentscheidungsvoraussetzungen |

- Fällt das **Ende der Frist** auf einen **Sonnabend, Sonntag oder allgemeinen Feiertag**, so endet die Frist erst mit dem Ablauf des nächsten Werktages (§ 57 Abs. 2 i.V.m. § 222 Abs. 2 ZPO). Bei Zustellung am 25.11. endet die am 25.12. ablaufende Monatsfrist daher erst am nächsten Werktag, also i.d.R. am 27.12. (es sei denn, dies ist seinerseits ein Sonnabend oder Sonntag). Allgemeine Feiertage sind z.B. Neujahr, Karfreitag, Ostermontag, der 1. Mai, Christi Himmelfahrt, Pfingstmontag, der 3. Oktober und der 1. und 2. Weihnachtstag, nicht dagegen der 24.12. oder der 31.12., auch wenn Gerichte an diesen Tagen üblicherweise nicht arbeiten.[702] Läuft die Monatsfrist am Heiligabend oder an Silvester ab, ist die Klage nur fristgerecht, wenn sie bis zum Ablauf dieses Tages beim Gericht eingeht (es sei denn, der 24. bzw. 31.12. ist seinerseits ein Sonnabend oder Sonntag).

522   *Hinweis: Häufig wird bei der Fristberechnung darauf verwiesen, dass nach § 187 Abs. 1 BGB der Tag, in welchen das Ereignis (hier die Bekanntgabe bzw. Zustellung) fällt, nicht mitgerechnet wird, sodass für den Fristbeginn auf 0.00 h des folgenden Tag abgestellt wird.[703] Hierbei wird allerdings übersehen, dass § 188 Abs. 2 BGB nur auf die Rechtsvoraussetzung (auf „den Fall") des § 187 Abs. 1 BGB verweist, also dass für den Fristbeginn ein Ereignis maßgebend ist. In diesem Fall berechnet sich das Fristende nach § 188 Abs. 2 BGB. Darin erschöpft sich die Bedeutung der Verweisung. Nur für die **Berechnung der Frist** wird der Tag des Ereignisses nicht mitgerechnet. Die Frist selbst beginnt aber schon mit der Bekanntgabe bzw. der Zustellung.[704] Deshalb ist ein um 24.00 Uhr am letzten Tag der Frist (= 0.00 Uhr des Folgetages) eingehender Schriftsatz verfristet.[705]*

523   Die Klagefrist, die nicht verlängert werden kann, ist nur gewahrt, wenn die Klageschrift **vor Ablauf der Frist bei Gericht eingeht**, d.h. in seinen Herrschaftsbereich gelangt (z.B. durch Einwurf in den Hausbriefkasten oder Übermittlung per Telefax).[706]

Beispiele: Einwurf in den Hausbriefkasten des Gerichts **vor 24.00 Uhr** am letzten Tag der Frist.[707] Geht das Schreiben aufgrund **postalischer Verzögerungen** erst nach Fristablauf ein, ändert dies nichts an dem Fristversäumnis, kann aber zur Wiedereinsetzung in den vorigen Stand führen (§ 60 VwGO, dazu Rn. 524 ff.). Bei Übermittlung per **Telefax** reicht es aus, wenn die gesendeten Signale vor Fristablauf vom Telefaxgerät des Gerichts empfangen (gespeichert) worden sind, unabhängig davon, wann der Ausdruck erfolgt.[708] Da bei der Klage Schriftform einzuhalten ist (§ 81 VwGO), muss allerdings die Seite mit der Unterschrift vor Fristablauf übermittelt werden.[709]

E. Wiedereinsetzung in den vorigen Stand

524   Wird eine gesetzliche Frist (insbes. die Widerspruchs- oder Klagefrist) nicht gewahrt, so kann die Verfristung durch Wiedereinsetzung in den vorigen Stand nach § 60 VwGO geheilt werden, wenn die **Verfristung unverschuldet** ist. Ein Verschulden liegt dann vor, wenn der Beteiligte diejenige Sorgfalt außer Acht lässt, die für einen gewissenhaften und seine Rechte und Pflichten sachgemäß wahrnehmenden Beteiligten geboten und nach den Umständen des Einzelfalls zumutbar ist.[710]

---

702 VGH Mannheim NJW 1987, 1353; OVG Hamburg NJW 1993, 1941; Kopp/Schenke VwGO § 57 Rn. 10.

703 So z.B. Klotz JuS 2011, 41, 44; Muckel/Ogorek JA 2011, 281, 283; Brandmeier/Wolff JuS 2015, 530, 535.

704 So ausdrücklich BGH NJW 1984, 1358; ebenso OVG NRW NVwZ-RR 2018, 789.

705 BGH NJW 2007, 2045, 2046; OLG Koblenz, Urt. v. 15.05.2013 – 12 U 1437/12, BeckRS 2013, 08322.

706 BGH DVBl. 2018, 1346.

707 BGH NJW 2006, 2263, 2266.

708 BGH NJW 2014, 2047; Bernau NJW 2015, 2004, 2007; Schmitz JuS 2015, 895, 896.

709 BVerfG NJW 2006, 1505, 1506; BVerwG, Urt. v. 05.12.2016 – BVerwG 6 B 17.16, BeckRS 2016, 111055; Born NJW 2007, 2088, 2093.

710 Vgl. z.B. BVerwG NVwZ-RR 2015, 392; VGH BW DVBl. 2015, 124; Sodan/Ziekow VwGO § 60 Rn. 41 m.w.N.

Kein Verschulden, wenn die Frist aufgrund postalischer Verzögerungen versäumt wird[711] oder aufgrund von Störungen des Empfangsgerätes oder der Übermittlungsleitungen beim Telefax.[712] Unverschuldet ist das Fristversäumnis auch unter den Voraussetzungen des § 45 Abs. 3 VwVfG, wenn dem VA die erforderliche Begründung (§ 39 VwVfG) fehlt oder wenn die nach § 28 Abs. 1 VwVfG erforderliche Anhörung unterblieben und dadurch die rechtzeitige Anfechtung des VA versäumt worden ist.

Verschulden ist dagegen anzunehmen bei unrichtiger Adressierung[713] oder bei vorhersehbarer Arbeitsüberlastung.[714] Verschulden liegt auch vor, wenn ein Schreiben so spät abgesandt wird, dass ein rechtzeitiger Zugang praktisch nicht mehr möglich ist.[715] Das Verschulden von Bevollmächtigten (z.B. des Anwalts) wird dem Betroffenen gemäß § 173 S. 1 VwGO i.V.m. § 85 Abs. 2 ZPO zugerechnet. Der Anwalt muss insbes. für eine ordnungsgemäße Fristen- und Ausgangskontrolle sorgen (s.u. Rn. 533).[716]

525 Wiedereinsetzung wird grds. nur auf **Antrag** gewährt, der **innerhalb von zwei Wochen** nach Wegfall des Hindernisses zu stellen ist (§ 60 Abs. 2 S. 1 VwGO). Die Tatsachen zur Begründung des Antrags sind **glaubhaft** zu machen (§ 60 Abs. 2 S. 2 VwGO), z.B. durch eidesstattliche Versicherung (§ 173 S. 1 VwGO, § 294 ZPO). Innerhalb der Antragsfrist muss die **versäumte Rechtshandlung nachgeholt** werden (§ 60 Abs. 2 S. 3 VwGO).[717]

Fall 18: Fristprobleme

K hat anwaltlich vertreten gegen eine Ordnungsverfügung der Stadt S Widerspruch erhoben, der von der Widerspruchsbehörde als unbegründet zurückgewiesen worden ist. Der mit einer ordnungsgemäßen Rechtsbehelfsbelehrung versehene Widerspruchsbescheid wird als Übergabe-Einschreiben am Donnerstag, dem 29.05. zur Post aufgegeben. Am Samstag, dem 31.05. wird im Postfach von Rechtsanwalt R ein Benachrichtigungszettel eingelegt, wonach das Einschreiben bei der Postdienststelle innerhalb von sieben Tagen abgeholt werden kann. Abgeholt wird das Einschreiben am Dienstag, dem 03.06. durch die postbevollmächtigte Büroangestellte B. Rechtsanwalt R wird der Widerspruchsbescheid am Mittwoch, dem 04.06. mit der zugehörigen Akte vorgelegt. R verfügt die Notierung der Klagefrist. Die ansonsten stets zuverlässige und sorgfältig überwachte langjährige Mitarbeiterin B übersieht, dass der Widerspruchsbescheid fälschlicherweise mit dem Eingangsstempel vom 04.06. versehen worden ist und notiert die Klagefrist dementsprechend auf Freitag, den 04.07. Die am 03.07. abgesandte Klageschrift geht aufgrund postalischer Verzögerungen erst am Montag, dem 07.07. beim Verwaltungsgericht ein. Wie ist die Rechtslage?

A. Die **Anfechtungsklage** (§ 42 Abs. 1 Fall 1 VwGO) ist nur zulässig, wenn die **Klagefrist** des § 74 Abs. 1 S. 1 VwGO gewahrt ist. Danach muss die Anfechtungsklage innerhalb eines Monats nach Zustellung des Widerspruchsbescheides erhoben werden.

526 I. Die Zustellung des Widerspruchsbescheides erfolgte hier per **Übergabe-Einschreiben** gemäß § 73 Abs. 3 S. 2 VwGO i.V.m. § 4 VwZG. In diesem Fall gilt der Bescheid grds. am dritten Tag nach der Aufgabe zur Post als zugestellt, es sei denn, dass er nicht oder zu einem späteren Zeitpunkt zugegangen ist (§ 4 Abs. 2 S. 2 VwZG).

---

711 BVerfG NJW 2001, 744, 745; BGH NJW 2011, 153, 155; Bernau NJW 2017, 2001, 2005.
712 Vgl. BVerfG NJW 2014, 1084; Bernau NJW 2016, 1999, 2003.
713 OVG Bln-Bbg RÜ2 2017, 21 f.; VGH BW DVBl. 2015, 124; BayVGH DVBl. 2014, 1081, 1082.
714 BGH NJW 2013, 2035 f.
715 Vgl. z.B. BVerwG NVwZ-RR 2015, 392; Posser/Wolff VwGO § 60 Rn. 15: bei Telefax Sicherheitszuschlag von 20 Minuten.
716 Vgl. z.B. BVerfG NJW 2007, 2839; BGH NJW 2011, 312, 313; BVerwG NJW 2008, 932 f.; Bernau NJW 2016, 1999, 2001 ff.
717 Vgl. hierzu BGH NJW 2011, 153, 154 f.; Bernau NJW 2015, 2004, 2005.

159

| | **4. Teil** Besondere Sachentscheidungsvoraussetzungen |

Ist der Bescheid **tatsächlich früher** zugegangen, so bleibt es wie im Rahmen des § 41 Abs. 2 S. 1 VwVfG bei der Drei-Tage-Fiktion.[718] Beim **Einschreiben mit Rückschein** ist dagegen der Rückschein der Beweis für die Zustellung (§ 4 Abs. 2 S. 1 VwZG). Hier gilt nicht die Drei-Tage-Fiktion. Die Zustellung ist vielmehr an dem Tag bewirkt, der im Rückschein angegeben ist.[719]

527

1. Die **Aufgabe zur Post** erfolgte am Donnerstag, dem 29.05., sodass der dritte Tag Sonntag, der 01.06. war. Nach h.M. gilt die Fiktionswirkung des § 4 Abs. 2 S. 2 VwZG (ebenso wie die des § 41 Abs. 2 S. 1 VwVfG) auch dann, wenn der dritte Tag ein Sonnabend, Sonntag oder Feiertag ist.[720] Die Ausnahmeregelung in § 57 Abs. 2 VwGO, § 222 Abs. 2 ZPO gilt nur, wenn das **Fristende** auf einen der vorgenannten Tage fällt. Vorliegend geht es jedoch um den Zustellungszeitpunkt des Widerspruchsbescheids, also den **Beginn der Klagefrist**. Die Gegenansicht stellt gleichwohl auf den folgenden Werktag als Zustellungstag ab.[721] Dagegen spricht jedoch, dass die Drei-Tage-Fiktion keine Frist, sondern ein bloßer Zeitraum ist. Fristen sind dadurch gekennzeichnet, dass eine bestimmte Handlung vorgenommen werden muss. Dies ist innerhalb der drei Tage indes nicht der Fall. Wenn der Bescheid tatsächlich erst später zugeht, so entkräftet dies ohnehin die Drei-Tage-Fiktion und die Behörde muss ggf. den tatsächlichen Zugang beweisen (§ 4 Abs. 2 S. 2 u. S. 3 VwZG).

2. Die Frage kann daher dahinstehen, wenn der Widerspruchsbescheid tatsächlich erst **später zugestellt** worden ist.

528

a) Bei der Zustellung mittels Einschreiben gelten die Vorschriften über die **Ersatzzustellung** nach §§ 178 ff. ZPO **nicht**, da § 4 VwZG hierauf nicht verweist (anders § 3 Abs. 2 VwZG für die Zustellungsurkunde). Übergabe-Einschreiben können daher insbes. nicht durch Einwurf in den Briefkasten (§ 180 ZPO) oder durch Niederlegung (§ 181 ZPO) zugestellt werden. Anders als bei der Zustellung mit Zustellungsurkunde, wo die Mitteilung über die Niederlegung die Zustellung bewirkt (§ 3 Abs. 2 VwZG i.V.m. § 181 Abs. 1 S. 4 ZPO), hat der Benachrichtigungszettel beim Einschreiben **keine zustellungsrechtliche Bedeutung**. Das Einschreiben ist erst dann zugestellt, wenn der Empfänger es tatsächlich bei der Post abholt.[722] Dies war hier am 03.06. der Fall, als die Postbevollmächtigte B das Übergabe-Einschreiben entgegengenommen hat und dieses damit so in den Herrschaftsbereich des bevollmächtigten Rechtsanwalts R (§ 7 Abs. 1 S. 2 VwZG) gelangt ist, dass unter normalen Umständen mit einer Kenntnisnahme zu rechnen war. Dass R tatsächlich erst am 04.06. Kenntnis genommen hat, ist demgegenüber unerheblich.

Anders ist dies bei der Zustellung gegen **Empfangsbekenntnis** (§ 5 VwZG). Dort ist nicht der Eingang in der Kanzlei maßgebend, sondern der Zeitpunkt, in dem der Anwalt den Bescheid mit dem Willen entgegennimmt, ihn als zugestellt gelten zu lassen.[723]

---

718 Engelhardt/App/Schlatmann VwZG § 4 Rn. 8; Holdau Jura 2010, 618, 620 und oben Rn. 501.

719 OVG Koblenz RÜ 2015, 188, 189.

720 BSG NJW 2011, 1099, 1100; OVG Koblenz RÜ 2015, 188, 189; OVG Lüneburg NJW 2011, 1529, 1530 (zu § 37 Abs. 2 SGB X); OVG NRW NWVBl. 2001, 429, 430; Kopp/Ramsauer VwVfG § 41 Rn. 40; Klotz JuS 2011, 41, 44; Schmitz JuS 2015, 895, 896 (zu § 41 Abs. 2 VwVfG); Brandmeier/Wolff JuS 2015, 530, 534.

721 Vgl. Engelhardt/App/Schlatmann VwZG § 4 Rn. 6; ebenso zu § 41 Abs. 2 VwVfG Knack/Henneke VwVfG § 41 Rn. 35; Stelkens/Bonk/Sachs VwVfG § 41 Rn. 133; ebenso BFH NJW 2004, 94 zu § 122 Abs. 2 Nr. 1 AO.

722 VGH BW NVwZ 1992, 799, 800; Engelhardt/App/Schlatmann VwZG § 4 Rn. 10; Wunsch JuS 2003, 276, 278.

723 BVerwG NJW 2015, 3386; BGH NJW 2012, 2117; OVG NRW NWVBl. 2009, 325, 326.

160

	Klagefrist	**3. Abschnitt**

b) Die **verspätete Abholung** des Einschreibens kann (ebenso wie die Nicht- **529**
abholung) grds. auch nicht als treuwidrig (§ 242 BGB analog) gewertet werden, da sich der Bürger nicht zur Entgegennahme von Bescheiden bereit
halten muss.[724]

Nach der Gegenansicht muss sich der Empfänger bei bewusster Verzögerung der Abholung so behandeln lassen, als sei die Zustellung in dem Zeitpunkt erfolgt, in dem er bei
pflichtgemäßem Verhalten die Sendung erhalten hätte.[725] Dagegen spricht jedoch, dass
§ 179 ZPO (Annahmeverweigerung) nur bei der Zustellung mit Zustellungsurkunde gilt
(§ 3 Abs. 2 VwZG), nicht aber beim Einschreiben (s.o.). Verweigert der Adressat die Annahme der eingeschriebenen Sendung oder holt er es bei der Post nicht ab, so wird die Sendung als unzustellbar an den Absender zurückgeschickt.[726] Im Übrigen liegt hier lediglich
eine Verzögerung von einem Tag vor, die nicht als treuwidrig angesehen werden kann.

Der Widerspruchsbescheid ist daher im vorliegenden Fall erst mit der Abholung von der Poststelle am Dienstag, dem 03.06. zugestellt worden.

II. Die **Klagefrist** bemisst sich gemäß § 57 Abs. 2 VwGO, § 222 Abs. 1 ZPO, § 188 Abs. 2 **530**
BGB. Die Monatsfrist des § 74 Abs. 1 S. 1 VwGO endet daher mit Ablauf des Tages
des folgenden Monats, welcher durch seine Zahl dem Tag entspricht, an dem die
Zustellung erfolgte. Da die Zustellung am Dienstag, dem 03.06. erfolgte, endete
die Klagefrist mit Ablauf von Donnerstag, dem 03.07.

Die Klagefrist ist nur gewahrt, wenn die Klageschrift **vor Ablauf der Frist** bei Gericht eingegangen ist, z.B. durch Einwurf in den Haus-Briefkasten oder per Telefax
(s.o. Rn. 523). Die Aufgabe zur Post wahrt die Klagefrist allein nicht. Beim zuständigen Verwaltungsgericht ist die Klage erst am Montag, dem 07.07. eingegangen, sie
ist damit verfristet.

B. In Betracht kommt jedoch eine **Wiedereinsetzung** in die Klagefrist gemäß § 60 VwGO,
wenn das Fristversäumnis unverschuldet war.

I. **Verschulden** liegt dann vor, wenn der Betroffene nicht die Sorgfalt hat walten **531**
lassen, die für einen gewissenhaften, seine Rechte und Pflichten sachgerecht
wahrnehmenden Beteiligten geboten und ihm nach den gesamten Umständen
des konkreten Falls zumutbar ist.[727] Unverschuldet ist das Fristversäumnis daher
insbes. dann, wenn **bei normalem Postlauf** mit fristgerechtem Eingang gerechnet werden konnte.[728] Hier ist die Klageschrift aber erst am letzten Tag der Frist
(03.07.) zur Post aufgegeben worden, sodass mit einem Zugang bei Gericht am
selben Tag nicht mehr gerechnet werden konnte.

II. Dies beruhte allerdings darauf, dass die Büroangestellte B des R die Klagefrist
falsch notiert hatte. Wäre, wie von ihr angenommen, die Frist erst mit dem 04.07.
abgelaufen, hätte diese bei Aufgabe zur Post am 03.07. unter normalen Umständen noch gewahrt werden können.

---

724 BSG NJW 2003, 381, 382; Pietzner/Ronellenfitsch Rn. 1363; Wunsch JuS 2003, 276, 278; anders die Behörde OVG Saar
NVwZ-RR 2018, 176, 177 unter Hinweis auf § 24 Abs. 3 VwVfG.
725 Weber JA 1998, 593, 597 ff.; Kopp/Schenke VwGO § 57 Rn. 8.
726 Sadler VwZG § 4 Rn. 35.
727 Kopp/Schenke VwGO § 60 Rn. 9.
728 BVerfG NJW 2003, 1516; NJW 2001, 744, 745; BGH NJW 2011, 153, 155; Bernau NJW 2014, 2007, 2011.

| | 4. Teil | Besondere Sachentscheidungsvoraussetzungen |

532 1. Nach § 173 S. 1 VwGO i.V.m. § 85 Abs. 2 ZPO muss sich der Mandant zwar das **Verschulden** seines **Bevollmächtigten** (z.B. des Anwalts) zurechnen lassen, nicht aber das Verschulden von unselbstständigen Hilfspersonen wie dem Büropersonal des Anwalts.[729] Insoweit ist auch eine Zurechnung analog § 278 BGB nicht möglich, da diese Vorschrift nur das Innenverhältnis zwischen Anwalt und Mandanten, mangels Schuldverhältnis jedoch nicht das Außenverhältnis gegenüber Gericht und Gegner betrifft (denn sonst bedürfte es auch nicht der Sonderregelung in § 85 Abs. 2 ZPO).[730]

533 2. Allerdings kann den Anwalt ein eigenes **Organisationsverschulden** treffen (das dann dem Mandanten nach § 85 Abs. 2 ZPO zugerechnet wird), wenn der Anwalt nicht für eine einwandfreie Büroorganisation sorgt oder sein Büropersonal nicht ausreichend schult oder überwacht.[731] Insbesondere hat der Anwalt eine zuverlässige **Fristenkontrolle** sicherzustellen.[732] Die Berechnung und Überwachung der üblichen Fristen darf der Anwalt aber grds. auf qualifizierte, ausreichend geschulte, als zuverlässig erprobte und sorgfältig überwachte Fachkräfte übertragen.[733]

Im Fall der Übertragung hat der Anwalt durch geeignete organisatorische Maßnahmen sicherzustellen, dass die Fristen zuverlässig notiert und kontrolliert werden. Unverzichtbar sind insoweit eindeutige Anweisungen an das Büropersonal, die Festlegung klarer Zuständigkeiten und eine stichprobenartige Kontrolle.[734]

Rechtsanwalt R durfte daher darauf vertrauen, dass seine ansonsten zuverlässige Büroangestellte B die Fristen ordnungsgemäß notiert. Das einmalige Versagen der B begründet daher **kein Organisationsverschulden** des R, das dem K gemäß § 173 S. 1 VwGO i.V.m. § 85 Abs. 2 ZPO zugerechnet werden könnte. Wäre, wie von ihm angenommen, die Frist erst mit dem 04.07. abgelaufen, hätte diese bei Aufgabe zur Post am 03.07. unter normalen Umständen noch gewahrt werden können, sodass zwischen dem unverschuldeten Hindernis und dem Fristversäumnis auch der erforderliche **Kausalzusammenhang** besteht.[735]

534 K kann daher unter Darlegung und Glaubhaftmachung des vorstehenden Sachverhalts (z.B. durch eidesstattliche Versicherung, § 173 S. 1 VwGO, § 294 ZPO) innerhalb von zwei Wochen **Wiedereinsetzung in den vorigen Stand** beantragen (§ 60 Abs. 1 i.V.m. Abs. 2 VwGO).[736] Innerhalb der Antragsfrist muss die versäumte Rechtshandlung nachgeholt werden (§ 60 Abs. 2 S. 3 VwGO). Dies ist allerdings nicht erforderlich, wenn der Rechtsbehelf, wie hier die Klage, bereits vorher (verfristet) eingelegt wurde.[737]

3. Sind die Voraussetzungen für die Wiedereinsetzung erfüllt, so **muss** das Gericht die Wiedereinsetzung gewähren. Die Klage ist dann zulässig.

---

729 BGH NJW 2006, 1205, 1206; BVerwG NJW 1992, 63, 64; Born NJW 2009, 2179, 2184 f.

730 BGH NJW-RR 2003, 935, 936; Pentz NJW 2003, 858, 862; Born NJW 2005, 2042, 2045.

731 Vgl. z.B. BGH NJW-RR 2016, 126; BVerwG NJW 2015, 1976, 1977; Bernau NJW 2015, 2004, 2006 ff.

732 BVerfG NJW 2001, 3534, 3535; Rohwetter NJW 2018, 2019, 2022.

733 NdsOVG DVBl. 2014, 665, 666; Bernau NJW 2016, 1999, 2001; Kopp/Schenke VwGO § 60 Rn. 21.

734 Vgl. beispielhaft BGH NJW-RR 2015, 624, 625; OVG NRW NJW 2015, 2679, 2680; VGH BW VBlBW 2015, 253 sowie zur umfangreichen Kasuistik Bernau NJW 2014, 2007, 2009 ff.; ders. NJW 2015, 2004, 2006 ff.; ders. NJW 2016, 1999, 2001 ff.; ders. NJW 2017, 2001, 2004 ff.; Rohwetter NJW 2018, 2019, 2021 ff.

735 Zur Kausalität des unverschuldeten Hindernisses BVerwG NVwZ 2016, 805; OVG NRW RÜ2 2016, 283, 284.

736 Zur Glaubhaftmachung beim Antrag auf Wiedereinsetzung vgl. Koch NJW 2016, 2994 ff.

737 Kopp/Schenke VwGO § 60 Rn. 33.

Allgemeine Sachentscheidungsvoraussetzungen | **5. Teil**

5. Teil: Allgemeine Sachentscheidungsvoraussetzungen

Die allgemeinen Sachentscheidungsvoraussetzungen gelten für **alle verwaltungsgericht-** **535**
lichen Verfahren. In der Klausur sind sie nur zu erwähnen, soweit ihr Vorliegen problematisch ist. Allgemeine Sachentscheidungsvoraussetzungen sind vor allem:

- **Zuständigkeit des Gerichts**

- **ordnungsgemäße Klageerhebung**

- **Beteiligten-, Prozess- und Postulationsfähigkeit**

- **allgemeines Rechtsschutzbedürfnis**

A. Zuständigkeit des Gerichts

Die **örtliche Zuständigkeit** richtet sich nach § 52 VwGO, der folgende Reihenfolge auf- **536**
stellt: **Nr. 1 – Nr. 4 – Nr. 2 – Nr. 3 – Nr. 5.**

- Vorrangig ist § 52 Nr. 1 VwGO: Bei Streitigkeiten, die sich auf **unbewegliches Vermögen** oder ein
  ortsgebundenes Recht oder Rechtsverhältnis beziehen, ist nur das VG örtlich zuständig, in dessen Bezirk das Vermögen oder der Ort liegt (z.B. bei Baugenehmigungen).

- Nach § 52 Nr. 4 VwGO ist für alle Klagen von **Beamten** aufgrund eines Dienstverhältnisses das VG am
  dienstlichen Wohnsitz, in Ermangelung eines solchen das VG am Wohnsitz des Klägers zuständig.
  Dasselbe gilt für Klagen des Dienstherrn.

- Bei Anfechtungs- und Verpflichtungsklagen gegen **Verwaltungsakte einer Bundesbehörde** ist
  nach Nr. 2 (vorbehaltlich der Nr. 1 und 4) das VG am Sitz der Behörde zuständig.

- Bei **anderen Anfechtungs- und Verpflichtungsklagen** ist nach Nr. 3 grds. das VG örtlich zuständig,
  in dessen Bezirk der VA erlassen wurde.

- **Subsidiär** ist nach § 52 Nr. 5 das VG örtlich zuständig, in dessen Bezirk der Beklagte seinen Sitz oder
  Wohnsitz hat.

Sachlich ist erstinstanzlich grds. das Verwaltungsgericht zuständig (§ 45 VwGO), Ausnah- **537**
men gelten für das OVG im Normenkontrollverfahren (§ 47 VwGO), für bestimmte Groß-
vorhaben (§ 48 Abs. 1 VwGO) und für Vereinsverbote (§ 48 Abs. 2 VwGO) sowie für das
BVerwG in den Verfahren nach § 50 VwGO.

Hält sich das Gericht für örtlich oder sachlich **unzuständig**, so hat es sich von Amts wegen durch Beschluss für unzuständig zu erklären und den Rechtsstreit an das zuständige Gericht zu **verweisen** (§ 83
S. 1 VwGO, § 17 a Abs. 2 GVG).

B. Ordnungsgemäße Klageerhebung

Die Klage ist gemäß § 81 VwGO **schriftlich** zu erheben. Beim Verwaltungsgericht kann **538**
sie auch zu Protokoll des Urkundsbeamten der Geschäftsstelle erhoben werden. Auch
wenn die in § 126 BGB enthaltene Definition der Schriftform für das prozessuale Schrift-
formerfordernis nicht unmittelbar herangezogen werden kann, ist anerkannt, dass § 81
VwGO regelmäßig eine **eigenhändige Unterschrift** voraussetzt.[738] Damit soll die ver-
lässliche Zurechenbarkeit des Schriftsatzes sichergestellt und ausgeschlossen werden,
dass ein bloßer Entwurf vorliegt.[739]

---

738 OVG NRW NVwZ 2008, 344; Koehl NVwZ 2017, 1089, 1091; Schübel-Pfister JuS 2017, 1078, 1080.

739 BVerwG, Beschl. v. 02.01.2017 – BVerwG 5 B 8.16, BeckRS 2017, 101058.

5. Teil Allgemeine Sachentscheidungsvoraussetzungen

539 Da Formvorschriften aber keinen Selbstzweck haben, ist die eigenhändige Unterschrift ausnahmsweise **entbehrlich,** wenn der **Zweck** des Schriftformerfordernisses **auf andere Weise** erreicht wird, d.h. wenn sich aus den Umständen des Einzelfalls eine vergleichbare Gewähr für die Urheberschaft und den Willen ergibt, das Schreiben in den Rechtsverkehr zu bringen **(Identität und Ernstlichkeit).**[740]

Beispiel: Einreichung einer Fotokopie der Klageschrift, wenn auf dem Briefumschlag der Absender handschriftlich vermerkt ist.[741] Dass das Schriftstück per Einschreiben oder als Einschreiben mit Rückschein versandt wurde, ersetzt das Unterschriftserfordernis dagegen allein nicht.[742]

540 Die Schriftform ist auch gewahrt bei Erhebung der Klage mittels **Telefax.**[743] Erforderlich ist in diesem Fall jedoch grds., dass das Original unterschrieben ist, eine eingescannte Unterschrift reicht nicht.[744]

- Ausnahmen gelten beim **Computerfax.** Ausreichend ist hier, dass erkennbar ist, dass das Schreiben rechtsverbindlich sein soll (z.B. durch Einscannen der Unterschrift oder den üblichen Hinweis: „Dieses Schreiben wurde maschinell erstellt und ist ohne eigenhändige Unterschrift gültig.").[745]

- Eine **elektronische** Klageerhebung ist nur unter den Voraussetzungen des § 55 a VwGO zulässig. Seit dem 01.01.2018 können an alle Verwaltungsgerichte elektronische Dokumente übermittelt werden, wenn sie für die Bearbeitung durch das Gericht geeignet sind (§ 55 a Abs. 2 VwGO i.V.m. ERVV),[746] einer besonderen Zulassung durch (landesrechtliche) RechtsVO, wie dies § 55 a VwGO a.F. vorsah, bedarf es nicht mehr.[747] Als Dateiformat ist grds. PDF vorgegeben, wobei die Datei druckbar, kopierbar und, soweit technisch möglich, durchsuchbar sein muss (§ 2 Abs. 1 S. 1 ERVV). Das elektronische Dokument muss mit einer qualifizierten elektronischen Signatur versehen sein (§ 55 a Abs. 3 VwGO) oder signiert auf einem sicheren Übermittlungsweg eingereicht werden, z.B. De-Mail-Konto oder besonderes elektronisches Anwaltspostfach (§ 55 a Abs. 4 VwGO). Eine Klageerhebung mittels einfacher E-Mail ist unzulässig.[748]

- Nicht ausreichend ist auch die **telefonische Einlegung,** da hier eine Identitätsprüfung des Klägers nicht möglich ist und auch die Gefahr von Missverständnissen (z.B. über Art und Umfang des Rechtsschutzbegehrens) besteht.[749]

541 Die Klageschrift **muss** den Kläger, den Beklagten und den Gegenstand des Klagebegehrens bezeichnen (**„wer will von wem was"**, § 82 Abs. 1 S. 1 VwGO).[750] Bei Anfechtungs- und Verpflichtungsklagen genügt zur Bezeichnung des Beklagten – auch wenn die Klage gegen die Körperschaft zu richten ist – die Angabe der Erlassbehörde (§ 78 Abs. 1 Nr. 1 a.E. VwGO). Zum fakultativen Inhalt der Klageschrift zählt nach § 82 Abs. 1 S. 2 VwGO die Angabe eines Antrags. Ebenso ist auch eine **Begründung** der Klage grds. nicht zwingend (vgl. „soll").

Etwas anderes gilt bei abweichender gesetzlicher Regelung (z.B. § 17 e Abs. 5 FStrG, § 14 e Abs. 5 WaStrG, § 6 UmwRG, § 74 Abs. 2 AsylG).

---

740 BVerwG, Beschl. v. 02.01.2017 – BVerwG 5 B 8.16, BeckRS 2017, 101058; OVG NRW DVBl. 2010, 724, 725.

741 BVerwG VerwRspr 26, 252; BayVGH BayVBl. 1988, 245.

742 Koehl NVwZ 2017, 1089, 1091 mit weiteren Beispielen.

743 Vgl. z.B. BGH NJW 2005, 2086, 2087 (zu § 130 ZPO); Sodan/Ziekow VwGO § 81 Rn. 68.

744 Vgl. BVerfG NJW 2007, 3117; BGH NJW 2015, 1527, 1528 (zu § 130 ZPO); a.A. BFH NJW 2011, 478 (zu § 64 Abs. 1 FGO).

745 Vgl. GmS OBGB NJW 2000, 2340; BVerwG NJW 2006, 1989; BGH NJW-RR 2015, 624, 625; Bernau NJW 2015, 2004, 2004; Schübel-Pfister JuS 2017, 1078, 1081.

746 Elektronischer-Rechtsverkehr-Verordnung (ERVV) v. 24.11.2017 (BGBl. I S. 3803).

747 Vgl. dazu OVG Nds NordÖR 2018, 187.

748 OVG NRW NVwZ 2013, 1630; Pietzner/Ronellenfitsch Rn. 371; Müller JuS 2015, 609, 610.

749 Pietzner/Ronellenfitsch Rn. 372; Kopp/Schenke VwGO § 81 Rn. 10.

750 Vgl. dazu BVerwG NJW 2012, 1527; VGH BW NVwZ-RR 2015, 118, 119; Schübel-Pfister JuS 2015, 1002, 1003; Koehl NVwZ 2017, 1089, 1092.

5. Teil — Allgemeine Sachentscheidungsvoraussetzungen

C. Beteiligten-, Prozess- und Postulationsfähigkeit

I. Beteiligtenfähigkeit

Beteiligte des verwaltungsgerichtlichen Verfahrens sind nach § 63 VwGO der **Kläger**, der **Beklagte** und der **Beigeladene** (§ 65 VwGO) sowie der Vertreter des öffentlichen Interesses (§ 36 VwGO) bzw. beim BVerwG der Vertreter des Bundesinteresses (§ 35 VwGO), falls er von seiner Beteiligungsbefugnis Gebrauch macht. **542**

Einen Vertreter des öffentlichen Interesses gibt es nur noch in Bayern (Landesanwaltschaft), Rheinland-Pfalz und Thüringen.

Beteiligter kann nur sein, wer **beteiligtenfähig** i.S.d. § 61 VwGO ist (entspricht der Parteifähigkeit i.S.d. § 50 ZPO). Beteiligtenfähig sind nach § 61 Nr. 1 VwGO **natürliche** und **juristische** Personen, nach § 61 Nr. 2 VwGO auch **Vereinigungen**, soweit ihnen – bzgl. des konkreten Streitgegenstands – ein Recht zustehen kann.[751] **543**

Beispiele: BGB-Gesellschaften,[752] nichtrechtsfähige Vereine,[753] Gemeindeorgane und Organteile im Kommunalverfassungsstreitverfahren (z.B. Gemeinderat, Ratsfraktion, Bürgermeister).

Behörden sind nach § 61 Nr. 3 VwGO nur beteiligtenfähig, soweit das Landesrecht dies bestimmt. **544**

So in Brandenburg, Mecklenburg-Vorpommern und im Saarland (§ 8 Abs. 1 VwGG Bbg, § 14 Abs. 1 AGGerStrG M-V, § 19 Abs. 1 Saarl AGVwGO); in Niedersachsen, Sachsen-Anhalt und Schleswig-Holstein für (unmittelbare) Landesbehörden also nicht für Kommunalbehörden (§ 79 Abs. 1 NJG, § 8 S. 1 AGVwGO LSA, § 69 Abs. 1 LJG SH),[754] in Rheinland-Pfalz für die Aufsichtsbehörde im Falle der sog. Beanstandungsklage (§ 17 Abs. 2 AGVwGO RhPf).

Dritte können am verwaltungsgerichtlichen Verfahren nur im Wege der **Beiladung** beteiligt werden. Eine Nebenintervention oder eine Streitverkündung – wie im Zivilprozess (§§ 64 ff. ZPO) – gibt es im Verwaltungsprozess nicht.[755] Mit der Beiladung sollen zum einen die **Interessen des Beigeladenen** gewahrt werden (rechtliches Gehör, Art. 103 Abs. 1 GG), zum anderen soll durch die **Rechtskrafterstreckung** nach § 121 VwGO ein weiterer Prozess verhindert werden.[756] Da der Beigeladene „Beteiligter" i.S.d. §§ 121, 63 Nr. 3 VwGO ist, erstreckt sich die Bindungswirkung des Urteils auch auf ihn, sodass er in einem weiteren Prozess gegen einen der Beteiligten nicht mehr geltend machen kann, die Entscheidung im Erstprozess sei unrichtig. **545**

Beispiel: Bauherr B klagt gegen die Baugenehmigungsbehörde auf Erteilung der Baugenehmigung. Wird Nachbar N in diesem Prozess beigeladen und hat die Klage des B Erfolg, ist N an das Verpflichtungsurteil gebunden (§ 121 VwGO). Er kann daher gegen die darauf erteilte Baugenehmigung nicht noch einmal Widerspruch und/oder Anfechtungsklage erheben.

Das Gesetz unterscheidet in § 65 VwGO **zwei** Arten der Beiladung: **546**

- die **einfache Beiladung** und
- die **notwendige Beiladung**.

---

751 HessVGH DVBl. 2012, 919.
752 Kopp/Schenke VwGO § 61 Rn. 9.
753 BVerwG NVwZ 2016, 546.
754 Wolff/Decker VwGO § 61 Rn. 10.
755 ThürOVG LKV 2015, 285; Kopp/Schenke VwGO § 65 Rn. 2.
756 Guckelberger JuS 2007, 436 ff.

| 5. Teil | Allgemeine Sachentscheidungsvoraussetzungen |

547 Nach § 65 Abs. 2 VwGO **sind** Dritte beizuladen, wenn sie an dem streitigen Rechtsverhältnis derart beteiligt sind, dass die Entscheidung auch ihnen gegenüber nur **einheitlich** ergehen kann **(notwendige Beiladung)**. Das ist der Fall, wenn durch die Sachentscheidung unmittelbar Rechte des Beigeladenen gestaltet, bestätigt, verändert oder aufgehoben werden (unmittelbare zwangsläufige Betroffenheit).[757]

> **Beispiele:** Notwendige Beiladung des erfolgreichen Bewerbers bei der beamtenrechtlichen Konkurrentenklage, da die Ernennung auf der einheitlichen Auswahlentscheidung beruht.[758] Notwendige Beiladung des Bauherrn bei der Nachbarklage, da über den Bestand der Baugenehmigung nur einheitlich entschieden werden kann.[759]

548 Nach § 65 Abs. 1 VwGO **kann** das Gericht nach Ermessen einen Dritten beiladen, wenn dessen **rechtliche Interessen** durch die Entscheidung berührt werden **(einfache Beiladung)**, d.h. wenn die Möglichkeit besteht, dass sich dessen Rechtsposition durch das Unterliegen eines der Hauptbeteiligten verbessern oder verschlechtern könnte.[760]

> **Beispiel:** Beiladung des Nachbarn bei der Verpflichtungsklage des Bauherrn auf Erteilung einer Baugenehmigung[761] oder bei der Anfechtungsklage des Bauherrn gegen eine Bauordnungsverfügung.[762]

549 Dass der **Bauherr** bei der Nachbarklage **notwendig** beizuladen ist, bei der Bauherrenklage dagegen nur eine **einfache** Beiladung des **Nachbarn** in Betracht kommt, ergibt sich aus dem unterschiedlichen Prüfungsumfang:

- Verstößt im Fall der **Anfechtungsklage des Nachbarn** die Baugenehmigung gegen nachbarschützende Vorschriften, so ist sie nicht nur rechtswidrig, sondern verletzt den Nachbarn auch in seinen subjektiven Rechten mit der Folge, dass die Genehmigung gemäß § 113 Abs. 1 S. 1 VwGO aufzuheben ist. Umgekehrt ist die Anfechtungsklage des Nachbarn zwingend abzuweisen, wenn die Baugenehmigung nicht gegen nachbarschützende Vorschriften verstößt, unabhängig davon, ob sie aus anderen Gründen (objektiv) rechtswidrig ist. Die Entscheidung muss daher stets einheitlich ergehen, sodass eine **notwendige Beiladung** (§ 65 Abs. 2 VwGO) vorliegt.

- Sind bei der **Verpflichtungsklage des Bauherrn** auf Erteilung der Baugenehmigung dagegen nachbarschützende Vorschriften nicht verletzt, so hat der Nachbar kein Abwehrrecht, das heißt aber nicht, dass der Bauherr zwingend einen Anspruch auf Erteilung der Baugenehmigung hat. Denn der Anspruch besteht auch dann nicht, wenn das Vorhaben gegen andere, nicht nachbarschützende Vorschriften verstößt. Die Entscheidung muss daher gegenüber dem Bauherrn und dem Nachbarn nicht einheitlich ausfallen, sodass nur eine **einfache Beiladung** (§ 65 Abs. 1 VwGO) in Betracht kommt.

II. Prozessfähigkeit

550 Während die Beteiligtenfähigkeit regelt, wer überhaupt Subjekt eines Prozessrechtsverhältnisses sein kann, ist Gegenstand der **Prozessfähigkeit** die Möglichkeit, selbst oder durch einen Bevollmächtigten (§ 67 VwGO) wirksam **Verfahrenshandlungen** vorzunehmen. Prozessfähig sind nach § 62 Abs. 1 VwGO die nach bürgerlichem Recht **Geschäftsfähigen** sowie die nach bürgerlichem Recht in der Geschäftsfähigkeit Beschränkten, soweit sie durch Vorschriften des bürgerlichen oder öffentlichen Rechts für den Gegenstand des Verfahrens **als geschäftsfähig anerkannt** sind.

---

757 BVerwG NVwZ-RR 2011, 382, 383; HessVGH NVwZ-RR 2018, 301, 302; OVG NRW RÜ2 2015, 143.

758 Eyermann/Hoppe VwGO § 65 Rn. 19; vgl. oben Rn. 239.

759 Guckelberger JuS 2007, 436, 439; Koehl JuS 2016, 133, 134.

760 HessVGH NVwZ-RR 2018, 301, 302; BayVGH ZUM 2018, 70; OVG Saar NVwZ-RR 2017, 992; NdsOVG NVwZ-RR 2016, 730.

761 Guckelberger JuS 2007, 436, 439.

762 OVG NRW NVwZ-RR 2013, 295; NdsOVG RÜ2 2018, 43, 44.

Nach **öffentlichem Recht** als beschränkt geschäftsfähig anerkannt sind z.B. im Verfahren zur Erteilung der Fahrerlaubnis Minderjährige entsprechend der Altersgrenzen nach § 10 FeV oder in Religionsfragen Minderjährige nach Vollendung des 14. Lebensjahres (§ 5 RelKEG). Der beschränkt Geschäftsfähige ist im Fall des § 62 Abs. 1 Nr. 2 VwGO selbst für das konkrete Verfahren prozessfähig. Neben ihm bleibt jedoch, wenn das Gesetz nichts Abweichendes bestimmt, auch der gesetzliche Vertreter prozessfähig.[763]

Vereinigungen und Behörden sind als solche **nicht prozessfähig**. Sie handeln durch ihre gesetzlichen Vertreter und Vorstände (§ 62 Abs. 3 VwGO).   **551**

Beispiele: Für den eingetragenen Verein handelt sein Vorstand (§ 26 BGB), für den nichtrechtsfähigen Verein (vorbehaltlich abweichender Regelung in der Satzung) sämtliche Mitglieder (§ 54 S. 1 i.V.m. § 709 Abs. 1 BGB), nach a.A. gilt § 26 BGB analog.[764]

III. Postulationsfähigkeit

Anders als im Zivilprozess ist im erstinstanzlichen Verfahren vor dem VG grds. **jeder**, der prozessfähig ist, auch **postulationsfähig**, d.h. er kann **selbst** wirksam Verfahrenshandlungen vornehmen (§ 67 Abs. 1 VwGO). Er kann sich allerdings auch durch einen **Prozessbevollmächtigten** vertreten lassen (§ 67 Abs. 2 VwGO). In den Verfahren vor dem **OVG** und dem **BVerwG** besteht grds. **Vertretungszwang** (§ 67 Abs. 4 VwGO).   **552**

D. Allgemeines Rechtsschutzbedürfnis

Voraussetzung der Zulässigkeit jeder Klage ist, dass der Kläger ein schutzwürdiges Interesse an einer Sachentscheidung des Gerichts hat **(allgemeines Rechtsschutzbedürfnis)**. Das **Rechtsschutzbedürfnis fehlt** z.B.[765]   **553**

- wenn der Kläger sein Begehren auf einem anderen Weg **sachgerechter** (einfacher, umfassender, schneller oder billiger) durchsetzen kann;
- wenn der Rechtsbehelf die Rechtsstellung des Klägers nicht (mehr) verbessern kann, weil er ihm **keine rechtlichen oder tatsächlichen Vorteile** bringt;
- bei **verfrühten** Rechtsbehelfen (z.B. Klage ohne vorherigen Antrag bei der Behörde);
- wenn der Rechtsbehelf **offensichtlich rechtsmissbräuchlich** ist, z.B. nur den Zweck hat, den Gegner zu schädigen.

Bei der **Klage einer Behörde** ist das Rechtsschutzbedürfnis problematisch, wenn sie ihren Anspruch durch Erlass eines VA (z.B. eines Leistungsbescheids) durchsetzen kann. Nach h.Rspr. ist die Klage gleichwohl zulässig, wenn mit der Anfechtung des VA durch den Betroffenen zu rechnen ist. Denn dann wird sich das Gericht ohnehin mit der Angelegenheit beschäftigen müssen, sodass es gerechtfertigt ist, dass auch der Hoheitsträger sogleich klagt.[766]   **554**

Schließlich ist eine Klage (ebenso wie ein Eilantrag) unzulässig, die sich nur gegen eine **Verfahrenshandlung** i.S.d. § 44 a S. 1 VwGO richtet. Umstritten ist nur, ob der Ausschluss nach § 44 a VwGO das Rechtsschutzbedürfnis entfallen lässt oder ob es sich um eine eigenständige Sachentscheidungsvoraussetzung handelt.[767]   **555**

---

763 Kopp/Schenke VwGO § 62 Rn. 9 m.w.N.
764 Vgl. OVG NRW RÜ2 2015, 45, 46; offen gelassen von BVerwG NVwZ 2016, 546, 547.
765 Vgl. Kopp/Schenke VwGO Vorb § 40 Rn. 30 ff.; Ehlers Jura 2008, 506, 511 ff.; Hesselbarth NVwZ 2016, 1532 ff.
766 BVerwGE 28, 153, 154; OVG NRWDÖV 1983, 428; Kopp/Schenke VwGO Vorb § 40 Rn. 50.
767 Vgl. einerseits Hufen § 23 Rn. 20, andererseits Ehlers Jura 2008, 506, 508.

| 5. Teil | Allgemeine Sachentscheidungsvoraussetzungen |

E. Sonstige Sachentscheidungsvoraussetzungen

I. Anderweitige Rechthängigkeit oder Rechtskraft

556 Wenn die Sache bereits **rechtshängig** ist, ist eine neue Klage mit demselben Streitgegenstand nach § 173 S. 1 VwGO i.V.m. § 17 Abs. 1 S. 2 GVG **unzulässig.**[768] Liegt bereits eine **rechtskräftige Entscheidung** über den Streitgegenstand vor, so entfaltet sie für die Beteiligten **Bindungswirkung** nach § 121 VwGO.

Nach h.Rspr. bedeutet dies, dass das rechtskräftige Urteil ohne Sachprüfung der Entscheidung im zweiten Verfahren zugrunde zu legen ist;[769] nach a.A. ist eine neue Klage mit demselben Streitgegenstand wegen entgegenstehender Rechtskraft bereits als unzulässig abzuweisen.[770]

II. Verzicht und Verwirkung

557 Unzulässig ist die Klage auch, wenn der Kläger auf sein **Klagerecht** (ausdrücklich) **verzichtet** hat.[771] Außerdem kann das Klagerecht (ebenso wie das Widerspruchsrecht) durch längeres Untätigbleiben **verwirkt** sein.

Fall 19: Verspäteter Nachbarrechtsschutz

Grundstückseigentümer B erhielt von der Baugenehmigungsbehörde antragsgemäß am 04.07.2016 eine Baugenehmigung für die Errichtung eines Schweinemaststalls seines landwirtschaftlichen Betriebes, ohne dass Nachbar N hiervon Kenntnis erhielt. Die Bauarbeiten begannen am 02.01.2017, im Sommer 2017 wurde der Stall fertiggestellt. Mit Schreiben vom 28.09.2017 beschwerte sich Nachbar N bei der Baubehörde über erhebliche Lärm- und Geruchsimmissionen und beantragte Akteneinsicht in die Bauakten. Anlässlich der Akteneinsicht, die aufgrund Überlastung der Behörde erst am 02.03.2018 gewährt wurde, erlangte N Kenntnis von der Baugenehmigung vom 04.07.2016 und erhob dagegen mit Schreiben vom 22.03.2018 Widerspruch. Die Widerspruchsbehörde hat den Widerspruch mit Widerspruchsbescheid vom 14.06.2018 wegen Verfristung als unzulässig zurückgewiesen. Daraufhin hat N form- und fristgerecht Klage erhoben, mit der er geltend macht, dass durch den Schweinestall schädliche Umwelteinwirkungen hervorgerufen würden, die als öffentliche Belange dem Vorhaben im Außenbereich entgegenstünden. Ist die Klage zulässig?

Hinweis: Das Land hat von den Ermächtigungen in §§ 61 Nr. 3, 68 Abs. 1 S. 2, 78 Abs. 1 Nr. 2 VwGO keinen Gebrauch gemacht. Das LVwVfG entspricht dem VwVfG.

Die Klage ist zulässig, soweit die Sachurteilsvoraussetzungen vorliegen.

558 I. Mangels aufdrängender Spezialzuweisung ist der **Verwaltungsrechtsweg** nach der Generalklausel des § 40 Abs. 1 S. 1 VwGO eröffnet. Streitentscheidend sind die öffentlich-rechtlichen Vorschriften des BauGB und der LBauO, sodass eine öffentlich-rechtliche Streitigkeit nichtverfassungsrechtlicher Art vorliegt, die auch keinem anderen Gericht ausdrücklich zugewiesen ist.

---

768   OVG NRW RÜ 2011, 55 f.
769   BVerwG NVwZ 2002, 853; NVwZ 1994, 115.
770   Kopp/Schenke VwGO § 121 Rn. 10.
771   VGH BW VBlBW 2017, 473; Ehlers Jura 2008, 506, 510.

Allgemeine Sachentscheidungsvoraussetzungen **5. Teil**

II. Statthaft ist die **Anfechtungsklage** gemäß § 42 Abs. 1 Fall 1 VwGO auf Aufhebung der dem B erteilten Baugenehmigung als sog. Verwaltungsakt mit Doppelwirkung, die den B begünstigt und den N belastet.

559

III. Die gemäß § 42 Abs. 2 VwGO erforderliche **Klagebefugnis** folgt daraus, dass N geltend machen kann, durch die Baugenehmigung in seinem subjektiven Recht auf Rücksichtnahme als öffentlicher Belang i.S.d. § 35 Abs. 3 S. 1 Nr. 3 BauGB („schädliche Umwelteinwirkungen") verletzt zu sein (s.o. Rn. 460).

560

IV. N müsste das gemäß § 68 Abs. 1 S. 1 VwGO erforderliche **Vorverfahren** ordnungsgemäß durchgeführt haben. Das setzt voraus, dass der Widerspruch **fristgemäß** erhoben wurde (§ 70 Abs. 1 S. 1 VwGO). Ist das nicht der Fall, ist nicht nur der Widerspruch unzulässig, sondern auch die nachfolgende Klage.[772]

561

1. Die **Monatsfrist** des § 70 Abs. 1 S. 1 VwGO wird durch die **Bekanntgabe** des Verwaltungsakts ausgelöst. Bekanntgabe in diesem Sinne setzt stets eine von der Behörde veranlasste **amtliche** Bekanntgabe voraus. Eine zufällige Kenntniserlangung, wie hier anlässlich der Akteneinsicht, setzt den Fristlauf nach § 70 Abs. 1 S. 1 VwGO nicht in Gang.[773]

562

   Dasselbe gilt für die Klagefrist nach § 74 Abs. 1 S. 2 VwGO in den Ländern, in denen ein Vorverfahren kraft Landesrechts nicht stattfindet (s.o. Rn. 482).

2. Auch die **Jahresfrist** des § 58 Abs. 2 VwGO ist dann nicht einschlägig, da die Vorschrift lediglich das Fehlen einer (ordnungsgemäßen) Rechtsbehelfsbelehrung sanktioniert, aber nicht die Bekanntgabe des Verwaltungsakts ersetzt (vgl. „Zustellung, Eröffnung oder Verkündung").[774]

563

3. Mangels Bekanntgabe läuft dem Nachbarn gegenüber daher **keine Frist**, d.h. der Widerspruch (bzw. bei landesrechtlichem Ausschluss: die Klage) kann grds. unbefristet erhoben werden.[775] Allerdings ist in der Rspr. anerkannt, dass das Widerspruchs-/Klagerecht analog § 242 BGB **verwirkt** werden kann.[776] Dabei hat die Rspr. allerdings stets darauf hingewiesen, dass der Zeitablauf **allein nicht** zur Verwirkung führe.[777] Zu dem **Zeitmoment** müssten besondere Umstände hinzutreten, die die verspätete Geltendmachung als Verstoß gegen Treu und Glauben erscheinen lassen **(Umstandsmoment)**.[778] Im Baunachbarrecht sei Grundlage hierfür das **nachbarliche Gemeinschaftsverhältnis**, das die Beteiligten zur gegenseitigen Rücksichtnahme verpflichte. Der Nachbar sei grds. gehalten, Rechtsbehelfe zeitnah geltend zu machen, um einen wirtschaftlichen Schaden des Bauherrn zu vermeiden oder möglichst gering zu halten.[779]

564

---

772 Kopp/Schenke VwGO § 70 Rn. 1.

773 OVG NRW RÜ 2015, 332, 333; VGH BW RÜ 2012, 739, 740; Pietzner/Ronellenfitsch Rn. 1132.

774 BVerwG RÜ 2018, 810, 811; Schübel-Pfister JuS 2013, 417, 419; Pleiner NVwZ 2014, 776 mit Fn. 1.

775 Kopp/Schenke VwGO § 70 Rn. 6g; Würtenberger/Heckmann Rn. 362.

776 Grundlegend BVerwGE 44, 295, 298 ff.; VGH BW RÜ 2012, 739, 741.

777 BayVGH RÜ2 2018, 239, 240; BayVBl. 2012, 181, 182; ThürOVG LKV 2016, 571, 572.

778 BayVGH NVwZ-RR 2015, 277; Sodan/Ziekow VwGO § 74 Rn. 57; Schoch/Ehlers VwGO Vorb § 40 Rn. 103; Pietzner/Ronellenfitsch Rn. 1138; vgl. auch BVerwG NVwZ-RR 2017, 430, 431; BVerwG, Beschl. v. 24.05.2017 – BVerwG 1 B 103.17, BeckRS 2017, 112343.

779 BVerwG NJW 1974, 1260, 1262; BayVGH NVwZ-RR 2015, 277; Sodan/Ziekow VwGO § 74 Rn. 65; Würtenberger/Heckmann Rn. 362.

| | 5. Teil | Allgemeine Sachentscheidungsvoraussetzungen |

565 4. Die heute h.Rspr. bejaht dagegen einen Verlust des Widerspruchs-/Klagerechts **allein durch Zeitablauf**. Die Unzulässigkeit des Rechtsbehelfs durch Zeitablauf trete als Ausprägung des Grundsatzes von Treu und Glauben (§ 242 BGB analog) **neben** das Rechtsinstitut der Verwirkung.[780] Nur im Fall der Verwirkung sei außer dem Zeitmoment ein Umstandsmoment erforderlich, wonach das Verhalten des Nachbarn Grundlage für die Entstehung eines Vertrauens des Bauherrn in das Ausbleiben von Nachbarrechtsbehelfen sein müsse. Habe der Nachbar sichere Kenntnis von der Baugenehmigung erlangt oder hätte er sie erlangen müssen, so laufe für ihn die Widerspruchsfrist nach § 70 i.V.m. § 58 Abs. 2 VwGO so, **als sei ihm die Baugenehmigung in diesem Zeitpunkt amtlich bekanntgegeben** worden.[781]

Hinweis: *In der Regel führt der Grundsatz von Treu und Glauben damit praktisch zu demselben Ergebnis wie eine analoge Anwendung der §§ 70, 58 Abs. 2 VwGO.[782] Die Rspr. lehnt eine analoge Anwendung aber gleichwohl ab, um im Einzelfall Ausnahmen von der Jahresfrist zuzulassen, z.B. wenn das Vorhaben aufgrund seiner Eigenart erst später als potentiell belastend für den Nachbarn erkennbar wird.[783]*

566 a) Der frühestmögliche Zeitpunkt, an dem N vermuten musste, dass B eine Baugenehmigung erhalten hatte, war der Beginn der Bauarbeiten am 02.01.2017. Aufgrund des sichtbaren **Beginns der Bauausführung** musste sich ihm das Vorliegen der Baugenehmigung aufdrängen, zumindest war es ihm möglich und zumutbar, sich hierüber, z.B. durch Anfrage beim Bauherrn oder bei der Baugenehmigungsbehörde, Gewissheit zu verschaffen. Daraus folgt: Ab dem Zeitpunkt, an dem der Nachbar davon ausgehen muss, dass der Bauherr eine Baugenehmigung erhalten hat, hat er sich regelmäßig **innerhalb eines Jahres** über die Genehmigungslage zu informieren.[784]

567 b) Sichere Kenntnis von der Baugenehmigung vom 04.07.2016 hat N erst mit Einsichtnahme in die Bauakte am 02.03.2018 erlangt. Zwar musste er sich innerhalb eines Jahres nach **Beginn der Bauarbeiten** am 02.01.2017 bei der Baubehörde über die Genehmigungslage informieren. Das hat er jedoch dadurch getan, dass er am 29.09.2017, also **innerhalb der Jahresfrist**, Akteneinsicht beantragt hat. Damit hat N rechtzeitig das ihm Mögliche und Zumutbare getan, um sich Kenntnis von der Baugenehmigung zu verschaffen. Auf den Zeitraum bis zur positiven Bescheidung seines Akteneinsichtsgesuchs hatte er keinen Einfluss. Einen „vorsorglichen" Widerspruch oder einen Widerspruch „auf Verdacht" oder „ins Blaue hinein" innerhalb der Jahresfrist ab Beginn der Bauarbeiten verlangt die Rspr. nicht.[785]

Allein durch Zeitablauf hat N sein Widerspruchsrecht daher nicht verloren.

---

780 BVerwG RÜ 2018, 810, 811; OVG RP ZfBR 2017, 483; VGH BW RÜ 2012, 739, 741.
781 BVerwG RÜ 2018, 810, 811.
782 Kopp/Schenke VwGO § 70 Rn. 6h.
783 VGH BW RÜ 2012, 739, 741; Schübel-Pfister JuS 2013, 417, 419 f.; a.A. Frenz JA 2011, 433, 440: § 58 Abs. 2 VwGO analog.
784 BVerwG RÜ 2018, 810, 811.
785 BVerwG RÜ 2018, 810, 811.

Allgemeine Sachentscheidungsvoraussetzungen **5. Teil**

5. Unabhängig davon könnte N sein Widerspruchsrecht analog § 242 BGB **verwirkt** **568** haben, denn die Verwirkung – sowohl des verfahrensrechtlichen Widerspruchsrechts als auch des materiellen Abwehrrechts – kann je nach den besonderen Umständen des Einzelfalls auch schon vor dem Ablauf der Jahresfrist eintreten.[786]

Hinweis: _Während es bei der prozessualen Verwirkung um die Frage geht, ob ein bestehender Anspruch zulässigerweise noch durchgesetzt werden kann, führt die materielle Verwirkung zum Anspruchsverlust (und damit i.d.R. zur Unbegründetheit der Nachbarrechtsbehelfe)._[787]

Beispiel: Bauherr B hatte Anfang 2016 ein Gebäude ohne Baugenehmigung unter Verstoß gegen nachbarschützende Vorschriften errichtet. Im Frühjahr 2018 beantragt Nachbar N bei der Baubehörde den Erlass einer Beseitigungsverfügung. Treu und Glauben verpflichten den Nachbarn auch bei Schwarzbauten, seine Abwehrrechte zeitnah geltend zu machen.[788]

Die Verwirkung eines Rechts setzt aber außer der Untätigkeit des Berechtigten **569** während eines längeren Zeitraums voraus, dass **besondere Umstände** hinzutreten, welche die verspätete Geltendmachung als Verstoß gegen Treu und Glauben erscheinen lassen. Das ist insbesondere der Fall, wenn der Verpflichtete infolge eines bestimmten Verhaltens des Berechtigten darauf vertrauen durfte, dass dieser das Recht nach so langer Zeit nicht mehr geltend machen würde **(Vertrauensgrundlage)**, der Verpflichtete ferner darauf vertraut hat, dass das Recht nicht mehr ausgeübt werde **(Vertrauenstatbestand)** und sich infolgedessen in seinen Vorkehrungen und Maßnahmen so eingerichtet hat, dass ihm durch die verspätete Durchsetzung des Rechts ein unzumutbarer Nachteil entstünde.[789]

Die im Baunachbarrecht entwickelten Grundsätze über die Verwirkung gelten entsprechend **auch im Verhältnis zur Behörde**, wenn z.B. eine Bekanntgabe zwar erfolgt ist, diese aber aufgrund von Zustellungsfehlern keine Fristen in Lauf gesetzt hat.[790]

Eine solche Vertrauensbetätigung durch B ist hier nicht erkennbar. Vielmehr hatte **570** B das Bauvorhaben bereits im Sommer 2017 abgeschlossen. Die spätere Untätigkeit des N ist deshalb für ein etwaiges Vertrauen des B auf den Bestand der Baugenehmigung gar nicht kausal geworden.

Damit ist auch **keine Verwirkung** eingetreten, der Widerspruch des N war zulässig. Dementsprechend ist das nach § 68 Abs. 1 S. 1 VwGO erforderliche Vorverfahren ordnungsgemäß, insbes. fristgerecht durchgeführt worden.

Die Anfechtungsklage des N gegen die dem B erteilte Baugenehmigung vom 04.07. 2016 ist **zulässig**.

---

786 BVerwG RÜ 2018, 810, 811; NVwZ 1991, 1182, 1183.

787 Vgl. OVG NRW NWVBl. 2000, 128 f.; NWVBl. 2006, 25; Schoch/Ehlers VwGO Vorb § 40 Rn. 104.

788 BVerwG NJW 1998, 329; NVwZ 1988, 730.

789 BVerwG RÜ 2018, 810, 812; Sodan/Ziekow VwGO § 74 Rn. 57.

790 BVerwG NVwZ 2005, 1334; OVG NRW NJOZ 2007, 1763; BayVGH BayVBl. 2012, 181 (im Fall der Untätigkeitsklage); vgl. auch BVerwG, Urt. v. 30.08.2018 – BVerwG 2 C 10.17, BeckRS 2018, 27522 (Verwirkung bei der beamtenrechtlichen Konkurrentenklage).

171

6. Teil: Die Begründetheit der verwaltungsgerichtlichen Klage

1. Abschnitt: Prüfungsmaßstab

571 Die verwaltungsgerichtliche Klage ist begründet, soweit dem Kläger der mit der Klage verfolgte **Anspruch** zusteht. Für die Anfechtungs- und Verpflichtungsklage ist dies in § 113 Abs. 1 S. 1 und Abs. 5 S. 1 VwGO ausdrücklich klargestellt. Bei den anderen Klagearten ergibt sich Entsprechendes aus dem jeweils geltend gemachten **Klagebegehren**.

So ist die **Leistungsklage** begründet, wenn der behauptete (Leistungs-, Abwehr- oder Unterlassungs-) Anspruch besteht. Die **Feststellungsklage** ist begründet, wenn das behauptete Rechtsverhältnis besteht bzw. das bestrittene Rechtsverhältnis nicht besteht oder wenn der VA nichtig ist (s.o. Rn. 289).

A. Die Rechtswidrigkeit des VA

I. Rechtmäßigkeitsvoraussetzungen

572 Ein VA ist rechtmäßig, wenn er sämtlichen Vorgaben entspricht, die die Rechtsordnung an ihn stellt, d.h.

- der VA auf einer wirksamen **Ermächtigungsgrundlage** beruht,

- die Zuständigkeits-, Verfahrens- und Formvorschriften eingehalten sind **(formelle Rechtmäßigkeit)** und

- der VA inhaltlich mit dem geltenden Recht im Einklang steht **(materielle Rechtmäßigkeit)**.

573 Bestimmte **formelle Fehler** können gemäß § 45 Abs. 1 VwVfG auch noch im gerichtlichen Verfahren (§ 45 Abs. 2 VwVfG) geheilt werden.

Beispiele: Nachholen des für den Erlass des VA erforderlichen Antrags (§§ 22 S. 2 Nr. 2, 45 Abs. 1 Nr. 1 VwVfG), nachträgliche Begründung (§§ 39 Abs. 1, 45 Abs. 1 Nr. 2 VwVfG), Nachholen der erforderlichen Anhörung (§§ 28 Abs. 1, 45 Abs. 1 Nr. 3 VwVfG) oder der Mitwirkung eines Ausschusses oder einer anderen Behörde (§ 45 Abs. 1 Nr. 4 u. 5 VwVfG).

574 Ist der Fehler nicht heilbar oder liegen die Voraussetzungen für eine Heilung nicht vor, können bestimmte **formelle Fehler** nach § 46 VwVfG **unbeachtlich** sein mit der Folge, dass eine Aufhebung des VA allein aufgrund des formellen Fehlers nicht verlangt werden kann (s.o. Rn. 179). **Materielle Fehler** sind dagegen nur ausnahmsweise unbeachtlich (vgl. z.B. §§ 214, 215 BauGB). Grundsätzlich führen sie zur **Rechtswidrigkeit des VA**.

II. Objektive Sach- und Rechtslage

575 Ob der angefochtene VA rechtswidrig ist, erforscht das Gericht nach § 86 Abs. 1 VwGO von Amts wegen **(Untersuchungsgrundsatz)**. Hierbei ist es nicht an das Vorbringen der Beteiligten gebunden, insbes. sind die von der Behörde vorgebrachten Gründe für den angefochtenen VA nicht bindend. Entscheidend ist allein, ob der VA nach der **objektiven Sach- und Rechtslage** hätte erlassen werden dürfen. Bei der Prüfung hat das Gericht grds. alle einschlägigen Rechtsvorschriften und alle rechtserheblichen Tatsachen zu berücksichtigen, gleichgültig, ob die Normen und Tatsachen von der Behörde zur Begründung des VA angeführt worden sind oder nicht. Das VG kann daher grds. die im angefochtenen VA angegebene **Rechtsgrundlage** durch eine andere **„austauschen"**.[791]

Beispiel: Die Behörde erlässt eine Ordnungsverfügung auf der Grundlage des Wasserrechts, zutreffende Ermächtigungsgrundlage ist jedoch eine Vorschrift des Abfallrechts. Sind hier Wasserbehörde und Abfallbehörde identisch, so ist die Angabe der falschen Rechtsgrundlage unschädlich.

Etwas anderes gilt nur, wenn die anderweitige rechtliche Begründung oder das Zugrundelegen anderer Tatsachen zu einer **Wesensänderung** des angefochtenen VA führt.[792] Es gelten also dieselben Grundsätze wie für das sog. **Nachschieben von Gründen** durch die Behörde (dazu sogleich). **576**

III. Nachschieben von Gründen

Da das VG von Amts wegen alle tatsächlichen und rechtlichen Gesichtspunkte zu ermitteln und zu berücksichtigen hat (§ 86 Abs. 1 VwGO), unabhängig davon, ob und zu welchem Zeitpunkt sie geltend gemacht werden, ist auch die Behörde berechtigt, die Gründe, die sie zunächst zur Rechtfertigung des VA herangezogen hat, die sich aber als unrichtig oder als nicht tragfähig erwiesen haben, ganz oder teilweise durch andere Gründe auszuwechseln (sog. **Nachschieben von Gründen**). Jedoch gelten folgende **Einschränkungen**:[793] **577**

- **Verfahrensrechtlich** darf das Nachschieben von Gründen nicht zur Umgehung von § 45 VwVfG führen. **578**

  Deshalb ist ein völliges Auswechseln der Begründung oder eine erstmalige Begründung im Prozess nicht zulässig. Eine derartige Heilung kann nach § 45 VwVfG nur außerhalb des Prozesses erfolgen.

- **Materiell-rechtlich** dürfen die nachgeschobenen Gründe nicht zu einer Wesensänderung des VA führen. **579**

  Eine **Wesensänderung** liegt z.B. vor, wenn der VA auf eine völlig andere Rechtsgrundlage gestellt wird oder wenn das Ermessen nachträglich erstmalig ausgeübt wird.[794] Eine Wesensänderung liegt auch dann vor, wenn ein Ermessens-VA in eine gebundene Entscheidung oder umgekehrt umgewandelt wird.

- Außerdem müssen die Gründe **spätestens bei Erlass des Widerspruchsbescheides** vorgelegen haben. **580**

  Die nachgeschobenen Gründe können den VA nur rechtfertigen, wenn sie bei seinem Erlass, spätestens im Zeitpunkt der Widerspruchsentscheidung vorgelegen haben. Die (teilweise) Abschaffung des Widerspruchsverfahrens in einigen Ländern (z.B. Bayern, Hessen, Niedersachsen und NRW) ändert an der grundsätzlichen Zulässigkeit des Nachschiebens von Gründen nichts.[795]

- **Prozessual** darf das Nachschieben von Gründen nicht dazu führen, dass der Kläger in seiner Rechtsverteidigung beeinträchtigt wird. **581**

  Das heißt vor allem, dass dem Kläger die Möglichkeit der Stellungnahme zu den neuen von der Verwaltung vorgetragenen Gründen gegeben werden muss.

---

791 BVerwG NVwZ 2005, 215; OVG Hamburg RÜ 2013, 529, 532; OVG Saarlouis, Beschl. v. 07.08.2013 – 3 A 295/13, BeckRS 2013, 54186.

792 BVerwG NVwZ 2005, 215; DVBl. 1990, 490, 491; VGH Mannheim NVwZ 1995, 397, 398.

793 Vgl. BVerwG NVwZ 2014, 151, 153; NVwZ 2012, 698, 700; NVwZ-RR 2010, 550; Bader JuS 2006, 199, 201; ausführlich AS-Skript Verwaltungsrecht AT 1 (2017), Rn. 480 ff.

794 VG Lüneburg NuR 2017, 719; zu einem Ausnahmefall bei Ausweisung eines Ausländers BVerwG NVwZ 2012, 698, 699.

795 BVerwG NVwZ-RR 2010, 550.

582 Bei **Ermessensentscheidungen** stellt § 114 S. 2 VwGO klar, dass die Behörde ihre Ermessenserwägungen auch noch im verwaltungsgerichtlichen Verfahren ergänzen darf. Die **Zulässigkeit** der Ergänzung von Ermessenserwägungen bestimmt sich aber nicht nach § 114 S. 2 VwGO, sondern nach dem Verwaltungsverfahrensrecht und dem einschlägigen materiellen Recht. § 114 S. 2 VwGO hat keine materielle, sondern nur **prozessuale Bedeutung.**[796] Die Vorschrift regelt nur, unter welchen Voraussetzungen einem materiell zulässigen Nachschieben von Ermessenserwägungen **keine prozessualen Hindernisse** entgegenstehen.

583 Vor allem gestattet auch § 114 S. 2 VwGO **keine Wesensänderung** des VA.[797] Im Hinblick auf den Wortlaut des § 114 S. 2 VwGO („ergänzen") ist es grds. auch unzulässig, die Ermessensentscheidung im Prozess erstmalig zu begründen (z.B. weil die Behörde sich zunächst irrtümlich für gebunden gehalten hat)[798] oder die Ermessenserwägungen vollständig auszuwechseln (z.B. weil die Behörde die ursprüngliche Entscheidung auf die falsche Ermessensgrundlage gestützt hat und die neue (richtige) Rechtsgrundlage ganz andere Erwägungen verlangt).[799] Die Behörde muss **im Kern** an ihren Ermessenserwägungen festhalten und diese lediglich klarstellen oder vervollständigen.

Bei einem DauerVA lässt die Rspr. für die Zukunft auch den Austausch wesentlicher Ermessenserwägungen zu. Denn wenn ein inhaltlich gleicher VA mit neuer Ermessensentscheidung erlassen werden könnte, muss auch der bereits erlassene VA mit neuer Begründung aufrechterhalten werden können.[800]

IV. Teilrechtswidrigkeit

584 Ist nur ein **Teil des angefochtenen VA rechtswidrig**, hebt das Gericht auch nur den rechtswidrigen Teil auf und weist die Klage im Übrigen ab (vgl. „soweit" in § 113 Abs. 1 S. 1 VwGO). Das Gericht muss dabei von Amts wegen ermitteln, ob ein VA teilweise aufrechterhalten bleiben kann.[801] Unproblematisch ist dies bei **gebundenen VAen**. Hier erfolgt eine Teilaufhebung, wenn der VA materiell teilbar ist (s.o. Rn. 225).[802] Bei **Ermessensentscheidungen** kommt dagegen eine Teilaufhebung nur in Betracht, wenn hinreichend sichere Anhaltspunkte dafür bestehen, dass die Behörde bei Kenntnis des Rechtsmangels gerade die verbleibende Teilregelung getroffen hätte.[803] Keinesfalls darf das Gericht das Ermessen anstelle der Behörde ausüben. Deshalb wird eine Teilaufhebung bei Ermessensakten in der Regel ausscheiden.[804]

---

796 BVerwG NVwZ 2014, 151, 154; OVG NRW BauR 2014, 1288; Ehlers Jura 2004, 177, 181.

797 OVG NRW NVwZ-RR 2011, 623, 624; VGH BW NVwZ-RR 2011, 886.

798 BVerfG NVwZ 2007, 1178, 1179; BVerwG NVwZ-RR 2010, 550; NVwZ 2007, 470, 471; OVG LSA NVwZ-RR 2015, 611; anders BVerwG NVwZ 2012, 698, 699, wenn sich die Notwendigkeit einer Ermessensausübung erst nach Klageerhebung ergibt.

799 SächsOVG LKV 2016, 516; OVG NRW NVwZ 2001, 1424; Schoch/Gerhardt VwGO § 114 Rn. 12 e; Püttner/Guckelberger JuS 2001, 218, 222; Brischke DVBl. 2002, 429, 431; Ehlers Jura 2004, 177, 181.

800 BVerwG NVwZ 2014, 151, 154 mit ablehnender Anm. Henning.; dagegen Schenke NVwZ 2015, 1341, 1345.

801 Vgl. BVerwG NVwZ 2009, 253.

802 BVerwG NVwZ 2008, 694, 695.

803 OVG Saarlouis, Beschl. v. 10.11.2008 – 1 A 248/08, NVwZ-RR 2009, 103 (nur LS); OVG NRW NWVBl. 2004, 378, 379; Sodan/Ziekow VwGO § 113 Rn. 162.

804 Zu den Besonderheiten bei der Anfechtung von Nebenbestimmungen vgl. oben Rn. 219 ff.

B. Verletzung der Rechte des Klägers

Anfechtungs- und Verpflichtungsklagen sind gemäß § 113 Abs. 1 S. 1 bzw. § 113 Abs. 5 S. 1 VwGO nur begründet, soweit **585**

■ der VA bzw. dessen Nichterlass (objektiv) **rechtswidrig** und

■ der Kläger **dadurch** in seinen (subjektiven) **Rechten verletzt** ist.

Bei der **Leistungsklage** ergibt sich der subjektive Bezug daraus, dass der Kläger einen Anspruch auf die begehrte Handlung, Duldung oder Unterlassung haben muss, bei der **Feststellungsklage** daraus, dass von dem Rechtsverhältnis eigene Rechte des Klägers abhängen.

Für den Erfolg der Klage ist also die objektive Rechtswidrigkeit allein nicht ausreichend, sondern es muss (kumulativ) die Verletzung subjektiver Rechte hinzukommen. Anders als bei der Klagebefugnis, die nur die Möglichkeit der Rechtsverletzung voraussetzt, ist im Rahmen der Begründetheit zu prüfen, ob die **Rechtsverletzung tatsächlich vorliegt**. **586**

Unproblematisch ist dies bei **Klagen des Adressaten** gegen einen ihn belastenden VA, da hier die objektive Rechtswidrigkeit stets zur Verletzung eines subjektiven Rechts führt, zumindest Art. 2 Abs. 1 GG. Problematisch ist die Rechtsverletzung dagegen bei **Drittanfechtungsklagen**. Hier ist die Rechtsverletzung nur gegeben, wenn der VA gegen **drittschützende Vorschriften** verstößt (zum Aufbau s.o. Rn. 159).[805] **587**

Das Erfordernis einer subjektiven Rechtsverletzung in § 113 Abs. 1 S. 1 VwGO verstößt auch bei europarechtlichen Vorgaben grds. nicht gegen Unionsrecht.[806] Eine Rechtsverletzung kann sich aber auch aus Verfahrensverstößen ergeben. Nicht abschließend geklärt ist indes, welche Verfahrensvorschriften den erforderlichen subjektiven Bezug haben (s.o. Rn. 442).[807]

2. Abschnitt: Der entscheidungserhebliche Zeitpunkt

Ob ein VA rechtmäßig oder rechtswidrig ist, wird durch Subsumtion eines Sachverhalts unter eine Rechtsnorm entschieden. Im Laufe des Verfahrens kann sich der Sachverhalt ändern. Auch die Rechtsnormen können geändert, aufgehoben oder durch neue ersetzt werden. Es stellt sich dann die Frage, **welcher Zeitpunkt** maßgebend ist. **588**

Beispiel: B hat eine Baugenehmigung beantragt. Obwohl das Bauvorhaben genehmigungsfähig ist, hat die Baubehörde die Genehmigung versagt. Während des Verpflichtungsprozesses tritt ein neuer Bebauungsplan in Kraft, dessen Festsetzungen nunmehr der Erteilung der Genehmigung entgegenstehen. – Käme es auf den Zeitpunkt bei Antragstellung oder der behördlichen Entscheidung an, wäre die Verpflichtungsklage begründet. Ist dagegen der Zeitpunkt der gerichtlichen Entscheidung maßgebend, ist die Verpflichtungsklage jetzt unbegründet.

Ob eine Klage begründet ist, richtet sich **nicht nach dem Prozessrecht**, sondern nach dem für die Entscheidung maßgeblichen **materiellen Recht**. § 113 VwGO setzt voraus, dass der Kläger zu dem Zeitpunkt, in dem die gerichtliche Entscheidung ergeht, einen Anspruch auf Aufhebung oder Erlass des VA hat. Die Frage, ob ein solcher Anspruch (noch) besteht, beurteilt sich allein nach dem einschlägigen materiellen Recht[808] (vgl. z.B. die Sonderregelung in § 77 Abs. 1 AsylG). **589**

---

805 BVerwG NVwZ 2005, 84, 85; DVBl. 2004, 1561, 1562; OVG NRW NVwZ 2009, 1383; Kopp/Schenke VwGO § 113 Rn. 26.
806 EuGH NVwZ 2015, 1665, 1667 mit Anm. Keller/Rövekamp; Sobotta EuZW 2016, 72 f.; Ruffert JuS 2015, 1138.
807 Vgl. z.B. EuGH NVwZ 2014, 49, 52; Bunge ZUR 2015, 531, 534 f.
808 BVerwG DVBl. 2016, 1543, 1544; NVwZ 2014, 372, 373; Kopp/Schenke VwGO § 113 Rn. 41; Gärditz/Orth Jura 2013, 1100, 1104 m.w.N.

| 6. Teil | Die Begründetheit der verwaltungsgerichtlichen Klage |

A. Der Beurteilungszeitpunkt bei der Anfechtungsklage

I. Grundsatz: Behördliche Entscheidung

590 Bei der **Anfechtungsklage** geht es um die Überprüfung einer Verwaltungsentscheidung. Gegenstand der Klage ist der **Ausgangsbescheid in der Gestalt des Widerspruchsbescheides** (§ 79 Abs. 1 Nr. 1 VwGO). Hat die Behörde die zu diesem Zeitpunkt bestehende Sach- und Rechtslage beachtet, so hat sie sich rechtmäßig verhalten. Nachträgliche Änderungen können nur die Aufhebung des VA durch die Behörde, aber nicht durch das Gericht rechtfertigen (vgl. §§ 49 Abs. 2 S. 1 Nr. 3 u. 4, 51 Abs. 1 Nr. 1 VwVfG). Maßgebend ist daher grds. der **Zeitpunkt der letzten Verwaltungsentscheidung**.[809] Das ist in der Regel der Widerspruchsbescheid. Soweit ein Vorverfahren nicht stattfindet (insbes. in den Fällen des § 68 Abs. 1 S. 2 VwGO), ist der Zeitpunkt des Erlasses des VA maßgebend.

Beispiel: K wehrt sich gegen eine Ordnungsverfügung. Entscheidend ist, ob im Zeitpunkt der letzten behördlichen Entscheidung eine Gefahr für die öffentliche Sicherheit oder Ordnung bestanden hat (ggf. ist auch eine Anscheinsgefahr oder ein Gefahrenverdacht ausreichend).

591 Ändert sich die Sach- und Rechtslage nach Erlass des VA, aber noch **vor Erlass des Widerspruchsbescheides**, so ist dies grds. zu berücksichtigen, weil die Verwaltungsbehörde in diesem Zeitpunkt zur nochmaligen umfassenden Prüfung des VA verpflichtet ist und erst die Widerspruchsentscheidung das Verwaltungsverfahren abschließt.[810]

592 **Beispiel:** Dem Bauherrn ist eine ursprünglich rechtswidrige Baugenehmigung erteilt worden, gegen die Nachbar N Widerspruch erhoben hat. Während des Widerspruchsverfahrens tritt ein neuer Bebauungsplan in Kraft, nach dem das Bauvorhaben nunmehr zulässig ist. Der Widerspruch des Nachbarn muss zurückgewiesen werden, da die Baugenehmigung jetzt rechtmäßig ist.[811] Auch bei der späteren Anfechtungsklage des Nachbarn gegen die dem Bauherrn erteilte Baugenehmigung müssen zwischenzeitlich eingetretene Änderungen **zugunsten des Bauherrn** berücksichtigt werden. Denn es wäre mit der Eigentumsgarantie (Art. 14 GG) nicht vereinbar, eine (bei ihrem Erlass rechtswidrige) Baugenehmigung aufzuheben, obwohl sie sogleich nach der Aufhebung wieder erteilt werden müsste.[812]

Gegenbeispiel: Die dem Bauherrn erteilte Baugenehmigung war ursprünglich rechtmäßig. Während des von Nachbar N betriebenen Widerspruchsverfahrens werden die baurechtlichen Anforderungen verschärft, sodass die Baugenehmigung im Zeitpunkt des Erlasses des Widerspruchsbescheides nicht mehr erteilt werden dürfte. – Wegen Art. 14 GG darf die dem Bauherrn durch die Genehmigung zustehende Rechtsposition ohne besondere Rechtsgrundlage nicht mehr entzogen werden. Veränderungen **zum Nachteil des Bauherrn**, die nach Erteilung der Baugenehmigung eingetreten sind, dürfen deshalb nicht berücksichtigt werden. Rechtsbehelfe des Nachbarn bleiben deshalb unbegründet.[813]

---

809 Vgl. BVerwG NVwZ 2011, 115, 116; BayVGH NVwZ-RR 2010, 507; OVG NRW NWVBl. 2003, 216, 217; Schübel-Pfister JuS 2012, 420, 423; a.A. Kopp/Schenke VwGO § 113 Rn. 35: grds. der Zeitpunkt der letzten mündlichen Verhandlung.

810 VGH Kassel GewArch 1997, 151, 152; Clausing JuS 2002, 478, 481.

811 BVerwG NVwZ 1986, 205, 206.

812 BVerwG NVwZ-RR 2017, 717, 718; OVG Hamburg NordÖR 2014, 519.

813 BVerwG NVwZ-RR 2017, 717, 718; OVG Saar, Urt. v 27.05.2014 – 2 A 2/14, BeckRS 2014, 52334; OVG NRW DVBl. 2010, 1252; Pietzner/Ronellenfitsch Rn. 1210. Umstritten ist, ob die Ausnahme auch im Immissionsschutzrecht gilt, verneinend VGH BW RÜ 2012, 739, 743; NVwZ-RR 2015, 18, 19; VBlBW 2018, 335, 336; Jarass, BImSchG § 6 Rn. 81; a.A. OVG LSA, Urt. v. 24.03.2015 – 2 L 184/10, BeckRS 2015, 51143: wie im Baurecht; dazu noch unten Rn. 886.

II. Ausnahme: Mündliche Verhandlung

Aus der **Eigenart des VA** und der für ihn maßgeblichen gesetzlichen Regelung kann **593** sich jedoch ergeben, dass auch bei einer Anfechtungsklage nachträgliche Änderungen der Sach- oder Rechtslage zu berücksichtigen sind, aufgrund derer der ursprünglich rechtmäßige VA rechtswidrig werden kann. Dann kommt es auf den **Zeitpunkt der letzten mündlichen Verhandlung** vor Gericht an.

Insbes. gilt dies bei **Dauerverwaltungsakten**, also VAen, die den Bürger nicht nur ein- **594** mal, sondern laufend belasten. Hier ist i.d.R. auf den Zeitpunkt der letzten mündlichen Verhandlung abzustellen.[814] Ein DauerVA muss grds. während der gesamten Dauer seiner Geltung gesetzlich gerechtfertigt sein. Fallen die Voraussetzungen für den Erlass weg, so muss die Behörde den VA aufheben.

Beispiel: Bei einer baurechtlichen Nutzungsuntersagung ist für die Beurteilung der Sach- und Rechtslage der Zeitpunkt der letzten mündlichen Verhandlung maßgebend.[815] Das hat zur Folge, dass die Bauaufsichtsbehörde die Rechtmäßigkeit der Verfügung ständig verfahrensbegleitend kontrollieren und ggf. aktualisieren muss.

Auch im Übrigen kann es bei einer zugunsten des Klägers eingetretenen Änderung der **595** Sach- und Rechtslage **unverhältnismäßig** sein, im Rahmen der Anfechtungsklage auf den Zeitpunkt der letzten Behördenentscheidung abzustellen.[816] Anerkannt ist dies z.B. bei einem **noch nicht vollzogenen VA**, wenn die Vollziehung durch die Änderung der Sach- und Rechtslage sinnlos geworden ist oder die Durchsetzung billigerweise nicht mehr erfolgen darf, weil der VA sogleich aufzuheben ist bzw. eine entsprechende Erlaubnis erteilt werden muss.[817]

Beispiel: Im Anfechtungsprozess gegen eine Beseitigungsverfügung wird der Bebauungsplan geändert, **596** wonach das Bauwerk nunmehr genehmigungsfähig ist. Die Beseitigungsverfügung wird rechtswidrig, wenn kein Widerspruch mehr zum öffentlichen Baurecht besteht.[818] Nach der Gegenansicht ist auf den Zeitpunkt der Behördenentscheidung abzustellen. Nachträgliche Änderungen, wie die Änderung des B-Plans, könnten nur gemäß § 51 Abs. 1 Nr. 1 VwVfG in einem besonderen Verfahren berücksichtigt werden.[819] Dagegen spricht jedoch, dass es dem Grundsatz der Verhältnismäßigkeit und Art. 14 Abs. 1 GG widerspricht, die Beseitigung einer baulichen Anlagen zu verlangen, die nach Erteilung einer Baugenehmigung jederzeit neu errichtet werden könnte.

III. Gegenausnahme: Behördliche Entscheidung

Wenn sich allerdings aus der gesetzlichen Regelung ergibt, dass der VA bei Änderung **597** der Sach- und Rechtslage **nur unter bestimmten Voraussetzungen** rückgängig zu machen ist, bleibt es auch bei einem DauerVA bei dem Grundsatz, dass allein auf den Zeitpunkt der **Verwaltungsentscheidung** abzustellen ist.

---

814 BVerwG DVBl. 2016, 1543, 1544; OVG NRW NJW 2015, 1468, 1469; Schübel-Pfister JuS 2012, 420, 423; a.A. Gärditz/Orth Jura 2013, 1100, 1106: nur Anspruch auf Aufhebung nach § 49 Abs. 2 S. 1 Nr. 3 u. 4 VwVfG, der mittels Verpflichtungsklage durchzusetzen ist.

815 BayVGH, Beschl. v. 23.07.2018 – 15 ZB 17.1094, BeckRS 2018, 17189; OVG Bln-Bbg, Beschl. v. 02.10.2018 – OVG 10 S 75.17, BeckRS 2018, 24489.

816 OVG NRW, Urt. v. 17.08.2005 – 8 A 728/03, DVBl. 2005, 1599 (nur LS).

817 Vgl. BVerwG NVwZ-RR 2012, 529; NVwZ 2013, 365, 366.

818 Kopp/Schenke VwGO § 113 Rn. 45; Gärditz/Orth Jura 2013, 1100, 1107; Schübel-Pfister JuS 2014, 993, 995.

819 OVG Bln-Bbg NVwZ-RR 2014, 460; offen gelassen von BVerwG NVwZ 2014, 454, 455; ablehnend Jäde NVwZ 2014, 455 f.

| 6. Teil | Die Begründetheit der verwaltungsgerichtlichen Klage |

598 Ein solcher Ausnahmefall ist insbes. dann gegeben, wenn das Gesetz für den **Entzug eines Rechts** und dessen **Wiedererteilung** getrennte Regelungen mit unterschiedlichen Voraussetzungen enthält. Würde man in einem solchen Fall allein aufgrund eines Wegfalls der ursprünglich erforderlichen Voraussetzungen der Klage stattgeben, so würden diese besonderen gesetzlichen Voraussetzungen umgangen. In diesen Fällen kann sich der Kläger daher im Anfechtungsprozess **nicht auf die Veränderung** berufen, sondern muss zunächst das behördliche Verfahren einleiten und seinen Anspruch auf Aufhebung des VA bzw. Wiedergestattung ggf. mit einer Verpflichtungsklage verfolgen.

599 **Beispiel:** Nach § 20 FeV gelten für die Neuerteilung der **Fahrerlaubnis** „die Vorschriften für die Ersterteilung". Verlangt werden kann insbes. eine neue Fahrprüfung oder ein medizinisch-psychologisches Gutachten. Damit diese Voraussetzungen nicht umgangen werden, kommt es bei der Klage gegen die Entziehung der Fahrerlaubnis auf den Zeitpunkt der Verwaltungsentscheidung an.[820]

Fall 20: Existenzentzug

R ist Veranstalter von Studienreisen. Als einige Reisen nicht ausgebucht sind und außerdem die Privatbank des R zahlungsunfähig wird, kommt R in so große finanzielle Schwierigkeiten, dass er die Kosten für die gerade stattfindenden Reisen nicht mehr bezahlen kann. Mehrere Reiseteilnehmer müssen, obwohl sie den Reisepreis bereits vollständig an R gezahlt hatten, für ihren Rückflug selbst sorgen. Daraufhin untersagt die nach Landesrecht zuständige Gewerbebehörde dem R formell ordnungsgemäß die weitere Tätigkeit als Vermittler und Veranstalter von Reisen. Nach erfolglosem Widerspruch hat R Klage vor dem VG erhoben. In der mündlichen Verhandlung macht R geltend, er habe zwischenzeitlich einen finanzkräftigen Partner gefunden und sämtliche Schulden bezahlt. Wie entscheidet das VG?

A. Es handelt sich um eine nach §§ 40 Abs. 1 S. 1, 42 Abs. 1 Fall 1, 42 Abs. 2, 68 Abs. 1, 74 Abs. 1 VwGO **zulässige Anfechtungsklage**.

B. Für die **Begründetheit** ist vor allem entscheidend, ob die Untersagungsverfügung rechtswidrig ist (§ 113 Abs. 1 S. 1 VwGO).

600 Als **Ermächtigungsgrundlage** kommt nur § 35 Abs. 1 GewO in Betracht. Besondere Untersagungs- oder Betriebsschließungsvorschriften oder Vorschriften über die Rücknahme oder den Widerruf der Erlaubnis, die gemäß § 35 Abs. 8 GewO die Anwendbarkeit des § 35 Abs. 1 GewO ausschließen würden, existieren für Reisebüros nicht.

601 Dann müsste R **unzuverlässig** und eine Untersagung zum Schutze der Allgemeinheit oder der im Betrieb Beschäftigten erforderlich sein. Unzuverlässig ist ein Gewerbetreibender dann, wenn er nach dem Gesamteindruck seines Verhaltens nicht die Gewähr dafür bietet, dass er sein Gewerbe künftig ordnungsgemäß betreibt.[821] Indiz hierfür kann insbes. die **wirtschaftliche Leistungsunfähigkeit** sein.

I. Da sich die finanzielle Situation des R nach Erlass der Untersagungsverfügung geändert hat, kommt es darauf an, auf **welchen Zeitpunkt** bei der Entscheidung der Frage, ob die Untersagungsverfügung durch § 35 Abs. 1 GewO gedeckt ist, abzustellen ist. Ob eine Klage begründet ist, richtet sich **nicht nach dem Prozessrecht**, sondern nach dem für die Entscheidung maßgeblichen **materiellen Recht**.

---

820 BVerwG NZV 1996, 84; OVG Bln-Bbg NJW 2011, 1832; OVG NRW NWVBl. 2007, 24; Wysk VwGO § 113 Rn. 17.
821 BVerwG NVwZ 1997, 278, 280; Landmann/Rohmer/Marcks GewO § 35 Rn. 28 ff.

Der entscheidungserhebliche Zeitpunkt | 2. Abschnitt

1. Hierbei ist bei der Anfechtungsklage im Allgemeinen die Sach- und Rechtslage im **Zeitpunkt der letzten Verwaltungsentscheidung** maßgebend, da es bei der Anfechtungsklage um die Überprüfung der Verwaltungsentscheidung geht (arg. e § 79 Abs. 1 Nr. 1 VwGO). **602**

2. Aus der **Eigenart des VA** und der für ihn maßgeblichen gesetzlichen Regelung kann sich jedoch ergeben, dass auch bei einer Anfechtungsklage nachträgliche Änderungen zu berücksichtigen sind. Die Untersagungsverfügung nach § 35 Abs. 1 GewO ist ein **DauerVA**, da sie gegenüber dem Adressaten als dauerndes Verbot der Gewerbeausübung wirkt. Nach der **Eigenart des VA** könnte man daher annehmen, dass nachträgliche Änderungen zu berücksichtigen ist. **603**

3. Etwas anderes gilt aber wiederum dann, wenn die Berücksichtigung der nachträglichen Veränderung der **Eigenart der gesetzlichen Regelung** widerspricht. Nach § 35 Abs. 6 GewO ist dem Gewerbetreibenden auf Antrag die persönliche Ausübung des Gewerbes wieder zu gestatten, wenn Tatsachen die Annahme rechtfertigen, dass eine Unzuverlässigkeit i.S.d. § 35 Abs. 1 GewO nicht mehr vorliegt. Daraus ergibt sich, dass das Gesetz zwischen dem Untersagungsverfahren und dem Verfahren auf Wiedergestattung eine deutliche Trennung vornimmt und daher die nach Erlass der Untersagungsverfügung eintretenden Umstände dem Wiedergestattungsverfahren zuordnet. Damit sind die nachträglich eingetretenen Umstände im Anfechtungsprozess **nicht zu berücksichtigen**, es kommt vielmehr auf den **Zeitpunkt der letzten Verwaltungsentscheidung** an.[822] **604**

   Gegenbeispiel: Bei einem **erlaubnispflichtigen** Gewerbe ist das behördliche Instrumentarium zweistufig ausgestaltet. Durch den Widerruf einer Erlaubnis (z.B. nach § 15 Abs. 2 GaststG) wird die weitere gewerbliche Betätigung illegal. Will die Behörde die Fortführung des Gewerbebetriebes verhindern, kann sie die Schließung verfügen (§ 15 Abs. 2 GewO). Bei der Schließungsverfügung handelt es sich um einen DauerVA, sodass der Zeitpunkt der letzten mündlichen Verhandlung maßgebend ist.[823] Abweichende Regeln bestehen dort nicht.

II. Im **Zeitpunkt der behördlichen Entscheidung** ist R unzuverlässig gewesen. Ein Reiseunternehmer, der Reiseveranstaltungen aufgrund finanzieller Probleme nicht sachgemäß abwickeln kann, bietet – ungeachtet der Insolvenzsicherung – nicht die Gewähr für eine ordnungsgemäße Gewerbeausübung. Damit ist der angefochtene VA **rechtmäßig**, die Anfechtungsklage ist daher **unbegründet**. **605**

Umstritten ist die umgekehrte Konstellation, dass die die Unzuverlässigkeit begründenden Umstände erst während des gerichtlichen Verfahrens eingetreten sind. Teilweise wird angenommen, dass die Anfechtungsklage hier erfolglos bleibt, da § 35 Abs. 6 GewO lediglich die Berücksichtigung positiver Gesichtspunkte verbiete, nicht aber einer negativen Entwicklung.[824] Dagegen spricht jedoch, dass ein materiell rechtswidriger VA durch im gerichtlichen Verfahren eingetretene Gründe grds. nicht „geheilt" werden kann. Auch ein Nachschieben von Gründen ist nur zulässig, wenn die Gründe bereits bei Erlass des Widerspruchsbescheides vorgelegen haben (s.o. Rn. 580).[825] Nach Abschluss des behördlichen Verfahrens entstandene Gründe können allenfalls den Erlass eines neuen VA rechtfertigen.[826] **606**

---

822 Vgl. BVerwG NVwZ 2015, 1544; OVG NRW NVwZ-RR 2016, 336; BayVGH BayVBl. 2014, 338, 339; OVG Saarlouis, Urt. v. 05.10. 2016 – 1 A 188/15, BeckRS 2016, 52935; Guckelberger Jura 2007, 598, 604.

823 BVerwG NJW 1987, 511; BayVGH NVwZ 2002, 1393, 1395.

824 OVG Lüneburg NVwZ 1995, 185; Tettinger/Wank/Ennuschat GewO § 35 Rn. 124; Handan JA 2007, 249, 256.

825 BVerwG NVwZ 1999, 425, 426; OVG NRW NVwZ 2001, 1424; Bader NVwZ 1999, 120, 122; Brischke DVBl. 2002, 429, 430.

826 BVerwG DVBl. 2016, 1543, 1544; Gärditz/Orth Jura 2013, 1100, 1106; Schenke NVwZ 2015, 1341, 1342.

179

B. Der für die Verpflichtungsklage maßgebliche Zeitpunkt

I. Grundsatz: Mündliche Verhandlung

607 Bei der **Verpflichtungsklage** kommt es ebenso wie bei der **Leistungsklage** darauf an, ob der Kläger **jetzt**, also bei Erlass des Urteils, den geltend gemachten Anspruch hat. Maßgebend ist daher grds. die Sach- und Rechtslage im Zeitpunkt der **letzten mündlichen Verhandlung**. Das gilt auch dann, wenn die Ablehnung des VA rechtswidrig war, aber durch eine spätere Rechtsänderung rechtmäßig geworden ist.[827]

Beispiel: B begehrt die Ernennung zum Beamten, die rechtswidrig abgelehnt worden ist. Während des gerichtlichen Verfahrens beschließt der Gesetzgeber eine (wirksame) Höchstaltersgrenze, nach der B nunmehr nicht mehr eingestellt werden darf. Die Verpflichtungsklage des B bleibt erfolglos. In Betracht kommen nur Schadensersatzansprüche des B, z.B. aus Amtshaftung (§ 839 BGB, Art. 34 GG), wenn ihm durch die rechtswidrige Ablehnung ein Schaden entstanden ist.[828]

II. Ausnahme: Behördliche Entscheidung

608 **Ausnahmsweise** ist bei der Verpflichtungsklage auf den Zeitpunkt der (letzten) **Behördenentscheidung** oder gar der Antragstellung abzustellen, wenn sich dies aus der Eigenart des VA und der maßgeblichen gesetzlichen Regelung ergibt. Entscheidend ist, ob eine Sach- oder Rechtsänderung einen bislang begründeten Anspruch des Klägers **materiell** beseitigt oder unberührt gelassen hat.[829]

609 ■ Erstrebt der Kläger **zeitabschnittsweise zu gewährende Leistungen**, so kommt es allein darauf an, ob die Voraussetzungen für die Leistung während des betreffenden Zeitabschnitts vorgelegen haben.

Beispiel: Verlangt der Kläger Ausbildungsförderung für das Sommersemester 2018, so kann das Gericht nur über den Zeitraum entscheiden, der der Verwaltungsentscheidung zugrunde lag. Denn für die Gewährung kommt es darauf an, ob die Anspruchsvoraussetzungen im Bewilligungszeitraum vorgelegen haben. Unerheblich ist daher z.B., ob der Kläger im Zeitpunkt der Urteilsfällung einen Anspruch hat.[830]

610 ■ Bei **Prüfungsentscheidungen** und anderen VAen, bei denen es auf eine Qualifikation ankommt, kann nur die Sachlage im Zeitpunkt der behördlichen Entscheidung zugrunde gelegt werden.[831]

Beispiel: Klagt A auf Erteilung der Fahrerlaubnis, weil er die Fahrprüfung nicht bestanden hat, so kann er im Rahmen der Verpflichtungsklage nicht damit gehört werden, er habe inzwischen seine theoretischen und praktischen Kenntnisse verbessert. Das muss er in einer neuen Prüfung beweisen.

611 ■ Bei VAen, die im **Ermessen** stehen, hat die Rspr. früher auf die Sach- und Rechtslage im Zeitpunkt der Ermessensentscheidung abgestellt, denn eine neue tatsächliche oder rechtliche Lage könne das VG nur so berücksichtigen, dass es selbst Ermessenserwägungen anstellt, was aber unzulässig sei.[832]

---

827 BVerwG NVwZ 2015, 986, 988; OVG NRW NWVBl. 2017, 534, 535; Kopp/Schenke VwGO § 113 Rn. 217.

828 BVerwG, Beschl. v. 06.01.2012 – BVerwG 2 B 113/11, BeckRS 2012, 46357.

829 BVerwG NJW 1990, 2700, 2701.

830 BVerwG DVBl. 1996, 304; Kopp/Schenke VwGO § 113 Rn. 221 u. 222.

831 Vgl. Polzin JuS 2004, 211, 213; Ehlers Jura 2004, 310, 316; Gärditz/Orth Jura 2013, 1100, 1108.

832 BVerwGE 104, 337, 347; BVerwG NVwZ 1992, 1211, 1212 f.; BayVGH, Beschl. v. 19.12.2014 – 11 ZB 13.909, BeckRS 2015, 40359.

Der entscheidungserhebliche Zeitpunkt **2. Abschnitt**

Diese Rspr. ist im Hinblick auf § 114 S. 2 VwGO überholt. Da die Behörde ihre Ermessenserwägungen auch noch im verwaltungsgerichtlichen Verfahren ergänzen kann, kommt es auch bei Ermessensakten im Rahmen der Verpflichtungsklage grds. auf den Zeitpunkt der gerichtlichen Entscheidung an.[833]

■ Umstritten ist, ob allein deshalb auf den Zeitpunkt der Antragstellung oder der Verwaltungsentscheidung abzustellen ist, weil der **Anspruch des Klägers früher begründet war**, inzwischen aber wegen einer für den Kläger ungünstigen Veränderung der Sach- und/oder Rechtslage unbegründet geworden ist.

612

Beispiel: E beantragt eine Baugenehmigung, die rechtswidrigerweise abgelehnt wird. Während des Klageverfahrens tritt kurz vor der mündlichen Verhandlung ein neuer Bebauungsplan in Kraft, wonach das Vorhaben des E nunmehr unzulässig ist.

Für ein Abstellen auf den früheren Zeitpunkt könnte sprechen, dass die Behörde bei rechtmäßiger Entscheidung den VA hätte erlassen müssen. Aus der rechtswidrigen Ablehnung dürfte dem Kläger kein Nachteil erwachsen, insbes. der Grundsatz der Folgenbeseitigung könnte hier ein Abstellen auf den Zeitpunkt der Antragstellung oder der Verwaltungsentscheidung fordern. Die Rspr. bejaht dies allerdings nur dann, wenn eine **grundrechtskräftig verfestigte Anspruchsposition** verletzt wird.[834]

Beispiel: Eine Verschärfung von Berufszulassungsregeln während des Verwaltungsprozesses steht wegen Art. 12 Abs. 1 GG dem Klageanspruch nicht entgegen, wenn der Kläger im Zeitpunkt der Antragstellung hätte zugelassen werden müssen.[835]

Die Baufreiheit ist zwar Ausfluss des Grundrechtsschutzes aus Art. 14 GG. Nach h.M. sind bloße Genehmigungsansprüche durch Art. 14 GG jedoch nicht gesichert. Erst die **erteilte Baugenehmigung** vermittelt dem Bauherrn eine Rechtsposition, die sich gegenüber Rechtsänderungen durchsetzen kann[836] (vgl. auch § 14 Abs. 3 BauGB: Nur Vorhaben, die „genehmigt worden sind" setzen sich gegenüber einer Veränderungssperre durch). Der Betroffene hat in diesen Fällen allenfalls Anspruch auf Schadensersatz oder Entschädigung wegen der ursprünglich rechtswidrigen Ablehnung.[837]

613

Im obigen Baugenehmigungsbeispiel ist daher auf den Zeitpunkt der letzten mündlichen Verhandlung abzustellen. Auf der Grundlage des neuen Bebauungsplans ist das Vorhaben des E nicht genehmigungsfähig und die Verpflichtungsklage damit unbegründet.

---

833 OVG NRW NWVBl. 2002, 239; OVG LSA NVwZ-RR 2015, 611; Kopp/Schenke VwGO § 113 Rn. 217.

834 Vgl. BVerwG DÖV 1974, 565; Kopp/Schenke VwGO § 113 Rn. 227 m.w.N.

835 Kopp/Schenke VwGP § 113 Rn. 223 m.w.N.; vgl. aber OVG M-V NVwZ-RR 2012, 813: Studenten, die ihr Studium nach einer bestimmten Prüfungsordnung aufgenommen haben, sind nicht generell davor geschützt, ihr Studium ohne Änderung der Prüfungsordnung beenden zu können.

836 BVerwG DVBl. 1985, 392, 393; Schenke JZ 2008, 732, 734; vgl. auch BayVGH, Beschl. v. 22.03.2016 – 1 ZB 13.1441, BeckRS 2016, 45163.

837 Kopp/Schenke VwGO § 113 Rn. 224 u. 227.

181

C. Maßgeblicher Zeitpunkt bei den sonstigen Klagearten

I. Feststellungsklage

614 Bei der **allgemeinen Feststellungsklage** (§ 43 Abs. 1 Alt. 1 VwGO) hängt der entscheidungserhebliche Zeitpunkt von dem streitigen Rechtsverhältnis ab, je nachdem, ob es sich um ein gegenwärtiges, vergangenes oder künftiges Rechtsverhältnis handelt.[838] Bei der **Nichtigkeitsfeststellungsklage** (§ 43 Abs. 1 Alt. 2 VwGO) ist der Zeitpunkt der letzten Behördenentscheidung maßgebend, da ein nichtiger VA durch spätere Änderungen nicht wirksam werden kann.[839]

II. Fortsetzungsfeststellungsklage

615 Bei der **Fortsetzungsfeststellungsklage** (§ 113 Abs. 1 S. 4 VwGO) kommt es auf die Art der Ausgangsklage an: In der Anfechtungssituation ist grds. der Zeitpunkt der letzten Behördenentscheidung maßgebend, bei Erledigung vor Erlass des Widerspruchsbescheides und bei Dauerverwaltungsakten der Zeitpunkt der Erledigung.[840] In Verpflichtungssituationen ist stets der Zeitpunkt des erledigenden Ereignisses maßgebend.[841] Demgegenüber haben Änderungen der Sach- und Rechtslage nach Eintritt des erledigenden Ereignisses stets außer Betracht zu bleiben, da der Verwaltungsakt mit der Erledigung seine Wirksamkeit verloren hat (§ 43 Abs. 2 VwVfG).[842]

Beachte: Bei der Frage, ob ein Fortsetzungsfeststellungsinteresse besteht, ist dagegen stets die Sach- und Rechtslage im Zeitpunkt der gerichtlichen Entscheidung maßgebend.[843]

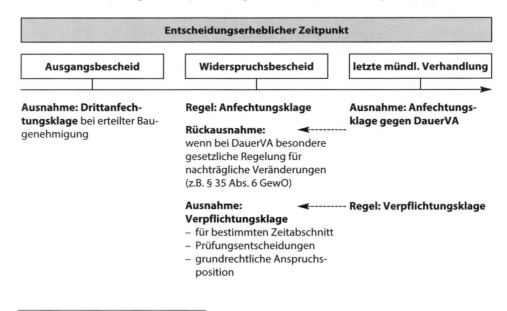

---

[838] Polzin JuS 2004, 211, 214.
[839] Hufen § 24 Rn. 16.
[840] OVG NRW, Urt. v. 08.12.2011 – 4 A 250/08; Gärditz/Orth Jura 2013, 1100, 1108.
[841] BVerwG, Urt. v. 04.12.2014 – BVerwG 4 C 33.13, BauR 2015, 810; Hufen § 24 Rn. 16.
[842] Schoch/Riese VwGO § 113 Rn. 152 u. 153.
[843] BVerwG NVwZ 2013, 1481, 1482.

7. Teil: Vorläufiger Rechtsschutz im Verwaltungsprozess

1. Abschnitt: Bedeutung des vorläufigen Rechtsschutzes

A. Effektivität des Rechtsschutzes

Der Bürger muss einen **wirksamen Verwaltungsakt** befolgen, auch wenn er rechtswidrig ist, solange er nicht von der Behörde oder durch das Gericht aufgehoben worden ist (§ 43 Abs. 2 VwVfG). Deshalb drohen dem Bürger häufig erhebliche, nicht wieder zu behebende Nachteile, sei es, dass durch Zwangsmaßnahmen vollendete Tatsachen geschaffen werden, oder dadurch, dass sich das Hauptsacheverfahren mehrere Jahre hinzieht.

616

Beispiel: Ausländer A soll in sein Heimatland abgeschoben werden, obwohl dort die Gefahr der Vollstreckung der Todesstrafe besteht. Wird die (wegen § 60 Abs. 2 AufenthG i.V.m. § 4 Abs. 1 AsylG rechtswidrige) Abschiebung vollzogen, droht A die Hinrichtung.

Deshalb hat der **vorläufige Rechtsschutz** im Verwaltungsprozess eine besondere Bedeutung. Verfassungsrechtlich wird er durch **Art. 19 Abs. 4 GG** garantiert: Das Grundrecht gewährleistet nicht nur das formelle Recht, die Gerichte anzurufen, sondern auch einen **effektiven Rechtsschutz**. Effektivität bedeutet aber auch und gerade Rechtzeitigkeit des Rechtsschutzes.[844]

617

„Aus dieser grundgesetzlichen Garantie folgt zugleich das Verfassungsgebot, soweit als möglich zu verhindern, dass durch die sofortige Vollziehung einer hoheitlichen Maßnahme Tatsachen geschaffen werden, die dann, wenn sich eine Maßnahme bei (endgültiger) richterlicher Prüfung als rechtswidrig erweist, nicht mehr rückgängig gemacht werden können."[845]

B. Arten des vorläufigen Rechtsschutzes

Die VwGO kennt **zwei Arten** des vorläufigen Rechtsschutzes:

618

Vorläufiger Rechtsschutz	
Aussetzungsverfahren, § 80 Abs. 5 VwGO	**Anordnungsverfahren, § 123 Abs. 1 VwGO**
wenn bei Anfechtung eines belastenden VA Rechtsbehelfe keine aufschiebende Wirkung haben	zur vorläufigen Sicherung/Regelung von Verpflichtungs-, Leistungs- und Feststellungsbegehren

■ Beim **belastenden Verwaltungsakt** (VA) haben Widerspruch und Anfechtungsklage grds. **kraft Gesetzes aufschiebende Wirkung** (§ 80 Abs. 1 VwGO). Der VA wird durch den Rechtsbehelf **automatisch suspendiert**, der Bürger braucht den VA nach Einlegung des Rechtsbehelfs zunächst nicht zu befolgen. Eines besonderen gerichtlichen Eilverfahrens bedarf es daher i.d.R. nicht.

619

Beispiel: Die Behörde hat an den Bauherrn B eine Beseitigungsverfügung erlassen. Die hiergegen erhobene Anfechtungsklage des B hat aufschiebende Wirkung (§ 80 Abs. 1 S. 1 VwGO). B muss der Verfügung zunächst nicht nachkommen, selbst wenn diese rechtmäßig sein sollte.

---

844 BVerfG NVwZ 2018, 254 zum vorläufigen Rechtsschutz im Asylverfahren.
845 So z.B. BVerfG, Beschl. v. 23.07.2015 – 2 BvR 48/15, BeckRS 2015, 52401; zum Prüfungsumfang im Eilverfahren BVerfG NVwZ 2017, 149, 150; NVwZ 2018, 1467, 1468 und Voßkuhle/Wischmeyer JuS 2016, 1079 ff.

| 7. Teil | Vorläufiger Rechtsschutz im Verwaltungsprozess |

Nur wenn die aufschiebende Wirkung gemäß § 80 Abs. 2 VwGO ausgeschlossen ist, entscheidet das Gericht im sog. **Aussetzungsverfahren** nach § 80 Abs. 5 VwGO über die Vollziehung des VA.

Beispiel: Die Behörde hat die sofortige Vollziehung der Beseitigungsverfügung angeordnet. Rechtsbehelfe des B haben dann keine aufschiebende Wirkung (§ 80 Abs. 2 S. 1 Nr. 4 VwGO). B muss den Bau daher schon vor Bestandskraft beseitigen, selbst wenn die Beseitigungsverfügung rechtswidrig sein sollte. Um dies zu verhindern, kann B beim Verwaltungsgericht die Wiederherstellung der aufschiebenden Wirkung seines Rechtsbehelfs beantragen (§ 80 Abs. 5 S. 1 VwGO).

620 ▪ Die **einstweilige Anordnung** nach § 123 Abs. 1 VwGO (sog. **Anordnungsverfahren**) ist einschlägig, wenn es **nicht um die Vollziehung** eines (belastenden) VA geht. Aus § 123 Abs. 5 VwGO folgt, dass der vorläufige Rechtsschutz nach § 123 VwGO **subsidiär** und nur statthaft ist, wenn keiner der Fälle der §§ 80, 80 a VwGO vorliegt.

Beispiele: Schüler S ist nicht versetzt worden. Er hält die Entscheidung für fehlerhaft und möchte sicherstellen, dass er vorläufig am Unterricht der nächsthöheren Klasse teilnehmen kann. – Beamter B will verhindern, dass Konkurrent K befördert wird.

621 Daher gilt für die Abgrenzung der beiden Verfahren grds. folgende **Faustregel**, die sich an der Klageart in der Hauptsache orientiert:

▪ **§ 80 Abs. 5 VwGO:** wenn es um die Vollziehung eines belastenden VA geht, also in der Situation der **Anfechtungsklage**;

▪ **§ 123 Abs. 1 VwGO:** bei allen übrigen Begehren, also in der Situation der **Verpflichtungs-, Leistungs- und Feststellungsklage.**

2. Abschnitt: Vorläufiger Rechtsschutz nach § 80 VwGO

A. Die aufschiebende Wirkung von Widerspruch und Anfechtungsklage

622 Widerspruch und Anfechtungsklage haben nach § 80 Abs. 1 VwGO grds. **aufschiebende Wirkung.** Nach der Systematik der VwGO ist der Eintritt der aufschiebenden Wirkung die **Regel**, die sofortige Vollziehung muss die Ausnahme bleiben.[846] Mit der aufschiebenden Wirkung beginnt der – zunächst noch vorläufige – Rechtsschutz gegenüber belastenden Verwaltungsakten. Der Eintritt der aufschiebenden Wirkung hängt von folgenden **Voraussetzungen** ab:

Grundschema: Voraussetzungen für die aufschiebende Wirkung

▪ **Vorliegen eines Verwaltungsakts**

▪ **Anfechtungsklage in der Hauptsache**

▪ **Rechtsbehelf erhoben**

▪ **grds. unabhängig von Zulässigkeit und Begründetheit des Rechtsbehelfs**

▪ **kein Ausschluss nach § 80 Abs. 2 VwGO**

---

846 BVerfG NJW 2008, 1369, 1369 f.

		Vorläufiger Rechtsschutz nach § 80 VwGO	**2. Abschnitt**

I. Es muss ein **Verwaltungsakt** erlassen worden sein.   **623**

Dieses Erfordernis ergibt sich zwingend aus der in „Widerspruch und Anfechtungsklage" liegenden Verweisung auf §§ 42, 68 VwGO, ferner aus § 80 Abs. 1 S. 2 VwGO. Der VA muss bereits existent sein.[847] Einen **vorbeugenden Widerspruch** oder eine **vorbeugende Anfechtungsklage** gegen einen zu erwartenden, aber noch nicht erlassenen VA kennt die VwGO nicht.[848]

II. Gegen den VA muss im **Hauptsacheverfahren** eine **Anfechtungsklage** statthaft sein.   **624**
Ein Widerspruch hat also nur aufschiebende Wirkung, wenn es sich um einen **Anfechtungswiderspruch** i.S.d. § 68 Abs. 1 VwGO handelt.[849]

Der Wortlaut des § 80 Abs. 1 VwGO ist ungenau, wenn er nur vom „Widerspruch" spricht. Gemeint ist aber nur der Anfechtungswiderspruch. § 80 VwGO ist insbes. nicht anwendbar bei Versagungsbescheiden, gegen die in der Hauptsache Verpflichtungsklage erhoben werden muss. Hier richtet sich der vorläufige Rechtsschutz nach § 123 VwGO. **Beispiel:** Bauherr B beantragt die Erteilung einer Baugenehmigung, die abgelehnt wird. Widerspruch und Verpflichtungsklage des B bewirken nicht etwa, dass B bauen dürfte. In Betracht kommt nur eine einstweilige Anordnung nach § 123 Abs. 1 VwGO.

Soweit im Beamtenrecht ein Widerspruch auch gegenüber Maßnahmen zulässig ist, die keine Verwaltungsakte sind (§ 126 Abs. 2 BBG, § 54 Abs. 2 BeamtStG), hat dieser (Leistungs- oder Feststellungswiderspruch) **keine aufschiebende Wirkung**.[850] Ebenso gibt es keine aufschiebende Wirkung bei privatrechtlichen Maßnahmen, bei schlichtem Verwaltungshandeln, internen Verwaltungsmaßnahmen, Verwaltungsvorschriften und Rechtsnormen.

III. Der Betroffene muss Widerspruch oder Anfechtungsklage **bereits erhoben** haben.   **625**
Ist ein Rechtsbehelf noch nicht erhoben, kann auch keine aufschiebende Wirkung bestehen. Die VwGO kennt **keine vorbeugende aufschiebende Wirkung**.[851]

IV. Nach dem Gesetzeswortlaut hängt der Eintritt der aufschiebenden Wirkung nur von   **626**
der **Erhebung des Rechtsbehelfs** ab, nicht aber von dessen **Zulässigkeit und/oder Begründetheit**.

- Unstreitig gilt dies jedenfalls für die **Begründetheit**. Daher hat der unbegründete,   **627**
  auch der offensichtlich unbegründete Widerspruch bzw. die Anfechtungsklage stets
  aufschiebende Wirkung.[852]

- Umstritten ist dies bei einem (möglicherweise) **unzulässigen Rechtsbehelf**.

  - Nach teilweise vertretener Ansicht kommt dem unzulässigen Rechtsbehelf generell   **628**
    kein Suspensiveffekt zu.[853] Die h.M. verweist demgegenüber auf den uneingeschränkten Wortlaut des § 80 Abs. 1 VwGO, wonach grds. jeder Rechtsbehelf
    aufschiebende Wirkung entfalten kann. Allerdings besteht Uneinigkeit, ob und
    inwieweit **Ausnahmen** von diesem Grundsatz zu machen sind.

  - Überwiegend wird die aufschiebende Wirkung jedenfalls dann verneint, wenn
    der **Verwaltungsrechtsweg** nicht eröffnet ist oder kein **belastender VA** vorliegt.
    Denn dann kann § 80 Abs. 1 VwGO überhaupt nicht zur Anwendung gelangen.[854]

---

847 OVG NRW NVwZ-RR 2008, 487.
848 Kopp/Schenke VwGO § 68 Rn. 2; Tappe/Glaser Jura 2007, 456, 458.
849 Finkelnburg/Dombert/Külpmann Rn. 645 m.w.N.
850 Redeker/v.Oertzen VwGO § 80 Rn. 6.
851 Finkelnburg/Dombert/Külpmann Rn. 637.
852 BVerwGE 13, 1, 8; Erbguth JA 2008, 357, 358.
853 Lüke NJW 1979, 81, 83; Huba JuS 1990, 382, 385; ebenso Schmaltz DVBl. 1992, 230, 231 für Drittwidersprüche.
854 OVG NRW NWVBl. 2005, 352, 353 f.; Pietzner/Ronellenfitsch Rn. 1438.

| 7. Teil | Vorläufiger Rechtsschutz im Verwaltungsprozess |

– Die h.M. verneint den Suspensiveffekt darüber hinaus, wenn der Rechtsbehelf **offensichtlich unzulässig** ist, z.B. weil der Betroffene unter keinem denkbaren Gesichtspunkt in seinen Rechten verletzt sein kann und daher von vornherein und nach jeder Betrachtungsweise die **Klage- bzw. Widerspruchsbefugnis fehlt**.[855] Dasselbe gilt, wenn der Rechtsbehelf **offensichtlich verfristet** ist.[856]

Nach der Gegenansicht soll die aufschiebende Wirkung dagegen auch bei evidenter Unzulässigkeit eintreten, da § 80 Abs. 1 VwGO der Rechtsklarheit diene und ein Abstellen auf Evidenzgesichtspunkte zu Rechtsunsicherheit führe.[857]

629 **Stellungnahme:** § 80 Abs. 1 VwGO will gerade einen umfassenden und lückenlosen Rechtsschutz garantieren. Dies wäre dann nicht mehr der Fall, wenn der Bürger in Zweifelsfällen den Vollzug trotz Rechtsbehelfs hinnehmen müsste und nur auf die Rückgängigmachung der Vollziehung (§ 80 Abs. 5 S. 3 VwGO) oder auf Schadensersatzansprüche verwiesen wäre. Daher muss zur **Sicherung des status quo** grds. von der aufschiebenden Wirkung auch eines unzulässigen Rechtsbehelfs ausgegangen werden, soweit zumindest der Verwaltungsrechtsweg eröffnet ist und es um die Vollziehung eines belastenden VA geht. Zur Verhinderung von Rechtsmissbräuchen wird man die aufschiebende Wirkung aber auch dann versagen müssen, wenn der Rechtsbehelf **offensichtlich unzulässig** ist, insbesondere bei offensichtlich fehlender Widerspruchs-/Klagebefugnis oder offensichtlicher Verfristung.

630 **V.** Die **aufschiebende Wirkung** tritt schließlich nicht ein, wenn sie gemäß § 80 Abs. 2 VwGO **ausgeschlossen** ist (dazu unten Rn. 647 ff.).

Fall 21: Widerspruch des entlassenen Beamten auf Probe

Der als Beamter auf Probe im Bundesdienst tätige B wurde durch Verfügung vom 07.02. mit Wirkung zum 01.04. aus dem Beamtenverhältnis entlassen, was damit begründet wurde, er sei zum Beamten auf Lebenszeit nicht geeignet. Dagegen legte B Widerspruch ein, über den am 31.03. noch nicht entschieden ist. B fragt, ob er am nächsten Tag weiter zum Dienst gehen dürfe und im April mit der Weiterzahlung seiner Besoldung rechnen könne. Ferner möchte er wissen, ob er die nach dem 01.04. ggf. gezahlten Bezüge zurückzahlen muss, falls seine Rechtsbehelfe erfolglos bleiben.

---

631 **A.** Ursprünglich war B Beamter und damit zu Dienstleistungen verpflichtet und berechtigt und hatte einen Anspruch auf Besoldung (§ 3 BBesG). Die **Entlassungsverfügung** vom 07.02. ist auf den Entzug dieser Rechtsstellung gerichtet (§ 34 Abs. 1 BBG). Da nicht ersichtlich ist, dass die Verfügung nichtig ist (§ 44 VwVfG), ist der VA mit dieser Rechtsfolge gemäß § 43 Abs. 1 VwVfG **wirksam** geworden, sodass B seine Rechtsstellung als Beamter einschließlich seines Anspruchs auf Besoldung zum 01.04. verliert. Dies gilt unabhängig davon, dass die Verfügung noch nicht bestandskräftig ist. Auch der noch anfechtbare VA ist gemäß § 43 Abs. 1 VwVfG wirksam, solange er nicht aufgehoben oder auf andere Weise erledigt ist (§ 43 Abs. 2 VwVfG).

---

855 BVerwG DVBl. 1993, 256, 258; OVG NRW NVwZ-RR 2008, 487; OVG Hamburg DVBl. 1987, 1017, 1018; Finkelnburg/Dombert/Külpmann Rn. 650.

856 OVG LSA NVwZ-RR 2013, 85, RÜ 2013, 249, 250; VGH BW NJW 2004, 2690; NVwZ-RR 2017, 314; Kopp/Schenke VwGO § 80 Rn. 50; Schoch VwGO § 80 Rn. 80 ff.; Koehl JA 2016, 610, 612; Schübel-Pfister JuS 2017, 1078, 1082.

857 Hufen § 32 Rn. 5 ff.; Pietzner/Ronellenfitsch Rn. 1439.

Vorläufiger Rechtsschutz nach § 80 VwGO **2. Abschnitt**

B. Diese Rechtsfolge könnte jedoch durch die **aufschiebende Wirkung** des Widerspruchs des B gemäß § 80 Abs. 1 VwGO suspendiert worden sein.

I. **Voraussetzungen** für die aufschiebende Wirkung gemäß § 80 Abs. 1 VwGO   **632**

1. Es muss ein **Verwaltungsakt** erlassen worden sein. Durch die Entlassung des B wird das Beamtenverhältnis beendet (sog. Statusakt). Hierdurch wird eine Regelung eines Einzelfalls mit Außenwirkung getroffen, sodass ein Verwaltungsakt i.S.d. § 35 S. 1 VwVfG vorliegt.

2. Gegen den VA muss im **Hauptsacheverfahren** eine **Anfechtungsklage** statthaft sein. Die Beamtenentlassung ist ein den B **belastender VA**, dessen Aufhebung er erstrebt. Für dieses Klagebegehren ist nach § 42 Abs. 1 Fall 1 VwGO die Anfechtungsklage statthaft. Dass es sich bei der Entlassung um einen sog. **rechtsgestaltenden** VA handelt, ist unerheblich, weil § 80 Abs. 1 S. 2 VwGO die aufschiebende Wirkung ausdrücklich auch in diesem Fall anordnet.

3. Es muss Widerspruch oder Anfechtungsklage **erhoben** worden sein, was seitens B geschehen ist.

4. Bedenken gegen die **Zulässigkeit des Widerspruchs** bestehen nicht, sodass dahinstehen kann, ob und inwieweit hiervon der Eintritt der aufschiebenden Wirkung abhängig ist.

   Für Bundesbeamte besteht – anders als in einigen Ländern für Landesbeamte (vgl. § 54 Abs. 2 S. 3 BeamtStG) – keine generelle Ausnahme vom Vorverfahren (vgl. § 126 Abs. 2 BBG).

5. Ein **Ausschluss der aufschiebenden Wirkung** gemäß § 80 Abs. 2 VwGO greift   **633** nicht ein, insbes. wurde keine sofortige Vollziehung angeordnet (§ 80 Abs. 2 S. 1 Nr. 4 VwGO). Somit hat der Widerspruch des B gemäß § 80 Abs. 1 VwGO aufschiebende Wirkung.

   Die aufschiebende Wirkung **beginnt** mit der Erhebung von Widerspruch oder Anfechtungs-   **634** klage, und zwar mit ex-tunc-Wirkung auf den Zeitpunkt des Erlasses des VA.[858] **Beispiel:** Die Behörde erlässt am 01.02. einen belastenden VA gegen A. Am 15.02. ordnet die Behörde die zwangsweise Durchsetzung des VA im Wege der Verwaltungsvollstreckung an. Wenn A am 25.02. Widerspruch erhebt, so entzieht die aufschiebende Wirkung den bereits getroffenen Vollzugsmaßnahmen die Rechtsgrundlage, sodass diese nachträglich rechtswidrig werden.[859]

   Die aufschiebende Wirkung **endet** nach § 80 b VwGO mit der Unanfechtbarkeit des VA oder, wenn die Anfechtungsklage vom VG **abgewiesen** worden ist, drei Monate nach Ablauf der Rechtsmittelbegründungsfrist. Das gilt selbst dann, wenn die Behörde zuvor die Vollziehung ausgesetzt oder das VG die aufschiebende Wirkung wiederhergestellt hat, es sei denn, die Behörde hat die Vollziehung bis zur Unanfechtbarkeit ausgesetzt. Auf Antrag kann das OVG nach § 80 b Abs. 2 VwGO die Fortdauer der aufschiebenden Wirkung anordnen.[860]

II. Ob B weiter Dienst tun und mit der Fortzahlung seines Gehaltes rechnen kann,   **635** ferner ob er das Gehalt ggf. später zurückzahlen muss, hängt von den **rechtlichen Wirkungen des Suspensiveffekts** ab.

---

858 BVerwG RÜ2 2016, 189 f.; NVwZ 2016, 1333; OVG MV NVwZ-RR 2017, 123; Hummel JuS 2011, 317, 321; Schenk NVwZ 2016, 1600, 1603.

859 Kopp/Schenke VwGO § 80 Rn. 54.

860 Dazu BVerwG RÜ2 2019, 43; NVwZ 2011, 1342; BayVGH, Beschl. v. 10.08.2017 – 22 AS 17.40023, BeckRS 2017, 121569.

187

7. Teil	Vorläufiger Rechtsschutz im Verwaltungsprozess

636

1. Unzweifelhaft verbietet die aufschiebende Wirkung, dass der VA zwangsweise durchgesetzt wird (sog. **Vollstreckungs-** bzw. **Vollzugshemmung**). Diese Wirkung kann jedoch nur bei vollstreckbaren VAen zum Tragen kommen, nicht hingegen bei feststellenden oder rechtsgestaltenden VAen, da bei diesen eine Vollstreckung nicht erfolgt, wie sich gerade im vorliegenden Fall zeigt: Die Wirksamkeit des VA nach § 43 Abs. 1 VwVfG führt dazu, dass B – selbst im Falle der Rechtswidrigkeit der Verfügung – seine Beamtenstellung und die damit verbundenen Rechte (Besoldung) und Pflichten (Dienstleistung) zum 01.04. verloren hat. Dies ergibt sich allein aus der **Gestaltungswirkung** des VA; einer Vollstreckung bedarf es nicht. Wenn in einem solchen Fall gleichwohl eine aufschiebende Wirkung eintreten soll (§ 80 Abs. 1 S. 2 VwGO), muss sie über eine bloße Vollzugshemmung hinausgehen.

2. Welche weitergehenden Folgen mit der aufschiebenden Wirkung verbunden sind, wird uneinheitlich beantwortet.

637

a) Nach der **strengen Wirksamkeitstheorie** hindert die aufschiebende Wirkung die Rechtswirksamkeit des VA als solche. Der VA wird daher erst dann und zwar **ex nunc wirksam**, wenn die aufschiebende Wirkung endet. Das hätte hier zur Folge, dass die Entlassungsverfügung zunächst **noch nicht wirksam** wäre. B müsste also weiterhin arbeiten und könnte sein Gehalt beanspruchen, bis über seinen Widerspruch bzw. seine Klage abschlägig entschieden ist (§ 80 b VwGO).[861] Eine Rückzahlungspflicht für das empfangene Gehalt bestünde nicht, weil B während der Leistung noch Beamter war und damit für die Zahlungen ein Rechtsgrund bestand.

638

b) Von der **eingeschränkten Wirksamkeitstheorie** wird nur eine **vorläufige** Wirksamkeitshemmung angenommen, die rückwirkend (ex tunc) entfällt, wenn der Rechtsbehelf ohne Erfolg bleibt. Deshalb darf auch nach dieser Auffassung B zunächst weiter Dienst tun und kann Besoldung verlangen. Bei Erfolglosigkeit seines Rechtsbehelfs muss er das Geld allerdings grds. zurückzahlen, da die Entlassungsverfügung **rückwirkend wirksam** wird und damit kein Rechtsgrund mehr für das Behaltendürfen des Geldes besteht.[862]

639

c) Demgegenüber hält die von der h.M. vertretene **Vollziehbarkeitstheorie** daran fest, dass die aufschiebende Wirkung lediglich zum **Ausschluss der Vollziehbarkeit** führt und die Wirksamkeit des VA nicht berührt.[863] Zur Begründung lässt sich anführen, dass in § 80 Abs. 2–5 VwGO im Zusammenhang mit der aufschiebenden Wirkung jeweils von „Vollziehung" die Rede ist. Insbesondere kann die Behörde nach § 80 Abs. 2 S. 1 Nr. 4 VwGO die „sofortige Vollziehung" anordnen, nicht etwa die „sofortige Wirksamkeit". Mithin folgt aus der gesetzlichen Systematik eine Gleichstellung von aufschiebender Wirkung und Aussetzung der Vollziehung.

Vgl. in diesem Sinne auch § 84 Abs. 2 S. 1 AufenthG: „Widerspruch und Klage lassen unbeschadet ihrer aufschiebenden Wirkung die Wirksamkeit der Ausweisung … unberührt."

---

861 Vgl. Erichsen Jura 1992, 645, 652; Huba JuS 1990, 382, 384.

862 Vgl. Kopp/Schenke VwGO § 80 Rn. 22; Schoch VwGO § 80 Rn. 102 ff.; Sodan/Ziekow VwGO § 80 Rn. 35.

863 BVerwG NVwZ 2016, 1333, 1334; NJW 2009, 1099, 1100; RÜ 2009, 189, 190; Erbguth JA 2008, 357, 358; Hummel JuS 2011, 317, 322; Eyermann/Hoppe VwGO § 80 Rn. 10 f.; vgl. auch die Darstellung von Koehl JA 2016, 610, 610 f.

Vorläufiger Rechtsschutz nach § 80 VwGO — 2. Abschnitt

Der Begriff der Vollziehung ist dabei allerdings im Sinne eines **umfassenden Verwirklichungs- und Ausnutzungsverbots** zu verstehen.[864] Die aufschiebende Wirkung verbietet alle Maßnahmen, die in tatsächlicher oder rechtlicher Hinsicht auf die Verwirklichung des VA gerichtet sind (deshalb auch als **Verwirklichungshemmung** bezeichnet). **640**

Während des Bestehens der aufschiebenden Wirkung darf die Behörde daher insbes. **641**

- den VA nicht im Wege des **Verwaltungszwangs** durchsetzen und

- keinen VA erlassen, der auf dem angefochtenen VA aufbaut.

  Beispiel: Dem Gastwirt G ist die Gaststättenerlaubnis wegen Unzuverlässigkeit nach § 15 Abs. 2 GaststG entzogen worden. Wenn G dagegen Widerspruch bzw. Klage erhebt, darf die Behörde ohne Anordnung der sofortigen Vollziehung die Schließung der Gaststätte nach § 31 GaststG, § 15 Abs. 2 GewO nicht verfügen.[865]

- Umstritten ist, ob die Behörde durch die aufschiebende Wirkung bei Leistungsbescheiden an einer **Aufrechnung** gehindert ist.

  K erhält seit Jahren Subventionen vom Land L. Im Jahre 2017 ist eine Überzahlung erfolgt, weswegen mit Bescheid vom 16.05.2018 von K 10.000 € zurückgefordert werden. Gegen diesen Bescheid hat K ordnungsgemäß Widerspruch erhoben, über den noch nicht entschieden ist. Als K später Auszahlung der für 2018 bereits bewilligten Subvention begehrt, erklärt die Behörde die Aufrechnung mit dem Rückforderungsanspruch für 2017. – Zum Teil wird hierin eine unzulässige Verwirklichung des suspendierten Rückforderungsbescheides gesehen.[866] Das BVerwG verweist demgegenüber zutreffend darauf, dass die Verwirklichungshemmung nur einseitige hoheitliche Maßnahmen betreffe, nicht dagegen verwaltungsrechtliche Willenserklärungen.[867]

aa) Daraus ergibt sich für den vorliegenden Fall, dass die Entlassung des B wegen dessen Widerspruchs zunächst **nicht verwirklicht** werden darf. Somit darf und muss B ab dem 01.04. Dienst tun; ferner erhält er weiterhin sein Gehalt. **642**

bb) Da die Verwirklichungshemmung aber nur **vorläufig** wirkt, entfällt sie, und zwar **ex tunc**, wenn die aufschiebende Wirkung gemäß § 80 b VwGO endet (insbes. bei Eintritt der Bestandskraft). Die materielle Rechtslage richtet sich dann nach der **Wirksamkeit des VA**. Da diese durch die aufschiebende Wirkung nicht berührt wird, hat B bei erfolglosem Rechtsbehelf seine Beamtenstellung (rückwirkend) mit dem 01.04. verloren. Er hat die Besoldung dann **ohne Rechtsgrund** erlangt und ist daher grds. zur Rückzahlung nach § 12 Abs. 2 S. 1 BBesG verpflichtet. **643**

Für Versorgungsbezüge gilt § 52 Abs. 2 BeamtVG, für sonstige Geldleistungen (z.B. Beihilfen, Reise- und Umzugskostenvergütung) § 84 a BBG. Für Landesbeamte gelten vergleichbare Regelungen im LBG und LBesG.

---

864 BVerfG NVwZ 2016, 1333, 1334; OVG MV NVwZ-RR 2017, 123, 124; OVG NRW NVwZ-RR 2008, 109; Kopp/Schenke VwGO § 80 Rn. 28; Finkelnburg/Dombert/Külpmann Rn. 631 m.w.N.

865 OVG Saarlouis AS 14, 196, 198; VGH Mannheim BWVPr 1978, 9, 10; abweichend OVG Lüneburg NVwZ 1996, 605, 606: Der nachfolgende VA dürfe zwar erlassen, aber nicht durchgesetzt werden.

866 OVG Lüneburg NVwZ-RR 2007, 293; Kopp/Schenke VwGO § 80 Rn. 30; Eyermann/Hoppe VwGO § 80 Rn. 13.

867 BVerwG RÜ 2009, 189, 190; NJW 1983, 776, 777; ebenso Kintz JuS 2011, 827, 833.

7. Teil Vorläufiger Rechtsschutz im Verwaltungsprozess

644 cc) Auch die **Fürsorgepflicht** des Dienstherrn (§ 78 BBG) hindert die Rückforderung der vorläufig fortgezahlten Bezüge nicht, da dies dem rein vorläufigen, verfahrensrechtlichen Charakter der aufschiebenden Wirkung zuwider liefe.[868]

645 dd) Ein Verbrauch des Geldes führt auch nicht zu einer **Entreicherung**, da der Empfänger gemäß § 12 Abs. 2 BBesG i.V.m. § 820 Abs. 1 S. 2 BGB verschärft haftet. Aufgrund der Vorläufigkeit der Zahlungen muss B mit dem Wegfall des Rechtsgrundes rechnen.[869]

646 3. Auch die faktische **Erfüllung der Dienstpflichten** bildet keinen Rechtsgrund für die Zahlung, da die Beamtenbezüge nicht als Gegenleistung gezahlt werden, sondern Ausdruck des **Alimentationsprinzips** sind.[870] Hat der Beamte während der Dauer der aufschiebenden Wirkung tatsächlich Dienst geleistet, so wäre eine vollständige Rückforderung i.d.R. aber unangemessen. Derartige Unbilligkeiten lassen sich dadurch ausgleichen, dass die Behörde gemäß § 12 Abs. 2 S. 3 BBesG von der Rückforderung aus **Billigkeitsgründen** ganz oder teilweise absehen kann.[871]

B. Der Ausschluss der aufschiebenden Wirkung

I. Die Fälle des § 80 Abs. 2 VwGO

647 In § 80 Abs. 2 VwGO hat der Gesetzgeber in bestimmten Fällen, in denen ein überwiegendes (öffentliches) **Interesse an der baldigen Verwirklichung** des VA besteht, den Eintritt der aufschiebenden Wirkung ausgeschlossen.

Ausschluss der aufschiebenden Wirkung nach § 80 Abs. 2 S. 1 VwGO
■ **Nr. 1:** Anforderung von öffentlichen Abgaben und Kosten
■ **Nr. 2:** unaufschiebbare Anordnungen von Polizeivollzugsbeamten
■ **Nr. 3:** kraft Bundesgesetz oder für Landesrecht durch Landesgesetz
■ **Nr. 4:** aufgrund Anordnung der sofortigen Vollziehung

648 ■ Nach **§ 80 Abs. 2 S. 1 Nr. 1 VwGO** entfällt die aufschiebende Wirkung bei der **Anforderung von öffentlichen Abgaben und Kosten**.

– **Abgaben** sind nicht nur die klassischen Abgaben (Steuern, Gebühren, Beiträge), sondern alle Geldleistungen, bei denen der Staat auf die Leistung angewiesen ist, um seinen **allgemeinen Finanzbedarf** zu decken.[872]

---

868 BVerwG DVBl. 1998, 647; ebenso BVerwG DVBl. 2000, 498; DÖV 1983, 898, 900; Schnellenbach JA 1996, 981, 983.

869 BVerwG DVBl. 2000, 498, 499; Pietzner/Ronellenfitsch Rn. 1423 m.w.N.

870 Zum Alimentationsprinzip als hergebrachtem Grundsatz des Berufsbeamtentums (Art. 33 Abs. 5 GG) BVerfG RÜ 2018, 524, 527.

871 Vgl. dazu BVerwG RÜ 2018, 728, 735; NVwZ-RR 2012, 930, 931; ebenso BVerwG NVwZ-RR 2017, 576, 579 zur entsprechenden Regelung in § 52 Abs. 2 S. 3 BeamtVG.

872 OVG Lüneburg NVwZ-RR 2014, 449; Schoch VwGO § 80 Rn. 134.

Vorläufiger Rechtsschutz nach § 80 VwGO | **2. Abschnitt**

§ 80 Abs. 2 S. 1 Nr. 1 VwGO erfasst z.B. die Zweitwohnungsteuer, Erschließungsbeiträge, Abwassergebühren und Kindergartenbeiträge,[873] nicht dagegen die Stellplatzablöse, da diese keine allgemeine Finanzierungsfunktion hat, sondern in erster Linie den geldwerten Vorteil abschöpfen soll, Stellplätze nicht herstellen zu müssen.[874]

– **Kosten** i.S.d. § 80 Abs. 2 S. 1 Nr. 1 VwGO sind solche, die den Beteiligten im behördlichen Verfahren **nach feststehenden Sätzen** auferlegt werden.[875] **Keine Kosten** i.S.d. § 80 Abs. 2 Nr. 1 VwGO sind daher **Kosten des Verwaltungszwangs**, z.B. der Ersatzvornahme, deren Höhe sich nicht nach normativen Sätzen richtet, sondern von den Umständen des Einzelfalls abhängt.[876]   **649**

Nach der Gegenansicht ist der Begriff der „öffentlichen Kosten" weit auszulegen und erfasst alle Verwaltungskosten, die nicht schon als öffentliche Abgaben zu qualifizieren sind und damit auch die Kosten der Ersatzvornahme.[877] Dagegen spricht jedoch der Ausnahmecharakter des § 80 Abs. 2 S. 1 Nr. 1 VwGO, der sonst praktisch jede öffentlich-rechtliche Geldforderung erfassen würde.

– § 80 Abs. 2 S. 1 Nr. 1 VwGO erfasst nicht nur selbstständige Kostenentscheidungen, sondern auch Kosten, die zusammen mit der Hauptsacheentscheidung festgesetzt werden (sog. **unselbstständige Kostenentscheidung**).   **650**

Beispiel: Für den Erlass einer Beseitigungsverfügung wird eine Verwaltungsgebühr erhoben. Die Gebühr muss gezahlt werden, obwohl Rechtsbehelfe gegen die Beseitigungsverfügung grds. aufschiebende Wirkung entfalten. Die aufschiebende Wirkung gegen die Sachentscheidung erstreckt sich nicht auf die Kostenentscheidung.[878] Die Gegenansicht verweist darauf, dass die Rechtmäßigkeit der Gebührenentscheidung vom Bestand des HauptVA abhänge (Akzessorietät).[879] Dagegen spricht jedoch, dass es für das durch § 80 Abs. 2 S. 1 Nr. 1 VwGO geschützte Finanzierungsinteresse des Staates unerheblich ist, ob die Kostenforderung isoliert oder als Nebenforderung geltend gemacht wird.

■ Nach **§ 80 Abs. 2 S. 1 Nr. 2 VwGO** entfalten Widerspruch und Anfechtungsklage keine aufschiebende Wirkung bei **unaufschiebbaren** Anordnungen und Maßnahmen von **Polizeivollzugsbeamten**. Die Vorschrift gilt analog bei **Verkehrszeichen** nach § 41 Abs. 1 StVO, da sich die von ihnen ausgehenden Ge- und Verbote nicht von polizeilichen Anordnungen unterscheiden (Funktionsgleichheit).[880]   **651**

■ Gemäß **§ 80 Abs. 2 S. 1 Nr. 3 VwGO** kann die aufschiebende Wirkung durch Bundesgesetz oder für Landesrecht durch Landesgesetz ausgeschlossen werden.   **652**

Beispiele: Baugenehmigungen (§ 212 a Abs. 1 BauGB), Versetzung und Abordnung im Beamtenrecht (§ 126 Abs. 4 BBG, § 54 Abs. 4 BeamtStG), Ablehnung eines Aufenthaltstitels (§ 84 Abs. 1 S. 1 Nr. 1 AufenthG).

---

873 Kopp/Schenke VwGO § 80 Rn. 57; Schoch VwGO § 80 Rn. 136 m.w.N.

874 OVG MV KommJur 2005, 145; Schoch VwGO § 80 Rn. 137; a.A. Kopp/Schenke VwGO § 80 Rn. 57.

875 OVG NRW DVBl. 1998, 239; VGH Mannheim VBlBW 1991, 215, 216; Pietzner/Ronellenfitsch Rn. 1454.

876 OVG MV NVwZ-RR 2017, 123, 124; OVG NRW, Beschl. v. 06.07.2010 – 13 B 663/10, BeckRS 2010, 51048; BayVGH NVwZ-RR 2009, 787 (unter Aufgabe seiner früheren Rspr.); Kopp/Schenke VwGO § 80 Rn. 63 m.w.N.

877 OVG Bln-Bbg NVwZ-RR 2006, 376, 377; BayVGH BayVBl. 2006, 734; im Ergebnis ebenso OVG Hamburg NVwZ-RR 2007, 364; NordÖR 2006, 201.

878 OVG LSA NVwZ-RR 2017, 347, 348; RÜ2, 2017, 45, 46; VGH BW VBlBW 2012, 116; SächsOVG NVwZ-RR 2011, 225, 226; OVG NRW NWVBl. 2003, 479, 480.

879 Kopp/Schenke VwGO § 80 Rn. 62; Schoch VwGO § 80 Rn. 142.

880 Vgl. BVerwG RÜ 2018, 657, 659; Kopp/Schenke VwGO § 80 Rn. 64; kritisch Schoch VwGO § 80 Rn. 150; Finkelnburg/Dombert/Külpmann Rn. 699.

7. Teil — Vorläufiger Rechtsschutz im Verwaltungsprozess

653 **Landesrechtliche** Ausnahmen sind vor allem die Vorschriften, wonach Rechtsbehelfe gegen Maßnahmen in der Verwaltungsvollstreckung (z.B. Androhung, Festsetzung von Zwangsmitteln) keine aufschiebende Wirkung haben (vgl. z.B. Art. 21 a S. 1 Bay VwZVG, § 12 S. 1 LVwVG BW, § 16 Hess AGVwGO, § 64 Abs. 4 S. 1 NdsSOG, § 112 S. 1 JustG NRW, § 248 Abs. 1 S. 2 LVwG SH).

Nicht darunter fällt allerdings der **Kostenbescheid** nach durchgeführter Vollstreckung, da es sich nicht mehr um eine Maßnahme „in" der Verwaltungsvollstreckung handelt.[881] Etwas anderes gilt, wenn der **Kostenbescheid** kraft Gesetzes sofort vollziehbar ist (vgl. z.B. § 32 Abs. 3 S. 2 BbgVwVG, § 16 HessAGVwGO, § 59 Abs. 1 S. 2 VwVG NRW).

654 Nach **§ 80 Abs. 2 S. 2 VwGO** können die Länder auch bestimmen, dass Rechtsbehelfe keine aufschiebende Wirkung haben, soweit sie sich gegen Maßnahmen richten, die in der Verwaltungsvollstreckung durch die Länder nach **Bundesrecht** getroffen werden.

§ 80 Abs. 2 S. 1 Nr. 3 VwGO begründet die Zuständigkeit des Landesgesetzgebers nur für Verwaltungsakte nach **Landesrecht**. § 80 Abs. 2 S. 2 VwGO eröffnet eine Regelungskompetenz des Landesgesetzgebers auch für Vollstreckungsmaßnahmen nach **Bundesrecht**. Praktische Bedeutung hat die Regelung vor allem für die Abschiebung nach §§ 58 ff. AufenthG.[882]

655 ■ Besteht nicht generell, sondern **nur im Einzelfall** ein besonderes öffentliches Interesse, einen VA alsbald zu verwirklichen, kann die Behörde die aufschiebende Wirkung durch **Anordnung der sofortigen Vollziehung** nach **§ 80 Abs. 2 S. 1 Nr. 4 VwGO** ausschließen (dazu unten Fall 22).

II. Rechtsfolge bei Wegfall der aufschiebenden Wirkung

656 Hat der Widerspruch nach § 80 Abs. 2 VwGO **keine aufschiebende Wirkung**, so besteht keine Vollzugs- und Verwirklichungshemmung. Der Betroffene muss den wirksamen VA (§ 43 VwVfG) trotz seines Rechtsbehelfs bereits vor Bestandskraft befolgen. Die Behörde kann den VA schon jetzt verwirklichen, insbes. im Rahmen der Verwaltungsvollstreckung zwangsweise durchsetzen (vgl. § 6 Abs. 1 VwVG). Um dies zu verhindern, besteht für den Betroffenen ein Bedürfnis für **vorläufigen gerichtlichen Rechtsschutz**, der im gerichtlichen Aussetzungsverfahren nach § 80 Abs. 5 VwGO zu gewähren ist.

657 Auf Antrag kann das Gericht der Hauptsache nach § 80 Abs. 5 S. 1 VwGO

■ die **aufschiebende Wirkung** ganz oder teilweise **anordnen** (wenn die aufschiebende Wirkung **kraft Gesetzes** gemäß § 80 Abs. 2 S. 1 Nr. 1 bis 3 und S. 2 VwGO ausgeschlossen ist),

■ die **aufschiebende Wirkung** ganz oder teilweise **wiederherstellen** (wenn die Behörde die sofortige Vollziehung gemäß § 80 Abs. 2 S. 1 Nr. 4 VwGO angeordnet hat).

658 Ist der Verwaltungsakt im Zeitpunkt der gerichtlichen Entscheidung schon vollzogen, so kann das Gericht die **Aufhebung der Vollziehung** anordnen (§ 80 Abs. 5 S. 3 VwGO).

Beispiele: Rückzahlung eines bereits gezahlten Geldbetrags, Herausgabe einer sichergestellten Sache, Rückholung eines (rechtswidrig) abgeschobenen Ausländers.[883]

---

881 BayVGH NVwZ-RR 2009, 787; ThürOVG RÜ 2008, 534, 537; Kopp/Schenke VwGO § 80 Rn. 70.; a.A. OVG Bln-Bbg NVwZ-RR 2006, 376, 377; OVG MV NVwZ-RR 2017, 123, 124 zu § 99 Abs. 1 SOG M-V („Vollzugsmaßnahmen").

882 Kopp/Schenke VwGO § 80 Rn. 70.

883 Vgl. OVG NRW NVwZ 2018, 1493, 1494 mit Anm. Kluth NVwZ 2018, 1496, 1497; dazu auch VG Gelsenkirchen, Beschl. v. 19.12.2018 – 8 L 2184/18.

2. Abschnitt: Vorläufiger Rechtsschutz nach § 80 VwGO

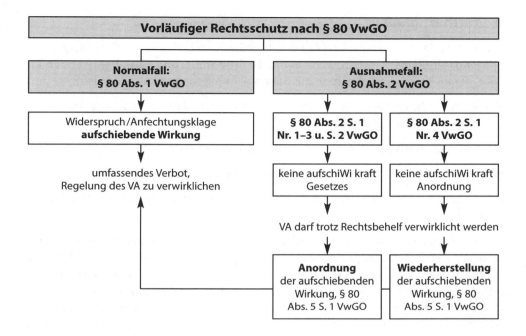

C. Das gerichtliche Aussetzungsverfahren nach § 80 Abs. 5 VwGO

I. Die Zulässigkeit eines Antrags nach § 80 Abs. 5 S. 1 VwGO

> **Grundschema: Zulässigkeit eines Antrags nach § 80 Abs. 5 S. 1 VwGO**
>
> 1. **Verwaltungsrechtsweg** (Spezialzuweisung oder § 40 Abs. 1 S. 1 VwGO)
> 2. **Statthaftigkeit des Antrags** nach § 80 Abs. 5 S. 1 VwGO
> 3. **Antragsbefugnis** analog § 42 Abs. 2 VwGO
> 4. **Allgemeines Rechtsschutzbedürfnis**
> 5. **grds. keine Frist**
> 6. **Antragsgegner** analog § 78 VwGO
> 7. **Sonstige Sachentscheidungsvoraussetzungen**

1. Verwaltungsrechtsweg

Der Verwaltungsrechtsweg ist für das Eilverfahren eröffnet, wenn in der Hauptsache § 40 Abs. 1 S. 1 VwGO (oder eine Spezialzuweisung) zur Anwendung kommt.[884]

659

Im Fall des § 80 Abs. 2 S. 1 Nr. 4 VwGO kann man sich im Zweifelsfall darauf beschränken, festzustellen, dass eine Vollziehungsanordnung, also eine eindeutig hoheitliche Maßnahme vorliegt, gegen die begriffsnotwendig nur im Verwaltungsrechtsweg vorgegangen werden kann.[885]

---

[884] Vgl. Kopp/Schenke VwGO § 40 Rn. 2.
[885] OVG NRW NVwZ-RR 2013, 423.

| 7. Teil | Vorläufiger Rechtsschutz im Verwaltungsprozess |

2. Statthaftigkeit

660 Statthaft ist der Antrag nach § 80 Abs. 5 S. 1 VwGO in Abgrenzung zur einstweiligen Anordnung (§ 123 Abs. 1 VwGO), wenn es um die **Suspendierung eines belastenden VA** geht, der im Hauptsacheverfahren mit der Anfechtungsklage anzugreifen ist.

Klausurhinweis: Immer mit § 80 Abs. 5 VwGO beginnen, da die einstweilige Anordnung subsidiär ist (§ 123 Abs. 5 VwGO)!

661 Das Verfahren nach § 80 Abs. 5 S. 1 VwGO ist daher **statthaft**,

- wenn es um die **Vollziehung eines belastenden VA** geht,

- bei dem Rechtsbehelfe nach § 80 Abs. 2 VwGO **keine aufschiebende Wirkung haben.**

Aufbauhinweis: Der Umfang der Statthaftigkeitsprüfung wird uneinheitlich gehandhabt. Überwiegend wird die Frage nach der Einlegung des Rechtsbehelfs und nach dem Ausschluss der aufschiebenden Wirkung bereits als Merkmal der Statthaftigkeit angesehen,[886] während andere diese Fragen erst im Rahmen des Rechtsschutzbedürfnisses erörtern.[887] Für die Einordnung in die Statthaftigkeit spricht, dass sich diese nach dem Begehren des Antragstellers richtet (§§ 122 Abs. 1, 88 VwGO). Ein Begehren auf Anordnung oder Wiederherstellung der aufschiebenden Wirkung kann aber nur in Betracht kommen, wenn die aufschiebende Wirkung nach § 80 Abs. 2 VwGO ausgeschlossen ist. Überdies kann man dann die Fälle des sog. faktischen Vollzugs (wenn die Behörde die bestehende aufschiebende Wirkung missachtet, s.u. Rn. 717 ff.) zwanglos im Rahmen der Statthaftigkeit ansprechen.

*In der Klausur sollte das Aufbauproblem möglichst durch eine **neutrale Formulierung** umgangen werden, z.B.: „Statthaft könnte ein Antrag nach § 80 Abs. 5 S. 1 Alt. 1 VwGO auf Anordnung der aufschiebenden Wirkung sein. Dann müsste es um die Vollziehung eines belastenden VA gehen. ... Die Zulässigkeit des Antrags setzt weiter voraus, dass gegen den VA, um dessen Vollziehung es geht, ein Rechtsbehelf i.S.d. § 80 Abs. 1 VwGO eingelegt wurde, bei dem die aufschiebende Wirkung nach § 80 Abs. 2 VwGO ausgeschlossen ist. ... "*

662 **a)** Es muss ein **belastender Verwaltungsakt** objektiv vorliegen, wobei – wie bei der Anfechtungsklage – ein sog. formeller VA ausreicht.[888]

Beispiele:

- Bauordnungsverfügungen (z.B. Stilllegungs- und Beseitigungsverfügungen, Nutzungsuntersagungen etc.), wenn die Behörde die sofortige Vollziehung angeordnet hat (§ 80 Abs. 2 S. 1 Nr. 4 VwGO);

- Entzug einer Erlaubnis (z.B. Fahrerlaubnis, Gaststättenkonzession etc.), wobei teilweise die aufschiebende Wirkung kraft Gesetzes ausgeschlossen ist (vgl. z.B. § 2 a Abs. 6 StVG bei der Entziehung einer Fahrerlaubnis auf Probe und § 4 Abs. 9 StVG bei der Entziehung nach dem sog. Punktesystem).

- Abwehr belastender VAe im Beamtenrecht (z.B. Versetzung und Abordnung, vgl. § 126 Abs. 4 BBG, § 54 Abs. 4 BeamtStG) oder im Schulrecht (z.B. Schulauflösung, Ausschluss vom Unterricht) bei Anordnung der sofortigen Vollziehung.

- Ausweisung eines Ausländers (§ 53 AufenthG), die von der Behörde für sofort vollziehbar erklärt worden ist (§ 80 Abs. 2 S. 1 Nr. 4 VwGO).

---

886 Kopp/Schenke VwGO § 80 Rn. 130; Schoch Jura 2002, 37, 40; Koehl JA 2016, 610, 616; Voßkuhle/Wischmeyer JuS 2016, 1079, 1081.

887 Micker NWVBl. 2002, 404, 405; Proppe JA 2006, 451, 456; Zilkens JuS 2006, 338, 339; Lehner JuS 2017, 148, 150.

888 VGH BW RÜ2 2017, 259, 260; VBlBW 2017, 197, 198; OVG NRW NVwZ-RR 2013, 423, 424 und oben Rn. 127.

Hat sich der Verwaltungsakt zwischenzeitlich **erledigt**, ist der Antrag nach § 80 Abs. 5 **663**
VwGO **unzulässig**. Einer aufschiebenden Wirkung bedarf es in diesem Fall nicht, da es
nichts mehr zu vollziehen gibt.[889] Fortsetzungsfeststellungsanträge sind nur im Hauptsacheverfahren zulässig, nicht dagegen im vorläufigen Rechtsschutz.[890]

b) Der Antrag nach § 80 Abs. 5 VwGO setzt weiter voraus, dass Rechtsbehelfe (Wider- **664**
spruch, Anfechtungsklage) gemäß § 80 Abs. 2 VwGO **keine aufschiebende Wirkung**
haben (s.o. Rn. 647 ff.).

Beispiele: Abgabenbescheide (§ 80 Abs. 2 S. 1 Nr. 1 VwGO), unaufschiebbare Anordnungen von Polizeivollzugsbeamten (§ 80 Abs. 2 S. 1 Nr. 2 VwGO), Versammlungsverbot, bei dem die Behörde die sofortige Vollziehung angeordnet hat (§ 80 Abs. 2 S. 1 Nr. 4 VwGO).

c) Umstritten ist, ob der Antragsteller den **Rechtsbehelf bereits erhoben** haben muss.[891] **665**
Die h.M., die dies verlangt,[892] verweist darauf, dass § 80 Abs. 5 VwGO keinen vorbeugenden (sondern vorläufigen) Rechtsschutz gewährt. Die Anordnung oder Wiederherstellung der aufschiebenden Wirkung eines noch nicht erhobenen Rechtsbehelfs scheide
schon begriffsnotwendig aus. Erst die Existenz des Rechtsbehelfs versetze das Gericht in
die Lage, die begehrte Rechtsfolge auszusprechen.[893]

Die Gegenansicht verweist demgegenüber auf § 80 Abs. 5 S. 2 VwGO, wonach der An- **666**
trag schon **vor Erhebung der Anfechtungsklage** zulässig ist.[894] Die Rechtsbehelfsfrist
würde unzulässigerweise verkürzt, wenn der Betroffene schon vor Ablauf der Monatsfrist (§§ 70 Abs. 1, 74 Abs. 1 S. 2 VwGO) vorläufigen Rechtsschutz beantragen will und
gleichzeitig Widerspruch oder Anfechtungsklage erheben müsste. Dem Einwand, es
würde praktisch vorab die aufschiebende Wirkung angeordnet bzw. wiederhergestellt,
selbst wenn später kein Rechtsbehelf erhoben und der VA dann bestandskräftig wird,
wird dadurch begegnet, dass nur die aufschiebende Wirkung des **„noch zu erheben-
den"** Rechtsbehelfs angeordnet bzw. wiederhergestellt wird, der Beschluss daher gegenstandslos wird, wenn die Einlegung des Rechtsbehelfs später unterbleibt.

Der Hinweis auf § 80 Abs. 5 S. 2 VwGO geht fehl. Die Vorschrift betrifft allein die Zeit zwi- **667**
schen der Zurückweisung des Widerspruchs und der Erhebung der Anfechtungsklage.
Deshalb hat sich auch durch die teilweise Abschaffung des Widerspruchsverfahrens im
landesrechtlichen Bereich (z.B. in Bayern, Niedersachsen und NRW) an der Problematik
nichts geändert. Auch wenn der Widerspruch nach § 68 Abs. 1 S. 2 VwGO ausgeschlossen ist, kann der Eilantrag frühestens mit Klageerhebung gestellt werden.[895]

---

889 OVG NRW, Beschl. v. 18.09.2018 – 4 B 299/18, BeckRS 2018, 22323; BayVGH NVwZ-RR 2016, 887; Schoch VwGO § 80
Rn. 365.
890 Kopp/Schenke VwGO § 80 Rn. 131.
891 Die Einordnung im Prüfungsaufbau ist auch hier uneinheitlich; vgl. Hufen § 32 Rn. 34; Schenke Rn. 993 (Statthaftigkeit);
Schoch Jura 2002, 37, 41 (besondere Sachentscheidungsvoraussetzung).
892 VGH Mannheim NVwZ-RR 2002, 407 f.; OVG NRW NVwZ-RR 2001, 54, 55; Hufen § 32 Rn. 34; Schoch VwGO § 80 Rn. 460;
Pietzner/Ronellenfitsch Rn. 1545; Proppe JA 2004, 324, 324; Bausch NVwZ 2006, 158; Erbguth JA 2008, 357, 360.
893 Andrick ZAP 2002, 1161, 1170; Tappe/Glaser Jura 2007, 456, 458; Unger Jura 2010, 939, 940; Lehner JuS 2017, 148, 150;
Koehl SVR 2018, 372, 374.
894 BayVGH DVBl. 1988, 590, 591; Kopp/Schenke VwGO § 80 Rn. 139; Tettinger/Wahrendorf § 24 Rn. 5; Brühl JuS 1995, 722,
723; Schliesky/Schwind JA 2004, 217, 219 f.; Shirvani/Heidebach DÖV 2010, 254, 259 f.; Schiffbauer JuS 2015, 548, 551.
895 VG Lüneburg, Beschl. v. 21.11.2005 – 3 B 84/05, BeckRS 2005, 31011; Schoch VwGO § 80 Rn. 460; Finkelnburg/Dombert/
Külpmann Rn. 946; Koehl JA 2016, 610, 616; a.A. Würtenberger/Heckmann Rn. 607; Gersdorf in Posser/Wolff VwGO § 80
Rn. 164; Cremer/Wolf/Gurzan Jura 2010,773, 775 (ohne Begründung); unklar Hummel JuS 2011, 413, 416.

3. Antragsbefugnis

668 Auch das vorläufige Rechtsschutzverfahren nach § 80 Abs. 5 VwGO erfordert eine Antragsbefugnis **analog § 42 Abs. 2 VwGO.**[896] Der Antragsteller muss geltend machen, durch den Verwaltungsakt in seinen subjektiven Rechten verletzt zu sein.

Voraussetzung ist auch hier lediglich die Möglichkeit einer Rechtsverletzung. Daran fehlt es nur dann, wenn offensichtlich und eindeutig nach keiner Betrachtungsweise die vom Antragsteller geltend gemachten Rechte bestehen oder ihm zustehen oder verletzt sein können (s.o. Rn. 429).

4. Rechtsschutzbedürfnis

a) Hauptsacheverfahren nicht offensichtlich unzulässig

669 Das Rechtsschutzbedürfnis für einen Antrag nach § 80 Abs. 5 S. 1 VwGO setzt voraus, dass der **Rechtsbehelf in der Hauptsache nicht offensichtlich unzulässig** ist. Denn dann entfalten Widerspruch und Anfechtungsklage nach h.M. ohnehin keine aufschiebende Wirkung (s.o. Rn. 628).[897]

Beispiel: Der Widerspruch oder die Klage ist offensichtlich verfristet, weil die Monatsfrist des § 70 Abs. 1 bzw. § 74 Abs. 1 VwGO abgelaufen ist und eine ordnungsgemäße Rechtsbehelfsbelehrung vorliegt. Da der Rechtsbehelf in der Hauptsache offensichtlich unzulässig ist, besteht kein Rechtsschutzbedürfnis für den Eilantrag.

b) Kein vorheriger Antrag an die Behörde erforderlich

670 Eines **vorherigen Antrags bei der Behörde** auf Aussetzung der Vollziehung nach § 80 Abs. 4 VwGO (dazu unten Rn. 723 ff.) bedarf es grds. nicht. § 80 Abs. 6 VwGO sieht ein vorgeschaltetes behördliches Aussetzungsverfahren nur in den Fällen des § 80 Abs. 2 S. 1 Nr. 1 VwGO vor, also bei der Anforderung von öffentlichen Abgaben und Kosten. Daraus folgt, dass in allen übrigen Fällen des § 80 Abs. 2 VwGO das Gericht unmittelbar angerufen werden kann.[898] Das behördliche Aussetzungsverfahren nach § 80 Abs. 4 VwGO und das gerichtliche Aussetzungsverfahren nach § 80 Abs. 5 VwGO stehen daher gleichberechtigt nebeneinander.

c) Keine besondere Eilbedürftigkeit

671 Einer besonderen **Eilbedürftigkeit** bedarf es – im Gegensatz zur einstweiligen Anordnung (§ 123 VwGO) – für den Antrag nach § 80 Abs. 5 S. 1 VwGO **nicht.**[899] Die generelle Eilbedürftigkeit folgt aus dem drohenden Vollzug. Auch ein längeres Zuwarten nach Erlass des VA stellt das Rechtsschutzbedürfnis nicht infrage.[900]

---

896 BVerwG NVwZ 2018, 1485, 1486; NdsOVG RÜ 2018, 390, 391; Kopp/Schenke VwGO § 80 Rn. 134; Schoch Jura 2002, 37, 41; Froese JuS 2017, 50, 52; Koehl SVR 2018, 372, 374.

897 OVG LSA NVwZ-RR 2013, 85, 86, RÜ 2013, 249, 250; VGH Mannheim NJW 2004, 2690, 2691; Meyer JA 2010, 738, 743.

898 Kopp/Schenke VwGO § 80 Rn. 138; Finkelnburg/Domber/Külpmann Rn. 899; Hummel JuS 2011, 413, 416 m.w.N.

899 HessVGH, Beschl. v. 06.02.2008 – 8 TG 976/07.

900 Vgl. Kopp/Schenke VwGO § 80 Rn. 136.

5. Antragsfrist

Der Aussetzungsantrag nach § 80 Abs. 5 S. 1 VwGO ist – soweit gesetzlich nicht etwas anderes bestimmt ist – an **keine Frist** gebunden.

Ausnahmen: Abschiebungsandrohung nach § 36 Abs. 3 AsylG (eine Woche, im sog. Flughafenverfahren sogar nur drei Tage, vgl. § 18 a Abs. 4 S. 1 AsylG); im Verkehrswegeplanungsrecht i.d.R. ein Monat (z.B. § 17 e Abs. 2 S. 2, Abs. 3 S. 1 FStrG, § 29 Abs. 6 S. 3 PBefG).[901]

Beachte: *Hat der Antragsteller die Widerspruchs- bzw. Klagefrist (§§ 70, 74 VwGO) nicht eingehalten, ist der Rechtsbehelf offensichtlich unzulässig und für den Aussetzungsantrag fehlt es bereits am Rechtsschutzbedürfnis (s.o. Rn. 669).[902]*

6. Antragsgegner

Der Antragsgegner bestimmt sich wie bei der Anfechtungsklage analog § 78 Abs. 1 Nr. 1 bzw. Nr. 2 VwGO. Antragsgegner ist daher – je nach Landesrecht – die Ausgangsbehörde bzw. die sie tragende Körperschaft.[903]

7. Sonstige Sachentscheidungsvoraussetzungen

Im Übrigen sind ähnliche formelle Voraussetzungen wie in der Hauptsache zu beachten (ordnungsgemäße Antragsschrift an das zuständige Gericht, Beteiligten- und Prozessfähigkeit u.a., vgl. §§ 61 ff., 81 ff. VwGO).

II. Begründetheit des Antrags nach § 80 Abs. 5 S. 1 VwGO

1. Prüfungsmaßstab

Unter welchen Voraussetzungen ein Antrag nach § 80 Abs. 5 S. 1 VwGO begründet ist, ist im Gesetz nicht ausdrücklich geregelt und daher im Wege der Auslegung der Vorschrift zu ermitteln. Nach h.M. ergibt sich aus Sinn und Zweck der Gesamtregelung des § 80 VwGO, dass der Erfolg des Antrags nach § 80 Abs. 5 VwGO abhängig ist von einer **Abwägung** zwischen dem öffentlichen Interesse am Vollzug der getroffenen Regelung (dem sog. **Vollzugsinteresse**) und dem **Aussetzungsinteresse** des Antragstellers, das als Interesse an der Gewährung effektiven Rechtsschutzes durch Art. 19 Abs. 4 GG verfassungsrechtlich abgesichert ist. Das Gericht überprüft daher im Verfahren nach § 80 Abs. 5 VwGO nicht etwa die Rechtmäßigkeit der Anordnung der sofortigen Vollziehung, sondern trifft durch Abwägung der beteiligten Interessen – anders als im Hauptsacheverfahren – eine **eigene Ermessensentscheidung**.[904] Das Gericht ist deshalb auch nicht an die von der Behörde für den Sofortvollzug angeführten Gründe gebunden.

---

901 Dazu BVerwG NVwZ 2005, 943, 944; Kuhla NVwZ 2002, 542 ff.

902 OVG LSA NVwZ-RR 2013, 85, RÜ 2013, 249, 250; Hufen § 32 Rn. 35.

903 OVG NRW NWVBl. 2011, 270; Thiel NWVBl. 2008, 161, 162; Meyer JA 2010, 738, 744.

904 BVerfG NVwZ 2007, 1176, 1177; BVerwG NVwZ 2003, 207; OVG Lüneburg NVwZ-RR 2018, 725; NdsVBl 2017, 318; OVG NRW NVwZ 2018, 1818; Kopp/Schenke VwGO § 80 Rn. 152; Proppe JA 2004, 324, 325.

676 Die vereinzelt vertretene Gegenansicht geht demgegenüber wie im Hauptsacheverfahren von einer **Rechtsentscheidung** aus. Die h.M. verkenne, dass das Gericht auch im Aussetzungsverfahren als Kontrollinstanz fungiere und nicht selbst verwalten dürfe.[905] Dem ist entgegenzuhalten, dass es im Rahmen der Entscheidung nach § 80 Abs. 5 VwGO gerade noch nicht um die Rechtmäßigkeit der Verwaltungsmaßnahme und deren Aufhebung geht, sondern ausschließlich um die Frage, ob der VA schon vor seiner Bestandskraft verwirklicht werden darf. Diese Frage lässt sich nicht allein nach rechtlichen Kategorien beantworten, sondern erfordert eine **Abwägung der gegenläufigen Interessen**.

2. Interessenabwägung

677 Die Interessenabwägung richtet sich in erster Linie nach den **Erfolgsaussichten in der Hauptsache**.[906] Die Rechtmäßigkeit bzw. Rechtswidrigkeit des VA ist allerdings nicht alleinige Entscheidungsgrundlage, sondern es handelt sich nur um einen von möglicherweise mehreren Gesichtspunkten, die in die Abwägung einzustellen sind.

a) Rechtswidrigkeit des angefochtenen Verwaltungsakts

678 Erweist sich der Verwaltungsakt bei der im vorläufigen Rechtsschutzverfahren gebotenen summarischen Prüfung als **rechtswidrig**, so ist dem Aussetzungsantrag ohne Weiteres stattzugeben. Denn an der Vollziehung eines rechtswidrigen Verwaltungsakts kann kein überwiegendes öffentliches Interesse bestehen.[907]

Beachte: Dies gilt unabhängig davon, ob es um die Fälle des gesetzlichen Ausschlusses der aufschiebenden Wirkung (§ 80 Abs. 2 S. 1 Nr. 1–3 und S. 2 VwGO) oder um die Anordnung der sofortigen Vollziehung (§ 80 Abs. 2 S. 1 Nr. 4 VwGO) geht.

679 Eine **Einschränkung** macht die Rspr. bei lediglich **formell fehlerhaften** Verwaltungsakten. Hier ist angesichts der bestehenden Heilungs- und Nachbesserungsmöglichkeiten (§§ 45, 46 VwVfG, § 114 S. 2 VwGO) die Suspendierung im Aussetzungsverfahren nach § 80 Abs. 5 S. 1 VwGO i.d.R. nur bei gravierenden Verfahrensfehlern gerechtfertigt.[908] Eine Aussetzung ist insbes. dann nicht geboten, wenn absehbar ist, dass der formelle Fehler geheilt werden wird (z.B. durch Nachholung der unterbliebenen Anhörung gemäß § 45 Abs. 1 Nr. 3 VwVfG).

b) Rechtmäßigkeit des angefochtenen Verwaltungsakts

680 ■ Ist die aufschiebende Wirkung **kraft Gesetzes ausgeschlossen** (§ 80 Abs. 2 S. 1 Nr. 1–3 und S. 2 VwGO), so ist aufgrund der gesetzlichen Wertung grds. von einem **Vorrang des öffentlichen Vollzugsinteresses** auszugehen.[909] Der Antrag nach § 80 Abs. 5 VwGO ist daher **i.d.R. unbegründet**.

681 Etwas anderes gilt nur dann, wenn **ernstliche Zweifel an der Rechtmäßigkeit** des angefochtenen VA bestehen oder wenn die Vollziehung für den Pflichtigen eine unbillige, nicht durch überwiegende öffentliche Interessen gebotene Härte zur Folge hätte.

---

905 Schoch, Vorläufiger Rechtsschutz, S. 1379 ff.; ders. Jura 2002, 37, 44; ders. VwGO § 80 Rn. 369 ff.; Gersdorf in Posser/Wolff VwGO § 80 Rn. 171 ff.; Zacharias JA 2002, 345, 347.

906 BVerfG DVBl. 2018, 370, 371; NVwZ 2007, 1176, 1177; BVerwG NVwZ 2005, 943, 945; OVG NRW NWVBl. 2004, 273, 274; Proppe JA 2004, 324, 325; JA 2006, 377, 382; Kopp/Schenke VwGO § 80 Rn. 152.

907 Unstreitig; vgl. BVerfG NVwZ 2007, 1302, 1304; OVG NRW NVwZ 2018, 1818; Kopp/Schenke § 80 Rn. 159.

908 OVG Lüneburg NordÖR 2008, 231, 232; OVG Hamburg NVwZ-RR 2007, 364, 365; offen gelassen von VG Neustadt RÜ 2017, 52, 55.

909 BVerfG NVwZ 2004, 93, 94.

Dieser für die **behördliche Aussetzung** nach § 80 Abs. 4 S. 3 VwGO geltende Maßstab ist analog auch im gerichtlichen Verfahren anwendbar und zwar nach h.M. auch in den Fällen des § 80 Abs. 2 S. 1 Nr. 2 u. Nr. 3 VwGO.[910]

Die Gegenansicht hält § 80 Abs. 4 S. 3 VwGO nicht für verallgemeinerungsfähig. Es mache keinen Unterschied, ob der Sofortvollzug auf einer gesetzlichen oder behördlichen Anordnung beruhe. Daher habe in den Fällen des § 80 Abs. 2 S. 1 Nr. 2 u. 3 VwGO – wie bei Anordnung der sofortigen Vollziehung nach § 80 Abs. 2 S. 1 Nr. 4 VwGO – eine allgemeine Interessenabwägung zu erfolgen.[911] Dagegen spricht jedoch, dass bei gesetzlichem Ausschluss der aufschiebenden Wirkung aufgrund der gesetzlichen Wertung grds. in allen Fällen von einem Vorrang des Vollzugsinteresses auszugehen ist.

„Ernstliche Zweifel" i.S.d. § 80 Abs. 4 S. 2 VwGO bestehen nach h.M. nur, wenn der **Erfolg** des Rechtsbehelfsführers **wahrscheinlicher** ist als sein Unterliegen, nach der Gegenansicht bereits dann, wenn der Erfolg mindestens ebenso wahrscheinlich ist wie der Misserfolg.[912] Ist der VA dagegen rechtmäßig, überwiegt – abgesehen von Fällen unbilliger Härte – das **öffentliche Vollzugsinteresse**.[913]   **682**

■ Im Fall der **Anordnung der sofortigen Vollziehung** (§ 80 Abs. 2 S. 1 Nr. 4 VwGO) ist umstritten, ob allein die Rechtmäßigkeit des VA ein überwiegendes Vollzugsinteresse begründet, oder ob stets ein „besonderes" Vollzugsinteresse erforderlich ist.   **683**

– Teilweise wird angenommen, das Vollzugsinteresse überwiege bereits dann, wenn der angefochtene VA rechtmäßig ist und der Rechtsbehelf voraussichtlich keinen Erfolg haben wird. Denn das **Interesse des Antragstellers**, die Verwirklichung des VA durch offensichtlich unbegründete Rechtsbehelfe hinauszuschieben, sei **nicht schutzwürdig**.[914]   **684**

– Die Gegenansicht verweist darauf, dass in den Fällen der behördlichen Anordnung – anders als in den Fällen des gesetzlichen Ausschlusses der aufschiebenden Wirkung – stets ein **„besonderes" Vollzugsinteresse** vorliegen müsse. Die voraussichtliche Rechtmäßigkeit des VA begründe für sich allein kein besonderes Interesse an seiner sofortigen Vollziehung, da das Vollzugsinteresse gerade über das den VA selbst rechtfertigende Interesse hinausgehen müsse.[915] Hierfür spricht, dass die aufschiebende Wirkung nach § 80 Abs. 1 VwGO im Hinblick auf Art. 19 Abs. 4 GG der Regelfall bleiben muss, ein Ausschluss der aufschiebenden Wirkung daher nur bei einem besonderen Vollzuginteresse gerechtfertigt ist.   **685**

Beispiel: Bei Verwaltungsakten, mit denen Unionsrecht vollzogen wird, kann das öffentliche Interesse am wirksamen Vollzug des Unionsrechts zwar die Anordnung der sofortigen Vollziehung rechtfertigen. Europarechtsbezug allein begründet aber noch kein besonderes Vollzugsinteresse, sondern nur, wenn die Durchsetzung des Unionsrechts ansonsten gefährdet wäre, z.B. weil der Zweck der Maßnahme nur innerhalb einer bestimmten Frist erreicht werden kann.[916]

---

910 BVerfG NVwZ 2004, 93, 94; BVerwG DVBl. 2005, 717, 718; OVG Hamburg NVwZ-RR 2007, 364, 365; Proppe JA 2004, 324, 326 m.w.N.

911 Kopp/Schenke VwGO § 80 Rn. 116; Proppe JA 2004, 324, 325; Finkelnburg/Dombert/Külpmann Rn. 834 u. 982.

912 Vgl. Kopp/Schenke VwGO § 80 Rn. 116 m.w.N.

913 BVerfG DVBl. 2018. 370, 371; zu einem Ausnahmefall BVerfG NVwZ 2012, 104, 105.

914 VGH BW NJW 2010, 692, 694; OVG Lüneburg NJW 2002, 2336, 2337; OVG Berlin NVwZ 2002, 489, 490; Proppe JA 2006, 451, 457; Tappe/Glaser Jura 2007, 456, 459; offen gelassen von BayVGH NVwZ-RR 2016, 48, 50.

915 BVerfG NJW 2010, 2268, 2269; NVwZ 2007, 1302, 1304; NdsOVG RÜ 2018, 390, 395; OVG NRW, Beschl. v. 05.10. 2018 – 11 B 1129/18, BeckRS 2018, 23939; Kopp/Schenke VwGO § 80 Rn. 159; Voßkuhle/Wischmeyer JuS 2016, 1079, 1082; Schaks/Friedrich JuS 2018, 954, 960.

916 OVG NRW DÖV 2016, 1056; NdsOVG RdL 2012, 223; Sodan/Ziekow VwGO § 80 Rn. 88.

c) Entscheidung bei offenen Erfolgsaussichten

686 Lässt sich die Rechtmäßigkeit des angegriffenen Verwaltungsakts im vorläufigen Rechtsschutzverfahren wegen der besonderen Dringlichkeit einer alsbaldigen Entscheidung oder wegen der Komplexität der Sach- und Rechtsfragen nicht abschließend klären bzw. ist der Ausgang der Hauptsache bei summarischer Prüfung offen, hat eine von den Erfolgsaussichten der Hauptsache **unabhängige Interessenabwägung** zu erfolgen.[917] Dabei gilt als **Faustformel**, dass durch die gesetzgeberische Entscheidung in den Fällen des § 80 Abs. 2 S. 1 Nr. 1–3 und S. 2 VwGO ein überwiegendes Vollzugsinteresse, im Fall des § 80 Abs. 2 S. 1 Nr. 4 VwGO ein überwiegendes Aussetzungsinteresse indiziert wird.[918]

„Summarische" Prüfung bedeutet in der Praxis, dass Sachverhaltsfragen nicht erschöpfend geklärt werden müssen, Rechtsfragen werden jedoch i.d.R. abschließend beurteilt. Verfassungsrechtlich ist eine summarische Prüfung im Eilverfahren nicht zu beanstanden, es sei denn es droht eine erhebliche Grundrechtsverletzung.[919] In der Klausur spielt die Beschränkung auf die summarische Prüfung keine Rolle. Hier ist die Rechtmäßigkeit grundsätzlich umfassend zu prüfen.[920]

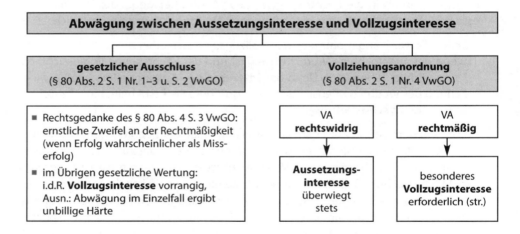

---

[917] BVerfG DVBl. 2018, 370, 372; DVBl. 2008, 1056, 1057; OVG Lüneburg NdsVBl 2017, 318, 320; OVG NRW NVwZ 2018, 1818; Hufen § 32 Rn. 41.
[918] BVerwG BauR 2005, 1145, 1146 f.; OVG Bremen NVwZ-RR 2007, 337; OVG LSA NVwZ-RR 2016, 893; Schaks/Friedrich JuS 2018, 954, 960.
[919] BVerfG NVwZ 2017, 149, 150; NVwZ 2018, 1466, 1467; NVwZ 2018, 1467, 1468.
[920] Voßkuhle/Wischmeyer JuS 2016, 1079, 1081; vgl. auch

Vorläufiger Rechtsschutz nach § 80 VwGO | **2. Abschnitt**

Fall 22: Untersagung eines Malerbetriebes

A ist Inhaber eines kleinen Malerbetriebes. Nach dem Ausscheiden einiger Arbeitnehmer wurde ihm vorgeworfen, Sozialversicherungsbeiträge nicht ordnungsgemäß abgeführt zu haben. A gibt zu, dass er es mit der Abführung der Sozialbeiträge nicht immer genau genommen habe, bestreitet aber die Höhe der Rückstände. Es habe sich stets nur um kurzfristige Verzögerungen gehandelt. Im Übrigen gingen die Geschäfte derzeit so schlecht, dass er nur noch einen Gesellen beschäftige; für diesen habe er die Beiträge stets pünktlich gezahlt. Die zuständige Gewerbebehörde untersagte A die weitere Ausübung seines Gewerbes und begründete dies damit, dass A aufgrund des festgestellten Sachverhalts unzuverlässig sei, da er die soziale Sicherheit seiner Arbeitnehmer gefährde. Gleichzeitig wurde die sofortige Vollziehung der Untersagungsverfügung angeordnet und damit begründet, dem Zweck des Gesetzes, unzuverlässige Gewerbetreibende auszuschalten, widerspreche es, die Verwirklichung der Verfügung durch Rechtsbehelfe hinauszuschieben. Im Übrigen sei davon auszugehen, dass die Verfügung rechtmäßig sei, da die Einwendungen des A offensichtlich unbegründet seien. Es müsse jederzeit damit gerechnet werden, dass A wieder größere Aufträge bekomme, Arbeitnehmer einstelle und für diese wiederum Sozialbeiträge nicht ordnungsgemäß abführe. Gegen die Verfügung hat A fristgerecht Widerspruch erhoben und zugleich beim Verwaltungsgericht den Antrag gestellt, „ihm im Wege der einstweiligen Anordnung die Fortführung seines Gewerbes vorläufig zu gestatten". Wie wird das VG entscheiden?

Hinweis: Das Land hat von den Ermächtigungen in §§ 61 Nr. 3, 68 Abs. 1 S. 2, 78 Abs. 1 Nr. 2 VwGO keinen Gebrauch gemacht.

A. Zulässigkeit des Antrags

687

   I. Der **Verwaltungsrechtsweg** ist gemäß § 40 Abs. 1 S. 1 VwGO eröffnet. A wendet sich gegen eine hoheitlich erlassene Ordnungsverfügung nach der GewO, sodass eine öffentlich-rechtliche Streitigkeit nichtverfassungsrechtlicher Art gegeben ist, die auch keinem anderen Gericht ausdrücklich zugewiesen ist.

   II. **Statthaft** könnte ein Antrag auf Wiederherstellung der aufschiebenden Wirkung nach § 80 Abs. 5 S. 1 Alt. 2 VwGO sein. In Abgrenzung zur einstweiligen Anordnung (§ 123 VwGO) greift die Vorschrift dann ein, wenn es um die Suspendierung eines belastenden VA geht, der im Hauptsacheverfahren mit der Anfechtungsklage anzugreifen ist.

688

      1. Zwar hat A ausdrücklich den Erlass einer einstweiligen Anordnung (§ 123 VwGO) beantragt. Das Gericht ist aber auch im vorläufigen Rechtsschutzverfahren wie im Klageverfahren nicht an die Anträge, sondern nur an das **Antragsbegehren** gebunden (§§ 122 Abs. 1, 88 VwGO).

      Dementsprechend kann das Gericht einen Antrag nach § 123 Abs. 1 VwGO als Antrag nach § 80 Abs. 5 VwGO oder umgekehrt behandeln, wenn der Sache nach nur ein solcher in Betracht kommt.[921]

---

921 BayVGH NVwZ 2002, 1268; Schoch Jura 2002, 37, 41; Kopp/Schenke VwGO § 123 Rn. 4; ausführlich zur Auslegung verwaltungsgerichtlicher Eilanträge Preusche JA 2009, 138 ff.

7. Teil	Vorläufiger Rechtsschutz im Verwaltungsprozess

689   2. Das Verfahren nach § 80 Abs. 5 S. 1 VwGO ist **statthaft**,

- wenn es um die **Vollziehung eines belastenden VA** geht,

- der Antragsteller einen **Rechtsbehelf eingelegt** hat,

- bei dem die **aufschiebende Wirkung** nach § 80 Abs. 2 VwGO **ausgeschlossen** ist.

a) Die gegen A erlassene Untersagungsverfügung nach § 35 Abs. 1 GewO ist als Verbot ein **belastender VA**, dessen Vollziehung geregelt werden soll.

b) A hat ordnungsgemäß **Widerspruch erhoben**, sodass dahinstehen kann, ob der Aussetzungsantrag schon vor der Einlegung des Hauptsacherechtsbehelfs gestellt werden kann (s.o. Rn. 665 ff.).

c) Die **aufschiebende Wirkung** des Widerspruchs des A ist gemäß § 80 Abs. 2 S. 1 Nr. 4 VwGO **ausgeschlossen**, weil die Behörde die sofortige Vollziehung angeordnet hat. Somit ist ein Antrag auf Wiederherstellung der aufschiebenden Wirkung nach § 80 Abs. 5 S. 1 Fall 2 VwGO statthaft.

690   III. A kann geltend machen, in seinem Grundrecht aus Art. 12 Abs. 1 GG verletzt zu sein, sodass die analog § 42 Abs. 2 VwGO erforderliche **Antragsbefugnis** vorliegt.

IV. Rechtsschutzbedürfnis

1. Das Rechtsschutzbedürfnis für einen Antrag nach § 80 Abs. 5 S. 1 VwGO fehlt, wenn der Rechtsbehelf in der Hauptsache **offensichtlich unzulässig** ist. Insoweit sind keine Bedenken ersichtlich.

2. Eines **vorherigen Antrags an die Behörde** auf Aussetzung der Vollziehung gemäß § 80 Abs. 4 VwGO bedarf es wegen des drohenden Vollzuges – außer in den Fällen des § 80 Abs. 6 i.V.m. Abs. 2 S. 1 Nr. 1 VwGO – nicht.[922]

V. Der Antrag nach § 80 Abs. 5 S. 1 VwGO ist **nicht fristgebunden**.

VI. Der **Antragsgegner** bestimmt sich wie bei der Anfechtungsklage analog § 78 Abs. 1 Nr. 1 bzw. Nr. 2 VwGO. Antragsgegner ist daher hier – je nach Landesrecht – die Gewerbebehörde bzw. die sie tragende Körperschaft.[923]

B. Begründetheit des Antrags

691   I. Im Fall der **Anordnung der sofortigen Vollziehung** durch die Behörde gemäß § 80 Abs. 2 S. 1 Nr. 4 VwGO kann der Antrag nach § 80 Abs. 5 VwGO – unabhängig von der im Übrigen gebotenen Interessenabwägung – schon dann begründet sein, wenn die Vollziehungsanordnung (VzA) **formell fehlerhaft** erfolgt ist.[924]

Diese Prüfung ist nicht ganz konsequent, da das Gericht nach herrschendem Verständnis weder die Rechtmäßigkeit der Vollziehungsanordnung noch (allein) die Rechtmäßigkeit des angefochtenen VA prüft, sondern eine eigene Ermessensentscheidung trifft. Gleichwohl entspricht es allgemeiner Auffassung, dass die Vollziehungsanordnung formell ordnungsgemäß erfolgt sein muss, damit das Suspendierungsinteresse zurücktritt.[925]

---

922 Kopp/Schenke VwGO § 80 Rn. 138 m.w.N.

923 Zu den prozessualen Konsequenzen vgl. BVerwG NVwZ 2003, 216 f.

924 Vgl. beispielhaft HessVGH, Beschl. v. 07.10.2016 – 8 B 2537/16.

925 Vgl. Stegmüller JuS 2010, 907, 912 m.w.N.

Vorläufiger Rechtsschutz nach § 80 VwGO **2. Abschnitt**

Aufbauhinweis: Uneinheitlich wird auch hier der Aufbau gehandhabt. Überwiegend **692**
werden wie beim VA zunächst die formellen Gesichtspunkte geprüft und im Anschluss
daran die materielle Abwägung vorgenommen.[926] Teilweise wird vorgeschlagen, un-
mittelbar mit der materiellen Abwägung zu beginnen. Sei das Aussetzungsinteresse
vorrangig, so habe der Antrag in jedem Fall Erfolg, sodass es unerheblich sei, ob z.B.
die Begründung für die Vollzugsanordnung fehlt oder nicht ausreichend ist. Nur wenn
das Vollzugsinteresse überwiege, komme es darauf an, ob dies von der Behörde auch
formell ordnungsgemäß dargelegt worden ist.[927]

Der letztgenannte Aufbau ist für gerichtliche Entscheidungen nach § 80 Abs. 5 VwGO
(auch im 2. Staatsexamen) vorzugswürdig, da sonst überflüssige Gesichtspunkte an-
gesprochen werden, auf die es für die Entscheidung des Rechtsstreits nicht ankommt.
Beim Gutachten in der Klausur im 1. Staatsexamen dürfte es hingegen angebracht
sein, nach dem hergebrachten Schema vorzugehen.[928]

Formelle Voraussetzungen der Vollziehungsanordnung

- **Zuständigkeit:** Ausgangsbehörde oder Widerspruchsbehörde

- **Verfahren:** besondere Anhörung analog § 28 VwVfG?

- **schriftliche Begründung** des Vollzugsinteresses, § 80 Abs. 3 VwGO

---

1. **Zuständig** für die Anordnung der sofortigen Vollziehung ist die Ausgangs- **693**
   behörde oder die Widerspruchsbehörde (§ 80 Abs. 2 S. 1 Nr. 4 VwGO). Hier hat
   die Gewerbebehörde als Ausgangsbehörde die VzA erlassen.[929]

2. In verfahrensrechtlicher Hinsicht ist fraglich, ob vor Erlass der VzA eine **beson-** **694**
   dere Anhörung nach § 28 VwVfG erforderlich ist.

   a) Überwiegend wird dies verneint, da die VzA **keinen VA** darstellt und damit **695**
      § 28 VwVfG nicht anwendbar sei. Die VzA schließe kein Verwaltungsverfah-
      ren i.S.d. § 9 VwVfG ab. Sie sei vielmehr ein bloßer Verfahrensakt ohne ma-
      terielle Regelung. Da der Antrag nach § 80 Abs. 5 S. 1 VwGO grds. an keine
      Frist gebunden sei, könne die VzA – anders als ein VA – auch nicht bestands-
      kräftig werden.[930]

   b) Umstritten ist indes, ob sich eine Pflicht zur Anhörung aus einer **analogen** **696**
      Anwendung des § 28 VwVfG ergibt. Teilweise wird dies mit Blick auf allge-
      meine rechtsstaatliche Grundsätze (Art. 19 Abs. 4, Art. 103 Abs. 1 GG) jeden-
      falls bei einer **nachträglichen** VzA bejaht.[931] Die h.M. lehnt dagegen eine
      analoge Anwendung des § 28 VwVfG mangels Regelungslücke ab.[932]

---

926 Vgl. z.B. OVG NRW NWVBl. 2003, 104; VGH Mannheim NVwZ 1996, 281, 282; Morgenstern JA 1996, 497, 502; Jobs JA
   1998, 135, 136; Bodanowitz JuS 1999, 574, 576; Muckel/Zacharias NWVBl. 2003, 76, 77 f.

927 Vgl. insbes. Proppe JA 2004, 324, 327; JA 1996, 332, 334; Marwinski NWVBl. 1994, 315, 317.

928 Vgl. Schoch Jura 2002, 37, 45.

929 Zur gemeindeinternen Zuständigkeit NdsOVG RÜ 2018, 390, 393 f.

930 OVG Berlin NVwZ 1993, 198; VGH Mannheim NVwZ-RR 1995, 174, 175; Kopp/Schenke VwGO § 80 Rn. 82; Pietzner/Ro-
   nellenfitschRn. 1477; Tappe/Glaser Jura 2007, 456, 459; Meyer JA 2010, 738, 744; Schiffbauer JuS 2015, 548, 552.

931 VGH BW, Beschl. v. 19.04.2018 – 11 S 311/18 BeckRS 2018, 7703; Finkelnburg/Dombert/Külpmann Rn. 732 m.w.N.

932 OVG Hamburg NVwZ-RR 2007, 364; Koehl JA 2016, 610, 615; Voßkuhle/Wischmeyer JuS 2016, 1079, 1081; Schaks/Fried-
   rich JuS 2018, 954, 957; Würtenberger/Heckmann Rn. 595; einschränkend Kopp/Schenke VwGO § 80 Rn. 82.

7. Teil Vorläufiger Rechtsschutz im Verwaltungsprozess

697

Für die h.M. spricht, dass § 80 Abs. 3 VwGO im formellen Bereich nur das Erfordernis einer schriftlichen Begründung verlangt und damit die verfahrensrechtlichen Anforderungen **abschließend** bestimmt. Im Übrigen kann sich der Betroffene im gerichtlichen Verfahren nach § 80 Abs. 5 VwGO ausreichend Gehör verschaffen. Zumindest bei der mit dem AusgangsVA unmittelbar verbundenen VzA ist eine analoge Anwendung des § 28 VwVfG nicht geboten, sodass insoweit kein Verfahrensfehler vorliegt.[933]

Klausurhinweis: In der Klausur ist die Anhörung bei der VzA häufig nur ein Scheinproblem, insbes. wenn – wie im vorliegenden Fall – die VzA unmittelbar mit dem belastenden VA verbunden wird, da hier ganz überwiegend keine besondere Anhörung gefordert wird. Das Problem sollte, wenn der Sachverhalt entsprechende Anhaltspunkte enthält, in der gebotenen Kürze mit den o.g. Argumenten dargestellt werden. Nur in den streitigen Fällen (insbes. bei nachträglicher VzA) sollte auf das Problem näher eingegangen werden. Für das gerichtliche Eilverfahren hat der Streit kaum Bedeutung, da die Anhörung in jedem Fall analog § 45 Abs. 1 Nr. 3, Abs. 2 VwVfG bis zum Abschluss des gerichtlichen Verfahrens nachgeholt werden kann.[934]

698

3. Nach § 80 Abs. 3 S. 1 VwGO ist das besondere Interesse an der sofortigen Vollziehung des VA **schriftlich zu begründen**, es sei denn, es liegt eine sog. Notstandsmaßnahme i.S.d. § 80 Abs. 3 S. 2 VwGO vor. Damit soll der Behörde der **Ausnahmecharakter** der VzA vor Augen geführt und zugleich Sorge dafür getragen werden, dass vor Erlass der VzA alle Gesichtspunkte sorgfältig geprüft und abgewogen werden (Warnfunktion).[935]

In der Begründung der Vollziehungsanordnung hat die Behörde schlüssig, konkret und substantiiert darzulegen, aufgrund welcher Erwägungen sie **gerade im konkreten Einzelfall** ein besonderes öffentliches Interesse an der sofortigen Vollziehung als gegeben ansieht.[936] Dabei prüft das VG aber nicht die Richtigkeit der Begründung, sondern nur, ob die Begründung i.S.d. § 80 Abs. 3 VwGO **abstrakt geeignet** ist, die sofortige Vollziehung zu rechtfertigen.[937] Denn materiell prüft das Gericht nicht die Rechtmäßigkeit der VzA, sondern nimmt eine eigene Interessenabwägung vor (s.o.). In formeller Hinsicht ist also nur entscheidend, ob die VzA überhaupt mit **einzelfallbezogenen Erwägungen** begründet worden ist. **Inhaltliche Mängel** der Begründung wie eine falsche Tatsachenwürdigung oder unzutreffende Erwägungen können nur bei der materiellen Interessenabwägung berücksichtigt werden, führen aber nicht zur Verletzung des § 80 Abs. 3 S. 1 VwGO.[938]

699

Die Begründung muss das **besondere** öffentliche Interesse darlegen, das gerade im konkreten Fall über das allgemeine, bei jedem VA bestehende Vollzugsinteresse hinausgeht. **Nicht ausreichend** sind daher allgemein gehaltene Floskeln, die Wiedergabe des Gesetzeswortlauts oder die Wiederholung der den Erlass des VA selbst rechtfertigenden Gründe.[939]

---

933 Anders bei nachträglicher Anordnung VGH BW, Beschl. v. 19.04.2018 – 11 S 311/18, BeckRS 2018, 7703.

934 VGH BW, Beschl. v. 19.04.2018 – 11 S 311/18, BeckRS 2018, 7703; Kopp/Schenke VwGO § 80 Rn. 82.

935 Vgl. z.B. OVG LSA NVwZ-RR 2017, 402, 404; BayVGH NVwZ-RR 2016, 763; VG Neustadt RÜ 2017, 52, 54.

936 Vgl. beispielhaft OVG NRW, Beschl. v. 20.08.2018 – 4 B 485/18, BeckRS 2018, 19345; NdsOVG RÜ 2018, 390, 394.

937 OVG NRW NWVBl. 2004, 273; Proppe JA 2004, 324, 327.

938 OVG NRW NWVBl 2017, 220; OVG Lüneburg NdsVBl 2017, 318, 319; OVG LSA NVwZ-RR 2017, 402, 404; Schaks/Friedrich JuS 2018, 954, 957; a.A. Kopp/Schenke VwGO § 80 Rn. 149 für den Fall, dass sich die Begründung als unhaltbar erweist.

939 VGH BW VBlBW 2016, 375; OVG NRW NWVBl. 2014, 322; Schübel-Pfister JuS 2012, 993, 997; Schaks/Friedrich JuS 2018, 954, 957; Sodan/Ziekow VwGO § 80 Rn. 97 m.w.N.

Vorläufiger Rechtsschutz nach § 80 VwGO — 2. Abschnitt

a) Vorliegend hat die Behörde zunächst auf den Zweck des § 35 Abs. 1 GewO **700** Bezug genommen. Nach § 80 Abs. 3 VwGO muss jedoch ein **besonderes** Vollzugsinteresse dargelegt werden, das begriffsnotwendig über das Interesse hinausgeht, das den VA selbst rechtfertigt.[940]

Andererseits ist **nicht in allen Fällen** ein über den Gesetzeszweck hinaus- **701** gehendes zusätzliches Vollzugsinteresse erforderlich, weil sonst die Vollziehbarkeit letztlich von der Fassung der Eingriffsermächtigung abhängen würde und eine VzA gerade in den Fällen ausgeschlossen wäre, in denen der Gesetzgeber besonders enge Eingriffsvoraussetzungen festgelegt hat. Im Einzelfall – insbes. bei VAen der Gefahrenabwehr – kann sich das besondere Vollzugsinteresse daher aus denselben tatsächlichen Umständen ergeben, die auch den Erlass des VA als solchen rechtfertigen. In solchen Fällen genügt es, wenn die Behörde in der Begründung ihrer Vollziehungsanordnung darauf in geeigneter Form hinweist.[941]

Dem wird die vorliegende Anordnung in der Untersagungsverfügung nicht gerecht. Es handelt sich vielmehr um den **typischen Fall** einer Gewerbeuntersagung. Der Zweck des § 35 Abs. 1 GewO rechtfertigt den Erlass des VA, begründet jedoch noch kein **besonderes Interesse** gerade an der sofortigen Vollziehung.

Umstritten ist dies insbes. bei der **Entziehung der Fahrerlaubnis** nach § 3 StVG. Hier geht die Rspr. teilweise davon aus, dass die die Entziehung der Fahrerlaubnis tragenden Gründe aus dem Aspekt der Gefahrenabwehr i.d.R. zugleich auch die Dringlichkeit der Vollziehung begründen können.[942] Dem ist entgegenzuhalten, dass bei Fahrerlaubnisentziehungen die aufschiebende Wirkung (kraft Gesetzes) nur in Ausnahmefällen entfällt (§ 2 a Abs. 6 StVG bei Entziehung einer Fahrerlaubnis auf Probe und § 4 Abs. 9 StVG bei Entziehung nach dem sog. Punktesystem). Diese gesetzliche Wertung darf nicht durch eine großzügige Handhabung der Vollziehungsanordnung unterlaufen werden.

b) Ferner hat die Behörde sich darauf berufen, die Verfügung sei **rechtmäßig** **702** und die Einwendungen des A seien offensichtlich unbegründet. Zwar kann die Rechtmäßigkeit des angefochtenen VA gegen ein Aussetzungsinteresse des Betroffenen sprechen (dazu unten). Dieses Argument ist im Rahmen des § 80 Abs. 3 VwGO jedoch nicht verwertbar, da die Behörde selbstverständlich immer davon ausgehen wird, dass ihre Verfügung rechtmäßig ist; andernfalls dürfte sie den VA überhaupt nicht erlassen. Mit der „offensichtlichen Rechtmäßigkeit" kann das besondere Vollzugsinteresse i.S.d. § 80 Abs. 3 VwGO daher nicht begründet werden.[943]

c) Soweit die Behörde geltend macht, A könne jederzeit wieder Arbeitnehmer **703** einstellen, ihre Sozialbeiträge nicht abführen und daher deren soziale Sicherung gefährden, wird auf **konkrete Umstände des Einzelfalls** abgestellt.

---

940 Vgl. BVerfG NVwZ 2005, 1053, 1054; OVG NRW NWVBl. 2003, 104; Kopp/Schenke VwGO § 80 Rn. 85.

941 OVG Lüneburg, Beschl. v. 06.03.2018 – 7 ME 14/18, BeckRS 2018, 4577; BayVGH NVwZ-RR 2016, 763; OVG NRW DÖV 2012, 288; VG Neustadt RÜ 2017, 52, 54; Kopp/Schenke VwGO § 80 Rn. 86; Schoch Jura 2001, 671, 679.

942 OVG SH, Beschl. v. 23.01.2017 – 4 MB 2/17, BeckRS 2017, 100797; OVG NRW, Beschl. v. 12.05.2014 – 16 B 330/14, BeckRS 2014, 51398; VGH BW NJW 2010, 2821; vgl. auch Koehl JA 2016, 610, 614; SVR 2018, 372, 376.

943 BVerfG NJW 2010, 2268, 2269; VGH BW DVBl 2011, 58; Hummel JuS 2011, 413, 415.

205

| | 7. Teil | Vorläufiger Rechtsschutz im Verwaltungsprozess |

Deshalb kann darin ein besonderes Vollzugsinteresse gesehen werden. Ob die Umstände zutreffen, ist keine Frage der formellen Seite, sondern der materiellen Abwägung. Unter diesem Gesichtspunkt sind die Anforderungen des § 80 Abs. 3 VwGO daher (noch) erfüllt.

704   *Ergänzende Hinweise:*

■ *Fehlt eine (ordnungsgemäße) Begründung des besonderen Vollzugsinteresses, so kann dieser Mangel nach h.Rspr. während des gerichtlichen Verfahrens durch **Nachschieben von Gründen** geheilt werden.[944] Es würde einen nicht gerechtfertigten Formalismus darstellen, wenn die im Aussetzungsverfahren nachgeschobene Begründung unbeachtet bleiben müsste, der VA aber jederzeit mit einer neuen VzA verbunden werden dürfte. Die Gegenansicht verneint eine Heilungsmöglichkeit. Zweck der Begründungspflicht sei es, die Behörde zu veranlassen die gebotenen Überlegungen und Abwägungen vor Erlass der VzA vorzunehmen. Dieser Zweck sei nachträglich nicht mehr erreichbar. Die Behörde habe daher nur die Möglichkeit, eine neue VzA mit neuer Begründung zu erlassen.[945]*

■ *Ist die Begründung gemessen an § 80 Abs. 3 VwGO nicht ausreichend (und ist der Mangel auch nicht geheilt worden), so ist der Antrag nach § 80 Abs. 5 VwGO schon allein wegen des formellen Mangels begründet. Überwiegend wird angenommen, die Anordnung sei in diesem Fall lediglich **aufzuheben**,[946] nach der Gegenansicht soll die aufschiebende Wirkung vollständig wiederhergestellt werden, da § 80 Abs. 5 VwGO eine Aufhebung der VzA nicht vorsieht.[947] Jedenfalls dürfen Sie sich in der Klausur nicht auf die Prüfung der formellen Seite beschränken, sondern müssen zusätzlich in jedem Fall noch eine materielle Interessenabwägung vornehmen.[948]*

II. Materielle Abwägung

705   In materieller Hinsicht ist der Antrag nach § 80 Abs. 5 S. 1 VwGO begründet, wenn aufgrund einer **umfassenden Güter- und Interessenabwägung** davon auszugehen ist, dass das Aussetzungsinteresse des Antragstellers gegenüber dem öffentlichen Interesse an der sofortigen Vollziehung (Vollzugsinteresse) vorrangig ist. Diese Interessenabwägung richtet sich in erster Linie (wenn auch nicht ausschließlich) nach den Erfolgsaussichten in der Hauptsache.

706   1. Das Aussetzungsinteresse des A überwiegt das öffentliche Vollzugsinteresse vor allem dann, wenn der **angefochtene VA rechtswidrig** in die Rechte des A eingreift und A deshalb im Hauptsacheverfahren aller Voraussicht nach Erfolg haben wird (vgl. § 113 Abs. 1 S. 1 VwGO).

707   Für die Frage der **Rechtmäßigkeit** der **Untersagungsverfügung** nach § 35 Abs. 1 S. 1 GewO kommt es darauf an, ob bezüglich des A Tatsachen vorliegen, welche seine **Unzuverlässigkeit** dartun, und ob die Untersagung zum Schutz der Allgemeinheit oder der im Betrieb Beschäftigten erforderlich ist. Dabei ist anerkannt, dass die Nichtabführung von Sozialbeiträgen wegen der erheb-

---

944 OVG Bln-BBg NVwZ-RR 2008, 727; Finkelnburg/Dombert/Külpmann Rn. 750; Pietzner/Ronellenfitsch Rn. 1511 m.w.N.

945 VGH BW, Beschl. v. 29.06.2018 – 5 S 548/18, BeckRS 2018, 15060; NVwZ-RR 2012, 54; Kopp/Schenke VwGO § 80 Rn. 87; Erbguth JA 2008, 357, 359.

946 VGH BW, Beschl. v. 29.06.2018 – 5 S 548/18, BeckRS 2018, 15060; NVwZ-RR 2012, 54; Pietzner/Ronellenfitsch Rn. 1568; Jansen/Wesseling JuS 2009, 322, 323; Stegmüller JuS 2010, 907, 912 Fn. 21; Koehl JA 2016, 610, 614; SVR 2018, 372, 375.

947 OVG Schleswig NVwZ 1992, 688, 690; Kopp/Schenke VwGO § 80 Rn. 148; Schoch VwGO § 80 Rn. 442; Erbguth JA 2008, 357, 361.

948 In diesem Sinne auch VG Neustadt RÜ 2017, 52, 54; vgl. auch Froese JuS 2017, 50, 53.

lichen Gefahren für die Arbeitnehmer und die Finanzwirtschaft der Sozialversicherungsträger grds. die Annahme der Unzuverlässigkeit rechtfertigen kann. Jedoch darf es sich nicht um nur unerhebliche Beträge handeln.[949]

Im vorliegenden Fall steht nicht fest, ob es sich um hinreichend gravierende Fälle handelt, da A die Höhe der Rückstände bestreitet. Eine nähere tatsächliche Aufklärung ist im Verfahren nach § 80 Abs. 5 VwGO zwar nicht ausgeschlossen, dürfte im vorliegenden Fall aber schwierig sein und ist deshalb dem Hauptsacheverfahren vorbehalten. Daher lässt sich bei summarischer Prüfung weder die offensichtliche Rechtmäßigkeit noch die Rechtswidrigkeit der Untersagungsverfügung feststellen.

2. Es hat daher eine **allgemeine**, von den Erfolgsaussichten des Hauptsacheverfahrens unabhängige **Interessenabwägung** zu erfolgen.[950]

   a) Zugunsten des A ist vor allem das durch § 80 Abs. 1 VwGO grds. geschützte **Aussetzungsinteresse** zu berücksichtigen. Es wird hier dadurch verstärkt, dass die sofortige Vollziehung einen schwerwiegenden Eingriff in das Grundrecht des A aus Art. 12 GG bedeutet. Deshalb können für den Sofortvollzug nur solche Gründe ausreichen, die in einem angemessenen Verhältnis zu der Schwere des Eingriffs stehen und die es ausnahmsweise rechtfertigen, den Grundrechtsschutz einstweilen zurückzustellen.[951]

   b) Ein besonderes, überwiegendes **Vollzugsinteresse** könnte aus der Gefahr hergeleitet werden, dass A künftig wiederum Sozialbeiträge seiner Arbeitnehmer nicht abführt und damit deren soziale Sicherung sowie die Finanzierung der Sozialversicherungsträger gefährdet. Diese Gefahr würde bestehen, wenn A wirtschaftlich nicht mehr leistungsfähig wäre, z.B. bei Überschuldung. Dafür bestehen aber keine Anhaltspunkte. Auch ist diese Gefahr gegenwärtig gering, da A zurzeit nur noch einen Arbeitnehmer beschäftigt. Wenn die Behörde geltend macht, dass sich dies jederzeit ändern könne, so ist dieser Gesichtspunkt zunächst eine bloße Vermutung, die ein überwiegendes Vollzugsinteresse nicht begründen kann. Im Augenblick besteht jedenfalls kein hinreichender Grund, den A sofort und in existenzbedrohender Weise vom Wirtschaftsleben auszuschließen. Somit bleibt es bei der grundsätzlichen gesetzlichen Wertung (§ 80 Abs. 1 VwGO), dass das **Aussetzungsinteresse** des A **vorrangig** ist.

Ergebnis: Der Antrag des A ist damit begründet. Das Verwaltungsgericht wird die aufschiebende Wirkung des von A gegen die Untersagungsverfügung erhobenen Widerspruchs wiederherstellen.

---

949 Vgl. BVerwG DVBl. 1996, 808, 810; Landmann/Rohmer/Marcks GewO § 35 Rn. 49 ff.; Guckelberger Jura 2007, 598, 603.

950 Vgl. beispielhaft BVerwG DVBl. 2005, 717, 718; Proppe JA 2004, 324, 326.

951 BVerfG NJW 2003, 3618, 3619; NVwZ 2005, 1303 f.; VGH BW NVwZ_RR 2014, 302, 303.

7. Teil	Vorläufiger Rechtsschutz im Verwaltungsprozess

709 **Weitere Beispiele:**

Bei einer bauordnungsrechtlichen **Beseitigungsverfügung** fehlt es i.d.R. an einem überwiegenden öffentlichen Vollzugsinteresse. Im Hinblick auf die durch die Beseitigung eintretenden irreparablen Schäden überwiegt aufgrund des Grundrechtsschutzes des Art. 14 GG i.d.R. das Aussetzungsinteresse des Bauherrn.[952] Ausnahmsweise kann ein besonderes öffentliches Vollzugsinteresse bestehen, wenn von dem Bauwerk Gefahren ausgehen, die ein sofortiges Einschreiten erfordern,[953] wenn von der baulichen Anlage eine negative Vorbildwirkung ausgeht[954] oder wenn die Beseitigung ohne nennenswerten Substanzverlust oder Kosten bewerkstelligt werden kann (z.B. bei einer leicht abzubauenden Werbeanlage oder einem aus Fertigteilen bestehenden Carport).[955]

Auch die sofortige Vollziehung der **Ausweisung eines Ausländers** ist nur ausnahmsweise zulässig und bedarf mit Rücksicht auf den Verhältnismäßigkeitsgrundsatz eines besonderen öffentlichen Interesses, z.B. wenn zu befürchten ist, dass sich die von dem Ausländer ausgehenden, mit der Ausweisung bekämpften Gefahren schon vor Abschluss des Hauptsacheverfahrens realisieren könnten.[956]

Grundschema: Begründetheit des Antrags nach § 80 Abs. 5 S. 1 VwGO

- **Formell** (bei Anordnung der sofortigen Vollziehung (§ 80 Abs. 2 S. 1 Nr. 4 VwGO)

  - **Zuständigkeit** der Behörde

  - **Anhörung** § 28 VwVfG analog?

  - **schriftliche Begründung** des besonderen Vollzugsinteresses (§ 80 Abs. 3 S. 1 VwGO)

- **Materiell: Abwägung zwischen Vollzugs- und Aussetzungsinteresse**

  - nach **Erfolgsaussichten in der Hauptsache**

    – VA **rechtswidrig** und Rechtsverletzung: **Aussetzungsinteresse** überwiegt

    – VA **rechtmäßig**

      - bei gesetzlichem Ausschluss (§ 80 Abs. 2 S. 1 Nr. 1–3 u. S. 2 VwGO) überwiegt i.d.R. **Vollzugsinteresse**

      - bei Anordnung der sofortigen Vollziehung (§ 80 Abs. 2 S. 1 Nr. 4 VwGO) **besonderes Vollzugsinteresse** erforderlich

  - bei **offenen Erfolgsaussichten**

    – bei gesetzlichem Ausschluss (§ 80 Abs. 2 S. 1 Nr. 1–3 u. S. 2 VwGO): i.d.R. **Vollzugsinteresse** vorrangig, Aussetzungsinteresse überwiegt nur bei unbilliger Härte (arg e. § 80 Abs. 4 S. 3 VwGO)

    – bei Anordnung der sofortigen Vollziehung (§ 80 Abs. 2 S. 1 Nr. 4 VwGO) erfolgt **allgemeine Interessenabwägung**

---

952 OVG NRW, Beschl. v. 04.03.2013 – 2 B 30/13, BeckRS 2013, 51222; OVG LSA NVwZ-RR 2014, 875, 876.

953 OVG LSA NVwZ-RR 2014, 875, 876 (Verstoß gegen Brandschutzvorschriften).

954 OVG MV NordÖR 2016, 365; OVG Bln-Bbg KommJur 2015, 436; Finkelnburg/Dombert/Külpmann Rn. 1301 k.

955 OVG NRW, Beschl. v. 04.03.2013 – 2 B 30/13, BeckRS 2013, 51222; OVG Bln-Bbg BauR 2013, 572; OVG M-V NordÖR 2008, 450, 451; Finkelnburg/Dombert/Külpmann Rn. 1301 l m.w.N.; vgl. auch OVG Bln-Bbg, Beschl. v. 06.09.2018 – OVG 10 N 14.18, BeckRS 2018, 21123 zum materiellen Baurecht.

956 BVerfG NVwZ 2017, 229, 230; NVwZ 2005, 1053, 1054; zu den Wirkungen der Anordnung der sofortigen Vollziehung einer Ausweisung OVG Saarlouis NVwZ-RR 2016, 793.

III. Europarechtliche Vorgaben für den vorläufigen Rechtsschutz

Besonderheiten ergeben sich, wenn der Antragsteller vorläufigen Rechtsschutz durch nationale Gerichte gegen eine Maßnahme begehrt, die auf **vermeintlich rechtswidrigem Unionsrecht** beruht. **710**

Beispiele: Anfechtung eines VA, der auf einer (ungültigen) EU-Verordnung beruht oder Erlass eines VA, der der Umsetzung eines (u.U. rechtswidrigen) Beschlusses der EU-Kommission dient.[957]

Für die Überprüfung der Wirksamkeit von sekundärem Unionsrecht ist ausschließlich der **Gerichtshof der EU** zuständig. Im Hauptsacheverfahren wird dieses „Verwerfungsmonopol" durch das Vorabentscheidungsverfahren nach Art. 267 AEUV sichergestellt. Vorläufiger Rechtsschutz muss dagegen aus zeitlichen Gründen regelmäßig **durch nationale Gerichte** gewährt werden, auch wenn es um die Vollziehung von Unionsrecht geht. Eine Vorlagepflicht besteht im Eilverfahren nicht.[958] **711**

Vom vorläufigen Rechtsschutz durch die nationalen Gerichte zu unterscheiden ist der vorläufige Rechtsschutz **durch den Gerichtshof der Europäischen Union** gegen **Maßnahmen der EU-Organe**, z.B. unmittelbar gegen eine EG-Verordnung oder einen Beschluss nach Art. 288 Abs. 4 AEUV. Klagen beim Gerichtshof der Europäischen Union haben nach Art. 278 S. 1 AEUV keine aufschiebende Wirkung. Der Gerichtshof kann jedoch, wenn er dies den Umständen nach für nötig hält, die Durchführung der angefochtenen Handlung aussetzen (Art. 278 S. 2 AEUV). Ebenso kann der Gerichtshof nach Art. 279 AEUV in den bei ihm anhängigen Sachen die erforderlichen einstweiligen Anordnungen treffen.[959] **712**

Soweit vorläufiger Rechtsschutz **durch nationale Gerichte** zu gewähren ist, hat der Gerichtshof in Anlehnung an Art. 278, 279 AEUV **strenge Anforderungen** für die Suspendierung eines auf Unionsrecht beruhenden VA aufgestellt.[960] Voraussetzung für die Gewährung vorläufigen Rechtsschutzes ist, dass **713**

- **erhebliche Zweifel an der Rechtmäßigkeit** bestehen,

- das VG die Frage der Gültigkeit des Unionsrechts dem **Gerichtshof der EU vorlegt**, soweit dieser noch nicht damit befasst ist,

- die **Entscheidung dringlich** in dem Sinne ist, dass dem Antragsteller ein schwerer und nicht wiedergutzumachender **Schaden droht** und

- das **Interesse der Union angemessen berücksichtigt** wird.

Die Lit. kritisiert hieran, dass dies zu einer nicht gerechtfertigten Beschränkung des vorläufigen Rechtsschutzes beim Vollzug von EU-Recht führe.[961] Der EuGH überschreite die Grenzen richterlicher Rechtsfortbildung.[962] Diese Bedenken werden vom BVerfG jedoch nicht geteilt: **714**

„Dass nicht jeder Zweifel ... durch das nationale Gericht eines Mitgliedstaats ... ausreicht, vielmehr nur erhebliche Zweifel ein vorübergehendes Eingreifen dieses Gerichts rechtfertigen können, entspricht den besonders strengen Anforderungen, die auch im innerstaatlichen Bereich für die Aussetzung des Vollzugs von Gesetzen durch das BVerfG gelten."[963]

---

957 Vgl. OVG NRW NVwZ 2002, 612.

958 BVerfG NVwZ-RR 2018, 6.

959 Vgl. dazu Glawe JA 2013, 63 ff.

960 EuGH NJW 1997, 1225; DVBl. 1996, 247; DVBl. 1991, 480; OVG Lüneburg DVBl. 2012, 1032; OVG NRW NVwZ 2002, 612, 613; Ehlers DVBl. 2004, 1441, 1450; Erbguth JA 2008, 357, 361; kritisch Würtenberger/Heckmann Rn. 85 f.

961 Schoch VwGO § 80 Rn. 219 f.

962 Vgl. Schoch Jura 2002, 37, 45; Stern JuS 1998, 769, 776; Sandner DVBl. 1998, 262 ff.; Jannasch NVwZ 1999, 495 ff.

963 BVerfG NVwZ 2004, 1346, 1347.

7. Teil Vorläufiger Rechtsschutz im Verwaltungsprozess

715 *Hinweis: Die vorstehende Problematik stellt sich nur, wenn es um die **Wirksamkeit von Unionsrecht** geht. Anders ist die Situation, wenn die **Wirksamkeit des nationalen Rechts** umstritten ist, weil es möglicherweise gegen Unionsrecht verstößt. Hierfür gelten die allgemeinen nationalen Kriterien für Eilentscheidungen. Diese dürfen jedoch nicht ungünstiger sein als bei gleichartigen innerstaatlichen Vorgängen (**Äquivalenzprinzip**) und die Ausübung der durch das Unionsrecht verliehenen Rechte darf nicht praktisch unmöglich gemacht oder unverhältnismäßig erschwert werden (**Effektivitätsprinzip**).*[964]

D. Der faktische Vollzug

Fall 23: Versiegelung einer Werkshalle

Gegen A erging am 01.07. eine Verfügung, durch die ihm die Benutzung einer neu errichteten Werkshalle wegen Verstoßes gegen das Baurecht verboten wurde. Dagegen legte A Widerspruch ein. Bevor hierüber entschieden wurde, erhielt A am 25.07. eine weitere Verfügung, in der ihm die Schließung durch unmittelbaren Zwang angedroht wurde. Auf den Einwand des A, sein Widerspruch habe aufschiebende Wirkung, erklärte der Sachbearbeiter des Bauamts, nach Landesrecht sei die aufschiebende Wirkung von Rechtsbehelfen gegen Vollstreckungsmaßnahmen ausgeschlossen.

1. Wie kann A die Versiegelung der Halle verhindern?

2. Welche Möglichkeiten hat A, wenn die Behörde die Halle zwischenzeitlich versiegelt hat?

---

716 I. Zugunsten des A könnte **vorläufiger Rechtsschutz nach § 80 VwGO** eingreifen.

1. Gegen das Nutzungsverbot als belastenden VA hat A **Widerspruch** erhoben, der nach § 80 Abs. 1 VwGO grundsätzlich **aufschiebende Wirkung** entfaltet.

2. Die aufschiebende Wirkung könnte **ausgeschlossen** sein.

   a) Soweit die Behörde sich auf § 80 Abs. 2 S. 1 Nr. 3 VwGO i.V.m. Landesrecht beruft, so ist dies unzutreffend. Denn es geht um die aufschiebende Wirkung gegenüber der Verbotsverfügung (also der zu vollstreckenden Grundverfügung); diese ist noch **keine Maßnahme** in der **Verwaltungsvollstreckung**.[965]

   b) Eine **Anordnung der sofortigen Vollziehung** nach § 80 Abs. 2 S. 1 Nr. 4 VwGO ist nicht erfolgt. Sie liegt auch nicht etwa schlüssig in den Erklärungen des Sachbearbeiters oder in der Zwangsandrohung. Denn die Anordnung der sofortigen Vollziehung kann nicht konkludent, sondern muss **ausdrücklich** erfolgen, zumal sie gemäß § 80 Abs. 3 S. 1 VwGO schriftlich zu begründen ist.[966]

   Der Widerspruch des A hat damit aufschiebende Wirkung. Die Behörde darf die Verfügung nicht vollstrecken.

---

964 EuGH EuZW 2007, 247, 249; Gundel JA 2007, 830, 832.

965 Vgl. auch OVG NRW NVwZ 2001, 227: Die Anordnung der Tötung eines gefährlichen Hundes ist keine Maßnahme der Verwaltungsvollstreckung.

966 VGH Mannheim DVBl. 1995, 302; Finkelnburg/Dombert/Külpmann Rn. 735 m.w.N.

II. Missachtet die Behörde die aufschiebende Wirkung, so bietet § 80 VwGO **unmittelbar keinen Rechtsschutz**. Denn eine aufschiebende Wirkung, die bereits besteht, kann nicht angeordnet oder wiederhergestellt werden.[967]

1. Überwiegend wird diese Lücke durch eine **analoge Anwendung des § 80 Abs. 5 VwGO** geschlossen.[968] Die Befugnis des Gerichts, die aufschiebende Wirkung anzuordnen oder wiederherzustellen, beinhalte als Minus auch die Möglichkeit, den gemäß § 80 Abs. 1 VwGO eingetretenen Suspensiveffekt gegenüber (drohenden) Vollziehungsmaßnahmen **festzustellen**. Bei Missachtung der aufschiebenden Wirkung stellt das VG fest, dass der Rechtsbehelf aufschiebende Wirkung entfaltet und der VA nicht vollzogen werden darf. **717**

   Dasselbe gilt, wenn die Beteiligten über die Frage streiten, ob der Rechtsbehelf zulässigerweise eingelegt worden ist und deswegen aufschiebende Wirkung entfaltet (s.o. Rn. 628).[969]

2. Nach der Gegenansicht ist die Gesetzeslücke über § 123 VwGO auszufüllen, da in der Hauptsache ein Unterlassungsanspruch geltend zu machen wäre. Ein Vorgehen nach § 80 Abs. 5 VwGO bringe den Betroffenen auch nicht ans Ziel, da ein (feststellender) Beschluss nach § 80 Abs. 5 VwGO **nicht vollstreckbar** sei.[970] **718**

3. Vereinzelt wird danach **unterschieden**, ob sich die Behörde irrtümlich oder bewusst über die aufschiebende Wirkung hinwegsetzt. Nur bei irrtümlicher Missachtung reiche die Feststellung der aufschiebenden Wirkung analog § 80 Abs. 5 VwGO aus. Bei bewusst rechtswidriger Vollstreckung sei eine bloße Feststellung nicht zur Durchsetzung der Belange des Betroffenen geeignet. Hier erfolge vorläufiger Rechtsschutz durch einstweilige Anordnung nach § 123 VwGO, die gemäß § 172 VwGO vollstreckt werden könne.[971] **719**

4. Gegen die Anwendung des § 123 VwGO spricht § 123 Abs. 5 VwGO, weil es letztlich um die (wenn auch rechtswidrige) Vollziehung eines angefochtenen VA geht und damit ein Fall des § 80 VwGO vorliegt. Wenn das Verwaltungsgericht die aufschiebende Wirkung anordnen darf, muss es erst recht das Bestehen der aufschiebenden Wirkung feststellen dürfen. A kann deshalb **analog § 80 Abs. 5 S. 1 VwGO** einen die aufschiebende Wirkung seines Widerspruchs und die Nichtvollziehbarkeit der Verbotsverfügung feststellenden Beschluss des VG erwirken. Man spricht in diesen Fällen von **faktischer Vollziehung**, da es dem behördlichen Vollzug an einer rechtlichen Grundlage fehlt. **720**

   Aufbauhinweis: *Ob ein Fall faktischer Vollziehung vorliegt, wird von der h.M. bereits im Rahmen der Zulässigkeit bei der Statthaftigkeit des Antrags geprüft.[972]*

III. Der Antrag ist allein wegen der Missachtung der aufschiebenden Wirkung **begründet**. Eine Interessenabwägung findet nicht statt.[973] Das Verwaltungsgericht stellt fest, dass der Widerspruch aufschiebende Wirkung hat. **721**

---

967 VGH BW RÜ 2016, 731, 731; NVwZ-RR 2010, 463, 464; Eyermann/Hoppe VwGO § 80 Rn. 122.
968 VGH BW VBlBW 2017, 203; NVwZ-RR 2010, 463, 464; OVG LSA NVwZ-RR 2017, 347, 348; Schoch VwGO § 80 Rn. 356 u. 398; Koehl JA 2016, 610, 618; Schübel-Pfister JuS 2017, 1078, 1082.
969 VGH BW NVwZ-RR 2017, 314; dazu Schübel-Pfister JuS 2017, 1078, 1082.
970 BayVGH BayVBl. 1977, 566; OVG Bremen NVwZ 1986, 59, 61; Tiedemann MDR 1979, 717, 718.
971 Eyermann/Schmidt VwGO (14. Aufl.) § 80 Rn. 109 u. 110; jetzt anders Eyermann/Hoppe VwGO § 80 Rn. 122.
972 Vgl. z.B. Proppe JA 2004, 324, 327; JA 1996, 332, 338.
973 BayVGH NVwZ-RR 2010, 463, 464; VGH BW NVwZ-RR 2017, 314; Schoch VwGO § 80 Rn. 398; Koehl JA 2016, 610, 618; Schübel-Pfister JuS 2017, 1078, 1082.

7. Teil — Vorläufiger Rechtsschutz im Verwaltungsprozess

722 IV. Ist die Vollstreckung bereits erfolgt, so ist außerdem ein Antrag an das VG analog § 80 Abs. 5 S. 3 VwGO auf **Aufhebung der Vollziehung** möglich.

1. Durch die Anordnung bzw. Wiederherstellung der aufschiebenden Wirkung nach § 80 Abs. 5 S. 1 VwGO verlieren bereits getroffene Vollzugsmaßnahmen nachträglich ihre Rechtsgrundlage, sodass sie rechtswidrig werden.[974] Der Betroffene kann dann im Wege des (Vollzugs-)Folgenbeseitigungsanspruchs die **Beseitigung des rechtswidrigen Zustands** verlangen. Diesen Anspruch kann er gemäß § 80 Abs. 5 S. 3 VwGO als **Annexantrag** zur Entscheidung nach § 80 Abs. 5 S. 1 VwGO geltend machen. Danach können alle Maßnahmen rückgängig gemacht werden, die zur Verwirklichung des angefochtenen VA getroffen wurden.[975]

   Weitere Beispiele: Rückzahlung eines beigetriebenen Geldbetrags, Herausgabe einer sichergestellten Sache,[976] vorläufige Beseitigung eines angefochtenen Verkehrszeichens,[977] Rückgabe eines entzogenen Führerscheins,[978] Rückholung eines abgeschobenen Ausländers.[979]

   *§ 80 Abs. 5 S. 3 VwGO ist nach h.M. keine materiell-rechtliche Ermächtigungsgrundlage, sondern dient der Durchsetzung des **Vollzugsfolgenbeseitigungsanspruchs** und entspricht der Vorschrift des § 113 Abs. 1 S. 2 VwGO im Hauptsacheverfahren.*[980]

2. Die Regelung in § 80 Abs. 5 S. 3 VwGO gilt analog im Fall des **faktischen Vollzuges**.[981] Das Gericht kann daher eine Entsiegelung der Halle anordnen, wenn diese bereits zwangsweise geschlossen worden ist.

Anträge nach § 80 Abs. 5 VwGO			
Anordnung der aufschiebenden Wirkung	**Wiederherstellung der aufschiebenden Wirkung**	**Feststellung der aufschiebenden Wirkung**	**Aufhebung der Vollziehungsanordnung**
wenn die aufschiebende Wirkung kraft Gesetzes ausgeschlossen ist, § 80 Abs. 2 S. 1 Nr. 1–3 u. S. 2 VwGO	wenn die aufschiebende Wirkung aufgrund der Anordnung der sofortigen Vollziehung ausgeschlossen ist, § 80 Abs. 2 S. 1 Nr. 4 VwGO	beim sog. faktischen Vollzug, wenn die Behörde die aufschiebende Wirkung missachtet, § 80 Abs. 5 S. 1 VwGO analog	wenn die Vollziehungsanordnung (nur) formell fehlerhaft ist (insbes. bei Verstoß gegen § 80 Abs. 3 VwGO)
Aufhebung/Rückgängigmachung der Vollziehung			

wenn der VA im Zeitpunkt der gerichtlichen Entscheidung nach § 80 Abs. 5 S. 1 VwGO bereits vollzogen ist (§ 80 Abs. 5 S. 3 VwGO, ggf. analog)

---

974 Vgl. BVerwG RÜ2 2016, 189, 190; NVwZ 2016, 1333.

975 VGH BW NVwZ-RR 2017, 314; Kopp/Schenke VwGO § 80 Rn. 181; Schoch VwGO § 80 Rn. 447.

976 HessVGH NVwZ-RR 2008, 784 f.

977 HessVGH NVwZ-RR 1993, 389.

978 BayVGH, Beschl. v. 09.10.2018 – 11 CS 18.1809, BeckRS 2018, 25000; Koehl SVR 2018, 372, 377.

979 OVG NRW NVwZ 2018, 1493, 1494; OVG RP NVwZ-RR 2018, 948, 949 (für den Fall der einstweiligen Anordnung); HessVGH DVBl. 2004, 716, 717; Kluth NVwZ 2018, 1496, 1497; a.A. OVG Berlin NVwZ 2003, 239 (kein Rechtsschutzbedürfnis).

980 OVG NRW NWVBl. 2007, 431; Finkelnburg/Dombert/Külpmann Rn. 1017; Erbguth JA 2008, 357, 361; Hartman JA 2008, 884, 891; a.A. Schoch VwGO § 80 Rn. 343; Kluth NVwZ 2018, 1496, 1497; Gersdorf in Posser/Wolff VwGO § 80 Rn. 155: eigenständige Befugnisnorm für die gerichtliche Anordnung zur Aufhebung der Vollziehung.

981 Vgl. VGH BW NVwZ-RR 2017, 314; Kopp/Schenke VwGO § 80 Rn. 181; Schoch VwGO § 80 Rn. 342 u. 356.

E. Das behördliche Aussetzungsverfahren nach § 80 Abs. 4 VwGO

723 Ist die aufschiebende Wirkung nach § 80 Abs. 2 VwGO ausgeschlossen, können nach § 80 Abs. 4 VwGO auch die **Ausgangs-** oder die **Widerspruchsbehörde** die Vollziehung aussetzen. Das behördliche Aussetzungsverfahren nach § 80 Abs. 4 VwGO und das gerichtliche Verfahren nach § 80 Abs. 5 VwGO stehen **gleichberechtigt nebeneinander.** Nur bei der Anforderung öffentlicher Abgaben und Kosten (§ 80 Abs. 2 S. 1 Nr. 1 VwGO) ist das gerichtliche Verfahren nach § 80 Abs. 5 VwGO erst zulässig, wenn die Behörde einen Antrag auf Aussetzung der Vollziehung nach § 80 Abs. 4 VwGO ganz oder zum Teil abgelehnt hat (§ 80 Abs. 6 VwGO). Das gilt nicht, wenn die Behörde über den Antrag ohne zureichenden Grund in angemessener Frist sachlich nicht entschieden hat oder eine Vollstreckung droht (§ 80 Abs. 6 S. 2 VwGO). In diesem Fall kann auch bei Abgabenbescheiden das Verwaltungsgericht unmittelbar angerufen werden.

724 Für die **Aussetzungsentscheidung** der Behörde nach § 80 Abs. 4 VwGO gelten materiell dieselben Grundsätze wie für die gerichtliche Entscheidung nach § 80 Abs. 5 S. 1 VwGO, d.h. die Behörde hat eine **Abwägung** zwischen dem Aussetzungsinteresse des Betroffenen und dem öffentlichen Vollzugsinteresse vorzunehmen.[982]

F. Das Abänderungsverfahren nach § 80 Abs. 7 VwGO

725 Beschlüsse nach § 80 Abs. 5 VwGO erwachsen in Rechtskraft und binden die Beteiligten (§ 121 VwGO analog). Sie regeln nicht nur vorläufig den endgültigen, sondern **endgültig den vorläufigen Zustand.**

Beispiel: Hat das VG die aufschiebende Wirkung wiederhergestellt, so darf die Behörde selbst bei Änderung der Sach- und Rechtslage keine neue Vollziehungsanordnung erlassen.[983] Die Bindungswirkung darf auch nicht dadurch umgangen werden, dass die Behörde einen neuen VA mit im Wesentlichen gleichen Regelungsgehalt erlässt.[984]

726 Die **Bindungswirkung** wird aber dadurch **eingeschränkt**, dass Beschlüsse im Eilverfahren gemäß § 80 Abs. 7 VwGO geändert oder aufgehoben werden können. Das Gericht kann Beschlüsse nach § 80 Abs. 5 VwGO **von Amts wegen jederzeit** ändern oder aufheben (§ 80 Abs. 7 S. 1 VwGO).[985] Die Beteiligten können die Änderung oder Aufhebung **beantragen**, wenn sich die entscheidungserheblichen Umstände verändert haben oder Umstände im ursprünglichen Verfahren ohne Verschulden nicht geltend gemacht wurden (§ 80 Abs. 7 S. 2 VwGO).[986]

727 Für die Entscheidung nach § 80 Abs. 7 VwGO sind dieselben materiellen Gesichtspunkte maßgebend, wie sie gelten würden, wenn erstmalig über den Antrag nach § 80 Abs. 5 VwGO entschieden würde. D.h. es findet – unter Berücksichtigung zwischenzeitlich eingetretener Sach- und Rechtsänderungen – eine (erneute) **Abwägung zwischen dem öffentlichen Vollzugs- und dem privaten Aussetzungsinteresse** statt.[987]

---

982 Vogl NVwZ 2018, 1448, 1449.

983 BVerwG NVwZ 1988, 251; ebenso OVG Hamburg DÖV 2017, 46 für den Fall der vorherigen Ablehnung des Eilantrages.

984 OVG NRW NVwZ-RR 2011, 234; Schoch VwGO § 80 Rn. 533; Sodan/Ziekow VwGO § 80 Rn. 171.

985 Vgl. OVG Nds NVwZ-RR 2018, 957; OVG Hamburg NVwZ-RR 2011, 384; Kamp NWVBl. 2005, 248 ff.

986 Vgl. BVerwG NVwZ-RR 2016, 357; OVG NRW NVwZ-RR 2017, 657; DVBl. 2016, 714, 715; OVG Koblenz NJOZ 2016, 1671; VGH BW NJOZ 2016, 824; Pietzner/Ronellenfitsch Rn. 1603 ff.

987 Vgl. z.B. BVerwG Beschl. v. 26.07.2017 – BVerwG 1 VR 5.17, BeckRS 2017, 120662; OVG Lüneburg, Beschl. v. 08.08.2018 – 7 MS 54/18, BeckRS 2018, 18263; OVG NRW DVBl. 2016, 714, 716.

7. Teil Zusammenfassende Übersicht

ANTRAG AUF ANORDNUNG/WIEDERHERSTELLUNG DER AUFSCHIEBENDEN WIRKUNG

A. Zulässigkeit

I. **Verwaltungsrechtsweg** in der Hauptsache (Spezialzuweisung, § 40 Abs. 1 S. 1 VwGO)

II. **Statthaftigkeit des Antrags** gemäß § 80 Abs. 5 VwGO

    1. **Vollziehung eines (belastenden) VA** (i.d.R. Anfechtungsklage in der Hauptsache)

    2. **Rechtsbehelf** (Widerspruch oder Anfechtungsklage) erhoben

    3. Rechtsbehelf hat **keine aufschiebende Wirkung gemäß § 80 Abs. 2 VwGO**

    Missachtet die Behörde die bestehende aufschiebende Wirkung (faktischer Vollzug), richtet sich der Antrag auf Feststellung, dass der Rechtsbehelf aufschiebende Wirkung hat (s.o. Rn. 717 ff.).

III. **Antragsbefugnis** analog § 42 Abs. 2 VwGO: (+), wenn Klagebefugnis in der Hauptsache

IV. **Allgemeines Rechtsschutzbedürfnis**

    1. Rechtsbehelf in der Hauptsache **nicht offensichtlich unzulässig**

    2. vorheriger **Antrag an die Behörde** auf Aussetzung der Vollziehung (§ 80 Abs. 4 VwGO) nur im Rahmen des § 80 Abs. 6 i.V.m. § 80 Abs. 2 S. 1 Nr. 1 VwGO erforderlich

V. i.d.R. **keine Frist** (Ausn. insbes. im AsylG und im Verkehrswegeplanungsrecht)

VI. **Antragsgegner** analog § 78 VwGO

B. Begründetheit

I. im Fall des § 80 Abs. 2 S. 1 Nr. 4 VwGO:
formell ordnungsgemäße Anordnung der sofortigen Vollziehung

    1. **Zuständigkeit**: Ausgangsbehörde und Widerspruchsbehörde

    2. gesonderte **Anhörung**, § 28 VwVfG

    – unmittelbar (–), kein VA mangels bestandskraftfähiger Regelung

    – analog: grds. (–), keine Regelungslücke, § 80 Abs. 3 VwGO abschließend (str.)
    str. Ausnahmen: nachträgliche Vollziehungsanordnung, VA mit Doppelwirkung

    3. **schriftliche** Anordnung, § 80 Abs. 3 S. 1 VwGO (nicht konkludent)

    4. **besondere Begründung** des Vollzugsinteresses, § 80 Abs. 3 S. 1 VwGO

    Bei bloß formellen Fehlern nach h.M. nur Aufhebung der Vollziehungsanordnung,
    nach a.A. Wiederherstellung der aufschiebenden Wirkung mit eingeschränkter Bindungswirkung.

II. **Interessenabwägung**
Antrag begründet, wenn eine Interessenabwägung ergibt, dass das **Aussetzungsinteresse** des Antragstelllers das öffentliche **Vollzugsinteresse** überwiegt.

    1. Abwägung richtet sich in erster Linie nach **Erfolgsaussichten in der Hauptsache**, insbes. danach, ob der angefochtene VA rechtmäßig/rechtswidrig ist.

      a) Bestehen **„ernstliche Zweifel"** an der Rechtmäßigkeit des VA (in den Fällen des § 80 Abs. 2 S. 1 Nr. 1–3, S. 2 VwGO) oder ist der VA **offensichtlich rechtswidrig** (im Fall des § 80 Abs. 2 S. 1 Nr. 4 VwGO): Antrag begründet

      b) Ist der **VA offensichtlich rechtmäßig**:

        – Antrag i.d.R. unbegründet in den Fällen des § 80 Abs. 2 S. 1 Nr. 1–3, S. 2 VwGO (gesetzliche Wertung: Vorrang des Vollzugsinteresses, Ausn. unbillige Härte)

        – im Fall des § 80 Abs. 2 S. 1 Nr. 4 VwGO: besonderes Vollzugsinteresse erforderlich (str.)

    2. Bei **offenen Erfolgsaussichten:**

      – Antrag i.d.R. unbegründet in den Fällen des § 80 Abs. 2 S. 1 Nr. 1–3, S. 2 VwGO (gesetzliche Wertung: Vorrang des Vollzugsinteresses)

      – im Fall des § 80 Abs. 2 S. 1 Nr. 4 VwGO: **umfassende Abwägung der beteiligten Interessen**

3. Abschnitt: Vorläufiger Rechtsschutz nach § 80 a VwGO

Nach § 80 Abs. 1 S. 2 VwGO entfalten Widerspruch und Anfechtungsklage grds. auch bei **VAen mit Doppelwirkung** aufschiebende Wirkung.

728

Beispiel: A hat eine immissionsschutzrechtliche Genehmigung nach § 4 BImSchG erhalten, die ihn begünstigt und den Nachbarn N belastet (VA mit Doppelwirkung). Erhebt Nachbar N Widerspruch, so hat der Widerspruch nach § 80 Abs. 1 S. 2 VwGO aufschiebende Wirkung mit der Folge, dass A mit Errichtung und Betrieb der Anlage nicht beginnen darf bzw. den Betrieb einstellen muss (Verwirklichungshemmung). Entsprechendes gilt bei Klage des N, wenn nach § 68 Abs. 1 S. 2 VwGO kein Widerspruchsverfahren stattfindet.

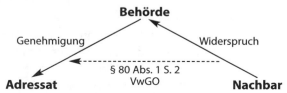

Die Einlegung des Rechtsbehelfs führt **kraft Gesetzes zur Suspendierung** des VA, auch wenn der Rechtsbehelf offensichtlich unbegründet ist, nach h.M. sogar bei einem (nicht offensichtlich) unzulässigen Rechtsbehelf (s.o. Rn. 628). Durch Rechtsbehelfe des Dritten könnte also unter Umständen über längere Zeit die Ausnutzung der Genehmigung verhindert werden, auch wenn diese rechtmäßig ist und der begünstigte Adressat ein Recht auf Verwirklichung seines Vorhabens hat. Da § 80 VwGO einseitig die Interessen des Rechtsbehelfsführers bevorzugt, ist die Vorschrift allein nicht geeignet, einen angemessenen Interessenausgleich herbeizuführen, wenn an dem Rechtsverhältnis ein Dritter beteiligt ist. Hier greift die besondere Regelung des **§ 80 a VwGO** ein.

729

§ 80 a VwGO unterscheidet zwei Fälle:

730

- den **begünstigenden VA** mit **drittbelastender Wirkung** (§ 80 a Abs. 1 VwGO),

    insbes. die Baugenehmigung, die den Bauherrn begünstigt und den Nachbarn belastet. Dasselbe gilt für immissionsschutzrechtliche Genehmigungen, gaststättenrechtliche Erlaubnisse und die Informationsgewährung (z.B. nach UIG und IFG), wenn Daten Dritter betroffen sind.

- den **belastenden VA** mit **drittbegünstigender Wirkung** (§ 80 a Abs. 2 VwGO),

    z.B. Untersagung von Baumaßnahmen und Beseitigungsverfügungen, die den Bauherrn belasten und den Nachbarn begünstigen, ebenso Sperrzeitverlängerungen im Gaststättenrecht.

Haben Rechtsbehelfe nach § 80 Abs. 1 VwGO **aufschiebende Wirkung**, so geht es dem **Begünstigten** darum, dass der VA möglichst bald verwirklicht bzw. durchgesetzt werden kann. Dafür benötigt er die **Anordnung der sofortigen Vollziehung** (§ 80 a Abs. 1 Nr. 1 u. Abs. 2, § 80 Abs. 2 S. 1 Nr. 4 VwGO).

731

Beispiele: Der Anlagenbetreiber möchte die Anlage trotz Nachbarwiderspruchs zeitnah errichten. Der Nachbar möchte erreichen, dass die Beseitigungsverfügung kurzfristig durchgesetzt wird.

Haben Rechtsbehelfe dagegen nach § 80 Abs. 2 VwGO **keine aufschiebende Wirkung**, so will der durch den VA **Belastete die Vollziehung verhindern**. Dafür bedarf es der **Aussetzung der Vollziehung** (§ 80 a Abs. 1 Nr. 2, § 80 Abs. 4 VwGO).

732

Beispiel: Der Nachbar möchte erreichen, dass der Bauherr die Bauarbeiten einstellt, obwohl die Klage des Nachbarn gegen die Baugenehmigung keine aufschiebende Wirkung entfaltet (§ 212 a Abs. 1 BauGB).

| 7. Teil | Vorläufiger Rechtsschutz im Verwaltungsprozess |

A. Begünstigender VA mit drittbelastender Wirkung

I. Rechtsbehelf des Dritten hat keine aufschiebende Wirkung

Fall 24: Nachbarstreit – Aussetzung der Vollziehung

N ist Eigentümer eines Zweifamilienhauses in leichter Hanglage. Eigentümer des unterhalb gelegenen Grundstücks ist B. Entsprechend den nach der Begründung des Bebauungsplans nachbarschützenden Festsetzungen haben sowohl N als auch B nur 1 1/2-geschossig gebaut. Dadurch ist der Blick vom Haus des N auf die gegenüberliegende begrünte und bewaldete Talseite freigeblieben; dieser Ausblick, den alle Häuser der Siedlung haben, stellt einen besonderen Wert der Grundstücke dar. Eines Tages ruft M, an den N das Haus vermietet hat, bei N an und erklärt, er habe erfahren, dass B sein Haus um ein Geschoss aufstocken wolle, um zusätzlichen Wohnraum zu schaffen. Der Bauunternehmer sei bereits beauftragt. Welche Möglichkeiten bestehen, schnell verwaltungsgerichtlichen Rechtsschutz zu erlangen, wenn B eine Baugenehmigung unter (rechtswidriger) Abweichung von der normalen Gebäudehöhe erhalten hat?

733 A. Gegen die dem B erteilte Baugenehmigung kann **Eigentümer N** gemäß § 68 Abs. 1 VwGO **Widerspruch** (bzw. **Anfechtungsklage** gemäß § 42 Abs. 1 Fall 1 VwGO) erheben. Insbes. ist N widerspruchs- und klagebefugt (§ 42 Abs. 2 VwGO), da er geltend machen kann, in seinen subjektiven Rechten (nachbarschützende Wirkung der Festsetzungen des Bebauungsplans) verletzt zu sein.

Festsetzungen bzgl. des Maßes der baulichen Nutzung sind zwar grds. nicht nachbarschützend, sondern dienen nur der städtebaulichen Ordnung.[988] Etwas anderes gilt jedoch dann, wenn die Festsetzung – wie im vorliegenden Fall – nach dem Willen des Plangebers in ein wechselseitiges nachbarliches Austauschverhältnis eingebunden ist.[989]

734 **Mieter M** könnte dagegen mangels Widerspruchs- bzw. Klagebefugnis zulässigerweise **keine Rechtsbehelfe** einlegen. Die nachbarlichen Abwehrrechte sind grundstücks-, nicht personenbezogen. Nachbar i.S.d. baurechtlichen Drittschutzes ist nur der Eigentümer oder sonst dinglich Berechtigte (wie Nießbraucher, Erbbauberechtigte). Zwar wird auch der Besitzer durch Art. 14 Abs. 1 GG geschützt. Öffentlich-rechtlich gesehen vertritt der Eigentümer oder der sonst dinglich Berechtigte das Grundstück nach außen. Einem lediglich obligatorisch berechtigten Grundstücksnutzer (Mieter, Pächter) stehen daher grds. keine Abwehrrechte zu.[990]

Vgl. ausdrücklich Art. 66 Abs. 3 S. 3 BayBO: „Der Eigentümer des Nachbargrundstücks nimmt auch die Rechte des Mieters oder Pächters wahr, die aus deren Eigentumsgrundrecht folgen."

Anders bei der **abstrakten Normenkontrolle** im Rahmen des § 47 Abs. 2 S. 1 VwGO, wo auch der Pächter oder Mieter einen Anspruch auf fehlerfreie Abwägung hat, wenn sich z.B. aus dem B-Plan Einschränkungen seiner Nutzungsrechte ergeben (dazu oben Rn. 408).[991]

---

988 BVerwG NJW 1996, 170; OVG Bln-Bbg NVwZ-RR 2013, 299.

989 Vgl. BVerwG KommJur 2018, 433, 434.

990 BVerwG NVwZ 1998, 956; BayVGH, Beschl. v. 09.05.2017 – 9 CS 16.1241, BeckRS 2017, 110485; OVG NRW NWVBl. 2014, 103; OVG Schleswig NordÖR 2014, 551; vgl. auch OVG LSA NZM 2015, 833: Keine Klagebefugnis des Mieters gegen eine dem Vermieter erteilte Baugenehmigung.

991 BVerwG NVwZ 2000, 806 f.; Kopp/Schenke VwGO § 47 Rn. 70.

Vorläufiger Rechtsschutz nach § 80 a VwGO **3. Abschnitt**

B. Nach § 80 Abs. 1 S. 1 VwGO entfalten Widerspruch und Anfechtungsklage grds. **auf-** **735** **schiebende Wirkung.** Dies gilt aufgrund der Klarstellung in § 80 Abs. 1 S. 2 VwGO ausdrücklich auch für **VAe mit Doppelwirkung**, wie hier die Baugenehmigung, die den Bauherrn begünstigt und den Nachbarn belastet.

I. Für diesen in der Praxis (und im Examen) wichtigsten Bereich hat der Bundesge- **736** setzgeber jedoch eine Ausnahmeregelung getroffen. Nach § 80 Abs. 2 S. 1 Nr. 3 VwGO i.V.m. § 212 a Abs. 1 BauGB haben Widerspruch und Anfechtungsklage eines Dritten gegen die **bauaufsichtliche Zulassung** eines Vorhabens **keine auf-** **schiebende Wirkung.**

Bauaufsichtliche Zulassungen sind alle Entscheidungen, welche die Bauausführung zulassen, also insbes. **Baugenehmigungen**, nicht aber Abbruchgenehmigungen.[992] Umstritten ist, ob auch ein **Bauvorbescheid** von § 212 a Abs. 1 BauGB erfasst wird. Teilweise wird dies bejaht, da der Vorbescheid einen vorweggenommenen Teil der Baugenehmigung darstellt. Die aufschiebende Wirkung würde die Erteilung der späteren Baugenehmigung verzögern.[993] Die Gegenansicht verweist darauf, dass der Vorbescheid selbst noch keine abschließende Entscheidung treffe und somit kein Bedürfnis für eine Durchbrechung des § 80 Abs. 1 VwGO bestehe.[994]

1. Da es sich vorliegend um die Zulassung eines Bauvorhabens handelt, haben **737** Widerspruch und Anfechtungsklage des N gemäß § 212 a Abs. 1 BauGB **keine** **aufschiebende Wirkung**, sodass Bauherr B trotz nachbarlicher Rechtsbehelfe zunächst weiterbauen darf.

2. Will Nachbar N das Vorhaben stoppen, so kann er bei der **Behörde** die **Ausset-** **738** **zung der Vollziehung** beantragen (§ 80 a Abs. 1 Nr. 2 Hs. 1 i.V.m. § 80 Abs. 4 VwGO). Die Behörde hat dann eine Abwägung zwischen dem Aussetzungs- interesse des Nachbarn und dem Verwirklichungsinteresse des Bauherrn vor- zunehmen.

■ Ein überwiegendes **Vollzugsinteresse des Bauherrn** besteht immer schon dann, wenn **739** sich die angefochtene Genehmigung als rechtmäßig erweist. Eines darüber hinausgehen- den, besonderen Interesses gerade am Sofortvollzug, wie es beim Aussetzungsverfahren im Rahmen zweipoliger Rechtsverhältnisse (§ 80 Abs. 5 VwGO) verlangt wird (s.o. Rn. 685), bedarf es im Rahmen des § 80 a VwGO nicht. Denn der begünstigte Adressat als Privatper- son hat praktisch immer ein schutzwürdiges Interesse daran, von einem rechtmäßigen VA auch sofort Gebrauch machen zu können.[995]

■ Das **Aussetzungsinteresse des Nachbarn** überwiegt dagegen nicht schon bei (objekti- **740** ver) Rechtswidrigkeit der Genehmigung, sondern nur dann, wenn die Rechtswidrigkeit gerade aus einem Verstoß gegen nachbarschützende Vorschriften resultiert.[996]

II. Hat der Antrag des Nachbarn Erfolg, so wird durch die behördliche **Aussetzungs-** **741** **entscheidung** die Wirkung des § 212 a Abs. 1 BauGB vorläufig außer Kraft gesetzt. Die Nachbarrechtsbehelfe haben dann nach der Grundregel des § 80 Abs. 1 VwGO wieder **aufschiebende Wirkung**, d.h. die Baugenehmigung darf vorerst nicht ver- wirklicht werden, der Bauherr darf nicht weiterbauen und muss die Bauarbeiten

---

992 HessVGH RÜ2 2018, 285.

993 OVG Lüneburg NVwZ-RR 2010, 140; Kopp/Schenke VwGO § 80 Rn. 65; Jochum JuS 2016, 157, 159.

994 BayVGH NVwZ 1999, 1363; VGH BW NVwZ 1997, 1008.

995 HessVGH RÜ2 2018, 285, 286; VGH BW VBlBW 2016, 375; OVG NRW, Beschl. v. 05.07.2006 – 8 B 212/06.AK, BeckRS 2006, 24666; Finkelnburg/Dombert/Külpmann Rn. 1071; Posser/Wolff VwGO § 80 a Rn. 37.

996 Vgl. OVG NRW BauR 2004, 204; BayVGH BayVBl. 2004, 343; VGH Kassel NVwZ 2001, 105, 106; Schoch Jura 2002, 37, 46.

| **7. Teil** | Vorläufiger Rechtsschutz im Verwaltungsprozess |

einstellen. Er ist dann darauf angewiesen, dass die Baugenehmigung wieder vollziehbar gemacht wird. B kann deshalb nach § 80 a Abs. 3 S. 1 VwGO i.V.m. § 80 a Abs. 1 Nr. 2 Hs. 1 VwGO beim Verwaltungsgericht die **Aufhebung der behördlichen Aussetzungsentscheidung** beantragen.[997]

742 C. Lehnt die Behörde den Antrag des Nachbarn auf Aussetzung der Vollziehung ab, so kann N beim **VG** gemäß § 80 a Abs. 3 S. 1 i.V.m. Abs. 1 Nr. 2 Hs. 1, § 80 Abs. 5 S. 1 VwGO einen Antrag auf **Anordnung der aufschiebenden Wirkung** stellen.[998]

Nach der Gegenansicht handelt es sich entsprechend dem Wortlaut des § 80 a Abs. 1 Nr. 2 Hs. 1 VwGO um einen Antrag auf „Aussetzung der Vollziehung".[999] Ein sachlicher Unterschied ergibt sich daraus nicht: Ebenso wie die Anordnung der aufschiebenden Wirkung soll die Aussetzung der Vollziehung die aufschiebende Wirkung nach § 80 Abs. 1 VwGO (also einen Baustopp) bewirken. In der Sache geht es um die Reichweite des Verweises in § 80 a Abs. 3 S. 2 VwGO auf § 80 Abs. 5 VwGO.[1000]

Antrag des Nachbarn auf Anordnung der aufschiebenden Wirkung

- **Verwaltungsrechtsweg**

- **Statthaftigkeit des Antrags**
  (§ 80 a Abs. 3 S. 1 i.V.m. Abs. 1 Nr. 2 Hs. 1, § 80 Abs. 5 S. 1 VwGO)

- **Antragsbefugnis** analog § 42 Abs. 2 VwGO

- **Rechtsschutzbedürfnis** (str. ob zuvor Antrag bei der Behörde erforderlich)

- **Antragsgegner** analog § 78 VwGO

---

743 I. **Zulässigkeit des Eilantrags** des Nachbarn

1. Der **Verwaltungsrechtsweg** ist gemäß § 40 Abs. 1 S. 1 VwGO eröffnet, streitentscheidend sind Vorschriften des öffentlichen Baurechts.

2. Der Antrag nach § 80 a Abs. 3 S. 1 i.V.m. Abs. 1 Nr. 2 Hs. 1 VwGO, § 80 Abs. 5 S. 1 VwGO ist **statthaft**, wenn

   - sich der Antragsteller gegen die Vollziehung (Verwirklichung) eines **ihn belastenden, den Adressaten begünstigenden VA** wendet,

   - der Antragsteller einen **Rechtsbehelf eingelegt** hat[1001]

   - und der Rechtsbehelf nach § 80 Abs. 2 VwGO **keine aufschiebende Wirkung** entfaltet.

   N hat gegen die den B begünstigende und ihn belastende Baugenehmigung einen Rechtsbehelf erhoben, der gemäß § 80 Abs. 2 S. 1 Nr. 3 VwGO i.V.m. § 212 a Abs. 1 BauGB keine aufschiebende Wirkung entfaltet.

---

997 BayVGH BauR 2003, 406; Schoch VwGO § 80 a Rn. 44; Budroweit/Wuttke JuS 2006, 876, 879; a.A. Proppe JA-Übbl. 1992, 62, 67: Antrag auf Anordnung der sofortigen Vollziehung.

998 OVG NRW ÖffBauR 2005, 84; NWVBl. 2004, 269; Huber NVwZ 2004, 915; Finkelnburg/Dombert/Külpmann Rn. 1077; Kopp/Schenke VwGO § 80 a Rn. 17.

999 HessVGH NVwZ 1993, 491, 492; Schoch VwGO § 80 a Rn. 50; Zilkens JuS 2006, 338, 339; Budroweit/Wuttke JuS 2006, 876, 879.

1000 Vgl. einerseits Kopp/Schenke VwGO § 80 a Rn. 17; andererseits Schoch VwGO § 80 a Rn. 50.

1001 Diese im Rahmen des § 80 Abs. 5 VwGO umstrittene Frage (s.o. Rn. 665), ist in § 80 a Abs. 1 VwGO ausdrücklich im positiven Sinne geregelt („Legt ein Dritter einen Rechtsbehelf ... ein").

Der Antrag auf Anordnung der aufschiebenden Wirkung (auch Aussetzungsantrag) nach § 80 a Abs. 3 S. 1 i.V.m. Abs. 1 Nr. 2 Hs. 1 VwGO, § 80 Abs. 5 S. 1 VwGO ist damit statthaft.

3. Die **Antragsbefugnis** analog § 42 Abs. 2 VwGO setzt voraus, dass der Antragsteller geltend machen kann, in einem subjektiven Recht verletzt zu sein, d.h. dass der angefochtene VA gegen **drittschützende Vorschriften** verstößt. Insoweit kommen hier die nachbarschützenden Vorschriften des Bebauungsplans in Betracht. **744**

4. Das **Rechtsschutzbedürfnis** beurteilt sich nach den allgemeinen zu § 80 Abs. 5 VwGO entwickelten Kriterien (s.o. Rn. 669 ff.).

   a) Der Rechtsbehelf des Dritten darf **nicht offensichtlich unzulässig** sein, wofür hier keine Anhaltspunkte bestehen. **745**

   b) Fraglich ist, ob N gemäß § 80 a Abs. 3 S. 1 VwGO **sofort das Verwaltungsgericht** anrufen kann oder ob er **zunächst einen Antrag bei der Behörde** auf Aussetzung der Vollziehung nach § 80 a Abs. 1 Nr. 2 Hs. 1 VwGO stellen muss. Letzteres könnte sich aus § 80 a Abs. 3 S. 2 VwGO ergeben, wonach u.a. die Regelung des § 80 Abs. 6 VwGO entsprechend gilt. **746**

      aa) Überwiegend wird dieser Verweis als **Rechtsgrundverweis** verstanden, sodass er nur für Abgabenbescheide mit Doppelwirkung gilt.[1002] Der Gesetzgeber habe eine Ausdehnung des § 80 Abs. 6 VwGO über den Bereich der Abgabenangelegenheiten nicht gewollt. Das gerichtliche Verfahren nach § 80 a Abs. 3 VwGO sei kein Rechtsbehelfsverfahren gegen eine behördliche Entscheidung, vielmehr treffe das Gericht eine eigene Ermessensentscheidung. **747**

      bb) Teilweise wird demgegenüber darauf verwiesen, dass § 80 a Abs. 3 S. 2 VwGO die Regelung des § 80 Abs. 6 VwGO uneingeschränkt in Bezug nehme. Es handele sich daher um einen **Rechtsfolgenverweis**, sodass bei allen VAen mit Doppelwirkung vor der Anrufung des VG stets eine behördliche Entscheidung nach § 80 a Abs. 1 Nr. 2 VwGO beantragt werden müsse.[1003] **748**

      cc) Auf diese Streitfrage kommt es nicht an, wenn der Bauherr mit der **Verwirklichung des Bauvorhabens** bereits begonnen hat oder die Bauarbeiten unmittelbar bevorstehen. Denn dann droht die „Vollstreckung" des VA, sodass das VG nach § 80 a Abs. 3 S. 2 i.V.m. § 80 Abs. 6 S. 2 Nr. 2 VwGO ohnehin unmittelbar angerufen werden darf.[1004] **749**

Der Antrag des N ist damit zulässig, Bauherr B ist gemäß § 65 Abs. 2 VwGO notwendig beizuladen. **750**

1002 OVG Hamburg NVwZ-RR 2017, 906; OVG Koblenz DÖV 2004, 167 f.; Kopp/Schenke VwGO § 80 a Rn. 21; Schoch Jura 2002, 37, 42; Erbguth JA 2008, 357, 363; Hummel JuS 2011, 413, 416; Würtenberger/Heckmann Rn. 584.

1003 OVG Lüneburg NVwZ-RR 2011, 185; NVwZ-RR 2010, 552; OVG Koblenz NVwZ 1994, 1015.

1004 Vgl. OVG Lüneburg NVwZ-RR 2010, 140; Mampel ZAP 2001, 519, 523; Debus Jura 2006, 487, 489.

7. Teil	Vorläufiger Rechtsschutz im Verwaltungsprozess

In den Fällen des § 80 a Abs. 3 VwGO erfolgt stets eine **notwendige Beiladung** des Drittbetroffenen. Im Rahmen der Begründetheit findet ausschließlich eine Abwägung zwischen dem Aussetzungsinteresse des Nachbarn und dem Vollzugsinteresse des Bauherrn statt. Die Entscheidung über die aufschiebende Wirkung des Rechtsbehelfs kann daher nur einheitlich ergehen.[1005]

751   II. **Begründetheit des Eilantrags** des Nachbarn

Das Gericht trifft auch in den Fällen des § 80 a Abs. 3 S. 1 VwGO eine **eigene Ermessensentscheidung**. Auch soweit das Gesetz von Änderung oder Aufhebung einer behördlichen Maßnahme spricht, ist das gerichtliche Verfahren kein Rechtsbehelfsverfahren gegen die behördliche Entscheidung (s.o.). Der Verweis in § 80 a Abs. 3 S. 2 VwGO auf § 80 Abs. 5 VwGO macht deutlich, dass die Entscheidung nach § 80 a Abs. 3 VwGO aufgrund einer umfassenden Güter- und Interessenabwägung ergeht.[1006]

752   Der **Antrag auf Anordnung der aufschiebenden Wirkung** gemäß § 80 a Abs. 3 S. 1 i.V.m. Abs. 1 Nr. 2 Hs. 1, § 80 Abs. 5 S. 1 VwGO ist **begründet**, wenn das Aussetzungsinteresse des belasteten Nachbarn das Vollzugsinteresse des begünstigten Adressaten überwiegt. Wann dies im Rahmen des § 212 a Abs. 1 BauGB der Fall ist, ist umstritten.

753   1. Teilweise wird angenommen, der Gesetzgeber habe durch § 212 a Abs. 1 BauGB eine **Interessenabwägung zugunsten des Bauherrn** vorgenommen und damit ein überwiegendes Verwirklichungsinteresse indiziert. Nur wenn mit überwiegender Wahrscheinlichkeit mit der Aufhebung der angefochtenen Baugenehmigung im Hauptsacheverfahren zu rechnen sei, könne ausnahmsweise die aufschiebende Wirkung angeordnet werden.[1007]

754   2. Die h.Rspr. stellt demgegenüber auf die allgemein zu § 80 Abs. 5 S. 1 VwGO entwickelten Kriterien ab: Das Aussetzungsinteresse des Nachbarn überwiegt das Vollzugsinteresse des Bauherrn, wenn die Baugenehmigung **offensichtlich rechtswidrig** ist, wobei allerdings bei einem Drittrechtsbehelf hinzukommen muss, dass sich die Rechtswidrigkeit gerade aus einem Verstoß gegen **nachbarschützende Vorschriften** ergibt.[1008]

Zur Begründung wird darauf verwiesen, dass der Gesetzgeber mit der Regelung des § 212 a Abs. 1 BauGB keine materielle Bewertung der Interessen vorgenommen, sondern lediglich die Verfahrenslast abweichend von § 80 Abs. 1 VwGO verteilt habe.[1009]

755   Hier verstößt die Baugenehmigung gegen die nachbarschützenden Vorschriften des B-Plans. Ein Antrag des N auf Anordnung der aufschiebenden Wirkung (bzw. Aussetzung der Vollziehung) gemäß § 80 a Abs. 3, Abs. 1 Nr. 2 Hs. 1, § 80 Abs. 5 S. 1 VwGO wäre daher nach beiden Auffassungen **begründet**.

1005 Kopp/Schenke VwGO § 80 a Rn. 20; Posser/Wolff VwGO § 80 a Rn. 66.

1006 BVerfG NVwZ 2009, 240, 242; HessVGH DVBl. 2017, 709; OVG NRW NVwZ-RR 2016, 849; RÜ 2009, 49, 50; BayVGH BayVBl. 2009, 402; abweichend Schoch VwGO § 80 a Rn. 58 ff.: Rechtsentscheidung nach den Erfolgsaussichten des Drittrechtsbehelfs in der Hauptsache.

1007 OVG Nds NVwZ-RR 2017, 807, 808; OVG NRW, Beschl. v. 27.02.2014 – 7 B 1180/13, BeckRS 2014, 48266; OVG Saar, Beschl. v. 04.04.2011 – 2 B 20/11, BeckRS 2011, 49496; Huber NVwZ 2004, 915, 918.

1008 BVerfG NVwZ 2009, 240, 242; OVG Saar IBR 2018, 229; HessVGH NZM 2018, 235, 236: OVG Bln-Bbg, Beschl. v. 19.08.2014 – OVG 10 S 57.12,BeckRS 2014, 55796; Schoch Jura 2002, 37, 45 f.; Muckel JA 2009, 664, 666; Schaks/Friedrich JuS 2018, 954, 959; vgl. auch OVG Bln-Bbg, Beschl. v. 07.12.2018 – OVG 10 S 4.18, BeckRS 2018, 32107.

1009 Ortloff NVwZ 1999, 955, 960; Debus Jura 2006, 487, 489 f.

Gegenbeispiel: Wendet sich der Nachbar nur gegen Beeinträchtigungen, die von der **Errichtung** der baulichen Anlage als solche ausgehen, entfällt das Rechtsschutzbedürfnis mit der Fertigstellung des Rohbaus. Denn ab diesem Zeitpunkt kann die begehrte Anordnung der aufschiebenden Wirkung dem Nachbarn keinen tatsächlichen oder rechtlichen Vorteil mehr verschaffen. Etwas anderes gilt nur dann, wenn der Nachbar geltend macht, auch durch die **Nutzung** der baulichen Anlage in seinen subjektiven Rechten verletzt zu sein.[1010]

II. Rechtsbehelf des Dritten hat aufschiebende Wirkung

Fall 25: Anordnung der sofortigen Vollziehung

B hat für die Errichtung einer 90 m hohen Windkraftanlage eine Genehmigung nach § 4 BlmSchG i.V.m. Nr. 1.6 des Anhangs zur 4. BlmSchV erhalten. Als Nachbar N dagegen Widerspruch erhebt, teilt die Behörde dem B mit, dass er die Bauarbeiten zur Errichtung der Anlage umgehend einzustellen hat. B möchte die Anlage zeitnah errichten, obwohl das Vorhaben – wie sich im Nachhinein herausgestellt hat – gegen nicht nachbarschützende Vorschriften verstößt. Wie ist die Rechtslage?

Der **Widerspruch** des N gegen die dem B erteilte immissionsschutzrechtliche Genehmigung hat gemäß § 80 Abs. 1 VwGO **aufschiebende Wirkung**. Die Ausnahme des § 212 a Abs. 1 BauGB gilt nur für bauaufsichtliche Zulassungen, nicht für immissionsschutzrechtliche Genehmigungen und im BlmSchG gibt es keine vergleichbare Regelung. Aufgrund der aufschiebenden Wirkung darf B die Anlage zunächst weder errichten noch betreiben.

756

Um die Vollziehbarkeit der Genehmigung herbeizuführen, kann der begünstigte Adressat (hier B) bei der Behörde gemäß § 80 a Abs. 1 Nr. 1 VwGO die **Anordnung der sofortigen Vollziehung** der Genehmigung nach § 80 Abs. 2 S. 1 Nr. 4 VwGO beantragen.

757

■ Ordnet die **Behörde** die sofortige Vollziehung an, so darf B die Anlage errichten und betreiben. Nachbar N kann dann beim Verwaltungsgericht die Wiederherstellung der aufschiebenden Wirkung seines Rechtsbehelfs beantragen, um die sofortige Vollziehung zu verhindern (§ 80 a Abs. 3 i.V.m. § 80 Abs. 5 S. 1 Fall 2 VwGO).

■ Lehnt die Behörde die beantragte Vollziehungsanordnung ab, so kann der Adressat gemäß § 80 a Abs. 3 S. 1 i.V.m. Abs. 1 Nr. 1 VwGO beim **Verwaltungsgericht** die **Anordnung der sofortigen Vollziehung** beantragen.

Antrag des Bauherrn auf Anordnung der sofortigen Vollziehung
■ **Verwaltungsrechtsweg**
■ **Statthaftigkeit des Antrags** (§ 80 a Abs. 3 S. 1 i.V.m. Abs. 1 Nr. 1 VwGO)
■ **Antragsbefugnis** analog § 42 Abs. 2 VwGO
■ **Rechtsschutzbedürfnis** (str. ob zuvor Antrag bei der Behörde erforderlich)
■ **Antragsgegner** analog § 78 VwGO

1010 OVG Bln-Bbg RÜ 2018, 396, 397; VGH BW, Beschl. v. 27.08.2014 – 3 S 1400/14, BeckRS 2014, 124379; VGH BW NVwZ-RR 2013, 300; OVG Nds BauR 2009, 639; a.A. Schoch VwGO § 80 a Rn. 67.

7. Teil — Vorläufiger Rechtsschutz im Verwaltungsprozess

758 **A. Zulässigkeit des Antrags auf Anordnung der sofortigen Vollziehung**

I. Der **Verwaltungsrechtsweg** ist gemäß § 40 Abs. 1 S. 1 VwGO eröffnet. Streitentscheidend sind die öffentlich-rechtlichen Vorschriften des BImSchG.

II. **Statthaft** ist der Antrag auf Anordnung der sofortigen Vollziehung gemäß § 80 a Abs. 3 S. 1 i.V.m. Abs. 1 Nr. 1 VwGO, wenn

- bei einem **begünstigenden VA mit drittbelastender Wirkung**
- der Dritte einen **Rechtsbehelf erhoben** hat
- und der Rechtsbehelf **aufschiebende Wirkung** entfaltet.

Die immissionsschutzrechtliche Genehmigung begünstigt B und belastet N. Dessen Widerspruch hat gemäß § 80 Abs. 1 VwGO aufschiebende Wirkung, sodass ein Antrag des B auf **Anordnung der sofortigen Vollziehung** nach § 80 a Abs. 3 S. 1 i.V.m. Abs. 1 Nr. 1 VwGO statthaft ist.

759 III. Die **Antragsbefugnis** analog § 42 Abs. 2 VwGO folgt beim begünstigten Adressaten unmittelbar aus dem subjektiven Recht aus der angefochtenen Genehmigung.

IV. Das **Rechtsschutzbedürfnis** für eine gerichtliche Vollziehungsanordnung besteht nach heute h.M. im Gegensatz zur früheren Rspr. **auch ohne vorherigen Antrag** bei der Behörde. § 80 a Abs. 3 S. 2 VwGO erfasse auch im Fall des § 80 a Abs. 1 Nr. 1 VwGO als **Rechtsgrundverweis** nur Verwaltungsakte mit Doppelwirkung, mit denen öffentliche Abgaben und Kosten i.S.d. § 80 Abs. 1 S. 1 Nr. 1 VwGO angefordert werden (s.o. Rn. 747 f.).[1011] Die Gegenansicht versteht die Regelung in § 80 a Abs. 3 S. 2 i.V.m. § 80 Abs. 6 VwGO generell als **Rechtsfolgenverweis**, sodass bei VAen mit Doppelwirkung stets vor Anruf des VG eine behördliche Entscheidung nach § 80 a Abs. 1 VwGO zu beantragen sei.[1012] Dagegen spricht jedoch, dass § 80 a Abs. 3 VwGO eine eigenständige gerichtliche Anordnung der sofortigen Vollziehung vorsieht. Das gerichtliche Verfahren ist kein Rechtsbehelfsverfahren gegen die behördliche Entscheidung, das Gericht trifft vielmehr auch in diesem Fall eine eigene Ermessensentscheidung. Deshalb lässt sich die Unzulässigkeit einer unmittelbaren Anrufung des Gerichts auch nicht allgemein auf ein fehlendes Rechtsschutzbedürfnis stützen.[1013] Eines vorherigen Antrags bei der Behörde bedurfte es daher nicht.

V. Der **Antragsgegner** bestimmt sich analog § 78 VwGO.

760 **B. Begründetheit des Antrags**

Auch beim Antrag auf Anordnung der sofortigen Vollziehung gemäß § 80 a Abs. 1 Nr. 1 VwGO enthält § 80 a Abs. 3 S. 1 VwGO keinen eigenständigen materiell-rechtlichen Maßstab. Der Verweis in § 80 a Abs. 3 S. 2 VwGO macht jedoch auch hier deutlich, dass sich die Begründetheit des Antrags im Ansatz nach den gleichen Regeln bestimmt, die im Rahmen des § 80 Abs. 5 S. 1 VwGO gelten. Daher ist auch im Rahmen des Antrags auf Anordnung der sofortigen Vollziehung gemäß § 80 a Abs. 3 S. 1 i.V.m. Abs. 1 Nr. 1 VwGO eine Interessenabwägung erforderlich.[1014]

1011 HessVGH RÜ2 2018, 285, 286; Kopp/Schenke VwGO § 80 a Rn. 21; NK-Puttler VwGO § 80 a Rn. 19; Gersdorf in Posser/Wolff VwGO § 80 a Rn. 61; nunmehr auch Schoch VwGO § 80 a Rn. 78; OVG Hamburg NVwZ-RR 2017, 906: zwar Rechtsgrundverweis, aber ohne vorherigen Antrag bei der Behörde fehlt i.d.R. das Rechtsschutzbedürfnis.

1012 Redeker/v.Oertzen VwGO § 80 a Rn. 7.

1013 Kopp/Schenke VwGO § 80 a Rn. 21; a.A. OVG Hamburg NVwZ-RR 2017, 906.

1014 BVerfG NVwZ 2009, 240, 242; OVG NRW RÜ 2009, 49, 50; HessVGH RÜ2, 2018, 285, 286; a.A. auch hier Schoch VwGO § 80 a Rn. 63.

Vorläufiger Rechtsschutz nach § 80 a VwGO

Der Antrag nach § 80 a Abs. 3 S. 1 i.V.m. Abs. 1 Nr. 1 VwGO auf Anordnung der sofortigen Vollziehung hat Erfolg, wenn das **Vollzugsinteresse des begünstigten Adressaten das Aussetzungsinteresse des Nachbarn überwiegt**. Das hängt im Wesentlichen von den **Erfolgsaussichten** des Nachbarrechtsbehelfs in der Hauptsache ab.[1015]

■ Ist die angefochtene Genehmigung **rechtmäßig**, so überwiegt das Interesse des Adressaten an der sofortigen Vollziehung, da die Verwirklichung des VA grundrechtlich geschützt ist (Art. 14 Abs. 1 GG).[1016] Eines besonderen Vollzugsinteresses bedarf es bei Verwaltungsakten mit Doppelwirkung nicht.[1017]

■ Ist die Genehmigung dagegen **rechtswidrig**, so ist wegen der besonderen Situation des Nachbarrechtsbehelfs zu differenzieren:

■ Verstößt die Genehmigung gegen **nachbarschützende Vorschriften**, so überwiegt in jedem Fall das Aussetzungsinteresse des Nachbarn. Eine sofortige Vollziehung scheidet aus.

■ Beruht die Rechtswidrigkeit dagegen **nicht auf der Verletzung drittschützender Normen**, so ist das Aussetzungsinteresse des Nachbarn nicht schutzwürdig.

I. Deshalb ist nach h.Rspr. der Antrag des begünstigten Adressaten in diesen Fällen stets **begründet**. Bei der Abwägung im Rahmen des § 80 a Abs. 3 S. 1 VwGO sei nicht darauf abzustellen, ob die Genehmigung objektiv rechtmäßig oder rechtswidrig sei, sondern entscheidend seien die **Erfolgsaussichten des Nachbarrechtsbehelfs** in der Hauptsache.[1018] Fehlt es an der subjektiven Rechtsverletzung, so bleibe der Widerspruch und die spätere Klage des Nachbarn aber auf jeden Fall erfolglos (§ 113 Abs. 1 S. 1 VwGO), sodass eine Suspendierung der Genehmigung nicht gerechtfertigt sei.

II. Die Gegenansicht stellt darauf ab, dass bei einer objektiv rechtswidrigen Genehmigung auch das Verwirklichungsinteresse des Adressaten **nicht schutzwürdig** sei. Behörde und Gericht dürften im Hinblick auf das Rechtsstaatsprinzip nicht die sofortige Vollziehung eines rechtswidrigen VA anordnen.[1019]

III. Für die h.Rspr. spricht, dass es im Verfahren nach § 80 a Abs. 3 VwGO um die **aufschiebende Wirkung der Rechtsbehelfe des Nachbarn** geht. Werden diese mangels Rechtsverletzung erfolglos bleiben, besteht keine Rechtfertigung, den Adressaten an der Verwirklichung seiner Genehmigung zu hindern. Etwas anderes kann nur dann gelten, wenn unmittelbar mit der Rücknahme der angefochtenen Genehmigung nach § 48 VwVfG zu rechnen ist und die Anordnung der sofortigen Vollziehung dadurch sinnlos würde.[1020]

1015 OVG NRW RÜ 2009, 49, 50; VGH Mannheim NVwZ-RR 2003, 27; BayVGH BayVBl. 2009, 402.

1016 HessVGH DVBl. 1990, 718, 719; VGH Mannheim VBlBW 1990, 137, 138; Pietzner/Ronellenfitsch Rn. 1602.

1017 HessVGH RÜ2 2018, 285, 286; VGH BW VBlBW 2016, 375; OVG NRW, Beschl. v. 05.07.2006 – 8 B 212/06.AK, BeckRS 2006, 24666; Finkelnburg/Dombert/Külpmann Rn. 1071; Posser/Wolff VwGO § 80 a Rn. 37.

1018 OVG NRW DVBl 2016, 714, 717; NWVBl. 2000, 314, 315; OVG Saarland, Beschl. v. 04.04.2011 – 2 B 20/11; BayVGH BayVBl. 2009, 402; Wolff/Decker VwGO § 80 a Rn. 16.

1019 Vgl. Finkelnburg/Dombert/Külpmann Rn. 1098; Schoch VwGO § 80 a Rn. 63.

1020 OVG NRW, Beschl. v. 05.09.2008 – 13 B 1013/08, RÜ 2009, 49, 52; SächsOVG DVBl. 1992, 1449: keine Anordnung der sofortigen Vollziehung, wenn der rechtswidrige VA konkret rücknahmebedroht ist.

Außerdem hat diese Auffassung den Vorteil, dass sie im Rahmen des § 80 a Abs. 1 Nr. 1 und Nr. 2 VwGO den gleichen Prüfungsmaßstab zugrunde legt: Das Aussetzungsinteresse des Nachbarn überwiegt in jedem Fall nur bei einem Verstoß gegen drittschützende Vorschriften.

Da hier **kein Verstoß gegen nachbarschützende Vorschriften** vorliegt, überwiegt das Vollzugsinteresse des begünstigten Adressaten. Der Antrag des B ist damit begründet. Das Gericht ist nicht darauf beschränkt die Behörde nur zur Anordnung der sofortigen Vollziehung zu verpflichten, sondern kann die sofortige Vollziehung der Genehmigung nach § 80 a Abs. 3 S. 1 i.V.m. Abs. 1 Nr. 1 VwGO **selbst anordnen** (vgl. „solche Maßnahmen treffen").[1021]

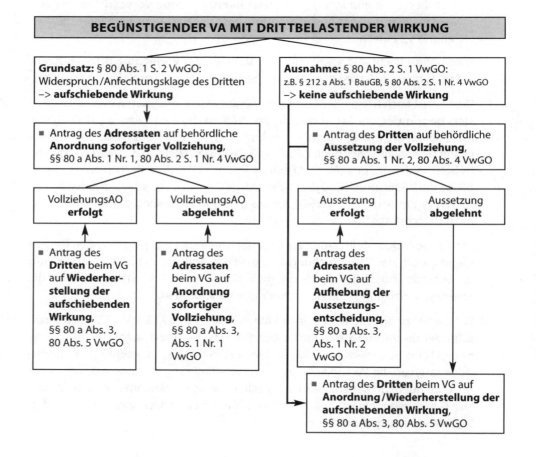

[1021] Vgl. OVG Hamburg, RÜ2 2018, 285, 286; OVG NRW NWVBl. 1994, 332; Schoch VwGO § 80 a Rn. 48; Posser/Wolff VwGO § 80 a Rn. 45; Pietzner/Ronellenfitsch Rn. 1602.

Vorläufiger Rechtsschutz nach § 80 a VwGO | **3. Abschnitt**

Fall 26: Missachtung der aufschiebenden Wirkung (Abwandlung zu Fall 25)

N hat Widerspruch gegen die dem B erteilte immissionsschutzrechtliche Genehmigung erhoben. B ist der Ansicht, dass ihn die aufschiebende Wirkung des Widerspruchs nicht betreffe, da er nach wie vor im Besitz einer wirksamen Genehmigung sei. Deshalb hat er zwischenzeitlich die Anlage errichtet und in Betrieb gesetzt. N möchte die (vorläufige) Stilllegung der Anlage erreichen. Mit Erfolg?

A. **Rechtsschutz** für Nachbar N **unmittelbar** nach §§ 80 a Abs. 1 Nr. 2, 80 Abs. 4 VwGO **764**
   bzw. §§ 80 a Abs. 3, 80 Abs. 5 VwGO ist nicht möglich, da der Widerspruch des N nach
   § 80 Abs. 1 VwGO bereits kraft Gesetzes aufschiebende Wirkung entfaltet. § 212 a
   Abs. 1 BauGB gilt nur für Baugenehmigungen, nicht für immissionsschutzrechtliche
   Genehmigungen. Da die **aufschiebende Wirkung bereits besteht**, scheidet eine (erneute) Anordnung oder Wiederherstellung der aufschiebenden Wirkung bzw. Aussetzung der Vollziehung aus.

B. **Missachtet der Adressat die aufschiebende Wirkung** eines vom Dritten erhobenen **765**
   nen Rechtsbehelfs, so kommt – wie beim **faktischen Vollzug** durch die Behörde (dazu oben Rn. 717 ff.) – ein Antrag des Dritten auf **Feststellung der aufschiebenden Wirkung** analog §§ 80 a Abs. 3, 80 Abs. 5 VwGO in Betracht.[1022]

   Die bloße Feststellung der aufschiebenden Wirkung hindert den Adressaten faktisch aber nicht daran, die Genehmigung gleichwohl auszunutzen.[1023] Im Vordergrund steht in dieser Situation vielmehr das Begehren des Nachbarn, das Vorhaben **vorläufig stilllegen** zu lassen.

C. Nach § 80 a Abs. 1 Nr. 2 VwGO kann die Behörde gemäß § 80 Abs. 4 VwGO die Voll- **766**
   ziehung aussetzen und **„einstweilige Maßnahmen zur Sicherung der Rechte des Dritten"** treffen. Darunter fallen auch Maßnahmen zur Sicherung der aufschiebenden Wirkung.

   I. Allerdings sieht § 80 a Abs. 1 Nr. 2 Hs. 2 VwGO Sicherungsmaßnahmen unmittelbar **767**
      nur als **Annex** zur behördlichen oder gerichtlichen Aussetzungsentscheidung vor
      (vgl. „und"). Nicht geregelt ist der Fall, dass der Dritte unabhängig von einer Aussetzungsentscheidung ein **behördliches Einschreiten** begehrt, insbes. in Fällen,
      in denen sich der Begünstigte – wie hier – über die kraft Gesetzes nach § 80 Abs. 1
      VwGO bestehende aufschiebende Wirkung hinwegsetzt.

      1. Nach h.M. gilt in diesen Fällen § 80 a Abs. 1 Nr. 2 Hs. 2 VwGO (i.V.m. § 80 a Abs. 3 **768**
         VwGO) **analog**. Durch die Untätigkeit der Behörde gegenüber dem den Suspensiveffekt missachtenden Adressaten ergebe sich für den Dritten dieselbe
         Situation wie im Fall der Aussetzung der Vollziehung, bei der § 80 a Abs. 1 Nr. 2
         VwGO Sicherungsmaßnahmen ausdrücklich zulässt.[1024]

1022 OVG NRW DVBl. 2008, 1132; Schoch VwGO § 80 a Rn. 56; Finkelnburg/Dombert/Külpmann Rn. 1085; Erbguth JA 2008,
     357, 362; Mann/Blasche NWVBl. 2009, 77, 79.

1023 Vgl. OVG NRW, Beschl. v. 04.06.1993 – 7 B 1107/93.

1024 NdsOVG NVwZ-RR 2014, 550, 551; HessVGH NVwZ-RR 2003, 345, 346; Schoch VwGO § 80 a Rn. 39 u. 53; Kopp/Schenke
     VwGO § 80 a Rn. 17 a; Sodan/Ziekow VwGO § 80 a Rn. 36; Kreuter in: Hoppenberg/de Witt Hdb. Öff. BauR, K V Rn. 97.

7. Teil Vorläufiger Rechtsschutz im Verwaltungsprozess

769   2. Die Gegenmeinung verweist darauf, dass Sicherungsmaßnahmen nach § 80 a Abs. 1 Nr. 2 VwGO nur als Nebenentscheidungen zur Aussetzung der Vollziehung (§ 80 Abs. 4 VwGO) ergehen können. Bei „schlichter" Missachtung der aufschiebenden Wirkung nach § 80 Abs. 1 VwGO sei vorläufiger Rechtsschutz nach **§ 123 VwGO** zu gewähren. Dem Nachbarn gehe es weniger um die Vollziehbarkeit der Genehmigung als vielmehr um ein behördliches Einschreiten, das im Hauptsacheverfahren mit der Verpflichtungsklage zu erstreiten sei.[1025]

Dagegen spricht jedoch, dass nach dem Willen des Gesetzgebers § 80 a VwGO alle Fallgruppen bei VAen mit Doppelwirkung erfassen soll. Der Missachtung der aufschiebenden Wirkung ist daher stets durch **Sicherungsmaßnahmen** gemäß § 80 a Abs. 3, Abs. 1 Nr. 2 Hs. 2 VwGO (analog) zu begegnen.

Umstritten ist auch hier, ob vor dem gerichtlichen Antrag gemäß § 80 a Abs. 3 S. 2 i.V.m. § 80 Abs. 6 VwGO zunächst ein Antrag bei der Behörde gemäß § 80 a Abs. 1 Nr. 2 Hs. 2 VwGO gestellt werden muss.[1026] Wegen der Missachtung der aufschiebenden Wirkung ist der Antrag jedenfalls analog § 80 Abs. 6 S. 2 Nr. 2 VwGO entbehrlich (s.o. Rn. 749).

770   II. **Begründet** ist der Antrag – wie beim faktischen Vollzug durch die Behörde – allein wegen der **Missachtung der aufschiebenden Wirkung**. Eine Interessenabwägung findet nicht statt.[1027]

Nach der Gegenansicht ergibt sich aus § 80 a Abs. 1 Nr. 2 Hs. 2 VwGO, dass der Nachbarwiderspruch keinen automatischen Baustopp bewirke, sondern eine behördliche Regelung voraussetze. Daher sei die Behörde auch nicht verpflichtet, die Bauarbeiten einzustellen. Insoweit reiche die formelle Baurechtswidrigkeit nicht aus, vielmehr sei stets eine Abwägung unter Berücksichtigung der materiellen Nachbarabwehrrechte erforderlich.[1028]

Dagegen spricht, dass § 80 a Abs. 1 Nr. 2 Hs. 2 VwGO keine materielle Ermächtigungsgrundlage der Behörde voraussetzt (denn sonst wäre die Regelung überflüssig). Die Vorschrift enthält vielmehr eine **eigenständige Rechtsgrundlage** zur Durchsetzung der aufschiebenden Wirkung.[1029] Die einstweiligen Sicherungsmaßnahmen dienen unmittelbar zum Schutz des Suspensiveffekts, unabhängig davon, ob nach dem materiellen Recht ein Anspruch auf Stilllegung besteht.

771   Liegen die Voraussetzungen vor, so kann das Gericht nach § 80 a Abs. 3 S. 1 VwGO „Maßnahmen" treffen. Darunter versteht die h.Rspr. bei Sicherungsmaßnahmen nach § 80 Abs. 1 Nr. 2 Hs. 2 VwGO analog § 113 Abs. 5 S. 1 VwGO lediglich die **Verpflichtung der Behörde**, gegenüber dem Bauherrn die vom Gericht bezeichneten Maßnahmen anzuordnen, insbes. eine vorläufige Stilllegung zu verfügen.[1030]

772   Nach der Gegenansicht kann das VG die Sicherungsmaßnahmen gegenüber dem Begünstigten **selbst anordnen**, also z.B. die Bauarbeiten unmittelbar stilllegen.[1031] Dagegen spricht jedoch, dass der belastete Dritte, anders als die Verwaltung, in keiner unmittelbaren Rechtsbeziehung zum Begünstigten steht. Der Dritte ist nicht

---

1025 Battis/Krautzberger/Löhr BauGB (9. Aufl. 2005), § 31 Rn. 99 m.w.N.

1026 So z.B. Redeker/v.Oertzen VwGO § 80 a Rn. 5 a; a.A. Kopp/Schenke VwGO § 80 a Rn. 21.

1027 VGH BW RÜ 2014, 804, 805; Kopp/Schenke VwGO § 80 a Rn. 17 a; Schoch VwGO § 80 a Rn. 40; Finkelnburg/Dombert/ Külpmann Rn. 1087; Erbguth JA 2008, 357, 363.

1028 OVG Bremen BRS 55 Nr. 166; ThürOVG DVBl. 1993, 1372; Große-Hündfeld in FS Gelzer (1991), S. 303, 308.

1029 VGH BW RÜ 2014, 804, 805; NdsOVG NVwZ-RR 2014, 550, 551; OVG NRW, Beschl. v. 06.08.2013 – 8 B 829/13, DÖV 2013, 952; Schoch VwGO § 80 a Rn. 40.

1030 VGH Kassel DVBl. 1992, 780, 781; BayVGH NVwZ-RR 2010, 346; Kopp/Schenke VwGO § 80 a Rn. 17.

1031 Schoch VwGO § 80 a Rn. 55; Finkelnburg/Dombert/Külpmann Rn. 1080; Mann/Blasche NWVBl. 2009, 77, 79.

Antragsgegner, sodass er durch eine gerichtliche Maßnahme nicht unmittelbar verpflichtet werden kann. Daher ist es dem VG nur möglich, die **Behörde zu einem Einschreiten zu verpflichten**, z.B. zur vorläufigen Stilllegung der Bauarbeiten.

Ist die Genehmigung bereits verwirklicht und damit faktisch vollzogen, kann das Gericht analog § 80 Abs. 3 S. 2 i.V.m. § 80 Abs. 5 S. 3 VwGO auch eine **Rückgängigmachung der Vollziehung** anordnen, z.B. Beseitigung des rechtswidrig errichteten Baukörpers.[1032]

773

B. Belastender VA mit drittbegünstigender Wirkung

Während § 80 a Abs. 1 VwGO die vorläufigen Rechtsschutzmöglichkeiten bei Verwaltungsakten normiert, die den Adressaten begünstigen und den Dritten belasten, betrifft § 80 a Abs. 2 VwGO den vorläufigen Rechtsschutz bei Verwaltungsakten, die den **Adressaten belasten** und den **Dritten begünstigen** (z.B. eine bauaufsichtliche Beseitigungsverfügung, die den Bauherrn belastet und den Nachbarn begünstigt).

- Widerspruch und Anfechtungsklage des belasteten Adressaten (z.B. des Bauherrn bei der Beseitigungsverfügung) haben grds. **aufschiebende Wirkung** (§ 80 Abs. 1 VwGO). Um die baldige Durchsetzung zu erreichen, kann der Nachbar bei der Behörde die Anordnung der sofortigen Vollziehung beantragen (§ 80 a Abs. 2 i.V.m. § 80 Abs. 2 S. 1 Nr. 4 VwGO). Hat der Antrag des Nachbarn Erfolg, entfällt die aufschiebende Wirkung, der Bauherr kann beim VG Wiederherstellung der aufschiebenden Wirkung (§§ 80 a Abs. 3, 80 Abs. 5 S. 1 Alt. 2 VwGO) beantragen. Wird der Antrag des Nachbarn von der Behörde abgelehnt, kann er die **Vollziehungsanordnung** beim VG beantragen (§ 80 a Abs. 3 S. 1 i.V.m. Abs. 2 VwGO).[1033]

- Den Fall, dass die Rechtsbehelfe des Adressaten **keine aufschiebende Wirkung** entfalten (z.B. weil die Behörde von sich aus die sofortige Vollziehung gemäß § 80 Abs. 2 S. 1 Nr. 4 VwGO angeordnet hat), hat der Gesetzgeber – anders als in § 80 a Abs. 1 Nr. 2 VwGO – in § 80 a Abs. 2 VwGO nicht geregelt. Gleichwohl ist anerkannt, dass der Adressat hier, wie bei allen belastenden VAen, gemäß § 80 Abs. 4 VwGO die Aussetzung der Vollziehung auch bei der Behörde beantragen kann.[1034] Wird der Aussetzungsantrag von der Behörde abgelehnt, kann der Adressat nach § 80 Abs. 5 S. 1 VwGO die Anordnung oder **Wiederherstellung der aufschiebenden Wirkung** seines Rechtsbehelfs durch das VG beantragen.[1035]

1032 Schoch VwGO § 80 a Rn. 55 a; Erbguth JA 2008, 357, 363; abweichend in der Begründung Gersdorf in Posser/Wolff VwGO § 80 a Rn. 54: nicht § 80 Abs. 5 S. 3 VwGO, sondern Sicherungsmaßnahme nach § 80 a Abs. 1 Nr. 2 Hs. 2 VwGO.

1033 Vgl. z.B. OVG LSA NVwZ-RR 2014, 875; OVG Saarland, Beschl. v. 09.01.2013 – 2 B 299/12, BeckRS 2013, 45672; jeweils zur Anordnung der sofortigen Vollziehung einer Beseitigungsverfügung, dazu auch oben Rn. 709.

1034 Schoch VwGO § 80 a Rn. 15; Kopp/Schenke VwGO § 80 a Rn. 16; Finkelnburg/Dombert/Külpmann Rn. 844.

1035 Vgl. Cremer/Wolf/Gurzan Jura 2010, 773, 774.

7. Teil — Vorläufiger Rechtsschutz im Verwaltungsprozess

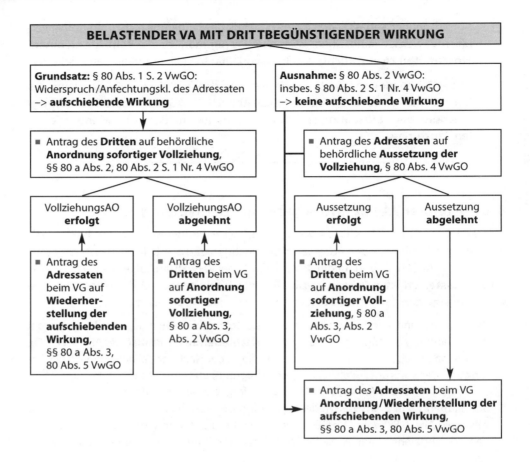

C. Rechtsschutz des Nachbarn beim Bauen ohne Baugenehmigung

Fall 27: Bauen ohne Baugenehmigung

N stellt fest, dass auf dem Nachbargrundstück des B eine rege Bautätigkeit herrscht. Eine Rückfrage beim Bauamt ergibt, dass dem B bislang keine Baugenehmigung erteilt worden ist. N möchte wissen, wie er sich gegen die Bauausführung wehren kann.

Vorüberlegung: Denkbar ist dies in zwei Konstellationen: 1. Der Bauherr baut ohne die erforderliche Baugenehmigung (sog. Schwarzbau) oder 2. eine Baugenehmigung ist nach der LBauO nicht erforderlich. So verzichten einige Länder bei bestimmten Vorhaben generell auf das Genehmigungsverfahren und begnügen sich mit einer Bauanzeige und/oder der Vorlage der Bauunterlagen.

774   I. Vorläufiger Rechtsschutz des Nachbarn nach **§ 80 Abs. 1 VwGO** scheidet aus, da die aufschiebende Wirkung von Widerspruch oder Anfechtungsklage nur bestehen kann, wenn ein **VA tatsächlich vorliegt**.

775   II. § 80 a Abs. 1 u. Abs. 3 VwGO greifen ebenfalls nicht ein, weil es nicht um die Vollziehung einer **erteilten** Baugenehmigung geht.

776   III. **Behördlicherseits** kann zur Verhinderung des Baubeginns eine Untersagungsverfügung oder zur Verhinderung der Fortführung der Bauarbeiten eine Stilllegungs-

Vorläufiger Rechtsschutz nach § 80 a VwGO — 3. Abschnitt

verfügung ergehen, wenn gegen öffentlich-rechtliche (Bau-)Vorschriften verstoßen wird. Da N ein solches Einschreiten in der Hauptsache mit der **Verpflichtungsklage** erstreiten müsste, richtet sich der **vorläufige Rechtsschutz bei Vorhaben ohne Genehmigung nach § 123 VwGO**.[1036]

§ 123 VwGO ist außerdem einschlägig, wenn der Nachbar die Erteilung einer Baugenehmigung verhindern will, also einen vorbeugenden Unterlassungsanspruch sichern will. Allerdings fehlt hier i.d.R. das Rechtsschutzbedürfnis, da allein durch die Erteilung der Baugenehmigung noch keine vollendeten Tatsachen geschaffen werden. Dem Nachbarn ist es zumutbar die Erteilung der Genehmigung abzuwarten und dann Widerspruch bzw. Anfechtungsklage zu erheben und nach § 80 a Abs. 1 Nr. 2 u. Abs. 3 VwGO vorzugehen.[1037]

1. Soweit Bauvorhaben von der Genehmigungspflicht freigestellt sind, wird zum Teil für Rechtsschutz des Nachbarn **unmittelbar gegen den Bauherrn** plädiert. Die Verlagerung der Präventivkontrolle auf den privaten Bauherrn verpflichte diesen zur Beachtung des öffentlichen Baurechts unmittelbar gegenüber dem Nachbarn. Deshalb habe der Nachbar einen öffentlich-rechtlichen Abwehranspruch gegen den Bauherrn, der im Verwaltungsrechtsweg durchzusetzen sei.[1038] **777**

   Dagegen spricht, dass zwischen dem Nachbarn und dem Bauherrn **kein öffentlich-rechtliches Rechtsverhältnis** besteht. Zwar ist der Interessenkonflikt zwischen dem Nachbarn und dem Bauherrn durch die öffentlich-rechtlichen Baurechtsnormen geprägt. Das bedeutet jedoch nicht, dass der Nachbar als Privater die Geltung dieser Normen im Verwaltungsrechtsweg gegenüber dem Bauherrn durchsetzen kann. Dem Bauherrn ist im Verhältnis zum Nachbarn kein Sonderrecht eingeräumt, auch stehen die Beteiligten nicht in einem Über-/Unterordnungsverhältnis. Im Übrigen entbindet die Genehmigungsfreistellung die Behörde nur von der präventiven Kontrolle des Bauvorhabens. Die bauaufsichtlichen Eingriffsermächtigungen werden dadurch nicht beschränkt und dienen weiterhin u.U. auch dem Schutz des Nachbarn. Dieser hat dann ggf. einen nach § 123 VwGO sicherungsfähigen **Anspruch auf behördliches Einschreiten**.[1039] **778**

2. Selbstverständlich kann der Nachbar **gegen den Bauherrn zivilrechtlich** vorgehen, wenn ihm ein Unterlassungs- bzw. Beseitigungsanspruch analog §§ 1004, 823 BGB zusteht. Die nachbarschützenden Vorschriften des öffentlichen Baurechts können Schutzgesetze i.S.d. § 823 Abs. 2 BGB sein.[1040] Welche Auswirkungen dies auf das Vorgehen gegen die Bauaufsichtsbehörde hat, wird kontrovers diskutiert. **779**

   Teilweise wird die Auffassung vertreten, die Möglichkeit der zivilgerichtlichen Klage auf Unterlassung und Beseitigung schließe das **Rechtsschutzbedürfnis** für eine Klage gegen die Behörde auf bauaufsichtliches Einschreiten aus.[1041] Überwiegend wird dagegen von einer **Zweigleisigkeit** von öffentlich-rechtlichem und zivilrechtlichem Nachbarschutz ausgegangen. Ein möglicher Zivilrechtsschutz verdrängt den Anspruch auf behördliches Einschreiten nicht, da sich beide in Tat- **780**

1036 OVG NRW NVwZ 1993, 383, 384; Martini DVBl. 2001, 1488, 1495; Bock DVBl. 2006, 12, 15 f.
1037 Debus Jura 2006, 487, 488.
1038 Ortloff NVwZ 1999, 955, 960; NVwZ 2001, 997, 1001; NVwZ 2005, 1381, 1385.
1039 Mampel ZAP 2001, 519, 521; Martini DVBl. 2001, 1488, 1490; Seidel NVwZ 2004, 139, 141.
1040 Nds. OVG NordÖR 2014, 390, 391; BGH NJW 2000, 537, 537 f.; Martini DVBl. 2001, 1488, 1491; Seidel NVwZ 2004, 139, 142.
1041 Vgl. Manssen NVwZ 1996, 144, 146; Schmaltz NdsVBl. 1995, 241, 247.

7. Teil Vorläufiger Rechtsschutz im Verwaltungsprozess

bestand und Rechtsfolge unterscheiden. Die zivilgerichtliche Klage ermöglicht im Übrigen im Verhältnis zur verwaltungsgerichtlichen Klage auch keine einfachere Rechtsdurchsetzung.[1042] Zur Sicherung des Anspruchs auf baubehördliches Einschreiten kann der Nachbar daher einen **Antrag nach § 123 VwGO** stellen.[1043]

781 3. Für die **Begründetheit des Antrags** kommt es vor allem darauf an, ob N einen **Anspruch auf behördliches Einschreiten** glaubhaft machen kann (§ 123 Abs. 3 VwGO, §§ 920 Abs. 2, 294 ZPO). Anspruchsgrundlage ist die behördliche Ermächtigungsgrundlage für Maßnahmen bei Verstoß gegen baurechtliche Vorschriften. Einen Anspruch kann N daraus aber nur herleiten, wenn der Bauherr gegen **nachbarschützende Vorschriften** verstößt.[1044]

782 IV. Prozessuale Besonderheiten ergeben sich bei Genehmigungen, die im **vereinfachten Verfahren** erteilt werden, in dem der **Prüfungsumfang** der Baubehörde und der Regelungsgehalt der Baugenehmigung **reduziert** ist.

Geprüft wird regelmäßig nur das Bauplanungsrecht und die Kernvorschriften des Bauordnungsrechts (vgl. z.B. Art. 59 BayBO, § 52 LBO BW, § 63 BauO Bln, § 65 HBO, § 64 BauO NRW). Einige LBauOen bestimmen sogar, dass die Baugenehmigung nach Ablauf einer bestimmten Frist als erteilt gilt (z.B. § 61 Abs. 3 S. 4 HBauO, § 65 Abs. 2 S. 3 HBO, § 69 Abs. 5 S. 1 SächsBO).[1045]

783 Daraus ergibt sich eine **Zweigleisigkeit** des vorläufigen Rechtsschutzes:

- Soweit der Nachbar die Verletzung von Vorschriften rügt, die vom Prüfungsumfang der Behörde und damit vom **Regelungsgehalt der Baugenehmigung** umfasst sind, kommen Widerspruch/Anfechtungsklage und Aussetzungsantrag nach **§§ 80 a Abs. 1 Nr. 2 Hs. 1, Abs. 3 S. 1, 80 Abs. 5 VwGO** in Betracht.

- Geht es dagegen um die Verletzung (nachbarschützender) Vorschriften **außerhalb des Prüfprogramms** des vereinfachten Verfahrens, kann der Nachbar bei der Behörde (nur) einen Anspruch auf Einschreiten geltend machen und diesen im vorläufigen Rechtsschutz nach **§ 123 VwGO** durchsetzen. Denn hinsichtlich der im vereinfachten Verfahren nicht geprüften Vorschriften enthält die Baugenehmigung keine Regelung.[1046]

Auch in diesem Fall ist das Entschließungsermessen der Bauaufsichtsbehörde nicht auf eine dem Nachbarn günstige Entscheidung reduziert. Der Nachbar hat i.d.R. nur einen Anspruch auf ermessensfehlerfreie Entscheidung über das Einschreiten.[1047] Ein Anspruch auf Einschreiten kommt nur bei hoher Intensität der Störung oder Gefährdung eines wesentlichen Rechtsguts in Betracht, z.B. wenn unzumutbare Beeinträchtigungen abgewehrt werden sollen.[1048]

1042 Battis/Krautzberger/Löhr BauGB § 31 Rn. 51; Martini DVBl. 2001, 1488, 1491; Bock DVBl. 2006, 12, 17 m.w.N.

1043 Für Sicherungsanordnung gemäß § 123 Abs. 1 S. 1 VwGO Schoch VwGO § 123 Rn. 54; für Regelungsanordnung nach § 123 Abs. 1 S. 2 VwGO VGH Mannheim NVwZ-RR 1995, 490; Martini DVBl. 2001, 1488, 1495.

1044 Vgl. OVG NRW NWVBl. 2004, 382, 383; OVG Berlin BauR 2004, 987.

1045 Vgl. dazu Hornmann NVwZ 2012, 1294 ff.

1046 OVG Saar IBR 2018, 229; OVG MV NordÖR 2018, 469; BayVGH, Beschl. v. 15.12.2016 – 9 ZB 15.376, BeckRS 2016, 110057; BayVGH NVwZ-RR 2013, 301; OVG LSA NJW-RR 2012, 679; Gärditz/Wollenschläger VwGO § 123 Rn. 252; Kreuter in: Hoppenberg/de Witt Hdb. Öff. BauR, K V Rn. 88.

1047 Nds. OVG DVBl. 2014, 655; Gärditz/Wollenschläger VwGO § 123 Rn. 253.

1048 Vgl. z.B. VGH BW, Beschl. v. 14.08.2018 – 5 S 2083/17, BeckRS 2018, 19762; OVG LSA NVwZ-RR 2017, 325, 326.

4. Abschnitt: Die einstweilige Anordnung

A. Zulässigkeit des Antrags nach § 123 Abs. 1 VwGO

Grundschema: Zulässigkeit eines Antrags nach § 123 Abs. 1 VwGO
I. **Verwaltungsrechtsweg** (Spezialzuweisung oder § 40 Abs. 1 S. 1 VwGO)
II. **Statthaftigkeit des Antrags** (§ 123 Abs. 5 VwGO)
III. **Antragsbefugnis** analog § 42 Abs. 2 VwGO
IV. **Allgemeines Rechtsschutzbedürfnis**
V. **Sonstige Sachentscheidungsvoraussetzungen**

I. Verwaltungsrechtsweg

Der **Verwaltungsrechtsweg** für den Antrag auf Erlass einer einstweiligen Anordnung ist eröffnet, wenn in der Hauptsache eine aufdrängende Spezialzuweisung oder § 40 Abs. 1 S. 1 VwGO einschlägig ist.

784

II. Statthaftigkeit

Der Antrag auf Erlass einer **einstweiligen Anordnung** nach § 123 VwGO ist subsidiär und nur statthaft, wenn keiner der Fälle der §§ 80, 80 a VwGO vorliegt (§ 123 Abs. 5 VwGO). Ein Antrag nach § 123 VwGO kommt daher nur in Betracht, wenn es **nicht um die Vollziehung eines belastenden VA** geht.

785

§ 123 VwGO ist somit anwendbar, wenn es sich nicht um ein Anfechtungs-, sondern um ein **Verpflichtungs-, Leistungs- oder Feststellungsbegehren** handelt.[1049]

786

Beispiele, in denen Anträge nach § 123 VwGO statthaft sind:

- **Erteilung begünstigender VAe**, z.B. einer Genehmigung, Erlaubnis oder Zulassung (Baugenehmigung, Gaststättenerlaubnis, Zulassung zum Studium oder zur Prüfung),

- **Leistungsansprüche** auf Geld oder sonstiges Verwaltungshandeln, z.B. Zugang zu behördlichen Informationen nach dem UIG oder IFG,

- **Abwehr von Maßnahmen ohne VA-Qualität**, z.B. Verhinderung einer Umsetzung im Beamtenrecht,[1050] dagegen § 80 Abs. 5 VwGO bei Maßnahmen mit VA-Qualität (z.B. Versetzung, Abordnung, vgl. den Ausschluss der aufschiebenden Wirkung nach § 54 Abs. 4 BeamtStG, § 126 Abs. 4 BBG),

- **Unterlassung** von VAen und sonstigem Verwaltungshandeln, z.B. Verhinderung der Ernennung eines Konkurrenten im Beamtenrecht, Unterlassung erwerbswirtschaftlicher Betätigung der öffentlichen Hand, Unterlassung ehrbeeinträchtigender Äußerungen,

- Streitigkeiten im **verwaltungsrechtlichen Organstreit**, insbes. im Rahmen des sog. Kommunalverfassungsstreits (z.B. Wirksamkeit einer Wahl durch den Gemeinderat, Ausschluss eines Ratsmitglieds wegen angeblicher Befangenheit).

1049 Kopp/Schenke VwGO § 123 Rn. 4; Schoch Jura 2002, 318, 320 f.; Frank JuS 2018, 56, 58.
1050 OVG Lüneburg NVwZ-RR 2012, 409.

| 7. Teil | Vorläufiger Rechtsschutz im Verwaltungsprozess |

III. Antragsbefugnis

787 Wie die Klage in der Hauptsache setzt auch die einstweilige Anordnung analog § 42 Abs. 2 VwGO voraus, dass der Antragsteller geltend macht, in einem subjektiven Recht verletzt zu sein **(Antragsbefugnis)**.[1051] Denn vorläufigen Rechtsschutz soll nur derjenige in Anspruch nehmen, der auch im Hauptsacheverfahren zulässigerweise klagen kann.

IV. Rechtsschutzbedürfnis

788 **1.** Das allgemeine Rechtsschutzbedürfnis setzt voraus, dass sich der Antragsteller zunächst erfolglos **an die zuständige Behörde** gewandt hat, es sei denn, die Sache ist besonders eilig.[1052] Anders als im Rahmen des § 80 Abs. 5 VwGO muss jedoch noch kein Rechtsbehelf in der Hauptsache (wie Widerspruch oder Klage) erhoben sein.[1053]

Begehrt der Antragsteller **vorbeugenden vorläufigen Rechtsschutz**, um eine künftige Verwaltungsmaßnahme zu verhindern, so ist – wie bei der vorbeugenden Unterlassungsklage (oben Rn. 394 ff.) – ein **qualifiziertes Rechtsschutzbedürfnis** erforderlich. Der Antrag nach § 123 VwGO ist nur zulässig, wenn ein Abwarten der Maßnahme unzumutbar ist.[1054]

Beispiel: Im beamtenrechtlichen Konkurrentenstreit will der unterlegene Bewerber die Ernennung des Konkurrenten verhindern. Soweit die Ernennung nach den beamtenrechtlichen Vorschriften nicht mehr rückgängig gemacht werden kann und drohen deshalb vollendete Tatsachen, ist ein Antrag nach § 123 VwGO zulässig.[1055]

789 **2.** Im Übrigen darf das Hauptsacheverfahren **nicht offensichtlich unzulässig** sein.

Beispiel: Wenn die Ablehnung einer Erlaubnis bestandskräftig ist (§§ 70, 74 VwGO), entfällt auch das Rechtsschutzbedürfnis für die einstweilige Anordnung.

V. Sonstige Sachentscheidungsvoraussetzungen

790 Eine **Antragsfrist** besteht für den Antrag nach § 123 VwGO nicht. Der **Antragsgegner** richtet sich nach der Klageart in der Hauptsache: In Verpflichtungssituationen gilt § 78 VwGO analog, im Übrigen das Rechtsträgerprinzip.[1056] Schließlich müssen die für jedes verwaltungsgerichtliche Verfahren erforderlichen **allgemeinen Sachentscheidungsvoraussetzungen** gegeben sein (insbes. ordnungsgemäßer Antrag beim zuständigen Gericht, Beteiligten-, Prozessfähigkeit, vgl. §§ 61 ff., 81 ff. VwGO).

B. Begründetheit des Antrags nach § 123 Abs. 1 VwGO

791 § 123 Abs. 1 VwGO unterscheidet zwei Arten der einstweiligen Anordnung:

- **Sicherungsanordnung** (§ 123 Abs. 1 S. 1 VwGO), die der Sicherung eines Rechts des Antragstellers dient;

1051 Vgl. z.B. OVG NRW, Beschl. v. 01.02.2008 – 20 B 1889/07; OVG Saarlouis NVwZ-RR 2014, 671; Schoch Jura 2002, 318, 322: Finkelnburg/Dombert/Külpmann Rn. 73 ff.

1052 BVerwG NVwZ 2018, 414, 415; Kopp/Schenke VwGO § 123 Rn. 22; einschränkend Würtenberger/Heckmann Rn. 625.

1053 Vgl. OVG NRW NWVBl. 2001, 390; Kopp/Schenke VwGO § 123 Rn. 22; Mückl JA 2000, 329, 331; Leuze NWVBl. 2000, 478, 479; Lietzmann JuS 2001, 571, 573.

1054 VGH BW NVwZ-RR 2018, 354, 355; OVG NRW RÜ 2016, 598, 599; NVwZ-RR 2018, 54, 56; BayVGH GewArch 2011, 222, 223.

1055 Vgl. BVerfG NVwZ-RR 2014, 329, 330; BVerwG NVwZ 2011, 358, 361; OVG Lüneburg RÜ 2011, 735, 736; Battis DVBl. 2013, 673, 676; vgl. aber VGH BW NVwZ-RR 2018, 354: Kein vorbeugender Eilrechtsschutz gegen künftige Auswahlentscheidung.

1056 Debus Jura 2006, 487, 490.

Die einstweilige Anordnung **4. Abschnitt**

- **Regelungsanordnung** (§ 123 Abs. 1 S. 2 VwGO), die auf die vorläufige Regelung eines streitigen Rechtsverhältnisses gerichtet ist.

Beide Arten der einstweiligen Anordnung sind wegen der unbestimmten Gesetzesfassung nicht eindeutig voneinander abgrenzbar. Teilweise wird daher, insbes. auch wegen der gleichen Rechtsfolgen, auf eine Differenzierung verzichtet.[1057] Vor allem in der Lit. wird jedoch wegen des Wortlauts des § 123 Abs. 1 VwGO eine eindeutige Abgrenzung gefordert.[1058]

Aufbauhinweis: Die Abgrenzung von Sicherungsanordnung und Regelungsanordnung findet sich üblicherweise zu Beginn der Begründetheit. Allerdings wird teilweise die Abgrenzung auch schon im Rahmen der Statthaftigkeit vorgenommen.[1059] Dagegen spricht jedoch, dass eine Form der einstweiligen Anordnung in jedem Fall gegeben ist, wenn § 123 VwGO einschlägig ist. Im Übrigen hängen von der Abgrenzung der Anordnungsanspruch und der Anordnungsgrund ab, was für die Zuordnung zur Begründetheit spricht.

Für die Unterscheidung lässt sich folgende **Faustformel** heranziehen: **792**

- Geht es dem Antragsteller um die vorläufige Sicherung einer vorhandenen Rechtsposition (also um den **status quo**) und damit um die Erhaltung seiner Rechte, so greift die **Sicherungsanordnung** ein.

  Beispiele: Verhinderung der Ernennung des Konkurrenten im beamtenrechtlichen Konkurrentenstreit (s.o. Rn. 788), Anspruch des Nachbarn auf Einschreiten gegen einen Schwarzbau,[1060] Sicherung von Unterlassungs- und Abwehransprüchen.

- Will der Antragsteller dagegen seinen **Rechtskreis erweitern** und damit eine Veränderung des status quo erreichen, so kann die einstweilige Anordnung nur als **Regelungsanordnung** ergehen.

  Beispiele: Anspruch auf Zulassung zum Studium oder zur Prüfung; Bewilligung einer Subvention, Zuteilung von Sendezeiten für Wahlwerbung an politische Parteien, Anspruch auf Erlass begünstigender VAe (Erlaubnisse, Genehmigungen etc.).

Im Rahmen der Begründetheit gilt einheitlich folgender **Obersatz:**   **793**

Der Antrag auf Erlass einer einstweiligen Anordnung ist begründet, wenn die tatsächlichen Umstände, die den Anordnungsanspruch und den Anordnungsgrund begründen, glaubhaft gemacht sind.

Umstritten ist allerdings, welche Gesichtspunkte beim Anordnungsanspruch und welche beim Anordnungsgrund zu behandeln sind. Im Kern geht es um die Frage, ob es sich bei der Entscheidung nach § 123 VwGO um eine Rechtsentscheidung oder – wie bei § 80 Abs. 5 S. 1 VwGO – um eine Ermessensentscheidung des Gerichts handelt. Überwiegend wird bereits bei der Frage des Anordnungsanspruchs untersucht, ob der Antragsteller das Bestehen des Anspruchs glaubhaft gemacht hat. Glaubhaft gemacht ist der Anspruch, wenn überwiegende Erfolgsaussichten in der Hauptsache bestehen. Beim Anordnungsgrund ist nur noch zu prüfen, ob die begehrte Regelung für den Antragsteller dringlich ist. Die Gegenansicht verlangt bezüglich des Anordnungsanspruchs nur die Glaubhaftmachung eines streitigen Rechts bzw. Rechtsverhältnisses. Ausreichend ist, dass sich der Antragsteller eines Rechts berühmt und hierüber Streit besteht. Die Erfolgsaussichten in der Hauptsache werden erst beim Anordnungsgrund geprüft. Andere berücksichtigen die Erfolgsaussichten in der Hauptsache erst im Rahmen des gerichtlichen Ermessens, ob eine einstweilige Anordnung erlassen werden soll oder nicht.[1061]   **794**

1057 BayVGH NVwZ 2001, 828, 829; Raabe ZRP 2004, 108, 109; Würtenberger/Heckmann Rn. 622.
1058 Debus Jura 2006, 487, 490; Mückl JA 2000, 329, 331; Schoch Jura 2002, 318, 321; ders. VwGO § 123 Rn. 50 m.w.N.
1059 Schoch Jura 2002, 318, 321; Voßkuhle/Wischmeyer JuS 2016, 1079, 1082.
1060 Kopp/Schenke VwGO § 123 Rn. 7; Schoch VwGO § 123 Rn. 54 a; a.A. VGH BW NVwZ-RR 1995, 490: Regelungsanordnung.
1061 Vgl. die Darstellung in OVG Schleswig NVwZ-RR 1992, 387 m.w.N.

| 7. Teil | Vorläufiger Rechtsschutz im Verwaltungsprozess |

795 *Da in der Rspr. zunehmend bereits beim **Anordnungsanspruch** eine Rechtsprüfung des Hauptsacheanspruchs erfolgt, wird dieser Aufbau auch im vorliegenden Skript zugrunde gelegt. Daher erfolgt im Rahmen des Anordnungsanspruchs die Prüfung des Anspruchs, für den der Antragsteller vorläufigen Rechtsschutz begehrt. Der Anordnungsanspruch ist demnach nur glaubhaft gemacht, wenn eine überwiegende Wahrscheinlichkeit besteht, dass der Antragsteller seinen Anspruch in der Hauptsache wird durchsetzen können.[1062] Der hier vorgeschlagene Aufbau stellt daher beim **Anordnungsanspruch** auf eine materielle Rechtsprüfung ab.*

Wer der Gegenansicht folgt, prüft die Erfolgsaussichten der Hauptsache erst im Rahmen des Anordnungsgrundes (so zum Teil bei der Regelungsanordnung) oder im Rahmen des gerichtlichen Ermessens auf der Rechtsfolgenseite (so teilweise bei der Sicherungsanordnung).

796 *Beim **Anordnungsgrund** kommt es dann nur noch auf die Dringlichkeit der Maßnahme an, was aufgrund einer umfassenden Güter- und Interessenabwägung zu beurteilen ist.*

*Teilweise wird die **Glaubhaftmachung** des Anordnungsgrundes (wie im Zivilprozess) bereits beim Rechtsschutzbedürfnis im Rahmen der Zulässigkeit erörtert;[1063] überwiegend dagegen insgesamt, also sowohl hinsichtlich der Darlegung als auch der Glaubhaftmachung, der Begründetheit zugeordnet.[1064]*

Der gewählte Aufbau ist in der Klausur nicht zu begründen, insbes. darf hierzu keine „Streitentscheidung" erfolgen!

Grundschema: Begründetheit des Antrags nach § 123 Abs. 1 VwGO

- **Anordnungsanspruch:** identisch mit dem im Hauptsacheverfahren geltend zu machenden materiell-rechtlichen Anspruch

- **Anordnungsgrund:** Dringlichkeit der begehrten Maßnahme aufgrund einer umfassenden Güter- und Interessenabwägung

- **Glaubhaftmachung:** insbes. durch eidesstattliche Versicherung (§ 123 Abs. 3 VwGO, §§ 920 Abs. 2, 294 ZPO)

I. Voraussetzungen der SicherungsAO (§ 123 Abs. 1 S. 1 VwGO)

1. Anordnungsanspruch

797 Der **Anordnungsanspruch** bei der Sicherungsanordnung betrifft die Sicherung eines eigenen Rechts des Antragstellers (§ 123 Abs. 1 S. 1 VwGO). Dieses Recht ist identisch mit dem in der Hauptsache geltend zu machenden **materiellen Anspruch**.[1065] Anordnungsanspruch und Hauptsacheanspruch sind demnach identisch.[1066]

1062 Vgl. z.B. VGH BW, Beschl. v. 05.02.2015 – 10 S 2471/14, NVwZ-RR 2015, 650, 652; Brühl JuS 1995, 916, 918 m.w.N.; vgl. auch Sächs OVG, Beschl. v. 12.08.2014 – 3 B 498/13, SächsVBl. 2015, 14: bei offenen Erfolgsaussichten e.A. nur bei drohenden irreparablen Folgen.

1063 So z.B. BVerwG NVwZ 2001, 329; Brühl JuS 1995, 916, 918.

1064 Loos JA 2001, 871, 873 f.; Schoch Jura 2002, 318, 322; Finkelnburg/Dombert/Külpmann Rn. 108.

1065 BVerfG NVwZ 2003, 200; OVG NRW NJW 1982, 2517; Schoch VwGO § 123 Rn. 69 u. 70.

1066 Vgl. z.B. BVerfG NVwZ 2006, 1401, 1402.

2. Anordnungsgrund

Anordnungsgrund ist bei der Sicherungsanordnung die Gefahr, dass durch eine Veränderung des bestehenden Zustandes die **Verwirklichung des Rechts vereitelt oder wesentlich erschwert** werden könnte (§ 123 Abs. 1 S. 1 VwGO). Hierbei erfolgt eine **umfassende Güter- und Interessenabwägung**, bei der u.a. zu berücksichtigen sind: Bedeutung und Dringlichkeit des geltend gemachten Anspruchs, die Zumutbarkeit, eine Entscheidung in der Hauptsache abzuwarten, das Maß einer eventuellen Gefährdung sowie ggf. die Irreparabilität der drohenden Schäden.[1067]

798

Beispiel: Beim beamtenrechtlichen Konkurrentenstreit ist der Anordnungsgrund i.d.R. zu bejahen, weil durch die Besetzung der Stelle der Anspruch des unterlegenen Bewerbers auf Neubescheidung vereitelt wird. Die einmal vollzogene Ernennung kann nach den beamtenrechtlichen Vorschriften grds. nicht mehr rückgängig gemacht werden (Grundsatz der Ämterstabilität). Der unterlegene Bewerber ist gehalten, die Ernennung des Konkurrenten im Eilverfahren nach § 123 Abs. 1 VwGO zu verhindern. Etwas anderes gilt, wenn die Ernennung des Konkurrenten wegen Verstoßes gegen die Informations- bzw. Wartepflicht keine Ämterstabilität genießt.[1068]

Bei bloßer Umsetzung des Konkurrenten auf einen höherbewerteten Dienstposten (sog. Dienstpostenkonkurrenz) droht dagegen kein endgültiger Rechtsverlust, weil die Umsetzung i.d.R. jederzeit wieder rückgängig gemacht werden kann. Deshalb kommt hier ein Anordnungsgrund nur in Betracht, wenn dem betroffenen Beamten ausnahmsweise irreparable Nachteile drohen. Das hat die Rspr. z.B. bejaht, wenn die Besetzung des Dienstpostens die nachfolgende Beförderung praktisch vorwegnimmt oder der Konkurrent auf dem Dienstposten einen Bewährungsvorsprung erlangen kann.[1069]

3. Rechtsfolge

Sind die Voraussetzungen des § 123 Abs. 1 S. 1 VwGO erfüllt, so ist im Rahmen der Rechtsfolge für eine weitere Interessenabwägung kein Raum, denn alle für bzw. gegen den Erlass der einstweiligen Anordnung sprechenden Gesichtspunkte sind bereits geprüft worden. Das Gericht **muss** die einstweilige Anordnung erlassen (gebundene Entscheidung). Das **Ermessen** des Gerichts (§ 123 Abs. 3 VwGO i.V.m. § 938 Abs. 1 ZPO) bezieht sich nur noch auf den **Inhalt** der Anordnung.[1070]

799

II. Voraussetzungen der RegelungsAO (§ 123 Abs. 1 S. 2 VwGO)

1. Anordnungsanspruch

Der Anordnungsanspruch bei der Regelungsanordnung setzt ein **streitiges Rechtsverhältnis** voraus, aus dem der Antragsteller eigene Rechte herleitet. Wie i.R.d. § 43 VwGO können auch einzelne sich aus dem Rechtsverhältnis ergebende Rechte und Pflichten Gegenstand der Regelungsanordnung sein, insbes. also das **Bestehen eines Anspruchs**.[1071] Inhalt einer Regelungsanordnung kann auch eine vorläufige Feststellung sein.[1072]

800

1067 BVerfG NVwZ 2003, 856; DVBl. 1996, 1367, 1368; Brühl JuS 1995, 916, 919; Schoch Jura 2002, 318, 325.

1068 Vgl. BVerwG NVwZ 2012, 884, 885; OVG NRW NVwZ-RR 2017, 807; NVwZ-RR 2016, 352, s.o. Rn. 240 ff.

1069 BVerfG NVwZ 2008, 69; BVerwG NVwZ-RR 2018, 395, 397; OVG LSA NVwZ-RR 2017, 335, 336; einschränkend HessVGH NVwZ 2017, 1144, 1145; VGH BW NVwZ-RR 2017, 247, 249; großzügiger NdsOVG NVwZ-RR 2017, 426; OVG RP NVwZ-RR 2017, 583; OVG NRW NVwZ-RR 2016, 708: Anordnungsgrund i.d.R. zu bejahen; zusammenfassend Bergmann/Paelke-Gärtner NVwZ 2018, 110 ff.; Battis/Grigoleit/Hebeler NVwZ 2018,207, 208.

1070 Vgl. Schoch VwGO § 123 Rn. 65 u. 132; Kopp/Schenke VwGO § 123 Rn. 23; Würtenberger/Heckmann Rn. 633.

1071 Vgl. Hummel JuS 2011, 502, 503.

1072 OVG RP, Beschl. v. 29.08.2018 – 6 B 10774/18, BeckRS 2018, 21594; OVG NRW NVwZ-RR 2018, 54, 55; Schoch VwGO § 123 Rn. 35; Gärditz/Wollenschläger VwGO § 123 Rn. 78; a.A. noch OVG NRW NVwZ-RR 1997, 310, 311.

7. Teil — Vorläufiger Rechtsschutz im Verwaltungsprozess

Entscheidend ist, ob der Antragsteller seinen Anspruch in der Hauptsache erfolgreich durchsetzen wird.[1073] Auch bei der Regelungsanordnung ist daher beim Anordnungsanspruch auf die **Erfolgsaussichten in der Hauptsache** abzustellen.

2. Anordnungsgrund

801 Ein Anordnungsgrund für die Regelungsanordnung liegt vor, wenn eine vorläufige Regelung zur **Abwendung wesentlicher Nachteile** oder zur Verhinderung drohender Gewalt oder aus anderen Gründen **nötig erscheint**. Hierbei sind nicht nur die Interessen des Antragstellers, sondern auch etwaige entgegenstehende öffentliche oder private Interessen zu berücksichtigen. Es erfolgt daher – wie bei der Sicherungsanordnung – eine **allgemeine Interessenabwägung**, bei der insbes. darauf abzustellen ist, ob dem Antragsteller das Abwarten des Hauptsacheverfahrens zugemutet werden kann oder ob z.B. die Gefahr besteht, dass der später gewährte Rechtsschutz wirkungslos bleibt.[1074]

3. Rechtsfolge

802 Nimmt man schon im Rahmen des Anordnungsgrundes („nötig") eine umfassende Interessenabwägung vor, so stellt sich auch der Erlass der Regelungsanordnung als **Rechtsentscheidung** dar, denn alle für und gegen den Erlass der einstweiligen Anordnung sprechenden Gesichtspunkte sind bereits bei den tatbestandlichen Voraussetzungen der „Notwendigkeit" zu prüfen. Das **Ermessen** des Gerichts (§ 123 Abs. 3 VwGO, § 938 Abs. 1 ZPO) bezieht sich dann nur auf die **inhaltliche Gestaltung**.[1075]

III. Einschränkungen beim Erlass einer einstweiligen Anordnung

> **Fall 28: Vorläufige Versetzung**
>
> Der 18-jährige S ist zum Ende der 10. Klasse nicht in die 11. Klasse des Gymnasiums versetzt worden. S ist der Ansicht, die Nichtversetzung beruhe auf einem Verstoß gegen die Versetzungsordnung, insbes. habe ein Lehrer in der Versetzungskonferenz über ihn unzutreffende Behauptungen aufgestellt, die Grundlage für die negative Entscheidung geworden seien. S möchte auf jeden Fall erreichen, dass er den Anschluss nicht verliert und deshalb nach den Sommerferien vorläufig am Unterricht der 11. Klasse teilnehmen. Könnte mit diesem Ziel das Verwaltungsgericht angerufen werden und wie wären die Erfolgsaussichten?

803 **A. Zulässigkeit eines Eilantrags**

   I. Der **Verwaltungsrechtsweg** ist gemäß § 40 Abs. 1 S. 1 VwGO eröffnet. Streitentscheidend sind die öffentlich-rechtlichen Vorschriften des Schulrechts.

1073 Vgl. z.B. BVerfG NVwZ-RR 2009, 945, 946; OVG NRW DVBl. 1993, 213, 214; Brühl JuS 1995, 916, 918; a.A. OVG Koblenz NVwZ 1990, 1087, 1088; Leuze NWVBl. 2000, 478, 480.
1074 VGH BW, Beschl. v. 18.07.2018 – 12 S 643/18, BeckRS 2018, 17027; Schoch Jura 2002, 318, 325; Gatz ZAP 2002, 879, 884.
1075 Vgl. Schoch VwGO § 123 Rn. 132; Kopp/Schenke VwGO § 123 Rn. 23; Mückl JA 2000, 329, 332 m.w.N.

Die einstweilige Anordnung **4. Abschnitt**

II. Der Antrag auf Erlass einer einstweiligen Anordnung ist gemäß § 123 Abs. 5 VwGO nur **statthaft**, wenn kein Fall der §§ 80 und 80 a VwGO vorliegt, wenn es also nicht um die Vollziehung eines belastenden Verwaltungsakts geht. S erstrebt die Versetzung in die 11. Klasse, die er im Hauptsacheverfahren mit einer Verpflichtungsklage durchsetzen muss. Es geht ihm daher nicht um die Abwehr einer Belastung, sondern um eine Begünstigung. § 80 VwGO ist damit nicht einschlägig, sodass der Antrag nach § 123 Abs. 1 VwGO statthaft ist.

III. S kann geltend machen, durch die Verzögerung seiner Ausbildung in seinem Grundrecht aus Art. 12 Abs. 1 GG verletzt zu sein, und ist damit analog § 42 Abs. 2 VwGO **antragsbefugt**.

Sonstige Zulässigkeitsbedenken bestehen nicht. Der Antrag ist zulässig.

B. Begründetheit des Eilantrags 804

Der Antrag auf Erlass einer einstweiligen Anordnung ist begründet, wenn die tatsächlichen Umstände, die den Anordnungsanspruch und den Anordnungsgrund begründen, glaubhaft gemacht sind.

Eine Sicherungsanordnung gemäß § 123 Abs. 1 S. 1 VwGO scheidet aus, weil S nicht den status quo sichern, sondern seinen Rechtskreis durch Teilnahme am Unterricht der 11. Klasse erweitern will. In Betracht kommt vielmehr eine **Regelungsanordnung** nach § 123 Abs. 1 S. 2 VwGO.

I. Der erforderliche **Anordnungsanspruch** ist identisch mit dem in der Hauptsache 805 geltend zu machenden Anspruch, hier also dem Anspruch auf Versetzung in die 11. Klasse. Da nach den von S mitgeteilten Tatsachen seine Nichtversetzung allein auf unzutreffenden Behauptungen eines Lehrers und Verstößen gegen die Versetzungsordnung beruhte, besteht hinreichende Aussicht auf eine Versetzung des S im Falle einer Neubescheidung. Zur Glaubhaftmachung der tatsächlichen Voraussetzungen des Anspruchs ist eine eidesstattliche Versicherung des S erforderlich, aber auch ausreichend (§ 123 Abs. 3 VwGO, §§ 920 Abs. 2, 294 ZPO).[1076]

II. Die Glaubhaftmachung der Voraussetzungen des **Anordnungsgrundes** setzt vo- 806 raus, dass eine vorläufige Regelung zur Abwendung wesentlicher Nachteile **nötig** erscheint. Das ist der Fall, wenn dem Antragsteller das Abwarten des Hauptsacheverfahrens nicht zugemutet werden kann. Im Rahmen der dabei vorzunehmenden **Interessenabwägung** ist zugunsten des S zu berücksichtigen, dass er bei Nichtversetzung den Anschluss verlieren würde und das Schuljahr bei Abwarten des Hauptsacheverfahrens selbst dann wiederholen müsste, wenn er hätte versetzt werden müssen.[1077] Damit überwiegt das Interesse des S an einer vorläufigen Regelung das öffentliche Interesse an einem geordneten Schulbetrieb.

Gegenbeispiel: In der Regel besteht kein Anordnungsgrund für eine einstweilige Anordnung auf Erteilung eines vorläufigen Zeugnisses für eine Prüfung während des Studiums, wenn im nächsten Semester eine Wiederholungsmöglichkeit besteht.[1078]

1076 Zum Prüfungsumfang vgl. BVerfG NVwZ-RR 2009, 945, 946; Muckel JA 2011, 317 f.

1077 BVerwG NVwZ 2007, 227, 228; Finkelnburg/Dombert/Külpmann Rn. 1402.

1078 OVG NRW DVBl. 2001, 820: Gedanke der „Selbsthilfe"; a.A. Zimmerling/Brehm NVwZ 2004, 651, 653 (allgemein zum vorläufigen Rechtsschutz im Prüfungsrecht).

7. Teil Vorläufiger Rechtsschutz im Verwaltungsprozess

807

III. Hinsichtlich des dem Gericht bezüglich des **Inhalts** der einstweiligen Anordnung eingeräumten **Ermessens** (§ 123 Abs. 3 VwGO, § 938 Abs. 1 ZPO) gelten zwei wesentliche Einschränkungen:

■ Grundsätzlich darf durch die einstweilige Anordnung **nicht mehr** gewährt werden, als durch die Klage in der Hauptsache erreicht werden könnte.[1079]

■ Da die einstweilige Anordnung ein Mittel bloß vorläufigen Rechtsschutzes ist, ist eine **Vorwegnahme der Hauptsache grds. unzulässig.**[1080]

Beispiele: Erstrebt der Antragsteller eine vorläufige Baugenehmigung, so ist eine einstweilige Anordnung grds. nicht möglich, da hierdurch die Hauptsache vorweggenommen würde. Denn durch die Verwirklichung einer (vorläufigen) Baugenehmigung würde ein endgültiger, regelmäßig irreparabler Zustand geschaffen.[1081] Andere stellen darauf ab, dass das materielle Baurecht keine vorläufige Baugenehmigung kennt.[1082] Dagegen kann nach h.Rspr. in Ausnahmefällen eine vorläufige Fahrerlaubnis durch einstweilige Anordnung begehrt werden.[1083]

808

1. Unter dem Gesichtspunkt, dass das Begehren in der Hauptsache **nicht überschritten** werden darf, ergeben sich besonders dann Schwierigkeiten, wenn – wie auch im vorliegenden Fall – in der Hauptsache lediglich ein Bescheidungsurteil in Betracht kommt (§ 113 Abs. 5 S. 2 VwGO). Da eine bloße Verpflichtung zur Neubescheidung dem Beschleunigungszweck des einstweiligen Rechtsschutzes zuwiderläuft, ist nach teilweise vertretener Ansicht der Erlass einer einstweiligen Anordnung in diesen Fällen nur möglich, wenn eine **Ermessensreduzierung auf Null** eingreift.[1084]

809

Überwiegend wird dagegen angenommen, dass im Bereich von Ermessensentscheidungen in eng umrissenen Ausnahmefällen auch eine über den möglichen Inhalt des Hauptsacheurteils (Bescheidung) hinausgehende **Verpflichtung der Behörde** möglich ist. Wollte man den Erlass einer einstweiligen Anordnung, durch die (nur) ein Anspruch auf (Neu-)Bescheidung gesichert werden soll, nicht für zulässig erachten, entstünde hierdurch eine Rechtsschutzlücke, die mit der durch Art. 19 Abs. 4 GG garantierten **Effektivität des Rechtsschutzes** nicht vereinbar wäre.[1085]

Allerdings verlangt die Rspr. (ebenso wie für die noch zu erörternde Vorwegnahme der Hauptsache), dass es – über die Rechtswidrigkeit der Nichtversetzungsentscheidung hinaus – überwiegend wahrscheinlich ist, dass die Versetzung erfolgen wird.[1086]

1079 Finkelnburg/Dombert/Külpmann Rn. 209; Mückl JA 2000, 329, 334 f.; Schoch VwGO § 123 Rn. 140 m.w.N.

1080 Vgl. OVG NRW RÜ 2018, 383, 388; Finkelnburg/Dombert/Külpmann Rn. 175 ff.; Kopp/Schenke VwGO § 123 Rn. 13.

1081 HessVGH NVwZ-RR 2003, 814; OVG NRW NVwZ-RR 2001, 17; Ortloff NVwZ 2005, 1381, 1384.

1082 OVG NRW BauR 2004, 313; SächsOVG NVwZ 1994, 81; Boeddinghaus/Hahn/Schulte, Bauordnung NRW, § 75 Rn. 117 und 175; allgemein Maaß NVwZ 2004, 572, 573 f.; Ortloff NVwZ 2005, 1381, 1384.

1083 OVG Bln-Bbg RÜ2 2018, 23, 24; einschränkend BayVGH, Beschl. v. 27.08.2018 – 11 AE 18.1741, BeckRS 2018, 19956; a.A. Hentschel/König/Dauer, StVR (44. Aufl. 2017) § 2 StVG Rn 22 m.w.N., da das materielle Recht keine vorläufige Fahrerlaubnis vorsehe.

1084 OVG NRW DVBl. 2008, 1454; BayVGH NVwZ_RR 2002, 839, 840; Mückl JA 2000, 329, 334; abweichend Helbich/Schübel-Pfister JuS 2017, 520, 528: i.d.R. nur einstweilige Anordnung auf Neubescheidung analog § 113 Abs. 5 S. 2 VwGO.

1085 HessVGH NVwZ-RR 2017, 143; VGH BW NuR 2013, 894; VG Münster, Beschl. v. 23.09.2014 – 9 L 617/14; VG Freiburg, Beschl. v. 11.11.2014 – 4 K 2310/14; Kopp/Schenke VwGO § 123 Rn. 14 u. 28; Schoch VwGO § 123 Rn. 160 ff.

1086 BVerwG NVwZ 2007, 227, 228; VG Braunschweig NVwZ-RR 2004, 110; VG Mainz, Beschl. v. 12.08.2015 – 3 L 674/15, BeckRS 2015, 50341; Kuhla in Posser/Wolff VwGO § 123 Rn. 118; Finkelnburg/Dombert/Külpmann Rn. 1401.

Lässt sich das Ergebnis einer Bescheidung nicht im Voraus beurteilen, kann die Behörde nach dieser Auffassung im Wege der Regelungsanordnung verpflichtet werden, unter Beachtung der Rechtsauffassung des Gerichts erneut über das Begehren vorläufig zu entscheiden.[1087]

810

Zwar darf hier keine uneingeschränkte Verpflichtung ausgesprochen werden, der Inhaltsbeschränkung der einstweiligen Anordnung wird jedoch dadurch Rechnung getragen, dass in solchen Fällen lediglich eine **vorläufige Regelung** getroffen wird, sodass der Antragsteller nur vorläufig ein Mehr erhält. Unterliegt er im Hauptsacheverfahren oder führt die Neubescheidung wiederum zu einem negativen Ergebnis, so verliert er die zunächst innegehabte Position.[1088] Danach kommt hier eine vorläufige Teilnahme am Unterricht der 11. Klasse in Betracht, damit dem S nicht ein ganzes Schuljahr verloren geht.

811

2. Eine solche Regelung könnte allerdings eine unzulässige **Vorwegnahme der Hauptsache** darstellen. Das Verfahren nach § 123 VwGO dient grds. nur der vorläufigen Sicherung oder Regelung des streitigen Anspruchs, nicht dagegen der endgültigen Befriedigung (vgl. ausdrücklich § 123 Abs. 1 S. 2 VwGO: Regelung eines „vorläufigen" Zustandes). Eine Vorwegnahme der Hauptsache ist daher **grds. unzulässig**.[1089]

812

Das Vorwegnahmeverbot gilt jedoch **nicht uneingeschränkt**. Wegen des Gebots **effektiver Rechtsschutzgewährung** (Art. 19 Abs. 4 GG) ist ausnahmsweise eine Vorwegnahme der Hauptsache zulässig, wenn das Recht des Antragstellers sonst vereitelt würde oder wenn ihm aus sonstigen Gründen eine bloß vorläufige Regelung **nicht zumutbar** ist, z.B. weil er Nachteile erleidet, die bei einem Obsiegen in der Hauptsache nicht mehr ausgeglichen werden können.[1090] In diesem Fall ist **ausnahmsweise** auch eine **endgültige Regelung** zulässig, allerdings sind in diesem Fall an die Prognose der Erfolgsaussichten in der Hauptsache **besonders hohe Anforderungen** zu stellen.[1091]

Beachte: Teilweise werden diese Fragen bereits im Rahmen der Zulässigkeit beim Rechtsschutzbedürfnis geprüft.[1092] Andere prüfen das Vorwegnahmeverbot als Aspekt des Anordnungsgrundes.[1093] Dagegen spricht jedoch, dass die Frage der Vorwegnahme der Hauptsache den Inhalt einer einstweiligen Anordnung betrifft und daher der Rechtsfolge zuzuordnen ist.[1094]

813

Deshalb ist grds. anerkannt, dass das Verwaltungsgericht die Schule durch einstweilige Anordnung verpflichten kann, einen Schüler vorläufig in die nächsthöhere Klasse zu versetzen, um ihm so die Teilnahme am dortigen Unterricht zu ermöglichen und um zu verhindern, dass er den Anschluss an den Lernstoff verlöre, was einer Rechtsschutzverweigerung gleichkäme.[1095]

1087 Kopp/Schenke VwGO § 123 Rn. 28; kritisch Schrader JuS 2005, 37, 39 m.w.N.

1088 Finkelnburg/Dombert/Külpmann Rn. 1400; Kopp/Schenke VwGO § 123 Rn. 13; Schrader JuS 2005, 37, 38 m.w.N.

1089 Vgl. OVG NRW RÜ 2018, 383, 389; OVG Bln-Bbg ZUM 2018, 147, 148; Finkelnburg/Dombert/Külpmann Rn. 175 ff.; Kopp/Schenke VwGO § 123 Rn. 13; Schrader JuS 2005, 27, 38 m.w.N.; generell gegen das Vorwegnahmeverbot Schoch VwGO § 123 Rn. 146 ff.; Hummel JuS 2011, 502, 504 f.: Frage des Anordnungsgrundes.

1090 BVerfG NVwZ 2018, 254; BVerwG NVwZ-RR 2014, 558; OVG NRW DVBl. 2014, 1598; OVG Bln-Bbg NVwZ-RR 2016, 943, 944; OVG M-V NordÖR 2017, 42; HessVGH NVwZ-RR 2017, 143; Kopp/Schenke VwGO § 123 Rn. 14.

1091 VGH BW, Beschl. v. 30.07.2018 – 9 S 1272/17, BeckRS 2018, 17864; OVG Bln-Bbg ZUM 2018, 148, 148; OVG NRW NVwZ-RR 2017, 831.

1092 So Huba JuS 1990, 983, 986.

1093 So z.B. OVG NRW NJW 2000, 1968; DVBl. 1995, 934, 935.

1094 Schoch Jura 2002, 318, 322; Finkelnburg/Dombert/Külpmann Rn. 109; Gärditz/Wollenschläger VwGO § 123 Rn. 121; ebenso im Ergebnis Brühl JuS 1995, 916, 919; Mückl JA 2000, 329, 334.

1095 BVerwG NVwZ 2007, 227, 228; Niehues/Fischer, Prüfungsrecht, Rn. 912; Finkelnburg/Dombert/Külpmann Rn. 1400; Gärditz/Wollenschläger VwGO § 123 Rn. 251; Schoch VwGO § 123 Rn. 75 m.w.N.

7. Teil	Vorläufiger Rechtsschutz im Verwaltungsprozess

814   Eine (endgültige) Vorwegnahme der Hauptsache wird dadurch verhindert, dass dem S die Teilnahme am Unterricht in der 11. Klasse nur **vorläufig** gestattet wird. Dauert allerdings das Hauptverfahren länger als ein Jahr und wird S in die nächsthöhere (12.) Klasse versetzt, hat sich die Frage der Versetzung von der 10. in die 11. Klasse erledigt. Darin würde zwar eine (faktische) Vorwegnahme der Hauptsache liegen. Das wäre jedoch **ausnahmsweise zulässig**, weil das Gebot zur Gewährung effektiven Rechtsschutzes keine andere Möglichkeit lässt und die Weiterversetzung auch bestätigen würde, dass die Versetzung von der 10. in die 11. Klasse sachlich berechtigt war.[1096]

Nach überwiegend vertretener Ansicht stellt auch eine nur **vorläufige Regelung** grds. eine unzulässige Vorwegnahme der Hauptsache dar, wenn sie dem Antragsteller für die Dauer des Verfahrens gerade die Rechtsposition vermittelt, die er in der Hauptsache erstrebt.[1097] Nach der Gegenansicht kann eine vorläufige Regelung schon per se keine unzulässige Vorwegnahme darstellen, wenn der Antragsteller nur eine vorläufige, die Hauptsache gerade nicht vorwegnehmende endgültige Regelung erstrebt.[1098] Die Frage kann dahinstehen, wenn – wie hier – eine Vorwegnahme der Hauptsache zur Abwehr drohender unzumutbarer Nachteile im Hinblick auf Art. 19 Abs. 4 GG ausnahmsweise zulässig ist.

S kann somit beim VG eine einstweilige Anordnung mit dem Inhalt erreichen, dass ihm vorläufig die Teilnahme am Unterricht der 11. Klasse gestattet wird.

Anhang:

815   Zulässig ist eine Vorwegnahme vor allem bei **zeitgebundenen Veranstaltungen** (z.B. Zulassung zum Volksfest). Hier muss das Vorwegnahmeverbot i.d.R. hinter den Erfordernissen eines effektiven Rechtsschutzes zurücktreten. Allein die Möglichkeit der Kontrolle im Verfahren einer Fortsetzungsfeststellungsklage (§ 113 Abs. 1 S. 4 VwGO) oder im Rahmen eines Schadensersatzprozesses reicht für einen effektiven Rechtsschutz i.S.d. Art. 19 Abs. 4 GG nicht aus.[1099]

Beispiel: Über die Klage des A auf Zulassung zum diesjährigen Weihnachtsmarkt wird in der Hauptsache erst im kommenden Jahr entschieden werden können. Im Hinblick auf Art. 12 Abs. 1 GG ist eine Vorwegnahme der Hauptsache ausnahmsweise zulässig, wenn A mit hoher Wahrscheinlichkeit im Hauptsacheverfahren obsiegen wird (s.o. Rn. 812).

816   Dagegen ist die (vorläufige) Erteilung einer **Baugenehmigung** nach h.Rspr. eine unzulässige Vorwegnahme der Hauptsache. Der Genehmigungsanspruch wird hier weder vereitelt noch erschwert. Irreparable Schäden können weitgehend durch Schadensersatz- bzw. Entschädigungsansprüche ausgeglichen werden, die dem Antragsteller bei Vorliegen der sonstigen Voraussetzungen im Falle einer rechtswidrigen Versagung und rechtswidrigen Verzögerung der Baugenehmigung zustehen.[1100]

1096 Vgl. Gärditz/Wollenschläger VwGO § 123 Rn. 251.
1097 OVG NRW RÜ 2018, 383, 389; Finkelnburg/Dombert/Külpmann Rn. 179 f.
1098 BayVGH RÜ 2018, 383, 389; VG Düsseldorf RÜ 2015, 196, 200.
1099 BVerfG DVBl. 2003, 257 zum Eilrechtsschutz für abgelehnte Marktbeschicker (§ 70 GewO).
1100 VGH Mannheim VBlBW 1992, 179; HessVGH NVwZ-RR 2003, 814.

Die einstweilige Anordnung **4. Abschnitt**

Die Lit. verweist demgegenüber zutreffend darauf, dass der Hinweis auf Schadensersatzansprüche im Widerspruch zur Rspr. des BVerfG[1101] stehe, das ein „dulde und liquidiere" nicht zulasse. Art. 19 Abs. 4 GG verlange effektiven Primärrechtsschutz. Allein das Bestehen von Sekundäransprüchen könne den Anspruch auf Eilrechtsschutz nicht ausschließen, z.B. wenn durch planungsrechtliche Maßnahmen der Gemeinde (§§ 14 ff. BauGB) der Genehmigungsanspruch durchkreuzt werde.[1102]

817

Vereinzelt wird deshalb eine einstweilige, auf § 123 VwGO beruhende **Gestattung** für zulässig erachtet, bis zur endgültigen Entscheidung über die Baugenehmigung die Bauarbeiten fortzuführen und die Nutzung aufzunehmen. Eine solche Gestattung sei zur Abwendung wesentlicher Nachteile auch dann zulässig und geboten, wenn das materielle Recht keine ausdrückliche Ermächtigung zum Erlass einer vorläufigen Genehmigung enthalte.[1103] Andere befürworten eine einstweilige Anordnung mit dem Inhalt, dass die Behörde verpflichtet wird, binnen einer bestimmten Frist über den Bauantrag des Bauherrn unter Beachtung der Rechtsauffassung des Gerichts zu entscheiden. Dies sei insbes. sinnvoll, wenn ein von der Behörde geltend gemachter Versagungsgrund ausgeräumt werden soll.[1104]

Bei **presserechtlichen Auskunftsansprüchen** kann dagegen eine Vorwegnahme der Hauptsache gerechtfertigt sein. Denn Art. 5 Abs. 1 S. 2 GG gewährleistet auch die effektive Berichterstattung der Presse im demokratischen Gemeinwesen. Der Anordnungsanspruch ergibt sich aus den Pressegesetzen der Länder bzw. bei Bundesbehörden unmittelbar aus Art. 5 Abs. 1 S. 2 GG.[1105] Für den Anordnungsgrund erforderlich aber auch ausreichend ist es, wenn ein **gesteigertes öffentliches Interesse** und ein starker Gegenwartsbezug der Berichterstattung vorliegen.[1106] Im Hinblick auf Art. 19 Abs. 4 GG rechtfertigt sich dann auch die Vorwegnahme der Hauptsache, da ansonsten die begehrte Auskunft aufgrund ihres **Aktualitätsbezugs** ihren Nachrichtenwert verlieren würde und nur noch von historischem Interesse wäre.[1107]

818

C. Einstweilige Anordnung nach § 47 Abs. 6 VwGO

Im Rahmen der verwaltungsgerichtlichen Normenkontrolle (§ 47 Abs. 1 VwGO) wird vorläufiger Rechtsschutz durch einstweilige Anordnung nach § 47 Abs. 6 VwGO gewährt, wenn dies zur **Abwehr schwerer Nachteile** oder aus anderen wichtigen Gründen **dringend geboten** ist. Wie im Rahmen des § 123 VwGO erfolgt eine umfassende Güter- und Interessenabwägung, wobei der Maßstab des § 47 Abs. 6 VwGO („dringend geboten") **wesentlich strenger** als nach § 123 VwGO („nötig erscheint") ist. Die für den Erlass der einstweiligen Anordnung sprechenden Erwägungen müssen die gegenläufigen Interessen daher deutlich überwiegen.[1108]

819

Beispiel: Einstweilige Anordnung, dass auf der Grundlage des im Normenkontrollverfahren angegriffenen Bebauungsplans zunächst keine Baugenehmigungen erteilt werden dürfen, um vollendete Tatsachen zu verhindern.

1101 BVerfGE 58, 300 (Nassauskiesungsbeschluss).

1102 Maaß NVwZ 2004, 573, 574; Weber DVBl. 2010, 958, 961.

1103 OVG Bremen NVwZ-RR 2006, 162; Weber DVBl. 2010, 958, 960 f.

1104 Ortloff NVwZ 1996, 647, 651; Kuhla/Hüttenbrink, Verwaltungsprozess, Rn. K 9.

1105 BVerwG NVwZ 2018, 907, 908; NVwZ 2016, 1020, 1021; NVwZ 2015, 1388, 1389; Blome NVwZ 2016, 1211, 1212 f.; allgemein AS-Skript Verwaltungsrecht AT 1 (2017), Rn. 226.

1106 BVerwG NVwZ 2018, 907, 908; Hofmann NVwZ 2018, 417, 417 f.; NVwZ 2018, 904, 905.

1107 BVerwG NVwZ 2018, 907, 907; NVwZ 2016, 945, 946; strenger bei allgemeinen Informationsansprüchen nach dem IFG Schoch NVwZ 2013, 1033, 1039.

1108 BVerwG, Beschl. v. 16.09.2015 – 4 VR 2.15; BeckRS 2015, 52873; VGH BW NVwZ 2017, 1068, 1070; NVwZ-RR 2017, 268, 270; OVG Saar BauR 2017, 689; Schübel-Pfister JuS 2018, 441, 444; großzügiger OVG Bln-Bbg NVwZ-RR 2016, 448.

7. Teil Zusammenfassende Übersicht

Einstweilige Anordnung gemäß § 123 VwGO

A. Zulässigkeit

I. **Verwaltungsrechtsweg** in der Hauptsache eröffnet
   (Spezialzuweisung oder § 40 Abs. 1 S. 1 VwGO)

II. **Statthaftigkeit des Antrags:**
   kein Fall der §§ 80, 80 a VwGO (§ 123 Abs. 5 VwGO)

   Faustregel: Verpflichtungs-, Leistungs- oder Feststellungsklage in der Hauptsache

III. **Antragsbefugnis**, analog § 42 Abs. 2 VwGO

IV. Allgemeines **Rechtsschutzbedürfnis**

   – vorheriger Antrag an zuständige Behörde

   – Hauptsacheverfahren nicht offensichtlich unzulässig

   – kein einfacherer und schnellerer Weg (z.B. bei Vorhandensein eines in der Sache [vorläufig]
     vollstreckbaren Titels); kein Rechtsschutzbedürfnis nach Erledigung

V. **keine Frist**

VI. **Antragsgegner** richtet sich nach Klageart in der Hauptsache:
   in Verpflichtungssituationen § 78 VwGO analog; im Übrigen Rechtsträgerprinzip

B. Begründetheit (es reicht **Glaubhaftmachung**)

Sicherungsanordnung **(§ 123 Abs. 1 S. 1 VwGO)** Sicherung des status quo	**Regelungsanordnung** **(§ 123 Abs. 1 S. 2 VwGO)** Erweiterung des Rechtskreises

I. Anordnungsanspruch

- **Recht des Antragstellers**   ▪ **streitiges Rechtsverhältnis**

   = Erfolgsaussichten des in der Hauptsache verfolgten Anspruchs

II. Anordnungsgrund

- **Rechtsvereitelung/-erschwerung**   ▪ **Regelung zur Nachteilsabwendung „nötig"**

   = allgemeine Interessenabwägung

III. Gerichtliche Entscheidung

1. Erlass der einstweiligen Anordnung

- h.M.: Rechtsentscheidung, da Interessenabwägung bereits beim AO-Grund erfolgt
- a.A.: Ermessen auch bzgl. „ob" (vgl. „kann")

2. Inhalt der einstweiligen Anordnung

- Anordnungen nach freiem Ermessen (§ 123 Abs. 3 VwGO i.V.m. § 938 Abs. 1 ZPO)
- aber grds. **keine Vorwegnahme** der Hauptsache (Ausn. bei Rechtsvereitelung)
- nicht mehr als in der Hauptsache (str. bei Bescheidungsansprüchen)

8. Teil: Überblick über die Rechtsmittel der VwGO

Mit einem Rechtsmittel erstrebt der Betroffene die Überprüfung einer gerichtlichen Entscheidung. Die förmlichen Rechtsmittel zeichnen sich dabei grds. durch eine zweifache Wirkung aus: Sie hemmen den Eintritt der Rechtskraft **(Suspensiveffekt)** und sie begründen die Zuständigkeit eines höheren Gerichts **(Devolutiveffekt)**.

820

Die wichtigsten Rechtsmittel im Verwaltungsprozess sind:

821

- **Berufung** (§§ 124 bis 130 b VwGO),

- **Revision** (§§ 132 bis 144 VwGO) und

- **Beschwerde** (§§ 146 bis 152 VwGO).

Von den Rechtsmitteln sind die **sonstigen Rechtsbehelfe** zu unterscheiden. Wie die Formulierung in § 58 Abs. 1 VwGO zeigt, ist dieser Begriff weiter. Unter **Rechtsbehelf** versteht man jedes prozessuale Mittel zur Verwirklichung eines Rechts. Rechtsbehelfe sind deshalb auch der Widerspruch und die Klage.

822

A. Berufung

Die Berufung führt grds. zu einer umfassenden Überprüfung des erstinstanzlichen Urteils in **rechtlicher und tatsächlicher Hinsicht**. Neue Tatsachen und Beweismittel sind zu berücksichtigen (§ 128 VwGO), es sei denn, sie werden schuldhaft verspätet vorgebracht (§ 128 a VwGO).

823

Statthaft ist die Berufung nach § 124 Abs. 1 VwGO nur, wenn sie vom VG oder OVG zugelassen wird **(Zulassungsberufung)**. Wird die Berufung nicht im Urteil des VG zugelassen (§ 124 a Abs. 1 VwGO), so kann innerhalb eines Monats nach Zustellung des Urteils beim Verwaltungsgericht die **Zulassung der Berufung** beantragt werden (§ 124 a Abs. 4 S. 1 VwGO). Der Antrag muss innerhalb von zwei Monaten nach Zustellung des Urteils begründet werden (§ 124 a Abs. 4 S. 4 VwGO). Nach § 67 Abs. 4 VwGO besteht Anwaltszwang. Über den Antrag entscheidet das OVG (§ 124 a Abs. 5 VwGO).

824

Die Oberverwaltungsgerichte haben die Anforderungen an die Darlegung der Berufungszulassungsgründe (§ 124 a Abs. 4 S. 4 VwGO) teilweise stark ausgeweitet. Das BVerfG hat diese Praxis mehrfach missbilligt.[1109]

Die **Zulassungsgründe** sind abschließend in § 124 Abs. 2 VwGO aufgeführt (ernstliche Zweifel an der Richtigkeit des Urteils, besondere tatsächliche oder rechtliche Schwierigkeiten, grundsätzliche Bedeutung, Divergenz von einer höchstgerichtlichen Entscheidung oder relevanter Verfahrensmangel).

825

Lehnt das OVG den Antrag auf Zulassung der Berufung ab, wird das Urteil **rechtskräftig** (§ 124 a Abs. 5 S. 4 VwGO). Ein weiteres Rechtsmittel besteht nicht. Lässt das OVG die Berufung zu, so wird das Antragsverfahren als Berufungsverfahren fortgesetzt; einer eigenständigen Einlegung der Berufung bedarf es nicht (§ 124 a Abs. 5 S. 5 VwGO).

826

1109 Vgl. z.B. BVerfG NVwZ 2016, 1243, 1244; NVwZ 2011, 546, 547; NJW 2010, 1062, 1063; NVwZ 2009, 515, 516; allgemein zur Entwicklung der Rechtsprechung zum Berufungszulassungsrecht Rudisile NVwZ 2012, 1425 ff.

B. Revision

827 Die Revision dient vor allem der Wahrung der **Einheitlichkeit der Rechtsprechung** und der **Rechtsfortbildung**. Sie richtet sich gegen Urteile des OVG (§ 132 VwGO) bzw. bei der sog. Sprungrevision gegen Urteile des VG (§ 134 VwGO) und führt nur zu einer **rechtlichen Überprüfung**.

828 Die Revision ist nur **statthaft**, wenn sie gemäß § 132 VwGO vom OVG **zugelassen** worden ist; andernfalls muss zunächst in einem vorgeschalteten Verfahren die Nichtzulassung der Revision durch Beschwerde angegriffen werden (sog. **Nichtzulassungsbeschwerde** gemäß § 133 VwGO).

829 Die Revision ist nur **zuzulassen** (§ 132 Abs. 2 VwGO), wenn

- die Rechtssache grundsätzliche Bedeutung hat **(Grundsatzrevision)**,

- das Urteil von der Entscheidung eines Obergerichts abweicht und auf dieser Abweichung beruht **(Divergenzrevision)**

- oder ein Verfahrensmangel geltend gemacht wird und vorliegt, auf dem die Entscheidung beruhen kann **(Verfahrensrevision)**.

830 Neben **absoluten Revisionsgründen** (§ 138 VwGO) kann die Revision nur darauf gestützt werden, dass das angefochtene Urteil auf der Verletzung von Bundesrecht oder einer Vorschrift des VwVfG eines Landes beruht, die ihrem Wortlaut nach mit dem VwVfG des Bundes übereinstimmt (§ 137 Abs. 1 VwGO). Verstöße gegen landesrechtliche Vorschriften z.B. des PolG, LVwVG, KAG oder der GO sind daher nicht revisibel, es sei denn, es kommt zugleich eine Verletzung von Bundesrecht, z.B. von Grundrechten oder des Rechtsstaatsprinzips in Betracht.[1110]

In **beamtenrechtlichen Streitigkeiten** ergibt sich eine Erweiterung der Revisionsgründe durch § 127 Nr. 2 BRRG, wonach die Revision außer auf die Verletzung von Bundesrecht auch darauf gestützt werden konnte, dass das angefochtene Urteil auf der Verletzung von Landesrecht beruht (z.B. LBG, LVO). § 127 Nr. 1 BRRG erweitert darüber hinaus die Zulassung einer Divergenzrevision auf Abweichungen von Urteilen eines anderen OVG, solange eine Entscheidung des BVerwG in der Rechtsfrage noch nicht ergangen war. Das BRRG ist zwar 2009 durch das BeamtStG ersetzt worden, § 127 BRRG (im Kapitel II) gilt jedoch nach § 63 Abs. 3 S. 2 BeamtStG fort (vgl. auch § 191 Abs. 2 VwGO).[1111]

C. Beschwerde

831 Die Beschwerde ist nach § 146 Abs. 1 VwGO statthaft gegen die Entscheidungen des VG, des Vorsitzenden oder des Berichterstatters, die nicht Urteile oder Gerichtsbescheide sind, also insbes. gegen **Beschlüsse** (z.B. nach § 80 Abs. 5 VwGO, § 123 VwGO).

Unstatthaft ist die Beschwerde in den Fällen des § 146 Abs. 2 VwGO (insbes. verfahrensleitende Beschlüsse) sowie in den Fällen, in denen die Entscheidung kraft Gesetzes ausdrücklich unanfechtbar ist (vgl. z.B. für die Beiladung § 65 Abs. 4 S. 3 VwGO und die Klagerücknahme § 92 Abs. 3 S. 2 VwGO).

1110 Vgl. BVerwG NVwZ 2003, 995, 996; Kopp/Schenke VwGO § 137 Rn. 12.
1111 BVerwG NVwZ 2010, 1568, 1569; NVwZ-RR 2010, 814, 815; Pflaum DVBl. 2010, 951 ff.

Überblick über die Rechtsmittel der VwGO — 8. Teil

Eine **Untätigkeitsbeschwerde** kennt die VwGO nicht. Hier besteht nur die Möglichkeit **832** der **Verzögerungsrüge** nach § 173 S. 2 VwGO i.V.m. § 198 Abs. 3 GVG als Voraussetzung für einen späteren Entschädigungsanspruchs wegen überlanger Verfahrensdauer nach § 198 Abs. 1 GVG.

Die Beschwerde muss innerhalb einer **Frist** von zwei Wochen nach Bekanntgabe der **833** Entscheidung beim VG oder beim OVG eingelegt werden (§ 147 VwGO). Auch wenn die Beschwerde beim VG erhoben wird, unterliegt sie dem **Anwaltszwang** (§ 67 Abs. 4 S. 2 VwGO).

Die Beschwerde muss grds. **nicht begründet** werden. Etwas anderes gilt bei der Be- **834** schwerde gegen Beschlüsse im **vorläufigen Rechtsschutzverfahren** (§ 80 Abs. 5, § 80 a Abs. 3, § 123 VwGO). Hier ist die Beschwerde gemäß § 146 Abs. 4 VwGO innerhalb eines Monats nach Bekanntgabe der angefochtenen Entscheidung zu begründen. Die Begründung muss einen **bestimmten Antrag** enthalten, die **Gründe darlegen**, aus denen die Entscheidung abzuändern oder aufzuheben ist, und sich mit der angefochtenen **Entscheidung auseinandersetzen** (§ 146 Abs. 4 S. 3 VwGO). Das OVG prüft zugunsten des Beschwerdeführers nur die (innerhalb der Monatsfrist) dargelegten Gründe (§ 146 Abs. 4 S. 6 VwGO). Wenn sich die Beschwerdegründe als nicht berechtigt erweisen, ist die Beschwerde zurückzuweisen.[1112]

D. Anhörungsrüge

Ist ein Rechtsmittel oder ein anderer Rechtsbehelf gegen eine verwaltungsgerichtliche **835** Entscheidung nicht gegeben und hat das Gericht den Anspruch eines Beteiligten auf rechtliches Gehör (Art. 103 Abs. 1 GG) in entscheidungserheblicher Weise verletzt, so besteht die Möglichkeit der **Anhörungsrüge nach § 152 a VwGO** (ähnlich § 321 a ZPO).[1113]

Das Rechtsstaatsprinzip i.V.m. Art. 103 Abs. 1 GG verlangt, dass bei einer Verletzung des rechtlichen Gehörs eine fachgerichtliche Abhilfe möglich sein muss.[1114] Die Verfassungsbeschwerde eröffnet für sich allein keine ausreichende Rechtsschutzmöglichkeit zur Beseitigung solcher Gehörsverstöße.[1115] Nach Einführung der Anhörungsrüge ist diese im Rahmen der Rechtswegerschöpfung (§ 90 Abs. 2 BVerfGG) grds. Zulässigkeitsvoraussetzung für die Verfassungsbeschwerde.[1116]

Die Anhörungsrüge ist auf Verstöße gegen **Art. 103 Abs. 1 GG** begrenzt. Ob eine analoge Anwendung bei anderen Verfahrensgrundrechten, wie Art. 101 Abs. 1 S. 2 GG oder Art. 19 Abs. 4 GG, möglich ist, ist umstritten.[1117] Dagegen spricht, dass der Gesetzgeber eine Ausdehnung ausdrücklich abgelehnt hat[1118] und deshalb keine planwidrige Regelungslücke vorliegt.[1119]

1112 BVerfG NJW 2004, 2510, 2511.
1113 Zu den Anforderungen vgl. BVerwG NVwZ 2008, 1027, 1028.
1114 Grundlegend BVerfG NJW 2003, 1924 ff.; vgl. auch BVerfG NJW 2003, 3687, 3688; NJW 2007, 2242, 2243.
1115 BVerfG NJW 2003, 1924, 1927 f.
1116 BVerfG, Beschl. v. 17.07.2015 – 2 BvR 1245/15; Heinrichsmeier NVwZ 2010, 228, 229; vgl. auch BayVerfGH NVwZ-RR 2016, 890.
1117 Ablehnend BVerwG, Beschl. v. 20.03.2013 – BVerwG 7 C 3.13; BayVGH, Beschl. v. 23.01.2013 – 21 ZB 12.2426; Rieble/Vielmeier JZ 2011, 923, 924; vgl. auch BVerfG NJW 2009, 3710; bejahend dagegen OVG Lüneburg NJW 2006, 2506, 2507; Kopp/Schenke VwGO § 152 a Rn. 22; differenzierend Posser/Wolff VwGO § 152 a Rn. 25 ff.;
1118 BT-Drs. 15/3706, S. 14.
1119 Vgl. Sodan/Ziekow VwGO § 152 a Rn. 22.

9. Teil: Das Widerspruchsverfahren

1. Abschnitt: Sinn und Zweck des Widerspruchsverfahrens

A. Die Funktion des behördlichen Vorverfahrens

836 Vor Erhebung der Anfechtungsklage sind Rechtmäßigkeit und Zweckmäßigkeit des Verwaltungsakts grds. in einem **Vorverfahren** nachzuprüfen (§ 68 Abs. 1 S. 1 VwGO). Entsprechendes gilt für die Verpflichtungsklage, wenn der Antrag auf Erlass eines VA abgelehnt worden ist (§ 68 Abs. 2 VwGO). Bei einem Verwaltungsakt kann daher nicht sofort beim Verwaltungsgericht geklagt werden, sondern es muss **bei der Behörde** zunächst **Widerspruch** erhoben werden (§ 69 VwGO).

Beispiele: Die Baubehörde hat an Bauherrn B eine Beseitigungsverfügung erlassen. B muss zunächst Widerspruch erheben, bevor er klagen kann. Dasselbe gilt, wenn die von B beantragte Baugenehmigung abgelehnt wurde.

837 Das Widerspruchsverfahren hat **drei Funktionen**:

- Es dient in erster Linie dem **Rechtsschutz des Bürgers**, weil der Widerspruch zu einer vollen Nachprüfung durch die erlassende Behörde (§ 72 VwGO) und bei Nichtabhilfe durch die Widerspruchsbehörde (§ 73 VwGO) führt. Besonders deutlich wird die Rechtsschutzfunktion in der aufschiebenden Wirkung gemäß § 80 Abs. 1 VwGO.

- Das Widerspruchsverfahren ermöglicht der Verwaltung, Fehler festzustellen und zu korrigieren und dient damit der **Selbstkontrolle der Verwaltung**.

- Die Selbstkontrolle und die Möglichkeit, den Betroffenen im Widerspruchsverfahren von der Rechtmäßigkeit des VA zu überzeugen, führt zur Vermeidung von Prozessen und damit zur **Entlastung der Gerichte**.[1120]

838 Soweit ein Widerspruchsverfahren durchzuführen ist, ist es **Sachurteilsvoraussetzung** für die Klage, d.h. eine **ohne Vorverfahren** erhobene Anfechtungs- oder Verpflichtungsklage ist grds. **unzulässig**. Im **Beamtenrecht** gilt dies auch bei Leistungs-, Feststellungs- und Fortsetzungsfeststellungsklagen, da dort vor allen Klagen ein Vorverfahren durchzuführen ist (§ 126 Abs. 2 BBG, § 54 Abs. 2 BeamtStG).

839 Außerdem ist das Widerspruchsverfahren Teil des **Verwaltungsverfahrens**. Insoweit gelten gemäß § 79 VwVfG ergänzend zu den §§ 68 ff. VwGO und zum AGVwGO bzw. JustizG des Landes die allgemeinen Vorschriften des VwVfG.

So gelten z.B. die §§ 11, 12 VwVfG über die Beteiligten- und Handlungsfähigkeit, § 14 VwVfG über Bevollmächtigte, §§ 26, 27 VwVfG (Beweismittel), § 29 VwVfG (Akteneinsicht), **nicht** dagegen § 28 VwVfG (Anhörung), da § 71 VwGO eine abschließende Sonderregelung enthält.[1121]

Besondere praktische Bedeutung hat die Regelung über die Erstattung von **Kosten** im Vorverfahren in § 80 VwVfG. Soweit der Widerspruch erfolgreich ist, hat der Rechtsträger, dessen Behörde den angefochtenen Verwaltungsakt erlassen hat, dem Widerspruchsführer die notwendigen Aufwendungen zu erstatten (§ 80 Abs. 1 S. 1 VwVfG). Die Gebühren und Auslagen eines Rechtsanwalts sind allerdings nur erstattungsfähig, wenn die Zuziehung eines Bevollmächtigten notwendig war (§ 80 Abs. 2 VwVfG).

1120 BVerwG NVwZ 2014, 676, 677; OVG Koblenz NVwZ-RR 2015, 557, 558; Pietzner/Ronellenfitsch Rn. 1029.
1121 Kopp/Schenke VwGO § 71 Rn. 2; Sodan/Ziekow VwGO § 71 Rn. 1; a.A. Kopp/Ramsauer VwVfG § 79 Rn. 47.

B. Bedeutung des Vorverfahrens

Die Bedeutung des behördlichen **Vorverfahrens** hat in den letzten Jahren deutlich abgenommen, nachdem eine Reihe von Ländern das Vorverfahren weitgehend oder zumindest in bestimmten Bereichen abgeschafft haben (so vor allem in Bayern, Niedersachsen und NRW; s.o. Rn. 482). Angesichts dieser Entwicklung wird das Widerspruchsverfahren oft als **„Auslaufmodell"** bezeichnet, seine Zukunft ist ungewiss.

840

■ Für die **Abschaffung des Widerspruchsverfahrens** spricht vor allem, dass es die ihm zugewiesenen Funktionen nur unzulänglich erfüllt. Das Bewusstsein der Überprüfung im Widerspruchsverfahren beeinträchtige die Qualität der ausgangsbehördlichen Entscheidung. Die Kontrollfunktion werde oft nur halbherzig wahrgenommen. Die angegriffene Entscheidung werde im Vorverfahren in der Regel bestätigt, die Erfolgsquote liege unter 10 %. Das Widerspruchsverfahren stelle sich daher immer häufiger als überflüssige Verzögerung eines effektiven Rechtsschutzes dar.[1122]

841

■ Die **Befürworter des Widerspruchsverfahrens** verweisen demgegenüber darauf, dass das Widerspruchsverfahren für den Bürger kostengünstiger als das verwaltungsgerichtliche Verfahren ist. Mit der Abschaffung des Widerspruchsverfahrens nehme man dem Bürger die Möglichkeit, die Zweckmäßigkeit der getroffenen Entscheidung überprüfen zu lassen. Außerdem führe die Beseitigung des Widerspruchsverfahrens zu einer deutlichen Mehrbelastung der Gerichte.[1123]

842

2. Abschnitt: Das Gutachten im Widerspruchsverfahren

A. Die Zulässigkeit des Widerspruchs

Grundschema: Zulässigkeit des Widerspruchs
I. Verwaltungsrechtliche Streitigkeit
II. Statthaftigkeit des Widerspruchs
III. Widerspruchsbefugnis
IV. Form und Frist
V. Sonstige Zulässigkeitsvoraussetzungen

I. Vorliegen einer verwaltungsrechtlichen Streitigkeit

Da die Durchführung des Widerspruchsverfahrens Sachurteilsvoraussetzung für den anschließenden Verwaltungsprozess ist, muss es sich bei dem Verfahrensgegenstand entweder kraft Spezialregelung oder aufgrund der Generalklausel des § 40 Abs. 1 S. 1 VwGO um eine **verwaltungsrechtliche Streitigkeit** handeln.[1124]

843

1122 Kamp NWVBl. 2008, 41, 44 ff.; Kallerhoff NWVBl. 2008, 334, 336 ff.; Schönenbroicher NVwZ 2009, 1144 ff.

1123 Beaucamp/Ringermuth DVBl. 2008, 426, 430 ff.

1124 Kopp/Schenke VwGO Vorb. § 68 Rn. 12; Geis/Hinterseh JuS 2002, 34, 37; Winkler JA 2005, 516, 518.

9. Teil Das Widerspruchsverfahren

Der Prüfungspunkt spielt allerdings keine große Rolle. Liegt dem Widerspruch, wie im Regelfall (§ 68 VwGO), ein VA zugrunde, so ist schon allein deshalb eine verwaltungsrechtliche Streitigkeit gegeben, weil die Behörde durch VA und damit eindeutig hoheitlich gehandelt hat (s.o. Rn. 34). Widersprüche gegen sonstige Verwaltungsmaßnahmen gibt es nur im Beamtenrecht, wo der Verwaltungsrechtsweg bereits aus § 126 Abs. 1 BBG bzw. § 54 Abs. 1 BeamtStG folgt.

Gegenbeispiel: Bußgeldbescheide sind zwar Verwaltungsakte. Hierfür enthält § 68 OWiG aber eine anderweitige Zuweisung i.S.d. § 40 Abs. 1 S. 1 VwGO. Ein Widerspruch ist unzulässig, zulässig ist vielmehr der Einspruch nach § 67 OWiG, über den das Amtsgericht entscheidet.

II. Statthaftigkeit des Widerspruchs

1. Widerspruch als richtiger Rechtsbehelf

844 **Statthaft**, d.h. der richtige Rechtsbehelf, ist der Widerspruch, wenn er **Sachurteilsvoraussetzung** für ein späteres Klageverfahren ist. Das ist gemäß § 68 VwGO bei Anfechtungs- und Verpflichtungsklagen der Fall, in beamtenrechtlichen Streitigkeiten gemäß § 126 Abs. 2 BBG, § 54 Abs. 2 BeamtStG auch bei den sonstigen Klagen.

845 ■ Der **Anfechtungswiderspruch** (§ 68 Abs. 1 S. 1 VwGO) richtet sich gegen einen (belastenden) VA, wobei der VA bereits vorliegen muss. Ein vorbeugender Widerspruch gegen einen erst zu erlassenden VA ist daher unzulässig.[1125]

Beispiel: Will Beamter B die Beförderung des Konkurrenten K verhindern, so kann er dies nicht im Wege des Widerspruchs, sondern nur im Wege der vorbeugenden Unterlassungsklage bzw. durch einstweilige Anordnung (§ 123 VwGO).

846 ■ Mit dem **Verpflichtungswiderspruch** wird der Erlass eines (begünstigenden) VA begehrt. Da § 68 Abs. 2 VwGO ausdrücklich an die Ablehnung eines VA anknüpft, ist anerkannt, dass es einen Untätigkeitswiderspruch nicht gibt. Entscheidet die Ausgangsbehörde über einen Antrag des Betroffenen nicht in angemessener Frist, so besteht nur die Möglichkeit der Untätigkeitsklage nach § 75 VwGO.

847 ■ **Leistungs- und Feststellungswidersprüche** im Beamtenrecht (§ 126 Abs. 2 BBG, § 54 Abs. 2 BeamtStG) richten sich gegen jedes Tun oder Unterlassen des Dienstherrn sowie gegen jeden von ihm zu verantwortenden Zustand.[1126]

2. Ausschluss des Vorverfahrens

848 **a) Unstatthaft** und damit unzulässig ist der Widerspruch, wenn einer der in § 68 Abs. 1 S. 2 VwGO geregelten Fälle vorliegt:

849 ■ Nach § 68 Abs. 1 S. 2 Hs. 1 VwGO ist der Widerspruch ausgeschlossen, wenn ein (Bundes- oder Landes-)**Gesetz** dies bestimmt.

Beispiele: §§ 74, 70 VwVfG (Planfeststellungsbeschlüsse und förmliche VAe), § 74 Abs. 6 S. 3 VwVfG, § 17 b FStrG (Plangenehmigungen), § 11 AsylG (Entscheidungen im Asylverfahren), § 25 Abs. 4 S. 2 JuSchG (Indizierungsentscheidungen), § 54 Abs. 2 S. 3 BeamtStG (bei entsprechender landesrechtlicher Regelung, vgl. z.B. § 93 Abs. 1 LBG Bln, § 105 Abs. 1 NBG, § 103 Abs. 1 LBG NRW).

1125 OVG NRW DVBl. 1996, 115.
1126 BVerwG NVwZ 2014, 676, 677.

Das Gutachten im Widerspruchsverfahren **2. Abschnitt**

Landesrechtlich ist das Widerspruchsverfahren vor allem in Bayern, Niedersachsen **850** und NRW weitgehend abgeschafft worden (vgl. Art. 15 Abs. 2 BayAGVwGO, § 80 NJG, § 110 JustG NRW; jeweils mit Ausnahmen). Einen umfangreichen landesrechtlichen Ausnahme-Katalog enthält auch die Anlage zu § 16 a Hess AGVwGO. Die übrigen Länder haben sich zumeist auf bereichsspezifische Ausnahmen beschränkt (s.o. Rn. 482). Soweit das Vorverfahren abgeschafft ist, ist ein **Widerspruch unzulässig**, es muss unmittelbar Klage erhoben werden.

In Bayern und Mecklenburg-Vorpommern besteht allerdings in bestimmten Bereichen **851** die Möglichkeit eines **fakultativen Vorverfahrens** (vgl. Art. 15 Abs. 1 BayAG VwGO, § 13 a AGGStrG M-V). Zwar wird ein **Wahlrecht** zwischen Widerspruch und Klage in § 68 Abs. 1 VwGO nicht ausdrücklich eröffnet, gleichwohl aber überwiegend für zulässig erachtet.[1127]

Fakultativ ist der Widerspruch in Bayern z.B. im Kommunalabgabenrecht, Schulrecht und Beamtenrecht (mit Ausnahme des Disziplinarrechts), in Mecklenburg-Vorpommern insbes. bei immissionsrechtlichen Genehmigungen, Baugenehmigungen und Bauvorbescheiden. In Niedersachsen kann die Behörde bei bestimmten Verwaltungsakten (z.B. Kommunalabgabenbescheiden) anordnen, dass vor Erhebung der Klage ein Vorverfahren durchzuführen ist (§ 80 Abs. 3 NJG), sog. **Behördenoptionsmodell**.[1128]

Ob eine generelle **Abschaffung des Vorverfahrens** von der Ermächtigung des § 68 **852** Abs. 1 S. 2 VwGO gedeckt ist, ist allerdings umstritten. Teilweise wird in dem weitgehenden Ausschluss des Vorverfahrens eine unzulässige Umkehrung des Regel-Ausnahmeprinzip des § 68 VwGO gesehen. Zulässig seien lediglich **bereichsspezifische Ausnahmen**.[1129] Die h.M. verweist demgegenüber darauf, dass die frühere Einschränkung („für besondere Fälle") in § 68 Abs. 1 S. 2 VwGO a.F. gestrichen worden ist, sodass die Norm auch eine **weitgehende Abschaffung** des Vorverfahrens zulässt. Eine verwaltungsinterne Nachprüfung in einem Vorverfahren sei verfassungsrechtlich nach Art. 19 Abs. 4, 20 Abs. 3 GG ebenso wenig vorgeschrieben wie eine über die Rechtmäßigkeitskontrolle hinausgehende Prüfung der Zweckmäßigkeit bei Ermessensentscheidungen. Inwieweit die Länder von der Ermächtigung des § 68 Abs. 1 S. 2 VwGO Gebrauch machen, ist demnach keine rechtliche, sondern eine rechtspolitische Frage. Soweit in bestimmten Bereichen das Widerspruchsverfahren landesrechtlich aufrechterhalten bleibt (z.B. § 80 Abs. 3–5 NJG, § 110 Abs. 2–4 JustG NRW), sind diese Ausnahmen sachlich gerechtfertigt.[1130]

Beachte: *Die landesrechtlichen Vorschriften gelten nur für Landesbehörden. Bei bundesbehördlichen Entscheidungen findet daher auch in Bayern, Niedersachsen und NRW – vorbehaltlich sonstiger Ausnahmen – grds. ein Vorverfahren statt.[1131] Ebenso gibt es bei Bundesbeamten in § 126 Abs. 2 BBG keine dem § 54 Abs. 2 S. 3 BeamtStG vergleichbare Regelung.*

1127 Vgl. Steinbeiß-Winkelmann NVwZ 2009, 686, 692; zu den Konsequenzen BayVGH NVwZ-RR 2016, 947.

1128 Zur Zulässigkeit Beckermann NVwZ 2017, 1431, 1432 f.

1129 In diesem Sinne van Nieuwland NdsVBl. 2007, 38, 39; Biermann NordÖR 2007, 139, 141; Lindner BayVBl. 2005, 65, 69; Härtel VerwArch 98 (2007), 54, 60; Holzner DÖV 2008, 217, 224; Kopp/Schenke VwGO § 68 Rn. 17 a.

1130 BayVerfGH NVwZ 2009, 716; OVG Lüneburg NdsVBl. 2010, 247, 248; Dolde/Porsch in Schoch VwGO § 68 Rn. 12; Geis in Sodan/Ziekow VwGO § 68 Rn. 125; Kamp NWVBl. 2008, 41, 44; Beaucamp/Ringermuth DVBl. 2008, 426, 428; Kallerhoff NWVBl. 2008, 334, 335; Dolde/Porsch VBlBW 2008, 428, 430; Steinbeiß-Winkelmann NVwZ 2009, 686, 691.

1131 Vgl. BayVerfGH NVwZ 2009, 716, 719; VG Osnabrück, Urt. v. 15.04.2010 – 6 A 201/09; abweichend BayVerfGHE 59, 219, 226 zur früheren Rechtslage.

9. Teil Das Widerspruchsverfahren

853 ■ Ferner ist der Widerspruch nach § 68 Abs. 1 S. 2 Nr. 1 VwGO unstatthaft, wenn der VA von einer **obersten Bundes-** oder **obersten Landesbehörde** erlassen worden ist, also insbes. bei **ministeriellen Entscheidungen**. Aber auch hier ist ausnahmsweise ein Vorverfahren erforderlich, wenn ein Gesetz die Nachprüfung von oberstbehördlichen Entscheidungen ausdrücklich vorschreibt.

Beispiele: im Beamtenrecht gemäß § 126 Abs. 2 S. 2 BBG, § 54 Abs. 2 S. 2 BeamtStG und im Informationsrecht gemäß § 6 Abs. 2 UIG, § 9 Abs. 4 S. 2 IFG.

854 ■ Ist bereits ein Widerspruchsverfahren durchgeführt worden und enthält der Widerspruchsbescheid oder der Abhilfebescheid **erstmalig** eine **Beschwer**, so ist ein nochmaliger Widerspruch nach § 68 Abs. 1 S. 2 Nr. 2 VwGO ausgeschlossen (kein „doppeltes" Widerspruchsverfahren).[1132]

Beispiele: Auf den Widerspruch des Nachbarn wird die dem Bauherrn erteilte Baugenehmigung aufgehoben. Gegen die Aufhebung kann der Bauherr nicht nochmal Widerspruch erheben, sondern muss nach § 68 Abs. 1 S. 2 Nr. 2 VwGO sofort klagen. Dasselbe gilt, wenn der Widerspruchsbescheid eine erstmalige (oder zusätzliche) Beschwer des Widerspruchsführers enthält (z.B. eine verbösernde Entscheidung).[1133]

855 ■ **Erledigt** sich der VA vor oder während des Widerspruchsverfahrens, so ist der Anfechtungswiderspruch **unstatthaft**, da ein erledigter VA nicht mehr aufgehoben werden kann. Nach a.A. fehlt das **Sachbescheidungsinteresse** (Rechtsschutzbedürfnis), da der Betroffene durch die Aufhebung keinen Vorteil mehr hätte.[1134] Entsprechendes gilt für den Verpflichtungswiderspruch.

Nach Erledigung darf daher kein Widerspruchsbescheid in der Sache mehr ergehen, das Widerspruchsverfahren ist von Amts wegen einzustellen.[1135] Wird der Widerspruch gleichwohl als unbegründet zurückgewiesen, so ist der Widerspruchsbescheid allein deshalb rechtswidrig, denn durch die Zurückweisung des Widerspruchs wird der Eindruck erweckt, der (erledigte) VA sei bestandskräftig geworden. Der Betroffene kann dann Anfechtungsklage isoliert gegen den Widerspruchsbescheid erheben (§ 79 Abs. 2 S. 1 VwGO).

856 Umstritten ist, ob das Widerspruchsverfahren mit dem Ziel eingeleitet oder fortgesetzt werden kann, analog § 113 Abs. 1 S. 4 VwGO feststellen zu lassen, dass der VA bzw. dessen Ablehnung rechtswidrig gewesen ist (sog. **Fortsetzungsfeststellungswiderspruch**).

857 ■ Nach h.M. ist bei **Erledigung vor Bestandskraft** des VA ein Vorverfahren weder möglich noch erforderlich (s.o. Rn. 374). Ein Fortsetzungsfeststellungswiderspruch ist danach grds. **unstatthaft**, da er nicht Sachurteilsvoraussetzung für die spätere Fortsetzungsfeststellungsklage ist.[1136]

858 ■ Die Gegenansicht hält ein Vorverfahren auch dann für sinnvoll, wenn sich der VA vor Erlass des Widerspruchsbescheides erledigt hat, da das Verfahren dann auf eine verbindliche **Feststellung der Rechtswidrigkeit** durch Entscheidung der Widerspruchsbehörde entsprechend § 113 Abs. 1 S. 4 VwGO abzielt. Eine derartige

---

1132 BVerwG NVwZ-RR 2014, 869: Kein Widerspruch gegen Widerspruchsbescheid; Schübel-Pfister JuS 2015, 418, 420 f.

1133 BVerwG NVwZ-RR 2014, 869, 870; Kopp/Schenke VwGO § 68 Rn. 20; Wolffgang/Lee NWVBl. 2004, 439, 442.

1134 Vgl. oben Rn. 335.

1135 BVerwG NVwZ 2001, 1288; OVG MV NordÖR 2017, 459, 460; OVG Bln-Bbg, Urt. v. 31.03.2017 – OVG 6 B 9.16, BeckRS 2017, 106235; Exner/Richter-Hopprich JuS 2015, 521, 523; Schoch/Pietzcker VwGO § 79 Rn. 13.

1136 OVG Koblenz NVwZ-RR 2015, 557, 558; OVG Bln-Bbg, Urt. v. 31.03.2017 – OVG 6 B 9.16, BeckRS 2017, 106235; Posser/Wolff VwGO § 68 Rn. 19; im Ergebnis auch BVerwGE 26, 161, 165; BVerwG DVBl. 1989, 873, 874; dazu oben Rn. 375.

Entscheidung sei für den Widerspruchsführer auch von Interesse, denn sie sei, gerade wenn sie von der nächsthöheren Behörde im Widerspruchsverfahren getroffen werde, geeignet, die realen Folgen des erledigten VA zu beseitigen (Wiederholungsgefahr, Diskriminierung u.Ä.).[1137] Dagegen spricht jedoch, dass § 44 Abs. 5 VwVfG eine behördliche Feststellung nur im Fall der Nichtigkeit des VA vorsieht und es im Übrigen nicht Aufgabe der Verwaltung ist, verbindlich die Rechtswidrigkeit eines erledigten VA festzustellen. Ein Widerspruch gegen einen erledigten VA ist damit **unzulässig**.

*Beachte: Im **Beamtenrecht** gibt es dagegen wegen § 126 Abs. 2 S. 1 BBG, § 54 Abs. 2 S. 1 BeamtStG („vor allen Klagen") unstreitig auch einen **Fortsetzungsfeststellungswiderspruch**.*[1138]

b) Von der **Unstatthaftigkeit** streng zu trennen sind die von der Rspr. entwickelten Fälle der **Entbehrlichkeit** des Widerspruchs (z.B. bei rügeloser Einlassung des Beklagten). Anders als bei der Unstatthaftigkeit des Vorverfahrens, die den Widerspruch unzulässig macht, ist in den Fällen der Entbehrlichkeit der Widerspruch **zwar zulässig**, aber **nicht erforderlich**, weil das Ziel des Vorverfahrens bereits erreicht ist bzw. nicht mehr erreicht werden kann (s.o. Rn. 485 ff.).

*Klausurhinweis: Die Fälle der Entbehrlichkeit des Vorverfahrens sind daher für die Zulässigkeit des Widerspruchs **irrelevant**. Sie sind nur bei der Prüfung der **Zulässigkeit einer Klage** zu erörtern, und zwar immer dann, wenn der an sich statthafte und notwendige Widerspruch nicht erhoben wurde.*

III. Widerspruchsbefugnis

Auch das Widerspruchsverfahren dient dem individuellen Rechtsschutz mit der Folge, dass Popularwidersprüche unzulässig sind. **Analog § 42 Abs. 2 VwGO** ist daher eine **Widerspruchsbefugnis** erforderlich. Allerdings erfährt § 42 Abs. 2 VwGO im Widerspruchsverfahren im Hinblick auf § 68 Abs. 1 VwGO eine **Modifizierung**. Da der Widerspruch – bei Ermessensentscheidungen – auch im Falle der Unzweckmäßigkeit begründet sein kann, ist – anders als bei der Klagebefugnis – nicht stets die Möglichkeit einer „Rechts-"Verletzung zu fordern. Bei **Ermessens-VAen** (also nicht bei gebundenen Entscheidungen) reicht es für die Widerspruchsbefugnis aus, wenn der Widerspruchsführer geltend macht, der VA sei unzweckmäßig und beeinträchtige seine Interessen.[1139]

Aus **Zweckmäßigkeitsgesichtspunkten** lässt sich die Widerspruchsbefugnis aber nur herleiten, wenn die zugrunde liegende Ermessensnorm zumindest auch den Interessen des Widerspruchsführers zu dienen bestimmt ist **(Schutznormtheorie)**.[1140] Verfolgt die Ermessensnorm dagegen ausschließlich die Interessen der Allgemeinheit, so kann die Widerspruchsbefugnis nicht auf eine Zweckwidrigkeit gestützt werden. Insoweit gelten also ähnliche Grundsätze wie bei der Feststellung eines subjektiven Rechts (s.o. Rn. 436 ff.).

859

860

861

1137 Kopp/Schenke VwGO § 68 Rn. 34; Pietzner/Ronellenfitsch Rn. 1102; Stelkens/Bonk/Sachs VwVfG § 79 Rn. 50; Ehlers Jura 2001, 415, 420; Habler JuS 2001, 691, 695.
1138 BVerwG DVBl. 1981, 502 f.; vgl. aber BVerwG NVwZ 2001, 1288: Auf einen Anfechtungswiderspruch darf auch im Beamtenrecht nach Erledigung keine Sachentscheidung mehr ergehen.
1139 Pietzner/Ronellenfitsch Rn. 1156.
1140 Pietzner/Ronellenfitsch Rn. 1157.

9. Teil Das Widerspruchsverfahren

Beispiel: B beantragt bei der Behörde, gegen den Anlagenbetreiber X gemäß § 17 BImSchG nachträgliche Anordnungen zu treffen, was von der Behörde jedoch abgelehnt wird. Da die Ermessensnorm nur die „Nachbarschaft" schützt, könnte B mangels Widerspruchsbefugnis weder aus Recht- noch Zweckmäßigkeitsgesichtspunkten Widerspruch erheben, wenn er mehrere Kilometer entfernt wohnt.

IV. Form und Frist

1. Monatsfrist nach § 70 Abs. 1 VwGO

862 Der Widerspruch muss gemäß § 70 Abs. 1 S. 1 VwGO **schriftlich**, in **elektronischer Form** nach § 3 a Abs. 2 VwVfG oder zur **Niederschrift** bei der Ausgangsbehörde erhoben werden, und zwar **innerhalb eines Monats** (nicht vier Wochen!) nach Bekanntgabe des VA. Die Frist wird auch durch Einlegung bei der Widerspruchsbehörde gewahrt (§ 70 Abs. 1 S. 2 VwGO).

863 Wie bei der Klageschrift (s.o. Rn. 538) reicht neben der **eigenhändigen Unterschrift** auch eine sonstige Kennzeichnung, wenn sich zweifelsfrei feststellen lässt, von wem die Erklärung herrührt und dass kein bloßer Entwurf vorliegt.[1141]

Deshalb ist die Form auch gewahrt bei Erhebung des Widerspruchs mittels Telefax, auch beim Computerfax.[1142] Seit dem 01.01.2018 stellt § 70 Abs. 1 S. 1 VwGO ausdrücklich klar, dass der Widerspruch auch in **elektronischer Form** nach § 3 a Abs. 2 VwVfG erhoben werden kann,[1143] d.h. mit qualifizierter elektronischer Signatur oder auf anderen sicheren elektronischen Übertragungswegen (§ 3 a Abs. 2 S. 2 u. S. 4 VwVfG). Nicht ausreichend ist eine einfache E-Mail[1144] oder die telefonische Einlegung,[1145] da hier die Missbrauchsgefahr durch Unbefugte zu groß ist.

864 Die Monatsfrist des § 70 Abs. 1 VwGO gilt allerdings nur, wenn sich der Widerspruch **gegen einen Verwaltungsakt** richtet (vgl. Wortlaut), also nicht bei beamtenrechtlichen Leistungs- und Feststellungswidersprüchen (s.o. Rn. 497). Für die **Berechnung der Widerspruchsfrist** (§ 70 Abs. 1 VwGO) gelten dieselben Grundsätze wie für die Berechnung der Klagefrist (§ 74 Abs. 1 VwGO). Die Monatsfrist wird durch die (ordnungsgemäße) Bekanntgabe des VA ausgelöst und endet grds. mit dem Ablauf des Tages des folgenden Monats, welcher durch seine Zahl dem Tag entspricht, an dem die Bekanntgabe erfolgte (§ 188 Abs. 2 BGB).[1146]

865 Umstritten ist lediglich, ob für die Berechnung der Widerspruchsfrist auf § 57 Abs. 2 VwGO i.V.m. § 222 Abs. 1 ZPO i.V.m. § 188 Abs. 2 BGB abzustellen ist (so die **prozessuale Lösung**)[1147] oder – da § 70 Abs. 2 VwGO nicht auf § 57 VwGO verweist – auf § 79 VwVfG i.V.m. § 31 Abs. 1 VwVfG i.V.m. § 188 Abs. 2 BGB (so die sog. **verfahrensrechtliche Lösung**).[1148] Sachliche Unterschiede ergeben sich hieraus nicht, da letztlich in jedem Fall die §§ 187 ff. BGB anwendbar sind. Daher sollte auf die Frage in der Klausur nicht näher eingegangen werden.

1141 BVerwG NJW 1995, 2121, 2122; OVG Lüneburg NdsVBl. 2014, 292; VG Neustadt NJW 2007, 619; Kintz JuS 2011, 827, 831.

1142 VG Neustadt NJW 2007, 619; Geis/Hinterseh JuS 2001, 1176, 1177 m.w.N.; allgemein GmS OGB NJW 2000, 2340; BVerwG NJW 2006, 1989.

1143 Vgl. Gesetz vom 05.07.2017 (BGBl. I S. 2208); ebenso zur früheren Rechtslage BVerwG RÜ2, 2017, 143; NVwZ 2017, 967, 968; OVG LSA NVwZ 2016, 1032; Pietzner/Ronellenfitsch Rn. 1126; Kintz NVwZ 2004, 1429, 1430.

1144 OVG LSA NVwZ 2016, 1032; VG Greifswald RÜ2, 2016, 261, 262; OVG Lüneburg, Beschl. v. 08.11.2011 – 4 LB 156/11; Kintz JuS 2011, 827, 831.

1145 Vgl. Thür OVG NVwZ-RR 2002, 408; Clausing JuS 2003, 170, 172; Wolff/Decker VwGO § 70 Rn. 5.

1146 Zu den Einzelheiten vgl. oben Rn. 520 ff.

1147 VGH Mannheim NJW 2001, 3569; Kopp/Schenke VwGO § 70 Rn. 6; Pietzner/Ronellenfitsch Rn. 1127.

1148 Hufen § 6 Rn. 28; Winkler JA 2005, 516, 519.

Das Gutachten im Widerspruchsverfahren | **2. Abschnitt**

2. Jahresfrist nach § 58 Abs. 2 VwGO

Die Monatsfrist des § 70 Abs. 1 VwGO läuft nur, wenn dem VA eine **ordnungsgemäße** **866**
Rechtsbehelfsbelehrung beigefügt war. Ist die Belehrung unterblieben oder unrichtig
erteilt, so gilt gemäß §§ 70 Abs. 2, 58 Abs. 2 VwGO eine Frist von einem Jahr. Unrichtig
ist die Rechtsbehelfsbelehrung insbesondere, wenn **obligatorische Bestandteile** i.S.d.
§ 58 Abs. 1 VwGO fehlen (Bezeichnung des Rechtsbehelfs, Adressat, Sitz und Frist).

Da die Form nicht zu den obligatorischen Bestandteilen zählt, ist die Rechtsbehelfsbelehrung ordnungsgemäß, wenn gar keine Angaben zur Form gemacht werden.[1149] Ebenso ist es ausreichend, wenn als
Adressat des Widerspruchs nur die Ausgangsbehörde benannt wird (§ 70 Abs. 1 S. 1 VwGO), ohne dass
auf die Möglichkeit hingewiesen wird, dass der Widerspruch fristwahrend auch bei der Widerspruchsbehörde erhoben werden kann (§ 70 Abs. 1 S. 2 VwGO).[1150] Unrichtig ist die Rechtsbehelfsbelehrung
allerdings, wenn sie nur die Widerspruchsbehörde als Adressaten nennt.[1151]

Unrichtig ist die Belehrung auch dann, wenn sie **unrichtige Zusätze** enthält, die ab- **867**
strakt geeignet sind, die Rechtsbehelfseinlegung zu erschweren (s.o. Rn. 516 f.).

Unrichtig ist die Rechtsbehelfsbelehrung daher z.B., wenn eine Frist von vier Wochen (statt einem Monat) gesetzt wird,[1152] die schriftliche Erhebung des Widerspruchs verlangt wird (ohne auf die mögliche
Erhebung zur Niederschrift oder die elektronische Form hinzuweisen)[1153] oder gesetzlich nicht vorgesehene Anforderungen aufgestellt werden (z.B. eine Begründung des Widerspruchs gefordert wird).[1154]

3. Wiedereinsetzung in den vorigen Stand

Bei unverschuldeter Versäumung der Widerspruchsfrist ist gemäß §§ 70 Abs. 2, 60 **868**
VwGO **Wiedereinsetzung in den vorigen Stand** zu gewähren (s.o. Rn. 524 ff.).

Unverschuldet ist das Fristversäumnis z.B. bei postalischen Verzögerungen, wenn der Widerspruch so
rechtzeitig zur Post aufgegeben worden ist, dass bei normalem Postlauf mit fristgerechtem Eingang gerechnet werden konnte.[1155] Das Verschulden eines Bevollmächtigten (z.B. des Anwalts) wird dem Widerspruchsführer gemäß § 173 S. 1 VwGO i.V.m. § 85 Abs. 2 ZPO zugerechnet (s.o. Rn. 532 ff.).

Ist der **Widerspruch verfristet** und damit unzulässig, ist nach h.M. auch die **Klage un-** **869**
zulässig, denn die Widerspruchsfrist ist mittelbar Sachurteilsvoraussetzung für die spätere Klage.[1156]

V. Sonstige Zulässigkeitsvoraussetzungen

Wie bei allen Rechtsbehelfen ist der Widerspruch nur zulässig, wenn der Betroffene ein **870**
Rechtsschutzbedürfnis (Widerspruchsinteresse) an der behördlichen Entscheidung hat.
Das Rechtsschutzbedürfnis kann entfallen, wenn der Zweck des Widerspruchsverfahrens entweder bereits erreicht ist oder nicht mehr erreicht werden kann (z.B. bei Erledigung).

1149 Pietzner/Ronellenfitsch Rn. 1348 m.w.N.; anders § 36 SGB X und Kopp/Schenke VwGO § 58 Rn. 10 und oben Rn. 515.

1150 OVG NRW NJW 1974, 879; Jahn JuS 2002, 173, 177 m.w.N.

1151 Pietzner/Ronellenfitsch Rn. 1347.

1152 Pope Ad Legendum 2011, 105, 108.

1153 BVerwGE 57, 188, 190; Kopp/Schenke VwGO § 58 Rn. 12 und oben Rn. 517.

1154 Kopp/Schenke VwGO § 58 Rn. 12; Kintz JuS 2004, 328, 330.

1155 BVerfG NJW 2003, 1516; NJW 2001, 744, 745; Born NJW 2011, 2022, 2027; Bernau NJW 2013, 2001, 2005.

1156 BVerwG NVwZ 1988, 63; OVG NRW OVGE 44, 179; OVG Lüneburg, Beschl. v. 10.04.2014 – 4 PA 320/13, NdsVBl. 2014,292;
Kintz JuS 2011, 827, 830; a.A. Redeker/v.Oertzen § 68 Rn. 6 u. 7: Klage unbegründet, da VA bestandskräftig.

9. Teil Das Widerspruchsverfahren

Fall 29: Verspäteter Nachbarrechtsschutz

E hat von der zuständigen Genehmigungsbehörde antragsgemäß eine immissionsschutzrechtliche Genehmigung für die Errichtung und den Betrieb einer Windkraftanlage erhalten. Die Genehmigung sollte auch dem Nachbarn N am 21.03. per Zustellungsurkunde zugestellt werden. Da N an diesem Tag abwesend war, hat der Postzusteller das Schreiben unter Beachtung aller Förmlichkeiten in den Briefkasten des N eingeworfen. N hat am 20.04. Widerspruch erhoben, mit dem er geltend macht, durch die Anlage würden schädliche Umwelteinwirkungen hervorgerufen. Das an die Widerspruchsbehörde adressierte Widerspruchsschreiben ist dort erst am Donnerstag, dem 27.04. eingegangen, da N eine falsche Anschrift angegeben hatte. Obwohl das behördliche Anschreiben an N eine ordnungsgemäße Rechtsbehelfsbelehrung enthielt, überlegt die Widerspruchsbehörde, ob sie den Widerspruch sachlich bescheiden soll.

Hinweis: Das Landeszustellungsgesetz verweist auf die Vorschriften des VwZG. Von der Ermächtigung des § 68 Abs. 1 S. 2 VwGO ist kein Gebrauch gemacht worden.

---

871   Eine sachliche Bescheidung muss erfolgen, wenn der **Widerspruch zulässig** ist.

    I. Es handelt sich um eine **verwaltungsrechtliche Streitigkeit** i.S.d. § 40 Abs. 1 S. 1 VwGO auf dem Gebiet des öffentlichen Baurechts.

    II. Der Widerspruch ist als **Anfechtungswiderspruch** gemäß § 68 Abs. 1 S. 1 VwGO gegen die immissionsschutzrechtliche Genehmigung als VA i.S.d. § 35 VwVfG statthaft.

    III. Die **Widerspruchsbefugnis** (§ 42 Abs. 2 VwGO analog) folgt daraus, dass N geltend machen kann, dass die Genehmigung gegen die nachbarschützende Vorschrift des § 5 Abs. 1 Nr. 1 BImSchG verstößt.

872   IV. Fraglich ist, ob N die **Widerspruchsfrist** von einem Monat nach Bekanntgabe der Genehmigung (§ 70 Abs. 1 VwGO) eingehalten hat.

        1. Die Bekanntgabe erfolgte hier durch **förmliche Zustellung** per Zustellungsurkunde (§ 41 Abs. 5 VwVfG, § 3 VwZG) durch Einlegen der Sendung in den Briefkasten (§ 3 Abs. 2 VwZG i.V.m. § 180 S. 2 ZPO). Damit wurde die Widerspruchsfrist am 21.03. in Lauf gesetzt.

        2. Die **Widerspruchsfrist** beträgt gemäß § 70 Abs. 1 S. 1 VwGO einen Monat nach Bekanntgabe. Die Jahresfrist des § 58 Abs. 2 VwGO ist nicht einschlägig, da das Anschreiben an N eine ordnungsgemäße Rechtsbehelfsbelehrung enthielt.[1157] Die Frist endete gemäß § 188 Abs. 2 BGB mit Ablauf des 21.04., wobei dahinstehen kann, ob § 188 Abs. 2 BGB über § 57 Abs. 2 VwGO i.V.m. § 222 Abs. 1 ZPO oder gemäß § 79 VwVfG i.V.m. § 31 Abs. 1 VwVfG anzuwenden ist (s.o. Rn. 865).

        Erhoben ist der Widerspruch erst, wenn er der Behörde zugegangen, d.h. in ihren Herrschaftsbereich gelangt ist (z.B. durch Einwurf in den Hausbriefkasten). Der am 27.04. bei der Widerspruchsbehörde (§ 70 Abs. 1 S. 2 VwGO) eingegangene **Widerspruch** war somit **verfristet**.

1157 Zur Rechtsbehelfsbelehrung beim VA mit Drittwirkung vgl. oben Rn. 518 ff.

254

Das Gutachten im Widerspruchsverfahren · **2. Abschnitt**

3. Eine **Wiedereinsetzung in den vorigen Stand** (§§ 70 Abs. 2, 60 VwGO) scheidet aus, da die Angabe einer falschen Anschrift als schuldhaft anzusehen ist.[1158]

4. Allerdings geht die **Rspr.** davon aus, dass beim **Adressatenwiderspruch**, der (nur) das Verhältnis zwischen der Behörde und dem Bürger berührt, die Behörde die Verfristung durch sachliche Entscheidung „heilen" dürfe.[1159] Die Behörde könne sich auf die Verfristung berufen, müsse dies aber nicht tun.

873

> Die Behörde hat also grds. **Ermessen**, ob sie sich auf die Verfristung beruft oder nicht.[1160] Verkennt die Behörde ihr Ermessen, glaubt sie also zur Zurückweisung als unzulässig verpflichtet zu sein, so liegt darin ein Verfahrensfehler, der nach § 79 Abs. 2 S. 2 VwGO zur isolierten Anfechtung des Widerspruchsbescheides berechtigt.

Nach h.Lit. ändert eine solche Sachentscheidung der Widerspruchsbehörde nichts an der Unzulässigkeit der Klage. Die Regelung des § 70 VwGO stehe **nicht zur Disposition der Widerspruchsbehörde**, da sie auch der Entlastung des gerichtlichen Verfahrens diene. Wie sich aus § 70 Abs. 2 VwGO ergebe, könne die Verfristung **nur durch Wiedereinsetzung** in den vorigen Stand nach § 60 VwGO überwunden werden.[1161]

874

> Für die h.M. spricht, dass das Widerspruchsverfahren Teil des Verwaltungsverfahrens ist, in dem die Behörde Herrin des Streitstoffs bleibt und daher die Voraussetzungen für den anschließenden Verwaltungsprozess schaffen kann (sog. Domina-Theorie).[1162]

Aber auch nach der Rspr. ist eine „Heilung" dann ausgeschlossen, wenn ein **Dritter** gegen einen den Adressaten begünstigenden VA verfristet Widerspruch erhoben hat. Dies folgt daraus, dass durch die nach Fristablauf eingetretene **Bestandskraft** des VA dem Begünstigten eine **gesicherte Rechtsposition** vermittelt wird. Dieses Recht darf dem Adressaten nur dann entzogen werden, wenn hierfür eine besondere Ermächtigungsgrundlage besteht, die in den §§ 68 ff. VwGO nicht enthalten ist.[1163] Eine „Heilung" der Verfristung scheidet daher beim Drittwiderspruch des Nachbarn aus. Die Widerspruchsbehörde muss den Widerspruch des Ṅ als **unzulässig** zurückweisen.

875

> **Gegenbeispiel:** Bei einem verfristeten Widerspruch des **Bauherrn** gegen die Ablehnung seines Bauantrags darf die Widerspruchsbehörde auch dann in der Sache entscheiden, wenn dadurch Rechte des Nachbarn berührt werden. Denn der Bauherr könnte jederzeit einen neuen Bauantrag stellen, der dann sachlich zu bescheiden wäre, selbst wenn der alte Versagungsbescheid bestandskräftig ist.[1164]

1158 BVerwG NJW 1990, 1747; Kintz JuS 1997, 1115, 1123 m.w.N.; vgl. auch BVerwG NJW 1998, 398; VGH Kassel NJW 2001, 3722 (Verwendung einer falschen Faxnummer).

1159 BVerwG DVBl. 1972, 423, 424; OVG NRW NJOZ 2007, 797; VGH Mannheim NVwZ-RR 2002, 6; VG Neustadt RÜ 2009, 741, 744; Kintz JuS 1997, 1115, 1122; Pagel Jura 2008, 66, 69; Frenz JA 2011, 433, 440.

1160 VGH BW NVwZ 1982, 316; einschränkend VGH BW VBlBW 2016, 205 (nicht im Kommunalabgabenrecht).

1161 Pietzner/Ronellenfitsch Rn. 1257 ff.; Dolde/Porsch in Schoch VwGO § 70 Rn. 40; Ehlers Jura 2004, 30, 33; Geis/Hinterseh JuS 2001, 1074, 1076; Schoch Jura 2003, 752, 755 f.; Kopp/Schenke VwGO § 70 Rn. 9 m.w.N.

1162 So die Begrifflichkeit bei Pietzner/Ronellenfitsch Rn. 544 u. 1254, der selbst a.A. ist.

1163 BVerwG, Beschl. v. 11.03.2010 – BVerwG 7 B 36.09, RÜ 2010, 387, 390; OVG NRW, Beschl. v. 04.12.2006 – 7 A 568/06, NJOZ 2007, 797; VGH BW VBlBW 2016, 205 Pietzner/Ronellenfitsch Rn. 1255; Frenz JA 2011, 433, 440.

1164 OVG NRW, Beschl. v. 04.12.2006 – 7 A 568/06, NJOZ 2007, 797.

B. Die Begründetheit des Widerspruchs

I. Prüfungsmaßstab und Prüfungsumfang

876 Die Widerspruchsbehörde prüft gemäß § 68 Abs. 1 S. 1 VwGO die **Rechtmäßigkeit** und **Zweckmäßigkeit** des angefochtenen VA. Die Zweckmäßigkeitsprüfung kommt allerdings nur bei **Ermessensentscheidungen** in Betracht. Begründet ist der Widerspruch – wie die Klage – nur bei Erfüllung objektiver **und** subjektiver Voraussetzungen; d.h. der Widerspruch ist begründet,

- wenn der angefochtene VA (oder die Ablehnung des beantragten VA) **rechtswidrig** ist **und** der Widerspruchsführer dadurch in seinen **Rechten verletzt** wird (analog § 113 Abs. 1 S. 1, § 113 Abs. 5 S. 1 VwGO) oder

- wenn der VA **unzweckmäßig** ist **und** die Ermessensnorm zumindest auch den **Interessen** des Widerspruchsführers zu dienen bestimmt ist.[1165]

   Verfolgt die Ermessensnorm dagegen ausschließlich die Interessen der Allgemeinheit, so kann der Widerspruch aus Zweckmäßigkeitsgesichtspunkten nicht begründet sein.

877 Die **Widerspruchsbehörde** hat hierbei grds. eine **umfassende Kontrollbefugnis**. Eine Bindung an die Rechtsauffassung und die tatsächlichen Feststellungen der Ausgangsbehörde besteht nicht, sodass die Widerspruchsbehörde die Ausgangsentscheidung auch mit abweichenden Erwägungen bestätigen kann[1166], d.h.:

878 - Bei einem **Ermessens-VA** ist die Widerspruchsbehörde nicht nach § 114 S. 1 VwGO auf die Prüfung von Ermessensfehlern beschränkt, sie muss vielmehr eine **eigene Ermessensentscheidung** treffen.

   Ein Verpflichtungswiderspruch ist begründet, wenn der Widerspruchsführer einen Anspruch auf Erlass des begehrten VA hat oder die Widerspruchsbehörde das ihr zustehende Ermessen in der Weise ausübt, den begehrten Ermessens-VA zu erlassen. Die Spruchreife – wie sie im verwaltungsgerichtlichen Verfahren erforderlich ist (§ 113 Abs. 5 S. 1 VwGO) – ist im Widerspruchsverfahren stets gegeben, da die Widerspruchsbehörde aufgrund des Devolutiveffekts das Ermessen selbst ausüben muss.

879 - Bei VAen mit **Beurteilungsspielraum** muss die Widerspruchsbehörde ihre **eigene Beurteilung** an die Stelle der der Ausgangsbehörde setzen.

   Etwas anderes gilt, wenn die Bewertung auf einer einmaligen, nicht wiederholbaren Prüfungssituation beruht (Prüfungsgespräch). Hier kann die Widerspruchsbehörde mangels eigener Kenntnis die Entscheidung nur beschränkt auf Beurteilungsfehler überprüfen.[1167]

880 - Die einschränkenden Grundsätze über das **Nachschieben von Gründen** im Prozess (s.o. Rn. 577 ff.) gelten im Widerspruchsverfahren nicht.[1168]

   Beispiel: Die Widerspruchsbehörde ist befugt, die Rechtsgrundlage für eine Verfügung auszuwechseln und erstmals Ermessenserwägungen anzustellen.[1169]

1165 Pietzner/Ronellenfitsch Rn. 1187; Geis/Hinterseh JuS 2002, 34, 39; Brühl JuS 1994, 154, 158 m.w.N.; gegen eine selbstständige Bedeutung der Zweckmäßigkeit Klüsener NVwZ 2002, 816 ff.

1166 BVerwG, Beschl. v. 26.04.2011 – BVerwG 7 B 34.11; Pietzner/Ronellenfitsch Rn. 1211 m.w.N.

1167 Pietzner/Ronellenfitsch Rn. 1215.

1168 Pietzner/Ronellenfitsch Rn. 1212.

1169 OVG Lüneburg NVwZ 2005, 236, 237.

> Das Gutachten im Widerspruchsverfahren **2. Abschnitt**

II. Entscheidung der Widerspruchsbehörde

■ Ist der angefochtene VA **rechtswidrig**, so ist dem Widerspruch stattzugeben, wenn   **881**
der Widerspruchsführer dadurch **in seinen Rechten verletzt** ist.

Zu beachten ist, dass bei Rechtswidrigkeit aufgrund von Form- oder Verfahrensfehlern der Widerspruch wegen dieser Fehler nur begründet ist, wenn keine **Heilung** nach § 45 VwVfG erfolgt. Ist eine Heilung nach § 45 VwVfG nicht eingetreten oder nicht möglich, so kann der formelle Fehler nach § 46 VwVfG unbeachtlich sein. Liegen die Voraussetzungen des § 46 VwVfG vor, so **muss** der Widerspruch als unbegründet zurückgewiesen werden.[1170]

■ Ist der VA zwar objektiv rechtswidrig, ist der Widerspruchsführer aber **nicht in seinen**   **882**
Rechten verletzt, so ist der Widerspruch unbegründet. Bedeutung hat dies vor allem
bei **Drittwidersprüchen**. Da der Dritte keinen allgemeinen Gesetzesvollziehungsanspruch hat, ist der angefochtene VA nur auf die Verletzung **drittschützender Vor-**
schriften hin zu überprüfen.[1171]

Beispiel: Nachbar N wendet sich gegen die dem Bauherrn B erteilte Baugenehmigung. Die Widerspruchsbehörde stellt fest, dass nachbarschützende Vorschriften nicht verletzt sind, das Bauvorhaben aber gegen die Gestaltungssatzung der Gemeinde verstößt. Der Widerspruch ist unbegründet, weil N durch die Verletzung der allein im öffentlichen Interesse stehenden Gestaltungsvorschriften nicht in seinen subjektiven Rechten betroffen wird. Eine Aufhebung durch die Widerspruchsbehörde ist deshalb unzulässig. Allerdings kann die Ausgangsbehörde in diesen Fällen den (objektiv rechtswidrigen) VA **außerhalb des Widerspruchsverfahrens** nach § 48 VwVfG zurücknehmen.

■ Ist der VA **rechtmäßig** und handelt es sich um einen gebundenen VA, so ist der   **883**
Widerspruch unbegründet und zurückzuweisen. Bei einem **Ermessens-VA** kann der
Widerspruch, selbst wenn der VA rechtmäßig ist, jedoch Erfolg haben, sofern die
Widerspruchsbehörde den VA für unzweckmäßig hält und die Ermessensnorm zu-
mindest auch den Interessen des Widerspruchsführers zu dienen bestimmt ist.[1172]

III. Entscheidungserheblicher Zeitpunkt

Hat sich zwischen Erlass des Ausgangs-VA und der Entscheidung über den Widerspruch   **884**
die **Sach- oder Rechtslage geändert**, so muss die Widerspruchsbehörde dies grds. berücksichtigen. Denn aus § 79 Abs. 1 Nr. 1 VwGO folgt die Einheit des vorgerichtlichen
Verwaltungsverfahrens, erst der Widerspruchsbescheid legt die verwaltungsbehördliche
Entscheidung endgültig fest.[1173] Ein **ursprünglich rechtswidriger VA** kann daher im
Widerspruchsverfahren **rechtmäßig** werden, ebenso kann ein **ursprünglich rechtmäßi-**
ger VA rechtswidrig werden.

Beispiel: Ein rechtmäßiger VA wird von der Widerspruchsbehörde mit sachwidrigen Erwägungen bestätigt. Der VA in der Gestalt des Widerspruchsbescheides wird dadurch rechtswidrig.[1174]

Eine **Ausnahme** hiervon gilt allerdings im **Baurecht** beim **Widerspruch des Nachbarn**   **885**
gegen die dem Bauherrn erteilte Baugenehmigung. Ist die Baugenehmigung dem Bauherrn ursprünglich rechtmäßigerweise erteilt worden, so darf ihm diese eigentumskräf-

---

1170 Pietzner/Ronellenfitsch Rn. 1208.
1171 BVerwG DVBl. 1996, 1315, 1317; Kopp/Schenke VwGO § 68 Rn. 9 m.w.N.
1172 Pietzner/Ronellenfitsch Rn. 1187.
1173 Pietzner/Ronellenfitsch Rn. 1209; Brühl JuS 1994, 155, 158 m.w.N.
1174 VGH Mannheim NVwZ 1990, 1085; SächsOVG NVwZ-RR 2002, 409.

257

| | 9. Teil | Das Widerspruchsverfahren |

tige Rechtsposition i.S.d. Art. 14 Abs. 1 GG nicht nach den §§ 68 ff. VwGO entzogen werden. Deshalb darf die Behörde nachträgliche Änderungen **zulasten des Bauherrn** bei der Widerspruchsentscheidung nicht berücksichtigen.[1175] **Zugunsten des Bauherrn** sind dagegen auch beim Nachbarwiderspruch alle Änderungen bis zum Erlass des Widerspruchsbescheides zu berücksichtigen.[1176]

Beispiel: Der Widerspruch des Nachbarn gegen die dem Bauherrn erteilte (rechtswidrige) Baugenehmigung wird unbegründet, wenn während des Widerspruchsverfahrens ein das Bauvorhaben legalisierender Bebauungsplan erlassen wird.

886 *Beachte: Im **Immissionsschutzrecht** gilt die im Baurecht entwickelte Ausnahme nach h.M. **nicht**, da dort wegen der Möglichkeit nachträglicher Anordnungen nach § 17 BImSchG keine grundrechtlich verfestigte Rechtsposition des Anlagenbetreibers entsteht. Bei immissionsschutzrechtlichen **Drittwidersprüchen** ist daher stets der Zeitpunkt des Erlasses des Widerspruchsbescheids maßgebend.[1177] Die Gegenansicht überträgt die im Baurecht entwickelten Grundsätze auch auf immissionsschutzrechtliche Genehmigungen, da allein die behördliche Befugnis nach § 17 BImSchG die Genehmigung nicht zum DauerVA mache, dessen Rechtmäßigkeit durch nachträgliche Änderungen beeinflusst werden könne.[1178]*

3. Abschnitt: Der Widerspruchsbescheid

887 Hält die Ausgangsbehörde den Widerspruch für zulässig und begründet, so hilft sie ihm ab und entscheidet über die Kosten (§ 72 VwGO, **Abhilfebescheid**). Die Ausgangsbehörde hat jedoch **keine Verwerfungskompetenz**. Hält sie den Widerspruch für unzulässig und/oder unbegründet, wird der Vorgang der **Widerspruchsbehörde** zur Entscheidung vorgelegt. Widerspruchsbehörde ist grundsätzlich die **nächsthöhere Behörde** (§ 73 Abs. 1 S. 2 Nr. 1 VwGO).

888 ■ Nach § 73 Abs. 1 S. 2 Nr. 2 VwGO entscheidet die **Ausgangsbehörde** selbst über den Widerspruch, wenn die nächsthöhere Behörde eine oberste Bundes- oder Landesbehörde ist (insbes. Ministerium). Ober- bzw. Mittelbehörden, z.B. die Bezirksregierung, sind daher i.d.R. selbst Widerspruchsbehörde.

Eine **wichtige Ausnahme** von § 73 Abs. 1 S. 2 VwGO regelt § 126 Abs. 3 S. 1 BBG bzw. § 54 Abs. 3 S. 1 BeamtStG. Danach entscheidet über Widersprüche im Beamtenrecht grds. die oberste Dienstbehörde, also i.d.R. das jeweilige Ministerium. Allerdings kann das Ministerium in Fällen, in denen es den VA nicht selbst erlassen hat, die Entscheidungszuständigkeit auf nachgeordnete Behörden übertragen (§ 126 Abs. 3 S. 2 BBG, § 54 Abs. 3 S. 2 BeamtStG). Aufgrund der vielfältigen DelegationsVOen ist in der Praxis zumeist die Mittelbehörde zuständig.[1179]

Nach § 185 Abs. 2 VwGO können die Länder ohne Mittelinstanz abweichend von § 73 Abs. 1 S. 2 Nr. 2 VwGO bestimmen, dass die **oberste Landesbehörde** Widerspruchsbehörde ist.

1175 BVerwG DVBl. 1978, 614, 615; OVG Saarlouis, Urt. v. 27.05.2014 – 2 A 2/14, BeckRS 2014, 52334; Pietzner/Ronellenfitsch Rn. 1210; a.A. Hufen § 7 Rn. 12 unter Hinweis auf § 50 VwVfG: Bestandsschutz für den Bauherrn bestehe erst nach Unanfechtbarkeit der Genehmigung.

1176 BVerwG NVwZ 1986, 205, 206; Pietzner/Ronellenfitsch Rn. 1210; abweichend OVG NRW NWVBl. 1999, 90, 91: bis zur gerichtlichen Entscheidung.

1177 BVerwGE 65, 313, 315; VGH BW RÜ 2012, 739, 743; NVwZ-RR 2015, 18, 19; VBlBW 2018, 335, 336; OVG MV DVBl. 2016, 1472, 1473; OVG Nds. BauR 2017, 1172, 1175; Jarass BImSchG § 6 Rn. 81 und oben Rn. 592.

1178 OVG NRW, Urt. v. 10.11.2015 – 8 A 1031/15, BeckRS 2015, 55496; OVG LSA, Urt. v. 24.03.2015– 2 L 184/10, BeckRS 2015, 51143; in einem Sonderfall auch OVG Bln-BBg, Urt. v. 16.11.2017 – 11 B 6.15, BeckRS 2017, 133559.

1179 Pietzner/Ronellenfitsch Rn. 1178.

■ In Selbstverwaltungsangelegenheiten erlässt nach § 73 Abs. 1 S. 2 Nr. 3 VwGO die **889** **Selbstverwaltungsbehörde** selbst den Widerspruchsbescheid, soweit nicht durch Gesetz anderes bestimmt wird.

Eine andere als die Selbstverwaltungsbehörde entscheidet z.B. nach Art. 119 Nr. 1 BayGO, § 17 Abs. 1 AGVwGO BW, § 6 Abs. 1 AGVwGO RP, § 8 Abs. 1 Saarl AGVwGO, § 10 Abs. 1 Nr. 1 ThürAGVwGO. In diesen Fällen ist die Widerspruchsbehörde wegen Art. 28 Abs. 2 GG auf eine Rechtmäßigkeitskontrolle beschränkt.

■ Nach § 73 Abs. 1 S. 3 VwGO kann durch Gesetz bestimmt werden, dass die **Aus-** **890** **gangsbehörde auch Widerspruchsbehörde** ist.

So z.B. § 16 a Abs. 4 HessAGVwGO, wenn die nächsthöhere Behörde das Regierungspräsidium ist und generell § 111 S. 1 JustG NRW, soweit ein Vorverfahren nach § 110 JustG NRW durchzuführen ist (vgl. aber die Ausnahme im Schulrecht nach § 111 S. 2 JustG NRW).[1180]

■ Nach § 73 Abs. 2 VwGO kann bestimmt werden, dass den Widerspruchsbescheid nicht **891** die nächsthöhere Behörde, sondern ein **Widerspruchsausschuss** erlässt.

So z.B. die Widerspruchsausschüsse nach § 7 Abs. 2 Hmb AGVwGO und die Stadt- und Kreisrechtsausschüsse nach § 6 AGVwGO RP, § 7 Saarl AGVwGO.

Der Widerspruchsbescheid (§ 73 VwGO) hat eine **doppelte Funktion**: Zum einen schließt **892** er als **verfahrensbeendende Entscheidung** das Widerspruchsverfahren ab. Zum anderen enthält er eine **Sachentscheidung** über den Gegenstand des Ausgangsbescheides. Der Widerspruchsbescheid bestätigt oder ändert diese Regelung. Modifiziert der Widerspruchsbescheid den Ausgangsbescheid, bilden beide Bescheide zusammen eine **einheitliche Sachentscheidung** (vgl. § 79 Abs. 1 Nr. 1 VwGO).

Fall 30: Die reformatio in peius

A besitzt in der am Rande der Großstadt S im Land L gelegenen und im Bebauungsplan ausgewiesenen Kleingartenanlage „Friedlicher Nachbar" einen Garten. Dort stand ursprünglich das in solchen Kleingärten übliche einfache Gartenhäuschen mit einer Grundfläche von 20 qm. Ohne Baugenehmigung errichtete A an dessen Stelle einen modernen unterkellerten Bungalow mit einer Grundfläche von 96 qm. Den Garten wandelte er in eine Rasenfläche um. Durch Verfügung des Bauamtes der kreisfreien Stadt S wurde dem A daraufhin aufgegeben, einen näher bezeichneten Teil des Bungalows abzubrechen, sodass dieser nur noch eine Grundfläche von 50 qm in Anspruch nimmt. Auf den Widerspruch des A erließ die Bezirksregierung nach erneuter Anhörung des A einen Widerspruchsbescheid, durch den der Widerspruch zurückgewiesen, die vollständige Beseitigung des Bungalows sowie die Rückumwandlung der Außenanlage in einen Kleingarten angeordnet wurde. Zur Begründung verwies die Bezirksregierung darauf, dass der gesamte Baukörper in einer Kleingartenanlage schlechthin unzulässig sei. Wie ist über die von A gegen die Verfügung und gegen den Widerspruchsbescheid gerichtete Klage zu entscheiden?

Hinweise: Im Land L ist von der Ermächtigung in § 68 Abs. 1 S. 2 VwGO kein Gebrauch gemacht worden. Die Bezirksregierung ist Aufsichtsbehörde über die kreisfreie Stadt S als untere Bauaufsichtsbehörde und hat eine eigene Zuständigkeit zum Erlass von Verfügungen nur bei Gefahr im Verzug. Ferner ist landesgesetzlich bestimmt, dass in bauaufsichtlichen Angelegenheiten die Aufsichtsbehörde über den Widerspruch entscheidet. Die Klagefrist ist gewahrt.

1180 Bedenken gegen die Regelung in § 111 JustG NRW bei Eyermann/Rennert VwGO § 73 Rn. 6a.

| 9. Teil | Das Widerspruchsverfahren |

A. Zulässigkeit der Klage

893 I. Der **Verwaltungsrechtsweg** ist gemäß § 40 Abs. 1 S. 1 VwGO eröffnet, da es sich um eine nichtverfassungsrechtliche Streitigkeit auf dem Gebiet des öffentlichen Baurechts handelt, die keinem anderen Gericht ausdrücklich zugewiesen ist.

II. Statthafte Klageart ist die **Anfechtungsklage** (§ 42 Abs. 1 Fall 1 VwGO) gegen die Abrissverfügung und gegen das Rückumwandlungsgebot als belastende Verwaltungsakte i.S.d. § 35 S. 1 VwVfG

894 1. **Klagegegenstand** ist nach § 79 Abs. 1 Nr. 1 VwGO der ursprüngliche VA in der Gestalt, die er durch den Widerspruchsbescheid gefunden hat. Nach § 79 Abs. 2 S. 1 VwGO kann der **Widerspruchsbescheid** auch alleiniger Gegenstand der Anfechtungsklage sein, soweit er eine zusätzliche selbstständige Beschwer enthält. Der Betroffene hat insoweit ein Wahlrecht („kann"), er kann sich entweder auf die isolierte Anfechtung des Widerspruchsbescheides beschränken oder AusgangsVA und Widerspruchsbescheid zusammen anfechten. A wendet sich hier gegen den Ausgangsbescheid und den Widerspruchsbescheid, sodass eine **einheitliche Anfechtung** nach § 79 Abs. 1 Nr. 1 VwGO vorliegt.

895 2. Von einer **Gestaltsänderung** i.S.d. § 79 Abs. 1 Nr. 1 VwGO kann indes nur bezüglich der Regelung des **angefochtenen VA** (Abrissverfügung) gesprochen werden. Regelt die Widerspruchsbehörde etwas Neues (wie hier die Rückumwandlung), so gibt sie dem ursprünglichen Bescheid keine andere Gestalt, sondern erlässt einen neuen VA. Dessen Regelung kann dann nur durch Klage gegen den Widerspruchsbescheid nach § 79 Abs. 2 S. 1 VwGO aus der Welt geschaffen werden.[1181]

In Bezug auf den (vollständigen) Abriss handelt es sich daher um eine Klage gegen den Ausgangsbescheid in der Gestalt des Widerspruchsbescheides nach § 79 Abs. 1 Nr. 1 VwGO. Gegen das Rückumwandlungsgebot als zusätzliche selbstständige Regelung liegt eine Klage isoliert gegen den Widerspruchsbescheid nach § 79 Abs. 2 S. 1 VwGO vor.

896 III. A ist als **Adressat** der angefochtenen Verwaltungsakte **klagebefugt** (§ 42 Abs. 2 VwGO), da er geltend machen kann, in seinem Grundrecht aus Art. 14 Abs. 1 GG verletzt zu sein.

897 IV. Das **Vorverfahren** ist bezüglich des AusgangsVA ordnungsgemäß durchgeführt worden. Bezüglich der zusätzlichen Belastungen durch den Widerspruchsbescheid entfällt ein erneutes Vorverfahren gemäß § 68 Abs. 1 S. 2 Nr. 2 VwGO. Als erstmalige Beschwer ist unter Berücksichtigung des § 79 Abs. 2 VwGO auch jede zusätzliche selbstständige Beschwer anzusehen.[1182]

V. Die **Klagefrist** des § 74 Abs. 1 S. 1 VwGO ist gewahrt.

898 VI. **Klagegegner** ist bzgl. der **Abrissverfügung** gemäß § 78 Abs. 1 Nr. 1 VwGO die Stadt S oder, soweit der Landesgesetzgeber von der Ermächtigung nach Nr. 2 Gebrauch gemacht hat, die Baubehörde.

1181 Schoch/Pietzcker VwGO § 79 Rn. 4; Bader/Funke-Kaiser VwGO § 79 Rn. 14; Eyermann/Happ VwGO § 79 Rn. 10.
1182 Kopp/Schenke VwGO § 68 Rn. 20; Czybulka/Biermann JuS 2000, 353, 356; Schaks JuS 2014, 149, 154.

260

Der Widerspruchsbescheid | **3. Abschnitt**

Dies gilt sowohl für den Ausgangsbescheid als auch für die Änderung im Widerspruchsbescheid. Die Widerspruchsbehörde ist nach § 79 Abs. 2 S. 3 i.V.m. § 78 Abs. 2 VwGO nur dann richtiger Klagegegner, soweit der Widerspruchsbescheid **alleiniger** Klagegegenstand ist.[1183]

Die Klage gegen das **Rückumwandlungsgebot** richtet sich dagegen gemäß § 79 Abs. 2 S. 3, § 78 Abs. 2 VwGO gegen die Widerspruchsbehörde bzw. deren Rechtsträger. Daraus folgt, dass eine **objektive Klagehäufung** gegen Abrissverfügung und Rückumwandlungsgebot gemäß § 44 VwGO unzulässig ist, da sich die Klagen nicht gegen denselben Beklagten richten. Folglich sind die Verfahren nach § 93 VwGO zu trennen. Jede Klage für sich ist damit zulässig.

899

Etwas anderes gilt, wenn Ausgangs- und Widerspruchsbehörde bzw. deren Rechtsträger identisch sind und damit derselbe Beklagte betroffen ist.[1184]

B. **Begründetheit** der Klage gegen die **Abrissverfügung**

Die Klage ist begründet, soweit die Abrissverfügung in der Gestalt des Widerspruchsbescheides rechtswidrig und der Kläger dadurch in seinen Rechten verletzt ist (§ 113 Abs. 1 S. 1 VwGO).

900

Rechtsgrundlage für die Abrissverfügung ist die Vorschrift der LBauO zum Einschreiten bei baurechtswidrigen Zuständen.

I. **Formelle Rechtmäßigkeit**

1. Soweit die Verfügung von der Stadt S erlassen wurde (Teilabriss), ist diese als **untere Bauaufsichtsbehörde** zuständig.

901

2. Den darüber hinausgehenden **vollständigen Abriss** hat erst die Bezirksregierung (BR) angeordnet.

a) Da die Entscheidung der BR in dem Widerspruchsbescheid enthalten ist, hat die BR als **Widerspruchsbehörde** gehandelt, sodass sich ihre Zuständigkeit aus § 73 VwGO ergeben könnte. Danach hat die Widerspruchsbehörde aufgrund des mit dem Widerspruch verbundenen **Devolutiveffekts** grds. eine umfassende Prüfungs- und Entscheidungskompetenz in der Sache.[1185]

902

b) Jedoch hat sich die BR nicht damit begnügt, über den Widerspruch des A zu entscheiden, sondern hat die Abrissverfügung verschärft. Es handelt sich um die Änderung einer Entscheidung im Rechtsbehelfsverfahren zum Nachteil dessen, der den Rechtsbehelf eingelegt hat (sog. **reformatio in peius** oder Verböserung). Während im gerichtlichen Verfahren aufgrund der Bindung an das Klagebegehren (§ 88 VwGO) eine Verböserung zulasten des Klägers grds. unzulässig ist, ist dies für das Widerspruchsverfahren in der VwGO nicht geregelt und umstritten.

903

aa) Nach h.M. ist eine solche **Verböserung im Widerspruchsverfahren** grds. **zulässig**. Zur Begründung wird vor allem auf die Kontrollfunktion des Widerspruchsverfahrens verwiesen. Nach § 68 VwGO habe die Wider-

904

1183 Vgl. BVerwG DVBl. 1987, 238.

1184 Vgl. Schobert JuS 2010, 239, 240; während Czybulka/Biermann JuS 2000, 353, 357 eine Klagehäufung auch dann als zulässig ansehen, wenn materiell verschiedene Beklagte betroffen sind, aber – wie hier – mehrere Verfügungen in einem Bescheid zusammengefasst sind; vgl. auch Clausing JuS 2002, 478, 481 f.

1185 OVG Saarlouis, Beschl. v. 20.10.2016 – 1 B 143/16, BeckRS 2016, 53458.

261

9. Teil Das Widerspruchsverfahren

spruchsbehörde eine **umfassende Recht- und Zweckmäßigkeitskontrolle** vorzunehmen. Abgeschlossen sei das Verwaltungsverfahren erst mit dem Erlass des Widerspruchsbescheides (§ 79 Abs. 1 Nr. 1 VwGO). Der Widerspruchsführer dürfe daher keinesfalls darauf vertrauen, dass eine Verschlechterung nicht erfolge. Eine gesicherte Rechtsposition entstehe erst mit der Bestandskraft des VA, deren Eintritt der Widerspruchsführer mit der Einlegung des Widerspruchs selbst verhindert habe.[1186]

905
bb) Demgegenüber wird in der Lit. die reformatio in peius zum Teil für **unzulässig** gehalten, da das Risiko der Verbösung den Bürger von der Einlegung von Rechtsbehelfen abhalten könnte, was zu einer faktischen Einschränkung der Rechtsschutzgarantie des Art. 19 Abs. 4 GG führe. Außerdem habe der Bundesgesetzgeber gemäß Art. 74 Abs. 1 Nr. 1 GG nur die Kompetenz, das Vorverfahren als Sachurteilsvoraussetzung der Klage zu regeln, nicht jedoch in verfahrensrechtlicher Hinsicht. Die Regelungen in §§ 48, 49 VwVfG seien für nachträgliche Änderungen des VA abschließend.[1187]

906
cc) Die beschränkte Gesetzgebungszuständigkeit des Bundes spricht jedoch nicht gegen die Zulässigkeit der reformatio in peius. Denn auch nach h.M. sind die Voraussetzungen, unter denen eine Verbösung zulässig ist, nicht in den §§ 68 ff. VwGO geregelt, sondern ergeben sich aus dem jeweils anzuwendenden Bundes- oder Landesrecht. Im Übrigen geht der Gesetzgeber z.B. in § 79 Abs. 2 S. 1 VwGO davon aus, dass der Widerspruchsbescheid eine **zusätzliche Beschwer** enthalten kann. Auch wenn die Vorschrift lediglich die prozessualen Folgen einer reformatio in peius und nicht deren materiell-rechtliche Zulässigkeit regeln, kann daraus geschlossen werden, dass der Gesetzgeber von der grundsätzlichen Zulässigkeit einer Verbösung im Widerspruchsverfahren ausgegangen ist. Sonst hätte es dieser Regelungen in der VwGO nicht bedurft.

907
3. Hält man eine Verbösung grds. für zulässig, so heißt das jedoch noch nicht, dass sie damit auch automatisch **rechtmäßig** wäre. Vielmehr sind die formellen und materiellen Rechtmäßigkeitsvoraussetzungen zu prüfen.

*Beachte: Die Frage der **Zulässigkeit** und die Frage nach der **Rechtmäßigkeit** der Verbösung sind strikt zu trennen!*

a) **Zuständigkeit**

908
aa) Die Zuständigkeit für die verbösernde Entscheidung ist unproblematisch, wenn Ausgangs- und Widerspruchsbehörde **identisch** sind. Denn die „normalen" Kompetenzen der Ausgangsbehörde werden durch das Widerspruchsverfahren nicht beschränkt.[1188]

1186 BVerwG DVBl. 1996, 1318; NJW 1988, 276, 277; DVBl. 1987, 238, 239; OVG Koblenz NVwZ-RR 2004, 723; Pietzner/Ronellenfitsch Rn. 1224; Schoch Jura 2003, 752, 759; Schoberth JuS 2010, 239, 245; Kahl/Hilbert Jura 2011, 660, 662; Stumpf JuS 2014, 57, 61; Schaks JuS 2014, 149, 155; Schaks/Friedrich JuS 2018, 954, 956.

1187 Ule/Laubinger § 46 Rn. 5; Hufen § 9 Rn. 17; v.Mutius, Widerspruchsverfahren, S. 220 ff.; Menger/Erichsen VerwArch 57 (1966), 283, 285; Klindt NWVBl. 1996, 452, 456.

1188 OVG Koblenz NVwZ 1992, 386, 387; ThürOVG LKV 2011, 92, 95; Pietzner/Ronellenfitsch Rn. 1232; abweichend OVG Koblenz NVwZ-RR 2004, 723 für Rechtsausschüsse; dazu kritisch Schröder NVwZ 2005, 1029 f.

Der Widerspruchsbescheid　3. Abschnitt

bb) Sind Ausgangs- und Widerspruchsbehörde – wie hier – **nicht identisch**, wird die Zuständigkeit zur Verbösenung uneinheitlich begründet. **909**

(1) Teilweise wird die Zuständigkeit aus dem mit dem Widerspruch verbundenen **Devolutiveffekt** abgeleitet, wodurch die Widerspruchsbehörde dieselben Befugnisse wie die Ausgangsbehörde erhalte.[1189] Dagegen spricht jedoch, dass die §§ 68, 73 VwGO nur die Zuständigkeit zur Entscheidung über den Widerspruch regeln, nicht aber für eine weitergehende Entscheidung in der Sache.[1190]

(2) Überwiegend wird die Zuständigkeit für die Verbösenung bejaht, wenn die Widerspruchsbehörde zugleich **Fachaufsichtsbehörde** ist und die Ausgangsbehörde deshalb anweisen kann, den angefochtenen VA auch zum Nachteil des Widerspruchsführers zu ändern.[1191]

(3) Die Gegenansicht verweist darauf, dass ein bloßes internes Weisungsrecht nicht genügt, da dieses der Widerspruchsbehörde im Außenverhältnis zum Bürger noch kein Entscheidungsrecht gibt. Die Widerspruchsbehörde sei nur dann für die Verbösenung zuständig, wenn die Voraussetzungen für ein **Selbsteintrittsrecht** vorlägen.[1192]

Dagegen spricht jedoch, dass die Widerspruchsbehörde ein Selbsteintrittsrecht nur benötigt, wenn sie einen **neuen VA** erlassen will. Die Verbösenung stellt jedoch lediglich eine **quantitative Änderung** oder Ergänzung eines **bereits vorhandenen VA** dar. Soweit die Widerspruchsbehörde als Aufsichtsbehörde die Ausgangsbehörde anweisen kann, den im Widerspruchsverfahren zur Überprüfung stehenden VA zum Nachteil des Widerspruchsführers zu ändern, ist nicht einzusehen, wieso ihr nicht die Befugnis zustehen sollte, die für erforderlich gehaltene Änderung selbst vorzunehmen. Die Interessen des Widerspruchsführers werden dadurch nicht berührt, da es aus seiner Sicht keinen Unterschied machen kann, von welcher Behörde und in welchem Verfahren die mit dem angefochtenen VA getroffene Regelung zu seinem Nachteil geändert wird.[1193] **910**

Vorliegend ist die BR Fachaufsichtsbehörde über die Stadt S, sodass sie für die Verbösenung als **Annex zur Fachaufsicht** zuständig war.

b) Vor der Verbösenung hat grds. nach § 71 VwGO eine **Anhörung** des Betroffenen stattzufinden. Die Vorschrift erfasst auch den Widerspruchsführer[1194] und begründet – abgesehen von atypischen Sachverhalten – eine Pflicht zur Anhörung („soll"), wenn die Aufhebung oder Änderung des VA erstmalig **911**

1189 OVG NW, Urt. v. 23.02.1984 – 4 A 1243/83; VGH Mannheim BRS 28, 327, 328.

1190 BVerwGE 51, 310, 313; ThürOVG LKV 2011, 92, 95; Wolffgang/Lee NWVBl. 2004, 439, 444; Stumpf JuS 2014, 57, 62.

1191 BVerwG DVBl. 1996, 1318; DVBl. 1987, 238, 239; DVBl. 1992, 787, 788; VGH Mannheim VBlBW 2001, 313, 314; OVG Koblenz NVwZ-RR 2004, 723; Wolffgang/Lee NWVBl. 2004, 439, 444; Stumpf JuS 2014, 57, 61 f.

1192 Kopp/Schenke VwGO § 68 Rn. 10 b; Lindner DVBl. 2009, 224, 225; Kahl/Hilbert Jura 2011, 660, 663.

1193 VGH Mannheim VBlBW 2001, 313, 314; Schoberth JuS 2010, 239, 245; Schaks/Friedrich JuS 2018, 954, 956; anders ThürOVG LKV 2011, 92, 95 bei fehlendem Weisungsrecht.

1194 Kopp/Schenke VwGO § 71 Rn. 2; Eyermann/Rennert § 71 Rn. 3; Schoch Jura 2003, 752, 759.

9. Teil — Das Widerspruchsverfahren

mit einer Beschwer verbunden ist. Dies gilt **nicht nur für neue Tatsachen**, sondern auch für die **rechtliche Neubewertung** aufgrund bekannter Tatsachen, z.B. im Rahmen einer verbösernden Entscheidung.[1195] Die danach erforderliche Anhörung ist hier ordnungsgemäß erfolgt.

II. Die Verfügung in ihrer verschärften Form (vollständiger Abriss) ist nur rechtmäßig, wenn sie durch eine **Ermächtigungsgrundlage** gedeckt ist.

912
1. Die **§§ 68 ff. VwGO** selbst scheiden als Rechtsgrundlage aus, da sie die Verbösernug weder im positiven noch im negativen Sinne regeln. Zwar geht § 79 Abs. 2 VwGO von der Möglichkeit einer „zusätzlichen selbstständigen Beschwer" aus, regelt jedoch nicht, ob und inwieweit diese zulässig ist. Ebenso sehen die §§ 68 Abs. 1 S. 1, 79 Abs. 1 Nr. 1 VwGO zwar vor, dass die Widerspruchsbehörde eine eigene (Ermessens-)Entscheidung trifft, regeln aber nicht deren Inhalt.[1196]

913
2. Teilweise wird die Verbösernug als Aufhebung des ursprünglichen VA verstanden, sodass jede reformatio in peius als **(Teil-)Rücknahme** oder Widerruf nach §§ 48, 49 VwVfG zu beurteilen ist. Das hätte zur Folge, dass sich zugunsten des Bürgers bei begünstigenden VAen insbes. der Vertrauensschutz nach §§ 48 Abs. 2–4, 49 Abs. 2 u. 3 VwVfG auswirken würde.[1197]

914
3. Dagegen spricht jedoch, dass die §§ 48, 49 VwVfG nicht für die Entscheidung über den Widerspruch selbst gelten. Ist der Widerspruch begründet, so **muss** die Behörde den VA aufheben und hat nicht das in §§ 48, 49 VwVfG vorausgesetzte Ermessen. Die Widerspruchsbehörde hat nicht die Entscheidungskompetenz der Ausgangsbehörde **nach Erlass** der angegriffenen Verfügung, sondern die **ursprüngliche Entscheidungskompetenz**, d.h. die gleiche Kompetenz, die die Ausgangsbehörde hätte, wenn sie erst im Zeitpunkt der Widerspruchsentscheidung den VA erlassen würde.[1198]

915
III. **Ermächtigungsgrundlage** für die verbösernde Entscheidung ist daher die sachliche Ermächtigungsgrundlage der Ausgangsbehörde, also hier die bauaufsichtsrechtliche Eingriffsermächtigung.

1. **Voraussetzung** für eine Abrissverfügung ist die formelle und materielle Illegalität der baulichen Anlage. Das ist im vorliegenden Fall gegeben: A hat ohne Baugenehmigung gebaut und der Bau verstößt gegen die nach § 30 BauGB für die planungsrechtliche Zulässigkeit maßgeblichen Festsetzungen des Bebauungsplans, weil in einer Kleingartenanlage feste Wohnhäuser zum dauernden Wohnen nicht erlaubt sind.

916
2. Im Rahmen des **Ermessens** könnte allerdings ein etwaiger **Vertrauensschutz** zugunsten des A zu berücksichtigen sein. Regelmäßig fehlt es in diesen Fällen

---

1195 BVerwG NVwZ 1999, 1219, 1220; Kopp/Schenke VwGO § 71 Rn. 2; Frenz JA 2011, 433, 442; Kahl/Hilbert Jura 2011, 660, 664; Stumpf JuS 2014, 57, 62.

1196 Vgl. OVG Koblenz NVwZ 1992, 386, 387; Lindner DVBl. 2009, 224, 225; Schaks JuS 2014, 149, 155; Schaks/Friedrich JuS 2018, 954, 956.

1197 Kopp/Schenke VwGO § 68 Rn. 10 b; Lindner DVBl. 2009, 224, 225; differenzierend Kahl/Hilbert Jura 2011, 660, 665.

1198 Vgl. BVerwG DVBl. 1987, 238; OVG Koblenz NVwZ 1992, 386, 387; Schoch Jura 2003, 752, 759; Dolde/Porsch in Schoch VwGO § 68 Rn. 49; unklar BVerwG DVBl. 1996, 1318.

jedoch an einem schutzwürdigen Vertrauen. Bei begünstigenden VAen hat sich der Widerspruchsführer durch Einleitung des Vorverfahrens des Schutzes selbst begeben. Dies gilt erst recht bei (nicht so) belastenden VAen, da diese grds. nicht geeignet sind, überhaupt Vertrauen zu bilden. Ein Vertrauensschutz, der der Verböserung entgegenstehen könnte, kommt nach der Rspr. nur dann in Betracht, wenn die reformatio in peius „zu untragbaren Verhältnissen für den Betroffenen führen würde".[1199]

Das könnte hier z.B. der Fall sein, wenn A dem ursprünglichen VA nachgekommen wäre, den Teilabriss durchgeführt und das Restgebäude unter Aufwendungen wieder hergerichtet hätte. Das ist jedoch nicht geschehen. Vielmehr hat A durch den Widerspruch den endgültigen Abschluss des Verwaltungsverfahrens hinausgeschoben und damit das Entstehen eines Vertrauenstatbestands verhindert.

Die Abrissverfügung in der Gestalt des Widerspruchsbescheides ist somit **rechtmäßig**, die Anfechtungsklage insoweit **unbegründet**.

C. **Begründetheit** der Klage bzgl. des **Rückumwandlungsgebots**   917

Nach Abtrennung (§ 93 VwGO) wird die Klage gegen das **Rückumwandlungsgebot** als selbstständige Anfechtungsklage gegen diesen Teil des Widerspruchsbescheides (§ 79 Abs. 2 S. 1 VwGO) fortgeführt (s.o. Rn. 899). Die Klage ist begründet, soweit das Rückumwandlungsgebot im Widerspruchsbescheid rechtswidrig in Rechte des A eingreift (§§ 113 Abs. 1 S. 1, 115 VwGO).

I. Fraglich ist schon die **Zuständigkeit** der Bezirksregierung (BR). Nach der LBauO   918
ist die Stadt S als untere Bauaufsichtsbehörde zuständig, nicht dagegen die BR. Auch aus der Stellung als Fach- oder Sonderaufsichtsbehörde lässt sich die Zuständigkeit der BR nicht begründen.

   1. Als **Aufsichtsbehörde** hat die BR lediglich Kontroll- und Weisungsbefugnisse   919
     gegenüber den nachgeordneten Behörden und ist grds. nicht zum Erlass von
     VAen gegenüber dem Bürger zuständig.

   2. Nur ausnahmsweise ist die Aufsichtsbehörde berechtigt, die Zuständigkeit der   920
     nachgeordneten Behörde gegenüber dem Bürger an sich zu ziehen, nämlich
     dann wenn die Voraussetzungen für ein **Selbsteintrittsrecht** erfüllt sind. Ein
     Selbsteintrittsrecht kann sich z.B. im Rahmen der kommunalaufsichtlichen Ersatzvornahme oder kraft besonderer gesetzlicher Regelungen ergeben. Entsprechend allgemeinen Rechtsgrundsätzen ist laut Sachverhalt ein Selbsteintrittsrecht nur bei Gefahr im Verzug gegeben.[1200] Daran fehlt es hier, da das Rückumwandlungsgebot nicht eilig ist und ebenso von der unteren Baubehörde hätte erlassen werden können. Die Fachaufsicht allein verleiht der höheren Behörde kein ungeschriebenes Selbsteintrittsrecht.[1201]

1199 Vgl. BVerwGE 67, 129, 134; DVBl. 1996, 1318; Erichsen Jura 1992, 645, 651; Pietzner/Ronellenfitsch Rn. 1228; Pietzner VerwArch 1990, 261, 268; kritisch Hufen § 9 Rn. 20; Lindner DVBl. 2009, 224, 226.

1200 Vgl. Czybulka/Biermann JuS 2000, 353, 362.

1201 VGH Mannheim DÖV 1993, 537.

265

9. Teil Das Widerspruchsverfahren

II. Die **Zuständigkeit** der BR kann sich also nur aus ihrer Stellung als Widerspruchsbehörde ergeben.

921
1. Kraft des **Devolutiveffekts** ist die Widerspruchsbehörde aber nur für die Fragen zuständig, die (Streit-)Gegenstand des Widerspruchs sind. Deshalb liegt auch eine reformatio in peius nur vor, wenn eine Regelung verschärft wird, die bereits **Gegenstand des Ausgangsbescheids** war. Erlässt die Widerspruchsbehörde dagegen **nur bei Gelegenheit** des Widerspruchsverfahrens eine neue selbständige belastende Regelung, ist dies kein Fall der reformatio in peius.[1202]

922
2. Die Zuständigkeit für eine Verböserung (s.o.) erfasst deshalb nur **quantitative Änderungen**, die in sachlich-funktionalem Zusammenhang mit dem Ausgangs-VA stehen. Nicht erfasst werden dagegen **qualitative Ergänzungen** durch Erlass selbstständiger neuer VAe. Denn diese stellen keine Entscheidung über den Widerspruch mehr dar, sodass sie von der Widerspruchsbehörde auch nicht im Widerspruchsbescheid getroffen werden können. Es handelt sich vielmehr um eine (neue) **Erst-Entscheidung**, die von der Widerspruchsbehörde **außerhalb des Widerspruchsverfahrens** nur getroffen werden kann, wenn sie hierfür allgemein zuständig ist, also entweder mit der Ausgangsbehörde identisch ist oder ein Selbsteintrittsrecht besitzt.[1203]

Keine Probleme ergeben sich daher, wenn Ausgangsbehörde und Widerspruchsbehörde identisch sind. Allerdings wird die Behörde beim Erlass neuer Verwaltungsakte nicht in ihrer Eigenschaft als Widerspruchsbehörde, sondern als Ausgangsbehörde tätig.[1204]

923
3. Da hier Ausgangs- und Widerspruchsbehörde **nicht identisch** sind, ist die Rückumwandlungsanordnung **mangels Zuständigkeit** der Widerspruchsbehörde **rechtswidrig** und verletzt A in seinem Eigentumsrecht aus Art. 14 Abs. 1 GG. Der Fehler ist auch nicht nach § 46 VwVfG unbeachtlich, da es sich nicht um einen Fall örtlicher, sondern **sachlicher Unzuständigkeit** handelt.

Die (selbstständige) Klage gegen das Rückumwandlungsgebot ist daher begründet.

Unzulässig ist z.B. auch die erstmalige Androhung eines Zwangsgeldes bei Zurückweisung des Widerspruchs gegen den Ausgangsbescheid,[1205] der Erlass einer Abbruchverfügung durch die Widerspruchsbehörde nach Aufhebung der vom Nachbarn angefochtenen Baugenehmigung[1206] und die Ausweisung eines Ausländers durch die Widerspruchsbehörde nach Ablehnung der Aufenthaltserlaubnis.[1207]

1202 Vgl. Kluckert JuS 2017, 610, 616; Schaks/Friedrich JuS 2018, 954, 956.
1203 Pietzner/Ronellenfitsch Rn. 1230; Frenz JA 2011, 433, 442; Kahl/Hilbert Jura 2011, 660, 660 f.; Kluckert JuS 2017, 610, 616; Schaks/Friedrich JuS 2018, 954, 956.
1204 Kluckert JuS 2017, 610, 616.
1205 BayVGH DÖV 1982, 83.
1206 VGH Mannheim BRS 28 Nr. 124.
1207 OVG Berlin NJW 1977, 1166, 1167.

Zusammenfassende Übersicht **3. Abschnitt**

WIDERSPRUCHSVERFAHREN

- Rechtsschutz des Bürgers
- Selbstkontrolle der Verwaltung
- Entlastung der Gerichte

A. Zulässigkeit

I. Vorliegen einer **verwaltungsrechtlichen Streitigkeit**
Spezialzuweisung (z.B. § 54 Abs. 1 BeamtStG) oder § 40 Abs. 1 S. 1 VwGO analog

II. Statthaftigkeit des Widerspruchs

1. wenn **Sachurteilsvoraussetzung** für spätere Klage
a) § 68 VwGO: Anfechtungs- und Verpflichtungswiderspruch
b) § 126 Abs. 2 BBG, § 54 Abs. 2 BeamtStG: Leistungs- und Feststellungswiderspruch

2. kein Ausschluss des Widerspruchsverfahrens, § 68 Abs. 1 S. 2 VwGO
a) kraft gesetzlicher Vorschrift (insbes. §§ 74, 70 VwVfG, AGVwGO, JustizG)
b) VA von oberster Bundes-/Landesbehörde (Ausn. z.B. § 54 Abs. 2 S. 2 BeamtStG)
c) erstmalige Beschwer durch Abhilfebescheid oder Widerspruchsbescheid
d) nach Erledigung kein Fortsetzungsfeststellungswiderspruch (str.)

III. Widerspruchsbefugnis, § 42 Abs. 2 VwGO analog
Geltendmachung einer **Rechtsverletzung** oder **Interessenbeeinträchtigung**
(bei möglicher Zweckwidrigkeit)

IV. Form, § 70 Abs. 1 S. 1 VwGO: schriftlich oder zur Niederschrift der Behörde

V. Frist, § 70 Abs. 1 S. 1 VwGO

- 1 Monat nach Bekanntgabe;
bei fehlender/unrichtiger Rechtsbehelfsbelehrung: 1 Jahr (§ 58 Abs. 2 VwGO)

- bei fehlender Bekanntgabe: keine Frist, aber **Verwirkung** denkbar
(i.d.R. Rechtsgedanke des § 58 Abs. 2 VwGO: 1 Jahr ab [möglicher] Kenntnis)

- beim Adressatenwiderspruch (**nicht** beim Drittwiderspruch) Heilung der Verfristung durch sachliche Entscheidung möglich (str.)

VI. Widerspruchsinteresse (Rechtsschutzbedürfnis) u.a.

B. Begründetheit

- VA **rechtswidrig** und **Rechtsverletzung** beim Widerspruchsführer
(analog § 113 Abs. 1 S. 1, Abs. 5 S. 1 VwGO) oder

- VA **unzweckmäßig** und **Interessenbeeinträchtigung** beim Widerspruchsführer

I. grds. **unbeschränkte Kontrollbefugnis**

- eigene Ermessensentscheidung
- eigener Beurteilungsspielraum
- Nachschieben von Gründen uneingeschränkt zulässig

II. Heilung von Form- und Verfahrensfehlern möglich (§ 45 VwVfG)

III. reformatio in peius

- nach h.M. **zulässig:**
Selbstkontrolle der Verwaltung, arg.e. § 79 Abs. 1 Nr. 1 u. Abs. 2 VwGO

- **Zuständigkeit:** bei Identität mit Ausgangsbehörde, Spezialvorschrift oder Annex zur Fach-/Sonderaufsicht

- **Rechtsgrundlage:** Spezialregeln, im Übrigen sachliche Ermächtigungsgrundlage der Ausgangsbehörde (str., a.A. §§ 48, 49 VwVfG); zulässig aber nur **quantitative** Änderung des AusgangsVA, keine neuen VAe (letzteres nur außerhalb des Widerspruchsverfahrens)

267

Stichwortverzeichnis

Die Zahlen verweisen auf die Randnummern.

Abänderungsverfahren nach
§ 80 Abs. 7 VwGO .... 725 ff.
Abhilfebescheid 131, 478, 887
Ablehnungsaufbau 195
Abrissverfügung 893
Abstrakte Normenkontrolle ....118, 399 ff.
   Begründetheit .... 413 ff.
   Zulässigkeit .... 401 ff.
Abwehr einer Belastung 45
Adressat 158
Adressatentheorie .... 135, 443 ff., 476
Adressatenwiderspruch 873, 923
Alimentationsprinzip 271, 646
Allgemeine Feststellungs-
   klage .... 289 ff., 341 ff., 368
Allgemeine Leistungsklage ....116, 244 ff.
   Begründet .... 260 ff.
   Klagefrist ....253 ff., 269
   Klagegegner ....256 f.
   Statthaftigkeit ....247 ff., 265
   Vorverfahren 252, 268
Allgemeine Sachentscheidungs-
   voraussetzungen .... 535 ff.
Allgemeines Rechtsschutzbedürfnis .... 553 ff.
Allgemeinverfügung 444
Anfechtung
   einheitliche 894
Anfechtungsklage ....113, 122 ff.
   Adressaten 123
   aufschiebende Wirkung .... 622 ff.
   Begründetheit .... 167 ff.
   Beurteilungszeitpunkt .... 590 ff.
   Klagebefugnis .... 135 f., 162
   Verhältnis zur Verpflichtungsklage ..... 216 ff.
Anfechtungswiderspruch 624, 845
Anhörungsrüge 835
Annexantrag .... 183 ff., 226 f.
Anordnung der sofortigen
   Vollziehung 655, 683, 691, 716, 757
Anordnungsanspruch 795, 800, 805
Anordnungsgrund 796, 798, 801
Anspruch auf behördliches Einschreiten 778
Anspruchsaufbau 196
Anspruchsgrundlage 58
Antrag nach § 123 VwGO 780
Anträge nach § 80 Abs. 5 VwGO 722

Aufdrängende Spezialzuweisungen .... 29 ff.
Aufhebung der Vollziehung 722
Aufhebung eines VA 123
Auflage 44, 50
Aufopferung 87
Aufschiebende Wirkung... 619, 622 ff., 735, 756
   Ausschluss ....647 ff.
   Feststellung 765
   Missachtung ....764 ff.
   Voraussetzungen ....632 ff.
Ausgangsbehörde 888, 890
Ausnahmegenehmigung 326
Ausnutzungsverbot 640
Ausschluss der Vollziehbarkeit .... 639 f.
Aussetzung der Vollziehung 733, 738, 773
Aussetzungsentscheidung 741
Aussetzungsinteresse .... 675, 708, 723 f.
   ....740, 754, 761
Aussetzungsverfahren nach
   § 80 Abs. 4 VwGO .... 723 f.
Aussetzungsverfahren nach
   § 80 Abs. 5 VwGO ....659 ff.
   Antragsbefugnis 668
   Antragsgegner 673, 690
   Begründetheit ....691 ff.
   Frist 672
   Interessenabwägung 677
   Prüfungsmaßstab ....659 ff.
   Rechtsschutzbedürfnis 690
   Statthaftigkeit ....688 ff.
   Zulässigkeit ....687 ff.
Auszehrungswettbewerb 468

Bauaufsichtliche Zulassung 736
Bauen ohne Baugenehmigung 774
Baurecht 460
Bauvorbescheid 736
Beamtenverhältnis .... 29 ff.
Bebauungspläne 402
Begründetheit der verwaltungs-
   gerichtlichen Klage ....571 ff.
Begünstigung 466
Behörden 406
Beigeladene ....542 ff.
Beiladung ....545 ff.
Beklagte 542

Stichworte

Beleihung 105
Berufung .... 821, 823 ff.
Bescheidungsklage 199
Bescheidungsurteil 198
Beschlüsse 831
Beschwer 131
    zusätzliche 906
Beschwerde .... 821, 831 ff.
Bestandskraft 875
Beteiligte 73
Beteiligtenfähigkeit .... 542 ff.
Beurteilungsspielraum 879
Bewilligungsbescheid 248
Bindung der Verfassung 109
Bindungswirkung 556
Bundesbehörde 477
Bundesrecht 654

Computerfax 540

Dauerverwaltungsakt 594
Devolutiveffekt 820, 902, 909, 921
Divergenzrevision 829
Doppelfunktionale Maßnahmen 92
Doppelstellung 75
Drittanfechtungsklage .... 136, 158 f.
Drittfeststellungsklage 294
Drittrechtsbehelf 754
Drittwiderspruch 882

Effektivität des Rechtsschutzes 809
EG-Recht .... 440 ff.
Einfache Beiladung .... 545 ff.
Einheitlichkeit der Rechtsprechung 827
Einschränkungen des Rechtsschutzes .... 100 ff.
Einstweilige Anordnung nach
    § 123 VwGO .... 620, 784 ff.
    allgemeine Sachentscheidungs-
    voraussetzungen 790
    Antragsbefugnis 787
    Antragsfrist 790
    Zulässigkeit .... 784 ff.
Einstweilige Anordnung nach
    § 47 Abs. 6 VwGO 819
Entbehrlichkeit 859
Entlassungsverfügung 631
Entreicherung 645
Entscheidungserheblicher Zeitpunkt .... 884 ff.
Entscheidungskompetenz 914
Enumerationsprinzip 74

Erfolgsaussichten .... 761 f.
Erledigung nach Klageerhebung .... 339 f.
Erledigung vor Klageerhebung .... 368 ff.
Ermächtigungsgrundlage 168
Ermächtigungsgrundlage zum VA 572
Ermessen 323, 873
Ermessensakt 212
Ermessensentscheidung 582, 675, 878
Ermessensfehlerhaft 323
Ermessensreduzierung 326
Ermessensreduzierung auf Null 214, 808
Ermessens-VA 878, 883
Eröffnung d. Verwaltungsrechtsweges .... 24 ff.
Ersatzzustellung 528
Eventualklagehäufung 420
ex tunc 643
ex nunc 637

Fachaufsichtsbehörde 909
Faktischer Vollzug .... 716 ff.
Feststellungsinteresse .... 280, 353 ff., 398
Feststellungsklage .... 117, 278, 289 ff., 571
    Drittrechtsverhältnis 316
    Feststellungsinteresse 305
    Klagebefugnis 308
    Klagegegner 309
    Statthaftigkeit .... 297 ff.
    Streitgegenstand .... 292 ff.
    Subsidiarität .... 301 ff.
    vorbeugende 395
    Zulässigkeit .... 311 ff.
Feststellungswiderspruch 847
Finanzgerichte 86
Fiskalverwaltung 35
Fortsetzungsfeststellungsklage 115
    Begründetheit .... 385 f.
    Feststellungsinteresse .... 353 ff.
    Statthaftigkeit .... 338 ff.
Fortsetzungsfeststellungsklage .... 334 ff.
Fortsetzungsfeststellungswiderspruch 856
Frist 484
Fristende 527
Fristenkontrolle 533

Gefahrenabwehr 92
Genehmigung 218
Generalklausel .... 7, 28, 33 ff.
Gerichtsbarkeit 6
Gesetzesvollziehungsanspruch 425
Gesicherte Rechtsposition 875

270

Stichworte

Gestaltsänderung 895
Gewerbetreibender
  Unzuverlässigkeit .... 601 ff.
Gnadenentscheidungen .... 107 ff.
Grundrechtseingriff .... 358 ff.
Grundsatzrevision 829
Güterabwägung 798

Hilfsantrag 270
Hoheitliche Befugnisse 34
Hoheitliches Verwaltungshandeln 248

Immissionsschutzrecht 460
Individualinteresse 453, 459
Individualrechtsgüter 472
Individualschutz 464
Inhaltsbestimmungen .... 219 ff.
Innerkirchliche Streitigkeiten .... 103 ff.
Interessenabwägung .... 677 ff., 708, 798,
.... 801, 806
Inzidentkontrolle 298

Jahresfrist 563
Justizbehörde 91
Justizverwaltungsakte ....89 ff.

Klagearten .... 112 ff., 424 ff.
Klagebefugnis 280, 372
  Fallgruppen .... 443 ff.
Klageerhebung .... 538 ff.
Klagefrist .... 204, 496 ff., 507
Klagegegner 205, 380
Klagehäufung .... 417 ff.
  kumulative 422
  subjektive 417
Kläger 542
Koalitionsvereinbarung 72
Kommunalabgaben 160
Konkurrentenverdrängungsklage .... 231 ff.
Kontrollbefugnis 877
Kosten 649

Landesbehörde 477
Leistungsanspruch 52
Leistungsbescheid
  Aufrechnung 641
Leistungsklage 571
  allgemeine .... 244 ff.
Leistungswiderspruch 847

Maßnahmen der Eingriffsverwaltung 35
Möglichkeitstheorie .... 429 f.

Nachbarstreit 733
Nachschieben von Gründen 576, 704, 880
Naturschutzrecht 433
Nebenbestimmungen ....219 ff.
Nichtigkeitsfeststellungsklage ....327 ff.
Nichtzulassungsbeschwerde 828
Normenkontrolle 274
Normenkontrollverfahren 298
Normergänzungsklage 274
Normerlassklage 272, 275
Notwendige Beiladung ....545 ff.

Öffentlich-rechtliche Streitigkeiten .... 34 ff.
Ordentliche Gerichte 82
Ordnungsgemäße Klageerhebung ....538 ff.
Organisa tionsverschulden 533
Organstreit 786
Organstreitverfahren 72, 74

Polizeivollzugsbeamten 651
Popularklagen 427
Postulationsfähigkeit 545, 552
Präjudizität 354, 363, 365
Präventives Verbot 324
Präventivkontrolle 777
Prozessfähigkeit .... 542, 550 ff.
Prozessführungsbefugnis 147
Prozessstandschaft 147
Prüfungsgespräch 879
Prüfungsmaßstab ....571 ff.

Rechtmäßigkeitskontrolle 904
Rechtsbeanstandungsverfahren 414
Rechtsbehelf 629, 822
Rechtsbehelfsbelehrung .... 514 ff., 866
Rechtsentscheidung 676, 802
Rechtsfolge 212
Rechtsfortbildung 827
Rechtsgrundlage 202
Rechtskrafterstreckung 545
Rechtskraftwirkung 363
Rechtskreis 792
Rechtsmittel der VwGO ....820 ff.
Rechtsschutz des Nachbarn ....774 ff.
Rechtsschutzbedürfnis 216, 780
  allgemeines ....553 ff.

Stichworte

Rechtsstaatsprinzip 170
Rechtsträgerprinzip 256
Rechtswidrigkeit des VA ....572 ff.
Rechtswidrigkeitsaufbau 195
reformatio in peius...........................893
   Anhörung 911
   Zuständigkeit 908
Regelungsanordnung 791, 804
Rehabilitationsbedürfnis 354, 357
Repressives Verbot 325
Revision .... 821, 827 ff.
Revisionsgründe 830
Rücknahme 913
Rücksichtnahmegebot 460
Rückumwandlungsgebot 917

Sachbescheidungsinteresse 855
Sachentscheidungsvoraussetzungen ....3 ff.
   allgemeine ....535 ff.
Satzungen ....402 f.
Schutzbereich 439
Schutznormtheorie 405, 442, 446,
   ....453, 463, 861
Selbsteintrittsrecht 920
Selbstverwaltungsbehörde 889
Sicherungsanordnung 791, 804
Sonstige Zulässigkeitsvoraussetzungen 870
Sozialgerichte 85
Sozialhilfe 85
Sperrgrundstück 434
Spezialgesetz 477
Spezialgesetzliche Zuweisungen 31
Spezialzuweisungen 7
Sprungrevision 827
Staatsverfassungsrecht 77
status quo 792
Strafverfolgung .... 92 ff.
Subsidiarität 279
Subsidiaritätsklausel 397
Subventionen 59
Suspensiveffekt 628, 635, 820

Teilanfechtung 219
Teilrücknahme 913

Untätigkeitsklage 141, 187, 203
Unterlassen 249, 390
Unterlassungsklage 249
Untersagungsverfügung
   Rechtmäßigkeit 707

Untersuchungsgrundsatz 575
Unzuverlässigkeit 707

VA
   Begriff 124
   begünstigender 188
   begünstigender mit drittbelastender
     Wirkung ....733 ff.
   belastender 689
   Ermächtigungsgrundlage 572
   formeller 127
   gebundener 212
   gestaltender 632
   nichtiger 128
   Rechtmäßigkeit 572
   Rechtswidrigkeit ....572 ff.
   Vollzug 345
VA mit Doppelwirkung ....123, 728 ff.
   vorläufiger Rechtsschutz ....728 ff.
Verbandsklage 432
Verdrängungswettbewerb 468
Verfahrensrevision 829
Verfahrensverstöße 473
Verfahrensvorschrift 131
Verfassungsorgane 77
Verfassungsrecht 77
Verfassungsrechtliche Streitigkeiten ....72 ff.
Verkehrszeichen 505, 651
Verpflichtungsbegehren 349
Verpflichtungsklage ....114, 187 ff.
   Begründetheit ....192 ff.
   Beurteilungszeitpunkt ....607 ff.
   Klagebefugnis 200
   Verhältnis zur Anfechtungsklage ....216 ff.
   Zulässigkeit 191
Verpflichtungsklage des Adressaten ......451 ff.
Verpflichtungssituationen 340
Versagungsgegenklage 187
Versäumnisurteil 21
Vertrauensschutz 916
Verwahrung 87
Verwaltungsprivatrecht 36
Verwaltungsrechtsweg ....24 ff., 57, 64, 68,
   ....74, 89, 160, 401
Verwaltungsvollstreckung 716
Verwerfungskompetenz 887
Verwerfungsmonopol 711
Verwirklichungshemmung 640
Verwirklichungsverbot 640
Verwirkung ....569 f.

Stichworte

Vollstreckungshemmung 636
Vollziehbarkeitstheorie ....639 f.
Vollziehungsanordnung
    Anhörung 694
    schriftliche Begründung 698
    Zuständigkeit 693
Vollzugshemmung 636
Vollzugsinteresse 675, 685, 708, 727,
....739, 754, 761
Vorabentscheidungsverfahren 711
Vorbeugender Rechtsschutz ....390 ff.
Vorläufiger Rechtsschutz 716
    Auswirkungen des Europarechts ....710 ff.
    Bedeutung ....616 ff.
Vorläufiger Rechtsschutz ....616 ff.
Vorläufiger Rechtsschutz nach
    § 80 VwGO ....622 ff.
Vornahme schlicht hoheitlichen
    Verwaltungshandelns 248
Vornahmeurteil 198, 215
Vorverfahren ....137 ff., 203
Vorwegnahme der Hauptsache 807
Vorwegnahmeverbot 812

Wahlrecht 69, 328
Wesensänderung 576
Widerspruch 733, 756, 862
    aufschiebende Wirkung ....622 ff.
    Befugnis ....860 f.
    Begründetheit ....876 ff.
    Form ....862 ff.
    Frist ....862 ff.
    Prüfungsmaßstab ....876 ff.

Prüfungsumfang ....876 ff.
Statthaftigkeit ....844 ff.
Zulässigkeit 843
Widerspruchsbehörde 887
Widerspruchsbescheid .... 477, 496, 507, 887 ff.
Widerspruchsverfahren..................................836 ff.
    Sinn und Zweck ....836 ff.
Widmung 503
Wiedereinsetzung 874
Wiedereinsetzung in den
    vorigen Stand ....524 ff.
Wiederholungsgefahr 356
Wirksamkeitstheorie
    eingeschränkte 638
    strenge 637

Zahlungsansprüche 248
Zeitpunkt der letzten mündlichen
    Verhandlung 593, 607
Zivilrechtsweg 37, 62
Zulässigkeit des Rechtsweges ....6 ff.
Zusicherung 208
Zuständigkeit ....536 f.
Zustellung des Widerspruchs-
    bescheides 507
Zuweisung
    abdrängende ....84 ff., 160
    aufdrängende ....84 ff.
Zweckmäßigkeitskontrolle 904
Zweigleisigkeit des vorläufigen
    Rechtsschutzes 780, 783
Zwei-Stufen-Theorie ....58 ff.
Zweistufiger Aufbau 11

273

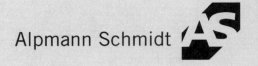

Wissen, was läuft!

blog.alpmann-schmidt.de – Der Examensreport von Alpmann Schmidt

Unser Blog bietet:

- Auswertung der vergangenen Klausuren des 1. und 2. Examens

- Exklusiv für AS-Hörer: Lösungshinweise zu den Examensklausuren

- Online-Formular zur Einsendung von Gedächtnisprotokollen der Klausuren und Anforderung unserer Hotlists mit allen heißen Tipps für kommende Examensdurchgänge

- RÜ-Hitlist: Welche zuvor in der RÜ aufbereiteten Gerichtsentscheidungen liefen tatsächlich im Examen?

Alpmann Schmidt Juristische Lehrgänge Verlagsgesellschaft mbH & Co. KG
Alter Fischmarkt 8 • 48143 Münster • Tel.: 0251-98109-26

Hier geht's lang:
blog.alpmann-schmidt.de

RÜ
RechtsprechungsÜbersicht

Ihre Examensfälle von morgen

RÜ

- Darstellung aktueller examensrelevanter Gerichtsentscheidungen so, wie sie im 1. Examen gefordert werden – im **Gutachtenstil**.

- Der Erfolg gibt uns Recht. Die **Examens- treffer** der RÜ finden Sie in unserem Blog: blog.alpmann-schmidt.de/rue-hitlist.

Abonnentenservice: Die komplette RÜ ab dem 20. des Vormonats online lesen

ALPMANN SCHMIDT

Alpmann Schmidt

Bundesweite juristische Repetitorien zum 1. und 2. Examen

Die Wahl des richtigen Repetitoriums ist Vertrauenssache, denn wie gut Ihre Examensvorbereitung wirklich war, wissen Sie erst nach dem Examen.

Vergleichen Sie! Probehören ist jederzeit möglich. Wir sind sicher auch in Ihrer Stadt!

Informationen und Anmeldung unter www.alpmann-schmidt.de